“十三五”國家重點圖書出版規劃項目

馬藏

第一部 ┃ 第五卷

北京大學《馬藏》編纂與研究中心　編纂

科學出版社
北京

圖書在版編目（CIP）數據

馬藏·第一部·第五卷 / 北京大學《馬藏》編纂與研究中心編纂. —北京：科學出版社，2019.1

（"十三五"國家重點圖書出版規劃項目　國家出版基金項目）

ISBN 978-7-03-059624-6

Ⅰ.①馬… Ⅱ.①北… Ⅲ.①馬克思主義-文集 Ⅳ.①A81-53

中國版本圖書館 CIP 數據核字（2018）第 260775 號

責任編輯：劉英紅 / 責任校對：何艷萍　楊　然
責任印制：霍　兵 / 封面設計：黃華斌

科 學 出 版 社 出版
北京東黃城根北街 16 號
郵政編碼：100717
http://www.sciencep.com
中國科學院印刷廠印刷
科學出版社發行　各地新華書店經銷
*
2019 年 1 月第　一　版　開本：787×1092　1/16
2019 年 1 月第一次印刷　印張：43 3/4
字數：726 000
定價：598.00 元
（如有印裝質量問題，我社負責調換）

《馬藏》第一部第五卷

顧　　問　邱水平　郝　平

策　　劃　于鴻君

主　　編　顧海良

副 主 編　孫代堯　孫熙國　孫蚌珠

本卷編纂人員（以姓氏筆畫爲序）

王　倩　　王保賢　　王憲明　　仝　華　　李永春

李愛軍　　馬思宇　　陳紅娟　　孫代堯　　孫蚌珠

孫熙國　　萬仕國　　馮雅新　　路　寬　　裴　植

鞏　梅　　劉慶霖　　顧海良

北京大學馬克思主義學院組織編寫

總　序

　　《馬藏》是對馬克思主義形成和發展過程中相關文獻進行的彙集與編纂，旨在通過對文獻的系統整理及文本的再呈現，把與馬克思主義在中國和世界傳播與發展的相關文獻集大成地編纂薈萃爲一體。作爲馬克思主義理論研究的重大基礎性學術文化工程，《馬藏》分爲中國編與國際編，中國編是對馬克思主義中國化歷史進程中相關文獻和研究成果的彙纂；國際編是對馬克思主義在世界其他國家傳播和發展過程中產生的歷史文獻和研究著述的彙纂。

　　在十九世紀後期西學東漸的過程中，中國知識界開始譯介各種有關社會主義思想的著作，中國人開始瞭解和認識馬克思及其社會主義學説，這是馬克思主義在中國傳播的開端。十月革命給中國送來了馬克思列寧主義，中國先進知識分子顯著地增強了對馬克思主義和社會主義文獻的移譯和理論闡釋。中國共產黨成立後，馬克思主義開始在中國得到更爲廣泛的傳播。在中國革命、建設和改革過程中，馬克思主義經典著作的編輯和研究，成爲中國共產黨思想理論建設的重要組成部分。

　　馬克思主義在中國的傳播和發展已經有一百多年的歷史，但學界至今仍然缺乏將這一歷史過程中產生的相關文獻彙集和編纂爲一體的權威典籍，尤其缺乏對早期文獻和相關資料的系統整理與彙纂，以致在中國馬克思主義傳播史和中國近現代思想文化史中大量的有價值的文本幾被埋没；已經發掘出來的一些原始文本，也由於種種原因，在轉引轉述中，多有訛奪、失真，造成有關理論研究的結論有失準確，缺乏説服力。編纂《馬藏》，無論是對中國馬克思主義發展史研究，還是對中國近現代思想文化史研究，都十分必要且刻不容緩。

　　北京大學是中國最早傳播馬克思主義的基地和中國共產黨的理論發源地，有着深厚的馬克思主義研究和傳播的歷史積澱和文化傳統。編纂一套系統呈現馬克思主義在中國傳播、接受和發展的歷史文獻典籍，推動新時代馬克思主義理論研究和哲學社會科學發展，是北京大學應當肩負的使命和學術擔當。基於此，北京大學啓動了《馬藏》編纂與研究工程，成立了《馬藏》編纂與研究中心，由北京大學馬克思主義學院負責編纂工作的具體實施。

　　《馬藏》中國編的編纂原則如下：一是突出思想性。按照毛澤東所揭示的馬克思主義中國化歷史過程的＂使馬克思主義在中國具體化＂和＂使中國革命豐富的實際馬克思主義化＂的基本特點，編纂堅持尊重歷史、求真拓新，系統編排、科學詮釋。二是體現全面性。《馬藏》力求全面搜集文獻，這些文獻主要包括馬克思主義經典作家著作的中文譯本、國外學者有關馬克思主義和社會主義問題相關著述的中文譯本、中國共產黨領導人和重要理論家的著述、中國學者有關馬克思主義和社會主義問題的研究著述、報紙雜誌等媒體的通訊報導等、中國共產黨成立以後有關馬克思主義中國化的文獻資料，以及其他相關的各種文本，如檔案、日記、書信等。三是彰顯學術性。編纂與研究過程，力求忠實於原始文本，完整呈現文獻内容。對原始文本作學術考證和研究，注重對各種文本及其内容、作者、版本、出版者、流傳和影響等作出基本的、必要的學術考證和研究，同時還對文本中的重要詞彙、用語和關鍵詞的内涵及其演化、流變等作基本的、必要的學術考證和説明。四是力求權威性。對相關文本作出準確説明，注意整理國内已有的研究成果，甄别有爭議的問題，并且提供有助於問題解決的相關文本資料。通過文本再呈現，爲進一步研究提供學術資源和理論依據。對一些有爭議的問題，重於文本引導、考據説明，避免作簡單的判斷。

根據上述原則，《馬藏》中國編分作四部：第一部爲著作（包括譯著）類文本；第二部爲文章類文本；第三部爲各類通訊報導，各種檔案、筆記、書信等文本；第四部爲中國共產黨有關文件類文本。各部之下，按照歷史發展過程分别設卷。

《馬藏》對各文本的編纂，主要分爲三大板塊，即文本呈現、文本校注和文本述評。一是文本呈現，堅持原始文獻以原貌呈現。爲有利於學術研究，凡與馬克思主義在中國傳播和發展相關的有思想價值、學術價值或文本價值的文獻，在内容上依照原貌呈現。對同一文獻有不同版本的，如有思想價值、學術價值或文本價值，則逐一收錄；對不同時間出版的同一文獻和資料，在内容上没有變化或變動較少的，只收錄最初的版本。二是文本校注，以頁下注釋的方式，對原書中的誤譯、誤寫或誤排之處，予以更正；對文本中出現的人名、地名、著述、歷史事件、組織機構和報刊等名詞給予準確而簡要的説明。三是文本述評，以"編者説明"的方式附於相應文本之後，呈現編校者對該文本的述評。"編者説明"對文本形成和流傳情況作出描述，如介紹文本原貌及來源、作者、譯者、歷史背景、出版情況、不同譯本和版本演變情況、文中涉及的重要概念和史實、文本傳播狀況、文本的思想傾向等問題。"編者説明"也對文本研究狀況作出述評，注重對與該文本及其主要内容相關的國内外學術界研究現狀、主要觀點和各種評價作出述評；力求對已有的研究成果作出思想性和學術性的總體述評。

　　《馬藏》不是簡單的資料彙編或者是對原有文本的複製，而是强調對所收文本進行必要的研究、考證、注釋和説明，以凸顯《馬藏》彙集與編纂爲一體的學術特色。需要説明的是，由於收集、整理和研究的是繁蕪叢雜的歷史文獻，不可避免地會出現一些缺憾：一是文獻收集過程中，雖然編纂人員盡力收集已見的和可能發掘的所有文獻資料，但因文獻數量龐大，原始文本散落，著録信息不完整等原因，難免會有部分重要文獻遺漏；二是編纂過程中，編纂者雖盡力對文獻的版本、作者、譯者、出版者、翻譯狀况，以及文獻中的人名、地名、事件等作出有根有據的考證、注釋與説明，但因文獻情况複雜，在一些文本中仍有少許問題没能解决，注釋與"編者説明"中也可能存在偏差。

　　《馬藏》編纂意義重大，可謂是功在當代，利在千秋。《馬藏》對促進馬克思主義學術研究和理論發展，增强馬克思主義理論自信和文化自信，提升中國化馬克思主義的影響力，推進中國哲學社會科學的繁榮發展有着重大而深遠的意義；《馬藏》對中國近現代思想文化史資料的收集與整理，對於促進中國近現代思想文化史、中外文化交流史的研究，對於展現真實而客觀的中國近現代史具有重大意義；《馬藏》翔實的文獻將向人們展示近代以來中國人民是如何歷史地選擇馬克思主義和社會主義，是如何執着地傳播馬克思主義和推進馬克思主義中國化時代化大衆化的，具有以史爲鏡、資政育人的重要意義。

本卷文獻及編纂説明

本卷收録文獻凡七册。

《廣長舌》，日本幸德秋水著，中國國民叢書社譯，1902 年上海商務印書館出版。本册由路寬編校。

《近世社會主義評論》，日本久松義典著，杜士珍譯，刊載於《新世界學報》1903 年第 2 至 6 期。本册由陳紅娟、路寬編校。

《社會主義》，日本村井知至著，本卷共收録三種中文譯本：《翻譯世界》連載本、羅大維譯本和侯士綰譯本。《翻譯世界》連載本載於《翻譯世界》1902 年 11 月第 1 期至 1903 年 1 月第 3期；羅大維譯本 1903 年廣智書局出版；侯士綰譯本 1903 年文明書局出版。《翻譯世界》連載本由劉慶霖編校；其他兩册由馮雅新、劉慶霖編校。

《社會黨》，日本西川光次郎著，周子高譯，1903 年廣智書局出版。本册由李永春、李愛軍編校。

《最新經濟學》，日本田島錦治著，作新社譯，1903 年作新社出版。本册由劉慶霖編校。

王憲明參與《近世社會主義評論》和《最新經濟學》的審讀；

路寬參與三册《社會主義》的審讀。孫代堯、仝華參與部分編校稿的審讀。馬思宇、裴植、王倩協助部分編校工作。

王保賢、萬仕國對本卷全部編校稿作了審讀、修改。

鞏梅負責本卷文獻資料總彙。

顧海良主持本卷編纂和審讀，作統修和定稿。

本卷凡例

一、本卷各册文獻原爲竪排版，今均改爲横排版。行文中"如左""如右"等表述，保持原貌，不作改動。

二、底本中的繁體字一仍其舊，舊字形今均改爲新字形。

三、底本中的異體字原則上不作改動，但過去使用而現在不再使用的異體字，以相應的繁體字替代；"編者説明"中引用的原文，其中的異體字亦如是處理。

四、底本中以"。""、"表示的句讀，均保持原貌。

五、底本中字旁表示强調的"●""○""◎""、"等符號，今以字下着重號"."表示；底本標示强調符號時，首字不標句讀的，今在該字前補斷句號"。"。

六、底本中的竪排引號『』和「」，今均改爲横排引號。

七、底本中錯、漏、衍、倒字之處，今保持原貌，另在頁下注中予以補正；底本正文中的個别文字漫漶不清，今以"□"替代，不再出注説明；底本中"己""已""巳"及"戊""戌""戍"混用的，今根據文意徑改，不出校記。

八、底本中所涉及的國名、人名、地名、報刊名和機構名等，與現在通行譯名不一致的，均出頁下注説明。

九、底本中的"支那""夷""蠻"，以及"日清戰争"等歷史詞語，均保持原貌。

　　十、各冊文獻扉頁上的内容，由編校者根據底本封面、正文首頁和版權頁等所載信息綜合而成。

　　十一、各冊文獻的目録，均依底本目録録入。底本目録與正文標題不一致處，目録和正文標題均保持原貌，在正文標題處出頁下注説明；正文中標題缺漏的，今據目録增補，并以方括號"[ ]"標示。

　　十二、本卷《近世社會主義評論》、《社會主義》（《翻譯世界》連載本）原無目録，今依原文補作目録。

目録

插圖目録

廣 長 舌

日本 幸德秋水 / 著

中國國民叢書社 / 譯

商務印書館

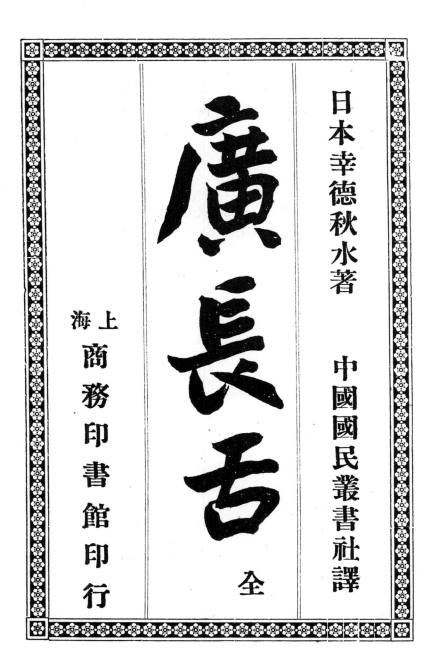

日本幸德秋水著　中國國民叢書社譯

廣長舌　全

上海商務印書館印行

《廣長舌》封面

目
次

廣長舌目次終

廣長舌目次

廣長舌　目次

一

二

十九世紀與二十世紀

放一隻眼以觀世界之大局。握一管筆以讀世界之歷史。沈然冥索。恍然大悟。曰。世代之進步。與人類之進步。其速率固相等哉。嘗聞諸歷史家矣。人類文明之程度。恆視其世代以爲等差。故或閱一世紀而産出一文明現象。或閱半世紀而又産出一文明現象。甲時所視爲文明者。乙時或野蠻之矣。乙時所視爲文明者。丙時或又野蠻之矣。相乘相除。相遞相嬗。無有止境。蓋公理也。然則吾人者。其亦自思於十九世紀之天地。尚遺如何大件。未完結者乎。更挾持如何物事。以入二十世紀之天地。而爭自存圖自立於競爭之世界乎。

歷史者。人類進步之紀録也。閱世而生人。閱人而成世。此人類之處此世代也。於其智慧德性之開發。精神地位之上進。物質生活之改善。必不能少時休。又決無有退步之理。若諸行無常。盛者必衰之説。以一人論則洵然。以一個之國家。一種之民族論。亦洵然。雖然。彼等即腐敗墮落也。彼等即衰疲滅亡也。於世界之全體。固無損也。非惟無損。吾謂是種之劣國家劣民族。苟一例澌滅。絶跡於地球上。則人類全體之精神、生活、宗教、政治等之改良進步。當倍加其速率矣。譬之水焉。其蒸發也。勿謂水量之減。彼減去之水量。其氣更化爲雨露。以助五谷之發育。劣國家劣民族對於人類全體之影響。非如是乎。

古來所稱爲文明者。決非專爲一帝王、一國家、一民族、之福利已也。其益益進步。必將爲人類全體之福利。觀於彼等文明者。每不辭益益擴充。

以期傳播其文明於全球。可以見矣。埃及也。亞西利亞^①也。巴比倫也。耶利西亞^②也。皆文明者也。姑置勿論。請言希臘之文明。希臘者。歐洲文明之鼻祖也。然當彼利烈^③之全盛時代。其文明僅及於國。則私也。後雖漸傳播於蕞爾歐洲。猶私也。未幾而風潮泛發。愈播愈廣。羅馬遂持續其文明而補修之。擴張之。以光被歐洲全土。歐洲又持續羅馬之文明。而補修之。擴張之。自十八世紀以至十九世紀。文明之風潮。直傳播於南北亞美利加^④。東部亞細亞。阿布利加^⑤。其擴張進步之方法。既年勝一年。日勝一日。其進步增加之速度。則如物自空中落下。愈近地則地之吸力愈加。而物之落也亦愈速。由一種族之文明。進而爲數種族之文明。又由數種族之文明。漸進而爲人類全體之文明。故十九世紀文明進步之速率。實爲振古所未有。由是以推。則二十世紀文明之進步。其速率更何如耶。然則即謂二十世紀也。爲劣國家劣民族絕跡於渾圓球上之世紀。亦奚不可。

　　人之生也。自少而壯而老。其食物、衣服、性質、狀態、諸等功用。漸次有異。世界之文明也。自一種族而及數種族。而及人類全體。其主義思想。亦不得不異。何也。適於百千人之文明。未可適於億萬人。適於數國民之文明。未可適於世界全體。故希臘羅馬之文明。猶容蓄奴之制。歐洲之文明。則不能容也。十八世紀末年之文明。猶容貴族專制之主義。十九世紀之文明。則不能容也。至今日而文明民族之腦中。又產出一帝國主義以代個人自由主義。爲十九世紀後半文明之精神。觀於此而益嘆國民之文明。與世界之文明。其進步殆不可以道里計也。

---

① "亞西利亞"，即亞述（Assyria）。
② "耶利西亞"，即波斯（Persia）。
③ "彼利烈"，即伯里克利（Perikles，約公元前495—前429），雅典國務活動家，戰略家。
④ "亞美利加"，簡稱美洲（America）。
⑤ "阿布利加"，即阿非利加洲，簡稱非洲（Africa）。

　　十九世紀之文明。以個人自由主義。打破貴族專制主義。脫卸人類奴隸之羈絆。偉矣哉。是文明進步之第一關頭也。雖然。人類文明之切要問題。不在個人之福利。而在社會全體之福利。吾人進步之重大目的。不止於獲得自由。而更期進於平等之域。歐洲之民族。由個人自由主義。一轉而爲國民統一主義。由國民統一主義。再轉而爲帝國膨脹主義。自茲以往。其將三轉而爲世界統一主義乎。吾觀今日各種文明民族之腦中。其於世界統一主義。蓋已微泛其潮流。漸蒔其種子矣。此固不可不知者也。

　　雖然。十九世紀之文明。雖能打破政權之不平等。而未能打破經濟之不平等。遂激成一種自由競爭之制。下層勞働者。前不堪政權之弊。曾結合以脫政治之桎梏。今則不堪經濟之弊。遂漸生結合以脫資本桎梏之思想。此思想一發動。而世界之運動。又增一進步。吾請言其結果。曰。資本合同主義。

　　帝國主義之飛揚於十九世紀後半期也。雖爲文明進步之公理。然其勢亦有不得不然者。何也。蓋彼等民族。久已不堪個人自由競爭之弊。遂變而出此主義。團結其國民之力。伸其競爭之手段。以與他種民族爭。然爭之既久。優勝劣敗。於是凡能翹然立於世界上之國家民族。其勢力皆足以相敵。則又不得不變而出於世界統一主義矣。

　　蓋從文明版圖擴張之後觀之。吾知各種民族之運輸交通。必益發達。由是世界上之生活、利害、物價、智識、道德。漸同赴平準自然之勢。彼歐洲之政治家。不得獨誇其武力。歐美之資本家。不得獨炫其經濟。化其凌虐之思想爲博愛。變其競爭之手段爲共和。政治家則由自由主義。轉爲國民主義。由國民主義。轉爲帝國主義。又由帝國主義。轉爲世界平和主義。經濟者及社會者。則由自由競爭主義。轉爲資本合同主義。由資本合同主義。轉爲世界社會主義。夫如是而人類進步之歷史。始大成也。

　　偉矣哉。汝十九世紀之政治家。授吾人以自由之福利。更産出帝國主義。以矯自由競爭之弊也。雖然。帝國主義者。特吾人世界社會主義之導火線耳。吾人於二十世紀之前半。必將更組織世界社會主義。以代帝國主義。并掃去其一切弊毒。此固世界上之人類。所同有之感情。同有之進步也。

革命之問題

　　積陰冥冥。風號雪飛。其極也。則一陽來復。連霖鬱鬱。雲壓霧塞。其極也。則青天赫日。此天地之革命也。當此時也。凡亭毒於天地之物類。必有一大進步。社會之革命。亦猶如此乎。

　　聞革命之語者。勿誤解爲是不敬也。勿誤解爲是謀叛也。勿誤解爲是弒逆也。是固共和政治之起點也。是人類進步之急切關頭也。是世界之公理也。故革命者。非<u>苦羅母耶爾</u>①之專有。非<u>華盛頓</u>②之專有。非<u>羅壯斯比爾</u>③之專有。非鐵火與鮮血之專有。四民平等者。社會一大革命也。王政復古。設立代議政體者。政治一大革命也。十八世紀科學殖産器械之發明。殖産一大革命也。革命有二。一爲平和之革命。一爲猛烈之革命。平和者。奏效緩。猛烈者。奏效速。人有言曰。革命者。一種之顛覆也。其公目的皆抱持新異主義。組織新異制度。以布於一時。而其手段則不同。有用暴力。流鐵血。風馳電掣。以除腐布新者。有尺進寸取。維持現在之制度。以漸圖發達隆盛之結果者。由前之說。是謂猛烈手段。由後之說。是謂平和手段。談革命者。於是二種手段。孰去孰取乎。此誠第一重大之問題也。

　　由斯以談。革命之公目的。在組織新制度。以更代舊制度。夫人而知

---

① "苦羅母耶爾"，即奧利弗·克倫威爾（Oliver Cromwell，1599—1658），英國國務活動家，曾任愛爾蘭軍總司令、愛爾蘭總督，1653—1658 年任英格蘭、蘇格蘭和愛爾蘭的護國公。
② "華盛頓"，即喬治·華盛頓（George Washington，1732—1799），美國將軍、政治家、首任總統（1789—1797）。
③ "羅壯斯比爾"，有誤，應爲"羅北斯比爾"，即馬克西米利安-佛朗索瓦-瑪麗-伊西多爾·德·羅伯斯庇爾（Maximilien-François-Marie-Isidore de Robespierre，1758—1794），法國革命家、雅各賓派的領袖、革命政府的首腦。

之矣。我國今日之情狀。非瀕一大革命之機乎。吾人革命之手段。其將主張平和乎。抑猛烈乎。

　　請言政治之現象。今之登政治之舞臺。爲衆所注目者。非内閣乎。衆議院乎。貴族院乎。各政黨乎。吾人試起而觀彼等之施治。其腐敗不已達於極點乎。彼等直奉私利私福於藩閥耳。彼等直奴僕於藩閥耳。彼等所組織之制度。問有自由之制度乎。無有也。問有代議輿論之制度乎。無有也。寡人專制。文明民族所深惡而痛絶者也。我國政治之現象。非陷此慘境乎。不取新主義以代之。欲求進步。胡可得也。吾得爲我國民告曰。政治上之革命。爲我國民第一事業。

　　請言殖産經濟之現象。今日者。歐洲殖産革命之餘波。滔滔侵入我國。生産之費。非不廉也。生産之額。非不加也。然其功效惟顯於一部。社會全體。不能遍沾餘澤。以致貧富者益益懸隔。恐慌者益益繁賾。分配者益益不正。故我國商業之現象。宛如一大賭場。實業者漸無容身之地。我國民欲求殖産經濟之進步。其在組織殖産新主義。以布福利於社會全體乎。吾得次爲我國民告曰。殖産經濟上之革命。爲我國民第二事業。

　　請言社會風俗及教育之現象。自伊藤博文①定爲階級之制度。於是四民平等主義。全然破壞。貴族者徒手遊食。煖飽逸居。如養豕羊。無所用之。用是社會風俗。日即頹廢。教育家以虛僞形式之忠君愛國四字。爲教育之主眼。阻礙國民理想之發達。吾人試起而覘我國民之思想界。其能翹然高尚純潔。不墮於固陋頑冥者。有幾人乎。其退步殆與數百年前之思想。相去不能以寸也。吾得更爲我國民告曰。社會風俗及教育上之革命。爲我國民第三事業。

---

① “伊藤博文”，伊藤博文（1841—1909），日本政治家，曾任内閣總理大臣和樞密院議長等職。

　　然則革命者。非我國民之重大問題乎。善哉。獨逸①社會主義者之言曰。
革命者。進步之産婆也。進步於革命。有相倚相待之勢。革命之所在。即
進步之所生。我國民熟察我國之現象。直無不有知爲瀕一大革命之機者。
雖然。若用革命之手段。其主張平和乎。抑猛烈乎。孰去孰取。孰得孰失。
我國民必有知之者矣。

———————————
①　　"獨逸"，即德國。

社會主義之實質

　　明珠暗投。人皆按劍。何哉。不知其爲至寶也。今我國民之對社會主義。亦猶如此乎。彼等未遑究其真相實質之如何。第挾其井蛙之見。發爲夏蟲之語。貿貿然號於衆曰。社會主義者。破壞主義也。社會黨者。亂民也。皇然惴然。囂然讙然。怖之如瘟疫。忌之如蛇蝎。阻撓之惟恐不力。解散之惟恐不速。嗚呼。是豈真破壞主義乎。是豈真亂民乎。

　　伊古以來。苟欲求社會之進步。成就革命之事業者。其發端也。率以破壞之手段行之。然固不得以是爲伊人咎也。人有恒言。將欲成之。必先敗之。將欲完之。必先毀之。凡天下以新代舊之事。其公理大都如是矣。有甲於此。語乙曰。汝之家屋朽廢。宜改築之。汝之衣冠塵垢。宜洗滌之。如甲云云者。是亦破壞主義乎。是亦亂民乎。彼以破壞主義目社會主義。以亂民目社會黨者。觀於此亦可以釋然矣。

　　而固陋冥頑不識事務之徒。怯懦凡庸苟安一時之輩。其惡聞革命之語也。不啻如揭其隱惡。發其陰私。遇提倡新主義者。即斥爲破壞主義。目爲亂民。百出其術以迫害之。無古今。無東西。其揆一也。故尊王討幕之論起。幕末之有司。斥之曰破壞主義。目唱論者曰亂民。加以迫害。安政之疑獄①。其悲境慘況。與秦皇之坑儒。無以異也。自由民權之説起。藩閥之有司。斥之曰破壞主義。目唱議者曰亂民。加之迫害。保安條例之發布。其橫暴苛毒。與拿破崙三世②以還。無以異也。今試問我國民之能脱

---

① "安政之疑獄"，指日本安政五至六年（1858—1859）德川幕府井伊直弼等鎮壓尊王攘夷派的"安政大獄"。

② "拿破崙三世"，即路易-拿破崙·波拿巴（Louis-Napoléon Bonaparte，1808—1873），法蘭西第二共和國總統（1848—1851），法蘭西第二帝國皇帝（1852—1870）。

育家以虛僞形式之忠君愛國四字爲敎育之主眼阻礙國民理想之發達吾人試起而詘我國民之思想界其能翹然高尙純潔不墮於固陋頑冥者有幾人乎其退步殆與數百年前之思想相去不能以寸也吾得更爲我國民告曰社會風俗及敎育上之革命爲我國民第三事業。

然則革命者非我國民之重大問題乎善哉獨逸社會主義者之言曰革命者進步之產婆也進步於革命有相倚相待之勢革命之所在卽進步之所在我國民熟察我國之現象直無不有知爲瀕一大革命之機者雖然若川革命之手段其主張平和乎抑猛烈乎孰去孰取孰得孰失我國民必有知之者矣

社會主義之實質

明珠暗投人皆按劍何哉不知其爲至寶也今我國民之對社會主義亦猶如此乎彼等未遑究其眞相實質之如何第挾其井蛙之見發爲夏蟲之語貿貿然號於衆曰社會主義者破壞主義也社會黨者亂民也皇然惴然囂然譁然怖之如瘟疫忌之如蛇蝎阻撓之惟恐不力。解散之惟恐不速嗚呼是豈眞破壞主義乎是豈眞亂民乎

封建階級之桎梏。入四民平等之境域。卸專制抑壓之制。浴立憲代議之治。國威國光。隆然燦然於東海之表者。非當時所謂破壞主義。當時所謂亂民者爲之乎。

不甯惟是。世界上一新主義之發達。一新運動之膨脹也。其起點率由於破壞主義與亂民之妄動。此妄動之結果。則又爲革命關頭與社會進步之一大影響。何也。蓋當時一般人民。所受之壓力愈重。則所伸之抵力亦愈大。漲而橫溢。其弘通之勢。宛如大水初決。不可遏抑。豪傑之士。崛起其間。遂暗乘其勢而左右之。指揮之。推翻舊政。組織新制。當其始也。不過破壞主義與亂民之妄動耳。孰知社會上之進步。竟大有賴於彼等乎。基督教之改革。實如是也。日蓮宗①之勃興。實如是也。歐洲大陸自由制度之創。實如是也。非穀稅之運動。實如是也。選舉區之改正。賣奴之禁止。實如是也。又其甚者。攻擊迫害。愈酷愈慘。則其反動之禍。亦愈烈。破壞決裂。不可收拾。其餘勢所及。更生不測之慘害。如路易②之爲馘。美德爾尼義③之爲逐。蓄愈久者發愈烈。發愈烈禍愈慘。興言及此。可不爲寒心哉。

嗚呼。吾今者。且勿論社會主義之功用性質。與今日社會之狀態。有急要適切之關係也。請言歐美之文明民族。當彼等處專制酷虐政體之下也。痛苦呻吟。鋌而走險。其感情之弘道。如置郵傳命。其勢力之增大。如春草經雨。冒白刃。流紅血。以爭自由。圖獨立。今則占領如何之幸福。享受如何之快樂矣。而我國民中固陋冥頑之徒。漫不加察。斥社會主義曰破

---

① "日蓮宗"，又稱"法華宗"，日本 13 世紀中期出現的佛教宗派。
② "路易"，據日文原書，這裏指路易十六（Louis XVI，1754—1793），法國國王（1774—1792），法國資產階級革命時期被處死。
③ "美德爾尼義"，即克萊門斯·文策斯勞斯·奈波穆克·洛塔爾·梅特涅（Clemens Wenzeslaus Nepomuk Lothar Fürst von Metternich，1773—1859），奧地利國務活動家和外交家，曾任外交大臣（1809—1821）和首相（1821—1848），神聖同盟的組織者之一。

壞主義。目社會黨曰亂民。怯懦凡庸者。又從而附和雷同。日夜企圖所以
鎮壓之。剪滅之。惟恐不勝。吾不知其何惡於社會主義。何仇於社會黨。
而攻擊憎惡。忌憚阻撓之至於此極也。噫。是殆未知社會主義之功用實質。
於今日社會之狀態。有急要適切之關係乎。是殆固陋冥頑。怯懦凡庸之故
乎。不然。胡若是之背謬也。吾亦知社會主義之發達。爲二十世紀人類進
步必然之勢。決非彼等所能防遏。然如彼等云云者。甯非我國民之一大醜
辱乎。吾甚願我國民研究社會主義之實質。勿流於彼等之背謬。而爲文明
民族所夷視。所嗤笑也。

社會主義之理想

　　有一物焉。不翼而飛。不脛而走。其對於世界上也。有無限之勢力。無限之關係者。非金錢乎。人類於金錢。皆有莫大之希望。莫大之營求。由是而金錢之勢力。其膨脹之度。遂至無可比例。用以沈淪世道可也。用以頹壞風俗可也。用以腐敗人心可也。用以滅亡社會亦可也。今者憂時之士。奮袂攘腕。掉三寸舌。握三寸管。有主張廢止娼妓者。有提倡改良風俗者。有企圖興起道德者。口焦腕脫。無濟也。嗚呼。諸君諸君。其亦思何人甘心爲娼妓者乎。何人不欲風俗之改良。道德之興起者乎。而卒不能然者。金錢之勢力。有以阻滯之也。諸君不企圖絕滅金錢之勢力。徒終日兀兀。爛其舌。禿其筆。吾恐社會已漸滅。而諸君之目的。尚未達也。請爲諸君計畫維持世道人心之策。曰。廢止金錢。

　　人必得金錢而始生。事必得金錢而始舉。此金錢對於社會上之勢力也。試觀今日社會之人類。何人能於金錢而外。信正義。信真理乎。何人於金錢而外。別有勢力。有名譽。有權利。有義務乎。故於今日社會上有無限之勢力者。金錢也。有無限之耗弊者。亦金錢也。

　　吾人試設想金錢苟一朝廢止。其無限之勢力。全然絕滅。無所謂自私自利。無所謂賄賂買節。無所謂剝削鑽營。無所謂盜賊罪過。由是而娼妓自廢止也。風俗自改良也。道德自興起也。當此時也。社會之人類。其理想率高尚。其心性率平和。其享受率幸福。種種社會。皆進於極樂世界。無有貧富苦樂之懸隔。何幸如之。雖然。今日者。金錢之勢力。如火初然。

如潮初泛。熛熾汎溢。日勝一日。其距絶滅之時代。尚不知幾十百年也。
俟河之清。人壽幾何矣。

　　金錢對於社會上之勢力。其龐大也既如此。吾乃提倡廢止金錢之論。
世之人。其不以我爲狂誕乎。雖然。若以我爲狂誕也。彼歐洲最新之社會
主義。亦皆狂誕乎。

　　吾亦非有大仇怨於金錢。而必欲廢止之。絶滅之也。吾以爲金錢者。
特交換之媒介。價格之標準。其功用不過如度量衡。如鐵道切符①。如醫師
方箋。爲世界人類藉以運輸交通之一公物耳。自有挾以自豪。私之子孫者
出。而公物遂化爲私物。世界人類之心光眼光。全注射之。或以譎智取。
或以强力奪。或以刦殺得。或以性命視。人心因而腐敗。風俗因而頹壞。
自由因而破裂。平等因而攪亂。甚則社會因而淪亡。種種耗弊。不勝言舉。
吾之提倡廢止金錢論也。非直欲金錢絶跡於渾圓球上也。絶滅其勢力而已。

　　絶滅其勢力將奈何。曰。在禁視金錢爲私有之資本。今日之金錢。其
對於社會上有無限之勢力者。以人人視爲生產資本。得以支用自由也。職
是之故。而人類對於金錢之慾望愈深摯。其攫取之手段。亦愈猛烈。有金
錢者。無論賢與否。於名譽、權勢、富貴、三者。皆得占優等之地位。是
烏可謂公平乎。是烏可謂正義乎。苟以公物視之。則如土地也。物產也。
器械也。既爲社會所公有之物事。而以金錢爲是三者分配之媒介。其功用
不過如度量衡。鐵道切符。醫師方箋。夫如是有金錢之勢力。必大減其龐
大之程度。社會之耗弊。庶有瘳乎。

　　人類之生於世界也。勞働乃可得食。是天地之大法也。今以金錢爲私
物。支用得以自由。挾持金錢多者。徒手可以得食。而不必盡勞働之義務。
是彼人既强占社會上之公物。且曠棄社會上之義務也。豈公理哉。不甯惟

---

① "切符"，即車票。

是。彼挾持金錢多者。必驕奢怠侈。大酒食以養口腹。招僮僕以供頤使。濫糜社會上之衣食。而棄諸無用。搜聚社會上之人類。而視爲私人。是固釋迦所深慨。不容其懺悔。耶穌所痛憤。必擠之地獄者也。然則吾之欲廢止金錢也。我國民其視爲狂誕乎。抑非乎。

要而言之。吾人欲絶滅金錢無限之勢力。以救社會之墮落。其第一要著。在視生産資本爲社會之公物。且改革今日之經濟制度。是固主張社會主義者。不二之理想也。

吾敢持語天下之欲明人心維持世道者。毋庸生枝葉之論。但先力行社會主義之理想。此固諸君欲達種種目的之捷徑也。嗚呼。十九世紀者。自由主義時代也。二十世紀者。社會主義時代也。吾聞閱一世紀。則世界上必産出一種新主義。新運動。金錢廢止。其殆二十世紀新主義新運動之一分乎。

社會主義之急要

　　愚矣哉。汝教育家也。迂矣哉。汝宗教家也。癡矣哉。汝政治家也。公等銳意熱心。爛舌禿筆。涸音聲。耗心氣。兀兀然。皇皇然。講倫理。説道德。策治國平天下之道。吾固不敢謂公等爲非也。然以我國今日社會之情態觀之。其秩序紊亂。風教墮廢。詐欺爭鬭。賄賂姦淫。一切罪過。層見疊出。自公等以雄辯演説。高尚議論。啓沃之。開發之之後。其奏效果何如乎。得無猶有於公等之目的。尚未能盡達者乎。

　　雖然。是非公等之學之淺也。是非公等之識之鮮也。是非公等熱心之不足也。是非公等感力之不大也。然以公等如此之手段。求公等如彼之事業。雖尚閱數十百年。吾敢決其如以一杯水。救一車薪火。於事必無濟也。是果何道理乎。公等亦曾研究此問題。而得此解乎。

　　人無穀食不生活。未有舍穀食而可別求生活者也。今試語學生曰。汝何勿以學爲食乎。語詩人曰。汝何勿以吟咏爲食乎。語商曰。汝何勿虛説資本。欺弄世人以爲食乎。若是云云者。殆所謂迫彼等以自殺者非耶。以迫人自殺之教育、宗教、政治。而欲人之傾耳而聽。捨身而從也。能乎。否乎。商家之運輸。爲食也。工師之工作。爲食也。盜賊之刦掠。奴隸之服役。亦爲食也。不問其生活之盈絀。而第號於眾曰。汝工商之譎詐。非正義道德也。其改革之。汝盜賊奴隸之放恣卑賤。尤非正義道德也。其改革之。噫。曾亦思彼等之譎詐、放恣、卑賤。其目的果何在乎。今欲其捨彼從我。殆欲彼等以正義道德爲食乎。故吾謂今日社會之第一急切主義者。胃腑之問題也。不先解決此問題。則一切教育、宗教、政治、之問題。均不能得其主眼。孔子曰。民富然後教之。此之謂也。

今也。吾人試問我國民胃腑之問題。果已完全圓足。無缺點乎。抑否乎。

試問今之身厭綺羅。口厭珍饈者。果能於生產之義務。盡焉否也。又問今之一舉而得數千萬之富者。果能於生產之義務。盡焉否也。不見夫數萬之勞働者。終日兀兀。尚不能得一錢乎。而彼等鑽營不正之事業者。或則不煩舉手之勞。而可得百金矣。正直誠潔者飢欲死。奸曲遊蕩者飽欲死。勞逸貧富。天地懸隔。持是以往。吾恐正直誠潔者將絕跡。胥率而入奸曲遊蕩之域矣。此固我國之實在現象也。

如上所述。則我國今日社會之情態。其秩序紊亂。風教墮廢。一切罪過。層見疊出。此等大病。決非舌談筆說所能醫也。然則諸君試解釋我國民胃腑之問題。其不正不義。且不完全。至於此極者。原因果何在哉。吾請斷之曰。是個人主義之餘弊也。是自由競爭之遺毒也。

或者曰。個人主義。自由競爭者。社會進步之嚮導也。斯言也。吾竊疑之。人者。交涉之動物也。若互相競爭。則此人多占社會上一分之權利。彼人必少得社會上一分之權利。優於競爭之手段者。洶發達矣。適於競爭之交涉者。洶繁榮矣。然持是以往。競爭又競爭。向之見爲優者。其中必又有最高等之優者出焉。以凌駕此優者矣。向之見爲適者。其中必又有最高等之適者出焉。以排擊此適者矣。爭之既久。則渾圓球上之享幸福擁權利者。僅此少數最高等之優者適者。外此無量數之人民。必全然墮落。全然澌滅矣。是豈人類社會文明進步之目的乎。況此無量數之人民。既全然墮落。全然澌滅。絕跡於渾圓球上。彼少數最高等之優者適者。

亦將不能自立。是必然之理也。噫。吾甚異乎今日研究社會之方針者。胡不加察也。

自科學日益進步。而今日社會之生產力。及生產物。以曩昔比例之。其增加之程度。實大可驚羨。獨惜其功用第顯於一部。聚於個人。由是社會之人類。日忙殺於生活之競爭。竭一日之精力。僅足贍胃腑之需用。胃腑以外。無暇研究何理想也。無暇組織何物事也。故今日社會人類。產出一種奇怪之現象。充其弊害。恐將至不可思議之境。然其原因。則實以自由競爭之制度。流弊蔓延。遂致經濟界限於無統一無政府之狀態故也。

個人主義。自由競爭。其弊害之中於經濟界也。更僕難終。吾不暇詳述。雖然。姑摘其大要。以質諸世界社會之人類可也。致富者率不正不義。其分配且極不平等。弊一。貧富日益懸隔。生產濫糜。弊二。運輸交通。皆以競爭特占事業爲目的。遂若併吞全社會之權利。歸之一人。弊三。生產或過餘。或不足。需用供給。屢失平衡。弊四。物價之低昂不定。工業每生恐慌。甚則缺乏飢餓。惡德踵至。弊五。如此一切弊害。謂非經濟界陷於無政府之故乎。

惟其無政府也。故一任奸智與暴力之競爭。一聽其爲優勝劣敗弱肉强食之結果。且也。非金錢不能得名譽。不能得衣食。而欲得金錢。又非出於不正不義之競爭不可。持是以往。則秩序之紊亂也。風教之墮廢也。亦奚足怪哉。吾固不敢謂教育家、宗教家、之無補救於社會也。然無金錢。則教育之制度。不能立也。無金錢。則宗教之奉持。皆盲說也。吾故曰。先研究社會人類胃腑之問題。企圖其完全圓足。而後教育宗教之第一急要關頭。始得開道也。

　　故弊害之生於競爭者。可以調和救之。毒害之產於差別者。可以平等藥之。個人主義之攪亂。可以社會主義矯之。<u>西亞志烈</u>①之言曰。社會主義之第一要件。胃腑之問題也。嗚呼。我國民今日胃腑之問題。其果完全圓足。無缺點乎。抑否乎。

---

① "西亞志烈"，即阿爾伯特·舍夫勒（Albert Schäffle，1831—1903），德國經濟學家、社會學家，曾任奧地利商業和農業部長。

社會主義之適用

　　嗚呼。我國今日之第一急切。最大關係者。非勞働者之問題哉。吾人苟欲於此勞働問題。解釋之。組織之。企圖其完全圓足。無一缺點。其第一著手者。非在社會主義乎。吾甚怪訝今之欲於勞働問題。解釋之。組織之者。奚爲於社會主義。非難攻擊。其聲愈高。其力愈猛也。吁。是非欲明而滅燭。欲渡而焚舟乎。今日者。此等俗論之風潮。愈播愈高。於社會上大占勢力。吾願我勞働諸君。勿爲眩惑。勿誤向背。研究我國社會上之種種問題。抱持社會主義。以開通勞働問題之前途。否。則誤於俗論。將日墮陷於困難紛擾之境。而永不見解決之期。實我國民之大不幸也。吾故不憚詞費。於是等俗論。排斥其謬解。指摘其欠點。以爲我勞働諸君。指示一道之火柱。以盡吾人急要之責務焉。

　　桑田某[①]者。非政治上之有名家乎。其所演説勞働者與資本家之關係。我國民半宗仰之。不知此等演説。乃俗論之一大鼓吹也。彼曰。將來之勞働問題。在保勞働者與資本家親密懇和之關係。世間固亦有殘忍刻薄之資本家。然是固彼個人之罪過。非資本全體之罪過。未可以是而一概抹殺資本家之皆屬殘忍刻薄也。其説如是。然以吾觀之。資本家與勞働者。其懇和親密。若果能如桑田某之説。完全無缺點。是洵一大美善之結搆也。主張社會主義者。豈敢唱異議。雖然。如桑田某云云。行之於現時制度之下。

---

① "桑田某"，指桑田雄藏（1868—1932），東京大學教授，日本社會政策學會創始人之一，改良主義者。

果能保永遠達其目的乎。吾觀勞働者與資本家之現象。各相睽離。各相衝突。其勢力之增進。固年勝一年。日勝一日。既已睽離衝突。而欲其懇和親密也。能乎。否乎。曾亦思兩者之所以致睽離衝突者。果何原因乎。彼主持俗論者。則必又變遷其說。而以乏知識逞意氣歸咎於勞働者也。吾亦不敢謂勞働者之不乏知識逞意氣也。然勞働者之所以乏知識逞意氣者。又何原因乎。是固資本家之暴橫。與貧富之懸隔所致也。而此資本家之暴橫。與貧富之懸隔。又何原因乎。是固自由競爭制度之弊毒所致也。其本亂而末治者。否矣。然則仍自由競爭之制度。而欲勞働者與資本家之親密懇和。豈可得哉。主張社會主義者。所以欲組織社會上之適用。以代自由競爭之制度者。職是故也。而彼俗論者。乃非難攻擊社會主義。而汲汲以調和勞働者與資本家爲最良之策。不揣其本而治其末。不亦偵乎。

　　雖然。社會主義者。亦非以殘忍刻薄之罪。坐之資本家之全體也。亦非謂資本家盡殘忍刻薄者也。而現時自由競爭之制度。則適爲縱資本家驅資本家入於刻薄殘忍之制度也。夫自由競爭之制度。不獨勞働者苦之。即彼資本家亦殆不能堪。彼俗論者進以調和之說。親睦之說。意非不善也。其如彼等之處此自由競爭制度之下。勢必不能不爭。不能不競。不能不戰何。即使充彼俗論者之手段。擴彼俗論者之組織。幸而得彼勞働者與資本家一時之親密懇和。各斂其抗拒之力。壓抑之力。亦安能保彼等之永遠持續此情形乎。況處此弱肉强食之世界。互相軋轢。互相吞噬。勞働者常陷弊害之悲境。資本家則常占利益之地位。故欲以社會主義救之。使勞働者與資本家有相助、相扶、相倚、相待、之勢。則不必告以親密懇和。而彼等自趨於親密懇和。謀不是出。而唯爛舌禿筆。以勸諭其親密懇和。此必不可得之數也。不甯惟是。如彼俗論者云云。是直使我勞働諸君。永久陷於奴隸之境遇。而資本家永久享受快樂之幸福也。

　　更有進者。自由競爭之制度。匪特勞働者受其弊。持是以往。即資本家亦必不能堪其弊也。在我國今日。其弊毒視歐美諸國尤甚。吾得爲我國民告曰。社會主義者。非以絕滅資本家爲目的也。特改革自由競爭之制度。代以社會主義之制度。我國民須知社會主義之目的。在使勞働者與資本家。同享利益。社會主義者。乃一視同仁之主義也。桑田某之演說。又有曰。如有一株式會社。株主者。必欲得利益配當之多。監理者。苟竭力以多博利益。必能得株主之歡心。而株主亦必保護慈愛此爲之監理者。否。則反是矣。如彼云云。是非難望其親密懇和之明證乎。是非彼俗論者自殺之議論乎。彼資本家之全體。雖不盡屬殘忍刻薄。然安能甘心割其利益。以與勞働者共享受也。然則彼俗論者親密懇和之說。錯謬孰甚也。

　　蛇蝎之噴毒也。觸之輒傷。瘟疫之傳染也。患之立斃。我國現時經濟組織之弊毒。其與是二者相去有幾何哉。吾不知彼主持俗論者。於是等弊毒。知之否也。吾觀彼等。或登演臺。或著新論。喋喋呫呫。以强聒一時者。其心光眼光所注射。夫固以企圖資本家與勞働者之親密懇和爲主腦者也。至問其欲資本家與勞働者之親密懇和。將改革自由競爭制度乎。而彼則不惟不主張改革。且盡力維持之。將組織社會主義乎。而彼則不惟不主張組織。且盡力排斥之。噫。以如是之手段。求達如是之目的。南轅北轍。畏炎加薪。吾未見其可也。然其自欺也。亦甚矣。彼等曰。社會主義者。不可實行之空論也。社會主義者。以同盟罷工爲目的者也。嗚呼。社會主義者。果不可實行之空論乎。果以同盟罷工爲目的乎。使社會主義者。舉一國之資本盡沒收於國家。舉一國之工業。盡委輸於中央政府。此誠不可實行之空論。然社會主義者。決非如此過激暴亂也。社會主義者。決非繼中央政府之無限權力者也。社會主義者。博愛也。社會主義者。一視同仁者也。小之於一町村之事業。大之如一縣一都府及一國之事業。各從其宜。

準以平等。凡社會上之資本。皆爲社會上民人共有之公物。其生產之利益。亦各分配公平。是則社會主義之主張也。何不可實行之有。唯於其地與其時。與其事情。成效之遲速。功果之完缺。有所異耳。至謂社會主義爲同盟罷工。則尤屬牽强附會。吾謂爲是論者。其對於資本家之殘忍刻薄者。實有崇拜之思想。奴隸之性質。故不惜餘力。以排擊社會主義。而以粗暴過激詆之。雖然。若以是排擊社會主義。則維新以前。提倡勤王論者。悉亂民乎。夫固不禁一哂也。

要之我國勞働問題之歸著。不止嘆願時期之短縮。不止嘆願賃銀之增加。其第一要著。在我勞働諸君各占據於極有權力之地步。其對於生產之利益。務得公平之分配。然欲達此等希望。而因仍伏處於自由競爭制度之下。則如於嚴冬思鮮果。暗室覓物事。其無得也。不卜可知。我勞働諸君。不欲達此等希望。則亦已矣。若欲達此希望。而化私有之資本爲公有。化獨勞之工業爲公勞。舍社會主義。其奚策之從。

由斯以談。則我國今日之解決我勞働諸君之問題者。惟社會主義。脫卸我勞働諸君之苦境者。惟社會主義。組織我勞働諸君之幸福者。惟社會主義。製造我勞働諸君之生命者。惟社會主義。諸君諸君。思之思之。愼勿爲俗論欺。而永遠墮陷於奴隸之慘境。沈淪於痛苦之悲況也。

帝國主義之衰運

　　學者將欲掉舌執筆。道天下事。談言微中。以爲世宗。其急切而不可缺者有三。曰攷驗過去。曰揣摹現在。曰推究未來。三者缺一。則所言雖多雖博雖辯。鮮當也。彼居今日而非難社會主義者。曾否洗刮其昏瞶之目。以觀察現在世界之大勢乎。何也。社會主義者。固二十世紀之大主義。大理想也。今之有人民。有政府。有主權。樹一國旗於渾圓球上。其組織之規模。樹立之目的。有所謂帝國主義者。有所謂軍國主義者。此二種主義。飛揚於十九世紀時代。風潮一發。愈播愈高。氣染波及。殆遍全球。一若非是不足以立國。非是不足以自强者。雖然。吾人早已疑其非完全之主義。至今日而帝國主義。及軍國主義之害惡。則殆將達於極點矣。不觀諸歐洲諸國乎。其號稱强大者。大率不惜殫民力。竭國力。汲汲焉。皇皇焉。以經營其新領土。擴張其新軍備。其表面固富饒强盛也。而其結果之惡劣。則多數之人民。往往陷於困厄、飢餓、罪惡焉。<u>德意志</u> <u>俄羅斯</u>。其弊害尤彰明較著者也。吾人者。姑置他國勿論。請試言兩國弊害之現象。以爲渾圓球上之號稱有國者。作一小影片。俾知所去取焉。

　　<u>福禄志</u>[①]者非戰爭者之有名家乎。其論<u>德意志</u>戰爭之危險也。曰。<u>德意志</u>者。決不能常占於戰爭優勝之地位也。何以言之。蓋彼本以農業立國。自其由農業國變爲工業國也。生產之利益益失。以致多額之食物。多仰給

---

① 　"福禄志"，疑爲讓・德・布洛赫（Jean de Bloch，1836—1902），波蘭銀行家、和平主義者。

於他人。由海外而輸入者。居其大半。況彼國所徵幕①之常備兵。以四百萬人計。職是之故。國内之生產力。直失去九百萬噸之多。其工業又以戰争之故。原料供給之途。全然杜絶。故今日彼國商業商工之現象。皆如病痿靡。如患麻痺。殆將至葳蕤不振。運動不仁矣。尚武之國。其於經濟上也。必困厄。經濟之國。其於尚武上也。必疏虞。尚武與經濟。固有不并立之勢也。然經濟既陷於困厄之境。則其尚武之精神。亦必不能永遠持續。由斯以談。則德意志其能常占於戰争優勝之地位乎。彼又曰。現時德意志商業之情形。漸次陷於非運。若持是不變。困難殆達極點。欲講求救濟之策。其惟減少軍備乎。否。則德意志過去之全盛。而欲再覩於二十世紀之時代。必不可得矣。乃組織彼國之政體者。恬不知悟。而猶向美國再起外債。以充北清出兵之費用。亦良可訝已。

　　福禄志更即法蘭西 德意志戰争以來。揭德國戰時之抵抗力。以喝破德意志國民之繁榮。不過一時之夢幻泡影。統計揭於左。

人口之四割五分②	一年之收入	一九七以下
人口之四割	一年之收入	二七六以下
人口之五分	一年之收入	八九六以下
人口之一分	一年之收入	二、七八一以下

　　如上所述。福禄志之言。則德意志貧弱之現象。詎不大可驚大可異哉。雖然。是固無足驚異也。福禄志亦曾言之矣。使德意志而惕於貧弱之弊害。講求救濟之策。其惟減少軍備乎。蓋過去全盛時之德意志。非小弱也。固翹然軒然。雄視海上者也。胡爲至今日而多數之人民。益陷貧乏。昔之占於强大之地位者。忽然而產出一種貧弱之病狀哉。噫。我知之矣。蓋國所恃以立者。經濟也。經濟之母。即商工與商業也。德意志在十九世紀之時

---

①　　“徵幕”，有誤，應爲“徵募”。
②　　“四割五分”，即45%。“割”，即10%；“分”，即1%。

代。政府所組織。國民所企圖。策士所主張。靡不汲汲皇皇。以擴張國內軍備。經營海外領土爲主眼。以致輸出之數。有加無減。遂全然吸收商工商業之利益。輸於是二者之內。而漏洩之。吸收復吸收。漏洩又漏洩。奚怪多數之人民。益陷貧乏也。持是不變。吾恐自時厥後。生活之競爭。愈益激烈。勢必至慘境悲劇。層見疊出。其結果有不忍言者矣。不觀往年之統計報乎。有曰。<u>德意志</u>於一年國中之自殺者。殆及八千人。至問其所以自殺之原因。則皆曰。生活之墮落也。罪過之誤觸也。悲悶之難堪也。嗚呼。尚武與經濟。其不能并立也。兩害相形取其輕。兩利相形取其重。有國者觀於此。其於立國之組織。思過半矣。

雖然。<u>德意志</u>之對於<u>支那</u>也。對於南<u>阿布利加</u>①也。對於<u>沙墨亞</u>②也。所得之利益。所得之光榮。亦匪寡也。其將主張社會主義。以救此危險乎。此等危險之狀態。我知<u>德意志</u>之國民。亦必不能堪也。

至若<u>俄羅斯</u>之危險。則更有甚於<u>德意志</u>者。吾亦不敢妄爲臆説。請據近著之<u>隔週評論</u>③。與<u>巴烏爾</u>所著之<u>飢餓俄國</u>以言其現象。其書曰。由八十七年一月。至九十九年一月。此十二年間。俄國之公債。由四十三億。漸增加至六十一億之多。此增加十七億之公債。支拂於鐵道。及其他生產之事業者。約十二億。餘悉以彌縫歲計之不足。經濟困難之現象。既已如是。而政府之組織。尤汲汲以膨脹領土。擴張軍備爲急切事務。由是飢不得食者半國中。疲弊痛苦。日甚一日。而所經營之鐵道。組織之生產事業。成效遲遲。外債利息之償還。歲計虧缺之彌縫。與年俱增。國中之商工商業。俱陷於萎靡之病。下層人民。不平之風潮。愈播愈高。政府皇皇。無所爲計。破産之禍。迫在眉睫。儼然産出一大革命之現象。是固俄國政府。現下苦心破膽之問題也。吾人者。試爲俄國今日政府計。其將固持此帝國

---

① "阿布利加"，簡稱非洲（Africa）。
② "沙墨亞"，即薩摩亞（Samoa），位於太平洋中南部的群島。1899 年英國將西薩摩亞轉讓給德國。
③ "隔週評論"，即 *The Fortnightly Review*，19 世紀的英國雜誌。

主義。而聽其破産。聽其革命乎。抑拋擲此帝國主義。而更求一種新主義。以雄立於二十世紀時代也。雖然。吾常曠觀今日。歐美各國。其受帝國主義之弊害者。固不獨德俄二國已也。<u>意大利</u>也。<u>法蘭西</u>也。<u>美利堅</u>也。<u>英吉利</u>也。無不弊也。然則帝國主義者。殆增加困厄、飢餓、罪過、諸等慘境。於社會上者也。帝國主義者。殆組織諸危險。製造諸悲況。於社會上者也。彼軍人家、資本家、政治家。欲獨占其功名利益。毋惑其以帝國主義爲便也。而多數之平民。則大受帝國主義之弊害矣。故曰。救濟今日世界社會之大主義大理想。曰在殛翻帝國主義。管轄今日世界社會之大主義大理想。曰。在組織社會主義。

帝國主義所以陷多數之人民於困厄、飢餓、罪過、之慘境者。其原因果何在哉。是殆在貧富懸隔之過甚也。是蓋在貧富懸隔之過甚。而生活之競爭。遂因之猛烈也。吾人所謂社會者。其第一著手。最要目的。在除去貧富之懸隔。然欲除去貧富之懸隔。則捨吾向者所言、化一切資本爲公物。化一切工業爲公勞。決無別法策也、嗚呼。社會主義者。救世之大主義也。是非空論也。現時之問題也。是非過激也。急切之問題也。今者歐美之志士仁人。放慧眼以觀時。挾熱腸以救世者。靡不奮袂攘腕。爛舌灰軀。以企圖社會主義之進步。增長社會主義之勢力。帝國主義之害毒。其傳染進一步。而社會主義之風潮。其傳播亦同時高一步。蓋社會主義者。二十世紀之急切要件。世界文明進步之要害關頭也。我國愚昧冥頑之徒。其嫌忌社會主義。排擊社會主義者。亦曾洗刮其昏瞶之眼。以一瞬之乎。

<u>畢士麥克</u>[①]者。執德意志帝國主義之牛耳者也。運其殘酷鎮壓之手段。直足驅一國以入於帝國主義。故其黨員之數。漸次增加。現德國之帝國議

---

① "畢士麥克",即奧托・俾斯麥公爵（Otto Fürst von Bismarck［Bismark］，1815—1898），普魯士和德國國務活動家、外交家，曾任駐聖彼得堡大使（1859—1862）和駐巴黎大使（1862）；普魯士首相（1862—1872、1873—1890），北德意志聯邦首相（1867—1871）和德意志帝國首相（1871—1890）。

會。非有五十八人之議員乎。法國之帝國議會。非有四十七人之議員乎。若英國之社會黨。則第有十三人之議員。白耳義①之社會黨。則第有三十五人之議員。然吾人者。以今日之大勢觀之。社會主義之發達。殆漸有如泉初達。如火初燃。有不可遏抑撲滅之勢。歐洲全體之社會黨。殆有數百萬人之數。而各國之地方議會。社會黨之議員。則又每占優勝之地位。由是以談。則二十世紀之社會主義。固已蒔其苗於世界人類之心。傳其電於世界人類之腦。怦怦欲動。勃勃欲發。有鼓舞飛揚於現今世界之勢矣。奚以知社會主義之將鼓舞飛揚於現今世界也。觀於各國最近之國際運動可知矣。自一千八百九十九年。三月之倫敦大會。同五年②呼納志亞③之大會。至一千八百九十年④。巴黎博覽會之大會。其對於社會主義之影響。有急搏直下之勢。巴黎之大會⑤也。置白耳義於萬國同盟⑥之本部。以企圖世界各國社會主義。團結鞏固。一致運動。而社會主義。見於實際政治之上者。則如白耳義如倫敦如巴黎之市政。皆各奏其功效。然則社會主義之將鼓舞飛揚於現今世界也。蓋大勢之所趨。進步之公理。雖畢士麥克復生於今日。揮其鐵腕。以運其殘酷鎮壓之手段。恐亦無如之何也。我日本而不欲立國於渾圓球上。則亦已耳。如尚欲立國於渾圓球上也。而欲脫出社會主義運動之潮流。豈可得哉。豈可得哉。

　　工業之萎靡也。軍備之煩黷也。貧富之懸隔也。生活之競爭也。多數之困厄、飢餓、罪惡也。皆帝國主義之流弊。傳播於世界者也。社會主義者。非空論也。非粗暴過激也。是拔毒之聖藥。生肌之神方也。是蓋矯正帝國主義之弊。而爲現今之救世主也。歐美之志士仁人。爛舌禿筆。以提

---

① 　"白耳義"，即比利時（Belgium）。
② 　"同五年"，據日文原書，應爲"同五月"，即同年五月。
③ 　"呼納志亞"，即布魯塞爾（Brussels）。
④ 　"一千八百九十年"，據日文原書，應爲"一千九百年"。
⑤ 　"巴黎之大會"，即 1900 年 9 月 23 日至 27 日在巴黎召開的第二國際第五次代表大會。
⑥ 　"萬國同盟"，即 1900 年成立的社會黨國際局。

倡社會主義者。職是故也。吾人大聲疾呼。以喚起我國民社會主義之感情者。亦職是故也。

　　美人某者。著一小説。於社會主義之發達。大有影響。譯其一小節於左。

　　　於時母阿納之頰。著紅潮。目瞪口呆。半晌不能言。

　　　彼女者。寂然而笑。遂發議曰。予常入街市。見彼勞働者痛苦呻吟。纍纍然踵相接於道。其慘境殆無可比例。而彼資本家則纏美衣。咀美食。視彼勞働者直不啻如天堂與地獄。有執予手而問訊者。嘆曰。汝知之乎。是帝國主義之流毒也。予乃嗒然若喪。喟然曰。予身若爲男子。予必入社會黨矣。

　　嗚呼。勿謂是小説家之夢想也。勿謂是小説家之寓言也。當今之世勢。苟其腦筋中稍有文明進步之思想。其靈臺内稍有博愛仁慈之義念。其眼光稍大。其學識稍富。而偶能觀察萬國之現象者。雖以一婦人一孺子。固無不變其舊來之目的。而主張極公極新之社會主義者。是固今日渾圓球上之實狀也。況栩然抱七尺之軀。龐然號鬚眉之漢。以天下爲志者。其於社會主義。宜如何竭其力。伸其腕。以組織之。運動之乎。而世間愚昧冥頑之徒。尚抱持其咫尺之見聞。固守其弊舊之主義。茫然苟安。昏然鼾睡。諸公諸公。思之思之。吾恐社會主義之洪水。漲而横溢。不日將漂諸公之臥床也。

暗殺論

人體之有便溺。大汚穢也。城市之有瘟疫。大憎惡也。社會之有暗殺。大罪惡也。然便溺雖大汚穢。而是固人體臟腑之功用。所組織以出者也。瘟疫雖可憎惡。而是固城市氣臭之惡劣。所蒸發以釀之者也。暗殺雖大罪惡。而是固社會交涉之不平。所驅迫以生之者也。有臟腑之功用。則不能無便溺。有氣臭之惡劣。則不能無瘟疫。有交涉之不平。則不能無暗殺。公理也。亦勢使然也。今之組織社會上之交涉者。不去其不平。而唯皇皇然以杜阻暗殺者之生。防止暗殺者之出。是猶憎便溺之汚穢。而欲損壞臟腑之功用。惡瘟疫之傳染。而欲置身於地球以外也。傎孰甚焉。

戰爭者惡事也。吾人今日所翹首以盼。引領以祝者。固希望速達於無戰爭之時代也。雖然。於現今社會之組織。弱肉強食。優勝劣敗。則有非戰爭不爲功者矣。其或憤自國之冤抑。而欲伸之乎。則舍戰爭固無策也。其或恥自國之屈辱。而欲免之乎。則舍戰爭將奚恃也。其或傷心自國權利之放失。利益之外溢。而欲保全之。挽救之乎。則又舍戰爭固無所施其計也。國際公法有曰。戰爭者。保全自國幸福權利之藩籬。固守自國幸福權利之鎖鑰也。由是觀之。則戰爭之於今日世界大勢。固處於不可得已之勢也。戰爭既處於不得已之勢。而吾人乃嘖嘖然日以非戰爭爲事。而持戰爭罪惡。坐之於彼等軍人。彼等非特不任咎。且嗤吾人爲昏瞆。詈吾人爲冥頑矣。然則吾人雖爛其舌。禿其筆。以辯以解。固不能奏尺寸之功果也。今之欲防止暗殺者之出。杜阻暗殺者之生者。殆亦類是乎。

同盟罷工者。不祥之事也。吾人所翹首以盼。引領以祝者。固希望彼勞働者勿作此不祥之事也。雖然。吾常見彼勞働者。窮窘呻吟。鋌而走險。以圖一逞。時或伸此不祥之手段。以作不祥之暴動。而脫卸其窮窘呻吟之苦況者矣。如今日之經濟組織。勞働者之工價。準據其需用供給以爲差。是直驅勞働者羣相率而入於飢餓困斃之域也。既羣而驅之入於飢餓困斃之途。而猶冀其歛縮其不祥之手段。勿作不祥之暴動。是伯夷叔齊之人物。將車載斗量。遍布於渾圓球上而後可也。有是理乎。故今日勞働者之同盟罷工。實處於不可得已之勢也。同盟罷工。既處於不可得已之勢。而吾人顧以此種罪過。坐之於勞働者。目之爲凶漢。斥之爲暴動。彼等亦非惟不任咎。且嗤吾人爲昏瞶。詈吾人爲冥頑矣。然則吾人雖爛其舌。禿其筆。以辯之解之。固不能奏尺寸功果也。今日之防止暗殺者之出。杜阻暗殺者之生者。殆亦類是乎。

國際公法有曰。凡國際之間。有紛議者。則據國際之公法以判決之。就個人黨派之行爲。以社會上之法律。判斷其是非利害。流及至今。而社會上判斷與制裁之能力。全然放失。於是凡絕望於社會上判斷與制裁之人。皆欲伸其腕力。以企圖脫離於社會法律之外。遁而隱者有之矣。放而狂者有之矣。甚則哀而出於自殺者有之矣。憤而出於暗殺。以洩其不平之惡氣。洒其滿腔之熱血者。亦有之矣。夫暗殺者誠罪惡矣。然使之絕望於社會上之判斷與制裁者。其罪惡更何如耶。

彼等既絕望於社會上之判斷與制裁。而又不能組織其黨派。以代社會行此判斷與制裁也。故挾其胸中一點不平之氣。提倡異議。企圖暴動。以與組織當時社會之政體者。樹反對旗。然彼等之意見。則又決無一定之方針。率據社會多數之意見。以變遷一己之趨向。暗殺者之情態與其目的。大率如是。要而言之。暗殺者之起也。其原因約有數端。有欲以是博虛名

者。有欲以是逞狂氣者。有欲以是復私怨者。其起因亦有二端。有憤嫉非
義之功名。而欲以是消阻戰爭之惡事者。有痛恨不法之利慾。而欲以是嚮
導同盟罷工者。噫。社會上有暗殺者出。其社會之政體。大率腐敗者也。
其組織社會之政體者。大率專制抑壓者也。欲觀察社會之現象者。於此處
而研究之。解釋之。以求其政體之是非得失。則於現今各種社會之政體。
何者爲適用。何者爲不適用。亦思過半矣。

　　雖然。彼等絕望於當時之社會。而鋌而走險。以出於暗殺者。其意見
固亦與多數民生之意見。同出一轍者也。仲大兄皇子①暗殺於蘇我入鹿②。
日本武尊③暗殺於川上梟師④。是二人者。豈生而即以暗殺爲事業者哉。蓋
亦當時社會之判斷與制裁。失其能力。彼等大不滿意。又不能取而代之。
故欲行險以僥倖耳。然而是等猛烈之暴動。是等不祥之手段。固不可以終
古也。故斃入鹿。討梟師。又爲社會多數之同情也。天下所擊掌稱快者也。
而當時之法律。當時之道德。當時社會一切組織。經彼暗殺者一大波瀾。大
風潮。泛溢之後。其進步改良。則又處於不可得已之勢矣。故吾謂社會上有
暗殺者出。其社會之諸等政體。必因之而激成一大進步。此暗殺者一出。法
律所不能禁。斧鉞所不能懼。水火所不能阻。蓋社會必經此一番掀播。而始
有一番進步。天特遣彼等以作世界進步之導火線。驚世界冥睡之大喝棒也。

　　然則我國今日之暗殺者。果何如耶。我國今日之暗殺者。果絕跡耶。
質而言之。明治今日之時代。固適丁⑤社會之判斷制裁。失其能力。而彼
絕望於社會之判斷與制裁者。正膨脹其勢力。磨礪其手段。相率而出於暗
殺之時代也。

---

① "仲大兄皇子"，即日本天智天皇（626—672），668—672 年在位。
② "蘇我入鹿"，蘇我入鹿（？—645），日本蘇我家族首領，皇極天皇時與其父蝦夷掌控國政。
③ "日本武尊"，日本古代傳說中的英雄，景行天皇之子，以勇敢和機智聞名。
④ "川上梟師"，傳說是日本熊襲族的首領。
⑤ "丁"，當作"于"。

星亨[①]之遭害也。吾人固不敢定彼等之行此暗殺手段者。果正人君子歟。抑盜賊惡漢歟。然星氏遭害之原因。則又不妨約指之。以爲組織社會之政體者。下一針砭也。原因何在。一因星氏行爲之專激。一因伊庭[②]之愚。一因新聞紙之議論。而彼等之行此暗殺手段者。其大根本大原因。則實起點於社會之放失其判斷與制裁之能力也。

社會既放失其判斷與制裁之能力。則其腐敗墮落。必至每下愈况。殆如病入膏肓。不可救藥。由是組織社會之政體者。皆不知有公義。不見有公益。惟日夜希望飽足一己之利慾。企圖固持一己之權勢。惟其思想目的。不過於是也。未幾而專制之政體出矣。未幾而苛虐之手段出矣。以專制之政體。濟以苛虐之手段。毋惑乎暗殺者之蝟集而蜂屯也。彼星氏之所爲。凡事之有利於己者。則主張之。人之有利於己者。則榮譽之。反是。則顛覆之。詈毀之。惟恐不力。惟恐不勝。夫如是則無論社會之如何判斷。如何制裁。其不放失其能力者幾何矣。欲毋及禍。烏可得哉。

雖然。星氏之遭害。猶其小焉者也。吾恐持是以往。社會之腐敗墮落。滔滔日下。靡有止境。其弊毒所產出之結果。將不止一暗殺者之黨派。寖假而虛無黨出。寖假而無政府黨又出。沸亂之情態。有不可知。不忍言者矣。是猶疾患虛弱。已不可支。尚不講求衛生之道。攝養之功。而乃恣食腐敗之食物。以養成急劇之痢證。元氣大憊。外感交集。斃而已矣。嗚呼。可不爲寒心哉。

然則不求所以消息戰爭之惡事。而第以戰爭之罪坐之軍人者。謬也。不求所以防止其同盟罷工。而第以同盟罷工之罪。坐之勞働者。妄也。不求所以救治今日社會之腐敗墮落。恢復其判斷與制裁之能力。而第以暴激之罪。

---

① "星亨"，星亨（1850—1901），日本政治家。
② "伊庭"，即伊庭想太郎（1851—1907），日本劍術家，於 1901 年 6 月 21 日刺死星亨。

坐之暗殺者。殆盲其目而黑其心者也。噫。病已深入肺腑。不進以湯藥。除
去病根。皇皇然惟重其衣曰。吾恐風寒之侵入也。其昏瞶可哀之行徑。與今
日欲防止暗殺者之出。杜阻暗殺者之生者。有以異乎。無以異乎。

　　或者曰。今日之社會。誠腐敗墮落也。判斷與制裁之能力。誠放失也。
然欲救治之。恢復之。道將安出。曰。無他。其第一着手。在改革經濟之
組織。除去生活競爭之困苦。掃蕩崇拜金錢之風氣。萬民皆受平等之教育。
有自由之特權。有參政之特權。社會上之一切運動。少數之人士。不得獨
占其舉廢之權。質而言之。則不外實行近世之社會主義也。社會主義。果
能實行。則社會上之判斷。皆聰明也。社會上之制裁。皆公平也。判斷既
聰明。制裁既公平。則一切腐敗墮落之病。霍然若失矣。夫如是而暗殺之
罪惡。自如煙滅。如潮落。毋庸防止之。杜阻之。而自絕跡於文明進步之
國焉。組織今日社會上之一切政體者。其擴其眼光。開其耳力。而再三致
意也。

無政府之製造①

　　現今世界之最劇最烈。如火如荼。炎熾勃發。傳染流播。殆遍全球者。非無政府之主義乎。無政府之主義。是耶。非耶。明者必辯之。毋庸吾詞費也。然觀於美國大統領爲無政府黨殺害②一事。其沸亂激烈之情形。固我所宜取爲殷鑑者。胡爲我國今日之社會。猶汲汲以準備無政府黨之製造。爲急切之主眼也。

　　吾今且不必論無政府主義之是非與利害也。但不解彼等何以忽主張此激烈主義。伸縱此暴惡手段。此中必有一大原因大種子存焉。然則解拆其爲何原因。分別其爲何種子。固今日之第一大問題也。則有爲之説者。曰彼等迷信也。又有爲之説者曰。彼等狂氣也。更有爲之説者曰。彼等爲功名心也。然以爲迷信。以爲狂氣。以爲爲功名心。固矣。曾亦思彼等何以聯絡此廣大之團體。鼓吹此漲溢之風潮。發放此不祥之手段。而不悟迷信。逞其熱狂。以期滿足其功名心乎。是必有一大有力之動機。驅之推之。而後然也。有力之動機者何。則彼等對於今日之國家社會。絕望焉是也。

　　現今世界國家社會之組織。其對於世界之人類也。果有福利乎。抑否乎。實未解決之問題也。吾人自其表面上觀之。政治之自由。學術之進步。器械之發明。資本之饒多。生產之增加。以十八世紀以前比例之。其相去誠不可以道里計。則今世界之人類。其享受之幸福。直何如矣。而孰意細

---

① 目次爲"無政府黨之製造"。
② "美國大統領爲無政府黨殺害"，指美國第 25 任總統威廉·麥金利（William McKinley, 1843—1901）於 1901 年 9 月 6 日被無政府主義者利昂·喬爾戈什刺殺（9 月 14 日去世）。

研究其實際。則大不然。生活日益困難。貧民日益增加。罪惡日益賾大。有西人某者。曾唱議曰。議會者。增加租稅之具也。言雖失實。然現今世界國家社會之組織。其流弊誠有如是者也。蓋政治之自由。學術之進步。器械之發明。資本之饒多。生產之增加。斯數者。固擴張社會上之利源者也。然其利歸之王侯。歸之富者。歸之官吏。歸之軍人。平民固未沾其涓滴也。然則對於現今之國家社會。產出多數之絕望者。固無足怪也。

如上所述。現今世界國家社會組織之現象。匪特無政府黨知之苦之。即各階級之人士。亦皆知之苦之。惟其知之苦之也。於是羣大不便之。眾議沸騰。提倡新論。有起保護勞働之論者矣。有唱萬國平和之議者矣。有發明共產主義者矣。有主張社會主義者矣。雜論龐言。各從其類。相率抱持其方針。以希望達其目的。而救治社會一切弊病。此固社會多數人民之同情也。彼無政府黨。其初意亦如是也。繼見國家社會之墮落。生活之困難。日迫一日。遂不惜放棄其曩昔種種之希望。而出此激烈主義。伸此暴惡手段。以圖一逞。以求遂其功名之心。無政府黨製造之原質。大率如是也。死鼠與古綿。腐敗之氣。其蒸發也。傳染於人。足以致人病死。國家社會。組織不潔。其弊害殆類此乎。今試起而問世界國家社會之組織。其不使多數之人民絕望者。遍索於全球。殆不一覯也。無政府黨之風潮。愈傳愈廣。愈播愈高者。非無政府黨之自傳之自播之。世界國家社會之組織。有以助其傳。助其播也。今者歐洲大陸之人民。無政府黨殆居其十之六七。而其殫精竭神。聚魂斂魄。以企圖改革社會之制度。則以英之無政府黨爲巨擘。其勢力之膨脹猖獗。於全歐亦首屈一指。美次之。俄又次之。自時厥後。其害毒蔓延。則非吾之所敢知矣。

他國姑置勿論。請言我國。我國今日社會之組織。其對於多數人民也。果無絕望者乎。殆未也。然則我之首府、議會、政黨、教育、經濟、宗教、

諸君。宜如何放眼光。伸腕力。建設完全美善。適於今日社會之政體。以
增進我國民之幸福乎。諸君諸君。不見華族之日增加乎。不見御用商之日
暴富乎。不見軍人之日光榮乎。若我國民則以痛苦爲衣。以窮困爲食者。
踵相接也。是纍纍然之痛苦窮困者。胥絕望於諸君今日社會上之組織者也。
諸君諸君。其亦顧彼歐洲之無政府黨。而愓然否乎。

　　不觀夫鑛毒被害地[①]之人民乎。不觀夫小金原[②]開墾地之人民乎。彼等
之痛苦窮困。不已達於極點乎。何居乎我國今日左右社會之組織者。乃視之
若無覩也。彼等之不絕望於今日之社會者，只一髮耳。彼等之不激而出於無
政府主義者。亦只一髮耳。充我國今日社會之組織。數年以內。吾恐我國將
爲無政府黨出産極旺之區矣。嗚呼。興言及此。不誠大可怖大可懼哉。

　　然則我國今日社會之組織。謂之爲製造無政府黨極敏便之機器可也。
謂之爲培植無政府黨極美佳之肥料可也。既以極敏便之機器製造之。可以
極美佳之肥料培植之。則無政府黨之長養滋生。蔓延廣被。將冠甲於全球
矣。至彼時而始覺其害毒。而欲倚一篇之治安警察法。以箝制之。禁阻之。
吾未見其可也。

---

① 　“鑛毒被害地”，指受足尾銅礦污染的日本渡良瀨川流域。
② 　“小金原”，日本東海道下總國地名，今屬千葉縣。

國民之危險[①]

　　今之耗血竭精。奮袂攘腕。眼光所注射。心力所經營。爭先恐後。惟日不足者。其第一重大問題。厥有二端。曰外交也。曰內治也。然外交重。內治更重。外交之繁難。危險之境也。內治之紊亂。則尤爲危險之境也。吾甚訝今日世界社會之國民。每不惜舉其內治之利益與幸福。以爲外交之犧牲。嗚呼。是豈可謂得計乎。是豈可謂知所輕重乎。以吾觀之。凡若是者。其社會之不亡滅者殆稀也。是固國民所當深警戒者也。

　　羅馬之民政。胡爲殞乎。殞於其內治之腐敗也。其危險之境。雖以百戰百勝之志哥利亞[②]。不能救之。加爾些志[③]。胡爲亡乎。亡於其國民之墮落也。其危險之境。雖以十五年威服意大利全士[④]之哈利巴[⑤]。不能救之。由斯以談。則古來一國家之滅亡。非外敵之勢力能亡之。其內治之腐敗。國民之墮落。自戕之也。設有一國於此。自其表面上觀之。其藩籬全然撤也。其武備全然弛也。其舞爪張牙。欲擇肥而噬。以與之爲敵者。且紛至而沓[⑥]來也。驟見之不知其危險爲何如矣。必將爲之長太息曰。若國者。

---

① 　目次爲"國民之大危險"。
② 　"志哥利亞"，即蓋尤斯·尤利烏斯·凱撒（Gaius Julius Caesar，公元前100—前44），羅馬統帥、國務活動家、著作家。
③ 　"加爾些志"，即迦太基（Carthage），古國名。公元前9世紀末，腓尼基人在非洲北部海岸建立城邦，公元前7世紀，發展成爲奴隸制國家。
④ 　"全士"，有誤，應爲"全土"。
⑤ 　"哈利巴"，即漢尼拔·巴卡（Hannibal Barca，公元前247—約前183/前181），北非古國迦太基名將。
⑥ 　"沓"，有誤，應爲"沓"。

其殆不國哉。乃入其國而覘其內治。則完全無缺點也。視其國民。則昂藏無悲況也。則雖再加百萬之敵。掩來侵來。吾敢爲其國民告曰。是奚能爲。諸君姑少安毋恐也。若反是焉。則非吾之所敢知矣。

奚以言內治之危險。甚於外交也。蓋外敵之來。雖多至百萬。若我內治完全。則可張吾三軍。而備吾甲兵。以抵抗之。掃蕩之。若內治之腐敗紊亂。達於極點。則雖無外敵之來。我將何以救治之。掃蕩之乎。蓋非革命即滅亡矣。庸詎知革命之後。滅亡之餘。其危險之境固何如乎。且也。凡國家之所以能擴張其武力。軒然龐然。確立於渾圓球上者。固實倚國民元氣之隆。財富之饒也。然國民之元氣。胡爲而能隆。財富胡爲而能饒。則又由於內治之完全。道義之厚。風俗之敦。農工商人之勤勉力行。而後得之也。非然者。而人心則墮落也。道義則頹廢也。行政財政則紊亂也。商工則萎微也。資財則困竭也。如現今之朝鮮。現今之支那。然。縱令有數百萬之水陸軍。數千艘之鐵戰艦。亦無所用之也。故曰。內治之紊亂。視外交之繁難。其境更爲危險也。

內治危險之境。甚於外交。夫人而知之矣。胡爲乎我國民之深冒入此危險之境。而不知悟也。曩者日清戰役[①]之大捷者。實我國內政之舉。紀綱之張。元氣之隆財。資之饒之結果也。

孰意自此戰後。我國民忘其本而逐其末。心光眼光。惟注射於兵隊之多。兵艦之大。集全國之聰明。以經營於此。瘁全國之財力。以輸洩於此。以爲是固國家萬世不易之業也。問國旗何以光榮。則曰恃武力。國威何以發揚。則亦曰恃武力。如戀美色。如觀至寶。視綫交集。舉國若狂。詎知今日之人心墮落。財資困竭。罪惡與貧乏者。充牣國中。即尚武之種子所留遺。而產出此惡劣現象哉。即使國旗果光榮。亦只一時之虛榮。國威果

---

① "日清戰役"，即中日甲午戰爭。

發揚。亦只一時之虛威耳。而况乎其未也。

　　諸君諸君。其亦知我國今日之現象乎。立憲代議之精神。全懲弊也。自治之制。全破壞也。道義全掃地也。經濟界全陷於無政府也。滔滔橫流。每况愈下。未知所底。而諸君尚不振刷精神。伸發腕力。以整頓之。改革之。企圖其完全。彌補其缺陷。以拔我國於危險之境。登諸太平之域。乃謀不是出。文人學士。爛其舌。禿其筆。以議論之者何哉。曰。兵隊戰艦也。議員大臣。竭其力。疲其神。以組織之者何哉。曰。亦兵隊戰艦也。然則徒求兵隊之多。戰艦之大。粉飾於表面。至於內治。則聽其紊亂。聽其腐敗。亦足以立國於今日之世界乎。甚矣。其足訝也。諸君諸君。於我國今日之現象。豈熟視若無覩乎。抑明知故犯乎。

　　或者曰。我國今日之危險。至大至急者。不在他。在俄國之侵吞<u>朝鮮</u>。經營滿洲也。斯固然矣。雖然。是猶得皮失骨之論也。何也。俄即得志於滿洲朝鮮。而肆其餘威以及我。我獨不能張其武力。以抵拒之。掃蕩之乎。此殆以內治完全言也。若我國持是以往。不變方針。則內治之紊亂腐敗。其達極點。可立而待。彼時之侵我凌我者。將不止一俄。我將何以救此危險乎。吾願我國熱誠之志士。慷慨之青年。勿唱忘本逐末之議論。勿使忘本逐末之手段。而狂於外交。狂於戰爭。不惜以內治之利益幸福。爲之犧牲也。况古來之專制政治家。常倍外交之繁賾。國威之發揚。以眩惑鎮壓國內之人心。而行其抑壓羈絆之手段。以竊一日之權勢。滿無限之利慾乎。然則我國熱誠之志士。慷慨之青年。於此處而研究之。解決之。則內治與外交。孰輕孰重。不待言而自明矣。嗚呼。伊古以來。渾圓球上。亡國之事。指不勝屈。亡國之因。亦大不一。然吾請一言以蔽之曰。其禍根常在內治。而必不在外交。

華爾波之政策①

一夕讀史至華爾波之事。喟然長嘆曰。彼非以買收議員之故。遂致天下之攻擊詈罵。集於一身。其已寒之骨。至今猶大受史家之誅伐鞭笞乎。雖然。試執我國今日之情狀。與華氏當年之情狀。比例之。又不禁戰慄瑟縮。齒相擊也。

華爾波之買收議員也。誠有罪矣。然吾人細攷察當時之情勢。彼之所以出此者。實有如醫家所謂以毒攻毒之方也。何以言之。蓋當彼時。王權既衰。國民輿論之勢力。亦未大熾。一國之權力。獨集於議會。其組織也精細。其議事也秘密。其權力彌蔓滋延。殆爲水銀瀉地。無孔不入。彼雖不滿意於議會之跋扈。而又無制之之術。故不得不降而出此下策耳。

十六世紀以前之時代。議會者爲朝廷所左右。當此時也。政治家惟得王家之信。始能假權力以行其志。降至志亞烈三世②。議會之威權勢力。其膨脹之程度。日益增高。昔之左右於朝廷者。忽轉而左右朝廷矣。當此時之政治家。一惟議會之命是聽。仰其鼻息。王家之信任。不足恃也。人民之後援。亦不足恃也。議會之權力。既足以進退一國之一切政務。則政府之以賄賂買收之。固處於自然之勢。加以議員又不盡正人君子。必有受其買收而顚倒一國之是非黑白者。是又處於自然之勢者也。然則此等時代。

---

① 目次爲"華爾波政策"。"華爾波"，即羅伯特·沃爾波爾，奧福德伯爵（Sir Robert Walpole, Earl of Orford，1676—1745），英國國務活動家，輝格黨領袖，曾任首相（1721—1742）。
② "志亞烈三世"，即喬治三世（George Ⅲ，1738—1820），英國國王。

其政界公德之腐敗。固無足怪也。

　　吾人者試反而觀我國現在之制度。固絕不似華爾波時代之大有障礙也。政府諸公。任組織政體之義務。固亦視眾議院之議決以爲進退。然今日眾議院之議員。又絕不似華爾波時代之頑冥腐敗也。今試問我國之議員。非盡由國民選出者乎。其陷於非義者。非可奏請解散乎。然則今之政治家。苟得君主之信任。人民之後援。則高派之理想。可任我提倡之。適用之政體。可任我組織之。又無冥頑腐敗之議員。樹反對旗。扼我吭而掣我肘。則何所爲而不可哉。而猶終日皇皇。以買收議員爲主眼。吾不知其何所用心也。噫。是殆其企劃之非義不正耶。抑或無勇、無斷、無智、無能。而始行此手段。欲以塞議員之口耶。四者有其一。則無行政之才力。已不免尸位素餐之誚。而況其政策之施行。匪惟無益。且大增我社會上之腐敗罪惡。破壞我社會上之幸福利益乎。故我國今日之政府。誠可爲痛哭流涕。長太息者也。

　　夫以如是之破壞政治家。行如是之惡劣手段。而我國民猶安聽之。迄於今日。尚不加以毫末之裁制。吾深悲之。何悲。悲我國民之無知慧無意氣也。是非我國民之腐敗。社會之墮落之明證乎。我議會之議事。既非若華爾波時代之秘密。我國民非日夕目擊其行動云爲乎。今之議員。非盡由我國民選出乎。胡爲任其枉其節。售其説。埋沒社會上之公理。以爲黃金之犧牲。而我國民乃漠不加察。恬不爲怪者。何也。人有言曰。一國之政體。苟日進於文明也。其國民與有榮焉。苟日墮於野蠻也。其國民與有辱焉。我國今日之政治。其果文明矣乎。抑猶野蠻也。倘後世史家。以野蠻之罪。坐主於我國民。而詈我國民爲無進步之思想。我國民其將何辭以對。何説以解也。

　　凡物必先腐而後蟲生之。我國今日之政策。是腐敗生蟲之政策也。政府如此。議會如此。國民亦復如此。同極腐敗。同極墮落。無所謂主義也。無所謂理想也。昏昏營營。惟黄金利禄之是逐。代議制度。空存形勢。實際歸烏有矣。華爾波者重見今日。且遍國中矣。革命之機。迫在眉睫。志士仁人。所爲痛心疾首。惴惴然抱奇憂。蹙蹙然靡所騁。而太息痛恨於前途也。

　　華爾波之演説有曰。反對黨者。成於三種之團體。一爲王黨。一爲所謂愛國者。一爲青年。然爾時顛覆華爾波内閣者。實青年之力居多也。彼多①之舌。爵松②之筆。非皆當時華爾波所謂青年者乎。吾觀今日之大勢。非有大主義大理想。純潔活潑。風發電馳之青年崛起。決不能拯我社會於腐敗墮落之境。而登之於完全美善之域也。嗟乎。家國之前途。實懸於予輩青年之肩上。青年諸君。勉旃勉旃。慎勿同流合污。自貽伊戚也。

---

① “彼多”，即威廉・皮特（老皮特）（William Pitt, the Elder，1708—1778），英國政治家、首相（1756—1761、1766—1768）。
② “爵松”，即塞繆爾・約翰遜（Samuel Johnson，1709—1784），英國詩人、評論家、傳記作者、散文家、詞典編纂者。

於外交上非立憲國

　　嗚呼。我今日日本之於外交也。可謂之爲立憲的乎。吾知其必非立憲的。猶未能脫專制的之境域也。

　　上有神聖之天子。下有忠義之人民。而於外交政策上。得以永保友愛之平和。豈不勝幸哉。而自我日本觀之。不特不可深幸。抑且有可深憂者。我日本之天皇。固知於我憲法上。有宣戰媾和之權。然而於憲法之條章字句中。多所杆格①。則未之知也。更於我國民亦可分配此大權。亦未之知也。今以一國之外交。而視其國民之意思於度外。一切關係。絕不使之得聞。是可謂之爲萬世法則之制乎。是可謂之對於列國之國民的乎。是可謂之文明的之外交乎。噫嘻。是殆非立憲的之外交乎。是殆專制的之外交乎。

　　我皇上英邁絕倫。富於立憲的君主之資。重公議而取輿論。所不惜也。我國民當如何咋帝之命是聽。亦當然之理也。如彼還遼一事。依一篇之詔勅。排解兩國之危險。我國民亦可謂忠義也已。雖然。我當局大臣。不解我皇叡旨之所在。外視我國民。蒙蔽我國民。不以我國民爲國民。而以爲外敵。一切關係。毫不與我國民聞知。嗚呼。外視我國民。蒙蔽我國民。已不可言矣。至於以我國民爲外敵。尚可問哉。總而言之。我日本於外交上。常主專制的與非立憲的。國家因之遂受莫大之弊害。予今舉其一二著大之例以爲天下告。

　　馬關條約締結之時。我國民之於伊藤全權等。所談判者何事。所要求

①　"杆格"，有誤，應爲"扞格"。

者何件。其結果究屬如何。豈非久不得聞乎。所聞者。非我皇上嘉賞之語乎。我國民徒想像其偉功。欣羨其駿烈而已。然而以戰勝之日本國民。不能知條約所指定。而其時戰敗之清國人。及局外之歐人。反得聞之知之。觀彼談判之日記。與往後文書。記載此事布告天下者。以北京天津太晤土報①爲最先。及其公此事於天下也。我政府始從而發表之。我國民始得而了然之。若使北京天津之太晤士久秘不宣。我國民非永在夢裡乾坤乎。然三國干涉之問題起時。吾人僅就外國電報。及外國新聞。想像其事實。而其問題之在進行中時。以至還遼詔勅之發布。全局之了結時。政府未嘗許吾人評論其事實。記載於新聞也。去年義和團猖獗。吾人唯依歐米②之新聞。而知英日兩國之交涉。次則因英國之議院公書。向日本催促出兵。且與財政上之保證公文。復得知其詳細。此電信既達之後。警事所猶嚴禁予等新聞記者。不得揭載其事。至翌日雖解此禁。而當局者猶出死力盡百万以抹殺此說。豈非可笑之甚哉。噫以我國之事實。我國之外交。歐美諸新聞紙。能知之能報之。有批評議論之自由。我國之新聞紙。及我國民。反不能有此自由。雖然。此亦何足怪者。不觀之往事乎。即我國之東京。每次所出要事。非依外國新聞則不能知者。否則即知之。亦不能出諸口。我國民亦可哀矣。

　　楨斯振馬加西③曾論英國之外交曰。英國素號以立憲制度相統治。儼然自命一大立憲國。而旁觀者。亦許之曰。此立憲國也。以吾觀之。其所行外交政策。全視國民之輿論於度外。歐洲大陸。雖極專制之政府。未有如英國之甚者。何以言之。當其外交政策之出也。非特普通人民。不能知

---

① “太晤土報”，有誤，應爲“太晤士報”，即英國《泰晤士報》（*The Times*）。
② “歐米”，即歐美。
③ “楨斯振馬加西”，即賈斯廷·麥卡錫（Justin McCarthy，1830—1912），愛爾蘭政治家、歷史學家。

之。即所謂官吏以外之衆議院議員。亦絶不得聞之者。彼等官吏以外之議員。固有質問之權利。然雖質問。而政府以他辭混之。終不與以了然之解釋。又曰。普通人民。固難期以通外交之事。而外交問題所易知者。固人人所得而關涉之。何以政府諸首領。全不向彼之代表者而曉喻之乎。由此觀之。吾人之於英國。不能不以非立憲國目之矣。噫。<u>馬加西</u>之爲此言也。其就目下之英國而論之乎。抑就以前之英國而論之乎。吾知其爲此言也。實就遠征<u>頓哥拉</u>①一舉言之也。就遠征<u>頓哥拉</u>一舉猶未出兵時言之也。及出兵已決時。已非此情狀矣。何以言之。我觀當時<u>頓哥拉</u>出兵既決之後。英國衆議院中。既有<u>志爾</u>②<u>莫魯列</u>③等之質問攻擊。復有<u>總巴林</u>④<u>巴爾阿爾</u>⑤等之往來翻駁。議論紛紛。連日舌戰。殆極龍爭虎鬪之壯觀矣。英國之外交如是。豈得以秘密罪之乎。即此次清國事件之起。英國之議院情形。吾讀其筆記。已不禁血湧而肉躍。且英國政府。每事由議院發行公書。國人無勿知之也。而外相年年必臨於市長之饗宴。以公其外交方針於大衆。英國外交如是。更有可詞以議之乎。而<u>馬加西</u>乃罪之曰非立憲的。曰專制的。毋乃太甚乎。若令彼見我日本政府之行動。更將何詞以名之乎。然我觀我日本之外交。敢一言以斷之曰。是非立憲的也。是專制的也。是欲達於秘密程度之外交也。是無國民之信任爲後援之外交也。無國民之信任爲後援。乃危險之外交也。危險之外交者。如<u>拿破侖大帝</u>⑥及<u>小拿破侖</u>⑦末年之外交

---

① “頓哥拉”，即棟古拉（Dongola），是蘇丹北部的一座城鎮。
② “志爾”，即查爾斯·温特沃斯·迪爾克（Charles Wentworth Dilke，1843—1911），英國政治家。
③ “莫魯列”，即約翰·莫利（John Morley，1838—1923），英國政治活動家。
④ “總巴林”，即約瑟夫·張伯倫（Joseph Chamberlain，1836—1914），英國實業家，社會改革家。
⑤ “巴爾阿爾”，即阿瑟·詹姆斯·貝爾福（Arthur James Balfour，1848—1930），英國保守黨政治家，英國首相（1902—1905）。
⑥ “拿破侖大帝”，即拿破侖·波拿巴（Napoléon Bonaparte，1769—1821），法國皇帝（1804—1814、1815）。
⑦ “小拿破侖”，即路易-拿破侖·波拿巴。

是也。蓋彼等之外交。非以國民爲外交。乃以國民爲魅之外交。以是一舉一動。不旋踵而已自陷於滅亡。不綦愚乎。不綦愚乎。

　嗚呼。今之時何時乎。東洋之風雲日急。列國之政教日新。縱橫今世界。上下數千年。其國民智者。國斯強。強斯存。其國民愚者。國斯亂。亂斯亡矣。今也。我國之國民。智乎愚乎。當局者。何勿脫我國民於專制的與非立憲的乎。何勿進我國民於國民的與立憲的乎。黑暗社會。其光明之。夷狄政教。其文明之。自今以往之外交。吾願當局者。發表其公文。演說其目的。一切新聞雜誌。得明目張膽而記載之。以前所謂之秘密程度。悉掃除而更張之。則我東洋幸甚。我東洋之國民幸甚。是所望於今之執政者。

財政之大革新

　　勿言軍備之不充實也。勿言教育之不普及也。勿言外交之不振也。勿言實業之萎靡也。請先言我國財政之現狀如何。夫一國政治機關之樞紐。在於財政。財政而無主義與基礎。則計畫方針。常搖搖而不能一定。使當局者不及時振作精神以整理之。徒苟且彌縫。役役猶如今日。非特不能望他機關之發達。而國家之遭遇大困難。恐亦不遠矣。豈非大可寒心者哉。

　　今之財政。即松方伯[①]所謂克伊亞[②]財政也。遺繰也。我國戰後之經費。年年膨脹。乃戰爭以前八千萬之歲計。不過五年之間。直達二億五千萬之巨額。處此激變。而無一定之大方針大計畫。唯加遺繰之繁劇。如彼流川償金。募集外債。增五年之地租。增醬油郵便電信之諸稅。亦可謂不堪矣。而內閣之更迭。又重以三四次。當局者於議會猶公言曰。財政之基礎已鞏固矣。噫嘻。鞏固乎。鞏固乎。遺繰之必要。今後非依然無所窮極乎。然必要之如何無窮。而手段則有限。譬之醫癰疽之證。失今不治。必將糜爛崩潰。至於不可收拾而後止。今有人焉。無一定之職業。恃其先人所遺無幾之生產。當馳騁於高利之火車。衣錦繡。食膏粱。耽酒色。事賭博。萬金之取引談[③]。揚揚不絕於口。其炫耀於人。亦得計矣。乃未幾而家資散盡。醜態畢形。炭炭乎殆哉。我國財政之現狀殆似之乎。殆似之乎。

---

① “松方伯”，即松方正義（1835—1924），日本政治家，曾任大藏卿、內務卿、首相等職。
② “克伊亞”，日語“遺繰”的音譯，指收羅（資金）。
③ “取引談”，即商務談判。

　　我財政之所以如此者何故乎。曰。一定之主義方針猶未立也。我財政家之手腕。與彼等之地位權力。祇於諸株①之高低可得而前知也。於金利之高低可得而前知也。至若看破世運之大機。較量社會之安排。以建一國財政之大主義大方針。非所期也。蓋彼等之所爲。決不問課稅之公否也。不問產業將來之利否也。不問人民負擔之偏重偏輕否也。其所標準。在顧目前之利。旦夕之安。今日且過。遑問明日。今年且過。遑問明年。即竭其眼光手力。亦不計及他利他害。惟知經營於地租、醬油、郵便、電信、家屋、葉煙草、諸新稅目。而已爲了財政之能事矣。已爲了一國政治之能事矣。而其幾部之賄賂。買收投機寵商保護等之濫費。反不之省。此何故乎。換而言之。我財政家之所爲。乃遣繰也。小刀細工也。胡魔化②也。國用之窮。可計日而待也。

　　轉觀各政黨之財政論。亦絕無一定之主義方針。唯見某黨者。則一意贊政府黨爲是。又某派者。一意攻政府黨爲非。終日擾擾。不知其他。若以其意見而運動之。又左支右吾。未免反覆矛盾。其極也。則失天下之信用。背國民之同情。嗚呼。今之政黨之本領精神已全喪失而不堪問。其所餘者。不過龐然之走尸行肉而已。可不哀哉。

　　軍備勿言。教育勿言。外交勿言。實業勿言。所當言者。非改革我財政之根本的。而確立其大主義大方針乎。吾人不禁引領而望曰。安得一大心思大魄力之人。而肩此重任者乎。

---

① "株"，即股票。
② "胡魔化"，即欺瞞。

好戰之國民乎

我日本水陸之將士長於戰。世界列國所共知也。我國家國民之名譽亦在此也。而古來之長於戰者。多好戰。故世界列國。皆因我國民爲好戰之國民。雖然。長於戰與好戰。本屬兩事。烏得以其長於戰而以好戰目之乎。蓋長於戰者。乃真名譽也。好戰者。斷非名譽也。

兵。殺人之器也。消糜天下之富之具也。竭盡生産力之具也。增長軍人虛誇之基也。誘起武斷政治之因也。人心腐敗風俗頹廢之源也。吾聞長於戰者。以武威光輝其國則有之。未聞好戰者而不亡滅其國者也。斯巴爾達①者。好戰之國民也。而其名譽。孰若雅典自由共和之政。以理學文藝美術道德。垂功業於不朽者乎。羅馬之名譽也。人皆以爲在於擴張版圖。而致其文明之燦然。實不知彼等之戰。在於以文明扶植他世界有以致之也。唯其每戰必加多數之奴隸。得多數之臣僕爲念。此即亡滅自身文明之所以然也。普魯士之名譽也。人非以爲在於分割波蘭既與澳②戰又與法戰致之乎。實不知在於統一德意志之國民的。而脫其國民於多數貴族公侯之桎梏有以致之也。俄羅斯之武威。其所以壓於世界者。有他故乎。曰。無他。不好戰故。蓋俄國之戰。實較歐洲諸國爲最少。彼常向於東北無人之野。以與自然抗爭。是以能致今日之強大之原因也。

嗚呼。吾觀於世界列國。不禁恍然大悟。而得其文野之原因矣。其持

---

① "斯巴爾達"，即斯巴達（Spárti），古代希臘城邦之一。
② "澳"，即奧地利（Austria）。

戰爭之名譽者。利於國家之文明必少。損害國家之文明必多。戰爭之事。固得不償失耶。我甲午之戰。非好戰也。在於保持東洋永遠之平和。拳匪之亂。我國之出師。亦勢不得不然者。世界列國。其以我國爲長於戰遂好戰乎。長於戰不好戰乎。

　戰爭之禍大矣哉。滿足一人之虛榮。即盈溢一人之野心。犧牲幾萬之生靈。消耗幾億之財帑。即戰而勝。猶不免釀他日之腐敗。償多額之負債。生民塗炭。元氣已傷。其罪尚可恕乎。孟子曰。文王一怒而安天下之民。然戰必安天下之民而後可。彼以奪民之自由而戰。奪民之幸福而戰。奪民之生命而戰。奪民之財產而戰者。與之以名譽。其受之乎。不受之乎。

　今者。我國水陸之將士長於戰。世界列國。以好戰目我。將以增益我國民虛榮之野心。何其誕妄若是哉。不知我日本。君子之國也。人道之國也。奪民之自由勿爲也。奪民之幸福勿爲也。奪民之生命勿爲也。奪民之財產勿爲也。謂我國長於戰則可。謂我國好戰。我國民斷斷拒此名譽而不受也。

兵士之厚遇

近年每至新兵入營之期。各町村人民。皆投多額之費。整壯嚴之儀式。押華嚴之旗幟。立而送之。被送者之一家。亦投多額之費。張盛大之饗宴以酬之。相習成風。滔滔皆是。吾人思之。殆非邦家之慶事乎。

彼等蓋謂軍人之名譽也不可不祝。國家之干城也不可不敬禮。然吾人亦不敢曰軍人無名譽。亦不敢曰軍人不當敬禮。雖然。若以軍人比之國民諸般之職業。有多大之名譽。即要求多大之敬禮。是謬誤之甚也。是流毒於國家社會也。國家社會受其流毒。尚望進步乎。

古之武士之名譽地位權利。比之農工商而有貴賤之殊。尊卑之別。其時乃不以爲不平之事者何哉。蓋其時乃封建之思想也。未開之思想也。野蠻之思想也。今之時何時乎。非所謂文明之世紀。尚政治的社會的之時乎。非所謂四民之權利義務。尚平等之時乎。乃何以軍人之名譽。今與古猶是也。軍人之地位。今與古猶是也。軍人之權利。今與古亦猶是也。彼必曰。軍人者。國家之干城也。國家賴以保護之。國家之農工商。亦賴以保護之。彼等農工商亦安得不祝之敬之哉。嗚呼。是説也。直不通之論也。備鼠之貓。其家之婢僕果祝之敬之乎。吠賊之犬。其家之婢僕果祝之敬之乎。國之軍人。實不過備鼠之貓吠賊之犬耳。何敬祝之足云。

我國民中之尊武士。野蠻之思想未全消滅者。蓋因彼取天下於馬上之藩閥元勳。以兵馬之權。集於其黨與之手中。爲張自己威福之具。爲日已久。不能破除之。加以日清戰爭之勝利。我國軍人之勢力更大增長。至於今日。殆達極點。我國民殆以國家爲軍人之國家。而不知爲國民之國家。其競拜跪於軍人之足下也固宜。然其結果。適長彼等軍人倨傲尊大之風。軍人之視國民。若在天仙境裏而視下界之凡塵。其倨傲尊大。積漸爲放僻邪侈。放僻邪侈。積漸爲腐敗墮落。歐洲諸國之定論曰。軍人兵士。爲風俗頹廢之因也。古來戰勝之國。人心必浮靡。世道必衰微。道德蕩然。氣節掃地者何哉。軍人之地位勢力過大之故也。我國血氣未定之青年。今一旦以兵士入營。於營中則受嚴酷之束縛。於營外則墮放逸之習慣。其入都會也。則感染都會腐敗之空氣。其入郡縣也。則感染郡縣腐敗之空氣。及其歸家。則敗地方醇樸之俗。彼等猶揚揚然自鳴得意曰。我名譽之軍人也。國家之干城也。而町村人民。以目視之而已。遑敢非議。非議者。直坐以不愛國之罪。吁。良民變爲無賴漢。醇良敦樸之風。化爲倨傲尊大放僻邪侈之行。尚何名譽之有。尚何尊貴之有。且夫有爲之青年。本無他長足錄。乃獨眩其馬上勳業之虛榮。而一般人民。自卑自屈以奉之。日不暇給。直與封建時之奴僕無異。此豈國家之慶事乎。吾恐軍人兵士。過此以往。亦未必能保持其過度之名譽。及過度之敬禮。何則。勢使然也。況乎彼等町村人民。亦非願爲之。唯迫於町村吏員等之命令。不得不從之耳。吾觀其潰貴重之時間。出如血之金資。以消耗潰散於無用之地。其怨恨之感情。見於形色。而入營者之一家。又不能爲饗宴以酬其敬禮。甲既失矣。乙又失焉。嗚呼。是惡弊哉。是惡弊哉。吾願各町村之吏員。及地位之人士。其深長思之。其深長思之。

非戰爭文學①

　　近時我文壇中。最足震驚國人之耳目者。非所謂戰争爲題目武人爲材料之傑作宏文乎。而作者非竭其畢生之力以從事乎。其意蓋謂開我國文學將來之先導。吾人固有利於後世國家也。夫果有利於後世國家。吾人固馨香而尸祝之。何樂爲是箋箋之言以非之乎。吾人恐其非特無利於後世國家。將有大害於後世國家。慘不忍言也。何則。世間之所謂戰爭文學也。皆以爲獎勵戰爭阿媚武人之具。反是者。未之聞。嗚呼。戰爭文學之弊害。吾人固不忍言。然亦不忍終不言之。今之所謂著作家。及批評家。其許我言之乎。其不許乎。其以我言爲然乎。抑不然乎。

　　彼等蓋謂吾之揮活潑快壯之筆。寫慷慨雄奇之文者。豈有他哉。不過舖張盛德。揚厲鴻庥。激厲國民之愛國心。鼓舞國民之義勇念。以盡我文人學士之責務而已。由是言之。則彼等之筆。既能寫劍戟映日之壯觀。何勿思血肉如山之慘狀乎。能寫敵國之當憎惡。何勿思我國民之亦可憐愛乎。能寫戰利品之巨額。何勿思剽掠之罪惡乎。能寫一將之功告成。何勿思萬人之骨已枯乎。能寫戰死之名譽。何以竟亡其姓氏乎。能寫國旗之光榮。何勿思生民之苦患乎。能寫領土之擴張。何勿思財貨之消糜乎。野蠻之戰爭雖可樂。文明之破壞寧不悲哉。而曰激勵愛國心。鼓舞義勇念。雖然。愛國家之心。或可激勵。愛人類之心。不已失乎。義勇者之念。或可鼓舞。仁愛者之念。不已昧乎。野蠻的戰爭。或可獎勵。文明的平和。其可保乎。

---

① 目次爲"非争戰文學"。

動物的感情。或可兀進。道德的理想。其可持乎。彼之舗張也。揚厲也。聞之似足喜。思之適足悲也。庸人以爲美談。識者以爲慘劇也。而曰盡文人學士之責務。吾知文人學士之責務。不當如是盡也。

彼以獎厲①愛國心爲目的之人。何其愚陋若是耶。竟欲以文學奏功果耶。即令能奏功果。不過使天下之人。感戰争之愉快。戀戰死之名譽。耗幾億之資財。喪幾萬之生命。進步爲之阻害。學術爲之萎靡而已。而數個之武斷政治家。因之而滿足其功名心。因之而滿足其所謂國威國光之虛榮心。因之而滿足其對於敵國之憎惡心。窮其弊。究其極。非特於純正文學之真價有缺如之歎。而墮落由是表彰。神聖由是汙瀆。其罪尚可問耶。吾嘗讀羅巴多松②所著之偉論有曰。文明的之不能相容者。因一切之動物。皆由天性發現而來故也。如人以爲最良之文學。我則以之爲無恥之文學。何則。夫工於文學之人。其心術即如何之野蠻。如何之嫉惡。而可以滿紙之虛僞的博愛掩飾之。羅巴多松所言如是。吾亦曰彼等之所謂鼓舞激勵。實非一片博愛的同情。不過煽動動物的慾情而已。噫。是等之文學。而曰爲我國文學之先導。吾人實不敢額手以相慶也。

彼等蓋謂我國之文學失於纖巧。失於優美。失於華嚴。絶無雄大高遠悲壯俊邁之雄篇大作。故以咏戰争謳勇士之藥治之。此目的雖亦未大失。然古來不朽之文字。以戰争勇士而爲材料者固不少。而彼等之所以不朽者。固不在鼓舞動物的争鬪也。在有真情使人見之而感動也。在有善念使人見之而取法也。在有美意使人見之而踴躍也。彼等雖隨意爲之。不難以曠世之天才。行其高尚之理想。故其所取題目所取材料。必非戰争也。必非戰

---

① "獎厲"，有誤，應爲"獎勵"。
② "羅巴多松"，即約翰·麥金農·羅伯遜（John MacKinnon Robertson，1856—1933），英國新聞記者，倡導理性主義和世俗主義，1906 年至 1908 年爲英國泰恩賽德地區自由黨議員。

争之獎勵也。誰以謳國旗頌祖國爲能事乎。是以<u>希臘</u>之獨立。而<u>阿馬</u>①不忍
頌之。<u>英吉利</u>之勝强。<u>些克斯比亞</u>②不忍語之。<u>意大利</u>之革命。<u>旦德</u>③不忍
謳之。之三子固才高一世。名震地球者。而乃自瘞幽光。不出其雄篇巨作
以震驚世人耳目。此豈有他故哉。蓋彼等之所思想。非國家的。乃世界的
也。非一時的。乃永遠的也。非肉情的。乃心理的也。非殺伐念。乃大慈
悲也。非國旗之光榮。乃社會人生之光明也。非對於敵人之憎惡。乃對於
鄰人之同情也。大矣哉。此三子之思想也。

　　夫彼等不欲求雄大高遠俊邁悲壯之文學則已。如欲求雄大高遠俊邁悲
壯之文學。吾請一言以告之曰。必不可於戰争謳歌中求之。不觀之巴伊布
爾④乎。法華經⑤乎。此二者。以平和爲緯。以博愛爲經。今之文人學士。
孰不詡其雄大高遠哉。不更觀之<u>杜子美</u>⑥<u>李白</u>乎。此二人者。痛戰争之慘
害。希生民之和平。今之文人學士。亦孰不欲俊邁悲壯哉。雖然。吾人之
權力。亦不能必天下之人。勿咏戰争。勿贊勇士。而天下之人。亦未必信
予言。而遂勿咏戰争。勿贊勇士。吾但願天下之人。而今而後。須於宇宙
之森羅萬象中。擇其所謂自由之理。以爲題目。以爲材料。雖咏戰争可也。
咏平和可也。咏武勇可也。咏戀愛可也。咏劍戟可也。咏牙籌可也。咏北
京天津可也。咏箱根⑦鎌倉⑧可也。務盡去其虛僞的。煽動的。野蠻的。以

---

① "阿馬"，即荷馬（Homeros，約公元前 8 世紀），傳説中的古希臘詩人，《伊利亞特》和《奧德
　賽》的作者。
② "些克斯比亞"，即威廉・莎士比亞（William Shakespeare，1564—1616），英國戲劇家和詩人。
③ "旦德"，即但丁・阿利格埃里（Dante Alighieri，1265—1321），意大利詩人。
④ "巴伊布爾"，即《聖經》（Bible）。
⑤ "法華經"，《妙法蓮華經》的簡稱，佛教經典之一。
⑥ "杜子美"，即杜甫（712—770），字子美。
⑦ "箱根"，地名，位於日本本州島神奈川縣。
⑧ "鎌倉"，地名，位於日本本州島神奈川縣。

求其所謂真美善。大慈悲。世界的。永遠的。而後可。若徒以獎勵戰爭阿媚武人爲能。則亡我國之文學者。必此戰爭文學無疑矣。今曰我文壇中。人皆欲得一布林<u>①</u>。我則曰。得百布林。不如得一<u>多爾士德②</u>之爲愈也。今之著作家。及批評家。其以予言爲是耶非耶。

---

① "布林"，即約瑟夫·拉迪亞德·吉卜林（Joseph Rudyard Kipling，1865—1936），英國小説家、詩人。
② "多爾士德"，即列夫·尼古拉耶維奇·托爾斯泰（Лев Николаевич Толстой，1828—1910），俄國作家。

非政治論

　　政治爲社會國民不可避之一現象。不可缺之一要件。夫人而知之矣。雖然。在於代議政治之世。或自一面而言之。政治於其社會國民。有性格意思之反映。不過爲社會國民。增便益。考善良。及發表施行所之機關而已。或塗抹其機關之膏油。則社會國民。無秩序。無德義。無理想。無信仰。腐敗墮落。殆與蜉蝣蛆蟲等類相似。其所發之政治。亦姑息苟且之政治。糊塗彌縫之政治。腐敗墮落之政治而已。内閣與議會。國民與社會。亦唯與蜉蝣蛆蟲等類相似。徐徐于于。蠢然而活之政治而已。嗚呼。我日本現在之政治。其類此狀態乎。其類此狀態乎。

　　三十年前。刺客某於京都木屋町客舍。夜斬坂本龍馬①中岡慎太郎②二士而去。中岡雖被劍深重。猶未歿時。有端歌過樓下者。中岡撫創慨然曰。志士獨苦身。常人乃恬然行樂。舉世悠悠。夫復何言。吾人於今日。亦深有此歎矣。嗚呼。國民其醒乎。國民其醒乎。曷亦爲國家前途計乎③。

---

① "坂本龍馬"，坂本龍馬（1835—1867），德川幕府末期主張尊王攘夷和從事倒幕運動的志士。
② "中岡慎太郎"，中岡慎太郎（1838—1867），德川幕府末期主張尊王攘夷和從事倒幕運動的志士。
③ 在日文原書中，此段内容并不在此節，而在以下"國民之麻痺"節。

目的與手段①

　　天下之可憂可嘆者。莫甚於社會人民不知目的與手段之爲用。而乃混淆轉倒。至於今日。譬之飲食。本因乎飢渴也。今之急於飲食者。殆以爲飲食之外無事業焉。軍武本因乎撥亂反正也。今之急於功名者。殆冀國家之變亂焉。醫師本因乎拯人疾病也。今之欲昌其業者。殆希瘟疫之流行焉。噫可怪也。

　　夫飢食飽睡。無過去。無將來。茫茫如夢。以終其生者。此禽獸魚介之行也。若夫人則有一定之理想目的。動靜云爲。悉依其理想目的而爲進退。此非所以異於禽獸魚介之一要件乎。故個人不可無個人之理想目的。社會不可無社會之理想目的。古今東西之個人與社會。所以能進步繁榮者。由其對於理想目的。熱心忠實之故也。

　　世之對於理想目的。而行不正之手段者。是等之社會。固無容論。若夫以遠大崇高爲必要不可已之目的。乃至弄醜汙不正之手段。以此而罪遠大崇高之目的理想。而遠大崇高之目的理想。必不任其咎也。何則。有束髮四十年。周流四方。終不得志。遂至於倒行逆施者。如支那之豪傑是已。若而人者。其手段雖可憎。其志不可哀乎。又有因謀生活不遂。轉而爲盜者。如幽哥②小說中之人物。是已。若而人者。其手段雖可憎。其情不可憐乎。

---

① 目次誤爲"無理想國民"。
② "幽哥"，即維克多-瑪麗·雨果（Victor-Marie Hugo，1802—1885），法國作家、共和黨人。

是等醜汙不正之手段。實不在其目的之如何。其責別有所歸也。

今我國民之現狀果如何乎。何人能持遠大崇高之目的而爲進退乎。吾觀彼等之理想與目的。未聞有一熱心忠實者也。即偶有之。忽焉中道而喪失之矣。其手段之難易與遲速。恒不依其目的而爲措施。朝如此焉。夕於彼焉。幾經挫折。即幾經更改。若是者是目的不能指使手段。而手段反能指使目的。混淆顛倒。莫此爲甚。倒行逆施。亦何怪其然者。且夫政黨之目的。非在於主義政見之實行乎。而今之政黨。則一意擴張黨勢。其所謂主義政權。已犧牲之矣。政治家之目的。非在於增進人民之利益乎。而今之議員政治家則一意保其利禄權勢。其所謂人民利益。又犧牲之矣。商賈亦然。教師亦然。僧侶亦然。學者亦然。嗚呼。可不懼哉。可不懼哉。且天下之事。未有目的不立。而能措施其手段者也。即未有目的而爲手段所使令者也。目的而爲手段所使令者。謂之無責任之國民。無識見之國民。意志薄弱之國民。輕躁浮薄之國民。欺人而適自欺之國民。嗚呼。亡其身者此國民。亡其家者此國民。亡其國者此國民。亡其種者亦此國民。觀世界列國衰微滅亡之迹。可以知之矣。

向半死之老人。而責其主義理想之失墜。吾人斷未有如是之苛者。唯夫現時之青年。乃亦無主義無理想。夢死醉生。滔滔皆是。嗚呼。誰與共經營天下哉。且夫<u>巴爾克</u>①年三十時。以一布衣賣文。僅足以供旦夕。會<u>阿美爾頓</u>②給以三百磅之年俸。使從事刀筆。廢棄著作。巴爾克乃憤然作

① "巴爾克"，即埃德蒙·伯克（Edmund Burke，1729—1797），英國政論家、政治活動家。
② "阿美爾頓"，即威廉·傑拉爾德·漢密爾頓（William Gerald Hamilton，1730—1803），英國外交官、考古學家。1759 年，主要迫於生計壓力，埃德蒙·伯克受僱於時任英國駐愛爾蘭總督首席秘書的威廉·傑拉爾德·漢密爾頓，開始涉足政治。六年後，雙方因志向不合分手。

色曰。將阻礙我希望。剥奪我自由。永沒我本領乎。嗚呼、我國之青年。
其以希望自由本領爲目的。抛眼前之榮利。如巴爾克其人者。有幾何哉。
以理想之日本。而墮落於物質之日本。吾人不忍見之。彼以國家前途爲慮
者。其亦思之否耶。

國民之麻痺

　　水火觸身而不知其冷熱。刀刃刺肉。而不感乎痛癢。耗耗昏昏。不眠而夢。徐徐于于。雖生猶死。其形狀殆類彼中山千日之醉。而永不醒者。是非我國今日之狀態乎。若是者。謂之無精神的之麻痺。由來我國民之感性極其敏銳。衷情尤其熾熱。講仁義則不離乎身。說忠愛甚至於輕死。不知者以狂者目我國民。然因此狂者頻頻輩出。我日本之歷史。因之放一道大光彩。世界列國。咸嘖嘖不絶於口曰。日本其君子國乎。君子國之名之由來。雖由於勝清國。雖由於勝清國水陸將士之智勇。而不知實由於我國民一種熱狂直前之氣以致之也。觀甲午之戰後。有其羅爾①氏者。去清國而航日本。當滿江明月。怒濤打船之時。附髀長歌曰。今而後始博得此名譽。庶不負二十年前之壯志已。噫。我國民愛國之心。敢爲之氣。如此。此其所以爲君子國歟。

　　而爾後僅三五年。當日愛國之心。敢爲之氣。執狂如醉者。忽焉而烟消火滅。令人不勝今昔之感。今也、政府以黃金蹂躪我憲政。議員則曠其代議之任。狂奔於勢利之場。而國民恬不憤其腐敗。委其抛財賭死戰勝之名譽於泥土。文明之國。忽化爲野蠻之域。國民亦恬不憂其退步。托保護工商之名。施一種之寵商。汲汲謀自私自利之道。而國民恬不責其非義。借金於外人。開委財權於他人之端。彌縫一時之窮苦。不顧百年之大害。

---

① "其羅爾"，即瓦倫丁·伊格內修斯·吉爾樂（Valentine Ignatius Chirol，1852—1929），英國記者、旅行家。

國民恬不懼乎危殆。宰相不德。風教日頹。殺兄弒父之案。層見疊出。國民恬不哀其澆季。凡我政署之腐敗。經濟之不安。德教之頹廢。日甚一日。國家日趨於危亡之運。國民冷焉漠焉。若無知覺者。噫。國民之麻痺。至於是而極矣。古之羅馬。非大國乎。其滅也。滅於麻痺。今之清國。非大國乎。其弱也。弱於麻痺。蘇軾曰。天下之患。莫大於不知其然而然。不知其然而然者。是拱手以待亂也。①然則我今日之國民。非拱手以待亂乎。

　　觀我日本政治之陷於困難。何以如此其極也。外交着着失敗。商工日日萎靡。德教年年頹廢。我政治之力。幾不能拯救之。幾不能回復之。元老也。議員也。政黨員也。學者也。論客也。數年以來。躑躅搔首。莫可如何。似顛似狂。如癡如醉。而觀其所施爲。愈出愈惡。愈出愈暴。其弊毒日長一日。絕不能奏一毫之功者何哉。吾知其故矣。蓋彼等以政治爲萬能之力。萬事欲賴以濟之。於是宗教亦統轄於政治。教育亦統轄於政治。商工經濟。皆仰給政治之恩澤。豈知今之政治。實長我國民腐敗墮落機關之膏油也。此即其結果也。徒掘泥揚波何爲哉。

　　故希日本社會之發達國民之繁榮者。不可不知依賴今日之政治之無補也。我社會國民。必先於政治以外求德義。求信仰。求理想。求制裁。求信用。而後始有益於社會之發達。國民之繁榮。不此之慮。而以政治爲萬能之力者奚何哉。

---

① “天下之患。莫大於不知其然而然。不知其然而然者。是拱手而待亂也”，見《蘇軾集》卷四十六《策略一》。

無理想國民①

　　建築工之積煉瓦也。其迴轉不息。雖與地上直角之度。不能無微忽之差。然而其可及的之直角。固不甚相遠也。人之欲達其理想也亦然。蓋國民之理想。非特爲國民精神的建築之準繩。亦其思想的之衣食也。

　　我日本之過去五十年間。非爲振古未曾有之進步乎。而此進步之所以然。非我國民持遠大崇高之主義理想以致之乎。蓋持此主義理想。苟一隨其指導。遂猛勇精進。不致退敗。然此主義理想。一時名之曰尊王攘夷。一時名之曰開國進取。一時名之曰民權自由。或五年而一變。或十年而一變。或百千年而一變。或億萬年而一變。其變也。固無論其爲野蠻文明。要不外遠大崇高之理想。以組織之。我東洋之所以建設一大文明國者。非我國民之忠於此主義理想之故乎。其忠於此主義理想也。或浪人。或國事犯人。或政黨員。或工商業者。水火臨之而不避。威武加之而不屈。賭其身命。拋其財産。而明治之歷史。賴以生色不少。而今也何如乎。彼等忠於此主義理想之國民。不意已頹然老矣。不足以有爲矣。我思此老國民。不能不希望現在之新國民。痛恨現在之新國民。彼新國②之腦中。何竟無主義理想之片影也。

　　吾今也。舉眼以觀新國民。不禁明明然而悲之。悲者何。悲其無永遠

---

① 目次誤爲"目的與手段"。
② "新國"，有誤，應爲"新國民"。

之理想。唯眼前之内慾而已。無高尚之理想。唯卑陋之利益而已。不見
是非。唯見利害而已。不見道義。唯見金錢而已。而五十年前自由平等
博愛之日本。及駸駸乎變爲專制階級利己之日本。其腐敗墮落。不亦深
可怪哉。

義務之念

　　義務之念之一語。夫人能知之。夫人能言之。夫人實不能行之。此我國之所以有今日也。嗚呼。義務之念。我國民其可缺乏者哉。

　　思現時我國之朝野上下。萬般社會。果有一人能盡其義務哉。問其何所事事。彼必曰爲權利也。爲利益也。苟權利與利益之所在。如猛虎之撲食。如鷙鳥之飛揚。以争奪之。以計畫之。一接於義務之題目。則逡巡畏縮。策之而不前。鞭之而不進。如官吏者。則叱人民之權利不振。而所謂保護人民便益之義之念。絕無有之。商人者。則唯振代金請求之權利。而所謂求良好堅固之商品之義務之念。絕無有之。株主者。則唯受其利益配當之權利。而所謂事業繁榮之義務之念。絕無有之。議員者。則唯振豫算法律協贊之權利。而所謂造國家人民之利益幸福之義務之念。絕無有之。選舉民亦唯振其賣投票之選舉權利。而所謂憲政完美之義務之念。絕無有之。噫。可慨矣。

　　以上所言之權利。豈真正之權利乎。夫所謂真正之權利者。不可不依真正之義務而言之也。何則。人必盡真正之義務。而後可享真正之權利。是謂之應得之權利。否則對於國家而不盡義務。是國民之無資格者也。對於社會而不盡義務。是社會之一員之無資格者也。既無資格。而欲享真正之權利。一人如是。則一人亡。一國如是。則一國亡。孟子所謂上下交征利。而國危[①]。即此之謂也。

---

① "上下交征利。而國危"，語出《孟子·梁惠王上》。

　　現於法國大革命以後。既革命而又革命。既顛覆而又顛覆。不知其幾經波瀾。既經平復矣。然猶不能建設一堅固政府者。非無智也。非無識也。非無勇也。實彼等之社會。唯見權利而不見義務之故也。夫唯見權利而不見義務。其國家社會而不墮落崩壞者。未之有也。

　　可知日本今日之腐敗墮落。非我社會中無義務之念所致哉。我社會苟能各盡其義務。則官吏之保護人民利益。而人民受其權利矣。商人以良好堅固之商品貿易。而一國受其權利矣。推之株主盡株主之義務。議員盡議員之義務。選舉民盡選舉民之義務。我朝野上下。萬般社會。無不受其權利矣。此所謂盡真正之義務。而享應得之權利是也。日本如此。其庶幾乎。

老人之手

　　今之經營我國之政務。非當時維新所稱爲志士偉人者乎。胡爲至今日而萎靡沈滯。麻痺昏睡。至於是極也。冥然而思之。悄然而察之。百索而不得其解。有老劍客某。執予裾而訊曰。吾壯時之擊劍。察機於頃刻。視隙於毫末。砉然奏刀。百不失一。其間固不容一髮也。今也吾之目力。尚不亞於壯時。而吾之手。則大覺其滯礙。嗚呼。吾蓋已老矣。噫。今之經營我國之政務。其萎靡沈滯。麻痺昏睡。至於是極者。此老人之手。非其一正比例乎。

　　雖然。吾所謂老者。又匪獨佝其背。皓其髮。艱其行步。衰其形態者惟然也。即如今之大臣。今之官吏。今之議員。其苟安旦夕。如枯木。如死灰。無一事足以快人意者。雖壯其力。黑其髮。稚其年齒。偉其軀幹。然不謂之爲老不得也。何也。爲其心力已全耗。其精神已全憊也。

　　語曰。能見不能行。與無見等。行之而不力。與不行等。衰衰諸公。何其爲老劍客之手者之多也。今試問所謂政局者。彼等果盡力以開展之乎。所謂官紀者。彼等果盡力以振肅之乎。教育之不振。彼等果盡力以整頓之乎。財政之困塞。彼等果盡力以救治之乎。若此類者。彼等固熟聞之。熟知之者也。吾亦知彼等之熟聞之熟知之也。方引領拭目。以覘其功果。乃遲之久而不見尺寸之効也。遲之又久而仍不見尺寸之効也。其萎靡沈滯麻痺昏睡諸種惡病。依然無痊。且有甚也。噫。若而人者。我知國家社會上之一切事物。早已自知與彼等無毫末關係。已與之長相辭矣。而皮相俗論之士。尚戴伊、推井、擁隈①。以爲救濟我國家社會。舍數公其誰也。噫。愚亦甚矣。

維新之革命。非成就於多苟東牙②之樂隊乎。立憲代議之制度。非設立於自由黨之志士乎。若而人者。皆維新之元勳也。政黨之領袖也。當年創造如火荼③之事業。肩負擎天掀地之責任。舉而措之。悉裕如也。而至於今日。區區之小問題。亦不能解決。使彼等返躬自問。能毋啞然失笑。自怪自訝乎。此無他。蓋當年之事業。以青年之手腕組織之。其隆盛固可立待也。今日之問題。以老耄之手腕支持之。其墮落亦無足怪也。不甯惟是。今日世界之大勢。愈變愈新。彼老耄者對於今日之社會。實有不適於用之嘆。故以十七世紀之人才。經營十八世紀之物事。不適用也。以十八世紀之人才。經營十九世紀之物事。亦不適用也。由斯以談。則以十九世紀之人才。而經營二十世紀之物事。其不適於用也。不誠不卜可知乎。莫斯科以後之拿破崙。而求其馳風掣電。龍飛虎躍。雄視全歐。不可得也。然則天下之最可悲可憫可嘆者。孰有過於老境哉。

今之經營政務。組織國事者。孰非瀕於老境者哉。藩閱④亦老。議會亦老。政黨亦老。大學亦老。代議士也。學生也。商人也。年齒雖未滿四十。然彼等之精神。視老者誠有過之。無不及也。國家社會之物事。早已與彼等之手相決相辭。而趨而入於我輩青年手中矣。蓋二十世紀之世界。固我輩青年吐氣揚眉之世界。而非彼等老輩。所得干涉一毫者也。

雖然。彼等老輩。吾亦不忍沒其功。而且諒其苦也。多謝汝老輩。於二十餘年前。勞苦盡瘁。以開導我二十世紀文明之先路。故足下等之沈滯

① "伊""井""隈"，指伊藤博文、井上馨、大隈重信。井上馨（1835—1915），日本政治家。大隈重信（1838—1922），日本政治家，曾任外務大臣、首相等職。
② "多苟東牙"，日本明治維新時期的軍歌。
③ "如火荼"，疑爲"如火如荼"。
④ "藩閱"，有誤，應爲"藩閥"。

萎靡麻痺昏睡。吾亦不忍深責。然吾爲足下等計。胡不如老劍客自由其手腕之無用。而脫卸其擔荷於我輩青年之手。胡爲猶欲揮其老手。以墮落我社會上之事體。而爲世所唾罵也。即足下等無是心。而無如足下等之手。不從足下等之心何。徒勞無功。足下等亦甚失計矣。

汙辱文明者

身被西洋新式之衣。首著西洋新式之帽。手攜洋書。口操洋語。詡詡然。揚揚然。自鳴得意。號於衆曰。吾輩得西洋文明之真義者也。趾高氣揚。笑罵一切。今日見甲。不問其宗旨。不察其理想。輒夷視之曰。此未開化者也。明日見乙。亦不問其宗旨。不察其理想。復姍笑之曰。此亡國之民也。今日輕薄之輩。拾自由平等之唾餘。其習染風氣。大都如是矣。而中無定見者。驟覩彼等之如是如是也。遂從而震驚之。崇拜之。曰。是真文明國民也。嗚呼。彼豈真文明者哉。彼豈真文明者哉。

泰西十九世紀文明之精神。何在哉。實在人民抱持自由平等之理想。養成自由得立之氣象也。法國之革命也。歐洲之天地。爲之一新。非由自由平等理想之驀進乎。大陸諸國。立憲法。設義會①。產出無數國民統一隆興之現象。非自由平等理想之磅礴乎。科學之日發明也。殖產上現一大革命之象。非自由得立之氣象所振起乎。推而至於文藝之精深如法。學術之高尚如德。皆此理想與此氣象之結果也。由自由主義。進而爲帝國主義。由帝國主義。進而爲社會主義。彼等之進步。所以常先世界。彼等之富强。所以常冠絕世界者。皆此理想與此氣象之潮流也。故欲得泰西文明之真義。而收其功果。浴其德澤。非涵養此理想。振刷此氣象不爲功也。若第曰。衣服之高襟也。文字之蟹行也。則末之又末。皮毛之又皮毛者矣。

今之以文明自誇自詡之輩。試問其有此理想乎。彼固未嘗夢見也。試

---

① "義會"，有誤，應爲"議會"。

問其有此氣象乎。彼固未嘗一覿也。彼等之所崇拜者。則貴族也。藩閥也。大勳位也。侯爵也。彼等之所希望者。則官職也。利祿也。局長也。公使也。苟充其趁勢利之手段。則便佞卑汙。無不至也。達其野陋之目的。則賊民亡國。可立待也。而攷其內行。則耽賭博也。溺酒色也。爲文明之社會。文明之民族。所不容者也。而彼猶眯目糊心。厚顏曉舌。曰。吾文明之國民也。文明之紳士也。文明之政治家也。噫。以是爲文明。則如今日洋行之買辦。彼國最下流之社會。固亦高襟其衣服。蟹行其文字矣。誰非文明者也。然則如彼等者。實汙辱文明之甚者也。

故如彼等之衣與帽。誠文明矣。彼等之文與語。誠文明矣。而其眼光所注射。腦筋所摸印。必不出於吾上者所云。彼等所崇拜。所希望之種種也。是豈非沐猴而冠。猩猩而語乎。其思想如是。其內行如是。吾恐即彼等平習所夷視爲未開化。所姍笑爲亡國之民者。其思想內行。尚不至如彼等之野蠻。彼等之鄙陋。彼等之惡劣。彼等之腐敗墮落也。吾不憚彼等之嫌忌。請爲一言以斷彼等曰。彼等蓋汙辱文明者也。社會上而有彼等。必非社會之福也。

伊藤侯之盛德

　　西方有諺語曰。大人物者。譬如建道傍之白壁。人人得而見之。即人人得而汙之。此言也。可以喻我今日之伊藤侯。夫伊藤侯。吾固謂爲大人物也。然如彼其怯懦也。其巧佞也。其陋劣也。其無恥之小人也。人皆腹非之。腹非之不已。以口誅之。口誅之不已。以筆伐之。腹非口誅。以至於筆伐。伊藤侯之盛德可知矣。雖然。人孰無非議。人孰無間言。轟轟烈烈之伊藤侯。赫赫明明之伊藤侯。豈無可歌可頌可紀之盛德乎。然彼非無盛德也。彼之盛德。則荷無前之天寵而已矣。

　　如此盛德。自古之君子有之。小人亦有之。試問今日之伊藤侯。君子者乎。小人者乎。就其表面觀之。其聲名播於歐美。其威望服於亞洲。其在我日本。得君如彼其專。行乎國政。如彼其久。功烈如彼其卑。通國固稱爲大人物。大人物也。此吾所以有道傍白壁之喻也。何也。汙之穢之。盡人皆可。己不得而拂拭之。己不得而拒絕之。己不得而遁逃之。聽之而已。豈不哀哉。

　　雖然有白壁之盛德。亦可以奔走舉國之人士也。奚在其可以奔走舉國之人士。大人物曰、有能從我遊者、我能富貴之。故今日之伊藤侯。爲今日自由黨之所推戴者。以其有白壁之盛德也。彼等政治的腕曰小僧[1]等。皆所謂能利用其白壁者也。無論其新進也。其舊僚也。無不推戴彼者。亦欲利用其白壁之故也。其他政治家。實業家。望巍巍之白壁。頌赫赫之盛

---

[1]　"腕曰小僧"，據日文原書，應爲"腕白小僧"，即小人物。

德。奔走牛喘。仰視鼻息。畏之若神。望之若天。亦以其白璧盛德故也。嗚呼。此白璧也。固皎皎其有輝者。塗抹於縱橫。揮洒於上下。則亦暗暗其無光矣。人固可不省哉。

　　然今日之伊藤侯。勢固在也。位固保也。天寵固隆也。盛德固昭昭在人耳目也。人汙辱之。而彼不可拂拭也。人窮窘之。而彼不可遁逃也。人利用之。而彼不得不擔當也。欲進不可。欲退不能。懊惱悔恨之狀。當亦顧影而自憐矣。賭①瀚海之茫茫。欲渡無岸。望前途之渺渺。何處宅身。嗚呼。此盛德。吾其見而生憐歟。抑其見而生羨歟。

----

① "賭"，有誤，應爲"睹"。

平凡之巨人

　　天下古來所稱爲巨人者。有非常之巨人焉。有平凡之巨人焉。所謂非常之巨人者。挾其奇才異能。幹天下非常之事。以聳動一世之耳目。博取一時之價值者。是也。所謂平凡之巨人者。其思想不踰乎常矩。其動作不越乎常軌。自其表面觀之。其平平似無他長。而叩其衷藏。攷其底蘊。其潛德幽光。足以樹一代之典型。爲一時之欽仰者。是也。以吾人論之。其殆以前者爲平凡之巨人乎。以後者爲非常之巨人乎。吾蓋知其必不然矣。

　　非常之巨人。自古兵畧家政治家。往往有之。至於平凡之巨人。則非積學之士。所不能也。往往於教育家。宗教家。或十餘年而一見焉。或數十年而一見焉。或百餘年而一見焉。或數百年而一見焉。或千餘年而一見焉。或數千年而一見焉。殆寥寥如晨星矣。雖然。有史以來。非常之巨人雖多。其有利國家人民者實少。平凡之巨人雖少。其有益於社會文明者實多。非常之巨人。譬如奇巖怪石。奔湍飛瀑。人見之未有不動魄驚心者。然縱極其動魄驚心。其功果亦不過爲詞人騷客。競彫蟲之小技而已。平凡之巨人。譬如積一勺之土壤。巍峩而成大山。集衆水之細流。汪洋而成江海。其事其物。雖極尋常。而生民實依而生息之。嗚呼。是利民者也。非常之巨人也歟哉。平凡之巨人也歟哉。

　　雖然。此二者之巨人。其魄力均相若也。其精神均相若也。其理義均相若也。其才智均相若也。其德行均相若也。其人爵均相若也。其天爵均相若也。均是立德立功立言。三不朽之人[①]也。然吾人若得千百之非常巨

---

① "立德立功立言。三不朽之人"，典出《左傳·襄公二十四年》："大上有立德，其次有立功，其次有立言。雖久不廢，此之謂不朽。"

人。寧得一個之平凡巨人。是何也。難得之人不願少。易得之人不願多也。

我日本維新以來。非常之巨人。不知其車載。其斗量矣。木户①也。西鄉②也。大久保③也。巖崎④也。諸人皆是也。至於平凡之巨人。果誰氏之屬乎。吾人於百千之巨人中。而得一髣髴者。則福澤翁⑤是也。

究而論之。吾人生平讀書論世。曾得見幾人如翁者乎。翁夙講泰西文明之學。以教育羣英。革新一代之思想。將泰西文明以輸入我日本。我日本是以有今日之氣象。翁之功業。洵千載不磨哉。孔子曰。微管仲吾其被髮左衽⑥。吾思翁之功烈。不在管仲之下也。我國運。我國民。能有如此之進步者。其誰氏之賜乎。吾知人僉曰福澤翁也。福澤翁也。雖然。吾願我國民勿忘我福澤翁。

雖然。此功烈也。猶是翁之末也。吾之所以顛倒於翁者。不在學問文明。而在其人物。而在其平凡之巨人。翁奚爲其平凡也。東都血戰。草木皆兵。而能於腥風血雨之中。從容講學者。翁實以之也。講學四十餘年。所謂教不倦。即仁即聖者。翁實以之也。朝非顯貴。野一平民。抱富貴不能淫之道德。持威武不能屈之操守。至死以至不逾者。翁實以之也。爲一世之師表。於我思想界奏大革新之偉功者。翁實以之也。然翁所以爲絕代之巨人者。其自始至終。在行平凡之天職而不屈。在盡平凡之本務而不撓。此吾所以稱爲平凡之巨人也。而今也。人之云亡。吾欲於百千之非常巨人中。而求一如翁之平凡巨人。不可得矣。豈不痛哉。

---

① “木户”，指木户孝允（1833—1877），日本政治家、明治維新的領導人之一，與西鄉隆盛、大久保利通一起被稱爲“明治維新三杰”。
② “西鄉”，指西鄉隆盛（1827—1877），日本政治家、明治維新的領導人之一。
③ “大久保”，指大久保利通（1830—1878），日本政治家、明治維新的領導人之一。
④ “巖崎”，指巖崎彌太郎（1834—1885），日本實業家、三菱財閥創始人。
⑤ “福澤翁”，指福澤諭吉（1835—1901），日本思想家、教育家。
⑥ “微管仲吾其被髮左衽”，語出《論語·憲問》：“微管仲，吾其被髮左衽矣。”

讀修身要領

福澤翁所選修身要領。説今日男女處今日社會之道。別具隻眼。決非尋常腐儒所能企及。洵於近時教育界。爲貴重之産物無疑。然吾人偶一讀過。不免有隔靴之感。再一讀之。不禁悚然歎曰。夫何爲其然也。

修身要領。自第一條至第二十九條。所謂獨立自尊之主義。一以貫之。而翁解此主義。曰。令心身之獨立。自尊重其身。勿流於無恥之品位。此之謂獨立自尊之人。獨立自尊之人。即自勞自活之人。強健其體魄。鼓舞其精神。提倡其勇猛之氣。是即獨立自尊主義之大要也。如此吾人之於獨立自尊。夫何間然。蓋能全其個人之人格。所必要者也。然今日之男女。處今日之社會。果能實行獨立自尊之主義乎。亦不過全個人之本分而已。

集人而爲國。其人也即爲國民之一人。即有國民之責任義務。不可一日或忘者也。聚人而成社會。其人也即爲社會之一人。即有社會之責任義務。不可一日或忘者也。若夫掘井而飲。耕田而食。不知帝力於何有。[①]以文明之進步。爲分榮之世。是其人必不完具者也。商也而不能爲食。農也而不能爲衣。不相扶持。則扞格也。衝突也。離叛也。自然之理也。此之謂獨私一己。人之獨立自尊。而實非公共社會之獨立自尊也。此其人實可謂不完具之人也。故人之處此世。個人共全其獨立自尊。對於社會。不可不調和平等。調和平等。即服從社會之公德。即爲盡力於社會之公義。社

---

① "掘井而飲。耕田而食。不知帝力於何有",語出遠古時民謠《擊壤歌》:"日出而作,日入而息;鑿井而飲,耕田而食,帝力於我何有哉!"

會云者。爲公共之福利。不僅個人之福利。故人之處此社會。初必全其個人之本分者也。今日文明社會之修身要領。此重大之事。各欲全其本分。固未可等閒視之也。而福澤翁之修身要領。其始也個人之獨立自尊。其終也對於社會調和平等。及訓誨公義公德。其自第十三條。至第十九條之間。多對社會立說。所謂完全社會之基礎。在一家一人之獨立自尊。與社會共存之道。不相妨犯。自與他之獨立自尊。不相傷害。示人以信。己所愛者。推及於人。輕減其疾苦。增進其福利。是等皆獨立自尊之爲義。爲社會全般之福利。此本分也。此責務也。此德義也。即修身之要領也。

　　夫修身本領如此。蓋未有不獨立自尊。而謂能盡國民之責任。盡社會之義務者也。蓋獨立自尊。個人自由主義之骨髓樞軸也。吾人觀於歐洲各國。能脫却君主專制之桎梏。得發揚十九世紀文明之光輝者。實個人自由主義之所賜也。我國今日之文明。亦福澤翁傳個人自由之主義。以改革一代之思想。其功莫大焉。然世運日趨。轉移未易。以干羽之舞①。不能解平城之圍②。個人主義的文明。至何時始能發其大光輝乎。

　　楯有兩面。物有兩端。天下事有利必有弊。利弊必相伴。個人主義者。蓋可謂利己主義者也。貴族專制封建階級之弊毒。達其極點。其時人民沈淪於奴隸之境。個人自由獨立自尊主義。實世界之救世主哉。福澤翁實於此時奉此救世主以奏空前之偉功。持此主義不渝數十年修身要領。全以此主義爲操準。嗚呼、福澤翁固有功於世矣。然功之首亦爲罪之魁。今也打破階級。崩壞秩序。自由競爭。弱肉强食。個人自由主義。更現自由主義

---

① "干羽"，指古代舞者所持的舞具。"干羽之舞"，指文德教化。
② "平城之圍"，也叫白登之圍。漢初，匈奴冒頓單于頻擾漢北方郡縣。漢高祖七年（公元前200年），晋陽（今太原）被匈奴大軍所圍，劉邦率大軍抗擊，被困於平城白登山（今大同東北）7日7夜，後采用陳平之計，賄賂冒頓的閼氏（皇后），方得以突圍。

之平面。極其弊毒。橫溢於四海。所謂以獨立自尊。爲人人修身之要領。實可駭可危之甚也。

　　夫修身之道。道德之教也。必從一代之理想。以社會數多之福祉。爲公義公德之目的。其對於社會。全以公義公德。與獨立自尊互爲軒輊。至於福澤翁之意。雖非罔杇公義公德。而全主張獨立自尊。不知獨立自尊。一變而爲利己主義。利己主義。對於社會。即爲背德。此吾之所以大惑不解也。若幸而利己主義爲高蹈之隱者。如伯夷也。如嚴子陵①也。如司馬徽②也。皆獨立自尊。求而不可必得。從而遁之者也。

　　雖然。修身要領。亦何嘗無博愛之言乎。己所愛者。推及於人。此豈利己之言也。然既曰己愛而後及於人。則終未離利己之心也。雖然。人孰無有利己之心。人能對於社會。稍各盡其責任義務。斯可已。人各盡其責任義務。能不望其償報。況各盡其責任義務。不望其償報。則一身一家之幸福。可不必求。財産生命之思想。可不必重。如此則是大君子出。大君子出。則是大改革起矣。

　　故獨立自尊之教。必與調和平等之德相依。自愛之念。必與博愛之心相聯。若夫調和平等之德不相依。博愛之心不相聯。日抱守獨立自尊個人自由之主義。則亦利己主義而已。弱肉强食。是非今日之實狀哉。

　　今日之憂。實個人主義之弊毒。達其極點。其所以然者。在利己主義之盛。競爭自由。不能調和平等。只知有個人。不知有國家。不知有國家。更何知有社會。人之對於社會。不能盡一分之責任義務。即不能享一點之福祉利益。雖然。欲人之知有責任義務。則不得不先令其獨立自尊。故獨立自尊者。乃社會的調和平等公義公德之起點也。若不知有調和平等公義

---

① “嚴子陵”，即嚴光（公元前 39—公元 41），東漢初會稽餘姚（今屬浙江）人，又名遵，字子陵，著名隱士。
② “司馬徽”，司馬徽（？—208），東漢末潁川陽翟（今河南禹州）人，字德操，名士。

與公德。其結果蓋可爲之寒心者歟。

　　吾人非如世俗曲學。單以忠孝二字。漫批修身要領。實以其真個社會
的觀念。或有所見。亦未可知。雖然、福澤翁往矣。吾雖漫加批難。豈有
知也哉。豈有知也哉。

祭自由黨文①

　　歲在庚子。八月某日之夕。金風淅瀝。露白天高。長夜漫漫。忽焉星墜。嗚呼、自由黨死矣。歷史之光榮。豈不被其抹殺哉。

　　嗚呼。汝自由黨之事。吾不忍言之矣。想二十餘年前。專制抑壓之慘毒。滔滔橫流於四海。正維新中興之宏謨。遇大頓挫之時。祖宗在天之靈。故特降生汝自由黨。揚其呱呱之聲。放其圓圓之光。自由平等之正氣。於是磅礴於乾坤。振盪於世界。實文明進步之大溯流也。

　　是以汝自由黨。爲自由平等而戰。爲文明進步而戰。見義不爲是無勇。赴湯蹈火所不懼。千挫不屈。百折不撓。凜凜乎其意氣。戛戛乎其精神。如秋霜哉。如烈日哉。而今安在哉。

　　汝自由黨之起也。政府之壓制益甚。迫害愈急。一言論也。而思所以箝制之。一集會也。而思所以禁止之。一請願也。而思所以防止之。捕縛也。放逐也。牢獄也。絞頸臺也。無所不用其苛刻也。而汝自由黨見鼎鑊而不懼。望刀鋸其如飴。盪盡億萬之財產而不顧。損傷數百之生命而不惜。豈非汝自由黨一片之真誠。爲千古所不可磨滅者哉。而今安在哉。

　　嗚呼壯哉。汝自由黨也。噫吁哀哉。汝自由黨也。汝自由黨能如此。豈非赫赫偉男子。烈烈大丈夫哉。灑多少志士仁人之熱淚。流多少志士仁人之鮮血。擲多少志士仁人之頭顱。前者仆。後者繼。從容含笑以就死。當時誰知彼等之死。即自由黨之死乎。嗚呼、汝自由黨之前途。其光榮洋

---

① 目次爲“祭自由黨”。

洋。有可想見矣。嗚呼。熱淚鮮血。丹沈碧化。而今安在哉。

　　汝自由黨也。以聖賢之骨。具英雄之膽。目如日月。舌如霹靂。攻無不取。戰無不克。開拓一立憲代議之新天地。建幹旋^①乾坤之偉業。惜汝非守成之才。而建武之中興。中道傾覆。汝雖有光榮於歷史。而問汝之事業。汝之名譽。而今安在哉。

　　更進思之。吾少年時寓林有造^②君家。一夕寒風凜冽。薩長^③政府。突如其來。捕吾人與林君。放逐於東京三里以外。當時諸君髮指之狀。宛然在目。迄今固未嘗忘也。諸君諸君。時現今之總理伊藤侯。内相山縣^④。視汝自由黨之死。如路人。而吾人獨握一管之筆。掉三寸之舌。爲自由平等。文明進步。而弔汝自由黨之死。祭汝自由黨之靈。吾不能不撫今追昔。嘗憶陸游望劍閣諸峯慨然賦曰。陰平窮寇非難禦。如此江山坐付人^⑤。嗚呼。吾今三誦此句。以弔汝自由黨。嗚呼。汝自由黨有靈。髣髴兮其來饗。

---

① "幹旋"，有誤，應爲"斡旋"。
② "林有造"，林有造（1842—1921），日本武士、政治家，自由民權運動家。
③ "薩長"，即薩長藩閥。薩摩藩和長州藩均爲幕府末期的西南大藩，它們在倒幕運動中結成薩長同盟。
④ "山縣"，即山縣有朋（1838—1922），日本軍官、政治家，曾任陸軍卿、内閣總理大臣（1889—1891、1898—1900）、内務大臣、樞密院議長等職。
⑤ "陰平窮寇非難禦。如此江山坐付人"，出自陸游《劍門城北回望劍關，諸峰青入雲漢，感蜀亡事，慨然有賦》。

歲末之苦痛[1]

嗚呼。人生至苦痛之時。孰有如歲末者乎。懊惱也。悔恨也。恐慌也。狼狽也。奔走也。熙熙而來。攘攘而往者。皆是也。人之一生。為此歲末之苦痛。奪去其幸福。不知其幾何矣。社會文明。為此歲末之苦痛。阻礙其進步發達。不知其幾何矣。幾多之時日。皆消費此無益之苦痛中矣。幾多之材智。皆竭盡此無益之苦痛中矣。平生之强力。為此而損折者多矣。平生之面目。為此而屈辱者多矣。平生之銳氣。為此而挫撓者多矣。平生之志氣。為此而消磨者多矣。極其至也。欺詐也。迫脅也。盜竊也。殺刼也。皆因此一日之苦痛而生也。嗚呼。以此一日之苦痛。至貽社會百年之禍害。可不懼哉。

嗚呼。歲末此苦痛。雖百千萬年文明極樂之世。所不能免也。雖然、吾豈忍言之乎、此固社會自然之狀態。雖百千萬年所不能除也。雖然。吾豈敢信之乎。歲末之苦痛。為自然之狀態。固已。人生之疾病。亦非自然之狀態乎。然人生之疾病。醫術之進步。可以愈之。歲末之苦痛。文明之進步。獨不可以除乎。然果能除之與否。吾人不敢斷之於前。此其間蓋有原因。其原因如何。是甚易觀。彼等之金錢缺乏也。欲除彼等之苦痛。先濟彼等以金錢其可也。

然彼等必如何而後得金錢之途乎。從事於生產之業而已。然斯人何嘗不從事於生業。而歲末之苦痛如彼者何也。貧富之不均之故也。貧者終歲

---
① 目次為"歲末之痛苦"。

碌碌。富者終年嬉嬉。貧者以百日所得。不足以償富者一日所得。貧者占人數之多數。富者占人數之少數。至於財産。貧者不能占萬之一。富者則全占其全部。此貧者之所以終貧而富者之所以終富。貧者之所以終歲勞苦。而歲末之苦痛如故也。

雖然。今日之社會。亦嘗歡其生產之事業。放任其自由競爭也。歐美之志士仁人。夙痛論之。吾人亦持此旨以布告之。人人于是稍知有產業之權利。無不思奪資本家之私有。以歸多數人民之公有。分配之。均平之。彼等之資本家。亦不得徒手游食。而社會全般之生產額。益益增加多數。人類由是庶免歲末之苦痛。然彼等終得脫此歲末之苦痛者。則僅資本公有之一事。此所謂社會主義的制度是也。

此社會主義之論理之細目。吾人亦不暇深論之矣。至於實行之手段方法。吾人亦不暇詳説之矣。要之爲多數人民之福利。爲社會文明之進步無疑也。嗚呼。歲末之苦痛。在於富之分配之不均。富之分配之不均。在於資本家之橫暴。資本家之橫暴。在許其資本家之私有。吾思我志士義人。曾以多數團結之勢力。政治的權利。奪自封建之諸侯。奪自薩長藩閥之政府。而何於經濟家權利。不能奪自資本家之手乎。當時之尊王討幕黨也。當時之自由改進黨也。何不一進而爲人民的社會乎。是長者折枝之類。非挾太山以超北海之類也。

新年之歡喜

　　樂哉新年。新年之樂。非爲有門松①也。無門松之家亦樂也。非爲有屠蘇也。無屠蘇之家亦樂也。非爲有金錢也。非爲著美服也。非爲粧紅粉也。無金錢、美服、紅粉之人。亦樂也。然彼等嬉嬉。所以樂此新年者何哉。此時我與人與社會。俱正義也。俱自由也。俱平等也。是則可樂也。

　　人各有兩端。不能純乎爲善人。不能純乎爲惡人。但在平日有幾多之競爭。幾多之誘惑。幾多之感奮。善惡常相戰。利害常相争。勞勞者。殆不堪其生也。唯此競爭。此誘惑。此感奮。至聞除夜百八之鐘聲。而全休止。萬人俱虛心也。俱坦懷也。俱心廣體胖。無毫髮利害之芥蒂也。是以其動静。其思想。其聞睹。其云爲。無一非善非正義。天下無一毫不正與非義。新年之樂。豈不宜哉。是時金錢不壓我。權勢不苦我。利慾不奪我。頂天立地。縱橫無礙。皆大自在。人與社會皆得自由。新年之樂。豈不宜哉。既各自由。亦皆平等。是時世界皆平等矣。主人有新年。僕從亦有新年。無階級也。無差別也。一堂之上。熙熙雍雍。一家之中。融融洩洩。得此平等新年之樂。豈不宜哉。

　　人生之目的。實在正義。在自由。在平等。唯得此三者。人則聖人也。社會則天堂也。朝朝暮暮。雖非新年。亦猶新年之樂也。嗚呼。一年三百六十餘日。除此元旦。即非正義。非自由。非平等之天地。勞勞不堪其苦惱者。伊誰之咎歟。

---

① "門松"，日本人用松枝、竹子做成的裝飾品，置於大門兩側，象徵長壽。

高等教育之拒絶

　　近時我文明之不進步。與國家之不富盛。有可太息痛恨一大問題。此問題吾人宜亟亟求其解釋。即拒絶國民之高等教育是也。目今欲入高等學校者。年衆一年。而其得許可者。受驗者。常不足十分之一。餘多皆拒絶。往往十分之九。有過無不及。問其故高等學校額設之不足故也。少數之學校。不能容多數之人。其許可僅取試驗成績之最高點者也。故無論平生學力如何優等。品行如何方正。資金如何裕如。試驗之餘。不得過第一等之成績。反負以落第之不名譽。百人中有十人及第者。殆寥寥如晨星矣。

　　吾嘗見一學生。學力優等。受驗數次。不能及第。落膽之餘。志氣爲之阻喪[①]。遂日見墮落。又嘗見一學生。學力優等如之。受驗數次不能及第亦如之。歸而自罪其學力之不足。由是刻苦向學。異常勉强。從此心身衰弱。遂罹肺病。此二者。吾所目覩。其原因皆拒絶入學之故也。嗚呼、將來我國民之不發達。此一大原因。其流毒更不知所底止。是非可爲之寒心者哉。

　　夫國家共同之利福。文明之進步。必教育國民之責務也。國民既願受其教育。顧可不獎勸之。鼓勵之乎。然吾嘗見其兒童之入學也。多方强制之。固非其所矣。初則强制於小學教育。尋而開放於中學。既而能受高等教育之資者。則又多方拒絶之。此吾之所大惑不解也。試思國家教育人材。培植多士。能養成高等教育之資格者。實國家之慶事也。然何以阻礙之。

---

① 　"阻喪"，有誤，應爲"沮喪"。

遮防之。此豈教育國民之盛意哉。此吾所爲太息痛恨而不已者也。

　　然則思所以挽救之。必如何而後可。國中之高等學校。有官立。有私立。官立之學校不足。即以私立之學校補之。私立之學校與官立之學校。同一資格。私立者、仍有獎勵一如官立之制。有能私立高等學校者。則尤異常議叙之。異常榮褒之。庶乎其速文明之進步也。其致國家之富盛也。此其大體之方針如此。至如條目。則尚未暇詳焉。此今日教育家之一大問題也。

戀愛文學

有一美人。爲富家之妻。彼竊其夫之目。而戀慕畫家某。又以己之妹。許嫁於畫家。而其異腹之娘。亦戀慕此畫家。母子姊妹。爭其一男子。相挑於暗中。而一時有一書生。寄食於其家。初通下婢。更戀慕彼美人母子。遂姦其主人之妻。此一小説。近世知名士所著者也。

作者逞其奇思妙筆。讀者愛其淫詞褻語。雖然如此之文學。於現時之社會。其影響果如何乎。於現時之青年少女。其關係果如何乎。吾人思至此。不禁悚然而大恐怖也。何哉。實亂倫之極也。醜穢之極也。此亂倫醜穢之事。乃公然刊行於世。甚而新聞雜誌。廣告之。批評之。塾中購之。閨中置之。世間之青年少女。莫不爭歡迎之。嗚呼。此亂倫醜穢之事。作者不顧禮義廉恥。徒賣弄一己之文詞。異想天開。不規正理。只求讀者生多少快感。讀者亦不顧禮義廉恥。塾中購之。閨中置之。男子珍如拱璧。猶可説也。至於女子亦奉爲至寶。其難堪矣。

吾人亦不必沾沾攻擊如此作者。而風趨所尚。今所謂愛戀文學之流弊爲可慨歎也。嘗遊於通都大邑之雜誌店。其所排列之書籍。大都不外戀愛婦人情話等字樣。冠於篇首。其内容者古今之情史也。戀愛之詩歌也。解釋者一家。講説者一家。詠歎者又一家。甚而歎美其用筆拍詞者更一家。且諸家者又多出於未婚之青年少女也。好之如璧。甘之如飴。且曰神聖之戀也。曰高潔之愛也。此宇宙自然之巧妙。世間難得之著作也。是以青年少女之性行。日見墮落。鑽隙贈芍。滔滔皆是。習爲固然。恬不爲怪。此則可大痛者也。

　　吾人以文學爲勸善懲惡之具。而非以小説詩歌爲傷風敗俗之談。著一書。立一説。必有益於社會。非謂博人之笑。助人之趣。消人之愁。遂爲畢能事也。是殆古之優伶之戲作。美術家文學者。豈其然哉。況彼之戲作褻語淫詞。墮落數事之青年少女。敗壞社會。流毒無窮。賊夫人之子。其種種惡結果。更僕難數。孔子曰。始作俑者。其無後乎。①世之爲褻語淫詞。以誘惑青年少女者。其殆是矣。

　　雖然、吾人漫向當局之官吏。促其嚴於言論出版之取締。而彼等之無識。玉石不辨。恐從此反生枝節。阻害文藝之進步。但吾人抱此正義。視數多之青年少女。腐敗墮落。而有所不忍之心。無已則向於社會。加以裁制。庶乎其可哉。

---

① "始作俑者。其無後乎"，語出《孟子・梁惠王上》。

自殺論

人生最可哀可痛。孰有過於自殺者哉。日本富於尚武之風。故自殺者爲尤多見。常年自殺者。皆在七千人以上。至三十一年①。殆有八千七百餘人之多。嗚呼。人之輕生敢死。環球大地。孰有過於日本人乎哉。自殺者、其殆博强武名譽而自殺歟。其殆以平年悔恨而自殺歟。其殆表意思薄弱而自殺歟。詰諸自殺者。而自殺者亦自問茫然。相習成風。牢不可破。近時自殺者。每年率九千餘人。嗚呼。國家之前途。實可憂哉。

自殺者之多。於精神的。即以見國民之弱。於物質的。經濟的。即以見國民之疲弊。此現象於政治、於軍備、於議會、於道德、教育、與商工業。皆有關係者也。自殺者一己之生命不足惜。而孰知關於社會全體者大。嗚呼、自殺之不已。國家之元氣日傷哉。

每年自殺者。其中縊首死者占數之大半部。其次則入水。又其次則刃物。服藥、與砲擊者。蓋少也。茲無論其縊首入水刃物服藥砲擊。均自殺也。其自殺之原因。古之武士。殺身成。仁殺身爲。義曾博世間之名。譽而不完全之人。遂從而效尤之。或因所求不遂而自殺。或因罪惡難逃而自殺。或因一生煩惱而自殺。或因一時發狂而自殺。忘其痛苦而甘出於自殺。無可說焉。則自殺者只徒殺其軀。只可謂不完全之人而已。

然世間有一種好奇之人。惑於鬼神而自殺者。又有一種好勝之人。負

---

① "三十一年"，指明治三十一年（1898）。

於客氣而自殺者。又有腦筋擾亂。而自殺。形骸放浪而自殺。此皆自殺也。皆於心理的生理的。不健全者也。斷言之皆可爲國家之憂。道德上之罪惡。今日宜研究之一大問題也。雖然、孝經有言曰。身體髮膚。受之父母。不敢毀傷。孝之始也。既以自殺爲不孝矣。然孔子又曰殺身成仁[①]。則是聖人又教人以自殺也。西國之哲人言曰。人者神授以生。人既爲神所授而生。若自殺則是違神。不祥莫大焉。然東西二子教家[②]大都獎勵自殺。舊約新約。自殺亦所不咎。故古耶穌教徒之自殺者。已成普通矣。此果何也。

　　曰自殺者。背人間之自然。人莫不樂生而惡死。且無論其人之樂惡也。即樂反所惡。惡反所樂。而天地生一人。即有一人之責任。社會有一人。即有一人之義務。若聽其自殺。是違悖天地。破壞社會。天地所不容。社會所不怒。彼雖自殺。則罪更及其尸。然後天下後世之自殺者。庶幾其可止焉。

　　嗚呼。社會有競爭。而後有進步。俊[③]勝劣敗。此自然之公理也。自殺豈非社會中之個人乎。此而自殺。彼亦自殺。各自放棄其責任。各自卸却其義務。此之對於社會。無責任、無義務。彼之對於社會。亦無責任。亦無義務。此而柔弱也自殺。彼而強梁也自殺。無完全之人極者。亦無完全之社會。嗚呼。我日本國之前途可想哉。日本人之方針大異哉。年來自殺者不下五六萬。若以此不完全之人。而移其方針。得占其優等健全地位。則日本之富強。蓋又可知矣。

---

① "殺身成仁"，語出《論語·衞靈公》："志士仁人，無求生以害仁，有殺身以成仁。"
② "子教家"，疑爲"宗教家"。
③ "俊"，疑爲"優"。

翻印必究

光緒二十八年十月首次出板

原　著　人

日本幸德秋水

譯　述　者

中國國民叢書社

印　刷　所

商務印書館

老閘橋北首文昌閣隔壁

發　行　所

商務印書館總發行所

上海棋盤街中市

《廣長舌》版權頁

《廣長舌》編者説明

路寛　編校

1. 底本描述

1902 年，上海商務印書館出版了由中國國民叢書社翻譯的《廣長舌》。該書日文原書名爲《長廣舌》，作者是日本著名社會主義者幸德秋水，1902年 2 月 20 日由東京人文社出版，共 141 頁，1902 年 3 月 15 日再版。《長廣舌》是幸德秋水收集整理其在《萬朝報》《中央新聞》《日本人》等雜誌上的文章合集而成的。

《廣長舌》由中國國民叢書社翻譯，出版時間是光緒二十八年（1902）壬寅孟冬，由上海商務印書館印行。此次録入的底本采用的是復旦大學圖書館館藏本，該書高 19.5 厘米，寬 13 厘米，共 102 頁。1912 年上海商務印書館將《廣長舌》再次印刷出版，更名爲《社會主義廣長舌》。

2. 廣長舌

日文原書名字爲“長廣舌”，中文譯爲“廣長舌”，二者意思相同。佛教認爲，佛有與生俱來的不同凡俗的三十二種比較顯著的體態特徵，稱“三十二大人相”[①]，第二十七相爲廣長舌相，也稱廣長舌、長舌相。具體而言，諸佛之舌廣而長，柔軟紅薄，能覆面至髮際，如赤銅色。此相具有兩種表徵：一是語必真實；二是辯説無礙，非餘人所能超越者。例如，《大

---

① 天竺國人相説認爲，此三十二相，不限於佛，總爲大人之相也。具此相者在家爲輪王，出家則開無上覺。丁福保. 佛學大辭典：上册[M]. 校勘本. 北京：文物出版社，2015：226.

智度論》卷八中有："問曰：如佛世尊，大德尊重，何以故？出廣長舌似如輕相？答曰：舌相如是，語必真實。如昔佛出廣長舌，覆面上，至髮際，語婆羅門言：汝見經書，頗有如此舌人而作妄語不？婆羅門言：若人舌能覆鼻，無虛妄，何況乃至髮際？我心信佛，必不妄語。"《法華經·神力品》言："現大力神，出廣長舌，上至梵世。"《阿彌陀經》曰："恒河沙數，諸佛各於其國，出廣長舌相，遍覆三千。大千世界，説誠實言。"宋朱熹在《後洞山口晚賦》中云："從教廣長舌，莫盡此時心。"[①]幸德秋水用"長廣舌"一詞作爲其書名，有將該書看作是宣傳社會主義的喉舌，有如佛家傳經布道之意。

3. 幸德秋水

幸德秋水（1871—1911），原名傳次郎，日本高知縣人，明治時期著名的思想家、社會主義者、無政府主義者，自由民權運動的領導人，激進政治活動的倡導者之一。1887 年前往東京，同年末根據《保安條例》被命離京。1888 年作爲中江兆民的學僕住在東京，并任《中央新聞》《萬朝報》的記者。在此期間，他逐漸傾向於社會主義。1899 年參加社會主義研究會。1901 年又與片山潛、西川光次郎、安部磯雄等共同創立日本最早的社會主義政黨——社會民主黨，旋即遭到禁止。1903 年主張反對日俄戰爭，與堺利彦一起退出《萬朝報》，共同創辦社會主義社團——平民社，出版《平民新聞》周刊，宣傳反戰和社會主義思想。平民社和《平民新聞》成爲戰爭期間日本大多數社會主義者的活動中心。1904 年，在《平民新聞》發表他和堺利彦合譯的《共產黨宣言》。1905 年《平民新聞》因

---

① 丁福保. 佛學大辭典：下册 [M]. 校勘本. 北京：文物出版社，2015：2131；任繼愈. 佛教大辭典 [M]. 南京：江蘇古籍出版社，2002：77；寬忍. 佛學辭典 [M]. 北京：中國國際廣播出版社，1993：97；辭源：上册 [M]. 第 3 版. 北京：商務印書館，2015：1364.

反對日俄戰爭被查封，幸德秋水也因此入獄 5 個月。在獄中，他閱讀了與無政府主義相關的書籍，獲釋後前往美國。在美期間，幸德秋水接受了無政府主義思想，1906 年歸國後大力批判議會政治，提倡直接行動，組織工人進行激烈活動。1910 年日本政府炮製了"大逆事件"，幸德秋水等數十名社會主義者和無政府主義者因被指控參與謀殺天皇而遭逮捕，1911 年被處死。幸德秋水的代表作有《二十世紀之怪物帝國主義》（1901）、《社會主義神髓》（1903）等。[①]

4. 中國國民叢書社

依據現有資料，還無法獲知該社的創辦人、創辦時間等信息。但從國民叢書社翻譯和出版的書籍的內容來看，這是一家致力於介紹西方新學的機構。該社所翻譯的書籍有：《德國學校制度》（［日］加藤駒二著）[②]、《動物進化論》（［英］達爾文創義、［美］斯摩爾口述、［日］石川千代松筆記，國民叢書社重譯）[③]、《近世歐洲大事記》（［日］森山守次著）[④]、《日本監獄法》（［日］佐藤信安著）[⑤]、《世界近世史》（［日］松平康國著）[⑥]、《哲學十大家》（［日］東京文學士著）[⑦]。該社所出版的書籍有：《最新萬國政鑒》（［日］《太陽報》原譯，趙天擇、王慕陶同編譯）[⑧]等。值得注意的是，學

---

① 關於幸德秋水的生平，參閱以下資料整理而成：不列顛百科全書：第 9 卷：修訂版[M]. 北京：中國大百科全書出版社，2007：365；竹內理三，等. 日本歷史辭典[M]. 沈仁安，馬斌，等譯. 天津：天津人民出版社，1988：348；吳傑. 日本史辭典[M]. 上海：復旦大學出版社，1992：503.
② 熊月之.晚清新學書目提要[M].上海：上海書店出版社，2014：415-416.
③ 熊月之.晚清新學書目提要[M].上海：上海書店出版社，2014：328.
④ 熊月之.晚清新學書目提要[M].上海：上海書店出版社，2014：248.
⑤ 熊月之.晚清新學書目提要[M].上海：上海書店出版社，2014：424.
⑥ 熊月之.晚清新學書目提要[M].上海：上海書店出版社，2014：224.
⑦ 熊月之.晚清新學書目提要[M].上海：上海書店出版社，2014：240-241.
⑧ 熊月之.晚清新學書目提要[M].上海：上海書店出版社，2014：261.

術界亦有不少論著提出，《廣長舌》一書的譯者是趙必振①，但均未提供主
張此種説法的依據。

5. 商務印書館

　　1897 年 2 月，商務印書館由夏瑞芳、鮑咸恩、鮑咸昌、高鳳池等創辦
於上海，他們多在教會創辦的印刷機構美華書館工作過，對出版業較爲熟
悉。商務印書館起初只是印刷商業簿册表報。1900 年接盤日本人在上海經
營的修文印書局。1901 年張元濟等入股，次年設立編譯所、發行所，出版
《小學萬國地理新編》。之後，其出版業務欣欣向榮，日漸成爲中國著名
的出版機構，以出版各種新式教科書和嚴復所譯名著而享譽全國。
1906 年，清政府學部第一次審定初等小學教科書暫用書目，共
計 102 種，商務印書館所出《最新初等小學國文教科書》等 54 種入選，
占一半以上。商務印書館出版的譯自日文的書籍有各種教科書，一般科
學書籍，以及哲學、政法和文史類著作等，範圍十分廣泛，産生了很大
影響。如《經濟學講義》（杉榮三郎）、《心理學講義》（服部宇之吉）被京
師大學堂采用爲講義。許多新學著作如《帝國主義》（浮田和民）、《格致
教科書》（商務印書館編譯）、《倫理學講義》（張鶴齡）、《歐美日本政體通覽》
（上野貞吉）、《群己權界論》（約翰·穆勒）、《世界近世史》（松平康國編著）、
《世界文明史》（高山林次郎）、《新聞學》（松本君平）、《哲學要領》（科培爾）

---

① 參見高軍，王檜林，楊樹標. 五四運動前馬克思主義在中國的介紹與傳播[M]. 長沙：湖南人民
　　出版社，1986：93；周子東，傅紹昌，楊雪芳，等. 馬克思主義在上海的傳播（1898—1949）
　　[M]. 上海：上海社會科學院出版社，1994：10；李海春. 論日本對馬克思主義哲學中國化的研
　　究——李大釗、毛澤東、鄧小平三個典型個案研究[M]. 呼和浩特：内蒙古人民出版社，2006：
　　60；周谷平. 馬克思主義教育思想的中國化歷程——選擇·融合·發展[M]. 杭州：浙江大學出
　　版社，2008：23；饒懷民. 中國近代史事論叢[M]. 長沙：岳麓書社，2011：113.

等，打開了中國人的視野，發揮了傳遞新知、啓蒙民衆的重要作用。[①]

6. 該書與日文原書篇章結構的差異

經過對照可知，該書的目録和正文中的結構并不一致，而這兩者與日文原書的結構也不一致（日文原書的目録與正文中的結構是一致的）。

現將這種差異製表（表 1）展示如下：

表 1　該書與日文原書的篇章結構之差異

《廣長舌》人文社 1902 年 3 月 15 日再版之目録	《廣長舌》《幸德秋水選集》第 2 卷，世界評論社 1950 年版之目録	《廣長舌》1902 年商務印書館中文譯本之目録	《廣長舌》1902 年商務印書館中文譯本正文中之結構
十九世紀と廿世紀	十九世紀と廿世紀	十九世紀與二十世紀	十九世紀與二十世紀
革命來る	革命來る	革命之問題	革命之問題
破壞主義乎、亂民乎（社會主義の實質）	破壞主義乎、亂民乎（社會主義の實質）	社會主義之實質	社會主義之實質
金錢を廢止せよ（社會主義の理想）	金錢を廢止せよ（社會主義の理想）	社會主義之理想	社會主義之理想
胃腑の問題（社會主義の急要）	胃腑の問題（社會主義の急要）	社會主義之急要	社會主義之急要
近時の勞働問題（社會主義の適用）	近時の勞働問題（社會主義の適用）	社會主義之適用	社會主義之適用
帝國主義の衰運（社會主義の好望）	帝國主義の衰運（社會主義の好望）	帝國主義之衰運	帝國主義之衰運
暗殺論	暗殺論	暗殺論	暗殺論
無政府黨の製造	無政府黨の製造	無政府黨之製造	無政府之製造
國民の大危險	國民の大危險	國民之大危險	國民之危險
ワルポール政策	ワルポール政策	華爾波政策	華爾波之政策
日本の民主主義	日本の民主主義	—	—
外交に於ける非立憲國	外交に於ける非立憲國	於外交上非立憲國	於外交上非立憲國
財政の大革新	財政の大革新	財政之大革新	財政之大革新
好戰の國民乎	好戰の國民乎	好戰之國民乎	好戰之國民乎
兵士の厚遇	兵士の厚遇	兵士之厚遇	兵士之厚遇
非戰爭文學	非戰爭文學	非爭戰文學	非戰爭文學
非政治論	非政治論	非政治論	非政治論
理想なき國民	理想なき國民	無理想國民	目的與手段
國民の麻痺	國民の麻痺	國民之麻痺	國民之麻痺

---

① 熊月之. 西學東漸與晚清社會：修訂版[M]. 北京：中國人民大學出版社，2011：510-511；熊月之. 晚清新學書目提要[M]. 上海：上海書店出版社，2014：895-898.

續表

《廣長舌》人文社 1902 年 3 月 15 日再版之目録	《廣長舌》《幸德秋水選集》第 2 卷，世界評論社 1950 年版之目録	《廣長舌》1902 年商務印書館中文譯本之目録	《廣長舌》1902 年商務印書館中文譯本正文中之結構
目的と手段	**目的と手段**	**目的與手段**	**無理想國民**
義務の念	義務の念	義務之念	義務之念
老人の手	老人の手	老人之手	老人之手
文明を汚辱する者	文明を汚辱する者	汙辱文明者	汙辱文明者
伊藤候の盛德	伊藤候の盛德	伊藤候之盛德	伊藤候之盛德
平凡の巨人	平凡の巨人	平凡之巨人	平凡之巨人
修身要領を讀む	修身要領を讀む	讀修身要領	讀修身要領
自由黨を祭る	**自由黨を祭る文**	**祭自由黨**	**祭自由黨文**
歲末の苦痛	歲末の苦痛	歲末之痛苦	歲末之苦痛
新年の歡喜	新年の歡喜	新年之歡喜	新年之歡喜
高等教育の拒絕	高等教育の拒絕	高等教育之拒絕	高等教育之拒絕
戀愛文學	戀愛文學	戀愛文學	戀愛文學
自殺論	自殺論	自殺論	自殺論
宴會の不完全	**宴會の不完全**	—	—

注：粗體部分爲有差異之處

從上表可以看出以下幾個問題：

首先，譯者在翻譯時并未完全按照原書中的標題進行翻譯，而是對原書中部分標題作了刪減處理。例如，日文原書中第三節的標題是"破壞主義乎、亂民乎（社會主義の實質）"，而對應的中文標題是"社會主義之實質"，省去了"破壞主義乎、亂民乎"。

其次，譯者并未按照原書內容的順序進行翻譯，而是在翻譯時對原書中各節的順序作了調整。例如，"無理想國民""國民之麻痺""目的與手段"等節在正文中的順序，不僅與譯本目録不一致，也與日文原書的目録不一致。

最後，譯者未翻譯原書中的兩節內容，即"日本の民主主義""宴會の不完全"。

除了以上三種情況外，還有兩種情況：第一，在各節的翻譯中，存在將一些段落略去不譯的情況。例如，"於外交上非立憲國"這一節，就將日文原書中對應的“外交に於ける非立憲國”第一段的大篇幅内容略去未譯。第二，有些節的内容，并非譯自日文原書中對應章節的内容，而是原書中其他章節的内容。例如，“目的與手段”一節最後一段的内容并非日文原書中與其所對應的“目的と手段”一節的内容，而是《理想なき國民》一節最後一段的内容。[①]由此可以認爲，該書是日文原書的節譯本或編譯本。

7. 《廣長舌》一書的特點及其在馬克思主義傳播史上的意義

介紹社會主義的譯作曾在中國産生很大影響。1920 年 3 月 14 日，毛澤東在致周世釗的信中説：“看譯本較原本快迅得多，可於較短的時間求到較多的知識。”[②]在 20 世紀初的相關譯作中，幸德秋水的著作在中國曾廣爲流傳。朱謙之曾指出：幸德秋水“在其轉向於社會主義之後，其書對中國人有相當影響。”[③]該書的主要内容與特點如下：

第一，理論内容混雜，既有社會主義理論，也有無政府主義理論和民粹主義等理論。

19 世紀末 20 世紀初，社會主義思潮在日本很有市場，馬克思主義、民主社會主義、俄國民粹主義等思潮紛至沓來，在日本廣泛傳播。當時日本出版了很多宣傳和介紹無政府主義的著作，無政府主義思想被日本一些早期馬克思主義者所接受和倡導。19 世紀 60 年代，反映俄國小生産者利益的民粹派在俄國形成，他們認爲農民是革命的主體，并以人民的精粹自居，號召青年知識分子“到民間去”。“到民間去”運動失敗後，一些民粹主義者主張通過武裝暴動、秘密暗殺等恐怖活動來擴大影響和聲勢，引起和

---

① 幸德秋水. 幸德秋水選集：第 2 卷[M]. 東京：世界評論社，1950：61-62，65-66.

② 中國革命博物館，湖南省博物館. 新民學會資料[M]. 北京：人民出版社，1980：63.

③ 朱謙之. 日本哲學史[M]. 北京：生活·讀書·新知三聯書店，1964：276.

推動社會革命。俄國沙皇政府强力鎮壓了民粹派運動，民粹主義者紛紛流亡國外，日本也是主要流亡地之一。這些俄國民粹主義者對日本的早期馬克思主義者產生了重要影響。面對魚龍混雜的各種思潮，他們還不能對其作出科學的辨別，也不能嚴格區分馬克思主義、無政府主義和民粹主義等的差別，因而在其著作中，他們所稱的社會主義往往是各種主要思潮相互交織的混合體。

幸德秋水的《長廣舌》就是當時日本思想界對上述狀況的生動反映。該書中既有闡述一般社會主義的内容（如社會主義之實質、社會主義之理想、社會主義之急要、社會主義之適用、帝國主義之衰運等五節），也有介紹無政府主義的内容（如"無政府之製造"一節），還有闡述民意黨人所主張的秘密暗殺等内容（如"暗殺論"一節），以及宣傳西方自由平等和個人主義的内容（如"平凡之巨人"一節）等，内容較爲繁雜。20 世紀初中國進步知識分子通過閱讀和翻譯日本介紹馬克思主義和社會主義的著作，對社會主義"其學説、其歷史、其派別、其運動"有了初步瞭解，"譯者深喜研究其真相，并擬一一紹介之於學界"①。但他們對社會主義學説及其流派的認識往往也是模糊的，因而向中國引介的内容也只能是科學社會主義、空想社會主義、無政府主義等思潮的大雜燴了。

第二，對各種錯誤觀點進行了批判，并試圖從理論上予以澄清。

該書反駁了對革命和社會主義的污蔑。作者爲革命正名，認爲革命并非"不敬""謀叛"，而是共和政治之起點，是人類進步之急切關頭，是世界之公理。作者説："四民平等者，社會一大革命也。王政復古，設立代議政體者，政治一大革命也。"爲此，還引用了馬克思的名言："革命者，進步之産婆也。"作者反駁了"社會主義者，破壞主義也；社會黨者，亂民也"的謬論，指出産生這種錯誤認識的原因在於"殆未知社會主義之

① 淵實（廖仲愷）. 無政府主義與社會主義[J]. 民報，1906（9）：1.

功用實質"。他將帝國主義與社會主義聯繫起來，認爲帝國主義是"世界社會主義之導火綫"。

作者對個人主義和自由競争之弊端進行了批判。幸德秋水認爲，個人主義和自由競争導致"富者率不正不義，其分配且極不平等"。具體説來，二者産生了以下問題：一是"貧富日益懸隔"；二是運輸交通業等以競争和壟斷爲目的，侵吞全社會的福利；三是"生産或過餘，或不足，需用、供給屢失平衡"；四是"物價之低昂不定，工業每生恐慌，甚則缺乏、飢餓，惡德踵至"。而這一切弊害都是社會經濟陷入無序競争造成的。因而，"社會主義之第一要件"在於解決"個人主義之餘弊"和"自由競争之遺毒"。

作者反駁了只想調和資本家與勞動者的關係，使之"親密懇和"的主張。他指出，資本家與勞動者之所以對立，是因爲自由競争導致貧富懸隔，進而導致"勞働者常陷弊害之悲境，資本家則常占利益之地位"，因此要"以社會主義救之"。那些試圖以"爛舌秃筆"勸二者"親密懇和"的做法，實際是"使我勞働諸君永久陷於奴隷之境遇，而資本家永久享受快樂之幸福也"。

第三，對社會主義的目的、意義和實現途徑進行了詳細論述。

該書斷言，未來社會的發展趨勢即社會主義。作者從人類社會發展的角度指出：社會主義是"不二之理想"，"社會主義之發達，爲二十世紀人類進步必然之勢"，二十世紀是"社會主義時代"。作者對此觀點進行了詳細論證，他指出，十九世紀的文明是"以個人自由主義，打破貴族專制主義"，十九世紀能打破政權的不平等，不能打破經濟的不平等，於是形成了自由競争制度，進而也導致了下層勞動者受到資本壓制的弊端，於是産生了資本合同主義。由於在十九世紀後半期，帝國主義開始擴散開來，所以從文明發展史的角度看，歐洲的政治發展遵循以下路徑：自由主義—國民主義—帝國主義—世界平和主義；經濟和社會方面則遵循：自由競爭主義—資本合同主義—世界社會主義。作者對社會主義的實現充滿信心："十九世紀者，自由主義時代也。二十世紀者，社會主義時代也。"

該書指出，社會主義的目的和理想就是化私有制爲公有制。作者認爲，"社會主義之發達，爲二十世紀人類進步必然之勢，決非彼等所能防遏"。社會主義的目的是"視生産資本爲社會之公物"，"絶滅金錢無限之勢力"，"改革今日之經濟制度"，最終實現"凡社會上之資本，皆爲社會上民人共有之公物；其生産之利益，亦各分配公平"，并"化私有之資本爲公有，化獨勞之工業爲公勞"。

該書强調，社會主義的重要意義，在於它能够改革和救治社會的腐敗墮落。作者認爲，改革社會的"第一着手，在改革經濟之組織。除去生活競爭之困苦，掃蕩崇拜金錢之風氣；萬民皆受平等之教育，有自由之特權，有參政之特權；社會上之一切運動，少數之人士，不得獨占其舉廢之權。質而言之，則不外實行近世之社會主義也。"作者將未來的社會主義看作是無矛盾、無缺陷的社會，認爲社會主義如能實行，則"社會上之判斷皆聰明也，社會上之制裁皆公平也"，腐敗墮落、暗殺横行等都將"霍然若失"。

該書認爲，實現社會主義的關鍵，在於改革經濟制度。作者提出，要絶滅金錢的無限勢力，挽救社會的墮落，"其第一要著，在視生産資本爲社會之公物，且改革今日之經濟制度，是固主張社會主義者不二之理想也"。作者認爲，社會上"富之分配之不均，在於資本家之横暴。資本家之横暴，在許其資本家之私有"。作者將改變社會寄托於"志士義人"等精英人物，希望他們"爲多數人民之福利，爲社會文明之進步"，團結多數勢力，如當年討伐藩閥和諸侯那樣，將"經濟家權利"從"資本家之手"中奪走。

　　從幸德秋水的以上論述來看，他對社會主義的認識達到了比較高的水平。他認識到了資本主義社會的嚴重弊端，即資本家利用資本剥削和壓制勞動者，社會財富分配不均，勞動者日益貧困。他明確指出改變這種現象的根本途徑即改革經濟制度，化私有制爲公有制。其不足之處在於，他將改變社會的主體定位於少數英雄人物，而不是廣大無産階級，他儘管也希望英雄人物能團結衆人改變社會所有制，但又認爲實現這一點并不困難，這顯然帶有空想的成分，反映了作者認識的局限性。

　　第四，幸德秋水的社會主義思想受到了西方自由主義思想和日本軍國主義思想的影響。

　　幸德秋水的社會主義思想受到了西方自由主義的影響，後者在其社會主義思想中留下了深刻的痕迹。他認爲"社會主義者，非以絶滅資本家爲目的也，特改革自由競争之制度，代以社會主義之制度。"他在反駁社會主義是"不可實行之空論"和社會主義"以同盟罷工爲目的"的錯誤觀點時提出："舉一國之資本，盡没收於國家；舉一國之工業，盡委輸於中央政府，此誠不可實行之空論"，但社會主義"決非如此過激暴亂也"；"社會主義者，博愛也；社會主義者，一視同仁者也。"他認爲社會主義推崇平等，"凡社會上之資本，皆爲社會上民人共有之公物；其生産之利益，亦各分配公平，是則社會主義之主張也。"這樣一來，社會主義并不主張廢除資本家和資本，這與民主社會主義的主張已經十分接近了。如此，他所提出的社會上所有資本爲人民共有，生産利益平均分配也只能成爲空想。在此基礎上，作者將社會主義與博愛、平等等概念相聯繫，這也明顯暴露出西方自由主義思想的影子。

　　幸德秋水是一個反帝國主義者，他鮮明地批判帝國主義，并將帝國主義的敗落與社會主義的勃興密切聯繫起來。他指出："帝國主義者，殆增加困厄、飢餓、罪過諸等慘境"，認爲多數平民深受帝國主義的弊害；"救濟今日世界社會之大主義大理想，曰在殲翻帝國主義。管轄今日世界社會之大主義大理想，曰在組織社會主義。"但是，作者處於近代日本軍國主義日益崛起的時代，因而也不可避免地受到了日本軍國主義思想的影響。例如，作者認爲"日清戰役"（即中日甲午戰爭）中日本"大捷"的原因，在於內政清明、綱紀嚴明、資財富饒；他將俄國"侵吞朝鮮"視爲日本的危險。儘管他反對戰爭，認爲戰爭將導致"償多額之負債，生民塗炭，元氣已傷"，但他却又要爲日本辯護："我甲午之戰，非好戰也，在於保持東洋永遠之平和。拳匪之亂，我國之出師，亦勢不得不然者。"他認爲日本是"長於戰"，而非"好戰"。這顯然是軍國主義和侵略主義價值觀在其思想上的一種反映。

8. 研究綜述

《廣長舌》是一部重要的理論著作。上海商務印書館總發行所在廣告中說："中江兆民先生，日本法國學派之第一人也，有東方盧梭之目，門下衆多，而幸德秋水爲其首出。是書即爲幸德原著。全卷三十二篇，凡當今時勢上最要之問題，包括無遺。欲知吾人今日世界之主眼，不可不讀是書；欲探世界將來之影響，不可不讀是書。本館特請國民叢書社譯出，以餉我中國有志之士。今已出書，精整完美，譯筆明暢，讀者自知。"①

學術界對該書的研究情況如下：一是在與馬克思主義早期傳播史相關的論著中，往往會簡要提及該書。例如，有學者提到，"1902 年 11 月幸德秋水宣傳社會主義的通俗讀物《廣長舌》（全書 32 篇）出版，同月商務印

---

① 上海商務印書館總發行所.《廣長舌》廣告. 外交報，1902-11-4（第 26 號），轉引自姜義華. 社會主義學説在中國的初期傳播[M]. 上海：復旦大學出版社，1984：61.

書館就出版了中文本。"^①二是就思想内容來講，該書常被認爲是宣傳社會主義的通俗讀物。例如，有學者認爲，"這是一部宣傳社會主義的通俗讀物。全書三十二篇，比較系統地説明了社會主義的含義、目標、産生的根據、得以實現的必然性，駁斥了誣稱社會主義爲破壞主義、社會黨爲亂民的種種謬説。"^②三是認爲該書的思想還不够成熟。有學者提出《廣長舌》是"一部宣傳社會主義的通俗讀物，雖然思想還不十分成熟"^③。四是指出該書"重點是爲社會主義宣傳和辯護"，但也摻雜了非社會主義思想。有人認爲，《廣長舌》對社會主義的宣傳，"仍夾雜作者早年信奉自由民權和人道主義的思想痕迹"，如該書既宣傳社會主義思想，也宣揚"博愛"和"共和"；既要解決勞動者的生存問題，又想避免任何"粗暴過激"做法，等等。還有人指出該書以通俗方式宣傳社會主義，但"其中若干觀點缺少深入的理論分析"，尤其是涉及經濟問題的論述，只作了簡單和初步的論證，并没有深入探究和引用馬克思的經濟學觀點。^④

綜上所述，《廣長舌》是一部非常重要的理論著作，但學界關於《廣長舌》的研究還比較少，多是羅列出版信息和内容簡介，缺乏深入細緻的分析、研究和評論，這是有待加强和改進的地方。

9. 相關概念分析

"一門科學提出的每一種新見解都包含這門科學的術語的革命。"^⑤從

---

① 田子渝，等. 馬克思主義在中國初期傳播史（1918—1922）[M]. 北京：學習出版社，2012：86.
② 此爲姜義華爲摘録的《廣長舌》的部分内容所作的"説明"，參見姜義華. 社會主義學説在中國的初期傳播[M]. 上海：復旦大學出版社，1984：52.
③ 吴雁南，馮祖貽，蘇中立，等. 中國近代社會思潮（1840—1949）：第 1 卷[M]. 長沙：湖南教育出版社，2011：397.
④ 談敏. 回溯歷史——馬克思主義經濟學在中國的傳播前史：上册[M]. 上海：上海財經大學出版社，2008：247-249.
⑤ 馬克思，恩格斯. 馬克思恩格斯文集：第 5 卷[M]. 北京：人民出版社，2009：32.

表達的意義上來説，在一個單獨的學科或者一個完整的知識體系中，總有一些專門的詞匯、概念和範疇用來準確表達和傳遞此學科或知識體系的基本内容和總體結構，這構成了基本的話語體系，其形成有利於人們科學理解和有效接受作者所要闡釋的内容和信息。同樣，在馬克思主義傳播過程中，也有一些基本的詞匯、概念和範疇，成爲準確傳播馬克思主義基本理論的載體和中介。對這些概念的分析，有利於我們從新角度去理解馬克思主義。該書中馬克思主義觀念譜系中的主要概念有：貴族專制主義、資本合同主義、社會主義、世界社會主義、帝國主義、帝國膨脹主義、軍國主義、世界平和主義、世界統一主義、國民主義、國民統一主義、個人自由主義、破壞主義、激烈主義、殖産經濟、殖産革命、資本家、勞動者、貧富懸隔、勞動問題、同盟罷工、自由競争等。

馬克思主義在與它同時代的現代思想體系的互相激蕩、論争和借鑒中不斷發展。因此，有必要關注與馬克思主義緊密相關的一些現代概念。該書中與馬克思主義密切相關的現代術語和概念主要有：民族、革命、改良、議會、封建、進步、文明、野蠻、自由、平等、博愛、獨立、自尊、民權、權利、利益、主義、政黨、社會黨、共和政治、自由黨、政權、政體、資本等。

日本是早期馬克思主義傳入中國的主渠道之一。由於長期深受中國傳統文化的影響，幸德秋水等日本社會主義者在傳播馬克思主義時，不僅結合了日本的歷史與現實，而且也結合了中國的歷史與文化，并試圖通過挖掘中國傳統文化中的思想資源來理解和闡述馬克思主義。該書中提到的與中國傳統文化有關的人名和事件有：孔子、孟子、伯夷、叔齊、管仲、蘇軾、陸遊、嚴子陵、司馬徽、干羽之舞、平城之圍、長者折枝、挾太山以超北海等。

近世社會主義評論

杜士珍 / 譯

《新世界學報》連載

目録

政治學

近世社會主義評論　杜士珍

感言

我嘗怪夫熙熙之民林林之衆各出其機械之術暴戾之行以日相傾相軋相詐相害

於此世界中雖有聖經賢傳先後爲之規則志士仁人百端爲之唱導而其勢不能稍

制也我又竊怪夫同胞同與之民性質本非或異而乃甘心豺狼置身盜賊殺人利己

滅絕天良雖有聖君賢相百計爲之勸引嚴刑峻法相隨以從其後而人世之罪惡我

不能爲之稍減也於乎造物果不仁歟人性果不善歟太平之世界果無自而進歟我

日心疑焉而不得其故懲揣焉而不得其所以然之理以其粗者言之則曰風俗之

腐敗道德之衰落政體之不平有以致之也而不知風俗之靡敗有所以

故道德之衰落有所以致此衰落之故政體之不平有以致此不平之故夫不明其所

以然之理而欲於形式上補救而挽回之仍不足以探政治之精蘊登我民於郅治譬

之醫然診人病脈而但曰此肺病也此血病也此肝病也而不發其所以致

感言①

　　我嘗怪夫熙熙之民。林林之衆。各出其機械之術。暴戾之行。以日相傾相軋相詐相害於此世界中。雖有聖經賢傳。先後爲之規則。志士仁人。百端爲之唱導。而其勢不能稍制也。我又竊怪夫同胞同與之民。性質本非或異。而乃甘心豺狼。置身盜賊。殺人利己。滅絶天良。雖有聖君賢相。百計爲之勸引。嚴刑峻法。相隨以從其後。而人世之罪惡。仍不能爲之稍減也。於乎。造物果不仁歟。人性果不善歟。太平之世界。果無自而進歟。我日心疑焉。而不得其故。懸揣焉而不得其所以然之理。夫以其粗者言之。則曰風俗之腐敗。道德之衰落。政體之不平有以致之也。而不知風俗之腐敗。有所以致此腐敗之故。道德之衰落。有所以致此衰落之故。政體之不平。有以致此不平之故。夫不明其所以然之理。而欲於形式上補救而挽回之。仍不足以探政治之精蘊。登我民於郅治。譬之醫然。診人病脈。而但曰此肺病也。此血病也。此肝病也。此胃病也。而不發其所以致此病之因。與所以受此病之源。扁鵲②倉公③必不如是。夫一國之與一身。夫豈有稍異哉。然則其所以致此者。固必有其本在。吾嘗徧閲古今書籍。探微窮源。返而求諸東西政治家。社會主義之學説曰。於乎。東西政學家之言理也精

---

①　"感言"，原刊載於《新世界學報》1903 年第 2 期。
②　"扁鵲"，姓秦，名越人，戰國時期名醫。
③　"倉公"，即淳于意，西漢時著名醫家，齊臨淄（今屬山東）人。

矣宏矣。我先儒空前絕後之大思想大哲義盡於是矣。夫人世之中。幾多罪惡。幾多變亂。孰不自一利字胚胎而來。自有利而後有私。有私而後有爭。有爭而後有詐。有詐而後有賊。有賊而後有盜。履霜堅水。必有以漸。江河濫觴。孰無由來。今不求其所以公此利之策。消此利之禍。猶日驅斯民於競爭私利塲中。其得者坐致富貴。其失者衣食無計。其懷有資本者坐致巨萬。其勞動而無力者。日夜艱苦而不保其身。高下之數。如別天壤。憂樂之殊。語難同日。夫人孰不樂己之居於富。樂己之居於安。樂己之居於尊。孟子曰。"無恒產而有恒心者唯士爲能。苟無恒產。則放僻邪侈。無不爲己。"①於乎。誠不易之言哉。今以生利之不公若此。生利之爭奪若此。則人之不流於奸曲詐僞者。固不可一二得矣。人同此心。人具此念。謬以傳謬。遺毒無窮。故孩提之童。知識尚未開。言語雖未通。而即知自私其金錢。自爭其財貨。斯世界。斯人心。其不流爲盜賊之世者幾何哉。即使民智大開科學倍進。然競爭愈烈。而貧富之懸隔愈甚。人事之不平愈多。我先聖之行井田。使上下貴賤。無甚懸殊。固有深意存乎其間。近時東西哲學大家。頗心知此意。大聲疾呼。以社會主義爲全國倡。蓋亦欲均貧富爲一體。合貲本爲公有。公之至。仁之盡也。日儒幸德秋水②之言曰"人無穀食。不生活。未有舍穀食而別求生活者也。今試語學生曰。汝何勿以學

---

① "無恒產而有恒心者唯士爲能。苟無恒產。則放僻邪侈。無不爲己",語出《孟子·梁惠王》，原文爲："無恒產而有恒心者，惟士爲能。若民，則無恒產，因無恒心。若無恒心，放辟邪侈，無不爲已。"

② "幸德秋水"，幸德秋水（1871—1911），日本社會主義運動理論家和先驅者之一，馬克思主義在日本的最早傳播者之一。

爲食乎。語詩人曰。汝何勿以吟咏爲食乎。語商人曰。汝何勿以虛説資本。欺弄世人以爲食乎。若是云云者。殆所謂迫彼等以自殺者非耶。以迫人自殺之教育宗教政治。而欲人之傾耳而聽。捨身而從也。能乎否乎。商家之運輸爲食也。工家之工作爲食也。盜賊之刧掠。奴隷之服役。亦爲食也。不問其生活之盈絀。而第號於衆曰。汝工商之譎詐。非正義道德也。其改革之。汝盜賊奴隷之放恣卑賤。尤非正義道德也。其改革之。於乎。曾亦思彼等之譎詐放恣卑賤。其目的果何在乎。今欲其舍彼從我。殆欲彼等以正義道德爲食乎。故吾以社會主義爲今日胃腑之問題。"於乎。幸德秋水可謂深悉風俗腐敗道德衰落政體不平之由者矣。使人類而絶於地球也。則已。倘地球文明之綫。將日引而日進。則此社會主義者。必先於二十世紀中。大發達於白皙人種無可疑也。吾再拜以迎之。吾頂禮以祝之。雖然。近世東西學士之言社會主義者多矣。而日儒久松義典①所著之近世社會主義評論。亦其一也。其採書頗富。其書本論體。頗能搜羅宏富。余因潤其辭。刪其繁。先譯述之。而斷之以己見。斯亦今日講求政學者之高等科學也已。

　　久松義典自序之曰。察世界之情形。瞬息萬變。今是而昨非者。其殆以一國政治與社會之進化爲最。政者。由軍國而推移於殖產者也。人者。由個人而入於社交者也。物者由孤獨而趨於團聚者也。而放任主義者。決不與干涉政署相兩立。自由貿易者。又不與保護稅法相併行。於此一變一轉一進一退之間。正可以窺天下之大勢。世運之動機。以我國之歷史論之。

---

① "久松義典"，久松義典（1856—1905），日本小説家、政治家、新聞記者。

人若捫心默想。回顧四五十年以前之社會。而與現時之情況。作一比較。恍乎若身置夢中。徬徨而不知所適。於乎。不大可感心耶。夫世界若此之變態。非由天所降也。亦非由地所湧也。固唯是人智人力有以運動之使然耳。察其所以致此之原因。自有一秩然相貫之理存乎其間。譬由晝夜寒暑之相推奪於不知不覺之中者也。

我日本國民之變動。曾遭明治維新之大變革。而有以致此者也。由封建制度而入於郡縣社會。由擅制政治而進於立憲政體。而自由之主義。平等之觀念。亦由是漸以發生。漸以鼓盪。故得以成十九世紀之新文明。然則一國之勢。使長此終古。唯知執守舊物。而不肯稍變。果安足以自强。又安足以競存於萬劫千變之世界哉。雖然。我日本近年以來。社會變遷之活劇。又有令人大可慨嘆者矣。千態萬狀。神泣鬼哭。自飲食衣服家屋什物。以至冠婚喪祭饗宴遊戲。無不新奇淫巧。彌所底止。彼等泛風潮。趁時流。意氣揚揚。方且飛自轉車。弄蓄音機。以爲此新文明之所由來。此新文明之所由來。而不知人羣之進化。不可以一日緩。不進。即自居於退。彼等之背面。即顯其黯淡社會之現象。颶風將捲地而起。海嘯將揚波而來。日本今日之社會。必又生震天霾地之大變動。掃一世之弊而空之。爲第二之明治維新而後可也。

余以爲今日之現象。工業膨脹。資本集積。外人雜居。政界腐敗。民法廢弛。宗教頹敗。教育衰廢。時局之患。莫甚於茲。夫此七大現象者。苟得其一二。皆足以左右國家之隆替。萬民之休戚。何況諸現象同時雲集。

莫爲救藥者哉。是人類而將與牛馬爲伍。金錢而與神佛同化。冠履顛倒。玉石混淆。世道人心之變。至此不可復問。大廈之廣。一木難支。若依天然之淘汰。自由之競爭。朝暮之間。我同胞同國之人。必大相攻擊。大相殘害。譬如火之燎原。不可嚮邇。我日本社會之將來。亦岌岌其危矣哉。

是故今之日本人民。當與今日之社會大相反抗。大相刺①戰。卓然立於優者適者之地位。凡體格智能德性及資力無不具備而後可。然欲成就此資格。吾人宜首有真成社會之觀念。以修養社會之智。見政府及議院。爲之立完全社會之政策政黨。爲之發新社會之政紀。而社會家有爲之闡明社會主義。鼓吹其必要之機關。俾組織國民團體爲政黨一別動隊。以提倡社會經濟之大本。生產機關之統理法。及社會市府自治制等之主動政策。邁往蹶起。大聲疾呼。爲天下警。以保我國。以興我民。而大勢乃固如磐石矣。

抑社會主義者。十九世紀之新產物也。溯其起源。法國之盧騷②墨賴③モルレイ麥蒲賴④マブレイ等先唱自由平等之主義。英國之露敗篤ロバート奧武英オウイン⑤唱協同作業之理。德之倍蓋露⑥ベーゲル傅意台⑦フイヒテ

---

① "剌"，有誤，應爲"刺"。
② "盧騷"，即讓-雅克・盧梭（Jean-Jacques Rousseau，1712—1778），法國啓蒙運動的主要代表人物，民主主義者，小資產階級思想家，自然神論哲學家。
③ "墨賴"，即摩萊里（Morelly，1715 前後—1755 以後），法國作家，空想平均共產主義的代表人物，著有《自然法典》。
④ "麥蒲賴"，即加布里埃爾・馬布利（Gabriel Mably，1709—1785），法國歷史學家和政治活動家，啓蒙思想家，空想平均共產主義的代表人物。
⑤ "露敗篤ロバート奧武英オウイン"，即羅伯特・歐文（Robert Owen，1771—1858），英國空想社會主義者。
⑥ "倍蓋露"，即喬治・威廉・弗里德里希・黑格爾（Georg Wilhelm Friedrich Hegel，1770—1831），德國古典哲學的主要代表。
⑦ "傅意台"，即約翰・戈特利布・費希特（Johann Gottlieb Fichte，1762—1814），德國哲學家，德國古典哲學的代表人物。

懶塞魯①ラッサル爲之表章而顯明之。而其意遂漸以發達。其著行於世者。
於西歷之一千八百十七年。奧武英始於英國議院中提出社會之建議。一千
八百三十年法國自塞翁希孟②サンジモン之新言論出。尋爲傅奧里露③フォ
ーリール之新計畫起。厥后有法國革命之破裂。有新社會黨魯意蒲郎④ルイ
ブラン攷魯瑪培斯⑤カールマルクス之變動。終則於一千八百七十二年開萬
國聯大會⑥於海牙府。社會黨者。其宗旨與無政府黨。判然分爲兩途。實今
日社會民政主義之純團體所由生也。

　　晚近以來。社會主義。雖歐美諸邦。尚未能大行。而萌芽初蘗。其文化
已爲全世界冠。德則國民之元氣。大見發達。法則利用市府自治制。英則藉
以改良議院之法案市府之自治。美則因此而政治產業之聯合大有進步。其餘
若白耳義⑦。若伊國⑧。若荷蘭。若西班牙。葡萄牙。若那威⑨瑞典。莫不受
此主義之影響。於乎。社會主義者。誠自由競爭之進步。而尤爲今日之要務
也已。

　　雖然。我金甌無缺之日本帝國果何如哉。近年以來。頗聞國會一部。

---

① "懶塞魯"，即斐迪南·拉薩爾（Ferdinand Lassalle, 1825—1864），德國工人運動活動家，1848—
　1849 年革命的參加者，全德工人聯合會創始人，主席。
② "塞翁希孟"，即昂利·聖西門（Henri Saint-Simon, 1760—1825），法國空想社會主義者。
③ "傅奧里露"，即沙爾·傅立葉（Charles Fourier, 1772—1837），法國空想社會主義者。
④ "魯意蒲郎"，即路易·勃朗（Louis Blanc, 1811—1882），法國新聞工作者和歷史學家，社會
　主義者。
⑤ "攷魯瑪培斯"，即卡爾·馬克思（Karl Marx, 1818—1883）。
⑥ "萬國聯大會"，即國際工人協會，簡稱"國際"，第二國際成立以後，始稱"第一國際"，1864
　年 9 月 28 日在倫敦成立。
⑦ "白耳義"，即比利時（Belgium）。
⑧ "伊國"，即意大利（Italy）。
⑨ "那威"，即挪威（Norway）。

大以傳播此主義爲畏。猶二十年以前之政府。撲滅自由民權之論。於乎。
我日本之前途。果阻於此而已乎。我世界之日本。宜自居於世界中之地位。
放其世界社會之眼線。勿以淺近自隘。是余不自揣所以公是書於世之區區
微意也夫。

原書例言

　　近代文明之英華。爲歐美現今之最大勢力者。社會主義是也。其事物進化天然之結果。與他之滊車滊船電信。俱與人間生活有密接之關係。猶如日光空氣。決無東西彼我之別。真有水到渠成。履霜冰至之勢。

　　當此世紀中。正爲社會一大變革。如政治經濟教育道德宗教一切之實際問題。輻輳而至。然莫不被斯主義之感化。本書聊爲我同胞兄弟姊妹之警鐘。以爲社會改革之原動力。

　　社會主義者。非詭激狂暴之空想也。世人不察。以社會黨與無政府黨相混同。實則宗旨頗相異。本書闢前此之謬見。叙斯主義之起源。及其變遷之大畧。並有説明政治經濟上應用之大綱領。

　　軍國主義。與產業主義。干涉政策。與不干涉。論者當今時事之一大關鍵也。故是書就其張弛緩急之處。反復詳論。以供財政家產業家之參酌。

　　抑是書詳論之標準。並不專持空論。參酌近世大家之説。徵明實際問題。如國家社會主義。綜合社會主義。皆爲實用方畧之所基也。惟於目下之社會政策。社會市府自活①之問題。及日本之社會等。多附鄙見以資採擇。

---

① “自活”，有誤，應爲“自治”。

是書之著。起於明治三十二年十二月迄翌年四月脫稿。一切援引評論。

皆切時事問題至後日之變態。則非鄙人所能知矣。著者自識。

本書所採。籍不一種。今列之如左。

翁理喬機氏①ヘンリージセウチ進步及貧窮②　同氏社會問題③

吳克雷拇霍墨氏④ウキルレムグラハム新舊社會主義

倍霞沁開茲薦氏⑤ベンジヤシン⑥、キッド社會進化論

玫懶依露氏⑦カライル古今論　同氏英雄崇拜論⑧

臘魯依皮符露氏⑨ラロイビウロ近代國家論

麥堪翁紀氏⑩マツケンヂ十九世紀⑪

斯倍塞魯氏⑫スベンヤル社會學　同氏教育學⑬

---

① "翁理喬機氏"，即亨利·喬治（Henry George，1839—1897），美國政論家，經濟學家。
② "進步及貧窮"即 *Progress and Poverty*。
③ "社會問題"即 *Social Problems*。
④ "吳克雷拇霍墨氏"，即威廉·格雷厄姆·薩姆納（William Graham Sumner，1840—1910），美國哲學家、經濟學家。其論著《新舊社會主義》（*Socialism，New and Old*）被日本森山信規翻譯，1894 年由東京博文館出版。
⑤ "倍霞沁開茲薦氏"，即本傑明·基德（Benjamin Kidd，1858—1916），英國社會學家，著有《社會進化》（*Social Evolution*）。
⑥ "ベンジヤシン"，有誤，據日文原書應爲"ベンジヤミン"。
⑦ "玫懶依露氏"，即托馬斯·卡萊爾（Thomas Carlyle，1795—1881），英國作家、歷史學家和唯心主義哲學家。
⑧ "古今論"，即 *Past and Present*；"英雄崇拜論"，即 *On Heroes，Hero-Worship and the Heroic in History*。
⑨ "臘魯依皮符露氏"，疑指皮埃爾·保羅·勒魯瓦-博利厄（Pierre Paul Leroy-Beaulieu，1843—1916），法國經濟學家、政治學家。所著《現代國家及其機能》（*L'etat moderne et ses fonctions*）於 1889 年出版，8 卷；其中的前 3 卷被譯成英文（*The Modern State in Relation to Society and the Individual*），於 1891 年出版。
⑩ "麥堪翁紀氏"，即羅伯特·麥肯齊（Robert Mackenzie，1823—1881）。
⑪ "十九世紀"，即《十九世紀史》（*History of the Nineteenth Century*），中譯名爲《泰西新史攬要》。
⑫ "斯倍塞魯氏"，即赫伯特·斯賓塞（Herbert Spencer，1820—1903），英國社會學家和哲學家，社會達爾文主義理論的宣導者。
⑬ "社會學　同氏教育學"，即斯氏所著 *Study of Sociology* 及 *Education：Intellectual，Moral，and Physical*。

　　蒲懶茲篤氏①ブラツト福神論②

　　蒲懶依斯氏③ブライス社會主義提要④

　　倍公氏⑤ベイコ人文及道德論⑥

---

① "蒲懶茲篤氏"，即詹姆斯·普拉特（James Platt，1831—? ），英國經濟學家。
② "福神論"，即普拉特所著 *Mammon* 一書，1886 年在倫敦出版。
③ "蒲懶依斯氏"，疑爲威廉·德懷特·波特·布利斯（William Dwight Porter Bliss，1856—1926），
　 美國社會改革家和美國基督教社會主義協會的組織者。
④ "社會主義提要"，疑爲 *A Handbook of Socialism*。
⑤ "倍公氏"，即弗蘭西斯·培根（Francis Bacon，1561—1626），英國哲學家、政治活動家和法學
　 家、自然科學家和歷史學家，英國啓蒙運動的倡導者。
⑥ "人文及道德論"，即 *Essays or Counsels，Civil and Moral*。

第一篇

第一章　社會主義之定名與社會黨之目的及其物質①

我國維新以來。事事仿效歐美。凡政治教育以及各種科學。莫不舉歐美人之法式。而融化之。故自文明東漸。新事物輸入者多。新言語亦因之加增。近舉一例以示之。如"シンケヂイト"②Syndirate③"トテスト"Trust皆爲前世紀之新産物。即此社會主義者亦非我國素有之名稱。乃由英國Sorlolism④譯出。緣其義專欲以救藥社會之不平。故名之曰社會主義。

抑我謂社會之事。實即爲創世所已存。人與人之間。家族與家族之中。雖未能十分成立。早有社會之關係存焉。但其所以組織此社會者。有單純粗野之別而已。及夫人類之生存日以繁殖。人文之制作日以修備。而此義亦隨以進步。社會學士觀察行事之現象。以發見一種之道理。社會黨見聞人間實際之事業。以立一派之論説。理論與實驗。由研究而日精。而政治經濟道德諸問題。遂應用而來。於是即有社會主義之名出焉。原斯主義之意。實與舊時社會之名不同。其言語與性質。世人不可以不辨。社會主義之立。至今尚未及百年耳。其意極深。其語極新。夫天下之富者。莫不産出於勞動者之手。

---

① 第一章原刊載於《新世界學報》1903 年第 2 期。
② "シンケヂイト"，有誤，據日文原書，應爲"シンヂケイト"。
③ "Syndirate"，有誤，據日文原書，應爲"Syndicate"，即辛迪加。
④ "Sorlolism"，有誤，應爲"Socialism"。

然一則甚逸。一則甚勞。一則甚樂。一則甚苦。亦天地間至不平等之一事矣。社會黨心不忍焉。乃奮其大膽於近世產業組織之變遷。生財機關①之發達。唱導種種言論。若使運動其主義。真爲文明界之新產物。由十九世紀胎內所生之健兒矣。

　　　譯者案社會主義。英文謂之"索西亞利士謨"②Ssrlolism③其訓即共產主義是也。自一千八百三十五年英之"羅薄爾德奧温"④Robertouen⑤組織一大協會。名曰"亞知索哀西温奧爾科拉知塞奧爾禁西温"⑥Assasation of all classes of all nations⑦以期社會改良。始見此名。其後傳播法國。卒至全洲皆用斯語。日本譯之。或曰社會主義。或曰共產主義。或直譯其音。三者皆通用總之社會主義。"索西亞利士謨"者。其宗旨專在廢私有財產。而爲社會財產。爲共有財產。與僅名爲社會學者不可混同。日文所謂社會學者。英文則謂之"索西奧羅齊衣"⑧Sosiology⑨。其義專考究社會全體之性質目的。主理論而言者也。世人不明其異同之故。若因其名相似而誤解焉。則失之毫釐。謬以千里矣。然此奇妙新闢之主義。其目的果何如哉。自庸者測之。必以爲高尚遠大。莫可究竟。而不知人世之變動。所以日夜經營而不息者。即斯主義之所以成立。斯主義之所以出現也。被等⑩未嘗爲淵邃難解之語。而惟着眼於日用問題。發揮其原理。舉社會之間接與結局。及對夫政府議會之運動。

---

① "生財機關"，即生產資料。
② "索西亞利士謨"，即 Socialism（社會主義）一詞的音譯。
③ "Ssrlolism"，有誤，應爲"Socialism"。
④ "羅薄爾德奧温"，即羅伯特·歐文。
⑤ "Robertouen"，有誤，應爲"Robert Owen"。
⑥ "亞知索哀西温奧爾科拉知塞奧爾禁西温"，即全世界各階級聯合會。
⑦ "Assasation of all classes of all nations"，有誤，應爲"Association of all classes of all nations"。
⑧ "索西奧羅齊衣"，即社會學。
⑨ "Sosiology"，有誤，應爲"Sociology"。
⑩ "被等"，有誤，應爲"彼等"。

近世社會主義評論 （續前）

第二章　古代社會主義與近世社會黨之進化運動法國革命之亂癥塞西

翁篤西孟之勢力

杜士珍譯撰

溯歐洲古代之歷史觀察社會主義發動之原因即社會之不平等而貧富之懸隔貴賤之區別有以致之也夫人類之生存固同時成立者也而下等人民之對富豪上之別迥如天壤苦心之士乃爲之發世界大不平之理裏訴困苦社會主義者固早於數千載以前著其名目然吾更於近世討究斯主義之活動法國社會黨初入英國唱道各種社會之理想英國之自由黨保守黨採用其說社會黨所持之主義迺始見行於政綱焉蓋近代之社會黨自今七十年前即西歷之一千八百三十年崛起法國爲當時斯道之先達其最著名於世者爲貴族塞西翁篤西孟塞西翁氏以拔羣之雄才懷曠世之卓識一身挺起於革命亂中首唱一新主義以社會之改革爲畢生之事別樹一幟標榜綱領其事機幾可爲矣不幸事起勿卒計籌未熟政策未蕃各種條理未經十分試驗用中止迨一千八百四十八年革命之亂又起禍燄之熾更非

一

《近世社會主義評論》第二章首頁

莫不研究其差向之必要。而其目的則專注於共産主義。夫金錢者。固人世間所藉以流通。而爲貨物之代表者也。然自十九世紀以來。爲物質大進步之世。新機械日以發動。新動力日以運用。世態彌變。專趨競争。積億兆人之心之目。莫不傾向於實利之中。此誠所謂“金之世界”矣。人間萬事。莫不受金錢之支配。（猶言統制也。）富而有力者。舉天下之事無不可爲。貧乏而難堪者。坐待困斃。於乎。金錢之勢亦赫矣哉。金錢之權亦大矣哉。此人心之所以日壞。風俗之所以日廢。至於不可收拾者歟。然則孔子之罕言利。孟子稱述其意。對梁王以何必曰利之説。其故非無在也。社會黨之見亦卓矣哉。

　　譯者曰。自十九世紀以來。爲經濟競争最烈之世界。貧富最懸隔之一日也。議者莫不謂工學之昌。機械日精。勞動者得以一人而爲數人數十人之力。決不若前此之困乏也可知。而不知機械之精。反爲資本家大增其利益。而困乏者其勢且日居於下。使歐美各國而果長此不革也。則經濟勢力之膨脹。雖足以雄全球而墟人國。然遲之稍久。必將以社會之不平。而釀成政治之不平。此社會黨之所以痛心疾呼。不惜冒全世界之不韙而争之者歟。

第二章　　古代社會主義與近世社會黨之進化運動法國革命之亂與塞西翁篤西孟^①之勢力^②

溯歐洲古代之歷史。觀察社會主義發動之原因。即社會之不平等。而貧富之懸隔。貴賤之區別。有以致之也。夫人類之生存。固同時成立者也。而下等人民之對富豪。上下之別。迥如天壤。苦心之士。乃爲之發世界大

①　“塞西翁篤西孟”，即昂利·聖西門。
②　第二章原刊載於《新世界學報》1903 年第 3 期。

不平之理。哀訴困苦。社會主義者。固早於數千載以前著其名目。然吾更
於近世討究斯主義之活動。法國社會黨初入英國。唱道各種社會之理想。
英國之自由黨保守黨採用其說。社會黨所持之主義。迺始見行於政紀焉。
蓋近代之社會黨。自今七十年前。即西歷之一千八百三十年。崛起法國。
爲當時斯道之先達。其最著名於世者。爲貴族塞西翁篤西孟。塞西翁氏以
拔羣之雄才。懷曠世之卓識。一身挺起於革命亂中。首唱一新主義。以社
會之改革。爲畢生之事。別樹一幟。標榜綱領。其事機幾可爲矣。不幸事
起匆卒。計籌未熟。政策未審。各種條理。未經十分試驗。以不適實用中
止。迨一千八百四十八年。革命之亂又起。禍燄之熾。更非前比。社會黨
乘此機會。再以奮起。卒定勞動制度之改革方針。糾合勞動者。以助革命
黨之勢力。頗猖獗。然卒爲警官所解散。重行失敗。於是勢力沮傷。民心
離散。不可復回。在當時論者。莫不以爲自此而後。雖大膽不敵之主領。
至此更無可如何。而不料熱誠之子。非若庸夫之懾於成敗。仍團集同志不
稍散。於一千八百六十二年。移至日耳曼。圖興起。由是勢力漸以恢復。
未幾勢益盛。迺更遣其同志。至大西洋外。居美國。定其根據。於時從之
者益衆。原斯主義之所以易行若此者。本爲歷史舊來之習慣。不如新闢殖
民地之難也。社會改革家之轉入美國。創造新家族新町村之理想。去英國
之故土而不顧。與彼清教徒求得新世界。創宗教之自由。實爲異旨同行之
舉。雖然。近來我國之政界。日就腐敗。世俗靡靡。積而不返。彼高見之
士。憫人世之不平。非流於厭世主義。高蹈潔身。隱山入水。如伯夷屈原
之行。即必去鄉離國。遠覓異地。擇夫居民之淳朴。如台灣北海道之新開
地。與夫南洋無人島之境。以實施其平素之理想者。又豈少耶。

　　法國之社會改革家渡美國。於今僅二十餘年耳。自巢穴既定。勢力大
盛。蓋當時各國之社會。本已進步。資本工業。稍見發達而彼等以爲久。

此不進必致大退。故竭力倡明其説。秩序整頓。俾具長久繼續之資格。其
成功不可謂不偉。即自由黨著名之士。從來所倡之主義。所施之政策。亦
與之大相吻合。近且與之渾同者不少矣。且彼等一派之中。積多年之辛苦。
重幾多之失敗。痛自矯正。醇之又醇。以平和之手叚①。爲改革之實用。彼
此聯合。不稍離歧。而保守黨者。亦復於地主之損益。資本家之利害。與
夫農工勞動者之狀態。與彼等所倡之主義。未有背馳之處。故彼等之言論。
得以大行於歐洲大陸也。然彼等於政治經濟之關係。莫不推事理之極處。
爲可行之實際。就產業經濟與勞動組織之改良。制定各種之新案新法。而
實施之。於乎。其學識亦誠足以驚人哉。

　　譯者曰。吾讀此章。觀於社會黨之所以渡美。吾不禁心爲之感。
淚爲之下曰。於乎。志士仁人。探造物之精理。抱斯民之先覺。而憤
夫世界之不平。人職之淪溺。慷慨公言。雖至飲食困衣服困身家困名
譽困。而百折不撓。轉輾以求其説之伸者。雖歷千古。未有不同。然
其間亦大有幸不幸哉。孔子亦一大社會黨也。其言曰。"道不行。乘桴
浮於海。"②蓋亦以斯世之不可爲。而中心不忍。冀以闢草萊於荒土。
施文教於新國。爲天地間放一光明之線。與法國社會黨之闢居美洲。
同一苦心孤詣。非空有此思想也。而卒以無所取材。抱憤來世。（無所
取材者猶言無其人也非譏由之辭朱子誤解之矣）有其心而未能即其實。悲夫。雖然。
此豈孔子之不幸哉。法國社會黨之得以渡美。歐美之所以得有今日。
孔子之不得以施教。吾國之所以至於今日。此亦吾數萬萬同胞之不幸
而已。於孔子何與焉。雖然天何不仁之甚歟。

　　譯者又曰。辦事之要有三。一曰才。二曰德。三曰氣。合三者而

---

① "叚"，有誤，應爲"段"。下同。
② "道不行。乘桴浮於海"，語出《論語·公冶長》。原文爲："道不行，乘桴浮於海，從我者，
　　其由與？"

貫融之。斯爲大丈夫。斯爲真志士。雖然。才與德二者。世或有之。唯氣爲最難言。有堅持不屈之志。又必有拋棄名譽之概。破身家界未足爲氣。并名譽界而破之。則氣之所存者堅。而其持之也始久。辦一事也。一時未成。則移時再辦之。一地未成。則易地再辦之。即使我身不成。則望之我友我子孫。以身當其鋒。而不必以身受其幸福。若是者真吾之所欽佩而勿敢失者也。彼歐美之社會黨。亦大可異哉。世有一挫不振。置身太高。而懷厭世主義者乎。吾願與之一論氣。

第三章　　摩西聖人之高利貸救世主之福音篤胡瑪斯拇魯①之社會的理想蓬萊島②

涉上下二千餘載。觀斯主義之本末。由太古社會之起原。及近世社會黨之運動。固如斯矣。然吾又請以古代史蹟。叙其沿革焉。上古之聖人摩西。即深懷斯主義者也。其制度法律。頗遺後世。初猶太人甚不平等。國中法令。偏苦農民。雖有正直而負償者。即可分散其家資。定爲特例。摩西以聰睿之德。懷仁慈之念。洞知高利貸之弊害。屢囑貧民不入借主之窖。屢責富豪勿貪不當之利。諄諄誠諭。至再至三微意所在。足窺全豹。於乎。近世以來。風俗頓非。上無仁慈之主。下多貪利之徒。安得摩西聖人之再出。一祛高利貸之弊俗。顯之議院。立爲法案。以救斯民耶。雖然。古人遠矣。今雖不可得矣。然吾橫覽古代歷史已得有德有力者爲吾贊助。迄今思之。猶聊可自慰者矣。

雖然。猶太自古之聖人。雖不著名爲社會黨。而於制度慣例之中。往

---

① “篤胡瑪斯拇魯”，即托馬斯·莫爾（Thomas More，1478—1535），英國國務活動家和人文主義作家，曾任大法官（1529—1532），近代空想共產主義學說的創始人，《烏托邦》（1516）一書的作者。
② “蓬萊島”，即烏托邦。第三章原刊載於《新世界學報》1903年第3期。

往含斯主義。繼摩西而爲英主者。則其奧意希曷①。彼於貧民之無力者。極
存哀憫之心。如有刻削貧民者。家屋之側造家屋者。田圃之旁開田圃者。
置公義於度外者。發布不正之法律。褫奪貧民權利者之類。皆嫉如仇讎。
又以壓制鰥寡孤獨者爲猶太教之大罪人。亦可謂執斯主義之中正者矣。舍
此而外。猶太之國君。亦皆以愛撫人民爲方針。

　　　譯者曰。猶太賢聖輩出。而今至是耶。而今至是耶。吾以是知文
明貴種之語之不足恃也噫嘻。

　　　耶穌教之經典新約全書。更於社會主義大爲顯彰。救世主基督者。即
祖述猶太國王奧意希曷之言者也。彼所颺言。貧民説爲福音。彼向富豪。
屢加痛誡。哀憐貧民。不望返報。以爲世界不行共產主義。終不爲平等。
社會主義與共產主義者。皆尚平等。斥不平等者也。雖其間微有不同。共產
主義者。全然不許人之私有權。以社會之財產。爲共有物爲目的。社會主義
者。許人之有私有權。而必分配之使平等。然其極仍歸於一而已矣。

　　　足故②福音者。即宣希兩主義并行之精神。所謂天堂又所謂極樂淨土者。
不限未來與現在之世界。於其社會道德上。必欲將舊情態而一變之。貧民
不至於苦辱。富貴不得以驕傲。及共產主義。久行於教會間。長老松得其
哀墨松得③。敗西露④等。又極力排斥富者。至有"富豪者盜賊也"云云。
想共產主義。爲極端之急進説。當世紀之文明世界。斷無不容之理。近代
之經濟學。士雖皆排擊之。然不得不全取其精神。總之慈仁博愛四字。無
論佛耶兩教。皆爲社會感化力之根本。由道念發顯而來者也。故道德之高
下。即關係於教法之勢力不淺。他事姑不問。吾人欲判定兩教傳道家之優

---

① "奧意希曷"，即約書亞（Joshua），希伯來語作 Yehoshua，摩西的繼任者。
② "足故"，有誤，應爲"是故"。
③ "松得其哀墨松得"，即聖哲羅姆（Saint Jerome，約 347—419/420），早期西方教會中學識最淵
　　博的神父。
④ "敗西露"，即聖大巴西勒（Saint Basil the Great，約 329—379），古代基督教希臘神父。

劣。不可不以此精神之厚薄爲標準。不知佛教僧侶者。其此點果勝於聖教宣讀師否耶。

　　　譯者曰。佛教平等之念。迥非耶氏所及。世徒見夫末流僧侶之説。而未能採其蘊妙。故有此懷疑不決之談。吾敢一言以斷之曰。地球各國之教。以佛氏爲第一宗。

　　自封建制度廢壞以後。歐洲全社會之組織。爲之一變。於英於法於德莫不大亂蠭起。於是首倡斯主義者。有所藉口。共産主義之聲。洋溢人間。英國自吳滋篤泰意懶①及比愷茲篤②之叛亂。於基吳魯篤朝③。屢肆騷動。皆莫不由此目的而起。其後不忍貧民之困阨。惻怛之情。不能自禁。而蹶然奮起者。又有師篤胡馬斯拇魯。著蓬萊島一書。議論頗爲急激。發社會改革之理想。攷據經典中之共産主義。爲唯一之救濟策。而蒲懶篤④又以之唱共和政治。冀實行焉。彼憤慨社會之不平。其言有大可感慨者。録如左。

　　　予生今之世。責以正義。導以平等。苟其事得行。雖死不憾。彼貴族富豪銀行家以及勢力之人。其平生未嘗爲事。不爲社會公衆之利便。而唯獲不正不當之利。依爲財産。豪華驕奢。不可仰視。果何爲哉。吾又轉而察賤民之情況。車力鍛工農夫等。勞動之困難。幾如牛馬。若彼等一日不爲勞動之事。即無以聊生。於乎。豈不大可哀耶。且牛馬之賤。未有若彼等勞動之苦者也。心念斯境。爲之淚下。

　　滿胸欝憤。流在行間。願身供犧牲。以期矯正社會之腐敗。大聲疾呼。叱咤貴族紳商。深明下等社會之苦界。語語中切。抑吾謂蓬萊島之

---

① “吳滋篤泰意懶”，即瓦特·泰勒（Wat Tyler，1341—1381）英國神父，1381 年英國農民起義的領袖。
② “比愷茲篤”，即羅伯特·凱特（Robert Ket，？—1549），1549 年英格蘭諾福克起義（後稱凱特起義）的領導人，因抗議圈占公地而發動起義。
③ “基吳魯篤朝”，即都鐸王朝（House of Tudor），是 1485 年至 1603 年統治英格蘭王國及其屬地的王朝，1549 年起義發生時，英國國王爲愛德華六世（1537—1553，1547—1553 年在位）。
④ “蒲懶篤”，即柏拉圖（Platon[Plato]，約公元前 427—前 347），古希臘哲學家、思想家。

理想。尤令人不可及。其一語爲萬國古今文字社會之典故。具千萬金之價值。今之學士論客。苟解西語者。莫不知尊禮而奉敬之。於乎。至人之言。誠不朽哉。

譯者曰。自政界之變。上下強弱之間。無一處平等。雖至同胞同族之人。而貧富遠隔。勞逸迥殊。讀此章末節。真可令人擊節起舞。抑吾謂政界之不平等。實先由於社會之不平等。我既有自殘自害。不自愛護之心。斯人得以乘而奪之據之。故改革社會者。尤改革政治之先聲也。社會之進步。又政治進步之起源也。孔孟生列戰之世。去古制遠矣。而汲汲於井田之行。蓋亦憤上下之不平。冀以爲實行之首策耳。

第
二
篇
一

第四章　中世之社會格言於歷史智見之關如四大哲學士之勃興與學說之大異同①

自今三百年前。歐洲各國。人審斯義。莫不痛言政府之腐敗。賤民之窮狀。今讀其言。與後世哲學士所以喚起法國大革命者。無甚遠殊。吾人讀書至此。莫不驚其慷慨激烈之氣。載其議論於書籍焉。學者本以羅甸語②記之。俾廣行於世。以感觸世道人心。其主義最關今世者。有格言一則。今舉其要領如下。

予據今之聞見。當代之政府。總由富豪徒黨而成。彼等托處置國務之名義。營一己之私慾。出其種種之權謀詐術。護不正不當之財產。安全而保持之。以最低之資銀③。供貧民雇用之資。使之服從於至苦至賤之事。及夫權力大專。彼等且枉爲輿情所許。終定以爲法律焉。

譯者曰。觀此節所言。即可知歐洲三百年前之狀況。貴賤貧富之不平等。無異於今日之中國。而一變至魯。一變至道。百年以來。進化速率。如電相擊。不可思議。雖今日歐美社會黨。猶痛言經濟資產之不平等者。然農工商各得其自由之權。爲工者之與主人。各守

---

① 第四章原刊載於《新世界學報》1903年第4期。
② "羅甸語"，即拉丁語（Latin）。
③ "資銀"，疑當作"賃銀"。

條約。不相侵侮。一不能平。罷市罷工。雖政府莫如之何。高下之勢。較中國已減去十之七八矣。可畏哉。可敬哉。雖然。地球文明之運。佈滿大陸。非此者不奴則亡。我中國夙稱文物之邦。其程度猶在歐洲三百年以前也。以此競爭。以此求存。能乎否乎。然歐洲社會黨之興。三百餘年而其說大行。中國自列戰至今。諸子百家。具有智力。具有思想者。累不乏人。雖以孔孟爲後世之所信仰。廟堂威赫。乃與偶人等視。幾何而奉其一言一行以爲世法乎。以人種家言。文明種人。腦經靈慧。一觸即感。野蠻種人。腦經遲鈍。不易猝知。雖稍稍痛苦。有不及覺者。於乎。我中國之人。雖經種種變遷。久久刺擊。未有進步。豈吾種類固將去禽獸原人之狀態無幾乎。此吾所以痛恨於專制亡民之深也。

當十六世紀之事。其言極爲世所盛稱。唯巧於夢想。莫由吐露其實。其思想由妄念而發者也。及近世讀書者多。社會黨取爲論據。至引用其辭句。故此書初以英文記之。爲社會哲學之第一書。闡明道德及社會不朽之真理。自是而後。哲學士輩出。著"理想的社會""極善國家之夢想界"[①]等書。又有攷排奈老[②]カムバ子ラ傳奈龍[③]フユ子ロン曷林篤[④]ハリントン倍孔心コン[⑤]之徒。思想之精。不劣於蓬萊島。當時奉爲泰斗。其所著之書。今尚貴重者也。塞愛孟[⑥]學士最通於批評。以爲十七八世紀之哲學士。皆乏歷史

---

① "極善國家之夢想界"，疑爲《烏托邦》(*Utopia*)，是托馬斯·莫爾以拉丁語出版的書，該書全名爲《關於最完美的國家制度和烏托邦新島的既有益又有趣的金書》，約於1516年出版。

② "攷排奈老"，即托馬斯·康帕内拉（Tommaso Campanella，1568—1639），意大利哲學家、詩人、作家，空想社會主義者。

③ "傳奈龍"，有誤，應爲"傳奈龍"。即弗朗索瓦·費奈隆（François Fénelon，1651—1715），法國天主教大主教、神學家和文學家。

④ "曷林篤"，即詹姆斯·哈林頓（James Harrington，1611—1677），英國政治哲學家，代表作品有《大洋共和國》。

⑤ "倍孔心コン"，"倍孔"，即弗蘭西斯·培根。"心コン"，有誤，據日文原書，應爲"ベーコン"。

⑥ "塞愛孟"，即昂利·聖西門。

之智見。不明事物之真相活態。往往由一己空想推拓而來。故少斷案之弊。歷史者過去之政治也。政治者現在之歷史也。其金言真不吾欺。無倫①今日之政治家經濟家。若無古今歷史之智見者。決不足與談國事。而圖改革社會之方策。

　　　　譯者至此。不禁拍案叫絕。歷史者過去之政治也。政治者現在之歷史也。二語最爲確鑿。今日之果。即前日之因。今日之因。即後日之果。欲施今日改革政治之方針。不可不於歷史上貫悉其精神。世以歷史事實。爲不足觀者。則大謬不然。

　　當時五十年間。一世之人心。皆講究人文社會。及政府之起源。其間彬彬然正有四名士者出。即霍倍斯②ホッジス③魯士古④ロツラ⑤傳意路瑪⑥フイルマ盧騷ルリ⑦是也。此四大哲學士。蓋天所以降大任於斯人。創定後世歐美諸邦之國體。及政法社會機關之大根本。大規模。所謂匹夫而爲天下師。一言而爲萬世法者與。彼等之言。天荒獨闢。雖我帝國憲法之制。定上下兩議院之組織。溯其根原。謂不資彼等之卓見英識。不可得也。然其哲學説互有異同。在立憲民主。所以發明政體之故。彼等從時勢之風潮。研究各等問題。所見有全然相反對者。霍倍斯魯士古及盧騷者。雖以根本的契約。爲社會及政府之起源。即歸於民約是也。然就最善最美之政體。各相辨難。終非一致。霍倍斯主張君主獨裁制者也。魯士古之理想。在民主政體。即舉二人而論。宗旨已判然兩途。然如霍倍斯者。於道德及政治

① “無倫”，有誤，應爲“無論”。
② “霍倍斯”，即托馬斯·霍布斯（Thomas Hobbes，1588—1679），英國哲學家，機械唯物主義的代表人物。
③ “ホッジス”，有誤，據日文原書，應爲“ホッベス”。
④ “魯士古”，即約翰·洛克（John Locke，1632—1704），英國哲學家，政治家，啓蒙思想家。
⑤ “ロツラ”，有誤，據日文原書，應爲“ロック”。
⑥ “傳意路瑪”，有誤，應爲“傳意路瑪”，即伏爾泰（Voltaire，1694—1778），法國哲學家、歷史學家和作家，資産階級啓蒙運動的主要代表人物，反對專制制度和天主教。
⑦ “ルリ”，有誤，據日文原書，應爲“ルーソー”。

之觀察。知見明晰。思慮創造。獨立不凡。世上莫不知之。其大著曰“利威伊省”①リウイザン者。真曠代之名作。惟畫於一時。不免當時通弊。所謂歷史智見之闕如者。凡人類之共同體者。個人的天性。即情慾。從志願及愛情可以駕御之發明。故以健全之性理學者。説道德及政治之基礎。以爲支配人之言行之原動力。個人的天性。即情慾。講明志願及愛情之發動。其發刊著名諸書之大暑也。以爲古今之人。總屬同一。雖未開之太古人。與文明人。全爲同一之原動力。不認社會進化之事實。文明人民之於太古人。猶幼童之於大人。原其語之所由來。即乏歷史智見故也。霍倍斯又就人文社會之起源。而説之如下。

　　人類以原人之境遇。爲天然社會。其後實驗無政府之患害。由畏怖之心。漸至創造人文社會。當天然社會之時。爭鬪常無已時。無技藝無發明。無學術。無商業。人之存者。半皆孤獨貧弱污穢獸行短夭之徒。彼等畏此禍亂。思欲脱之。依其靈智。求一平和之生活。迺始發見其方法。即於一體之中。推立一人。附與權刀②。保持平和。判決曲直。防禦外敵。終奉一人者爲君主。其言語奉爲命令。視同法律。人民之財産。亦即由其法律所定。雖然。君主而發布法律。不能不據自然法。凡依自然法者。統御一國之君主。即謂庶民政府。最善無失者也。然君主賢明善良。則可長此不變。若君違衆而行衆。即不奉之爲君。於是有廢立之事。有革命之亂。即生内訌及無政府之患害。其禍較前更甚。及招無政府黨與他禍亂。於是人民又不可忍耐。而結社會的契約。以一人爲之君主。委托政權。爲根本的原由。以求免各等

---

① “利威伊省”，即托馬斯·霍布斯的名著《利維坦》（*Leviathan*，1651）。
② “權刀”，有誤，應爲“權力”。

之國亂而已。

　　譯者曰。霍倍斯殆亦我中國荀卿之流亞耳。社會本原之倡。以氏爲最早。語非不精也。義非不深也。而蔽於小局。終以君主獨裁爲制限。夫君主之不足以爲文明極點明矣。夫萬事莫不有終始。終者即始之結果也。萬物莫不有本末。本者即末之現象也。數始於一。而亦終於一。故世界極野蠻之境象。亦即世界極文明之境象。世界歷幾何階級而有今世界。亦即由今世界歷幾何階級而復天然世界。惟智愚之間。有分別耳。是故社會之發達。以男女之倫爲最早。而後日文明之世。亦即以男女之倫爲最篤。以近時歐美文明各國之人。與野蠻人種較。已足見其一斑。一則有天然之情感。一則不過縱淫慾所肆。故易歡而亦易散。是故世界起於混沌。而終於大同。大同者即混沌之別號也。霍倍斯原於始。而不能由始以達終。得其本。而未能由本以推末。塞愛士①譏爲闕于歷史之見。真千古不易之斷語。無怪乎歐西百年來。盛稱盧騷。而霍倍斯之不得大名于世也。

第五章　　人類平等説與三百代議士之優劣疑問英國政治論之兩基礎盧梭民約論②

　　人文社會之根源。本夫民約之説者。不獨霍倍斯而已。魯士古亦主張其説。然魯士古之説。雖仍因契約之旨。而又唱條件主義。君主若遵奉一定之大主義而旋治焉。則人民固宜服從。然人民之服從。又決非無制限。

---

①　"塞愛士"，即昂利·聖西門。
②　第五章原刊載於《新世界學報》1903 年第 4 期。

六。

也義非不深也而蔽於小局終以君主獨裁爲制限夫君主之不足以爲文明極點

明矣夫萬事莫不有終始者即始之結果也萬物莫不有本末本者即末之現象

也數始於一而亦終於一故世界極野蠻之境象亦即世界極文明之增象世界歷

變何階級而有今世界亦即由今世界歷幾何階級而復天然世界惟智愚之間有

分別是故社會之發達以男女之倫爲最早而後日文明之世即以男女之倫

爲最篤以近時歐美文明各國之人與野蠻人種較已足見其一斑一則有天然之

情感一則不過縱淫慾所肆故易歡而亦易散是故世界起於混沌而終於大同

同者即混沌之別號也霍倍斯原於始而不能由始以達終得其本而未能由本以

推末塞愛士讒爲關于歷史之見眞千古不易之斷語無怪乎歐西百年來盛稱盧

騷而霍倍斯之不得大名于世也

第五章　人類平等說與三百代議士之優劣疑問英國政治論之兩基礎盧

梭民約論

人文社會之根源本夫民約之說者不獨霍倍斯而已魯士古亦主張其說然魯士古

《近世社會主義評論》第五章首頁

無條件者也。質而言之。則君主之權力。決不可擅制。必有條件以制限之。又謂財産之所有權。非由法律與之。乃由勤勞而獲得之者也。故人若得其原料於造化之領分。加以自己之勞力。而種殖品物。於未開懇①之土地。不問其産之自然與否。皆當然所宜得也。今使有大地積於此。收用其一部。不加害於他人。則亦爲所得。但必去其一分以酬其所有權耳。凡勤勞者得有天然之利權者也。物品之價值。不論其便用與交通。唯由勤勞而得之云云。其後社會學士喀路馬路古司②及其他社會黨皆祖述此説。倡論物品之價值。乃由勤勞於生産及運般而生之説。二氏所唱。頗得勢力。

　　譯者曰。今日歐洲各國之政體。正魯③説大行之世也。一國之中。必立憲法。君安其位。民保其業。立法行法司法三權並立。彬然秩然。不相踰越。此即魯氏④條件制限之説也。庶幾昇平之治矣。然去盧騷理想中所有之一境。又未知歷幾何時而至耳。美洲之形體似已。然而精神未至也。地球苟終此不滅。吾敢決言其必有此一日。以進化之公例論之。其革也固不久矣。

民約社會説。乃發揚於法國曠古之碩儒盧騷。大聲疾呼。猝生非常之影響。波及各國。據兩學士之説。雖主張人類於天然社會。皆自由。皆平等。然魯士古附設幾多之制限與資格。霍倍司大擴張之。人類於太古之時。莫不平等。雖於今日亦無不然。試由體力觀之。則人與人之間。較然可知。若由智力察之。則人與人之間。大有平等之行。迥非體力之可比。何者蓋技術與熟練者。由外部附加之也。人生天然之能力。大抵無不平等。然世人往往不察。遽謂社會無平等之理。畢竟不免流於自暴自棄之徒。其有智慧能辯及有

---

① “開懇”，有誤，應爲“開墾”。
② “喀路馬路古司”，即卡爾·馬克思。
③ “魯”，指約翰·洛克。
④ “魯氏”，指約翰·洛克。

才學者。與無智慧無才學無能辯者。邊視之雖甚不平等。然亦有其所以致此
之故。一由於能活用其能力。一由於不能發現其本能。非天然之能力不平等
使然也。此說之當否。尚未確定。吾人今假有尺度於此。測量我議院之三百
代議士。彼等之體力智力。雖謂平等。則其結果果何如哉。試立於旁聽席。
一瞥議場。先於經濟法律等之學識。得稱爲拔羣。真能就內治外交之政策。
立自己之定見。開陳提案之筆端。吐露演壇之舌頭。雄辯快說。聳動滿堂。
討論決議。捷如反掌。其於一進一退之間。機智畢呈。巧於壓制反對黨。而
侮弄之。果有幾人哉。自開院以來。不發一言。不提一議。除採決簡單之贊
成。反對惡口雜言之外。恰如聾如啞。無異一種無聲之動物。而於投球起立
操使之外。不過一活土偶之資料耳。是可謂具天然平等之能力。而不能發現
其固有矣。此疑問實爲國家重大之事件。不得不乞教於大方達人。

　　譯者曰。人類於天然社會。固無不平等。無不自由。特其自由
爲野蠻之自由。其平等爲粗野之平等。所貴乎自由平等者。仍不能
不於自由平等之中。寓秩序之文也。自由者以各得其自由爲界。平
等者以各得自享其應有之權利爲界。此即所謂爾無我詐。我無爾虞
也。此即所謂大同之世也。是之謂真自由平等。而不然者。上古生
民之禍亦烈矣。今不學無識之士。好談自由平等。而一問乎己之行
事焉。則與平日自由平等之言。大相矛盾。吾直謂之曰。是猶未脫
野蠻人種之性格也。

　　一言而爲天下法。能對此而無愧者。實難其人。英國哲學士之言論。
感化當時之政治社會。其功甚大。從來英國執君主擅制主義者。實繁有徒。
自霍倍斯之言出。社會大被其影響。如孤城嬰守之兵。得大軍之應援。又
主張民權論之黨派。以魯士古之說視之。不啻金科玉律。益成屹然對立之
勢。然則十七世紀英國之內亂。不過兩主義之衝突耳。君主擅制派。終于

失敗。民權派乃大得勝利。而國民因得享受其利益。然尚至數百年之久。始能收其實效。亦云難矣。

　　無論社會主義。與共産主義。人類社會之歷史上。開超前絶後之新舞臺者。乃一千七百五十四年初刊行之盧騷民約論①也。由霍倍斯之著“利威伊省”而後一百年。由魯士古之作西威路喀威亞明篤②六十年後。始公於世。與兩哲士相同。大震動當時之政論社會。盧騷立言之大要。亦與兩哲士無大逕庭。人類進於人文社會以前。獉獉狉狉。全存於天然社會。由天然社會而進於契約社會。當時之狀態。各人皆自由平等也。雖於身體上有自然之不平等。大抵由多年之習慣而來。（魯士古能活用其能力與不能發現其本能其説然矣盧氏③更一言以蔽之曰由多年之習慣而來語尤曉暢此蓋由知之深故能言之晰也）政治上及地位之不平等。則斷言一切。皆無甚異於霍倍斯之所説者。蓋謂人類于天然社會之時。在於平和與幸福而已。其中與兩學士之根本不同者。爲最善最美之政體。何爲最善最美之政體。蓋以憲法之主義。而倡純然之民主政體是己。全反對主張擅制政體之霍倍斯。與執立憲政體之魯士古。氏謂當今人民。被輕蔑於世界。而墮落於奴隸之地位者。非其本然之境遇。彼等由於古來之遺傳。而不能恢復其固有之權利。其固有之權利。曾由强有力者定法律而制限之。漸奪其所有而據爲己有。故不可不恢復。又人類者由天然社會而漸進於人文社會。各階段之間。年代極永。其來歷變遷。雖累數千萬言而不能盡。今節録其大概於左。

　　太古之世。人類睢睢盱盱。孤棲獨處。而無異於下等動物。其運

---

① “一千七百五十四年初刊行之盧騷民約論”，“民約論”，即讓-雅克·盧梭的《社會契約論，或政治權利的原則》，法文書名爲 *Du contrat social, ou Principes du droit politique*。目前所知，盧梭的《社會契約論》先後有兩種稿本，一種是手稿，大約寫成於 1754 年，未出版，現存於日内瓦圖書館，通稱“日内瓦手稿本”；另一種是 1762 年在阿姆斯特丹出版的，即後來的通行本。
② “西威路喀威亞明篤”，即約翰·洛克所著的《政府論》（*Civil Government*）。
③ “盧氏”，即盧梭。

動上除有雙腕之外。無稍勝於獸類。四足而步行。亦與獸類等。食則採天然果實。與其他天然之食物。夜則安伏於樹木及洞穴之中。無衣服。無家屋。無言語。無觀念。又無朋友。身體強壯。肥滿而甚健全。情慾極低。混混沌沌。一無所知。而送其幸福之生涯。其後經幾多之困難。稍有所發明。先以銳利之石與樹皮。而驅逐獸類。供其食物。然人口漸漸增加。更發明新技術以鈎與綸而釣魚。造弓矢而從事於田獵。發見火以防冬天之冱寒。于寒地則自獵獲野獸之皮革以作衣服。此時尚爲孤獨之生涯。其後與同類相居。協力共致。始悟相扶持之利益。更進而至於知發言語。交談話之術。漸次發明種種日用之器具。而社會稍稍進步。諸般技術。亦稍稍發明。以尖石造斧。斫樹皮而掘土。組織樹枝而塗泥土。因而造作粗末之小屋。至於營男女兩姓之生活。

　　譯者曰。人類由動物進化之説。盧氏言之最悉。其學識誠可驚人矣。然當時與氏反對者極衆。以爲人類由天神所造據。舊約之創造説。以爲人類始祖亞當。餘並紛紛各據一説。自地質學人種學精。而天神創造之説。乃不辨而自明矣。此地球智力最大之進步也。

第六章　財産所有權及家族生活之根源不平等社會之現狀哲學士之達識[1]

　　營造粗末之小屋。實人類初獲得私有財産之嚆矢。又於小屋之中而凌雨露。享一家團欒之樂。即成族制生活之時也。故盧騷以此爲獲得之財産。全加其勞力於天然之原料。決非國家法律上賜與之也明矣。此財産漸次遺傳後裔。而據爲固有。故社會黨以世上之財産。倡由人類之勞動而生之説。由此原理。而發現財産之所有權。此權利於人文社會之成立以前。人類所

---

[1]　第六章原刊載於《新世界學報》1903 年第 4 期。

用之器具而社會稍稍進步諸般技術亦稍稍發明以尖石造斧斫樹皮而掘土組

織樹枝而塗泥土因而造作粗末之小屋至於營男女兩姓之生活

譯者曰人類由動物進化之說盧氏言之最悉其學識誠可驚人矣然當時與氏反

對者極衆以爲人類出天神所造據舊約之創造說以爲人類始祖亞當餘並紛紛

各據一說自地質學人種學精而天神創造之說乃不辨而自明矣此地球智力最

大之進步也

第六章　財產所有權及家族生活之根源不平等社會之現狀哲學士之達

識

營造粗末之小屋實人類初獲得私有財產之嚆矢又於小屋之中而凌雨露亨一家

團欒之樂卽成族制生活之時也故盧騷以此爲獲得之財產全加其勞力於天然之

原料決非國家法律上賜與之也明矣此財產漸次遺傳後裔而據爲固有故社會黨

以世上之財產倡由人類之勞動而生之說由此原理而發現財產之所有權此權利

於人文社會之成立以前人類所固有於天然也然人類社會之根元在於家族故夫

《近世社會主義評論》第六章首頁

固有於天然也。然人類社會之根元。在於家族。故夫婦和樂之情。親子慈愛之念。全由掘造小屋之間而起者也。初男女兩姓。相合而爲夫婦。浸成一家族。然其性各不同。婦人之性。温順柔弱。在內司家事。而保育幼兒。男子則外出而謀衣食之計。當是時尚爲單純之生涯。日用之需要甚少。及人口漸衆。各謀生活。不能如前之局於一方矣。於是遂生生活上各種之進步。是說也。後世學士。各有批評。有詆爲妄想者。或有奉爲至言者。據歷史家發見太古之事蹟。大抵與盧騷相合。故盧騷之推想。雖可謂確乎不拔之定論。亦不可謂全無根據。實混同空想與大體之真理者也。近世之社會學士。概敬重之。因思社會之變動。人事之變態。大抵發作於空想。而成功於投機者也。試拭眼靜觀時局各政黨之策士說客。聚集於政權攫取之中。不問其爲主義。爲歷史。爲政紀。爲感情。概錯之於度外。俄而始運動聯合。是憲政過渡之時代。投萬事於混沌之機會。呈種種之想像。而企想象之憲政。想象之內閣者也。現於其間者。曰變更局面。曰三角同盟。然則諸內閣之更代。亦不過欲希望發作於想像。而成功於投機者耳。果然。則觀察人類社會之淵源。而卓然自立一家言之盧騷之大想像。不亦大可欽佩耶。

　　譯者曰。萬事萬物。有想像之一境。即必有即真之一日。其不能見不能至者。由於智力能力之薄弱。而不得以我之不得見。我之不得至。以爲思想之所繫。直屬妄念。而謂遂無其事也。夫蟻之爲物。至微者也。自今日言之。終無聞蟻之聲之理。然既能製顯微鏡。以窺微蟲於空氣之中。又安不能製一器以聽蟻之聲乎。以物理徵之政治。最有明驗。吾人今日思想所有之政體。異日必爲即真之時代。我初意人類爭競。角逐無已。世界決無大同之一日。今而知大同亦我意中物也。大同既爲我意中之物。則大同安在其無有耶。

　　譯者又案社會之根原。在於家族。而家族之倫。則始諸夫婦父子之情。由此二者。遂生種種倫理。故欲改革社會。不能不先於此二者。首圖改良之術。本之不正。遑問尾末。今中國男女之倫。墜落廢弛。已至極端。無怪乎社會之腐敗。不可復問。故吾以改革婚制爲今日改良社會之第一關鍵。其詳當有專篇論之。

太古之黃金世界。人類社會初成立之情態。既如上所言。及事物漸次發達。而社會爲之一大變。其影響最大彰明較著者。乃人事之不平等也。盧騷說其變態有三大件。一制定國法所有權之確立。二官職制度。三擅制君主之推立。蓋國法已定。而確立各人之財產。則生貧民與富豪之區別。官職之制度立。而威權勢力大懸絶。強者弱者之階級初見。君主既立。而始有君臣上下之名分。主人奴隸之等級。於是遂生四種之不平等。即貴賤貧富強弱及賢愚之別是也。其中賢愚之別。最鄭重者。乃賢者對於他三種宜立於優等上位。而愚者則反是。於實際則決不然。其關係之最大而最鄭重者。貧富之不平等也。富者常占勝利。而列於人強者之間。賢者能者。無富者之勢。祇得①供其驅役耳。元來財貨者乃直接之必要品。而難於受授。又得收買萬般之事物。而具有無限之力量者也。買收力之大小強弱。大有關係於物質的文明之要素。而文明愈進。則收買力之範力愈廣。風俗之頹弊。與民心之敗壞。遂因之而不得不高其程度。卒至人事懸隔於天道之正理。其傾向更不知伊於何底也。人生蔽於私欲私情之故。遂至相角逐。相競爭相敵視之後。於是此最少數之強且狡者。富裕榮華。達於極頂。而其多數之劣且愚者。被吸收掠奪。馴至無精力。無血氣。變成幾千百之下層社會。息氣奄奄。毫無生趣。其得繫浮世之生命。亦不辛②中之大幸矣。加以彼等之權利。常被強有力者之所蹂躪。不平之氣。盈溢道路。漸露謀叛之機。其鄭重之品物。借祖稅③之名義。苟

---

① "祇得"，有誤，應爲"祇得"。
② "不辛"，有誤，應爲"不幸"。
③ "祖稅"，有誤，應爲"租稅"。

以索之。泣訴無路。手足不知所措。卒沉於苦界而後已。以上所説。距今百五十餘年前。據盧騷之想像。與推理而斷言之也。徵之近代文明之實境。如照明鏡。較然可覩。百般之情態。盡爲實現。而懸於吾人之眼前。曠古之偉人。達觀將來。其社會眼識之高明。無待吾人之。喋喋矣。

譯者曰。今日世界之中心點。趨重於金錢。金錢之中心點。亦即爲勢力之中心點。亦即爲道德之中心點。富者無不可爲。其他位嘗居於優勝。貧者雖善良。而卒爲富者之所束縛之所驅使。富者雖不善。足以自飾其名譽。貧而善良者。雖賢而見非屈於庶人。此所謂勢之所在。公里①隨之也。雖歐美文明各國。亦不能脱此範圍。近時社會黨。慷慨奮起者。固鑒於此。特我中國此中之狀況。更不可問耳。盧氏之數百年前發此宏論。其思想之高。不愧爲歐洲思想界中第一人。吾於其言感慨深之。

第七章　中等人士之盡瘁與國民之勢力自認社會革命之元氣者千古不朽也②

人文社會之根本。起於社會之契約。而人民各自共同保護其財産身命。及權利乃托之於至善之政府。使出於衆意。舉一公衆所信任之人而監督之。故各人爲全體不分之原子。組織一綜合的團體。名之曰共和政體。曰公衆社會。此蓋盧騷以理想推察之也。盟約者出於人民全體之公意。而主宰權者。係各自之分有。而依國法而統治之者也。然則主權者。屬乎人民全體。而衆意之行動。即主權也。國法之目的。在於全體之利益。非僅爲一個人一階級已也。全體之利益。及最多數之幸福。乃依衆

---

① “公里”，有誤，應爲“公理”。
② 第七章原刊載於《新世界學報》1903 年第 4 期。

意之所向而定焉者也。然欲明知衆意而不欺衆者。必須得立法之人。此
選舉之所以爲最大要件也。又共同的利益之要素。在於自由。及平等。
立法者之目的。不過保全此二大要素。若不能併行自由與平等。則不可
不標準共同之利益而裁斷之。盧騷於此等之政權及政論。皆開拓本領之
大經倫。併顯章社會主義者也。偉人之言論。其感化社會之深。不待言
矣。其最宜接者。爲當時之學士社會。而間接者。乃法國之革命亂也。
其中如基夜奈①ヂャ子者。推源盧騷之本旨。而中興近世之共産主義者也。
其餘如傅意茲台②フイッテ之社會主義。巴古甯③バクニン之無政府論。
皆根據於盧騷之政理。若夫著名之麥蒲里④マフリイ之共産主義。別立一
家言。亦不過承盧騷之系統耳。其他稱爲社會學之泰斗者。如攷魯瑪古
斯⑤カルマルラス⑥木路拉篤⑦ムルレット皆導源於盧氏。然諸家不過繼承
理學學説而已。其起實際之大事變。而生無量之大影響於當代之世界與
幾萬世之後者。乃法國革命亂也。

　　法國革命之目的。果爲政治耶。抑爲社會而起耶。于史蹟之表面。
大似政治之禍亂。若觀察其真相。則對於貴族僧侶之特權。起反抗之暴
動。而企變革財産之不平等者也。約而言之。則不得不與以社會革命。
其首謀者。立於貴族平民之間。乃中等社會也。故稱中等人士之革命爲
適當。彼等爲國亂之渠魁。而欲達其目的。没收侯伯之領地三百萬。而

---

① “基夜奈”，疑爲保羅・雅内（Paul Janet, 1823—1899），法國哲學家，著有《法國革命哲學》等。
② “傅意茲台”，即約翰・戈特利布・費希特。
③ “巴古甯”，即米哈伊爾・亞歷山大羅維奇・巴枯寧（Михаил Александрович Бакунин，
　　1814—1876），俄國無政府主義和民粹主義創始人和理論家。
④ “麥蒲里”，即加布里埃爾・馬布利。
⑤ “攷魯瑪古斯”，即卡爾・馬克思。
⑥ “カルマルラス”，有誤，據日文原書，應爲“カール、マルクス”。
⑦ “木路拉篤”，即摩萊里。

分配於農民下等社會。其賤苦轉瞬可挽。後至於拿坡崙①政府與王朝之世。上而文武之顯官。得爵禄於政權。皆滿足虛榮。下而庶民社會。一則據有多分之土地。一則認識自己於社會勢力之利益。獲得土地之利益雖大。而對於一國自己之勢力。尤能自認其强且大。故一振而不復蹶。是可謂無比之利益也已。無論古今東西。國民之真價唯知自己之境遇。識自己之勢力。乃能應用於國家社會。國民若安於無爲無力自暴自棄。而立於奴隸之境界也。則國事之判決。議員之任免。一任官吏之制定。恝然如秦人見越人之肥瘠。漠不關乎其心。則中等社會。雖竭力盡瘁。畢竟不能敵夫蚩蚩者之無知。而卒被政府所撲滅也必矣。設不然者。必其國民之多數。認識自己之勢力。而通自由權利之大義者也。嗟夫。民權之真理。與天地日月共亘千古。不朽不滅。其元氣常磅礴於社會之間。箝制言論。撲滅公理。適以激斯元氣而逼其磅礴也。人類卒以枯骨銃丸得之。然則此主義此言論。苟不被裁斷於白刃。必有捲土重來之時也。章章明矣。今之政治家社會家服膺加餐修養之真理。元老也。藩閱②也。上院之保守派也。下院之機會黨也。知前途運命之不遠。每於渺茫大洋中。悵然四顧。心中感想遽發。蓋聊有所慰云爾。

　　譯者曰。抵力愈重。而抗力亦愈高。阻力愈深。而反動力亦愈大。此蓋天地間之公例也。箝制言論。撲滅公理。適以激動斯民之奮心。此語真不刊之論。故吾不患政府之有以壓制我。特患我之有以自亡耳。

---

① "拿坡崙"，即拿破侖·波拿巴（Napoléon Bonaparte，1769—1821），法蘭西第一共和國執政（1799—1804），法國皇帝（1804—1814、1815）。
② "藩閱"，有誤，應爲"藩閥"。

第八章　共産主義與巴北阿①バボーフ古士篤阿陰②コツトウイン塞西翁篤西孟ヤイントシモン③之社會革新的意見④

近代社會主義。自塞西翁篤西孟闡明之。而顯彰於攷魯瑪古斯。カルマルクス爾後漸蹈入實際問題。而不如前之曉曉於空論矣。此乃向於產業組織。與資本制度。及勞動規約之改良。而發生進步者也。世人往往僅於勞動問題。關於斯主義之目的與心得。一讀二三所著之書及雜誌等。直着眼於資本主及職工間之利害。試輕躁淺薄之言論。至於害事業家之感情而不顧。豈非最可痛戒之事耶。產業社會之要素。在於職工賃銀之高低。而欲辨明其是非得失。不可不先攻究斯主義之原理。而探進化之次第。不然。則雖議論滔滔。盈溢紙間。是仍無補於事也。吾於前章已論述盧騷喚起法國革命之大亂。是亂也。雖云由於改革政治。然寗謂社會之爲當。既謂社會之革命矣。則無論其影響之有形無形。其推察之極廣且大也明矣。然則十九世紀之初。於歐洲之學士社會。苟有經國安民之大志者。皆翕然凝注於社會理想之新趨向。而建立政理政論之新學説。當此之際。先露嶄然之頭角於法國者。乃唱道自由平等之大義。與純粹之共產主義巴比阿氏⑤也。氏就自由之原理。與共產主義之調和。條貫而論辯之。其感化當代之民心。良非淺鮮。其次翻一旗幟於英國之論壇。而別出新機軸者。乃古士篤阿陰氏也。氏憤當時之世態。指斥百般之罪惡。鑑彼情狀。而論斷實施共產主義者也。故有反對共產主義者。反覆辯論。不遺餘力。大示見識於斯

---

① "巴北阿"，即格拉古·巴貝夫（Gracchus Babeuf，1760—1797），法國革命家，空想平均共產主義的代表人物。
② "古士篤阿陰"，即威廉·葛德文（William Godwin，1756—1836），英國作家、哲學家和政論家。
③ "ヤイントシモン"，有誤，據日文原書，應爲"セイントシモン"。
④ 第八章原刊載於《新世界學報》1903 年第 5 期。
⑤ "巴比阿氏"，即格拉古·巴貝夫。

主義之哲學士。論理堅確。而志慮深遠。乃古哲蒲懶茲篤①以來之一人也。
而學者或有愈於前哲之詳。其後哲學士如西哀利②シエリイ輩。採擇社會
及政治之著述。所論頗多。氏曰。共產主義者。腐敗社會之對症劑也。
其後試各種之理想者。接踵輩出。如古拉利士季③コレリツヂ及梭塞④リ
セイ⑤等之名家。首先盡力。乃悟實驗於有宿弊有舊慣之歐洲之困難。而
發議試行美國之新世界。爾後美國嘗爲理想之實驗塲。持各種之試驗。而
接踵於是地者。蓋有由焉。

　　　譯者曰。天地間壓制之深。未有如金錢產業者也。制之以兵威。
制之以刑戮。猶或可逃。即使暴君悍吏。勢力森嚴。然不過被困於一
時。而當世之公論自在。後人之清議難逃。產業之不平等。貧者坐居
困厄。百計艱難。掣肘之間。無可自由。其受制之慘。有什倍其於政
體專制者矣。此歐洲社會黨之所以痛聲疾呼。後先相繼。而冀產業社
會之變革者歟。我中國唯列戰大儒。多有發明此意。末學流傳。輒失
師旨。而井田均產之法。且見迂闊於後世。此亦足見中國學術之衰矣。
　　社會理想之各主義。果能成功否乎。曰否。哲學士雖竭精疲神。焦
毛髮。凝思慮。而不能一朝改造活世界者。乃空言高論之不足以矯實業
社會之積弊故也。新趣向新學說一時嘖嘖於世上。乃彼等之新案也。洛
陽之紙。價爲之暴騰者。乃彼等之新著也。畢竟夢想耳。幻影耳。高言
大論。而不切於實地者之空論耳。其於實際。容何當歟。其後未幾而法

---

① "蒲懶茲篤"，即柏拉圖。
② "西哀利"，疑爲珀西・比希・雪萊（Percy Bysshe Shelley，1792—1822），英國詩人，革命浪
　　漫主義的代表人物，無神論者。
③ "古拉利士季"，疑爲塞繆爾・泰勒・柯爾律治（Samuel Taylor Coleridge，1772—1834），英國
　　詩人、文評家，英國浪漫主義文學的奠基人之一。
④ "梭塞"，疑爲羅伯特・騷塞（Robert Southey，1774—1843），英國詩人、散文家，曾獲"桂冠
　　詩人"稱號。
⑤ "リセイ"，有誤，據日文原書，應爲"ソーセイ"。

國之大革命亂起。於是始悟欲行根本之大革新。不可不實現社會革命。
此時勢恰如洪水瀑漲。而探堤中之蟻穴。猛火入室。至窺窗戶之罅隙。
苟有放聲絕叫而起者。則不拘何人。不論何言。必靡然向風。雲合蝟集
者。無待言矣。況乎立於貴族社會之上流。富貴安逸。無所求於世。唯
欲以一片博愛之情。濟民之志。至誠惻怛之念。而蹶起於不得已者乎。
塞西翁篤西孟者。乃近世社會主義中興之一。其理想計畫流風餘澤。吾
人已記其梗概。彼乃真所謂立於社會黨之地位者矣。

　　法國之一貴族。投於革命亂而爲社會改革家之首領者。西孟①。シモン
其人也。氏英才卓識之人。而又富於思想膽畧。誠所論非凡之偉器也。生
前雖多不如意。而其平素薰化門下之同志者。深且厚。卒能使其主義行於
後世。由此一道。源泉流出之細流小川。分而爲河湖。爲海洋。氾濫②於全
社會。雖不及身受其效。而其功亦已偉矣。今節錄社會改革家之抱負如下。

　　　歐洲近世之社會。業已達於敗壞之極點。要非一朝一夕之故。然
則大革新者。非當今之一大急務耶。改革主義。不可復蹈舊格故轍。
過去之時代。已遊而不返。現世之勢。方如旭日之昇。封建之武將與
舊式寺院之僧侶。殆絕跡於世。當今之世。乃產業世界之時代。而工
業家技術家及學者之時代也。昔日社會之重要事件。不出兵備戰爭二
途。今日則反是。社會者在於標準。工業之必要。而欲組織當今社會
之真成目的。在於人間生活必要物品之生產。概而言之。則以協同體。
而探檢全球地之事業是也。果然。則生產事業之首領。不可缺工業之
實務。以故工師及學者。遂爲全球社會之首領。而又宜認組織政府爲
一大要素。其餘不生產諸人。如貴族大地主及僧侶等。徒消費社會之

---

① "西孟"，即昂利·聖西門。
② "氾濫"，有誤，應爲"氾濫"。

產業。而於社會無絲毫之裨益。則不如摧陷而廓清之之爲愈矣。

武斷政治之世。已成爲幻夢。而產業世界之曙光。乃大發揚。此固有識者所共知也。日清之役。萬骨枯朽。然武將軍士。金章燦爛。恩賚豐渥。成一種之封建階級。莫不夢想陸戰之再演。乘國民海洋思想之幼稚。而趣向於陸軍之一途。夫軍國主義。與產業主義之消長張弛。至於當世紀而愈章明。歐洲之漫遊者。其倡論社會之大目的。僉曰在於生產事業。此亦吾人素所主張也。

譯者曰。吾於是而知法國革命亂之勢矣。夫貴族之與平民。有兩不相立之勢。貴族之權消。則平民之權長。平民之權消。則貴族之權長。故自古君主貴族者。常不惜竭其心力籌畫。禁平民之不得動不得行。而翁篤西孟①獨能於貴族腐敗之中。芝蘭挺秀。拔出榛棘。懷大仁大慈之心。倡社會之改革。濟斯民於塗治。此亦釋氏之流亞也。然亦可見法國文明之智所及者廣。其得以數次革命。爲全地球雄也宜哉。世有懷改革之志者乎。普通民智。誠亟亟矣。

第九章　產業監督之新組織　勞動者救濟策　國家社會主義
綜合社會主義之解釋②

生產事業者。其目的在於實業家工業藝家組織社會主義之首領爲要素。此塞西翁篤西孟改革之意見也。其言雖有所偏。而未可謂經國之大道。然近世文明之針路。莫不向此方面而上進。試一察我國社會之將來。他日或有富豪內閣紳商政府商工議會實業政黨之出現也。未可知。何以言之。蓋近日之社會政黨。及採納社會主義。於政紀中之政黨。始感實際之必要。

---

① "翁篤西孟"，即昂利·聖西門。
② 第九章原刊載於《新世界學報》1903 年第 5 期。

立空前之新意見。故西孟於一千八百十九年。曾著"社會組織論"①。開陳
實施意見之方法。順序其組織之半分。雖多屬空想。而難於實行者。然其
改革社會之熱心極厚。單刀直入。至於主張其理想之赤誠。當今之政客議
士等。殆無有能出其上者。氏先建開設三種事務局之方案。一曰發明局。
二曰檢查局。三曰政務局。第一第二兩局之職員。由公司學士及技術家相
結而成。其俸給由政府支付之。第三局之職員。由大工業家資本家及銀行
者任用之。第一局審查產業上諸般之新發而回達於第二局。第二局檢查精
密。而又進達於第三局。乃議定計畫之取舍。實施之可否。然則一二兩局
者。不過政府之諮問所。而第三局獨附取舍採擇之權力。且有監督租稅之
權限。北路季耶尼②ボルヂセニ之批評曰。第三局可謂有行政上之實相矣。
學者倡三局鼎峙。不至陷於衝突之患斯可矣。第一第二局。雖專免於視察
他局之事務。然別有關於道德教門之監督權。至於一千八百二十一年。學
者大改正其組織。罷免第二局之學士。而採用實驗主義之哲學士。設道德
教門之監督。於此因而實權之擅於資本家工業家者。依然如故。而益欲施
行新制度。

　　彼貴族之身分。有出入宮廷之便利。屢上奏於國王。自法國產業事務
總裁要求發布勅令舉新制度之實效。而後資本家之大勢力猝起。不獨工業
上一端而已。并行政上之監督權而與之。此乃與今日之社會主義。全相反
對者也。資本與勞動之關係。攻擊不公平不平等之點。當時視斯主義之目
的。若以資本家爲賤民社會之爲保護者。爲救濟者不亦奇耶。由此觀之。
則西孟者。唯由救護勞動者之目的而起。謂之真社會黨。則非其後深憫勞
動社會之窮狀。蓋彼等國民中關係最廣之階級。何以立於不平等不滿足之

① "社會組織論"，今譯爲《論社會組織》。
② "北路季耶尼"，日文原書爲ボール、ヂヤ二ー，疑爲保羅·菲利普·約瑟夫·埃米爾·舍農
　　（Paul Philippe Joseph Émile Chénon，1857—1927），法國歷史學家、考古學家和法制史家。

地位。而沉於苦界耶。其原因果何在哉。研究之後。要不出乎二途。一爲
無繼續之職業。二爲無智無識。甲則必須有生活之實際。而乙則在於立身
出世之機關。此兩件蓋不可不給於彼等。彼等亦有受之之權利。國家之財
政案中。不可不置改善彼等地位之費目。而其要項有二。一曰國民之教育
費。二曰與職業於無恒業之勞動者之經費是已。此兩費目。國家爲勞動社
會。而立此相當之設備。至於論斷政府之本務。則愈蹈入於真社會主義。
即入於國家社會之範圍内也。然則國家社會主義者。其解釋若何。吾人請
舉其要領。而少有所説明。

　　吾人今解釋國家社會主義。不能單舉其一説。不得不臚列各家之主義
而説明之。近世之學士。皆執社會主義之本義。而建三種之解釋。著名之
經濟學士拉婆來伊①ラブレイ魯士西哀路②ルツシエル等見解。均同第一種。
爲廣義的解釋。蓋謂社會主義者。均貧富之懸絶。而防制過大之不平等也。
無論國家之政策。與個人之事業。及慈善家之企圖。起各種社會之現象。
及運動則不拘過去與現在所拮据經營者是也。現今行於萬國之協同作業。
又由共産組織而起之聖教社會主義。改良借地農夫與勞動社會之情態。及
立法上之事業等。皆入此範圍之中。

　　第二種之解義。即國家社會主義。國家以法律制度。而保障人民之平
等。防制過大之不平等是也。“取財産之有餘者。而與。于不足者。由法律
上調停兩方之權衡。無論天災國難之時。矯正貧富之不平等於永久者。爲
國家當然之本務。”此大家季哀奈③ヂエ子之説也。“國家對於私立之産業。

---

① “拉婆來伊”，即埃米爾-路易-維克多·拉弗萊（Émile-Louis-Victor Laveleye，1822—1892），
　　比利時經濟學家、社會學家和歷史學家。
② “魯士西哀路”，即威廉·格奧爾格·弗里德里希·羅雪爾（Wilhelm Georg Friedrich Roscher，
　　1817—1894），德國經濟學家、德國舊歷史學派的創始人。
③ “季哀奈”，日文原書爲 ヂエ子一，不詳。

而立規約。或於競争之方法而進行者。"此臘魯衣皮符露氏ラロイビウロ之
解也。"察社會之情態。而持最大之平等。更欲依國之法律。或政策而遂改
革社會者。"此拉婆來伊ラブレイ之注疏也。然則前者所舉諸説。如法國革
命之際。收没貴族之土地。而給與農民之事。如英國現行之救貧。法如德
國皇帝憐職工之老後與病難。而由顧主及保險料如集合職工協同之資本。
而國家爲之代募低利之公債。又如國家立於地主小工人之間。而爲之制定
土地條例與利益於小工人。又如國家干涉製造所工作塲及鑛山造船等。各
種之工業上。而爲之保護。此皆有國家社會主義之領分也。

　　第三種爲綜合社會主義。此主義含容闊大。而論理精確。蓋真成之社
會主義也。其意蓋謂國家爲土地及生産機關之綜合的所有主義。故於經濟
上政治上之生産事業。決不可少委托於民間之財主雇主及合本社會等。國
家宜自有經營之權。按查貧富之高下。而制止其不平等。國家依一定條理。
而隨各人勞力之均分。爲適當之分配金錢之貯蓄。及財産相續之不平等。
要之。産業之經營私力者。在所嚴禁。不論何人。不許爲放資於勞力計利
之事業。又不許有收地租取利子貸金貸地等之營業。執自主義諸人。述其
誇張之言。曰現行之産業組織。及立法之干涉者。大抵一時之姑息手段也。
凡土地及地下之鑛物。當屬於國家社會。造化無私日光空氣。雨露膏澤。
皆附於人類社會。而不應爲少數人之收用。昔者土地實屬於社會。生産機
關。亦爲職工之所有。今也不然。農夫失土地。勞動者無器械。彼等但雇
於人。而僅繫於一線之生命。凡天地之生産。咸爲財主資本家掠奪以盡是
非社會之大患耶。矯正之道。唯在實施斯主義而已。

　　　譯者曰自賞罰之柄歸權門。而主權之旁落不可問矣。自産業之權歸
　　世家。而貧民之困苦不可問矣。我嘗謂産業不平之禍。非特於天地生人
　　之理。大相背戾。其足以促民智之進步也實。重且深盖人於社會上。所

得而運動自如者金錢耳。若專擅於少數人之手。則多數之滯礙不靈。有斷然矣。是故貧民社會之人。不過仰鼻息生養於富家權門之下。日供其驅遣牛馬而已。而於學術智識。必有不暇顧問者。是故一國之中。產業愈平者。則其國愈文明。產業愈不平者。則其國愈不文明。積時既久。雖欲開之而不可開者。中國社會之閉塞。由此故也。然則以人種進化爲心者。可不以社會主義爲世倡耶。

第十章　社會道德宗教之根本革新　近世宗教哲學大家之見解[①]

凡政治之目的。在於保全社會之安寧幸福。西孟憫夫國中賤民之憔悴。乃出而表非常同情之警語。挺身當救濟之大務。然欲達其高尚遠大之目的。必革新當時之道德主義。方有下手之處。時勢無論古今。凡國民無公同之道念德性者。社會決難享久遠之安寧。蓋道德主義者。由於時勢之變遷。而高下其程度者也。當時法國之道德。不適合於時勢。以故欲興報本之革新。必出新機軸而後可。即必由人智之進步。而淘出新主義焉。舊來之道德。大抵多委托神學性理學及博士學士之徒。皆乏概括之觀念。徒區區於記誦詞章之間。而無達觀真理。變通靈活社會之才能。於是悉趨而主張實驗哲學。蓋其後爲科馬德[②]學士之科學所道破。而就近世之倫理主義立大方針者也。

　　譯者曰。人類有智識。人類不可無道德。道德之與智識。如形影之不得相離。智識進一寸。道德亦進一寸。智識進一尺。道德亦進一尺。若智識有進步。而道德無進步。則世界之禍亂。無已日矣。故欲於社會上改良智識。尤必於社會上改良道德。西孟氏以革新當時之道德。爲改

---

① 第十章原刊載於《新世界學報》1903 年第 6 期。
② "科馬德"，即奧古斯特·孔德（Auguste Comte，1798—1857），法國哲學家和社會學家，實證論的創始人。

革當時社會之下手處。其精哲之見。真非淺人所能夢見。夫我中國今日之亟務。亦正在此道德耳。自數十年來。白人東來。危迫之禍。日甚一日。有志之士。奮然思有以興之。新智識新學術。日以輸入。而近來遊學之風。尤日盛一日智育不可謂無進步矣。然而智育雖進。而從事道德觀念者。日見其衰。此所以設新學者愈衆。而新學界中之人。益見其腐敗之深也。於乎。此豈我中國前途之福耶。

西孟觀察社會上之實際。不期而知冥契之暗合。然欲論道德之是非。則宗教之得失。亦不可置之度外。當時之宗教。亦可應用於社會革新者。蓋極積年之敗壞。而不加一大刷新。則終無成功之一日。氏上疏於國王欲革新耶穌之傳教法。蓋耶穌教之大主義。在於人類同胞互相敬愛。而保全各人之幸福者也。後世宗教分歧。教義雜糅。使人靡所適歸。吾溯厥大主義之根源。而適用於現時之社會。則綽綽有餘地。當今社會教化之大要。在於善用此勤勉與平靜之人。當此大任務之宗教家。宜具時勢相當之學識。彼無學無識之俗僧。雖有幾千萬人之多。而無寸功於社會教化之實際。如法國古來政教兩界之爭。舉國中一切大權。盡委托於武人與神學者之手。徒增社會軍備之膨脹。與教義之紛爭。適足張怨恨憎疾之惡感情耳。何暇計夫最大多數之最大幸福乎。氏乃回顧當時之慈善家。欲興實效之方便。與真實之道念力。必先植道念之勢力。分配其平素之勢於社會。若欲於口頭筆端。發揮其新主義。不可不勉勵當時之國之資本家。而興人民最後之大目的之最大多數也。其主指即爲勞動級階興最大利益之方案。而改造社會。氏丁寧反覆。諄諄訓誡。尚以爲不足。一干①八百二十五年。刊行"聖教新主義"②。而説明人身之職務。吾人對於社會之新職務。惟向於最多數

---

① "干"，有誤，應爲"千"。
② "一干八百二十五年。刊行'聖教新主義'"，即 1825 年刊行的《新基督教》。

及最貧困之人民。而勉勵其身體。道德及智識之發達耳。於是適合於今日
時勢之耶蘇教。一舉而道教兩全。故凡名爲宗教者。對於上帝之虔敬。與
教祖之爲人。教以生活之方法。使觀現世人民之信念耳。其他紛紜於世俗
間宗教意義之異同。豈暇一一問之耶。其卓識與新觀念。至於二十世紀之
今日。猶懍洌而負存萬古之生氣。使數千里外之吾人一讀。不覺懍然正襟
危坐。大有使人評論不已之概。

　　蓋宗教之前途。與社會問題。實有密接之關係焉。吾人少有所研究。
提起宗教法案之時。僧侶之運動。與政治家之態度。真出識者之意外。今
西孟以社會之活眼。下新解釋於宗教。洗滌舊垢。振刷俗塵。復純潔健全
之天真。然此乃進世界於文明之一大要素也。今抄録近世哲學諸大家之宗
教見解如左①。

　　知上帝而欲摸效②之者。謂之宗教。"塞奈喀"③

　　宗教者在於從天命而認識吾人之職務"康德"④

　　宗教者接觸於人之道德也"馬西由西奈路篤"⑤

　　崇拜人道。謂之宗教。"古馬篤"⑥

　　宗教之感念。由温和與畏怖與高德而成者也。"亞歷山排陰⑦"

　　宗教者對於宇宙而使發表終局之態度。及事物知覺之概括意義及意思

---

① 本節以下內容源於 Benjamin Kidd. *Social Evolution*. New York & London：Macmillan And Co. 1894：89-90.
② "摸效"，有誤，應爲"模效"。
③ "塞奈喀"，即塞涅卡（小塞涅卡）（魯齊烏斯·安涅烏斯·塞涅卡）（Lucius Annaeus Seneca Junior，公元前 4—公元 65），羅馬哲學家、政治活動家和作家。
④ "康德"，即伊曼努爾·康德（Immanuel Kant，1724—1804），德國古典哲學的創始人。
⑤ "馬西由西奈路篤"，即馬修·阿諾德（Matthew Arnold，1822—1888），英國維多利亞時代詩人、文學與社會評論家。
⑥ "古馬篤"，即奧古斯特·孔德。
⑦ "亞歷山排陰"，即亞歷山大·貝恩（Alexander Bain，1818—1903），蘇格蘭哲學家、心理學家、教育家。

者也。"哀篤士篤客路"①

　　宗教者不過創造吾人大勢力之責任心。"阿魯篤"②

　　宗教之真情。至高至靈。嚴制人之私慾。對於理想之物體。强固其感情。增進其熱心而已。"米路"③

　　或謂感情及物體。即常在於人力之範圍外。對於供物儀式祈禱懺悔禁慾之方便。而拓致之於範圍內之信念。謂之宗教。"古拉土婆"④

　　天地萬物之靈機。是名曰人。確認人類之關系。及其間之職分運命。信仰人類之實際。又欲聞知實際之事物。即宗教也"喀拉路"⑤

　　敬愛倫理之理想。而欲實現之於生活上者。宗教也。"哈西古斯拉"⑥

第十一章　社會經濟之紫門派⑦改革案　地主與借地料　國有的資本制度⑧

　　向於政治道德教門三界。而企根本革新者。乃法國之貴公子也。齋萬斛之理想。而埋於泉下。彼一片耿耿之血誠。陶冶門下之士亦久矣。其正論大義。銘記於後來俊秀之腦中。得遂咀嚼類化之作用。而無健全之發達。各種之改革案。抑而不發。秘而不放。及論理益精確。彼等乃藉英敏果敢之手腕。逐次發表於世。故其肉體雖他去於北部山頭之土。而其精魂則永

---

① "哀篤士篤客路"，即愛德華·凱爾德（Edward Caird，1835—1908），英國哲學家。
② "阿魯篤"，即詹姆斯·安東尼·弗勞德（James Anthony Froude，1818—1894），英國歷史學家和傳記家。
③ "米路"，即約翰·斯圖亞特·穆勒（John Stuart Mill，1806—1873），英國經濟學家和哲學家。
④ "古拉土婆"，即奧托·弗里德里希·格魯培（Otto Friedrich Gruppe，1804—1876），德國哲學家、政論家、文學史家和詩人。
⑤ "喀拉路"，即托馬斯·卡萊爾（Thomas Carlyle，1795—1881），英國作家、歷史學家和哲學家。
⑥ "哈西古斯拉"，即托馬斯·亨利·赫胥黎（Thomas Henry Huxley，1825—1895），英國自然科學家、生物學家。
⑦ "紫門派"，"紫門"，即昂利·聖西門。聖西門派主要成員有安凡丹、巴茲斯等人。
⑧ 第十一章原刊載於《新世界學報》1903 年第 6 期。

存於宇宙之間。社會革新正氣之活動。如有冥助者。然繼彼遺志之一派志
士。即所謂紫門派者。概執“紫門主義”。由是盡十分之力。而企必達之方
針。要不外乎國家社會主義。然其實用明效。不現於首領之生前。而多發
表於紫門派之時代。“凡社會之最大急務。在於以協同體之力。而行全地球
之探檢。”吾人已記如前矣。懸勞動社會之窮狀於眼前。而竟無他顧之暇。
所謂緊急之事業者。遠有地球之探檢。近止於同胞人類之研究。紫門派之
眼界。一轉而決心遂初志於實地。今始發現新局面。以協同團體之力。專
踏踐造化之版圖。探集天然之資料。而勉力於產業改良之精神。

　　向此新局面下手之處。先宜調查社會經濟之現狀。確立其基礎。故有
調整其關係之要。彼等先熟察勞動財產及資本之情態。在於慣例及制度上。
宜改革者頗多。蓋古今勞動制度。可得分之為三段。即賣奴。土僕及職工
是已。隨夫文明之進步。而逐漸變遷以至於今日者也。今日之於賃銀制度
下之職工。非於人身買賣。野蠻時代之賣奴土僕等之境遇。似遙有所改良。
至按其素質殆無所異。今日之職工。不過稍愈於昔時之賣奴土僕耳。自外
面視之。則職工之生活。實自由不附着於土地。對於雇主之約束。亦甚隨
意。然則實際果可謂之自由否乎。蓋彼等迫於生活之艱難。受種種之強迫。
所得之賃金。僅得支生計而已。每日厄居操作塲。時時受雇主之懲責。俄
而解傭。皆有離職業之苦境。本人且勿論。其子女之運命。實堪憫惜。損
益禍福。皆及於子孫。貧富貴賤。不拘人之賢愚。大抵由遺傳而來。是實
道德上社會上之一大患害也。今若改良彼等之境遇。使立於平等之地位。
則必先改革財產。及遺產相續之制度。財產之所有權。古今之變遷不一。
封建時代。與近世全異其趣。如遺產相續權。有被國法干涉之規制。若欲
回復古制。改良國民最多數之地位者。非道德及宗教之實際本務耶。

　　就借地料及資本之現狀。而觀彼等之所考察。則無非不平等之苦境。中世封建制度之社會。兵役爲侯伯及武人之職務。而當國難。與人民全無關係。故有納附借地料之義務。至於戰時。擁護國民身體材産[①]之軍人。則有受庶民給養之理。今也時勢一變。蓋近代之地主。不執職業。則應無受取地借料[②]之權利。此紫門派之評論借地料也。次乃觀察資本制度。就重要之問題。立意外之新意見。據是派哲學士愛恩夫阿耶[③]之説曰。"凡資本者。必均配於勤勞之人。非一人之所獨有也。故資本必爲社會之共有物。所謂資本主者。除監理受託之外。別無權利。或謂世間之資本主。皆使用生產者也。此言似無差誤。然反背於人事之實際。爲害殊甚。至此之時。社會不得傍觀。必主張本分之權利。然則其影響之衝突。必致社會蒙一大損害。雖然。此乃社會得享久遠安寧之嚆矢也。故一旦收回委托之資本。而使社會自管理之。設非蒙損害於前。安能收安全於後乎。故社會對於資本。不論何時。有要求之權。若幸而彼受托人等。不誤國有的資本之辦理方法。以最大之才智。最少之經費。而致最多額之生產物。且能於自己勞動之間。施公正平等之分配。則決無變故之能生。然則彼等固能爲之乎。曰否。彼等所必不能也。近來商工業之蕭索頓起。常生急激資本之轉動。以是起社會之損害。一部有激變。則爲之釀產業之停滯。勞動社會之結果。遽失職業。而無所事事。決不得不被意外之困難。"紫門派特就資本制度。而興憤慨焉。

　　　譯者曰。改革社會之不平。而使爲公共之產業。固天地間至當不易之理論。然吾謂。此改革之要。尤必首重各實業之學科。不然。全社會

---

① "材産"，同"財産"。
② "愛恩夫阿耶"，即巴泰勒米-普羅斯佩·安凡丹（Barthélemy-Prosper Enfantin，1796—1864），法國空想社會主義者，聖西門的門徒。
③ "地借料"，有誤，應爲"借地料"。

第十二章　遺產相續權全廢與相續稅賦課之利害　道德主義之急變更

國家之產業經營

矯正財產及資本不平等分配之方策莫善於廢棄遺產相續權之積弊此紫門派之所主張也古來父母之遺產有子女相續之舊制是極不公平之習慣今而後子不能繼承父之財產及職業父死則其財產退還於國家而爲社會之共有物其意蓋謂『凡社會之財產者視夫才能之優劣與勤勞之多少而分配之也』彼等於物質產業分配之主義最公正最自然之主義也又曰『先全廢遺產之相續權實防止財貨分配之最良法也若實施之則社會之財產變爲共有物矣綜合後代之人民而共繼續前世社會之共有財產於是相續者各受百般之職務其報酬之分施則比例其材能之高下勤勞之多少而公正平等以支給之是恰編制社會產業之大軍隊各人乃其將校兵卒也由全隊產出之總額各得適當之分配』國家因遺產相續權之既廢而土地及財產必變爲社會之共有物無論已但次宜下手者財產制度之組織也任立萬般商工業及勞動者之監督是也總之其組織制度與軍隊文官大學校之制殆無

九

《近世社會主義評論》第十二章首頁

之人。無一足以具自治之能力。若驟然舉家產而廢棄之。未有不顛沛而生亂者矣。愛恩夫氏^①雖謂不蒙損害於前安能收安全於其後。然其説固與吾併行不背者也。

第十二章　　遺産相續權全廢與相續税賦課之利害　　道德主義之急變更　　國家之産業經營^②

矯正財産及資本不平等分配之方策。莫善於廢棄遺産相續權之積弊。此紫門派之所主張也。古來父母之遺産。有子女相續之舊制。是極不公平之習慣。今而後子不能。繼承父之財産。及職業父死。則其財産退還於國家。而爲社會之共有物。其意蓋謂"凡社會之財産者。視夫才能之優劣。與勤勞之多少而分配之也"。彼等於物質産業分配之主義。最公正最自然之主義也。又曰。"先全廢遺産之相續權。實防止財貨分配之最良法也。若實施之。則社會之財産。變爲共有物矣。綜合後代之人民。而共繼續前世社會之共有財産。於是相續者各受百般之職務。其報酬之分施。則比例其材能之高下。勤勞之多少。而公正平等以支給之。是恰編制社會産業之大軍隊。各人乃其將校兵卒也。由全隊産出之總額。各得適當之分配。"國家因遺産相續權之既廢。而土地及財産。必變爲社會之共有物。無論已。但次宜下手者。財産制度之組織也。任^③立萬般商工業。及勞動者之監督是也。總之其組織制度。與軍隊文官大學校之制。殆無少異。其所選用之職員。依事務之多少。才能之優劣。而立適當之等級。於是大資本不積集於一私人之手。平民無被壓制之患。故對於勞動社會。乃無調查窮狀之要。若高給之職員。欲爲貯蓄之時。

---

① "愛恩夫氏"，即巴泰勒米-普羅斯佩·安凡丹。
② 第十二章原刊載於《新世界學報》1903 年第 6 期。
③ "任"，疑當作"在"。

則全社會人民。不可不覺悟其死後之遺產。仍有退還於國家之義。不然。則何人之不我若耶。將來爲子孫計者。皆不知有歸於國家之義務。故於實際上無貯蓄之要。但使不致有事務曠廢之反對論耳。於是紫門派辯之曰。“人材登庸之途公開。則決不足憂。”彼等專勉力普及新主義於全社會。不拘宗派教義之異同。凡耶教之真理適當時勢民情者。不可不十分宣布之。且産業與學藝者。社會之大要素也。確定教化之目的。使人人爲自主獨立之民。兼能認識上帝之存在。是之謂新制度之精神。紫門派曠充首領之遺志。而從事於改革諸務。立案遠大。手腕急烈。吾人能勿慶賀耶。彼等對於社會經濟之議論。與産業組織之改革案。按之於倫理上。蓋有可聞者。然其實效。則非一旦夕所能期也。但彼等應用於社會之主義。得供吾人之參攷者。不一而足。如遺產相續權之全廢。其精神適用於立法上。而課稅相續稅於財政與道德之關係。非一舉兩全之業耶。當今之最大急務。在於財政。然吾觀於世之財源。往往多拋棄於無業之民。如大華族大富家。大紳商諸家。相續之不肖子。以鉅萬之遺產。一朝而拋蕩殆盡。其影響必波及於社會各方面。而於近時爲尤甚。與其拋棄於無形無知之中。何若公於社會全部之爲愈乎。

譯者曰遺產相續權之廢棄。爲千古不朽之論。蓋自有遺產繼續之權。即有世族之禍。陰伏乎其中。其擁有厚貲者。欣然得意。雖無智無識而坐守家資。足以自高。其貧焉者。雖懷大仁大德之心。而不得稍有設施。轉而事事仰鼻息於不肖之徒。天地間之最無公理。未有甚於此者。抑吾謂人民學術之無進步。其原亦即基乎此。蓋子孫恃祖宗之遺業。雖無所事事。亦不必以身家爲憂。此所以一國之中。獨立自給之民少。而依傍坐消之人多也。則其國之不顛而覆者希矣。然吾獨怪我中國三代以上。本爲世族之天下。而於人民偏重井田之制。乃行消滅遺業之政略。何其侔也。意者其爲我孔子所創而托之古先聖王者歟。於乎。仁矣。

　　十九世紀之初。平均厥洲文明之進度。出現於法國之社會主義。即紫門派之所倡導。雖不免陷於理想。而近於迂闊。能玩味此觀念。及政策之精神。則必討究政治經濟道德宗教之實際。乃從時勢之變遷。與旋轉之方面。而立革新之方略。彼等經營慘澹。決非一旦一夕之事。距今七八十年以前之歐洲。應用斯主義之程度。既已如斯。欲施之於現今之本邦。其必如氷炭枘鑿之不相容也無疑矣。若以舊來之謬見。解釋此主義。遽謂破壞黨無政府黨之所倡。則適以供無賴之徒。吹號不平之鼓角耳。然二十世紀之文明。必因緣於此主義。不然吾亦何專汲汲於此哉。吾觀今日政治產業海下之暗潮。冥想將來經幾囘暴風烈雨之後。如何崛起新潮流。有識者不能無感焉。若他日之新潮流。愈奔騰沸起。則決非一蹴能就也。必踏踐秩序。漸次而來。否則。一起即蹶。乃無賴之擾動。烏足以當斯主義乎。因而再改評紫門派所主張之政策。而藉以觀察各國之社會。

　　蓋紫門主義者。於社會革新。頗立於進步之意見。所謂綜合社會主義。係距當時十數年後之立言。又有"國家者土地及資本之所有主也"之說。頗喧嘵於近代。英國之政界所謂土地國有論。與其精神。爲國之所鄭重而寶貴之。與國家社會主義相暗合者也。其後之所道破者。乃由喀路麥羅古氏①經濟及歷史之見解之"資本者掠奪勞動社會之物也"一說而已。然如遺產相續權之全廢。革新財產分配之不平等。而現之於實效。此議論可謂千古不朽矣。然欲實施之。而至於期道德主義之急變更。談何容易哉。

---

① "喀路麥羅古氏"，即卡爾·馬克思。

《近世社會主義評論》編者説明

陳紅娟　路寬　編校

1. 底本描述

久松義典所著《近世社會主義評論》是日本早期馬克思主義著作，日文原書全文共十六篇、四十八章，初版以"文學同志會"的名義於明治三十三年（1900）發行（圖1）。

該書由中國留日學生杜士珍節譯爲中文，連載於上海《新世界學報》癸卯年（1903）二至六期。經與日文原書對照，這五期上連載的譯文只是其中的前十二章。現在將《新世界學報》的這十二章內容重新録排，以供今人研究使用。

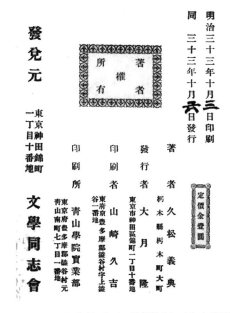

圖1　《近世社會主義評論》日文版版權頁

2. 久松義典

　　久松義典（1856—1905），號狷堂，日本小説家、政治家、新聞記者。1856 年 1 月 10 日生於桑名藩（今三重縣桑名市）。曾在東京師範學校學習英語，後譯出美國人口述的體育教科書《體育新書》，最早提倡通過體操提高國民身體素質，是日本推廣新式體操的代表人物之一。1877 年，他加入法律講習會"鷗鳴社"，并翻譯了多部西方雄辯學著作。同年 12 月，任栃木縣師範學校教員，後任校長，其間精心研讀歐美革命歷史著作，著有 4 卷本《萬國史略》。

　　1882 年，久松義典辭職赴東京，成爲郵便報知新聞社的記者，并加入大隈重信的立憲改進黨。從事記者工作的同時，他經常前往日本各地參與政黨活動，進行遊説演説，後又歷任《大阪新報》《大阪每日新聞》《朝野新聞》記者。1890 年，久松義典退出立憲改進黨，一度致力於鼓吹向東南亞、墨西哥等地移民。1891 年前往北海道，任《北海道每日新聞》主筆，并大力宣傳北海道拓殖運動，著有《北海道新策》《北海道通覽》等書。

　　1900 年前後，久松義典開始對社會主義思想産生興趣，著有《近世社會主義評論》（1900）、《東洋社會黨》（1901）、《最近國家社會主義》（1901）、《社會研究新論》（1901）、《社會學講義》（1902）、《社會學問答》（1903）等。1905 年 6 月 2 日去世。①

3. 杜士珍

　　杜士珍，字傑峰，浙江上虞人，生卒年不詳。師從陳黻宸，與馬叙倫、

---

① 對久松義典的介紹，根據以下文獻整理而成：岡崎官次郎. 北海道人物志：第 1 編［M］. 札幌：北海道人物志編纂所，1891；北海道新聞社. 北海道歷史人物事典［M］. 札幌：北海道新聞社，1993.

湯爾和關係密切，思想追求一致，故三人結拜金蘭，一起組織各種時事演講會等。他是《新世界學報》的主要撰稿人之一，曾於該報發表 20 餘篇文章（含譯著），代表譯作有《近世社會主義評論》《法國哲學思想之變遷》《德國哲學思想之變遷》《競争之界説》等。杜士珍除給《新世界學報》撰文外，還在《浙江公報》《政藝通報》等報紙期刊上發表文章。此外，他還是"中華民國聯合會"成員之一。

4.《新世界學報》

《新世界學報》是以介紹"新學"爲主的綜合性學術刊物。光緒二十八年（1902）創刊於上海，半月刊，每期 120 頁，每月初一、十五出刊，壬寅年（1902）出 9 期，癸卯年（1903）出 6 期，前後計 15 期。館址設在上海四馬路（今福州路）惠福里上海編譯局内，主持人爲陳黻宸，其弟子馬叙倫、湯爾和、杜士珍等爲主要撰稿人。它以"通古今中外學術"，取"學界中言之新者"爲宗旨，體現維新派"學術救國"的思想。《新世界學報》按史學、政治學、宗教學、心理學、教育學等 18 個學科，分設 18 個欄目。它對當時中國的現實政治避而不談，也不涉及以暴力推翻清政府的内容，但它的政治傾向是主張變法維新。《新世界學報》刊載了很多西方哲學的文章，介紹盧梭、康德、黑格爾等的學説，所使用的某些哲學概念幾乎與現代哲學術語完全吻合。這樣系統介紹西方哲學流派的文章，在當時的刊物中甚爲少見。

《新世界學報》影響力較大，出版後在海内外很受歡迎，外來函索者不少。第 5 期封底登載報館告白云："本館時有外來書函郵税不足，郵局招令補貼領取，本館例不承認。以後遠近各埠如有惠寄郵件，務須納足郵税，自可寄到。否則郵局閣誤，本館不敢任咎。幸祈！"該刊在國内各大城市設有經售處，前 4 期經售處有北京、南京、蘇州、揚州、江陰、常州、松江、杭州、寧波、溫州、福州等城市，到第 5 期時增加了天津、濟南、開封、成都、贛州、武昌、沙市、安慶、鎮江、徐州、泰州、無錫、湖州、平湖、紹興、廣州等處。此後國内經售處又有增加，許多城市還有兩三個經售點。同時，報館在海外也設有銷售點，橫濱《新民叢報》、新加坡《天南星報》、檀香山《新中國報》、香港中國報局都代爲銷售。遠在日本的《新民叢報》曾來函云："新出之《新世界學報》，魄力亦有大驚人者。雖其中間多有影響之語，然文章之銳進，理想之爛斑，實本社記者所深佩！"①此外，該刊是"中國人在國内第一次采用刊物洋裝本的嘗試"②，印刷裝訂技術具開創性。1903 年 4 月 27 日因陳黻宸進入仕途而停刊。

5. 譯本概况

第一，杜士珍所譯之十二章，亦并非全文翻譯。正如譯者在"感言"中所言"删其繁，先譯述之"。因此，杜士珍對原文内容進行了删改。與文學同志會 1900 年出版的《近世社會主義評論》日文原版（以下簡稱"日文本"）相比，杜士珍的中譯本有諸多不同。比如，日文本先有例言而後有自序，杜士珍則先譯作者自序，後譯原書例言。同時由於譯者删繁就簡，在翻譯的過程中，雖能簡單地理清社會主義從摩萊里、馬布利、歐文等人的空想社會主義理論到歐文將社會主義理論付諸實踐，再到路易·勃朗、馬克思，最後論及"萬國聯合大會"成立的過程，但也增添了一些與社會主

---

① 陳黻宸. 答新民叢報社員書[J]. 新世界學報，1902（8）：117.
② 王曉秋. 近代中日文化交流史[M]. 北京：中華書局，1992：431.

義不太相干的人物，某些重要歷史事件與理論形成的時間節點亦不够準確。

第二，在久松義典的序言之前，杜士珍發表了 1300 多字的"感言"。"感言"反映了他對時局的認識，同時也相當於"引言"，有助於讀者理解譯本內容。這裏，我們特將杜士珍的"感言"重新斷句并作簡要分析。

我嘗怪夫熙熙之民、林林之衆，各出其機械之術、暴戾之行，以日相傾相軋、相詐相害於此世界中。雖有聖經賢傳，先後爲之規則；志士仁人，百端爲之唱導，而其勢不能稍制也。我又竊怪夫同胞同與之民，性質本非或異，而乃甘心豺狼，置身盜賊，殺人利己，滅絕天良。雖有聖君賢相，百計爲之勸引；嚴刑峻法，相隨以從其後，而人世之罪惡仍不能爲之稍減也。於乎！造物果不仁歟？人性果不善歟？太平之世界果無自而進歟？我日心疑焉而不得其故，懸揣焉而不得其所以然之理。夫以其粗者言之，則曰：風俗之腐敗、道德之衰落、政體之不平，有以致之也。而不知風俗之腐敗，有所以致此腐敗之故；道德之衰落，有所以致此衰落之故；政體之不平，有以致此不平之故。夫不明其所以然理，而欲於形式上補救而挽回之，仍不足以探政治之精蘊，登我民於郅治。譬之醫然：診人病脈，而但曰"此肺病也"，"此血病也"，"此肝病也"，"此胃病也"，而不發其所以致此病之因，與所以受此病之源，扁鵲、倉公必不如是。夫一國之與一身，夫豈有稍異哉！然則其所以致此者，固必有其本在。吾嘗徧閱古今書籍，探微窮源，返而求諸東西政治家社會主義之學説曰：於乎！東西政學家之言理也，精矣！宏矣！我先儒空前絕後之大思想、大哲義盡於是矣！夫人世之中，幾多罪惡，幾多變亂，孰不自一"利"字胚胎而來？自有利而後有私，有私而後有爭，有爭而後有詐，有詐而後有賊，有賊而後有盜。履霜堅冰，必有以漸；江河濫觴，孰無由來？今不求其所以公此利之策、消此利之禍，猶日驅斯民於競爭私利塲中，其得者坐致富貴，其失者衣食無計；其懷有資本者坐致巨萬，其勞動而無力者日夜艱苦而不保其身。高下之數，如別天壤；憂樂之殊，語難同日。夫人孰不樂己之居於富，樂己之居於安，樂己之居於尊？孟子曰："無恒產而有恒心者，唯士爲能。苟無恒產，則放僻邪侈，無不爲己。"於乎！誠不易之言哉！今以生利之不公若此，生利之爭奪若此，則人之不流於奸曲詐僞者，固不可一二得矣！人同此心，人具此念，謬以傳謬，遺毒無窮。故孩提之童，知識尚未開，言語雖未通，而即知自私其金錢，自爭其財貨。斯世界，斯人心，其不流爲盜賊之世者，幾何哉！即使民智大開，科學倍進，然競爭愈烈，而貧富之懸隔愈甚，人事之不平愈多。我先聖之行井田，使上下貴賤無甚懸殊，固有深意存乎其間。近時東西哲學大家，頗心知此意，大聲疾呼，以社會主義爲全國倡。蓋亦欲均貧富爲一體，合貲本爲公有，公之至，仁之盡也。日儒幸德秋水之言曰："人無穀食，不生活，未有舍穀食而別求生活者也。今試語學生曰：汝何勿以學爲食乎？語詩人曰：汝何勿以吟咏爲食乎？語商人曰：汝何勿以虛説資本、欺弄世人以爲食乎？若是云云者，殆所謂迫彼等以自殺者，非耶？以迫人自殺之教育、宗教、政治，而欲人之傾耳而聽，捨身而從也，能乎？否乎？商家之運輸爲食也，工家之工作爲食也，盜賊之劫掠、奴隸之服役亦爲食也。不問其生活之盈絀，而第號於衆曰：汝工商之譎詐，非正義道德也，其改革之！汝盜賊、奴隸之放恣、卑賤，尤非正義道德也，其改革之！於乎！曾亦思彼等之譎詐、放恣、卑賤，其目的果何在乎？今欲其舍彼從我，殆欲彼等以正義道德爲食乎！故吾以社會主義爲今日胃腑之問題。"於乎！幸德秋水可謂深悉風俗腐敗、道德衰落、政體不平之由者矣。使人類而絶於地球也，則已。倘地球文明之綫，將日引而日進，則此社會主義者，必先於二十世紀中大發達于白晳人種，無可疑也。吾再拜以迎之！吾頂禮以祝之！雖然，近世東西學士之言社會主義者多矣，而日儒久松義典所著之《近世社會主義評論》亦其一也。其採書頗富。其書本論體，頗能搜羅宏富。余因潤其辭，删其繁，先譯述之，而斷之以己見，斯亦今日講求政學者之高等科學也已。

這段話充分説明了杜士珍贊成社會主義并翻譯《近世社會主義評論》的原因。杜士珍在披覽古今書籍，探微窮源後，認爲社會主義的學説宏大精深，社會主義揭示風俗腐敗、道德衰落、政體不平的根源就是經濟不平等，即幸德秋水所説的"今日胃腑之問題"；而且，"以社會主義爲全國倡，蓋亦欲均貧富爲一體，合貲本爲公有，公之至，仁之盡也。"這符合中國傳統知識分子對未來社會的憧憬，可以爲中國社會未來之發展方向提供借鑒。另外，"其採書頗富，其書本論體，頗能搜羅宏富"，也説明了《近世社會主義評論》一書的特點與翻譯該書的緣由。

6. 關於"譯者曰"的説明

《近世社會主義評論》還有一個特點，即它屬於譯撰，而非單純的翻譯。與單純的翻譯不同，杜士珍强調所謂"譯撰"，即譯者在翻譯時加入自己所作的評論。該書中"譯者曰"有 19 處之多，此外還有"譯者至此，不禁拍案叫絶""譯者又案"等，這些譯者自己的論述共約 4300 字。現將書中的"譯者曰"分四類陳述如下。

　　第一類爲釋義類，即對原書的基本術語、重要觀點作普及性的解釋。例如，在第一章中首次出現的"譯者案"中，杜士珍就對原書中"社會主義""社會學"等術語進行解釋，以便讀者理解這些外來詞。譯者首先對社會主義一詞的來源進行梳理，稱："社會主義，英文謂之'索西亞利士謨'Socialism，其訓即共產主義是也。自一千八百三十五年英之'羅薄爾德奧溫'Robert Owen 組織一大協會，名曰'亞知索哀西溫奧爾柯拉知塞奧爾禁西溫'Association of all classes of all nations，以期社會改良，始見此名。"譯者又對日文本中的"社會學"進行説明："日文所謂社會學者，英文則謂之'索西奧羅齊衣'Sociology，其義專考究社會全體之性質目的，主理論而言者也。世人不明其異同之故，若因其名相似而誤解焉，則'失之毫釐，謬以千里'矣。"

　　第二類爲延展類，即進一步對原書的觀點進行擴展、深化。例如，對原書中關於社會黨的論述，譯者指出："自十九世紀以來，爲經濟競爭最烈之世界、貧富最懸隔之一日也。議者莫不謂工學之昌、機械日精，勞動者得以一人而爲數人、數十人之力，決不若前此之困乏也可知。而不知機械之精，反爲資本家大增其利益，而困乏者其勢且日居於下。使歐美各國而果長此不革也，則經濟勢力之膨脹，雖足以雄全球而墟人國，然遲之稍久，必將以社會之不平而釀成政治之不平。此社會黨之所以痛心疾呼，不惜冒全世界之不韙而争之者歟！"

　　在談論社會經濟改革時，譯者認爲："改革社會之不平，而使爲公共之産業，固天地間至當不易之理論。然吾謂：此改革之要，尤必首重各實業之學科。不然，全社會之人，無一足以具自治之能力。若驟然舉家産而廢棄之，未有不顛沛而生亂者矣。愛恩夫氏雖謂'不蒙損害于前，安能收安全於其後'，然其説固與吾併行不背者也。"

第三類爲運用文中觀點分析中國問題類。譯者翻譯此書，并不是爲了單純介紹日本的社會主義學説，而在於反思中國國内問題并尋求中國未來發展之路。因此，不少"譯者曰"或"譯者案"均是運用文中理論、觀點來關照中國，反思中國存在的問題。

例如，譯者在第三章聯想到中國政治的不平等是由社會的不平等所引發，進而提出改革社會是改革政治的先聲。"讀此章末節，真可令人擊節起舞。抑吾謂：政界之不平等，實先由於社會之不平等。我既有自殘自害、不自愛護之心，斯人得以乘而奪之、據之，故改革社會者，尤改革政治之先聲也。社會之進步，又政治進步之起源也。孔孟生列戰之世，去古制遠矣，而汲汲於井田之行，蓋亦憤上下之不平，冀以爲實行之首策耳。"再如談到歐洲的不平等，譯者聯繫中國現狀，將矛頭直指專制制度："觀此節所言，即可知歐洲三百年前之狀況，貴賤貧富之不平等，無異於今日之中國。而一變至魯，一變至道。百年以來，進化速率，如電相擊，不可思議。雖今日歐美社會黨，猶痛言經濟資產之不平等者，然農工商各得其自由之權。爲工者之與主人，各守條約，不相侵侮。一不能平，罷市、罷工。雖政府，莫如之何。高下之勢，較中國已減去十之七八矣。可畏哉！可敬哉！雖然，地球文明之運，佈滿大陸。非此者，不奴則亡。我中國夙稱文物之邦，其程度猶在歐洲三百年以前也。以此競爭，以此求存，能乎？否乎？然歐洲社會黨之興，三百餘年，而其説大行。中國自列戰至今，諸子百家，具有智力、具有思想者，累不乏人。雖以孔孟爲後世之所信仰，廟堂威赫，乃與偶人等視，幾何而奉其一言一行以爲世法乎？以人種家言，文明種人，腦經靈慧，一觸即感；野蠻種人，腦經遲鈍，不易猝知。雖稍稍痛苦，有不及覺者。於乎！我中國之人，雖經種種變遷、久久刺擊，未有進步。豈吾種類同將去禽獸原人之狀態無幾乎？此吾所以痛恨於專制亡民之深也。"

在談論社會之根源時，譯者結合中國實際指出："社會之根原，在於家族；而家族之倫，則始諸夫婦、父子之情。由此二者，遂生種種倫理。故欲改革社會，不能不先於此二者，首圖改良之術。本之不正，遑問尾末。今中國男女之倫，墜落廢弛，已至極端，無怪乎社會之腐敗不可復問。故吾以改革婚制爲今日改良社會之第一關鍵。"

第四類爲獨立見解類，即譯者借助原著內容發表自己的獨立見解。例如，對書中社會黨渡美一事，譯者闡述了自己的見解，"吾讀此章，觀於社會黨之所以渡美，吾不禁心爲之感，淚爲之下，曰：於乎！志士仁人，探造物之精理，抱斯民之先覺，而憤夫世界之不平、人職之淪溺，慷慨公言，雖至飲食困、衣服困、身家困、名譽困，而百折不撓，轉輾以求其說之伸者，雖歷千古，未有不同。然其間亦大有幸不幸哉！孔子亦一大社會黨也，其言曰：'道不行，乘桴浮於海。'蓋亦以斯世之不可爲，而中心不忍，冀以闢草萊於荒土，施文教於新國，爲天地間放一光明之線，與法國社會黨之闢居美洲，同一苦心孤詣。非空有此思想也，而卒以無所取材，抱憤來世。有其心而未能即其實，悲夫！雖然，此豈孔子之不幸哉？法國社會黨之得以渡美，歐美之所以得有今日；孔子之不得以施教，吾國之所以至於今日。此亦吾數萬萬同胞之不幸而已，於孔子何與焉？雖然，天何不仁之甚歟！"

對原書中將人類太古時代的平等與今日之平等進行比較一事，譯者提出自己的看法："人類於天然社會，固無不平等，無不自由。特其自由爲野蠻之自由，其平等爲粗野之平等。所貴乎自由平等者，仍不能不於自由平等之中，寓秩序之文也。自由者，以各得其自由爲界；平等者，以各得自享其應有之權利爲界。此即所謂'爾無我詐，我無爾虞'也，此即所謂'大同之世'也，是之謂真自由平等。而不然者，上古生民之禍亦烈矣。今不學無識之士，好談自由平等，而一問乎己之行事焉，則與平日自由平等之言，大相矛盾。吾直謂之曰：是猶未脱野蠻人種之性格也。"

7. 該書論及社會主義的主要問題

該書中較多涉及對"社會主義""共産主義"的定義、認識與評論，主要有以下方面：

第一，肯定社會主義在世界産生的影響。如"近時東西哲學大家，頗心知此意，大聲疾呼，以社會主義爲全國倡"。不過，受社會進化論的影響，作者認爲社會主義産生的影響主要是天然進化的結果，書中多次使用了社會進化論的相關術語，如"競争"（6 次）、"進化"（11 次）等；相關論點，如"社會主義者，誠自由競争之進步，而尤爲今日之要務也已""近代文明之英華，爲歐美現今之最大勢力者，社會主義是也，其事物進化天然之結果"。

第二，對社會主義、共産主義的概念加以説明。如"日本譯之，或曰社會主義，或曰共産主義，或直譯其音，三者皆通用。總之，社會主義，'索西亞利士謨'者，其宗旨專在廢私有財産而爲社會財産，爲共有財産，與僅名爲'社會學'者不可混同"。有學者在介紹該書時認爲"譯文中使用了'共産主義'一詞，這是中國報刊上第一次出現'共産主義'一詞"[①]。

第三，由杜士珍的評論可知，當時知識分子主要是在傳統知識框架中

---

① 李發勝，于洪波. 中國社會主義經濟思想大事記[M]. 南昌：江西人民出版社，1990：2.

理解社會主義，"孔孟生列戰之世，去古制遠矣，而汲汲於井田之行，盖亦憤上下之不平，冀以爲實行之首策耳"。由於没有在西方社會生活的經驗，因而對原書中所描述的資本主義世界以及資本主義世界所存在的貧富懸殊等問題，都是結合中國情况加以闡述的。例如，從中國社會貧富懸殊、社會存在不平等的角度來評論社會主義。書中出現一些與社會主義相關聯的基本術語，如"不平"（48 次）、"資本家"（8 次）、"勞動"（勞動社會、勞動者、勞動等）（30 次）。

8. 研究綜述

《近世社會主義評論》在馬克思主義在中國早期傳播史上應有的重要地位，尚未引起學界應有的重視。目前學者們對該譯本的研究主要從以下幾個方面展開。

第一，理論傳播。在馬克思主義早期傳播史的研究領域，學者們在論證馬克思主義在中國從介紹到傳播的過程中，基本上都會提到杜士珍翻譯的《近世社會主義評論》[①]，但只是簡略涉及，缺乏具體分析。例如，在研究日本對中國早期社會主義傳播的影響時，黄琨僅在羅列 1901—1907 年中國對日本社會主義著作的翻譯情况時提到了杜士珍翻譯的《近世社會主義評論》[②]。歐陽躍峰在探究社會主義學説在中國傳播的歷史時指出"杜士珍在翻譯《近世社會主義評論》時僅翻譯了其中有關馬克思主義以前各種社會主義流派的部分"，幷由此説明 20 世紀初社會主義學説在中國的傳

---

① 丁守和. 馬克思主義在中國的傳播[J]. 社會科學戰綫，1983（1）：11-26；林代昭. 我國在 1899 年到 1919 年間對馬克思主義的介紹[J]. 教學與研究，1983（2）：21；姜義華. 馬克思主義在中國的初期傳播與近代中國啓蒙運動[J]. 近代史研究，1983（1）：7-36；等等.
② 黄琨. 日本對中國早期社會主義傳播的影響[J]. 東岳論叢，2013（8）：28-29.

播是直觀的、粗淺的①。

　第二，文本解讀。楊漢鷹指出《近世社會主義評論》譯本是把西方社會主義學説作了符合中國傳統的理解和介紹，與中國"均貧富""無差等"的思想相聯繫②，魯法芹亦持相同觀點③。也有學者在區分"社會主義"和"共産主義"時，對該譯本進行了解讀，單繼剛認爲，在 20 世紀的最初幾年，"社會主義"和"共産主義"兩個詞的含義并没有太大區別，并引證了杜士珍在《近世社會主義評論》中的按語："社會主義，英文謂之'索西亞利士謨'（Socialism），其訓即共産主義是也。……日本譯之，或曰'社會主義'，或曰'共産主義'，或直譯其音，三者皆通用。"④此外，談敏從馬克思主義經濟學的角度分析了該譯本的特點⑤。

　第三，翻譯與融合。有學者認爲，譯者在介紹社會主義思想的同時，也融入了作者對社會主義的認識和理解。例如，姜義華指出，杜士珍自稱"譯撰"，是因爲他對原書"潤其詞，删其繁，先譯述之，而斷之以己見"，不僅對原文多處删節，而且在每一章都加了許多按語，來説明自己的觀點⑥。賈乾初認爲，杜士珍發現了儒家經典中的社會主義因素，如所謂"井田"等之後，喜悦激動之情難以言表，以致説出"我先儒空前絶後之大思想大哲義盡於是矣""孔子亦一大社會黨也"之類的話來⑦。

　該譯本首次使用"共産主義"一詞，且是"譯撰"，這在馬克思主義在

① 歐陽躍峰. 社會主義學説在中國的早期傳播[J]. 廣州社會主義學院學報，2004（1）：3-7.
② 楊漢鷹. 西方社會主義的輸入與中國傳統的均平思想[J]. 近代史研究，1986（2）：79-102.
③ 魯法芹. 中國早期社會主義思潮與傳統均貧富思想的關係[J]. 當代世界社會主義問題，2012（3）：15-25.
④ 單繼剛. 社會進化論：馬克思主義哲學在中國的第一個理論形態[J]. 哲學研究，2008（8）：6.
⑤ 談敏. 回溯歷史——馬克思主義經濟學在中國的傳播前史：上册[M]. 上海：上海財經大學出版社，2008：266-270.
⑥ 姜義華. 大道之行——孫中山思想發微[M]. 廣州：廣東人民出版社，1996：230.
⑦ 賈乾初. 中國知識分子對社會主義的早期認識及其評價[J]. 南平師專學報，2004（1）：30.

中國的早期傳播史中具有較大的研究價值。然而，如上所述，儘管一些學者從傳播、文本和翻譯的角度對該譯本進行了研究，但仍非常薄弱，學者們僅是在自己的研究領域對該譯本進行了簡單介紹，尚未有整體分析。杜士珍在翻譯《近世社會主義評論》時加入了許多自己的觀點，那麼這些觀點在同時代其他學者中有無體現？該譯本在當時的影響如何？杜士珍對社會主義的看法與當今學者對社會主義的理解又有何不同？以上都是有待進一步關注與研究的問題。

社 會 主 義

日本　村井知至 / 著

《翻譯世界》連載

第 一 期

光緒三十八年十一月初一日發行

本期目錄

哲學
　哲學史
　哲學汎論

社會學
　社會學
　社會主義

宗教
　宗教史
　宗教進化論

政治
　政治學史
　政治汎論

法律
　法律汎論

經濟
　最近經濟學

教育
　教育史

雜錄
　大日臨譯

《翻譯世界》第一期封面

目録

社會主義

日本　村井知玄著

緒論

古今東西學者識者之社會觀。其細別不遑枚舉然其大別。不外左之三者曰機械的社會觀曰化學的社會觀曰有機的社會觀是也。

機械的社會觀者所謂 Mechanism 以社會國家爲一種之無機的集合體個人、本位說是也唯物的分子主義是也。

化學的社會觀者所謂 Chemism 以社會國家爲一種之一、化學的抱合體若 x 與 ○ 相合而爲水則水素酸素皆失其特色。而組成社會國家之人其獨立之實亦均消滅個人寂滅主義是也極端狹隘之國家主義亦是也。

有機的社會觀者所謂 Organism 以社會國家爲一種之有機的結合體。社會民

緒論①

古今東西學者識者之社會觀。其細別不遑枚舉。然其大別。不外左之三者。曰機械的社會觀。曰化學的社會觀。曰有機的社會觀是也。

機械的社會觀者。所謂 Mechanism 以社會國家爲一種之無機的集合體。個人本位說是也。唯物的分子主義是也。

化學的社會觀者。所謂 Chemism 以社會國家爲一種之一化學的抱合體。若 X②與 O 相合而爲水。則水素③酸素④。皆失其特色。而組成社會國家之人。其獨立之實。亦均消滅。個人寂滅主義⑤是也。極端狹隘之國家主義亦是也。

有機的社會觀者。所謂 Organism 以社會國家爲一種之有機的結合體。社會民衆。均當脣齒相輔。若四肢百官。各盡其分。則足以保持生物之靈長。人類之生命焉。社會本位主義是也。

甲說以個人爲一小天地。Every Thing 故其弊也。易流於唯我獨尊。乙說則以個人爲零位。Nothing 故其弊也。易流於自暴自棄。拆⑥其衷者惟丙說。以個人爲社會之一員。Something 故能使人人皆振起其自重心。不流於傲。不陷於卑。得闊步於坦坦之道者。惟此最後之社會觀而已。

不獨此也。甲說每爲無政府之媒。而乙說又易招專制之毒。其排兩端而得濟憲政之美者。亦惟最後之社會觀也。

三說之是非得失。欲一一列舉之。恐更僕有所不能盡也。詳論於下方。

---

① 據日文原書，此“緒論”乃日本經濟學者和田垣謙三（1860—1919）所作。
② “X”，有誤，應爲“H”。
③ “水素”，即氫元素（H）。
④ “酸素”，即氧元素（O）。
⑤ “個人寂滅主義”，即消滅、扼殺個人獨立性的主義。
⑥ “拆”，有誤，應爲“折”。

　　今個人本位論漸衰。而社會本位説漸盛。遂爲講壇社會主義①。（一名淡水社會主義）爲二十世紀一般學者。之所據依。

　　夫使更進步焉。而幾於神靈的社會觀。豈不甚盛。特無如今世紀之人。尚未足以語是。是亦時勢之無可如何。而進化公例。非先至甲。則必不能驟達至乙。此不佞之所以姑舍是而言彼也。

---

① "講壇社會主義"，講壇社會主義（Katheder-Sozialismus），19 世紀下半期德國新歷史學派的別稱，提倡通過國家進行社會改良。代表人物有古斯塔夫·施莫勒（Gustav Schmoller，1838—1917）、路約· 布倫坦諾（Lujo Brentano，1844—1931）和阿道夫·瓦格納（Adolph Wagner，1835—1917）。

第
一
章
一

歐洲現時之社會問題

十八世紀之末。十九世紀之初。歐洲有二大革命。（一）爲佛國[①]革命。（一）爲產業革命。佛國革命者。爲政治之禍。其事極慘烈。世界痛之。而產業革命。則經濟進步之結果。以和平之運動。寖寖成一大變革。世尚不覺。故當時之人及今日歷史家多忽焉。嗚呼。大海之暗潮。外雖靜謐。其內乃有絕大不可測之轉換。近世文明之至於如此者。誰謂盡出於佛國革命之力耶。

十八世紀歐洲之工業。皆爲家業工業。各人各家製其物品而已。一千七百七十年。<u>革利布土</u>[②]始發明紡績機器。廿年以外，從事於此者輩出。益極精巧。至用蒸溜力焉。於是歐洲工業界大革命。手伎工業。變爲機械工業。昔所謂家家自立營作者。無所容之。而勞働職工。相率雲集大工塲。是爲現今歐洲工業制度。

歐洲工業制度。雖有非常之進步。而禍機所伏。亦至於牢固不可拔。夫文明者。自殺者也。新工業制度者。實挾他日破壞之原因。忽焉剝文明

---

① "佛國"，即法國。
② "革利布土"，有誤，應爲"革利布士"，即詹姆斯•哈格里沃斯（James Hargreaves，1745 前後—1778），英國木匠、發明家，發明了珍妮紡紗機。

假面而生不測之禍。是故新大業①制度之奇既發。而新社會種種之問題生焉。

新工業制度。其直接之結果曰富有大增。蓋機械製造業之勃興。至蒸潟力電氣力應用以後。工業界致富力之漲進。古未有也。方一千七百八十八年。紡績機械之用蒸潟力。才十五年耳。英國紡績業。已壓於全世界市場。其後進步日盛。米國馬撒查塞斯②一洲。機械之作業。優於五千萬人之力。英國全國機械之作業。可當七億萬人。已超過全世界成人勞働之力矣。

革米德士登③曰。自有機械。而世界之生產力。常七年一倍。蓋機械之勢力。不可思議。以一人轉運之。能給百人食。二百人衣。千人屨。由斯以推。其與勞力者相越。不可勝紀。遂以增世界絕大富有云。

於是資本家因機械之便。大增其財力。益投其金事工業。故工業大昌。而方今爲全錢④勢力相鬩之世界。資本家與資本家爭利。惟日不起。

當時論者皆曰世界之富大增。世人將無不蒙其福。勞働者得機械助力。免於勞苦。貧者因富資。無窮餓之累。由斯以言。則貧困者可絕迹於社會矣。乃富益增加。貧亦益增加。二者竟爲正比例大反昔之所期。何耶。富者愈富。則世界之財。悉富者斂入之。貧者將何所倚賴。故貧者愈貧。此勢所必至也。顯理約翰⑤著書論進步與貧困。以攻擊現今社會制度。盛行於世。

機械工業勃興之初。需用勞働者甚衆。給料⑥驟貴。其後未幾隨新機械

---

① "大業"，有誤，應爲"工業"。
② "米國馬撒查塞斯"，有誤，應爲"米國馬撒查塞斯"，即美國馬薩諸塞（Massachusetts）。
③ "革米德士登"，應爲"革來德士登"，即威廉·尤爾特·格萊斯頓（William Ewart Gladstone, 1809—1898），英國政治家，曾四度擔任英國首相（1868—1874、1880—1885、1886、1892—1894）。
④ "全錢"，有誤，應爲"金錢"。
⑤ "顯理約翰"，即亨利·喬治（Henry George, 1839—1897），美國土地改革論者和經濟學家，著有《進步與貧困》（*Progress and Poverty*）。
⑥ "給料"，即工資。

之發明。而勞働者迭有失業。一千八百五十六年。至一千八百六十一年。此五年間。蘇格蘭失業之勞働者。十四萬六千人。一千八百四十六年。弗蘭塔士①亦有解雇者二十五萬人。皆機械製造興而迫之至此也。

　　近世工業界之特産物日恐慌。苦勞働者屢矣。恐慌者生產超過之結果。資本家猥製造不急物品。或一時中止。則勞働者相繼失業。試徵之近事。一千八百六十年。英國爲恐慌失業者。六萬人。一千八百八十五年五月。美國馬撒查塞斯一州。有游民二十五六萬人。嗚呼。此數多之乞兒。實文明社會特別之產物矣。勞働者何不幸耶。

　　由是觀之。所謂富大增者。不過畢集一方。爲一二豪者所攬。決於社會無所幸矣。其利者獨有資本家耳。故勞働者益窮餓。社會之勢益不平均。於是生有力之階級。與無能之階級。

　　今推其結果。貧富相懸隔。於此有少數富者。於彼有多數貧民。或益益有勢力。或益益萎靡。不可復活。今之文明。皆是二者之軋轢。而少數富者。苦多數貧民之歷史也。貴族、資本家、大地主、與平民勞働者、小作人、互相爭奪而未有已。豈不痛哉。現今歐洲各國。其政治之表面。則爲民政的。而内實爲貴族的。少數之有力者。常能箝制多數。顧世皆謂之爲自由制度。不已誣乎。若是者。是專制制度也。少數之專制政治也。約言之則金權者。政權也。夫今之社會之貴族。雖不如昔之有力。其實立於古之貴族之上。更有力。更難去。嗚呼。富豪占政治上之威勢。如此其盛。金錢真足吞歐洲之政治界哉。

　　金錢之勢力。既壓倒政治界。又以怪其僭奪政治之特權也。文明社會之足貴者。如教育文學美術及社交之樂。悉一般富者據之。多數人民。皆不敢望。然則十九世紀之文明。少數者之文明而已。所謂文明之賜。獨少

———————————————
① “弗蘭塔士”，即佛蘭德（Flanders）。

數之民享之。如日月照臨。而多數者不得被其光。可謂冤矣。此實歐洲社
會心腹之病也。

　　以上所謂社會問題。悉由現時工業制度之結果。於是歐洲社會學者。社
會事業家。各勞腦役腕。勉強解之。往往爲姑息彌縫之策。是社會之永永平
治。終不可冀。社會主義者。圖革新社會之根本。其説一見諸實行。則一切
問題無不解釋。其救濟社會。與彼顢頇者異日論也。下章述社會主義。

第二章

社會主義之定義

世之論社會主義者甚多。意見相反。無折衷之説。今先述諸家學説。而後以余所謂定義斷焉。

由頓博威大學①教授費靈多②著書論社會主義曰。

以余所見社會主義者。爲社會利益。而犧牲個人固有之自由與權利以完成社會之組織者也。

英國威斯脱③曰。

社會主義者。各求個人能力之最完全發達。以爲社會之組織者也。

以上一以社會主義爲抑壓個人之自由。與權利。一則在於擴充之也。

社會進化論楷特④著其説曰。

真社會主義者。有一定不易之特質。即鎮壓競争。是也。

① "由頓博威大學"，即英國愛丁堡大學（University of Edinburgh）。
② "費靈多"，即羅伯特·弗林特（Robert Flint，1838—1910），英國哲學家、社會學家，著有《社會主義》（Socialism）。
③ "威斯脱"，即布魯克·福斯·韋斯科特（Brooke Foss Westcott，1825—1901），英國人，基督教聖公會達勒姆主教，聖經學者。
④ "楷特"，即本傑明·基德（Benjamin Kidd，1858—1916），英國社會學家，著有《社會進化》（Social Evolution）。

　　布里士①著社會主義提要②曰。

　　　　社會主義者。非當息競爭。而在高競爭之品位。使不徒爲產業之競爭耳。

　　以上一謂休止競爭。一謂不然。

　　博斯通③牧師古爾頓④者。著今日之基督⑤。其大意曰。

　　　　社會主義者。極偏狹。不過一階級之唯物運動耳。

　　布來好德⑥著英國樂⑦。六月之間。購者盡其百萬卷。其大意曰。

　　　　社會主義者。欲使勞役之人人皆得有方法以遂教育文雅發達之生活而勤勞者也。

　　以上前主於偏頗。以一階級之世俗運動蔑視之。後主於達高尚宗旨之事業。其相去不已遠乎。

　　然論社會主義諸說相異。未盡於是。或曰社會主義。廢私有財産。欲滅家族與個人之自由者也。或曰社會主義。當以保存私有財産爲目的。或曰社會主義。革命之制度也。或曰進化之制度也。要各以己見爲是。與他人相衝突。皆墮偏信。不足爲定義。

　　夫社會主義。豈如此變幻難測耶。諸大家常爲平義。其說甚繁。其擇持論精確。處斷至明白者。録其二三於左。

---

① "布里士"，即威廉·德懷特·波特·布利斯（William Dwight Porter Bliss，1856—1926），美國社會改革家和美國基督教社會主義協會的組織者。
② "社會主義提要"，即布利斯所著 *A Handbook of Socialism: A Statement of Socialism in its Various Aspects, and a History of Socialism*。
③ "博斯通"，即美國波士頓（Boston）。
④ "古爾頓"，即喬治·戈登（George Gordon，1853—1929），美國波士頓老南教堂牧師。
⑤ "今日之基督"，即喬治·戈登所著《今日之基督》（*The Christ of Today*）。
⑥ "布來好德"，即羅伯特·布拉奇福德（Robert Blatchford，1851—1943），英國記者、作家、社會主義者。
⑦ "英國樂"，即羅伯特·布拉奇福德所著 *Merrie England*。

博士薛富立①不以社會學者名。而嘗著社會主義之本領②。蓋論社會主義之公言也。至今多稱之者。其大要曰。

　　　社會主義之所以終始。在取競爭之私有資本。而更革以爲聯合之協同貲本。

加卡布③著社會主義史④。學者以其持論不失爲碩儒。其言曰。

　　　社會主義之本領。何以施之。曰在公生產之手段（土地及貲本）而招協同之勞働者。以營工業。現今社會貲本家。挾競爭之私有貲本。雇用勞働者。僅給賃銀而已。余以爲將來富革此制。凡工業皆用共有貲本。使協同勞働者營之。而得有平等均一之分配。甚盛事也。

又有教授埃利⑤者。其說雖興⑥薛富立、加卡布略異。然尤明白。其大要曰。

　　　社會主義者。求工業社會之新計畫。爲完全之社會制度。然後物質生產之機關。可臻於極盛。廢私有財產。而代之以合同資本。更取各人協同之生產。社會爲之收入。而公平分配之。分配後有多量者。許爲各個人之私有財產。

以上數者。其說遞進而益密。埃利所論。以爲社會主義者。當廢私有貲本制度。爲共有或國有貲本之制。革現今產業社會之峻刻法則。而以各人之協働代競爭。行公平之分配。使人人同富。經畫社會全體之利安。社會改良策。無過於此。

夫社會主義者。非個人主義。現今之社會。以私心私欲相競而已耳。爲今之計。則反抗個人主義。以圖社會全體之福。而發公共之精神於世界上。曷可緩也。自歷史考之。社會主義。實由個人遞變而成。蓋壓制之極。

---

① “薛富立”，即阿爾伯特・埃伯哈德・弗里德里希・謝夫萊（Albert Eberhard Friedrich Schäffle，1831—1903），德國經濟學家、社會學家。
② “社會主義之本領”，即謝夫萊所著《社會主義精粹》（*The Quintessence of Socialism*）。
③ “加卡布”，即托馬斯・柯卡普（Thomas Kirkup，1844—1912），英國社會主義者。
④ “社會主義史”，即柯卡普所著《社會主義史》（*A History of Socialism*）。
⑤ “埃利”，即理查德・西奧多・伊利（Richard Theodore Ely，1854—1943），美國經濟學家，美國經濟學會創始人。
⑥ “興”，有誤，應爲“與”。

於是生自由主義。個人主義。自由主義個人主義之極。於是生社會主義。個人主義者。以個人爲中心。社會主義者。以社會爲中心個人主義。以社會爲單純集合體。其始各自獨立。既而積分子以爲合衆。故所爲不問社會全體之利害。唯營各個人之私利。私利競爭。不慘毒不止社會主義。認社會爲一有機體。以爲各人恊同。足以完社會全體之幸福。悲夫。個人日競爭私利。則召社會分裂之禍。而人人恊働共和。其能牢固社會總合之根本。斷斷如也。故審於二者之辨。社會問題。不難解矣。

今試更列兩者相異之點。如上述而件繫之。

一、個人主義者。以社會不過各個獨立之分子之集合體。社會主義者。以爲個人相依相待而後成結合的有機組織。

二、個人主義者。以個人爲社會之單位。故惟見個人私利。社會主義者。以社會爲單位。故重社會之公益。

三、個人主義。唯主張個人之權利與自由。社會主義。重義務與責任。

四、個人主義。其合羣而爲社會。不過恃涼刻之契約。社會主義。則爲血肉相貫通而爲生命之聯絡也。

五、個人主義。謀私欲的利得。社會主義。貴社會的奉仕。

六、個人主義之社會。依於競爭。社會主義之社會。依於恊働。

七、個人主義之社會。爲需用供給之法則。社會主義之社會。爲仁愛正義之法則。

八、個人主義之目的。使社會由騷離滅裂而成。社會主義之目的。使社會由依攜恊同而成。

由是觀之。兩者分界劃然。其孰是孰非。亦不待辨而明矣。且社會主義亦已易見。故於次章論社會主義之本領。

八、個人主義之目的。使社會由驅離滅裂。而成社會主義之目的。使社會由依攝。協同而成。

由是觀之兩者分界劃然其孰是孰非亦不待辨而明矣且社會主義亦已易見。

故於次章論社會主義之本領。

第三章　社會主義之本領

前章論社會主義反對私有資本制度。然非禁私有財產也何也社會主義期於生產即私有資本則斷。不產。安固而已個人各自有財產。何所不可。但用富於生產即私。許且當更革之使爲社會所共有此社會主義之本領也現今社會問題雖不可勝數其起皆因在貧富之懸隔社會衡決爭禍相踵接矣夫貧富何以懸隔皆私有資本之制爲之故不可不廢革者也論之於後方家內工業之制盛行於本家與勞働者殆不可分別蓋勞働者往往自出資營業。故無資本家勞働者之階級貧富未甚懸隔也至十九世紀之初大機械發明。

第
三
章
一

社會主義之本領

　　前章論社會主義。反對私有貲本制度。然非禁私有財産也。何也。社會主義。期財産安固而已。個人各自有財産。何所不可。但用富於生產。即私有貲本。則斷斷不許。且當更革之。使爲社會所共有。此社會主義之本領也。現今社會問題。雖不可勝數。其起皆因在貧富之懸隔。貧富懸隔。社會衝決。爭禍相踵接矣。夫貧富何以懸隔。皆私有資本之制爲之。故不可不廢革者也。論之於後。

　　方家内工業之制盛行資本家與勞働者。殆不可分別。蓋勞働者。往往自出資營業。故無貲本家勞働者之階級。貧富未甚懸隔也。至十九世紀之初。大機械發明。與蒸滊力應用而後。資本家與勞働者二分。貧富相萬。社會問題日密矣。蓋大機械僅大資本家能購之。小資本家或勞働者。苦資力薄。無由致。不得不仰大資家衣食。於是有有資本。有機械工塲。而不少勞働其身之資本家。有無機械無工塲之勞働者。而資本家常操威權。以壓制勞働者。使無力自主張其權利。凡勞働條件。時間賃銀。一切惟資本家之意所定。若少抗之。直餓死。其實與奴隸無擇。然則以多數勞働者。萬萬辛苦。而生產無量之富。悉爲資本家所占奪。勞働者止受生活費。其

　　餘利坐實資本家囊橐。是馬克士①所謂剩餘價格者也。嗚呼。少數之資本家。權勢與快樂。皆獨享之。而勞働者益不堪。豈可謂平耶。私有資本制度之弊。固若斯之亟也。

　　社會主義者爲撟正此不平之策。在廢私有資本。以爲共有資本。兩者相因而設。在使少數壟斷者。無所得利。以圖社會之公益而已。如是則資本家與勞働者之二階級。可以消滅。貧富之懸隔可以泯。人人磨牙礪爪相競爭之患。可以不生。凡充滿現今社會之污醜罪惡。一切絶迹。轉此社會之修羅場②。爲和平之天國。是社會主義所齎之一大祝福也。否則社會主義。爲宣傳和平之福音也。

　　社會主義之最大關係。在社會之經濟。故經濟界之結果。不可不加意焉。社會主義行。以大利益公之勞働者。有功於社會全體甚厚。請於私有資本制度。論其富之分配。夫勞働者。日夜營營不休息所出之富。第一爲地價。則入於地主。第二爲利子③。則入於資本家。第三爲利潤。則雇主即製造家云所侵蝕。勞働者所獲僅殘餘少額之賃銀而已。今依英國一千八百九十五年調查。爲表如左。

國民儲蓄額總計	一、三五〇、〇〇〇、〇〇〇磅
地價	二二〇、〇〇〇、〇〇〇磅
利子	二七〇、〇〇〇、〇〇〇磅
雇主之利潤	三六〇、〇〇〇、〇〇〇磅
勞働者之賃銀	五〇〇、〇〇〇、〇〇〇磅

　　由是觀之。勞働之結果。産十三億五千萬磅之巨額。富者或以地價及利子之名。奪去四億九千萬磅。雇主又以利潤給料。取三億六千萬磅。合計已去八億五千萬磅。其殘額五億萬磅。僅全儲蓄額三分之一。爲勞働所

---

① "馬克士"，即卡爾・馬克思（Karl Marx，1818—1883）。
② "修羅場"，佛典中阿修羅與帝釋天戰鬥的場地，指鬥爭極爲激烈的場面。
③ "利子"，即利息。

充滿現今社會之污穢罪惡一切絕迹轉此社會之修羅場爲和平之天國是社
會。社會主義所禱之一大觀福也否則社會主義爲宣傳和平之福音也
社會主義之最大關係在社會之經濟故經濟界之結果不可不加意焉社會主
義行以大利益公之勞働者有功於社會全體甚厚請於私有資本制度論其富
之分配夫勞働者日夜營營不休息所出之富第一爲地價則入於地主第二爲
利子則入於資本家第三爲利潤則雇主卽製造家云所侵蝕勞働者所獲僅殘
餘少額之賃銀而已今依英國一千八百九十五年調查爲表如左

國民儲蓄額總計　　　　　　　　一，三五〇，〇〇〇，〇〇〇磅

地價　　　　　　　　　　　　　　　二二〇，〇〇〇，〇〇〇磅

利子　　　　　　　　　　　　　　　二七〇，〇〇〇，〇〇〇磅

雇主之利潤　　　　　　　　　　三六〇，〇〇〇，〇〇〇磅

勞働者之賃銀　　　　　　　　五〇〇，〇〇〇，〇〇〇磅

社會主義

十五

由是觀之勞働之結果產十三億五千萬磅之巨額富者或以地價及利子之名。

奪去四億九千萬磅雇主又以利潤給料取三億六千萬磅合計已去八億五千

萬磅其殘額五億萬磅催金儲蓄額三分之一爲勞働所有而已總計地主資本

家雇主不過全國人口八分之一以全國人口八分之一之少數者安坐無所勞

苦居然收八億五千萬磅之巨額而八分之七之多數勞働者惟得五億萬磅今

作表以比例其實如左。

	其收入
地主雇主	○○○○
及資本家	○○○○
合計	○○○○

有而已。總計地主、資本家、雇主。不過全國人口八分之一。以全國人口八分之一之少數者。安坐無所勞苦。居然收八億五千萬磅之巨額。而八分之七之多數勞働者。惟得五億萬磅。今作表以比例其實如左。

	人口		收入
合計地主雇主及資本家	○○○○○ ○○○○	其收入	○○○○○ ○○○○○ ○○○○○ ○○
勞働者	○○○○○ ○○○○○ ○○○○○ ○○○○○ ○○○○○ ○○○○○ ○○○○○ ○○○○○ ○○○○○ ○○○○○ ○○○○○ ○○○○○ ○○○○○ ○○○	其收入	○○○○○ ○○○○○

此比例表據布來好德之英國樂。

夫視此比較。事之不平。孰甚於此。惟社會主義行於世界。則萬弊皆已。蓋資本土地。爲社會共有。雇主即可爲工業管理者。而與以工資。使守是制。不得貪肆。然後社會得以廉價購物品。勞働者衣食饒足。漸漸受教育。以養智識。爲高等之治生。則所關於社會全體及文明之進步者。實不淺哉。

是故社會經濟之組織。當大革新之。使人人相樂。重其職務。以꣑良制度。
蓋現今經濟組織。反於自然。極不便利之分配。常利少數者。苦多數者。
於社會生產之發達。不勝其害焉。然則社會主義。誠不得已言之。實無奇
怪至高之論。社會進步。舍此無由。世之昧昧者。尚持異議。不已過耶。

　　然則社會主義。實近世之精神所由發表也。能合十九世紀思想界之潮
流者也。近世史所稱思想界之潮流有二。一曰民政思想。一曰人情思想。
民政者。今世界大勢之所赴。各國政體或相異。而民政精神。固已鬱勃不
可制矣。雖然。不完經濟上之自由。則政治上之自由。亦無其效果。何也。
有經濟上之自由。乃有政治上之自由。不可易之理勢也。社會主義。實代
表近世民政思想之經濟方面。故爲世界思想一大潮流。更就人情思想考之。
十八世紀人人重自由權利。唯主張一己之益。至十九世紀。同胞主義。恊
受主義。起於一般學者之腦中。前之靡然崇拜個人之自由權利者。百年間
而變爲宏博慈美。重人情尚大義之時代。近世之精神。實發端於此。社會
主義。亦此主義。務推行人人相愛之道。雖廢私有資本者。僅工業界勞働
者之福。其精神不已廣耶。其所志在更革社會根本。而不歆於一時保護之
政策。此獨逸①相比斯麥克②。所行之國家社會主義。所以不足爲真社會主
義也。以上論共有資本。以恊同主義。營生產。將釐世界之財而均之。以
立經濟上平等社會。發皇二十世紀之精神。社會主義之本領。如是而已。
此諸家學說之大同者也。其小異者或以宜建中央政府。或以宜設地方政府。
或者謂富之分配。當定其標準。雖紛然異議。不可勝道。獨經濟改革案。
則眾人無不謂然。皆望此主義之亟見於地上也。

①　"獨逸"，即德國。
②　"比斯麥克"，即奧托·馮·俾斯麥（Otto von Bismarck，1815—1898），曾任普魯士首相（1862—
　　1872、1873—1890）和德意志帝國首相（1871—1890）。

第四章　社會主義與道德

現今社會所大缺者道德是已夫產業革命而世界富有額增數十百倍之漲力。物質之文明與學術之進步移植種種新智識於人民之腦中而產出十九世紀文明史何其盛哉然獨道德日日進化甚可怪也以余考之古封建之時社會皆有一定之道德之制裁個人亦有道德之理想今日所尤盛者則利己的精神而已苟得利無所復顧非僅商業社會如此其勢且靡於教育社會靡於政治社會而將普遍全地球嗚呼此利己精神實時代之精神也非社會之空氣也是故號稱文明國則利己的精神加發達焉以道德之眼觀察方今文明社會日過同類動物相食之世界爲利與利競爭之修羅場而已此其故何也宗教家曰是人心之罪惡之結果也蓋以人性墮落積個人之罪惡以致社會道德之腐敗。此說起自基督教奧加斯汀之時代近世楷特著社會進化論尚稱道德焉然其意欲個人自悔過庶幾社會道德之改良家喻戶到終不見效是不知社會之腐敗。

社會主義

二十一

第四章

社會主義與道德

　　現今社會所大缺者道德是已。夫產業革命。而世界富有額。增數十百倍之漲力。物質之文明。與學術之進步。移植種種新智識於人民之腦中。而產出十九世紀文明史。何其盛哉。然獨道德日日進化[1]。甚可怪也。以余考之。古封建之時。社會皆有一定之道德之制裁。個人亦有道德之理想。今日所尤盛者。則利己的精神而已。苟得利無所復顧。非僅商業社會如此。其勢且靡於教育社會。靡於政治社會。將普遍全地球。嗚呼。此利己精神。實時代之精神也。非社會之空氣也。

　　是故號稱文明國。則利己的精神加發達焉。以道德之眼。觀察方今文明社會。不過同類動物相食之世界。爲利與利競爭之修羅塲而已。此其故何也。宗教家曰。是人心之罪惡之結果也。蓋以人性墮落。積個人之罪惡。以致社會道德之腐敗。此說起自基督教奧加斯汀[2]之時代。近世楷特著社會進化論。尚稱道焉。然其意欲個人自悔過。庶幾社會道德之改良。家喻戶到。終不見效。是不知社會之腐敗。不悉坐個人之失德也。

---

① “進化”，有誤，疑當作“退化”。
② “奧加斯汀”，即奧勒留·奧古斯丁（Aurelius Augustine，354—430），396—430 年任羅馬帝國非洲希波主教，基督教思想家，有《懺悔錄》《上帝之城》等著作。

　　夫人性之所以別者。有三大原因。一曰遺傳、二曰境遇、三曰教育。故或受父母之惡性。或蒙境遇之惡感。或不幸而不得受良教育。於是天然之美質闕焉。固非生而不善者也。楷特以謂“人之本性。唯求自利。而事實反之。方人始生。一社交的動物耳。漸而有社交的感情。哀則俱哀。樂則俱樂。有同情焉。”余則以謂人性富於他愛心。近代生物學者言。觀動植物界表面。其生存兢争爲至烈。然觀其裏面。乃有最高美之他愛競争。世或未之察也。何以明之。動物之母之育其子。受諸苦難。其勤不衰。以至成長。植物爲結果實。而先期凋散奇麗之花瓣。皆以進化之故。忍受非常諸苦。是他愛之心所自生者也。他愛心者。實生存競争以外。極高之進化法。豈有高等性理感情之人類。而其他愛心不如動植物者。故余記生物學者之説如此。

　　然則現今社會道德之壞。固不悉坐個人之不德。而個人不德。皆因社會之境遇。則可信也。蓋欲以社會之制度。養成個人之道德甚易。欲以個人之道德。改造社會。其勢大難。故今多以利己主義之盛。爲社會制度使然。請言其理由於下。

　　昔封建時代。政府干涉社會之事。秩然畫人民之階級。士農工商。各有職分。上率下。下奉上。是以道德日盛。至馬丁路得①出於宗教界。亞丹斯密②出於經濟界。自由主義、個人主義之喊聲。激於歐洲。而生慘烈競争之社會。固其勢也。歐米③經世家竭無窮之智。以謀救此大弊。不見有效。始悟社會制度之不完全。英國已先加意所以改革之者。而吾人大願。在於行社會主義。平等主義而已。社會主義有二。一曰恊同。一曰共働。使人

---

① “馬丁路得”，即馬丁・路德（Martin Luther，1483—1546），德國神學家，宗教改革運動活動家，德國新教路德宗創始人。
② “亞丹斯密”，即亞當・斯密（Adam Smith，1723—1790），英國經濟學家、神學家、哲學家。
③ “歐米”，即歐美。

人各有義務。公有資本。人民共働。以營公富。均分財産。去相争相惡之道。而世太平。以是原因。社會的感情。日日開發。他愛之精神益盛。道德之進步。決十倍於今日。故余歡迎社會主義之意。不在經濟上之利益。而在道德上之效果也。

更假喻以明之。人心猶薔薇花。社會制度。猶植之之土地。經世家則植之之人。今有人種一薔薇花於泥沼之間。日溉灌之。漸萌芽爲惡蟲所蝕。枯且死。見者曰。此無用灌木耳。非真薔薇。何苦養無用樹。速截去投火中。是厭世家之批評也。又或者曰。此固薔薇。樹心腐敗。不能開美花。當用接木法。乃可發生。是神學者宗教家之見解也。他一人曰。此非薔薇之惡。乃土地不適耳。試以移於良土。必充分成長無疑。是社會主義者之意見也。或者又曰。土地不良固然。然植於不良之土。能開花。不更勝耶。當强植此地。是道德家之意見也。最後有數人携樂劑①來曰。殺惡蟲。樹乃活。是社會改良家之説也。於是經數月。樹竟死焉。種之者大失望。悔不從或人之忠告。而移之也。以是言之。社會制度。與人生道德之關係。灼灼然矣。

---

① “樂劑”，有誤，當爲“藥劑”。

第
五
章
一

社會主義與教育

社會主義。既以消極的論點。攻擊現今社會制度之失。於是有用積極的論點。以規畫將來社會之政策者。是爲社會主義教育案。

今夫日本現今教育制度。自由放任制度也。人之受教育與否。各任其意。又入學校者。當支出費用。雖最有爲之青年。非厚於財力。莫得入焉。故大學之建設。惟以蓄當家兒。貧民勞働者。殆無望與於此。不善之甚者也。

日本古代。盡士農工商四階級。惟士得受教育。明治維新。移殖人民於自由之天地。有同一之利權。然尚有不得受教育者。蓋古有法律上之壓制。今爲經濟上之壓制也。

米國文明程度最高之國也。然其教育。亦生不平均之現象。夫社會之上貧民與勞働者。常四五倍於富者與資本家。今貧民勞働者。雖有人豪。無所得學。僅少數者蒙教育之澤。甚可嘆也。

然則今日之教育制度。當以何手段而改革之。曰、不可不用普及强迫之主義。夫國家徵兵制度。凡壯丁之至二十一歲者。皆充兵役。三年集爲營伍。資給之者甚至。日訓軍事。以備緩急。法至善也。今請用其法於教育。全國男子。至二十一歲。爲受教育之年。國廩出金。辦衣、食、住及書籍、什器、之費。無貧富貴賤。皆聚而教之。誘進其智識。三年之中。可製造數多有用之國民。視養成軍人。固有間矣。此效果最大。世所未論者也。

是故社會之不重教育。其弊至於投國費之大部分。經營不亟之務。猶怪財源之缺乏。可謂不知本也。使人人受教育。而社會道德增進。至其極盛。爲太平世。則海陸軍費。警察費。裁判費。監獄費。必皆大減其額。是甚深微妙之理。非明於社會主義者。蓋難知之。

社會主義之主張強迫教育。其理有三。不可不論。

（第一）個人之利權　人之先天。已有受教育之權利。何以明之。方其始生。日日長大。有高尚之性。既長大後。不當無以增進智慧者。故曰有受教育之權利。爲一國民。必有義務。爲社會之一員。必有天職。義務天職。非受教育。不能盡之。故有受教育之權利。教育社會之公有物也。宗教家謂是天所以與我。爲人人必受之賜賚。然則豈少數富者所專有。故曰有受教育之權利。

（第二）社會之權利　人類相結合而成社會。社會者。實一大有機體。若全部分之中。僅其小部受教育。是個人之私益。而全體無所利。理論推之。且不得爲社會也。故曰對於社會。有受教育之權利。

（第三）後世子孫之權利　今日青年男女。爲他日之父母。父母不善。子孫何所法焉。今日懶於教育。必遺後世子孫之害。全社會人民。且受其弊。甚可慮也。支那日本人。尤重祖先。往往記念過去之事。以自勉勵。故對於後世子孫有必受教育之權利。

二十世紀。國國以教育爲急。尚有弊害。日本頗仿泰西制度。大起學校。而國民之中。有多數不受教育者。然則教育蓋致困難之改策。有欲改策之者。不可不依於此等之社會主義也。

第
六
章
一

社會主義與美術

世界有三寶。一曰真。一曰善。一曰美。真也者。宇宙之理法。爲科學者哲學者所研究。善也者。著於天地人類之間之道德。爲聖賢君子所信而以教人。至於美實世界大生命。萬物無不賴美以自光耀。而詩人美術家則發明美者也。

哲學者、聖賢君子、詩人、美術家、是名三大靈。以啓示衆生。然美者尤宇宙之萬有所不可離之一大生命。人類之性。無不美美而惡惡。生於五濁之世界。人心與美相觸。無不躍躍有活氣者。故美可謂人類天賦之權利。無可疑也。現今社會。完此美否。是當研究之一問題。

喇士硜①與模利士②者。當代美術家之泰斗也。而模利士爲詩人。其名出泰尼孫③上遠甚④。皆以美術之批評。著於十九世紀學術史。喇士硜常教授美術於奧革斯弗阿⑤。時時與門人言自著之經濟論。社會説。常喜勞働。

① "喇士硜",即約翰·羅斯金（John Ruskin，1819—1900），英國作家、評論家、藝術家，在建築和裝飾藝術方面擁護哥特復興式運動。
② "模利士",即威廉·莫里斯（William Morris，1834—1896），英國詩人、設計師、藝術家、社會主義者。
③ "泰尼孫",即阿爾弗雷德·丁尼生（Alfred Tennyson，1809—1892），英國詩人，維多利亞時代詩歌的主要代表人物。
④ "其名出泰尼孫上遠甚",據日文原書，此句原意爲"其詩才與丁尼生相比，有優處亦有劣處"。
⑤ "奧革斯弗阿",即牛津（Oxford），此處指牛津大學。

以暇率其徒操鋤犂修繕奧革斯弗阿之道路。模利士感喇士硜所爲。每白晝著職工之服。立倫敦街頭。集勞働者。演説其社會論。是二人者。精神之美大。何可當也。今記二人對於社會制度之批評如左方。

　　喇士硜持復古主義。爲保守的思想。模利士持革命主義爲進步的思想。而其論社會也則同。常言曰。工業競爭。行於社會望美術之盛。不可得也。利己的精神愈發達。則愈阻美術進步。何者。人人争利之時代。美術家不能靜壹從事於其技。世人亦無間暇①以好美術。故現今社會制度。對於美術。無異冰炭不可同器。如此至久。美術當衰落。則欲興美術。在改革現今社會制度。斷斷如也。於是爲三批評。

　　（第一）現今社會制度損天然之美觀　英國工業最發達之國也。旅行其內地。則山之森林。斬伐無遺。技作工塲。黑烟蔽空。水流混濁。居英國工塲地者。皆利然喪其樂生之心。不能養成一種高美之性質。是殺人類之精神者。孰過於此。蓋今日之社會靡然趨於“拜金主義”。現金錢可以易死。故不慊犧牲其美。以企得錢。製造一種穢垢之風俗。

　　（第二）現今社會制度損人爲之美觀　天然之美。既不可見。而人爲之美。亦破壞之。以求建築之便利製作之塲。停車之塲。污穢櫛比。非至伊大利②。無復可見偉壯之宮殿寺院。故心思不舒。而所製作品。無足觀也。

　　（第三）現今社會制度苦美術品之作者與勞働職工　今日之勞働職工。伏於矮漏不潔之屋。而終日從困苦不能勝之事。猶不贍家族。恒自悲怨。其心腑中已斷絕美之觀念。欲其製作美品。何可得也。

　　最後喇氏模氏。極力攻擊現今社會空氣之腐敗也。時代精神之腐敗也。

---

① “間暇”，同“閒暇”。
② “伊大利”，即意大利（Italy）。

而常駁孟驀斯達派①之經濟學説曰。孟驀斯達派之唱道自由主義。實今日利己主義之原動力也。其説以人類當求富而已。悍然爲利己精神之鼓吹者。以損人生之道義心。美術心。無所復顧。甚非是也。

喇氏模氏既以消極的社會觀。反抗現今制度。復以積極的社會觀。明理想之社會。喇氏自號共産黨。模氏稱無政府黨。而模氏實社會主義者同盟②之首領。爲革命之運動。至死不衰。今僅述其美術説。

喇氏模氏之美術説。以爲最善之社會觀。不在於他。在於美術而已。其風俗窳敗。爲利與利相競之國。則美術必凋落焉。於是乃言曰。美術之製作者。得經濟上之自由。無生計苦勞。則不能專志以事其伎。而美術不昌。夫美術者。社會倫理之極。而世間愛情最高之聚點。欲今日美術之進步。不可不變革社會之精神。而共有貲本。與恊同勞働之制。烏可已也。

喇氏所以謀社會之公益者。在人人各盡其天職。如軍人之職。護衛國民。宗教家之職。教育國民。醫師之職。調理疾病。法律家以國民强行正義爲職。實業家以給國民需品爲職。各負社會之分子之義務。以營社會全體之幸福。善之大者也。蓋其意以人。人有封於③同胞人類。應盡之天職。雖犧牲其身命以爲之。無所擇也。嗚呼。是可謂高尚之思想矣。何時得見於此二美術家之社會主義之實行。則吾人固"美"之預言者也。

---

① "孟驀斯達派"，即曼徹斯特學派（Manchester School），發端於 19 世紀英國曼徹斯特城，代表人物有理查·科布頓和約翰·布萊特。該學派反對重商主義，主張自由貿易。
② "社會主義者同盟"，即創立於 1885 年的英國社會主義者同盟（The Socialist League）。
③ "封於"，有誤，應爲"對於"。

第七章

社會主義與婦人

　　社會主義之本領與基礎。經濟問題而已。社會主義與婦人。有直接之關係。是以婦人實占經濟問題上一大部分。彼其天職於教育上擔責任。即延而至於政治上亦擔責任。影響於社會之方面者甚大。故婦人之位置事業及幸福。於社會主義上至大問題。予於斯論發明主義。一就婦人上明社會主義之觀念。一依社會主義發揚婦人之效德。

　　社會主義之婦人論者。發明婦人將來之位置事業及幸福。不得不先論婦人之過去及現在也。蓋男子對婦人之思想。及婦人所占之地位。自古以來。次第變遷。繼自今往。尚傾向於變遷之一途。就歷史上論述婦人不可少也。

　　先觀察過去之婦人。依古來諸學說。婦人於古代時權力甚强。或出男子之上。統管種族。行女系相續之事實。又謂古代女子中。有非凡之傑物。制御男子。如埃及之科勒惡拍度①。日本之巴御前②。但依優勝劣敗之理。女子之脆力。到底不足以抗敵男子。其權力始漸次徙於男子之手。兼以懷

----

① “科勒惡拍度”，即克婁巴特拉七世（Cleopatra Ⅶ，公元前69—前30），埃及女王。
② “巴御前”，生卒年不詳，日本平安時代末期信濃國的女武者，武將木曾義仲的側室，隨義仲在戰爭中建立戰功。學界對巴御前是否真實存在尚有爭議。

妊産子等事。必需男子之保護。遂與男子以操縱駕馭之機。積慣成習。待之如劣等之動物。不啻男子之奴隷及尋常之玩弄品而已。不觀希臘羅馬之社會乎。彼等固具有文明與智識者也。而待婦人獨薄。家庭間婦人之地位。實男子之奴隷與下婢耳。雖以蘇格拉第^①、亞里斯多德^②之賢明。猶視婦人爲“劣等之人間”。遑論其他。降至歐洲封建時代。社會之階級。儼如劃定之不可移易。男女之間。限界益嚴。關係於男子者無不在上位。關係於女子者無不在下位。男尊女卑之弊風。浸潤於社會。因襲既久。遂成爲社會上之習慣及遺傳性。與歷史上之制度。故今日東西洋諸國尚有一種男尊女卑之陋惡舊習。約言之。則婦人之過去時代。實偷息生活於男子壓制之軛下者也。

　　然則婦人之現在如何。至近世婦人之地位品格始高。男子對社會上婦人之思想亦日向上。諸般事業。女子得占一大部分。其發起之原因有二。一則基督教之祖師耶穌。對婦人極表同情。且尊敬之。信基督教者。莫不認婦人之尊貴。歐洲社會上。承此風潮。公同認婦人男子爲同等之人類。一則因獨逸北方之種族。敬婦人尤厚。蓋精密周至之思想惟婦人獨有之。以是因緣。遂生崇拜婦人之精神。二者相合。大喚起對婦人尊敬之念。會佛國革命自由平等博愛之思想。益益熾盛。其時唱擴張女權之説者甚多。至近代學界上巨子。約翰彌勒^③出。盛主張擴張女權之説。謂女子亦應與男子。同得列於社會之競争塲裏。以振張其權利。彌勒執個人主義。謂婦人男子等人也。等得自由也。等得占一席於競争場裏。揮其腕力。以高其地位完其幸福爲目的。

---

① “蘇格拉第”，即蘇格拉底（Sokrates，公元前 470—前 399），古希臘哲學家、思想家。
② “亞里斯多德”，即亞里士多德（Aristoteles，公元前 384—前 322），古希臘哲學家、思想家。
③ “約翰彌勒”，即約翰·斯圖亞特·穆勒（John Stuart Mill，1806—1873），英國哲學家、經濟學家。

　　今婦人既漸漸與男子同馳驅於競爭塲裏。於各種事業上各占一大部分。投於工業界者尤衆。依一八八〇年合衆國統計表婦人之從事於製造業及鑛山業者。無慮六十三萬二千人。占合衆國全勞働者之半數。就中執紡績業者。女子之數實超過男子。然此亦不得謂之爲良結果也。何者。爲高女子之地位品格故而執自營主義不免產種種雜多之弊害。

　　（第一）男子女子等立於自由競爭之舞臺。實背自然之法則。柔性之女子。與男子從事於同一之競爭。於心理上生理上皆大爲悖謬其結果必至於女子失其天賦美質損其優點兩相摩盪激而成爲“第二等之人間”及“特別粗暴之女子”於同一人類上因異性之故至於相殘演出一段有形的陰陽淘汰之慘劇非人類之福也。

　　（第二）女子投入勞働界之數增多。其賃銀自較男子爲大廉資本家多雇用女子。男界之賃銀。大爲低落。其結果必至於男女俱苦於貧困。

　　（第三）慮其於道德上無良結果。夫懷妊生產。女子之所最惡也。兼以腕力薄弱。難自謀生活。其與男子結婚。非但異性之相吸也。大半爲生計所驅耳。今既有雇工塲爲自謀生活地。則投入此工塲者必衆。心有所恃。與男子結婚者益益減少。與男子離婚者益益加多。必至之勢也。但女子腕力。到底薄弱。營獨立之業。必不足養其一身。不堪此孤苦貧困。至有鬻身以操業者。爲近今社會上著明之事。實吾人所痛心之問題也。禮基克[①]曰。今日有大多數之娼妓者。孤苦貧困所迫耳。不可謂非個人競爭之效果也。嗚呼。是爲何等之慘事耶。損女子之德操。紊亂家庭之天時。益益增加私生兒之數。驅多數女子入自由競爭之社會。非貴其名譽高其地位品格也。乃墮之陷之耳。名譽地位品格既已卑下。則道德上之觀念自少。智識上之

---

① “禮基克”，即威廉·愛德華·哈特波爾·萊基（William Edward Hartpole Lecky，1838—1903），愛爾蘭歷史學家，主要研究理性主義和歐洲道德，著有《理性主義史》《歐洲道德史》。

穎悟必無百年後理想之女子。無道德無智識。其復爲男子之奴隸無疑。男子以有奴隸故。復行其家庭專制之手段。玷男子之道德非淺也。引點成線終必有延家庭專制而成政體專制之一日。其流弊又何如耶。

　　然則爲婦人之將來計當何如。社會主義者。安置婦人之完美場所也。夫婦人以自由競爭故。有今日之不幸。今欲高其地位。完其幸福。約言之。實行社會主義發揮基督教以高尚之位置待婦人而已。蓋今日私有資本制度廢。國有制度興。競爭主義仆。協働主義行。社會主義。非獨利而共產也。非自營而協働也。至於社會主義究與婦人有何關係。略敍之如左。

　　（第一）於此社會上。婦人既不如過去時代爲男子之奴隸。又不如現在時代爲。男子之勁敵。彼以高妙美麗之特質。基人類平等之真理。爲男子外交之協働家庭之良友。國家之公役。共盡其天職天分於此社會上。天賦之優點。不爲競爭之魔力所梏嚙。養其平和靜謐之性。與男子相和相扶。享受其幸福。此則社會主義自然之良結果也。

　　（第二）婦人能發揮其特色優點。完其所受之天職。蓋社會主義者。男女同一視也。女子與男子爲同一之人類。故與男子營同一之事業。但男子有男子之長伎。女子有女子之優點。各異其性質之趨向。兼以女子身體柔弱。不敵男子之剛強。事事不免被其陵轢。然女子者。具吸受感化力最大之動物也。含一片天然之愛情優趣。以掀動此剛性。女子者。愛之天使也。男子感其天然之愛情優趣。不得不祐助之慰藉之。男子以剛勝。女子以柔勝。兩相勝則兩相消。以成此社會主義之世界。社會主義者。陰陽兩性所吸結之大團體也。兩相吸結。必兩相輔助。男子女子各操其恰當之事業而後各顯其莫大之價值。彼主張擴張女權論者。驅數多女子入個人自由競爭之戰場。是速女子之不幸也。誤甚也。

　　（第三）婦人得經濟上之獨立。蓋社會主義者。基人類平等之真理。女子與男子得同等財產之分配者也。雖其職掌各異。一則出操社會之事業。
一則入操家政。既同爲國家之公民。必同配國家之公財無疑。女子既不爲
男子之奴隸及玩弄品。自不得依賴男子爲生活。即以國際法論非屬國必有
主權也。經濟上之獨立。可斷其必有者。反是。女子不得分配國家之公產。
不能生活者。不得不利男子之產以爲產。棄蔑一切精神之交好。貪暱財產
家之子弟。惟利是視。而爲商賈之結婚。與娼婦奚擇。夫婦之道安在哉。
結婚者世界上最神聖潔淨愛力之燒點也。今以金力故而。渝此愛力。個人
競爭主義其弊害一至斯極。今惟實行社會主義。俾數多女子。各得經濟上
之獨立。心無顧忌。無恚礙。其與男子交好。自能意氣投合。心志相慕。
得爲精神上之夫婦。道德增進。離婚之數必減。家庭必治。社會必和平。
教育必美善。人種必改良。非常之良結果必種種發現。其關係豈不宏大哉。

　　上論社會主義之實行。所以高婦人之地位品格。完婦人之幸福也。婦
人亦得藉此擴充其主權。發揮其特得之榮光。謂爲社會主義之効果也。非
溢美也。

第
八
章
一

社會主義及勞働組合

　　此章發明社會主義與勞働之關係。夫勞働者處資本家之軛下。久而不能脫。於是退欲保護己之權利。進欲擴張己之權利。而勞働組合起焉。彼以爲人人平等。誰不得共此天賦之產業。而資本家乃壟斷之。於是奮勞働者之勢力。而與之抗。此非旦夕之故也。蓋歐洲勞働者。勞其筋骨。困其體膚。而生產之資。悉爲資本家所有。曾不能分其餘潤。以保其身家之飽煖。一旦得罪於資本家。直餓莩耳。狀與昔日之奴隸何異。於是勞働者大憤。求所以脫此奴隸界。而收回其自由利權。然其事至難極困。非少數人能成。乃結合多數。之團體。以入此生計競爭之世界。此今日勞働組合之所由起也。

　　歐米於數十年間。勞働組合之効甚著。政府屢反對以干涉之。此殆不可恃爲最後之救主也。何也。勞働組合者。勞働者之城壘。據之以與資本家相戰者也。彼主張勞働組合者。恒謂勞働組合有無上之能力。組合完成。則能擴充其權利。達希望之目的。以余論之。翩其反矣。夫欲高其庸値。養其家族。減短工作。至九時或十時。如是小小之希望。未嘗不奏効也。若外此遠大之志。如經濟學家所唱之說。謂勞働者之權利。可占其出產之全數。是非今日組合手段所能達其目的者矣。

　夫勞働組合之主義。在於傾資本家之產業而已。然決不能以資本家壓制虐待之手段。而反施諸彼等。僅使其知警戒耳。蓋勞働對於資本家。決不能保守平等之地位。完全平等之權利。況欲凌駕之乎。觀勞働者與資本家各自團結以。相抵抗。我終不敢謂彼戰後之利益。可入於勞働者之手也。蓋資本家擁充足之金錢。彼勞働者營營終日。所得不過一日之糧。故相持既久。身愈困窮。妻子苦飢寒。至於不得已。而解甲投兵以降。於是向所有實際上之利益。今亦亡之。所謂非徒無益。又害之也。

　要之勞働組合。非可終久依賴者也。勞働者若欲擴充其權利。完全其幸福。則不可不講遠大之方略。遠大之方略無他。社會主義是也。社會主義之於勞働者。有金城湯池之固。而爲最後之救主。蓋彼以改革社會之根本爲目的。視勞働組合之目的爲更遠大。故一旦社會主義能實行。則勞働組合之目的達矣。

　夫社會主義之目的。在於改革資本之制度。蓋欲破壞貧富無理之階級。而解釋平等社會之問題。以救治今日社會之病根。故社會主義行。則今日之少數資本家。決不能制多數勞働者。而私有土地鐵道鑛山工場機械等項。生產生產之資本。悉離個人之手而歸于公。國民皆入於勞働者之列。戮力同心。以營社會之公益。今日資本家之游惰坐食者。自是絕迹矣。夫資本家既限於上流階級。則勞働者不得不自存於下流階級。有此二等階級之分。則其間不能免利益衝突。而禍亦由是起。彼蒙禍者豈非勞働者乎。夫勞働組合之存立。僅能保護勞働者數端。若欲消滅階級。使勞働者高枕無憂。安可得邪。必假社會主義之利刃。以破此階級而後可也。

　　然則勞働組合欲達其目的。豈可僅爭此賃銀。高低之小事哉。必持社會主義。以與資本家衝突。先占政治上之利權。遺代表人於國會。惟期改革資本制度。以得最後之勝利而已。

　　現今英國之勞働組合。新發達於一千八百八十九年以後。損舊時之陋見。採用社會主義之思想。而始有新運動。彼固知非行此方畧。終不能完全勞働組合之本旨也。英國勞働者之思想。其克至此者。雖有種種原因。要亦不外乎以下條項。

　　（一）不撼於海利齊郁①之名著進步及貧困。（二）自一千八百八十年至一千八百八十三年。社會黨之復興。（三）自一千八百八十四年至一千八百八十六年。遭大危險。知其原因。在於社會組織之不完全。（四）楷利波司②慈心之社會學家。深究貧民之狀態。而發明勞働者之慘苦。不在於無道理之經濟。乃因社會制度而起。（五）如特馬門③。及康朋④。諸偉人。起身於勞働。大呼。勞働組合之無効。而唱社會黨主義。邇來英國勞働組合。依社會主義而鼓動新元氣。至今進步未已。志事乃遂。自勞働者派遺代表人於國會市會教育議事。其理想愈見諸實行。今録一千八百六十四年。萬國勞働同盟會⑤第一次倫敦開會⑥。告其黨之文⑦如左。

　　　　嗚呼。我勞働之人。且旦暮庚死。毋甯爲自由戰。而流血死乎。

　　今日之事。曷其可不旅力同心。斫斷資本家之韁鎖。以還我平等之權利。嗚呼努哉。

---

① "海利齊郁"，即亨利·喬治。

② "楷利波司"，即查爾斯·布思（Charles Booth，1840—1916），英國輪船主和社會學家，著有《倫敦人民的生活和勞動》（*Life and Labour of the People in London*）。

③ "特馬門"，即湯姆·曼（Tom Mann，1856—1941），英國勞工領袖，曾創建多個工會和勞工組織。

④ "康朋"，據日文原書，即約翰·伯恩斯（John Burns，1858—1943），英國勞工領袖、社會主義者。

⑤ "萬國勞動同盟會"，即國際工人協會（International Workingmen's Association），又稱第一國際。

⑥ "第一次倫敦開會"，指 1864 年 9 月 28 日在倫敦舉行的國際工人協會成立大會。

⑦ "告其黨之文"，指《協會臨時章程》，是馬克思在國際工人協會成立大會後，於 1864 年 10 月才擬就的，并於同年 11 月發表。

嗚呼。我勞働之人。日爲資本家生產。而資本家不以命脈視我。
且侮僇我。安可妄爲屈從之事乎。今日是我勞働者上自由之途。而脫
經濟之束縛之日也。嗚呼努哉。

由是觀之。不改革社會主義之根本。而欲達勞働者之目的。不可得也。
今各國勞働組合。既傾於社會主義。灼灼然矣。

社會主義與基督教

　　徵歐美近事。基督教與社會主義。有不並容之勢。蓋近代基督教之組織。儼然成一貴族政體。絕不注意平民政治。其相反對固宜。獨其初代。則實與社會主義相似。而其精神思想。皆異名而同體。不可誣也。

　　聖西門者。佛國社會主義之鼻祖也。嘗著一書。名"新基督教"。取於社會主義之真理。與古代基督教之神髓。而發揮之。蓋古代基督教。實近時社會主義之代表。無可疑者。請舉其類似者而爲之説。

　　（第一）其各種之理想與目的合一。

　　夫基督教徒之所志。決非如。今日教會。亟亟以增加未來天國之户籍。爲目的而已。不觀夫耶蘇乎。其徒衆皆具未來世之觀念。然專心一意。救濟人類。欲於世界上建設一理想之天國。彼所深信而不疑者。以爲"人類皆神之子"。宜如兄弟。互相輯睦。故其宗教則博愛之宗教也。其道則人道也。如所唱人類同胞主義。冀實現此平等社會。以增世界人類相愛之吸力。袪利己私欲之妄念。協働合作。享受無量之幸福。而豈今之競爭制度哉。其理想可謂偉矣。

　　夫社會主義之理想。不認個人主義。且斷斷然廢滅之。蓋欲平私利私欲之戰場。而爲人類造一相扶持相愛之樂園也。察其精神心術。與初代之基督教。豈有以異乎。惟基督教初則鼓吹此思想於個人。而繼及於全社會而社會主義。則先靡於經濟界。繼而靡於工業界。而靡於應用政治界。然其目的一而已矣。

（第二）傳道之熱心相似。

考古代基督教之歷史。其事實最著者。教徒之傳教之熱心也。苟其道行。雖刳心斷腸。而無懼色。讀新約使徒行傳。猶躍躍有活氣焉。嗚呼。彼舍家族冒萬死之險。以身殉道。後人評之曰。彼皆聖靈之具體者也知有道而已故他不見可畏者。雖以生天①爲榮。亦何可及耶。

近代社會主義。亦頗近於此。教授伊兒②曰。"近代之社會主義。欲使人人動其熱誠。如烈火之燃。在一切捐其私欲私念。而浩然於博愛仁義之域耳。"抱持此義。不見諸實事不止。昔英國中央郵便局。以六百五十弗郎③之年俸。雇一少年。此少年極崇信社會主義。暇時輒與其妻攜機街頭演說之。其妻亦極熱心。販其冊子。爲演說費。與初代之基督教徒。於街頭集人傳教。有以異乎。彼平民中感受此風潮者頗衆。游於英德之間。目擊社會主義者之運動。謂爲有宗教之熱心。非過言也。

（第三）受世人之虐遇亦相似。

初代基督教徒。在猶太羅馬間。受非常之壓制。世人咸以邪教目之。以爲必破社會之秩序。不至爲亂賊不止。因是使徒等往往遇害。或引諸法廷。或繫諸牢獄。刑戮之慘。羅織之禍。無日不聞。而其受當時之政治家與富者貴族之害尤甚。

今之社會主義者。亦頗遭虐待。古代基督教外。受人之厭惡。蔑如社

---

① "生天"，當爲"升天"。
② "伊兒"，即理查德・西奧多・伊利。
③ "弗郎"，指美元。

會主義者。法德之社會黨。往往引入法廷。焚其書籍。如法國政府。虐遇聖西門黨之情狀。實如凶人之殘滅蛇蝎。其徒黨在法國南部者。往往斃石上。而終未聞有懊悔反側之語。何其精神類古使徒若是乎。蓋當時之人。以爲此社會主義者。紊社會之綱紀。而破平和之局者也。故視之如蛇蝎。不憚極力以勦滅之。且惡聞其名。蓋富豪貴族。汲汲爲保其私利故。忍而出此。何足怪哉。

（第四）傳播之速亦相似。

昔之改革宗教者。雲集風起。日以百計。豈如今日之教會。一年僅加數人而已乎。方是之時。使徒之熱心。騰炎如赤日在天。徧蔽羅馬。近代之社會主義。其勢力亦類是。一千八百六十年以前。獨逸之社會黨。據六年前之調查所載。後一年之新改宗教者。六十萬人。則一日間新改宗教者得二千六百四十四人。該撒①所謂“戰勝不足喜。因我之勝。而民歸我者蝟集。此則足喜也”。近來社會主義之風潮。何以異於是。

（第五）其思想俱以世界爲的。

猶太之立教也。其國家之頑固思想。充塞腦筋。無一猶太人。不入其教。而基督教則開拓門户。包羅世界。其效卒溢出猶太國境之外。以次傳至異邦。社會主義。亦抱世界之思想。企運動世界。加羅梅特思②者。萬國勞働同盟會之首領也。其言亦曰。“國與人種之區別。全賴真理。與真道德而成立。吾黨期傳此主義於萬國耳。”

（第六）齊視平民而濺同情之淚。

聖西門以初代基督教。與社會主義一致之要點。在於齊視平民。新約

---

① “該撒”，即蓋尤斯·尤利烏斯·凱撒（Gaius Julius Caesar，公元前 100—前 44），羅馬統帥、國務活動家、著作家。
② “加羅梅特思”，即卡爾·馬克思。

聖書之於平民也。多爲慰藉之語。觀路加傳①六章所紀。耶蘇言"吾黨尋失意者而拯救之"。執社會主義者亦然。每與勞働者相契合。以擴張其權利而與富者爲敵。中心點所在。無稍異也。

（第七）俱當於兄弟之精神。

初代基督教所以動人信仰者。蓋當時信徒。合爨聚居。以財産爲公有。聖書曰。信教者皆當。同心同德。爾我不得相虞詐。凡物皆共有之。疾病相扶持。有無相恤。異教徒見之。輒感歎曰。何其愛情之篤若是。近代言社會主義者。相助相愛。殆尤過之。或曰。教會所謂相愛。徒虛語耳。社會黨中。則真若兄弟矣。嗚呼豈不然哉。

由是觀之。其相似之要點。可以見矣。且其精神其主義。靡不一致。故更能演出共同之現象。要之近代所謂社會主義。不特爲社會改革。而實爲宗教改革也。人生灑血淚於社會主義 Socialism 者。其與前傳基督教 Christism. 而犧牲其身者。有何軒輊耶。

---

① "路加傳"，即新約聖經中的《路加福音》（Luke）。

第十章 一

理想之社會

社會與個人相調和相恊同。以謀合體之幸福。此社會主義之極端也。個人對於社會負責任。社會亦對於個人負責任。即此今日之理想的社會也。

明社會對於個人之關係者。以佛國社會主義者路易富蘭①之言爲最當。路易富蘭曰。凡個人必盡其力。以供社會。社會則隨個人之需要而給之。From each according to his ability；to each according to his needs. 個人之盡力於社會者。個人對於社會之責任也。社會隨個人之需要。而給之者。社會對於個人之責任也。故個人有所負於社會。而社會亦有所負於個人。互以責任相聯結者也。二者孰先。則不得不以個人對社會之責任爲主。而以社會對個人之責任爲客。是言也。可謂理想社會之憲法矣。更辯明之如左。

今請先論個人對於社會之責任。責任者。含英語我負 I wear. 我借財 I am in debt. 之意。即貸物品、借金財、而有還之義務也。然則個人之負責任。不啻貸物借財於社會。而有必償之義務矣。或曰。吾人對於社會。所負者果何物乎。曰。悉其所有而負之。若性格、實力地位、物品、無一非依託

---

① "路易富蘭"，即路易•勃朗（Louis Blanc，1811—1882），法國新聞工作者、歷史學家、社會主義者。

社會之品也。米人①愛言 Self made man "自助自成" 之人。彼重獨立心者。皆樂道之。余甚疑焉。不依賴他人爲獨立之事。固至美之精神。誰得非之。然世之能純乎獨立自成者。有幾人耶。苟精細攷察。則知無論何人之事業。必假他物之助力。而後可成。普路②曰。"汝果不貰貸人之物乎"。然則人之性質腦力智識成功。雖謂悉自他人之助而得之可也。

吾人皆遺傳教育兩境之産物而已。吾性質之雄大。不獨一身之力。父母教育之賜也。吾事業之壯烈。亦非一人之力。多數者之助力所成也。試思吾人有能以單孤之力而成功者乎。明哲如蘇格拉弟③。苟生長於野蠻人中。安能護高尚之哲理耶。詩才若索士比亞④。苟生長於不文之蠻族。奚能揮此優妙之才華耶。今日之人。尤重發明家。以爲彼等造新奇之物於社會。爲一種之籾業者。而彼發明家。亦因所發明之物。而得專擅利益之特許權。非是則誰費其思想金錢於此者。且所發明者。無不依賴古人研究之效而變通之。以成一己之大名。譬之作室。彼不過据他人之基礎。而建屋其上。安得盡以功歸之哉。昔有俚語。三猿會游於林檎之園。第一猿以手掛樹而取之。不獲。第二猿履其肩仍不能達。第三猿乃層疊而聳其上。遂償所願。然則第三猿之能力獨優耶。

世人更須注意者。吾人財産所由來也。今日之社會。有保護財産之權。人苟欲永享其富有。則社會主義。不可不加意也。今試問吾人之富。果以一人之力致之乎。抑藉他人之力而致之乎。予則曰。吾人之富不過社會上公共生産而已。朋器敏克特⑤亦曰。"各人生産之千分之九百九十九。皆社會之變遷。及境遇之結果而已"。豈得徒誇一己之力乎。由此觀之。則吾人

① "米人"，即美國人。
② "普路"，即聖保羅（Saint Paul，約 10—約 67），新約聖經中的使徒。
③ "蘇格拉弟"，即蘇格拉底。
④ "索士比亞"，即威廉·莎士比亞（William Shakespeare，1564—1616），英國戲劇家和詩人。
⑤ "朋器敏克特"，即本傑明·基德。

對於社會。負極大責任。吾人之材産、及智識。皆由社會之精神團結而來。故個人不當獨利。而當獻其利於社會明矣。

　　嗚呼。個人者社會之公僕也。獻吾力於社會以奉公。實吾人之天職也。吾既託身於社會。當思盡個人之義務。豈僅暖衣飽食而已哉。有資産者。有智識者。皆歸功於社會。而勿自誇。新約所謂“與人多者求於人亦多。”斯真社會上不易之定理矣。故社會苟有闕點。個人不得自暴自棄。必當盡己之長而致力焉。

　　個人之職。當量其能力而忠於社會。此固社會應有之權利。亦個人應有之責任也。能任此責。榮莫大焉。不能任此責。辱莫大焉。喇士硜有言曰。“兵者守國。學者教民。醫士使人民康泰。商賈應人民之需求。各用其長。以盡力於國家社會。其庶幾乎。”予友美人嘗演説曰。“苟無社會公共之動作。則人之於。社會遂無生存之權利。”斯言也。聽者以爲過當。以予論之。對於社會。不思其應盡之責。猶得爲社會之一分子而生存無恙吾不信矣。

　　是故個人對於社會。有應盡之職任。是社會主義責任論之第一義。社會對於個人。有應盡之責任。是社會主義責任論之第二義。今更重言以申明之。社會之對於吾人負責任。則吾人對於社會有要求之權利。故社會者。所以生存個人。反而論之。個人者爲社會之公僕。而對於社會。不可不守其應盡之義務。譬如軍人之於國家。不恤犧牲生命以盡其責任。國家亦有供養之義務。故國家所以生存軍人者也。

　　然則社會對於個人之責任。在供給個人之要求。即供給個人需用之物也。

　　（第一）社會者。衣食生活之要素也。人之生也。不能不仰於衣食。則人之於社會。有不可須臾離者矣。人既不甘居下流。當益奮勉。求爲高尚之事。然無衣食何以自存耶。故衣食之充足。是社會當負之責任也。

（第二）社會者。教育之要素也。人不欲爲偉大之事業則已。不然。安可不賴教育。人之初生。非有高尚之性。與偉大之能力。必藉教育而後發達焉。然今日之教育制度。小學未興。而專設大學。有志者往往爲資財不足。而有向隅之歎。霑其惠者。僅百一耳。故教育之普及。是社會當負之責任也。

（第三）社會者養生之所也。一切美術品、運動機器、以及住居音樂、無不悉備。是數者。豈惟舒筋骨娛耳目而已。所以培植國民之身體。而使營社會公共之利益。不可忽也。今日號稱文明國者。其工業界勞作過度。使筋骨失調。欲救此弊。是社會當負之責任也。

（第四）社會者醫藥之所也。夫人之有疾病。是大患也。防之之術嚴。而後疾病可免。今夫有貯蓄者。猶爲之保險。故欲生命之得其所。是社會當負之責任也。

嗚呼。社會所負之責任如此。個人之對於社會。獨不當披其赤誠。以求公共之利益乎。普爾脫科[①]有言。"完全社會。當如蟻如蜂之各自戮力。以謀全體之利益"。蓋全體之力。由個人之力積而成之者也。社會主義行。而社會之上。無一夫不盡其責任。即基督教之天國是已。由人類時代。進於道德時代。觀進化之階級必有達此理想之一日。夫戰爭之時代去矣。而爲實業之時代。實業之時代又將去矣。而道德之時代。則吾人所引領而望之者也。今何時乎。其能實現此理想否乎。

---

① "普爾脫科"，即普盧塔克（Plutarchos，約 46—119 以後），羅馬帝國時期的希臘傳記作家，著有《希臘羅馬名人比較列傳》(*The Parallel Lives of Grecians and Romans*)。

《社會主義》（《翻譯世界》連載本）編者說明

劉慶霖　編校

1.底本描述

1902—1903 年，《翻譯世界》連載了村井知至著《社會主義》的譯文。譯文分 3 期連載（表 1），連載情況如下：

表 1　《翻譯世界》連載《社會主義》譯文情況表

期號	第一期	第二期	第三期
出版時間	光緒二十八年十一月初一日（1902 年 11 月 30 日）	光緒二十八年十二月初一日（1902 年 12 月 30 日）	光緒二十九年正月初一日（1903 年 1 月 29 日）
連載內容	緒論、第一章—第三章	第四章—第七章	第八章—第十章

《翻譯世界》雜誌設有哲學、社會學、宗教、政治、法律、經濟、教育和雜錄等欄目，《社會主義》屬於社會學一欄。《社會主義》首刊於《翻譯世界》第一期時，文章標題後有"日本村井知玄"（應作村井知至）的作者署名，譯者不詳。在第二期、第三期連載時不再注明作者姓名。

今據上海圖書館館藏《翻譯世界》雜誌第一期、第三期，北京大學圖書館館藏《翻譯世界》第二期重新錄排，以下稱"《社會主義》（《翻譯世界》連載本）"。該雜誌采用西式裝訂，從右至左豎排行文；高 22 厘米，寬 15.5 厘米。由上海商務印書館印刷。

2. 村井知至

村井知至（1861—1944），日本社會主義者、英語學者、基督教徒。1861 年 9 月 19 日生於伊予松山藩（現愛媛縣松山市）。1884 年畢業於同志社英語學校。後留學美國，於 1889 年就讀安多弗神學院（Andover Theological Seminary），學習神學。1893 年歸國後，又於 1894 年再度渡美，就讀於艾奧瓦大學，學習社會學，其間受美國基督教社會主義者赫倫（George D. Herron，1862—1925）的影響頗深。1897 年歸國後，次年與安部磯雄、片山潛、西川光次郎、木下尚江、幸德秋水等人組織社會主義研究會，由村井擔任會長。此後，村井還在基督教刊物《六合雜誌》中發表多篇與基督教、社會主義和社會問題相關的文章。1899 年，村井就任東京外語學校教授，并於同年出版《社會主義》一書。其後，村井雖然與日本社會主義協會、日本勞動組合期成會有所聯繫，但逐漸開始遠離社會主義運動，轉而專注英語教育事業。1924 年，村井於東京創立第一外國語學校，并著成多部英語教材和英日翻譯教材。村井逝於 1944 年 2 月 16 日，享年 84 歲。①

　　村井知至的社會主義思想，除在《社會主義》一書中有系統闡述外，還在《六合雜誌》上所發表的一系列文章中有所論及。這些文章包括《社會主義的教育案》（1898 年 8 月）、《卡爾·馬克思的社會主義》（1899 年 5 月）和《論社會的三大理想及社會主義》（1901 年 1 月）。在《卡爾·馬克思的社會主義》一文中，村井提出"要理解近世的社會主義，就必須要研究馬克思的理論"②，強調了馬克思學説在西方社會主義思想中的重要地位。但需要指出的是，作爲基督徒，村井的社會主義思想具有明顯的基督教色彩，即將平等、博愛的宗教精神與教誨式的、樂觀的、啓蒙性的空想社會主義結合，主張以社會共同利益爲中心，强烈批判個人主義和自由競争。

　　村井的社會主義論著在明治中後期的日本有重要影響。除了其基督教

---

① 竹中勝男. 日本基督教社會事業史: 第 1 分册 [M]. 東京: 中央社會事業協會社會事業研究所，1940: 70-72; 田中真人. 村井知至:『社會主義』以後[J]. キリスト教社會問題研究，1996（12）: 166-175.

② 細川嘉六監修，渡部義通，鹽田莊兵衛. 日本社會主義文獻解説 [M]. 東京: 大月書店，1958: 43.

社會主義思想以外，村井在晚年專注於英語教育事業以後所著成的《和文英譯練習書》（1918）、《英作文教科書》（1922）等教材，也獲得了較高的評價。此外，村井還著有自傳《蛙的一生》（1927）、《老蛙之旅》（1937）。

3.《翻譯世界》

《翻譯世界》是一份以翻譯社會科學專著爲主的綜合性期刊（月刊），由馬君武、謝無量於 1902 年 12 月 1 日（光緒二十八年十一月初二）在上海創刊，馬君武任主編。

該刊宗旨在於“引導中國人民之世界知識爲主意”，專門刊載介紹西方各種學術思想的翻譯文稿，大多是專著翻譯連載。刊載内容包括哲學、社會學、宗教、政治、法律、經濟、教育等，全部爲譯文，多譯自日本學術著作，不標明譯者姓名、不加評論。除譯有村井知至的《社會主義》外，該雜誌還譯載了基爾希曼的《哲學泛論》、斯賓塞的《宗教進化論》、浮田和民的《政治學史》以及田島錦治的《最新經濟學》等作品。《翻譯世界》停刊時間不詳，現僅見 1—4 期。[①]

4. 村井知至的《社會主義》及其三個中譯本

（1）村井知至的《社會主義》

村井知至的《社會主義》初版發行於 1899 年 7 月 12 日，出版社爲“勞動新聞社”。該書是勞動新聞社發行的“社會叢書”的第二册。勞動新聞社乃 1887 年成立的日本勞動組合期成會的機關出版社，日本社會主義者片山潛任該社總編輯，片山潛同時也是《社會主義》一書的發行者。《社會主義》出版後頗受讀者歡迎，曾再版至第三版，但隨後被日本政府列爲“禁書”，

---

① 　馮志傑. 中國近代翻譯史：晚清卷［M］. 北京：九州出版社，2011：164.

因而不再繼續發行。直至 1957 年，法政大學歷史學研究會出版了此書的影印本。此後，《社會主義》還被收入《現代日本思想大系》（築摩書房，1964）和《近代日本基督教名著選集》（日本圖書中心，2004）等系列叢書之中。

　　《社會主義》日文原書共有三篇"序言"、一篇"緒言"及正文十章。"序言"分別是和田垣謙三（1860—1919，日本經濟學者）、松村介石（1859—1939，日本新宗教"道會"創始人）和橫井時雄（1857—1927，日本基督教牧師、新聞編輯）的他序。"緒言"爲村井知至的自序。正文十章，系統介紹了村井知至的社會主義思想主張。在第一章，村井論述了"歐洲現時之社會問題"，其後分章介紹了社會主義的定義和本質，以及社會主義與道德、教育、美術、婦女、勞動組合以及基督教的關係。最後一章，村井描述并總結了他的"社會主義理想社會"。

　　在明治日本社會主義思想史中，《社會主義》一書比片山潛的《我的社會主義》（1903）以及幸德秋水的《社會主義神髓》（1903）早三年發行，被認爲是最早讓日本人系統瞭解到社會主義思想的"概說書"①。但與當時大部分日本社會主義思想論著一樣，此書對社會主義的認識還停留在空想社會主義的階段，雖然書中提及了馬克思的一些理論，但作爲一位基督教徒，村井總體闡述的是理想主義的、烏托邦的社會主義思想。因此，也有學者評價道，《社會主義》一書及其作者村井知至的社會主義思想具有很强的宗教色彩，村井否定階級鬥爭，且不認同勞動組織，與唯物主義的馬克思學說有很大區別。②

　　（2）《社會主義》的三個中譯本

　　目前所見村井知至的《社會主義》在晚清有三個中譯本，分別是 1902

---

① 田中真人. 村井知至：『社會主義』以後 [J]. キリスト教社會問題研究，1996（12）：167.
② 竹中勝男. 日本基督教社會事業史：第 1 分册 [M]. 東京：中央社會事業協會社會事業研究所，1940：72.

年 11 月 30 日—1903 年 1 月 29 日《翻譯世界》連載本、1903 年 3 月 25 日由廣智書局發行的羅大維譯本，以及 1903 年 5 月由文明書局發行的侯士綰譯本。三個譯本的出版、翻譯情況整理如下（表 2）。

表 2　村井知至《社會主義》三個中譯本出版及譯文情況表

	《翻譯世界》連載本	羅大維譯本	侯士綰譯本
作者署名	日本　村井知至	日本　村井知至	日本　村井知至
譯者署名	未署名，不詳	譯者　（武陵）羅大維	翻譯者　（金匱）侯士綰 參校者　（桃源）陶懋立
出版社	《翻譯世界》雜誌連載，商務印書館印刷	廣智書局	文明書局
發行時間	分三期連載，分別是 1902 年 11 月 30 日、12 月 30 日、1903 年 1 月 29 日	1903 年 3 月 25 日	1903 年 5 月
譯文字數	約 2.15 萬字	約 2.43 萬字	約 2.67 萬字
譯文内容	緒論（即和田垣謙三序）、正文十章	村井知至緒言、目録、正文十章	村井知至緒言、目録、正文十章

從上表可見，三個中譯本都未譯出松村介石和横井時雄的序言。在松村介石的序言中，松村認爲英國革命、美國獨立和法國革命是近代西方歷史中的三大事件。這三大事件産生了自由平等的思想，此思想在百餘年西方政體變更上得到了體現。但在 19 世紀的最後三十年，歐美政治思想潮流中對自由平等開始産生了懷疑，而村井知至的《社會主義》對瞭解這種思想趨勢有很高的價值。在横井時雄的序言中，横井介紹了村井知至渡美學習社會問題學説的經歷，還肯定了村井觀察國外社會形勢所積累的經驗。横井贊同村井知至的主張，認爲 20 世紀人類的問題即是社會問題，并認爲村井在社會主義思想上的造詣，對從政治、社會和經濟上改變日本當時存在的弊病都有非常積極的意義。

《社會主義》日文原書中的三篇他序和村井知至自序，對當時的世界思

想趨勢作了簡要概括，强調"社會主義"在 20 世紀初思想潮流中的重要地
位。三個中譯本之所以都没有完整譯出這些序言，可能是譯者認爲這部分
并不重要，他們都將翻譯的重心集中在了《社會主義》一書的正文部分。

5.《社會主義》的文本分析

第一，《社會主義》對馬克思學説的介紹。

《社會主義》是一本具有普及、宣傳意義的小册子，原書采用較爲通俗
的日文行文，三個中譯本的譯文風格也與原書風格相近，并未出現太多晦
澀難懂的文字，總體上傳達了原作者的思想主張。從譯文質量看，《翻譯世
界》譯本出現誤譯、漏譯的情况最多，羅大維譯本居其次，侯士綰譯本則
較爲準確，但也有部分誤譯的内容。

《社會主義》一書對馬克思學説的介紹，從總體上看是較爲片段和零散
的。村井本人很可能并没有直接閲讀過馬克思的原著，而是從其他介紹社
會主義思想的文獻中間接暸解到相關學説。下文將列舉原書中三處直接論
及馬克思學説的段落，比較三個中譯本的譯文，以暸解原作者、譯者對馬
克思學説的理解與接納。

一是第三章關於剩餘價值的論述。

《社會主義》的第三章"社會主義之本領"，論述了社會主義"共用生
產事業、平均分配財産"的本質。村井首先介紹了現代工業制度中資產階
級與勞動階級的不平等關係，其中論及了馬克思"剩餘價值"的概念：

日文原書：

則ち大機械の發明せらるゝ每に、之を購入し得る者は大資本家
のみにして小資本家若しくは勞働者は固より之を購ふの資力なく、
唯大資本家に依って衣食せんとするに至る。是に於て乎、一方には

資本を有し機械工場を有して身らは少しも勞働せざる所謂資本家を
生じ、他方には機械なく工場なく唯己の腕を勞して生活する勞働者
を生ず、則ち資本家勞働者の二階級は劃然として限定めらるゝなり。
而して資本を有する者は固より小數に過ぎざれ共、自ら資本を有せ
ざる多數者の上に威權を占め其權能を揮ふて肆に之を壓制するに至
りぬ。而して勞働者は自ら其權利を主張する力なく、唯々として資
本家の意を迎え、勞働の條件、時間、賃銀等も一切資本家の定むる
所に從ひ、若し之に抗せば直に餓死を免れざるの悲境に沈む、其狀
實に奴隷と擇ぶなきなり。されば多數勞働者が粒々辛苦の餘生産し
たる巨大の富も悉く資本家の占奪する所となり勞働者は唯生活費を
受くるのみに止まり其餘の利益は總て資本家の財嚢を肥やすのみ、
<u>是れカール、マークスが所謂剩餘價格（サルプラス、ヴァルユー）</u>
<u>なる者なり。</u>①

《翻譯世界》譯文：

　　蓋大機械僅大資本家能購之。小資本家或勞動者，苦資力薄，
無由致，不得不仰大資家衣食。於是有有資本、有機械工場而不少
勞動其身之資本家，有無機械無工場之勞動者。而資本家常操威權，
以壓制勞動者，使無力自主張其權利。凡勞動條件、時間、賃銀，
一切惟資本家之意所定。若少抗之，直餓死，其實與奴隷無擇。然
則以多數勞動者，萬萬辛苦，而生産無量之富，悉爲資本家所占奪。
勞動者止受生活費，其餘利坐實資本家囊橐。<u>是馬克士所謂剩餘價</u>
<u>格者也。</u>

---

① 村井知至. 社會主義［M］. 東京：勞動新聞社，1899：30. 此段引文與下文所有引文中的下劃
　綫均爲編者所加。

羅大維譯文：

　　是機器發明，不過造成若干之大資本家耳。而小資本家與勞動者，靡獨無此資力，且必依大資本家以衣食。於是乎有資本者，建大工場，養尊處優，坐至鉅利；勞動者乃日困苦於此工場中，日爲資本家生利，而莫或分之。資本家、勞動者之二階級，劃然以定。而有資本者，終不過少數，以有資本故，乃占威權於多數者之上，揮其權能，肆行壓制，莫或禦之。勞動者既無主張其權利之力，惟唯唯迎資本家意。勞動之事務、時間、工資等，一切爲資本家所定。抗之，則不免沉淪餓殍之悲境，其狀實奴隸不若也。其餘利益，莫不爲資本家之壟斷。

侯士綰譯文：

　　蓋機械精巧昂貴。一具之用，多則數千金，少亦數百金，惟大資本家能購置之。小資本家無其財力，惟有依大資本家以求衣食耳。是故一方有金錢，有工場，而生絶不勞力之資本家；一方無機械，無工廠，不得不爲俯仰隨人，苟且得食之勞力者。於是資本、勞力之二級，劃然而定矣。然究竟有資本家僅得少數。乃於多數無資本之人，至佔威權，頤指氣使而肆壓力。而勞力者無主持其權制之自由，而惟迎合於資本家之意，一切羈管規例、時刻工資等事，悉從所定，唯唯受命。偶一反抗之，則忽沈於飢殍之悲境，故其狀實與奴隸無異。然則勞力者艱難辛苦之餘，所生殖之大利，已悉爲資本家所佔奪。已惟有沾漑餘瀝，藉糊其口，養身家且不足，况望其他乎？<u>是加路孟古斯所謂剩餘價格者也</u>。

在日文原書中，村井言及“剩餘價格”，并對此詞用日文片假名加上了“サルプラス、ヴァルユー（即 Surplus Value）”的注音。如今在中日兩國都

被譯爲"剩餘價值"的這一概念，在當時還没有固定的譯法。在《翻譯世界》譯本和侯士綰譯本中，譯者都依照原文，采用了"剩餘價格"一詞。而羅大維譯本，則直接省去了對此概念的翻譯。

村井在原書中對剩餘價值的介紹十分簡略，顯然無法讓讀者深入地瞭解馬克思的剩餘價值理論。但他通過對資本家占有生産工具後剥削勞動者生産的新價值的論述，簡要地介紹了剩餘價值産生的原因。三種中譯本基本上傳達了村井的原意。但《翻譯世界》譯本對原文的簡化較多，羅大維譯本并没有提及"剩餘價值"的概念，而侯士綰譯本最爲完整。

二是第八章對國際工人協會的《協會臨時章程》的引用。

《社會主義》的第八章"社會主義及勞動組合"，論述了社會主義運動與勞工組織之間的關係，并介紹了西方工人組織的基本主張和具體活動。文中村井引用了 1864 年馬克思擬就的《協會臨時章程》的開篇。在《馬克思恩格斯全集》中文版中，此段開篇譯文如下：

> 工人階級的解放應該由工人階級自己去争取；工人階級的解放鬥争不是要争取階級特權和壟斷權，而是要争取平等的權利和義務，并消滅任何階級統治；
>
> 勞動者在經濟上受勞動資料即生活源泉的壟斷者的支配，是一切形式的奴役即一切社會貧困、精神屈辱和政治依附的基礎；
>
> 因而工人階級的經濟解放是一切政治運動都應該作爲手段服從於它的偉大目標；①

而《社會主義》的日文原書，以及三個中譯本對同一段話的譯文如下：

《社會主義》日文原著：

> 我黨は信ず、勞働者が資本家の羈絆を脱せんには勞働者自ら

---

① 馬克思，恩格斯. 馬克思恩格斯全集：第 21 卷 [M]. 北京：人民出版社，2013：16.

戰はざるべからず、而して勞働者が自由を得んが爲に戰ふは決して資本家と倶に階級制度の特權を分たんが爲にあらずして、全く階級制度を廢滅し万人均等の權利を得、義務を負はんがためなるとを。

　　我黨は信ず、勞働者が資本家の爲に生命の源泉たる生產機關を專有せらるゝは則ち屈從を生じ、社會の窮困を生じ、精神的卑屈、政治的服從を生ずる原因たることを。

　　我黨は信ず、勞働者の經濟的束縛を解くは最も重大なる目的にして、百般の政治的運動は單に此目的を扶くるの方法たらざるべからざるとを。①

《翻譯世界》譯文：

　　嗚呼！我勞動之人，且旦暮庚死，毋寧爲自由戰，而流血死乎！今日之事，曷其可不旅力同心，斫斷資本家之韁鎖，以還我平等之權利！嗚呼！努哉。

　　嗚呼！我勞動之人，日爲資本家生產，而資本家不以命脈視我，且侮僇我，安可妄爲屈從之事乎？今日是我勞動者上自由之途，而脫經濟之束縛之日也。嗚呼！努哉。

羅大維譯文：

　　我黨信否：勞動者欲脫資本家之羈絆，斯勞動者不可不自戰。而欲勞動者之自戰者，爲使分資本家階級制度之特權，全廢滅階級制度，得萬人均等之權利，負萬人共有之義務是也。

　　我黨信否：勞動者爲資本家生命之源泉，專有生產的機關。若生屈從，即生社會之窮困。若精神卑屈，即生政治的服從。

---

① 村井知至. 社會主義［M］. 東京：勞動新聞社，1899：126-127.

　　我黨信否：勞動者欲解經濟的束縛，爲最重大之目的。故爲百般之政治的運動，單在扶此目的。

侯士綰譯文：

　　吾黨思：爲勞工者，欲脱資本家之覊絆，必先自爲戰備。且吾黨以欲得自由而戰，決非欲與資本家俱分階級制度之特權，實欲全廢此階級制度，使人人均享其權利，而各負其義務。

　　吾黨知：爲勞工者，以資本家專有生産機關，可爲生命之源，因而降心相從，奴隸之唯命，牛馬之唯命，所以致社會之困窮、精神之疲敗也。

　　吾黨知：爲勞工者，解目前經濟界上之束縛，最爲此會之旨趣。他日無論政府如何處置，皆宜準此旨趣而行。

　　馬克思在這段話中簡要説明了勞動者在經濟上受壟斷者支配的原因，并指出了勞動者解放鬥爭的方法和目標。《社會主義》日文原書在引用此段話前，村井首先説明這是 1864 年 “萬國勞動者同盟會” 在倫敦的第一次大會上決議的綱領文件，但實際上 “萬國勞動者同盟會” 是馬克思在國際工人協會成立大會後於 1864 年 10 月成立的。村井在引文後又評論道，“可見如果不進行社會主義根本性的改革，是無法達到勞動者的最終目的的”。

　　《社會主義》著於 1899 年，是較早向日本介紹國際工人協會及《協會臨時章程》的日文文獻之一。三個中譯本的譯介，也讓中國人較早地瞭解到這一章程的主旨。

　　三是第九章對《協會臨時章程》的引用。

　　在第九章 “社會主義與基督教” 中，村井從 “理想和目的”“傳道的熱情”“遭受的迫害”“傳播的速度”“世界性”“對貧民的同情” 以及 “兄弟相愛的精神” 七個方面論述了社會主義與基督教的相同點。在討論 “世界性"的部分，村井再次引用了《協會臨時章程》中的内容。在《馬克思恩格斯全集》中文版中，這段内容被譯爲：

　　加入協會的一切團體和個人，承認真理、正義和道德是他們彼此間和對一切人的關係的基礎，而不分膚色、信仰或民族。①

《社會主義》的日文原書，以及三個中譯本的譯文如下：

《社會主義》日文原書：

　　社會主義も亦世界的思想を抱き世界的運動を企圖せり、殊にカール、マークスは之が主唱者にして其組織せし万國勞働者同盟會の綱領には麗々しくも「吾黨は國と人種の區別なく、真理と正義と道德に依て立ち此主義を万國に傳へんとを期す」と記定せりき。②

《翻譯世界》譯文：

　　社會主義，亦抱世界之思想，企運動世界。加羅梅特思者，萬國勞働同盟會之首領也，其言亦曰："國與人種之區別，全賴真理與真道德而成立。吾黨期傳此主義於萬國耳。"

羅大維譯文：

　　社會主義，亦抱此世界的思想，企圖運動於世界。故卡爾氏主唱此主義，組織萬國勞動者之同盟會。其綱領有曰："吾黨無國種之區別，惟依真理、正義、道德，以立此主義，以期傳於萬國。"

侯士綰譯文：

　　社會主義思想亦極闊大。觀加爾孟古爲社會主義之倡首者，而其組織萬國勞工同盟會之綱領，大膾炙人口。曰："吾黨無國與人種之區別。惟望同盟之中，人人信從，人人奉行，使社會主義之真脈，運輸

---

① 馬克思，恩格斯.馬克思恩格斯全集：第 21 卷 [M]. 北京：人民出版社，2003：17.
② 村井知至. 社會主義 [M]. 東京：勞動新聞社，1899：140-141.

於萬國，無一人不得其所而已。是其動力不亦大乎!"

村井在日文原書中介紹馬克思"主倡具有世界性思想的社會主義，希望進行世界性的運動，組織萬國勞動者同盟"，并强調社會主義思想具有不分人種和國界的理念。對這一理念，三個譯本雖然大致表達了日文原意，但也都有所偏差。此外，村井在第三章介紹剩餘價值時就已提到了馬克思的名字，但在三個中譯本中，羅大維只在第九章譯出了"卡爾氏"，而《翻譯世界》譯本和侯士綰譯本，在兩處提及馬克思的名字時并未統一譯名。在同一翻譯文本中，對同一人物采用不同的譯名，在清末的西學譯書中是常見的現象，在一定程度上説明譯者和讀者對馬克思及其學説的理解并未達到系統、深入的程度。

第二，《社會主義》對其他社會主義者及主要論著的介紹。

村井知至撰寫《社會主義》所依據的思想與文獻資源，主要來自他留學艾奧瓦大學時的學習經歷，以及對當時西方社會主義論著的閱讀。除了介紹馬克思的剩餘價值理論及引用《協會臨時章程》以外，村井還徵引了多部當時著名的社會學或社會主義論著，從中可以看到他對西方社會主義思想的把握程度。

通覽《社會主義》全書，可知村井在撰寫此書前至少閱讀了以下論著：

亨利·喬治《進步與貧困》(1879)、理查德·伊利《現代法國與德國的社會主義》(1883)、羅伯特·弗林特《社會主義》(1894)、本傑明·基德《社會進化》(1894)、威廉·布里斯《社會主義提要》(1895)、喬治·戈登《今日之基督》(1895)、羅伯特·布拉奇福德《樂英國》(1893)、阿爾伯特·謝夫萊《社會主義精粹》(1874)、托馬斯·柯卡普《社會主義史》(1892)。

從整體上看，比起馬克思的科學社會主義，村井更贊同謝夫萊、柯卡普以及美國社會主義者理查德·伊利的觀點。村井在書中批判私有制和自由競争，提倡社會公平和經濟平等，其社會主義思想帶有强烈的理想主義色彩。對社會中的資本和財富應該怎樣具體分配，以及如何實現這種理想的社會主義社會，村井并没有深入的認識。這也是 19 世紀末 20 世紀初大部分傳入中國的社會主義譯作共有的特徵。

6. 研究綜述

在日本社會主義史和日本基督教發展史上，村井知至的《社會主義》都擁有一定的地位。《社會主義》被日本學者評價爲 "體現了當時日本社會主義理論水平"[①]的作品。該書雖然提及了馬克思的剩餘價值理論，并肯定了國際工人協會的積極作用，但總體而言是一部具有宣教性質并以空想社會主義學説爲主的著作。以上評價在日本學界也基本達成了共識。[②]

在中國，論及該書的研究成果主要有三類。第一類是研究馬克思主義早期傳播的相關論著，第二類是研究歐洲、美國、日本等社會主義思想史、社會主義運動史的相關論著，第三類是人物傳記及人名辭典。這些研究對《社會主義》多爲簡單介紹或提及，對該書的作者、著作本身及譯者等的研究均比較薄弱。中共中央黨校科研辦公室編寫的《社會主義思想在中國的傳播》的第 2 輯（下）中，收録了羅大維譯本的第八章 "社會主義與勞動團體"，并將其編入 "關於社會問題、勞動問題及解決方法的介紹" 這一類別的史料之中。[③]作爲文獻彙編，這套資料選輯并没

---

① 　細川嘉六監修，渡部義通，鹽田莊兵衛. 日本社會主義文獻解説 [M]. 東京：大月書店，1958：43.
② 　與《社會主義》相關的日本研究成果，參考竹中勝男. 日本基督教社會事業史：第 1 分册 [M]. 東京：中央社會事業協會社會事業研究所，1940；田中真人. 村井知至：『社會主義』以後 [J]. キリスト教社會問題研究，1996（12）；住谷悦治. 明治キリスト教徒の社會主義思想（一）[J]. キリスト教社會問題研究，1962（2）等論著.
③ 　《社會主義思想在中國的傳播》編寫組. 社會主義思想在中國的傳播：資料選輯之二：下册 [M]. 北京：中共中央黨校科研辦公室，1987：392-395.

有對文獻作出分析或評論。

　　目前較爲詳細地對村井知至的《社會主義》作出介紹和評述的是談敏所著的《回溯歷史——馬克思主義經濟學在中國的傳播前史》。作者肯定了《社會主義》中譯本在中國的影響力，認爲書中對剩餘價值、階級理論的介紹，在馬克思學説早期傳入中國的階段起到重要作用。與此同時，作者也指出了村井知至對馬克思學説的理解并不徹底，以及譯文翻譯質量欠佳等問題。[①]

---

① 談敏. 回溯歷史——馬克思主義經濟學在中國的傳播前史：上册［M］. 上海：上海財經大學出版社，2008：196-210.

社 會 主 義

日本 村井知至 / 著

羅大維 / 譯

廣智書局

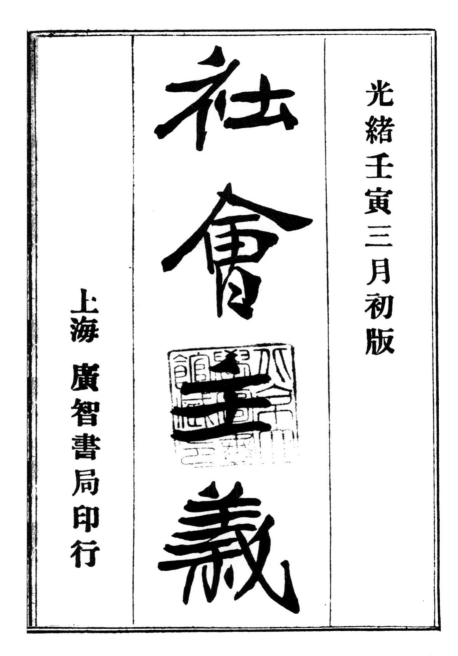

光緒壬寅三月初版

社會主義

上海 廣智書局印行

《社會主義》羅大維譯本封面

社會主義緒言

　　予素有志於社會學。欲研究之而無從。後得遊米國[①]"安多哥亞塞密拉利"[②]學校。因亟就社會學名家他剌卡[③]教授。研究斯學。數年前再渡米國。入"愛我屋大學"[④]。復就教授黑倫氏[⑤]。研究"社會問題"及"社會主義"。又漫遊米國諸地。視察社會事業。於是益欽"社會主義"之妙理。益起欲傳之邦人之念。昨歸國後。爰演說斯主義於諸地。草稿漸積十數。今輯録之。是爲此書。自知零碎著述。未得斯主義之綱領。出以示世。寧不自愧乎。然據愚者千慮之例。或可資同志斯學者之一得。予願爲已足矣。災梨禍棗。是又何害。村井知至識。

---

① "米國"，即美國。
② "安多哥亞塞密拉利"，即安多弗神學院（Andover Theological Seminary）。
③ "他剌卡"，即本傑明·塔克（Benjamin Tucker，1854—1939），美國無政府主義者。
④ "愛我屋大學"，即艾奧瓦大學（University of Iowa）。
⑤ "黑倫氏"，即喬治·赫倫（George Herron，1862—1925），美國基督教社會主義者。

目
次

社會主義目次

《社會主義》羅大維譯本目次

第
一
章

歐洲現時之社會問題

　　十八世紀之末。十九世紀之初。歐洲有二大革命者起。其一爲法國革命。其一即產業革命是也。法之革命也。影響全在政治。手段猛激。光景慘烈。至今讀史者。猶口呿而目瞠之。至產業革命。則爲經濟思想所發達。不事激烈。專用平和。蓋神其手段。於默移暗轉間。如大海暗潮。外觀靜謐。内實含絶大之轉動也。而其力之所及於近世文明。收絶大之結果者。實不在法國革命之下。

　　十八世紀末。歐洲工業。總稱爲家内工業。其製造物品。胥出於一手一足之勞。一人一家之事。至一千七百七十年。嗟母斯①氏始發明紡績機器。凡二十年間。精巧機器。陸續發明。遂一變前日之手藝工業。爲機器工業。一家内之製造。爲大工塲之製造。凡前此之職工。相率雲集於大工塲之下。自有此大變革以後。而工業社會。遂一新面目。是則現今之歐洲工業制度也。

　　而此制度者。日示非常之進步。亦日釀無限之禍機。禍機者何。即他日破裂之原因也。故新工業制度。演出奇怪事實於新社會。遂成種種之社會問題。吾人欲具正法眼界者。曷一瞥現今之社會也。

---

① "嗟母斯"，指詹姆斯·哈格里沃斯（James Hargreaves，1745 前後—1778），英國人，木匠、發明家，發明了珍妮紡紗機。

　　新工業制度其所生直接之結果。則富率之驟增也。蓋機器製造勃興。富之增加也實窮古所未見。如一千七百八十八年。蒸汽力之用於紡織機器者。僅歷十五年。而英國紡織業。進步絕偉。其勢殆壓倒全世界之市場。爾後機器製造頻起。以機器作業者勢亦愈增。今日美國<u>馬沙秋些剌</u>①一州。其製造之機器力。足敵五千萬人。英國全國機器之作業者。七億萬人。是將與全世界成人人口之勞力相等。其事實真有可驚者。故<u>格蘭斯頓</u>②曰。"以機器補助世界之生産力。七年可增一倍。"實以機器勢力之偉。以一人而能食百人。衣被二百人。履着千人。故世界財富。自機器發明以來。一足蹴飛。其增加之數。實使人有難想像者。

　　故今貲本家。以機器故。大增財力。益投其金於工業。而工業益盛。盛則其財橐愈見膨脹。以是而此金錢之勢力。恆與彼金錢之勢力相鬭。資本家恆與資本家相鬭。惟日營利。而日不足也。

　　據斯言也。世界之財富既增。將舉世人同蒙其利益乎。夫自機器製造以來。有爲之預想者。謂勞動者得機器之助。將大減其勞苦。貧困者得富率之驟增。亦可藉分餘潤。是貧困者。其遂絕跡於社會矣。而豈知作此預想者。正生反對之結果。富者益愈富。貧者益愈貧。其故何哉。以富之所以增加者。不過積之一方。屬之一人。而他方之窮困者且羣然起。是故<u>邊利</u>③氏著（進步與貧困）一書。以攻現今之社會制度。此其故可思矣。

　　機器工業。一時勃興。而需用勞動者。數亦增加。故一時工金騰躍。似爲勞動者增許多之利益也。然此不過一時之現象耳。久之其事實真相。不禁流露。蓋有新機器發明。一人運之。可兼數培④數十倍之勞力。則當日

① "馬沙秋些剌"，有誤，應爲"馬沙秋些剌"，即馬薩諸塞（Massachusetts）。
② "格蘭斯頓"，即威廉・尤爾特・格萊斯頓（William Ewart Gladstone, 1809—1898），英國政治家，曾四度擔任英國首相（1868—1874、1880—1885、1886、1892—1894）。
③ "邊利"，即亨利・喬治（Henry George, 1839—1897），美國土地改革論者和經濟學家，著有《進步與貧困》（Progress and Poverty）。
④ "培"，有誤，應爲"倍"。

需此數倍數十倍勞力之勞動者。俱褫職矣。故自一千八百五十六年。至一千八百六十一年。僅五年間。愛蘭[①]及蘇格蘭兩地。爲機器製造而失其職者。十四萬六千人。一千八百四十六年。佛蘭達斯[②]地。爲機器馳逐而失職者。二十五萬人。其數之大。豈不可驚哉。且以機器出物精巧。則職工之技能。自歸消滅。其勞不過掌機器之運轉耳。故工價次第低落。又以男子之職工。易以女子兒童。已足任其事。是勞動者之不欲失其職也。豈可得乎。

　　總之近世工業界之特産物日精。則勞動者日苦。其生産超越之結果。不過資本家收其福。而蒙其禍者。則勞動之人也。夫一旦使手技之工業中止。失職者。唯袖手曠日。生活斷送。可動之腕不能用。勉勵之心無由施。勢不流於怠惰而不止。而此怠惰之弊。非老弱者尸之。强壯者亦復不少。故稱此種失職之勞動者。爲（强壯怠惰社會。）誠非誣也。考之今事。則一千八百六十年。英國之失業者。有六萬人矣。一千八百八十五年。美國馬沙秋些刺州之遊民。二十五六萬人矣。此種人民。實可謂現今文明社會之特有物也。雖然。此種人民。一任社會之巧力飜弄揶揄。莫能脱其範圍。嗚呼。勞動者。何不幸而當此盤渦之中心也。

　　夫財富之增。既集注一方。決不使社會盡蒙其福。資本家得獨肆其富力。指揮從容。而勞動者襲居困窮。積重不返。此非社會中一大不平之事耶。因此而階級之分。勢所必至。貧者與富者。懸絕若天壤。嗚呼。以近代所謂文明之世。乃演如斯怪劇。噫。亦得謂之文明乎。

　　故究其結果。直一貧富懸隔之現象已耳。此方有多數之富者。彼方必有多數之貧民。此益富而彼益貧。此益漲而彼益縮。今之文明。其爲二者之軋轢乎。否則爲少數之富者苦多數貧民之歷史乎。夫貴族與平民。資本

---

① "愛蘭"，即愛爾蘭（Ireland）。
② "佛蘭達斯"，即佛蘭德（Flanders）。

家與勞動者。大地主與小作人。互相爭競。而彼恆不敵此者。其故在於失利源而已。

現今歐洲各國之政治。表面似爲民。實則貴族政治耳。表面似自由。實則專制制度耳。夫以少數之有財產者。能制多數之勞力者。是亦少數專制之政治矣。約而言之。金權者即政權也。家擁厚貲。權操政柄。今日之貴族。雖不如昔日貴族之有力。然自社會觀之。則今日之貴族。乃貴族以外之貴族。其有力且非昔日貴族所得頡頑[①]也。故富豪占政治上之威權。洵爲絕大。且將吞歐洲之政治界也。

金錢之勢力。既壓倒政治界。無惑乎社會上種種之特權。將盡爲彼僭奪也。文明社會之光榮曰教育。曰文學。曰美術。以及社交之快樂。既悉爲富者所管領。而多數人民。又求霑其德澤而不得。嗚呼。十九世紀之文明者。少數者之文明耳。所謂（文明之賜）。唯少數人獨得而樂之。而日月所照。多數人竟不得仰其光也。

以上所陳。皆現時工業制度所生之結果。所謂社會問題。即存乎是。今也歐洲之社會學者。與社會事業家。各勞腦役腕。以求解釋之。雖然姑息彌縫之策耳。究於社會之永遠治平無期。獨此社會主義者。計圖社會之根本的革新。其說一本實行。恰如快刀斷麻。直截了當。問題盡釋。真足爲救濟社會之完策。非如彼之祇圖彌縫一時者之可比也。社會主義爲何。請釋於下。

---

① "頡頑"，有誤，應爲"頡頏"。下同。

第
二
章

社會主義之定義

論社會主義者。必先得一的當之主義。斯爲至要。而世之解釋社會主義者。議論紛紜。殆無一定之説。今請先揭諸學者所持之説。然後擇其可爲正鵠者。以爲定義。

耶的博羅烏大學①教授佛林托②。嘗以關於社會主義者爲一大著述。曰。

以予所見。社會主義者。箇人爲社會之利益。犧牲以求自由與權利也。是主張社會組織之學説也。

而英國有名之監督。名維斯托科托③者。正示反對之意見。曰。

社會主義者。以各箇人最完全之能力而發達之。是要求社會組織者也。

品斯二説。一以社會主義。爲抑壓箇人之自由與權利。一乃因而擴充之者也。"社會進化論"之著者曰倍查敏④氏。有言曰。

---

① "耶的博羅烏大學"，即英國愛丁堡大學（University of Edinburgh）。
② "佛林托"，即羅伯特・弗林特（Robert Flint，1838—1910），英國哲學家、社會學家，著有《社會主義》（Socialism）。
③ "維斯托科托"，即布魯克・福斯・韋斯科特（Brooke Foss Westcott，1825—1901），英國人，基督教聖公會達勒姆主教，聖經學者。
④ "'社會進化論'之著者曰倍查敏"，"倍查敏"即本傑明・基德（Benjamin Kidd，1858—1916），英國社會學家，著有《社會進化》（Social Evolution）。

　　真正之社會主義者。有一箇不易之特質。即競爭之鎮壓是也。
而達布爾攸①氏所著"社會主義提要②"曰。

　　社會主義者。非止競爭者也。唯高聳其競爭之地位。不徒爲產業
上之區區也。

品斯二説。一以爲止競爭。一以爲非止競爭者也。

　　更有博斯頓③牧師名基耶哥爾頓④者。其近著"今日之基督"曰。

　　社會主義者。不過偏狹一階級之唯物的運動而已。

反對此説者。有以英國六閲月銷售百萬卷之名著"樂英國⑤"。曰羅巴
托⑥氏。其言曰。社會主義者。欲勞役之人。皆受教育文學發達。得生活之
方法也。

　　前者爲偏頗。以一階級之世俗的運動蔑視之。後者爲高尚。以達人生
之目的爲事業。何相去之逕庭也。

　　或又謂"社會主義者。欲廢私有財產。及滅却家族的及箇人的自由者
也。"反對者曰。"若以上之保存者。實保護社會主義本來之目的也。"又
有謂。"社會主義者。革命的制度也。"又一謂。"進化的制度也。"要之各
是其所是。而非其所非。議論淆然。使吾人有莫衷一是之嘆。

　　雖然社會主義。豈果變幻難測若此哉。學者平心論天下事。以如炬之
目。觀察社會現象。可就其最精確者。爲舉二三。

---

① "達布爾攸"，即威廉·德懷特·波特·布利斯（William Dwight Porter Bliss，1856—1926），美
　國社會改革家和美國基督教社會主義協會的組織者。
② "社會主義提要"，即布利斯所著 *A Handbook of Socialism：A Statement of Socialism in its Various
　Aspects，and a History of Socialism*。
③ "博斯頓"，即美國波士頓（Boston）。
④ "基耶哥爾頓"，即喬治·戈登（George Gordon，1853—1929），美國波士頓老南教堂牧師，著
　有《今日之基督》（*The Christ of Today*）。
⑤ "樂英國"，即羅伯特·布拉奇福德所著 *Merrie England*。
⑥ "羅巴托"，即羅伯特·布拉奇福德（Robert Blatchford，1851—1943），英國記者、作家、社會
　主義者。

博士沙夫列①。嘗著"社會主義之本領"②一書。於論社會主義之中。爲最允當之著述。其言曰。

　　　社會主義之始終。在變更競爭私有的貲本。而爲聯合的協同資本也。斯語也直捷明了。可謂以一語道破社會主義之的者。

又有所謂卡卡剌夫③者。曾著"社會主義史"。爲斯學之碩儒。其言曰。

　　　社會主義之本領者何。即以生產之手段。（土地及資本）與多數勞動者相提攜。共營工業而已。蓋現今社會。爲資本家之競爭。資本家以薪資雇用勞動者以營工業。將來宜全更此制。資本家宜與勞動者共營工業。以平等均一。爲工業之目的。

此語尤爲簡明。得正鵠者矣。

兹更舉教授伊利④之説。以明沙夫列與卡卡剌夫二義之無異。其言曰。

　　　社會之制度偉大。爲物質的生產機關。宜廢私有財產。爲合同資本。更宜取生產之利益。分配各箇人。

教授伊利所言。誠經畫社會全體之福祉。爲社會改良之策也。

由此觀之。社會主義。非箇人主義也明矣。而今之支配於社會者。全屬私心自利。正與社會主義相反。欲其爲社會全體之福利。有所補益發公同之精神也。不綦難乎。考之歷史。凡壓制之極。斯自由主義箇人主義生。自由主義箇人主義極。斯社會主義生。箇人主義者。即箇人中心主義也。社會主義者。即社會中心主義也。箇人主義。以社會爲單純集合體。則各自獨立。不過爲分子之合衆耳。故不及問社會全體之利害。唯得營各箇人

---

① "沙夫列"，即阿爾伯特·埃伯哈德·弗里德里希·謝夫萊（Albert Eberhard Friedrich Schäffle，1831—1903），德國經濟學家和社會學家。
② "社會主義之本領"，即謝夫萊所著《社會主義精粹》（*The Quintessence of Socialism*）。
③ "卡卡剌夫"，即托馬斯·柯卡普（Thomas Kirkup，1844—1912），英國社會主義者，著有《社會主義史》（*A History of Socialism*）。
④ "伊利"，即理查德·西奧多·伊利（Richard Theodore Ely，1854—1943），美國經濟學家，美國經濟學會創始人。

之私利足矣。其結果慘毒。不至競爭私利也不已。若社會主義。則認社會爲一箇有機體物。協一羣之力。以求可爲社會全體之幸福者。故箇人之私利競爭者。必至社會之分裂。各人之協同共和者。社會大勢。乃愈益堅確也。二者目的既異。則於社會問題。其趨向不同。亦自然之勢也。

今試言兩者之相異。箇人主義者。不過以社會爲各箇獨立分子之集合體。社會主義者。則箇人相依相輔。而成爲結合的有機物也。箇人主義。以社會爲單位。故無論何事。必以箇人私利爲先。社會主義。則以社會爲單位。故重社會之公益。蓋箇人主義於社會的關係。不過如無用之契約。而社會主義者。如血脈之貫通於四肢百體。爲生命之所賴也。箇人主義。唯主張箇人之自由與權利。社會主義。則重義務與責任。箇人主義之社會。以競爭動。社會主義之社會。以協力動。箇人主義之社會。其動也爲外界之刺激。社會主義之社會。其動也以仁愛正義爲依歸。箇人主義之目的。使社會歸於滅裂。社會主義之目的。使社會歸於協同。兩兩對勘。而孰是孰非。可不言而喻矣。

今無論學者有種種之異說。而社會主義。自有一定旨趣。無論何人。皆易知之。請於次章“社會主義之本領”篇。進明斯義焉。

第
三
章
一

社會主義之本領

前章謂社會主義。爲私有資本制度之反對。雖然。決非爲私有財產之反對也。蓋社會主義者。原期財產之安固。使箇人有箇人之財產。則又何所不可。第生產之爲用。爲富者所私有。是則斷斷不許者耳。此實爲社會主義之本領也。現今社會之問題。雖占多數。要起於貧富二階級之懸隔而已。貧富懸隔。乃生社會之衝突。屢生慘毒之禍亂。而貧富之所以懸隔。實基於私有貲本。故必廢革此制度。而爲共有資本之制度也。而社會問題。究如何解釋。請進論之。

昔時工業制度之時代。資本與勞動。本無所區別。資本家即勞動者。勞動者即資本家。故無所謂階級。而貧富懸隔亦不甚相遠也。至十九世紀初。機器發明。蒸汽力得應用於工業界。遂來一大變革。自是資本家與勞動者分。而貧富之懸隔乃甚。種種之社會問題。從此生矣。是機器發明。不過造成若干之大資本家耳。而小資本家與勞動者。靡獨無此資力。且必依大資本家以衣食。於是乎有資本者。建大工塲。養尊處優。坐至鉅利。勞動者乃日困苦於此工塲中。日爲資本家生利。而莫或分之。資本家勞動者之二階級。劃然以定。而有資本者。終不過少數。以有資本故。乃占威權於多數者之上。揮其權能。肆行壓制。莫或禦之。勞動者既無主張其權利之力。惟唯唯迎資本家意。勞動之事務時間工資等。一切爲資本家所定。抗之則不免沉淪餓莩之悲境。其狀實奴隸不若也。其餘利益。莫不爲資本家之壟斷。乃資本家猶以爲未足也。復進而施其權力。於政權教育與社交之快樂。而多數之勞動者益貧。嗚呼。何不平之甚耶。是皆自私有資本制度所由生。其弊失爲如何者。

　　社會主義。即欲於此痛下針砭也。其意在變資本之私有爲共有。則少數者無壟斷之私利。得共圖社會之公益。若以此制度經營國家產業。決不至如今日生資本家與勞動者之二階級。而貧富懸隔。亦自銷沈於天壤。使人人磨牙礪爪。共競求社會之幸福。化羅刹社會爲平和天國。此社會主義之一大目的也。此社會主義宣傳之福音也。

　　社會主義所最關係者。在社會之經濟。故其經濟界之結果。實有偉大者存焉。如社會主義行。則從來少數資本者所占巨大之利益。轉而爲多數勞動者之所共有。於社會全體之幸福。固不待言矣。夫勞動者日夜營營。產出之富。第一地租。爲地主所有者。第二利息。爲資本家所有者。第三贏利。(贏利者除歸本抽息之外猶有剩者之謂)（即製造家）所有者。勞動者之所得。僅工資耳。茲據英國一千八百九十五年調查。爲表於左。

國民儲額總計	一、三五〇、〇〇〇、〇〇〇磅
地租	二二〇、〇〇〇、〇〇〇磅
利息	二七〇、〇〇〇、〇〇〇磅
僱主之贏利	三六〇、〇〇〇、〇〇〇磅
勞動者之工資	五〇〇、〇〇〇、〇〇〇磅

　　是可見勞動者之結果。以產十三億五千萬磅巨額之富。而富者奪四億九千萬磅。僱主奪三億六千萬磅。合奪八億五千萬磅。殘額五億萬磅。（即

勘。而孰是孰非可不言而喻矣。

今無論學者有種種之異說。而社會主義自有一定旨趣。無論何人。皆易知之。請

於次章『社會主義之本領』篇進明斯義焉。

第三章　社會主義之本領

前章謂社會主義為私有資本制度之反對雖然決非為私有財產之反對也蓋

社會主義者原期財產之安固使箇人有箇人之財產則又何所不可第生產之

為用。為富者所私有。是則斷斷不許者耳此實為社會主義之本領也現今社會

之問題雖占多數。要起於貧富二階級之懸隔而已貧富懸隔乃生社會之衝突。

屢生慘毒之禍亂而貧富之所以懸隔實基於私有資本故必廢革此制度。而為

共有資本之制度也。而社會問題究如何解釋請進論之。

昔時工業制度之時代。資本與勞動本無所區別。資本家即勞動者勞動者即資

本家。故無所謂階級。而貧富懸隔亦不甚相遠也。至十九世紀初機器發明蒸汽

力得應用於工業界遂來一大變革自是資本家與勞動者分而貧富之懸隔乃甚種種之社會問題從此生矣是機器發明不過造成若干之大資本家耳而小資本家與勞動者靡獨無此資力且必依大資本家以衣食於是乎有資本者建大工場養尊處優坐至鉅利勞動者乃日困苦於此工場中日為資本家生利而莫或分之資本家勞動者之二階級劃然以定而有資本者終不過少數以有資本故乃占威權於多數者之上揮其權能肆行壓制莫或禦之勞動者既無主張其權利之力惟唯唯迎資本家意勞動之事務時間工資等一切為資本家所定抗之則不免沉淪餓莩之悲境其狀實奴隸不若也其餘利益莫不為資本家之壟斷乃資本家猶以為未足也復進而施其權力於政權教育與社交之快樂而多數之勞動者益貧嗚呼何不不平之甚耶是皆自私有資本制度所由生其弊失為如何者。

社會主義即欲於此痛下針砭也其意在變資本之私有為共有則少數者無壟

斷之私利得共圖社會之公益若以此制度經營國家產業決不至如今日生資本家與勞動者之二階級而貧富懸隔亦自銷沈於天壤使人人磨牙礪爪共競求社會之幸福化羅刹社會為平和天國此社會主義之一大目的也此社會主義宣傳之福音也。

社會主義所最關係者在社會之經濟故其經濟界之結果實有偉大者存焉如社會主義行則從來少數資本者所占巨大之利益轉而為多數勞動者之所共有於社會全體之幸福固不待言矣夫勞動者日夜營產出之富第一地租為地主所有者第二利息為資本家所有者第三贏利（贏利者除歸本抽息之外猶有剩者之謂（即製造家）所有者勞動者之所得僅工資耳茲據英國一千八百九十五年調查為表於左。

國民儲額總計　　　　　　一、三五〇、〇〇〇、〇〇〇磅

地租　　　　　　　　　　三二〇、〇〇〇、〇〇〇磅

利息　　　　　　　　　　二七〇、〇〇〇、〇〇〇磅

雇主之贏利　　　　　三六〇、〇〇〇、〇〇〇磅

勞動者之工資　　　　五〇〇、〇〇〇、〇〇〇磅

是可見勞動者之結果。以產十三億五千萬磅巨額之富而富者奪四億九千萬磅。雇主奪三億六千萬磅合奪八億五千萬磅殘額五億萬磅。（即全儲額三分之一）僅為勞動者所有而地主資本家雇主等總數不過全國人口八分之一。然則以全國人口八分之一之少數者不為勞役而坐得八億五千萬磅之巨額。而八分之七多數之勞動者僅得五億萬磅天下不平之事寧復甚於此者今再作表以實之為比例如左。

	其收入		
地主雇主	○○○	○○○ ○○○ ○○○	
及資本家	○○○	○○○ ○○○ ○○○	

《社會主義》羅大維譯本第 8 頁 a

全儲額三分之一）僅爲勞動者所有。而地主資本家僱主等總數。不過全國人口八分之一。然則以全國人口八分之一之少數者。不爲勞役。而坐得八億五千萬磅之巨額。而八分之七多數之勞動者。僅得五億萬磅。天下不平之事。寗復甚於此者。今再作表以實之。爲比例如左。

地主僱主及資本家	○○○○○ ○○○○	其收入	○○○○○ ○○○○○ ○○○○○ ○○
勞動者	○○○○○ ○○○○○ ○○○○○ ○○○○○ ○○○○○ ○○○○○ ○○○○○ ○○○○○ ○○○○○ ○○○○○ ○○○○○ ○○○	其收入	○○○○○ ○○○○○

（此比例表本羅巴托氏〔樂英國〕）

　　據此表比例。其相去之遠。實有可駭者。然提唱社會主義。能實行共有資本制度。則地主與資本家之階級。自行廢絕。且資本與土地二者。均爲社會公有物。地主資本家所壟斷之利。移歸於社會與勞動者之手。使僱主如管理工業者。給與應得之賞俸。彼等乃不得肆行貪利。而社會得以廉價購物料。勞動者亦有極厚之工資。衣食既足。俯仰無闕。則可受教育。涵養智德。爲高尚之生涯。此真增進社會全體之幸福。祐文明之進步者。所不可少者也。

　　要之社會主義者。期於社會之經濟組織。施根本的革新。使人人同樂。得盡行其翔 建之良制度而已。試觀現今之經濟界爲如何乎。其不便利。已如上所言。其富之分配。誠爲不公平之極。利少數者。而苦多數者。其害乃延及社會生產之發達。是實反社會之自然。爲無理之制度也。然所謂社會主義者。亦非敢衒新奇。不過循自然之勢。擇其妥適。以期社會之發達而已耳。使此說一行。社會進步。當如陣馬風檣。進步之速且大。有非現今社會所能夢知者也。

　　然而社會主義者。實不外近世的精神之發揮。以合十九世紀思想之潮流也。蓋近世史之可稱爲光榮者。爲思想之潮流耳。其思想也有二。一則民政思想。一則人情思想是也。民政思想者。以民政興起。使方今世界之大勢。與各國政體或有相異。是民政精神之鬱勃。有不可遏之事實也。然社會經濟上之自由有未完。故政治上之自由遂亦無效。必經濟上之自由完。而後政治上之自由始得完。若社會主義。即代表近世民政思想之經濟的一面。真可謂合世界思想之一大潮流也。更就人情思想考察之。十八世紀。人人唯重自由權利。主張箇人利益。至十九世紀。同胞主義兼愛主義之思想大起。博愛仁慈之情。益益勃熾。故前世紀則崇拜箇人之自由權利。今世紀則重宏博汎愛之大義。是實爲時代之精神也。尤爲近世的美麗精神之發露也。而社會主義。極重人情。期行人人相愛之大道。是社會主義。實以人情主義爲根本。廢私有貲本。主張勞動之權利。一於工業界唱恊同和愛。其精神不誠美善哉。

　　如上所論。以共有貲本。恊同主義。爲經營生產事業。一大目的。分財出以公平。創經濟上平等社會。以發揮十九世紀之一大精神。是實社會主義之本領也。而主張此社會主義者。同認一意。無復一人持異說也。

　　雖然。猶有瑣末之問題。則或主張建設中央政府。或主張建設地方政府。或以視富之分配。以定其標準。其議雖不無少異。至以社會主義之本領。爲社會經濟之改革。則雷聲谷應。皆披瀝赤誠。以期施設此光明正大之主義焉。

第四章 —

社會主義與道德

　　夫現今社會之一大缺陷。實爲道德之衰頹也。自産業革命行。世界富者。愈見增加。物質的文明。因以盛起。學術亦因之進步。然於道德。則依然故態。或且視昔日爲不及焉。是何也。雖因智識開發。而道德學理。（即倫理學）稍見進步。至道德實行。竟有退化之觀矣。在古封建時代。社會有一定之道德的裁制。箇人亦或有道德的理想。較之近世學理。雖不甚完全。而道德之精神。支配人心。人猶有急公好義之觀念。泊封建制度破。降爲現時社會。道義日衰。人心日漓。道德的裁制與理想。皆不知爲何物。而道德的感情。亦漸消漸冷。人人知有利而不知有義。嗚呼。時勢變遷。不亦深可慨乎。

　　況夫今日思想之最盛者。曰利己的精神也。曰射利的精神也。人唯以得利爲目的。故凡有利可得者。則不問何事。必瘁力赴之。不知此精神。獨商業之趨勢耳。至於高尚社會之教育與政治。以及種種高尚之事業。皆不爲也。則此利己的精神。實非時代之精神。乃社會之空氣耳。

　　更有可驚者。此利己的精神。於文明國爲尤盛。蓋現今之所謂文明。徒具皮相美觀。内實不堪其污穢。故以道德之眼觀之。不過相率以鬭利欲。

互磨爪牙。不肆其吞噬之欲不止而已。方今之所謂文明。如是如是。今之日本國。其工藝尚未甚。而已漸投於箇人的利己主義之渦中。其弊失雖未臻太甚。而以今日之傾向推之。將來之事。亦可知矣。是利己精神之跋扈。實爲十九世紀之趨勢。如決江河。非人力莫能禦者也。

若是。其原因果何在乎。夫近世已受文明之光明。而現時社會。滔滔者皆趨營私利。抑又何也。苟憤道義之衰頹。而志在救濟社會者。必以此爲第一研究之問題也。

宗教家曰。（是潛於人心罪惡之結果也。人性感染之罪念。至斯而其發端爲已極。）蓋宗教家先欲匡濟人性之墮落。不欲以箇人罪惡。敗壞社會之道德。故爲此説也。當基督教會<u>倭加斯沁</u>①時代。已有倡此説者。而著近世大名著。所謂“社會進化論”之<u>克剌多</u>②者。亦持此義。是不過欲箇人之改良耳。彼等以爲箇人改悔。孜孜不懈。則社會之道德。即可以盡善。而不知費幾多歲月之勞力。其結果僅得少數之悔改。至當夫社會生存競爭之激烈。而少數之悔改者。遂不免爲所抑壓。而捨此就彼者。復日見其多也。予爲此論予豈不以人性爲不完善。箇人之道德實不腐敗。社會之腐敗。亦不因於箇人哉。然而予請進論之。

夫人性之相別。視遺傳、境遇、教育爲結果。或有受父母之惡性而異者。或有因境遇之困難而蒙感化者。尤不幸者。爲未得良教育。遂不能發揮天然之美性。究其始則無有不完全者。若宗教家言。直謂人性爲不良。<u>克剌多</u>且謂人之本性。唯謀自益。是豈精確剖晰之言哉。夫人之生也。初爲社交的動物。即有社交的感情。人哀則戚。人樂則喜。自具此美妙之同情心也。予故信人性富於愛他心爲無疑。近代之生物學者。於動植物界。

---

① “倭加斯沁”，即奧勒留•奧古斯丁（Aurelius Augustine, 354—430），396—430 年任羅馬帝國非洲希波主教，基督教思想家，有《懺悔錄》《上帝之城》等著作。
② “克剌多”，即本傑明•基德。

明生存競爭之至義。其内尤足證其高美之愛他競争者。即如動物之愛其子
也。必受幾多生育之勞苦。如植物之結果也。必散美麗之花瓣。彼等因進
化。而忍受無限之勞苦。是即自愛他之情所由來也。動物植物尚然。矧具
高等之理性感情如人者乎。

　　人性論姑措之。如彼宗教家言以現今社會道德之衰頹。悉歸箇人之不
德。然吾謂箇人之不德。實因於社會之境遇。（即社會之組織也。）蓋境遇
造人物乎。人物造境遇乎。一不可考之問題也。或社會之制度組織。養成
箇人之道德乎。抑將箇人之道德。作成社會之制度乎。二者必居一於此矣。
予於兩者之關係。而視現今社會道德之衰頹。利己主義。不燎而熾。欲不
歸因於現時之社會制度而不能也。蓋現今世界。競争之世界也。競争而克。
無論何人。皆得自由。其利益無限。人誰復耐窮居而樂守道義者。故吾謂
使箇人競争。羣起利己的精神。實由現今社會制度。有以開之也。故行今
之社會制度。將滔滔者。相率營利。如餓虎争肉。利之所在。骨肉相殘矣。
此優勝劣敗。弱肉強食之原因不化此文明社會爲地獄者不止也。西歐諸國。
爲近世文明之首稱。自宗教界有<u>馬爾沁</u>①氏出。經濟界有<u>阿達摩</u>②氏出。叫
破自由主義箇人主義。遂生於今慘澹競争之社會。

　　於是歐美之經世家。百方盡力。謀救此大弊。而悉歸無效。乃悟社會制
度之不完全。非改革其制度。則此社會之大弊。終不可醫。故現今英國。卒
先他國。而勉求社會制度之改革也。

　　信如斯言。吾人將如何改革此社會制度乎。抑廢今日之自由制度。而
再興當日壓制之制度乎。是不惟不能救文明之退化。且將助野蠻之進步也。
吾人毋徒夢既往者。且進講經世之策。可更造出一完美理想之社會也。

---

① "馬爾沁"，即馬丁·路德（Martin Luther，1483—1546），德國神學家，宗教改革運動活動家，
　　德國新教路德宗創始人。
② "阿達摩"，即亞當·斯密（Adam Smith，1723—1790），英國經濟學家、神學家、哲學家。

　　於是乎可行吾人社會主義平等主義。行之則社會之完美可期矣。何則。社會主義最合人生之天性。適社會組織之原理。以社會主義之根本在於協同也。共勞也。人人皆負義務的美妙之精神也。資本爲公有之物。勞動爲大衆之責。分贏準公平之旨。嗚呼。何其精神之雄麗公正也耶。苟組織此社會制度。則人人共競争於當競争之地。人生之社交的感情。以及愛他之精神。愈益發達。將見道義彬彬然起矣。且也社會之組織。主於平等。故各人道德的感情。自然發露。道德之進步。自倍今日。當不可以道里計也。是予熱心歡迎社會主義之故也。蓋予意與其慕社會主義及經濟上之利益。不若慕其道德上之利益爲更偉大也。

　　請更設爲寓言以演明之。人心如薔薇花。然社會制度，即植花之土地。經世家即栽培此花者。今或植花者得薔薇花一株。而植之泥沼間。不事栽培。其效也。萌芽不生。且生惡蟲。腐蝕此花苞中。此花遂不能完其生育以死。見之者曰。此非真正之薔薇也。乃無用之灌木也。何養此無用之樹爲。曷速去之。是則厭世家之批評也。又或者曰。此固與薔薇不相遠。而惜哉其性腐敗。其樹心且有惡根也。究不能開美麗之花。其取他木之本以接之。是則神學者宗教家之見解也。更有一人曰。是決非薔薇之惡也。土地之不良耳。試移植之乾燥土。可必其成長而開美麗之花焉。是則社會主義論者之意見可知矣。然又有曰。土地之不良。誠近於理矣。第居不良之地。非竟不能藥蕚也。不過較良地之花爲稍遜耳。似宜培壅此土地。是則道德家之見地也。最後有數人。攜數種藥劑來。曰。是可殺樹之惡蟲。曰。是可速樹之發育。此爲姑息者之言。如社會改良家是也。而植花者貪苟安之便。而從最後數人策。經歲月。樹不萌生。藥蕚咸絕。於是植者始飜然悟。從移植之忠告。取薔薇而種之温風所拂之乾土。樹乃生育。漸芽萌。漸蕚破。以迄馨香滿庭焉。是説也。真能説社會制度與人生道德之關係者也。

第
五
章
一

社會主義與教育

社會主義之所以優勝者。在其消極的（消極的猶言改建的）論點。即對現時之社會制度。而攻擊其弊失缺陷之點也。而與之同時之積極的（積極的猶言建設的）論點。即為將來社會畫策也。如社會主義之教育案是。

夫現今之教育制度。為自由放任制度。即各人任己意而受教育與否也。加之現今之教育制度。得蒙教育之福者。唯受教育者能之。而得受者又必限以資力。世間欲受教育者甚多。以今日之制度。必其財力足以支持。始能達其志。而有為之青年。雖欲志學。唯財匱故。終不得達其志者實多。如今之入宏壯華麗之學校者。要皆財產家之子弟也。貧民之子弟。不問其求學之志如何。皆不得入其門也。是教育之利益。亦唯少數之財產家。得專擅之。嗚呼。何今之教育制度不便利之甚也。何今之教育制度背公理之甚也。

是今日之教育。為自由放任的制度。而非為強迫的制度。教育又難普及。似此而欲實收教育之佳果。不綦難乎。如歐洲各國。其尋常小學教育。無不為強迫之制度。其為放任者。僅高等教育而已。然已難收完美無遺憾之效矣。

　　古者封建時代。其制度爲士受士之教育。農受農之教育。工受工之教育。商受商之教育。不得攙越。故身屬農工商者。即令有優於士大夫之志望。亦不得受士之教育。因是階級。而不能遂欲學之志者。誠多多也。此階級的教育制度之弊害也。今日自由放任主義之教育制度。既打破社會階級。無論何人。均受同一之教育。其制度似較封建時已優數等。然觀其實際之事實。其旨趣亦非大異。如今日教育制度。雖無士民之區別。究以有財力者。始得蒙教育之恩化。而無財力者。則不得受教育。自不能住自由之天地。而得蒙其幸福焉。此可知自生受教育與不受教育之階級。其結果初無異於封建時代之教育制度也。唯封建時代之階級制。以法律上之壓制區別之。今日之階級制。以經濟上之壓制區別之爲少異耳。

　　是果真正之文明乎。試思一方受教育之幸福。而智德光明。品性高尚。可爲有用之材。他方則闇於智識。昧於道德。爲社會上一不幸之人。夫等是人也。同具可以有爲之資。而一則被教育之德澤。遂能增長其學識。光大其德性。人皆以君子稱之。一則不但無從增長光大已也。且並其天成之美德。亦銷磨而鋤喪之。嗚呼。何不平若此也。此而謂之文明。吾見天下有以文明爲詬病者矣。

　　進而論之。社會中之貧民。恆多於富者。社會之資本家。恆少於勞動者。其比例貧民勞動者之數。比之富者資本家。殆四五倍之。此多數人民。遂不得蒙教育之恩澤以死惜哉。貧民勞動者之間。豈無人傑豈無豪俊耶。若使之得受完全教育。因其本有之天性而啓迪之。安見此中遂無人也。矧彼等人數之超於富者歟。然今日之教育制度。必使多數之人。不得因材而篤。空與木石以俱朽者。果何爲哉。嗚呼。摶摶大地。茫茫往古。其青山黃土中。不知埋幾許之駿骨也。言念及此。而知今之教育制度之不完全。爲無形之刑。以殺國家之人材。消損國家之精神也。知此而不慄然危懼。

急圖改良者。不得謂之人矣。

　　既知今日教育制度之謬誤。自必悅服於社會主義。而可明攻現今之教育。以期不改革之而不已。然社會主義之教育果何謂乎。曰。普及強迫主義之教育制度是也。即使各人徧被教育之恩澤。又強不欲受教育者使必受之。先定受教育之年限。及授各種教育。以涵養其智德。以誘發其才能。使成社會間完全之人。而辦此教育之費。爲國家擔任。凡學者之衣食書籍什物。其費皆由國家支給。貧富貴賤。同一教育。俾青年者得終其學齡。其例猶今日之徵兵制度。如國家每年徵全國。年達二十一歲之壯丁。課以三年兵役。其在兵營間。所給之資。無一不足。抑何理耶。亦以彼等兵士。爲國家防衛。受三年軍事教育。一旦有緩急。可爲國家干城故也。而教育者。爲國家養成有用之人材。俾後日得爲國家建神聖之事業。是教育者。關繫於國家與軍人等也。故國家宜全力經營之。此正義也。然吾人不特信其爲正義。且引以爲必要者矣。蓋如養成軍人。爲今日萬不得已萬不可緩之事。然自理想上論斷之。吾人甚望其有全廢之日也。故社會主義。以爲國家事業。以經營教育爲第一要義。此舉實行。匪爲箇人之幸福。其造福邦國。實不讓徵兵之制者。而惜哉現今社會之不能公認此理。誠可嘆也。

　　社會主義。尤重教育。故須糜國費之大部分。此經營此事。人或憂以費之無從籌措也。請再明之。今日社會制度之不完全。其費財於無用之地者。何可勝算。使社會主義。一旦實行。人民之道德大進。社會得樂平和。即如今日之海陸軍費、警察費、裁判費、監獄費。亦當大減其額。是以今日有限之母金。且生他日無限之母金也。贏絀消息。亦在箇中。善生計術者。當亦以爲然而唱贊之。

　　夫所謂社會主義。其宗旨在普及強迫主義之教育。理由。究屬如何。曰有三焉。請分言之。

　第一要求箇人之權利是也。夫人受天地之氣以生。既同謂之人。則必同具有可進步發達的高尚性質。教育者。適因而助長之。故教育實至善至要之事也。彼又欲使國民完其義務。是更非受教育不可。若夫使人能各全其本有之天職。必假教育。然後光明。由此觀之。任執一人。而謂其無受教育之權利不可也。要之教育者。爲社會之公有物。爲各人所必受於皇天之賜賚者。而今乃爲少數富者專有之。而多數人民不與。是何無道也。

　第二者。要求社會之權利是也。夫社會者。爲一大有機組織。以人人互相團結提攜而成者也。一人無教育。即損社會之一部。社會必不能完其圓滿之幸福。故必各人相依相助。始克圖全體之福祉。若唯營一己之私。而不勉爲全體之公。是又何重乎爲社會之人也。夫欲箇人得完全之幸福。非徒爲一己而已。勢必其所交社會之各箇人。同爲受教育之人。乃爲盡詣。譬以一人處華麗宮室。而四方窗牖。猶臭薦入。其能晏坐高臥以肆其樂乎。社會之事。亦如斯而已。是可知教育之對社會。實有充分之權利也。

　第三者。爲後世孫子①之權利也。夫今日之青年，非即他日之父母乎。欲有良兒。不可不先有良父母。今人懈其教育。其禍乃遠貽於後人。是不僅箇人受一時之累於目前。且使社會人民受無窮之累於將來也。蓋社會已往之人。吾祖先也。境過事遷。可置勿論。而社會未來之人。吾子孫也。欲求善果。必種善因。欲種善因。即視現在。故吾人思社會前途之情。則不能不慮後世子孫之事。而欲爲子孫積善良之寶。則莫如主張吾人受教育之權利。得以施及子孫也。

---

① "孫子"，有誤，應爲"子孫"。下同。

　　方今世界各國。於教育事業。爭自濯磨。而不免生許多弊害。果何來此結果哉。非教育未能普及。無權以強迫之之所致耶。如日本今日。力效泰西教育制度。起學校。勉教育。而多數國民。究不能徧霑其恩澤。教育之業。豈若是其困難哉。要在其制度之善與不善耳。若一唱用此社會主義之制度。施根本的改革。吾斷其著效。必有出人意表者也。

第
六
章
一

社會主義與美術

　　宇宙之秀有三。曰眞、善、美。眞者。即宇宙之原理。而研究之者。科學哲學是也。善者。即顯於天地人類間道德之法。而信之探之且以之教人者。世之聖賢君子是也。而美者。則宇宙之生命。萬物皆帶美之光彩。而究之顯之者。詩人美術家是也。

　　哲學與聖賢君子詩人美術家。皆上天之使者。以此等之大靈粹。啟示吾人。而使吾人亦得發揮宇宙之秘奧者也。

　　三秀之中。惟美實爲充滿宇宙之一大生命。吾人所急宜研究者。且人類之天性。自有樂此美妙需此美妙之情。以吾人樂美。則精神高爽。心懷馥郁。是樂美又爲人心之生命。亦可謂爲人類天賦之權利。然現今社會。果足使各人完此優美之樂趣乎。是吾人所大要研究之問題也。今欲就美術家之見。以觀察當今社會。

　　覺蘭斯肯①與維廉孟利②者。當代美術家之泰斗也。孟利爲美術家之詩

---

① "覺蘭斯肯"，即約翰・羅斯金（John Ruskin，1819—1900），英國作家、評論家、藝術家，在建築和裝飾藝術方面擁護哥特復興式運動。
② "維廉孟利"，即威廉・莫里斯（William Morris，1834—1896），英國詩人、設計師、藝術家，社會主義者。

人。其詩才優於鐵尼孫[①]。蓋此二人。同跪於美之祭壇。直聽神聲。而大放
十九世紀之預言者也。二人以美術家之見地。觀察現今社會。以爲批評。
且以其心胸所映者。表言理想之社會。聆其説。實富滋味。

　　蘭斯肯於竊刺克士法度大學[②]。爲美術教授。受持"斯列度"講座[③]。
其臨講時。常吐露己之經濟論爲社會説。與學生心胸一種偉大靈覺相觸。
又最信勞動之神聖。或時自率學生至學校左近村落。手操犂鋤。修繕道路。
而孟利亦受蘭斯肯之感化。同懷高尚精神。不以己之地位名譽爲傲。時着
職工服。白晝立市前。集勞動者。演説其社會論。如此二人。實可謂人生
高致。且與近世的美大之精神相接觸者也。

　　今揭示此二人對現今社會制度之批評焉。蘭斯肯者。爲復古主義。孟
利者。爲革命主義。一抱保守的思想。一抱急激進步的思想者也。而對現
今社會之批評。則二者其揆一也。何則。如蘭斯肯謂"現今社會制度。行
競爭的工業。其社會將終不能見美術之隆興。"孟利謂"今日利己的精神。
盛行於社會。決不適於美術之發達。"蘭斯肯又謂"今爲唯利是征之社會。
如土地之未適。決不能開美術之花。"論出一途。可知二人之無異義也。蓋
離利用之念。而不致高潔之精神。則優妙之美術。決不能起。如現今爲競
爭利益時代。美術家不能静樂其技。世人亦無樂優妙美術之餘暇。以是知
現今社會制度與美術。實冰炭不相容。使現今社會永存。美術必衰落枯凋
也。若欲期美術之隆興。是非改革今日之社會制度不可。此情爲蘭斯肯孟
利所同認。而即其批評之所由出也。其批評有三。第一之批評者。謂"現
今社會。美術之衰落者。爲損天然之美觀"是也。第二之批評者。謂"現

---

① "鐵尼孫"，即阿爾弗雷德·丁尼生（Alfred Tennyson，1809—1892），英國詩人，維多利亞時代
　　詩歌的主要代表人物。"其詩才優於鐵尼孫"，據日文原書，此句原意爲"其詩才與丁尼生相比，
　　有優處亦有劣處。"
② "竊刺克士法度大學"，即牛津大學（University of Oxford）。
③ "受持'斯列度'講座"，指牛津大學設立的斯萊德美術講座教授（Slade Professor of Fine Art）。

今社會。又損人工之美”是也。第三之批評者。謂“美術之作。爲徒苦勞動之職工”是也。其批評中之精意。要謂“今日社會。滔滔趨於拜金主義。不審金錢爲何物。而不憚犧牲其身以求之。而事事物物。悉流於卑污陋劣。故無一樂美妙之人民。作美妙之物。養美妙之心術。悲哉。時代之趨勢。遂致殺人類的精神不少”最後蘭斯肯及孟利。極力攻擊現今社會。爲空氣之腐敗。爲時代精神之腐敗。而對僞經濟學者。放攻擊之矢。曰。“曼鳩斯特派①之經濟學者。唱導自由主義。實生今日利己的競爭之原因也。蓋彼等立論。以人類爲求富的動物。使人生之道義心美術心。銷沈而不少顧慮。以如此思想。而欲美術之發達。是誠望梅止渴。畫餅充饑而已。”如蘭斯肯 孟利二人所言。是現今之經濟論。爲鼓吹利己的精神。而必不能長成高尚之美術也。

以上爲蘭斯肯孟利二人反抗現今社會之理。由其言爲消極的社會觀。而彼等之積極的社會觀。即其懷抱於心胸者。發之爲理想之社會是也。

蘭斯肯孟利。不悅服於現今社會。遂唱社會主義。以其理想爲社會制度。蘭斯肯自稱爲共產黨。孟利自稱爲無政府黨。而二人所信。確乎爲社會主義也。以蘭斯肯之感化。可歸於社會主義者。實不遑枚舉。孟利爲社會主義同盟②之首領。其運動力至死不衰。蓋彼等取社會主義。以觀察美術家之社會。而認其弊害。非敢有他故也。

由是言之。則美術爲社會之反影。社會人心。爲利己的競爭。決不能發生高尚之美術。有斷然矣。彼等又曰。“製美術者爲賤工。賤工不得經濟上之自由。終日困於生計。何暇爲經營慘淡之觀。是美術將何由起。故欲爲完全美術。非於社會有主義至誠至熱之愛力。終不得美術之發生。”斯誠

---

① “曼鳩斯派”，即曼徹斯特學派（Manchester School），發端於 19 世紀英國曼徹斯特城，代表人物有理查德·科布頓和約翰·布萊特，反對重商主義，主張自由貿易和社會公正。
② “社會主義同盟”，即 1885 年成立的英國社會主義者同盟（The Socialist League）。

可謂至言也。而真欲造出如斯之境遇與精神。非變資本私有利己的競争之社會。而組織資本共有協同的勞動之社會不可。是彼等所以歸着於社會主義之原因也。

欲知蘭斯肯之理想的社會觀。可讀彼名著"安刺基士、蘭士、托①"。此書爲近代希有之著述。而大有影響於英國之社會者也。今畧述之。其要以爲社會之精神。必使人人互生友愛。謀社會之公益。不唯營一己之私。是也。如軍人之職。在護衛國民。宗教家在教育國民。醫士在保人生命。法律家在以正義行干涉於國民。實業家在供給社會之必需品。職雖不同。而所以盡此分子之義務。則無不同也。蘭斯肯之説。其尤可注意者。爲"各箇人時以賭己之生命爲盡職分"是也。蓋其意。以爲箇人對箇人而盡責任。其責任爲不完。以箇人對同胞而盡義務。其義務乃足。苟義之所在。即獻其身命而不辭。始可謂之至誠。斯可真謂之社會。斯可真謂之人類之團結也。嗚呼。彼理想何如此其高尚雄大也哉。

既作出如此之美麗社會。而謂美術不盛。人心不能完其自然之樂趣者。吾不信也。是蘭斯肯孟利等之美術家。所以歸依於社會主義。而吾人之欲預言"美"者。不得不崇拜其説。而無復疑義也。

---

① "安刺基士、蘭士、托"，約翰・羅斯金所著《給未來者言》（*Unto This Last*）。

第
七
章
一

社會主義與婦人

　　社會主義之本領與基礎。既視於經濟問題矣。而社會主義與婦人。又別有直接之關係在。世知經濟問題。關於政治與教育及將來社會之大影響。不知婦人之位置與事業。其關於幸福者。亦非無謂也。故予特揭此論。一以明婦人關於社會主義之意見。一復欲以之發揚社會主義之盛德也。

　　社會主義之婦人論。欲就婦人將來之意見以明之。則不可不就婦人之過去及現在而論及之也。蓋婦人所對之思想。及婦人所占之地位。自古以來。次第變遷。其將來之變遷。又有如何之現象者。今且就歷史而論述之。

　　在古時代。或以爲婦人之權力甚强。出男子上。統管一種族。行女系相屬之事實。有謂古代女子中。產非凡之傑。可制御男子。如埃及之<u>克紐拍特</u>①<u>日本之巴御前</u>②者是也。然以優勝劣敗之勢。女子究不能以柔脆之腕力。抗敵男子。其權力遂漸次移於男子之手。且以女子有懷姙育產等事。要須男子之保護。故不能不爲男子所制服而隨從於男子也。

---

① “克紐拍特”，即克婁巴特拉七世（Cleopatra Ⅶ，公元前 69—前 30），埃及女王。
② “巴御前”，生卒年不詳，日本平安時代末期信濃國的女武者，武將木曾義仲的側室，隨義仲在戰爭中建立戰功。學界對巴御前是否真實存在尚有爭議。

　　要之過去之社會。其對於婦人。恰如奴隸。僅供男子之玩弄而已。即古希臘羅馬之文明。其待婦人爲尤薄。婦人在家庭之地位。實不過如下婢。以梭格拉底①之聖。尚視婦人"爲人間之劣物"。其他更可知矣。嗣至歐洲封建時代。社會階級。儼然劃定。遂使男女之間。生不可動之界限。而男貴女賤之風潮。愈益漲盛。

　　斯弊既浸淫於社會。襲久遂成習慣。自成一種制度。以至今日。無論東西洋。皆蒙男尊女卑之餘弊。故以過去之世界言之。婦人者。全抑服於男子壓制之下者也。至近世。社會對婦人之思想漸異。而婦人之地位品格事業亦漸高。其原因也有二。一因基督教教師克利士特②。對婦人表同情。且尊敬之。基督教中因此而尊貴婦人之風漸長。其餘響遂映及歐洲社會。以婦人與男子爲同等之人類焉。一因德意志之北方種族。最重婦人。彼族殆有崇拜婦人之精神焉。二因相合。乃喚起對婦人尊敬之念。後法國革命事起。自由平等博愛之思想。日益熾興。而女權隨以擴張者。正自未艾。至近代如覺士鳩爾 特密爾③等出。盛唱擴張女權。使女子與男子立於社會競爭塲中爲平等。以張其權利焉。

　　密爾所言。即箇人主義之婦人論。使婦人與男子同立於自由競爭之塲裏。得自揮其力。以高其地位完其幸福也。

　　今日婦人。既漸與男子馳驅於競爭塲中。而各種事業。遂無不有關係於婦人者。婦人之投於工業界者尤衆。據一千八百八十年合衆國統計表。婦人之爲製造業與從事於鑛山業者。至有六十三萬二千人。其數占合衆全國勞動者之半。内中業紡績者。女子之數且超過於男子。而其結果也如何。

① "梭格拉底"，即蘇格拉底（Sokrates，約公元前 470—前 399），古希臘哲學家。
② "克利士特"，即基督（Christ）。
③ "覺士鳩爾特密爾"，即約翰·斯圖亞特·密爾（John Stuart Mill，1806—1873），又譯爲約翰·斯圖亞特·穆勒，英國哲學家、經濟學家。

果能如彼論者所言。高女子之地位品格乎。而豈知有不然者。因此而方生種種之弊害也。

第一。女子與男子同立於自由競爭之舞臺。此公理也。不知女子性柔。與男子同競爭。其於心理上生理上。決不可少讓。其結果實使女子失其天分。損其所長。終居於"第二等人間""爲粗暴之女子"也。

第二。以女子入勞動界。其工金必廉於男子。資本家於是多顧用女子。致工金低落。其結果使男女俱困於貧窮焉。

第三。以言道德。女子被雇於工塲。則與男子結婚者日益減少。而離婚之數反日多。此事爲已生之現象也。且以女子一己獨立。自營其業。究以腕弱不能養一身。不堪孤苦貧困。勢不至賣其身釁其操而不止。此實近今社會事實。而使吾人生一至大之問題也。

故列剌克①曰。"娼妓之多。實因貧極有迫之不得不然也。"嗚呼。是何事之可慘而情之可悲歟。

如此而女子之損德操。穢亂家庭。生產私兒之數。日見增加。此女子入於自由競爭社會之結果。而終不免墮落其品格也。是箇人主義之禍害。而婦人所蒙者。尤爲痛烈。情豈誣哉。

然則婦人之將來如何。婦人將來於社會主義之結果又如何。蓋社會主義之可貴者。在救出今日女子不幸之墮落。謀高其地位完其幸福之實詣。約言之。社會主義者。在發婦人高尚之理想。勿徒蹈形氣之自由競爭。若夫廢今日之私有資本。與公有資本。仆競爭的主義。行協動的競爭。使社會主義之思想。得應用於實地。其時也。及於婦人之影響果如何。請畧叙之。

第一。如社會主義行。婦人固非男子之奴隸。而又非如現今與男子之

---

① "列剌克",即威廉·愛德華·哈特波爾·萊基（William Edward Hartpole Lecky，1838—1903），愛爾蘭歷史學家，主要研究理性主義和歐洲道德，著有《理性主義史》《歐洲道德史》。

競争。惟基以高妙平等之真理。其與男子勞動者。若作他山之助。等爲國家之公役。俾盡其天職天分而已。且以女子爲柔性之身。不得苦以嚴峻競争之魔力。惟以平和靜謐。與男子相和相扶。以享受其幸福焉。是社會所生自然之結果也。

第二。能使婦人發揮其特色之所長。斯能使婦人完其天職。蓋社會主義。雖男女如一。究不得以女子與男子爲同一人類。遂使營同一之事業。其故何哉。夫男子者。有男子之長技。而女子亦有女子之所優。各自初生。其性質已各異其趨向也。以女子身體柔弱。腕力薄脆。究不能與男子相頡頑。然女子具天然之愛情優趣。以祐助男子不足之力。以慰藉男子不伸之情。而男子方深賴此感化力者。實女子爲愛之天使也。若不隨其天性以完其道。而使與男子以力相角。正所謂以己之短。攻人之長。焉往而不敗也。故社會主義。認男女兩性之相異。爲女子謀所當爲之事。必如斯而女子之價值愈顯。而今日之論女權擴張者。唯使女子與男子爲同等之事業。混加之於自由競争之戰場中。其結果却陷女子於不幸。實爲誤之已甚也。

第三。使婦人得經濟上之獨立。社會主義。基於人類平等上之真理。雖女子亦有其應得之利益。故與男子均富。爲至當之事也。女子之職掌雖各異。或出執社會之事業。或入操家政。究以等是國家公民。是故對於社會主義。而有均等之財産也。若以女子爲男子玩弄物。而不高其品位。則女子不能獨立於經濟上。即不能不依賴男子爲生活。此爲最大原因。有不待言者。至於擴張女權。許女子以自由。而不得獨立。是矯枉過正者。不歸於失敗不止。唯社會主義。斯真足以高女子之品位者矣。

然豈僅足高其品位而已哉。於現在社會。婦人得爲經濟上之獨立。不俟男子爲依賴。其結果且有大利於結婚者。今日之結婚。殆如貿易。唯利是從。故富家子弟。無論其材質何如。有女之父母。率以女子委之。其結婚也如是。與娼妓奚異。豈復得目爲夫婦耶。噫。利己的競爭社會之弊害。一至於是。戀愛金錢。幾如神聖。致汚重大之結婚。是果何以至此。亦坐於女子未能獨立於經濟上之故耳。故社會主義得實行。男女互擇。非真爲意氣投合。心志相慕者。不得濫爲結婚。如是。則真實之夫婦出。而男子之道德亦進。離婚之數。自可漸減。其利且及於所生之孫子。以之治家庭。爲平和社會。使後世子孫自踵行其教育。俾大補益於人種之改良。其所關豈非宏大也哉。

　　如上所論。唯社會主義。爲能高婦人之地位品格。得完其幸福。故擴充女權。發揮女子特具之光榮者。舍社會主義外。莫之或是。豈溢美之言哉。

第
八
章
一

社會主義與勞動團體

　　本章明社會主義與勞動團體之關係。然勞動團體者。不過一時之策。若欲真達其目的。必仍歸着於社會主義。

　　茲欲論示之。不可不先論勞動團體之起。溯其原因及其目的。勞動團體者。起於求保護勞動者之權利。且爲擴張之也。蓋勞動者受資本家之殘虐。慨然有爲牛爲馬之感。故求所以保護其權利。擴充其權利之策。使資本家不得壟斷。而欲躍其身於均富界。此其原因也。所志雖偉。然究其實際。殊有不然者。昔歐洲各國。於起勞動團體之初。亦欲伸張其權利。迄後唯汲汲挽回其墜失之權利而已。蓋歐洲勞動者。受資本家之虐待酷遇。實有非人意想所可及者。其終歲勤動。所產出之富。悉爲資本家所吸收。勞動者僅得少許之工金耳。更有甚者。其應受之工金。亦任資本家緩急之。勞動者不得自爲取受。以至緩急不濟。有不免迫於饑餓者。如此與牛馬何異。其情狀實即昔日之奴隸耳。於是勞動者乃大發憤。欲求脫此羈縛。挽回自由之權。然此至難之事也。究非少數人所能成。彼勞動者。復不悟以多數團體之勢力當禦資本家。故行之久而無效也。

　　雖然。歐美各國於前數十年間。初倡此勞動之團體。實可謂偉大之事業。其初也組織一社會。欲以抵抗政府。未能得志。而乃能愈苦愈勵。此團體遂漸次盛大。至今日得社會之同情。且爲法律所認許。遂得稍稍振興其權利。其頭角漸高於地平線上。

　　究之勞動團體。決不能爲勞動者最後之救世主。予爲此言。予非不欽敬勞動者之起又非有疑於勞動者之無力。蓋以勞動團體者。爲勞動者之城池。據之得以戰資本家也。而此種勞動團體。其能具偉大之能力乎。予不敢信。又此種勞動團體之完成。果能擴充勞動者之權利。無不足之感乎。是又予所不能考。

　　然則勞動者之權利果如何。勞動者之希望果如何。曰。今之勞動團體者。亦唯因勞動之時過久。所博之工資復薄。未足以贍其家族已耳。若短其時間。厚其工資。俾得以餘潤贍家族。斯其小希望小目的爲已達。而今日之勞動團體。亦可謂奏效。若使勞動者不僅此等小希望小目的。而再有遠大之志望。則勞動者不應僅據此城池。此非予臆測之言也。如歐美勞動者之首領。唱曰。“方今尤進步於世界者。爲經濟學。以勞動之權利。應占有其産出富之全額。乃勞動者能産之而不能占有之。以未明經濟之原理故耳。”云云。是以勞動團體用姑息之手段。必終不能達其目的。

　　蓋勞動團體之力。不過僅對資本家少示其威權。使資本家不得肆其壓制。如此。究未能使勞動者與資本家在同等之地位。完對等之利權。矧欲凌駕於資本家乎。且勞動者於此方團結。資本家亦在他方張鼓旗以相抗。與勞動者爲對衡。以勉求保護自家之利益。其究也不得不爭。而勝利終歸於資本家手。此何故哉。以資本家之財力充給。足持久而不敗。勞動者則終日營營。不過得一日糧耳。爭之既久。身愈益窮。妻子泣飢。當是時也。欲不降於資本家而不得也。要之勞動團體之效。既已如斯。而真欲擴充勞動者之權利。完勞動者之幸福。究將何所倚賴乎。是必更講雄大之方畧也。

社會主義者。即勞動者金城湯池。爲勞動者最後之救主也。蓋社會主義。企圖改革社會之根本。其目的與勞動團體之目的。相去奚啻霄壤。故一旦社會主義實行。而勞動團體之目的自達。

社會主義本來之目的。在變革現今之資本制度。即打破現今貧富之階級也。總之社會問題者。在對今日社會之病。而對病發藥是也。故社會主義行。不僅今日之少數資本家。不能懷私。即土地、鐵路、鑛山、工塲、機器等。所有生產資本。悉歸公有。舉國民皆爲勞動者。協力經營社會之公益。然後遊惰坐食之人如今日所謂資本家之流。自行絕跡。夫資本家得居於上流階級。則勞動者不得不自存於下流階級。此自然之勢也。既生此二階級。勢必來二階級之衝突。而其衝突所生之禍厄。蒙之爲尤多者。則仍勞動者也。是以勞動團體。雖能爲勞動者幾分之保護。究不能滅絕此衝突。使勞動者得高枕無憂也。是非假社會主義之利刃。截絕此二階級。以施最後之治療不可。

勞動者真欲達其目的乎。斯不可僅組織勞動團體。僅爭工資之高低。爲一小戰爭。要以社會主義之見地。對資本家開一惡戰。先占政治上之權利。使自家代表者出於國會。俾資本制度之變革。期最後之勝利。

現英國之勞動團體。自一千八百八十九年以後。爲新發達。捐棄昔日之陋見。斷然採社會主義之思想。爲新運動。即行社會主義之方畧。而悟勞動團體之本旨有不完者也。是豈非英國勞動者之思想有進化哉。如此原因。雖屬甚多。要不外以下數端。（一）有感於<u>邊利</u>氏之名著"進步與貧困。"（二）起自一千八百八十一年至一千八百八十三年間。社會之復興。（三）自一千八百八十四年至一千八百八十六年間大饑。因悟爲社會組織不完全之故。（四）<u>查列斯</u>①氏等之社會的慈善家盛興。探究貧民之狀態。勞

---

① "查列斯"，即查爾斯·布思（Charles Booth，1840—1916），英國輪船主、社會學家，著有《倫敦人民的生活和勞動》（*Life and Labour of the People in London*）。

動者之慘苦艱難。其故在無道德以支配之。與無經濟以生活之。爰發見社
會制度弊害之起因。（五）如<u>特曼</u>①及<u>覺般士</u>②等偉人。起於勞動者。大鳴勞
動團體之無能。以唱行社會黨之主義是也。爾來英國勞動團體。莫不以社
會主義。鼓吹其新元氣。至今日着着進步。以行其志。現勞動者。出代表
者於國會市會或教育會。愈居理想之實地焉。

更有可以證予之說者。一千八百四十六年③。萬國勞動者。開第一次同
盟會於<u>倫敦</u>④時。所議決之綱領⑤。抄錄如左。

我黨信否。勞動者欲脫資本家之羈絆。斯勞動者不可不自戰。而
欲勞動者之自戰者。爲使分資本家階級制度之特權。全廢滅階級制度。
得萬人均等之權利。負萬人共有之義務是也。

我黨信否。勞動者爲資本家生命之源泉。專有生產的機關。若生
屈從。即生社會之窮困。若精神卑屈。即生政治的服從。

我黨信否。勞動者欲解經濟的束縛。爲最重大之目的。故爲百般
之政治的運動。單在扶此目的。

是可知彼等社會主義之教。在行根本的改革。以達勞動者最終之目的。

如斯各國之勞動團體者。無不向社會主義之徑路而馳。是爲勞動團體
一時之良策者。舍社會主義外。無可歸着也。吾人又何疑乎。

---

① "特曼"，即湯姆·曼（Tom Mann，1856—1941），英國勞工領袖。曾創建多個工會和勞工組織。
② "覺般士"，即約翰·伯恩斯（John Burns，1858—1943），英國勞工領袖、社會主義者。
③ "一千八百四十六年"，有誤，應爲"一千八百六十四年"。
④ "開第一次同盟會於倫敦"，指 1864 年 9 月 28 日在倫敦舉行的國際工人協會成立大會。
⑤ "所議決之綱領"，指《協會臨時章程》，是馬克思在國際工人協會成立大會後，於 1864 年 10 月
擬就的，并於同年 11 月發表。

第
九
章
—

社會主義與基督教

徵歐美近今之事實。社會主義與基督教。正如仇讐。冰炭不相容。基督教徒。威忌此主義。而倡此主義者。亦盛反對於基督教。然此爲近代貴族之基督教爲然耳。至初代基督教。則與此主義正大相似。匪唯相似。且全合其精神思想。殆有異名同體之觀焉。

法國社會主義之鼻祖<u>撒希捫</u>①著。"新基督教"一書。搜剔古代基督之神髓。與今社會主義相合者。以發揮其奧趣。真不能不服其卓識。予曾研究古代基督教。一一經驗之。確可認爲社會主義之真理。蓋予以古代基督教。代表近時之社會主義。以近時社會主義。代表古代之基督教。兩兩互勘。無可疑者。請舉其說。

第一。其理想與目的爲一。

古代基督教徒之志望爲何如乎。決非如今日之基督教會。唯救人而導入天國。徒爲未來之天國。增幾多戶口而已。觀耶蘇初使其徒等。生多少來世之觀念。專心一意。唯謀救濟人類。建設理想天國於地上。故其徒深信人類爲神之子。又信其互爲兄弟。而謀所以協合輯睦於優愛和樂之中。

① "撒希捫"，即昂利·聖西門（Henri Saint-Simon，1760—1825），法國空想社會主義思想家。

是其宗教。即兼愛之宗教。其道。即人道也。彼等主唱"人類同胞主義。"欲實現平等的社會。其行人類相愛之大道。基於去利己私欲之念。以爲協同。非如現今之競爭制度。而不演社會協同之真理也。噫。初代基督教之理想。豈不偉大哉。

而社會主義之理想如何。實與初代基督教所説。無毫釐異。夫社會主義。不認箇人主義爲根本。且斷然廢滅之。非如今日社會爲私利私欲之戰塲。實欲人人相扶相助而欣遊於樂園。故社會主義之本領。在平等主義。在人類同胞主義。而其實尤在愛基督教的道德之真髓。今日社會主義之精神心術。與初代基督教。若合符節。唯基督教鼓吹各箇人的思想。及於全社會。社會主義。更進一步。真企圖改革社會上之經濟畧工業畧及應用的政治。爲有差耳。然此不過少異其方法耳。至其精神目的。則兩輪同出於一轍也。

第二。其傳道之熱心亦相似。

觀初代基督教之歷史。其最著事實者。爲彼等基督教徒傳教之熱心。如火之炎。蓋彼等實有一種精神的熱誠。故能忘其身以傳道。不見夫新約聖書使徒行傳乎。彼等以空前絶後之勇氣宣大其道。有其身雖斃其傳道之心猶未或冷之勢。使徒行傳之記者評之曰。"彼等皆充聖靈者也"是彼等爲其道獻身以教人。又何疑乎。

觀近代社會主義之運動。亦甚相似。教授伊利曰。"近代社會主義動發人之良心。使人人鼓吹其如烈火之熱心與獻身的精神。其他不復見也。"是社會主義。捐無量數人之私欲利念。翻然獻博愛仁義之身。使人一旦抱持此主義。必至不宣傳其道而不止。嘗聞英國社會主義内有某會員。暇偕其妻出街頭。大聲疾呼。演説社會主義。其妻亦携解説社會主義之書册同時發售。熱心以勉社會主義之宣傳。其狀實與初代之耶穌使徒隨處傳教相類。

如此例者蓋不勝枚舉。德人或有遊英國者。目擊其社會主義之運動。謂彼等皆有一種宗教的熱心云。

第三。同遭社會之患害。

初代基督教。於猶太。於羅馬。受非常之壓制。信教之徒。世人咸以邪教家目之。謂其破壞社會秩序。直斥之爲亂臣賊子。或引出法廷。或刑而繫獄。或毆之以石。種種患害。無所不至。是基督教受社會之虐遇酷待。可謂已極。而爲教徒之患害者。即當時之政治家富家與貴族也。

社會主義。亦同受此虐遇酷待。蓋除古代基督教徒而外。爲社會所嫌惡厭忌者。即爲社會主義。於法於德社會主義黨。受殘虐待遇。或囚繫法廷。或燒其書籍。種種苛虐。難以罄數。如佛國[①]撒希捫黨。所受之害。則更有不堪言者。而社會疾惡此黨。幾如蛇蝎。乃有其徒黨於法國南部。爲反對者所石擊。而以從容平和之語應對之。噫。何其精神與古代使徒相類之甚也。當時人。以社會主義。爲紊社會之綱紀。破社會之平和。故彼等視社會主義。如是之輕。如是之酷。而極力謀勦滅之。社會主義。既蒙此不韙之名。世人因不欣信之。亦其宜矣。夫反對此社會主義者誰乎。亦即反對基督教之富豪貴族及汲汲爲利之俗物而已。

第四。傳播之速亦相似。

有爲基督教流血者。而基督教愈昌。然古代教徒。以改新宗教爲宗旨者日以數百計。非如今日教會。年復一年陳陳相因。而數人亦未見其增加也。彼時情事。壓制愈烈。教徒之心愈熱。炎炎騰上。勢可焦天。卒破壞羅馬教皇之天下。近代社會主義亦如之。一千八百六十年以前。德國所謂社會黨者。調查黨中人數。有一年得新改宗者六十萬人。一日得新改宗者二千六百四十

---

① “佛國”，即法國（France）。

四人。該撒氏①所謂"吾觀吾來吾勝"實即社會主義近來之勢也。

第五。同爲世界的思想。

猶太教爲極頑固。充其思想所及。至國家而止。故非猶太人不得入其教。而基督教則大宏門戶。冀以一手力。旋轉乾坤。故初代即溢出猶太國境。而傳道異邦。以爲世界的運動。社會主義。亦抱此世界的思想。企圖運動於世界。故卡爾②氏主唱此主義。組織萬國勞動者之同盟會。其綱領有曰。"吾黨無國種之區別。惟依真理正義、道德、以立此主義。以期傳於萬國。"

第六。同對民濺同情之淚。

是兩者有不著思議而相類者也。撒希抑氏以之爲初代基督教與社會主義爲一致之最要點。如新約聖書。對貧民多慰藉之語。暨路加傳六章。謂"耶蘇殆與貧民爲黨。與富者爲敵。"其情斯可見矣。社會主義之第一着運動。謂勞動者爲朋友。以助擴張其權利。是社會主義之原動力。實爲人情之大道也。

第七。同富於兄弟相愛之精神。

初代基督教。爲世人所注意之事實。爲其信徒等。恰如今日之共產黨。樂其共有財產而居之。聖書記之曰。"信者皆一心同意。無一人言爲己有物。亦無一人據爲己有物。有則斯共之。"又彼等疾病相扶持。苦樂相憐愛。異教徒見而感嘆之曰。"彼等何相愛之深且固也。"近代社會主義之相愛相助。似尤過之。或謂予曰。"今日教會內之相愛。徒爲言語而已。若社會黨內之相愛。實有不啻兄弟者。"是社會主義者之相愛以樂其道。已爲多數人所贊賞。是則真可謂之爲愛也乎。以上就兩者之現象相類者。舉其要點。且不

---

① "該撒氏"，即蓋尤斯·尤利烏斯·凱撒（Gaius Julius Caesar，公元前 100—前 44），羅馬統帥、國務活動家和著作家。
② "卡爾"，即卡爾·馬克思（Karl Marx，1818—1883）。

但現象已也。兩者之精神主義。亦復一致。故其演出之現象。爲同一也。

　　要之近代之社會主義。非僅爲一種社會改革。實爲停辛佇苦。灑血凝淚。而成一種之活宗教也。即謂爲現時之宗教。亦無不可。苟有志於人道。而思社會之改良者。獻其身。盡其力。而爲斯大主義以斃。當亦無遺憾也。

第
十
章

理想之社會

　　社會主義之理想。謂社會與箇人。各相調和。協同以營社會全體之幸福。而使箇人對社會負責任。社會亦對箇人負責任。互以責任相關係而已。故社會主義之理想社會。即責任社會也。

　　茲欲表明社會對箇人之關係。爲求一簡明之語。法國主張社會主義者路易布蘭①有言曰。"箇人應盡其責任於社會。社會亦應隨給箇人之所必需。"箇人應盡其責任於社會者。即箇人對社會負責任也。社會應隨給箇人之必需者。即社會對箇人負責任也。斯箇人有所負於社會。社會亦有所負於箇人。而互以責任相聯絡也。究於二者何先。則以箇人對社會之責任爲主。而以社會對箇人之責任爲賓。思此語誠簡潔。能明社會與箇人之複雜。能著社會與箇人之關係。此語也可謂之理想社會之憲法。請更描寫對社會之理想。

　　先論箇人對社會之責任。蓋責任一語。即英語所謂"予所負之債"之意也。如借人錢即有償金錢之義務。箇人於社會。無論何物。實均有借而償之之意味。不然。吾人對社會。又何有毫釐義務責任之負哉。問者曰。

① "路易布蘭"，即路易·勃朗（Louis Blanc，1811—1882），法國新聞工作者、歷史學家、社會主義者。

吾人對社會。果負何物乎。予對曰。凡吾人之物。無不悉舉而負之社會者。如吾人之性格、實力、地位、物用。皆是預借之於社會者也。美人常愛“自助自成人”之語。謂人須有獨立志。無俟倚藉。而自完其人格。夫不依賴他人。而能獨立。誠爲有精神之美事。無問何人。未有能非議此語者。然而試思。世真能獨立自成者有幾何。爲細察之。蓋人無論爲何事。必假物力以成之。舍此則不得也。以是予有疑“自助自成人”之語。當未得全義。巴烏倫①曰“汝果何所有乎。”蓋人之性質、腦力、智識、成功。無一不需他人之助而得成也。

　　吾人者。不過爲遺傳、教育、境遇中之一産物而已。若吾性質。如何雄大。貌似爲獨具者。不知爲父母教育之所賜賚。若吾事業。如何壯烈。貌似爲一人之力者。不知依成於多數者之助力。以是思之。吾人得真以自力而成者。殆未一見也。如使明哲梭格拉底之初生。而置之野蠻人中。安能使彼發明高尚之哲理。如擅世界詩才之索士比亞②。使始生即住於不文之蠻族中。又奚能揮其優妙之才筆。至今日之人。尤重發明家。以爲彼等能造出新奇物於社會。故許其得專擅利益。然試思之。彼發明之功績。究幾何也。其事物當彼未發明以前。必經多少人之研究。彼等不過據而推演之。苟有所得。又必假現在多少人之力以成之。其實於他人百尺竿頭更進一步。以大成其發明。即以成一己之名而已。如據他人基礎上。而己建一室耳。有戲言以喻之。時有三猿。羣遊果樹下。一猿先升木。乖一手以援第二猿。第二猿上。復乖手援第三猿。第三猿藉此屢援力。遂得升木而嚙木之實。而第三猿乃詡詡然自矜其功。據木實而獨有之。目擊此者。其然之乎。社會之事。大抵如斯而已。

---

① “巴烏倫”，即聖保羅（Saint Paul，約 10—約 67），新約聖經中的使徒。
② “索士比亞”，即莎士比亞（William Shakespeare，1564—1616），英國戲劇家和詩人。

　　更有當注意者。在吾人之所有。與富之出處如何。今日社會。力求保
護財產之私有權。亦不過欲富有者。得肆其私欲。無所忌憚而已。然予試
問吾人之富。果以一己之力出之乎。抑亦以負他人之力而得之也。必對曰。
吾人之富。實社會協動之産生物也。邊查閔①氏亦曰。"各人有千分生産。
其九百九十九分。實社會相續及境遇之結果而已。"若此。吾人豈可徒誇一
己之力哉。

　　信如斯言。吾人對社會。實負最大之責任也。吾人之財產、智識、才
學等。均爲預借於社會者。則不可任一己之使用。宜獻爲社會之公益。嗚
呼。吾人社會之公役也。社會之臣僕也。必時獻其力於社會。奉公於社會。
斯實吾人之天職也。社會爲吾人所依託。致力於社會而社會存。斯人生之
價值亦以存也。豈可暖衣飽食而悠悠此一生耶。有財産有智識者。雖得社
會之多與。然不可自誇。且宜思負社會之責任爲尤重。新約所謂"多與者
多求。"斯真社會之金言也。其得社會之少與者。亦不可自暴自棄。宜量其
力之所有。爲社會盡力。以求無負於社會。即所以無負於箇人也。總之。
多得者多償。少得者而多償之。將仍歸於多得也。

　　"箇人應盡其力量於社會"者。乃爲社會之要求也。而社會方有此要求
之權。是吾人對社會之責任。有不容不盡者也。有此責任。而後人生之價
值自顯。蘭斯肯謂如兵士守國。學者教國民。醫者祐病夫。商民流通百物。
各用其技。有不可不爲國家社會盡力者。予有米國一友。嘗演曰。"不爲社
會公共之生活。則吾人遂無生存於社會之權利。"聽者有以此言爲未允者。
而予則深有感於此言。何也。吾人對社會無責任之感。則社會無以存。社
會無以存。則吾人如皮上毛。皮亡則毛將焉傅矣。

　　以上即箇人對社會責任之謂也。即社會主義責任論之第一義。尤爲重大

――――――――――――――――
① "邊查閔"，即本傑明・基德。

之事。而社會對箇人責任之所由也。然予方欲反前言而更爲一説。社會對吾人有應盡之責任。吾人對社會亦有要求之權利。何也。社會者。因箇人而存者也。吾人即爲存國家社會之公僕。故社會對吾人即有不可不盡之義務。譬如軍人之於國家。獻其身命於國家。爲國家之干城。負防衛之責任。故國家必宜養之。即有給其需用之義務。若謂此國家厚遇軍人。不可也。

然則社會對箇人之責任。果何如乎。曰。即"社會應隨給箇人之所必需"一語。是也。

第一。社會應給箇人必要之生活。如衣食起居之類是。蓋今日箇人之衣食起居。爲社會勞動之第一目的。箇人之志趣卑下者。皆爲汲汲求足衣食起居故也。不知吾人更有許多高尚之事業。觀今日社會主義之現象。與今日社會中人之營求。實有可嗤而又有可憫者。夫使各箇人爲社會公僕。經營高貴之事業。則社會必給足箇人之衣食起居。俾箇人無苦慮於生活。得伸其腕紆其力以充足其運動。若軍人不得國家之養。勢不得不別圖生計。而軍人之本職不能盡矣。故社會主義之思想。以爲箇人者。實與國家之軍人相似。故社會必於箇人足其衣食起居。爲盡當然之責也。

第二。社會不可不授教育之福於箇人。苟欲人爲社會最偉之功業。必不可不以教育。涵養其智德。鍊磨其實力。蓋人之初生。非即有高尚之性格。偉大之能力也。必假教育而始發達之。然觀今日之教育制度。大學之門。非不廣開也。第限以有資財者。方得入之。則有多數之貧困者。不得霑其恩澤矣。其中有可發達之人物。徒與草木同腐而已。故社會主義之理想。言教育爲國家的事業。國家必以教育施人。斯可以致其奉公之誠焉。

第三。社會不可不於箇人爲娛樂慰藉之預備。如美術品。如運動機器。如劇場。如音樂。如旅行漫遊之方法。皆政府應爲箇人豫備之要務也。人皆以此等事。除娛樂外無深意。不知吾人得此娛樂。即可充足一身之元氣。元神既足。然後得益勉勵爲社會公共之利益。今日文明國之工業界。其中深伏無限之禍機者。實以閉塞勞動者娛樂之途也。故<u>倫敦</u>於社會殖民事業。以重勞動者之娛樂爲目的。社會主義者。即欲以國家之費用。備娛樂方法。使箇人皆有樂趣。不見彼<u>柏蘭密</u>[①]乎。柏氏以政府之力。每日必奏美妙音樂。用電線傳之各處音樂室。任人聽之。此可以爲娛樂矣。

第四。社會對箇人之疾病。老廢。殘疾死亡。應設善爲保護之方法。如今日買財産保險生命保險之類。使得爲疾病老死之豫備。是實社會爲箇人經營之事。而後箇人無生活上之苦慮。方得自在爲社會計畫公益也。

如上所言。社會對箇人盡其所負之責任。箇人亦披其赤誠。爲社會盡公共利益。兩無相負。乃造出完全無缺之社會。<u>勃爾達克</u>[②]有言曰。"完全社會者。其各箇人。恰如螳如蜂。各自戮力。爲全體利益。"以全體之力。在各箇人助之也。故社會主義行。達社會之理想。基督教所謂"天國"。社會主義所謂"優特比亞"[③]。是非爲人類時代。乃道德時代也。社會之進步至茲。可謂達完全之點矣。思社會進化之趨勢。何時方可達此時代乎。則戰争之時代已去。而實業之時代來。今又實業之時代將去。其可入於道德之時代矣。嗚呼。天國在邇。吾人之志遂成。不亦愉快已哉。

社會主義終

---

① "柏蘭密"，即愛德華·貝拉米（Edward Bellamy，1850—1898），美國作家，著有小説《回顧》（*Looking Backward，2000—1887*）。
② "勃爾達克"，即普盧塔克（Plutarchos，約 46—119 以後），羅馬帝國時期的希臘傳記作家，著有《希臘羅馬名人比較列傳》（*The Parallel Lives of Grecians and Romans*）。
③ "優特比亞"，即烏托邦（Utopia）。

光緒二十九年三月初三日印刷

光緒二十九年三月廿五日發行

（定價大洋二角）

著　者　　日本　村井知至

譯　者　　武陵　羅大維
　　　　　　上海英界大馬路同樂里

印刷所　　廣智書局活版部
　　　　　　上海英界大馬路同樂里

發行所　　廣智書局

社會主義

《社會主義》羅大維譯本版權頁

《社會主義》羅大維譯本編者說明

馮雅新　劉慶霖　編校

1. 底本描述

村井知至著、羅大維譯《社會主義》一書，今據北京大學圖書館館藏紙本録排。原書高 22 厘米，寬 13 厘米，從右至左竪排行文，筒子頁 24 頁。

該書由上海廣智書局印刷、發行。封面標示"光緒壬寅三月（1902 年 4 月——編者注）印刷"，版權頁標示"光緒二十九年三月初三日（1903 年 3 月 31 日——編者注）印刷"和"光緒二十九年三月廿五日（1903 年 4 月 22 日——編者注）發行"。

2. 村井知至

參見本卷"《社會主義》（《翻譯世界》連載本）編者説明"中的"2. 村井知至"。

3. 羅大維

羅大維（1878—？），字剛甫，湖南武陵人。[①]早年入哥老會，爲首領之一，活動於常德等地。1900 年唐才常等籌劃自立軍起義，羅聞訊加入，事敗出逃。1902 年赴日留學，1903 年翻譯村井知至的《社會主義》一書，此外還翻譯了内山正如的《萬國宗教志》（上海鏡今書局，1903）、正岡藝陽的《英雄主義》（上海鏡今書局，1903）、浮田和民的《史學通論》（進化譯社，1903）以及土井

---

① 伯納爾. 一九〇七年以前中國的社會主義思潮[M]. 邱權政，等譯. 福州：福建人民出版社，1985：82.

林吉的《拿破侖》（益新譯社，1903）等書。①羅大維歸國後，於 1909 年任常德府武陵縣籌辦自治公所所長。辛亥革命後，曾任湖南內務司副司長。②

4. 廣智書局

廣智書局是 1901 年在上海成立的一家以出版譯著爲主的出版機構。"廣智書局"，取"廣爲傳播知識"之意。③初創時期的局址設在上海的福州路、江西路、河南路一帶，後在北京和廣州設立分局。1925 年停業。

該局在晚清時出版的圖書，扉頁上都附有上海道臺頒布的保護版權、不許翻印的告示。其中提到"香港人馮鏡如④在上海開設廣智書局翻譯西書刊印出售"，實際上是要向當局特別表明香港人馮鏡如是廣智書局的老闆，目的是以馮鏡如的港英身份獲得出版方面的便利。事實上，馮鏡如并無廣智書局的股份。熊月之認爲，廣智書局"名義上由廣東華僑馮鏡如主持，實際上是梁啓超負責"⑤。

廣智書局的譯書人當時很多在日本學習和生活，或有留學日本的背景，比較知名的有麥仲華、麥鼎華、趙必振等。該局出版書籍相當廣泛，涵蓋了很多方面，哲學、倫理學方面有中江篤介著、陳鵬譯的《理學鈎玄》，中島力造著、麥鼎華譯的《中等教育倫理學》，元良勇次郎著、麥鼎華譯的《中等教育倫理學講話》，乙竹岩造著、趙必振譯的《新世界倫理學》。法學、政治學、歷史學等人文社會科學方面的有岸本能武太著、章太炎譯的《社

① 尋霖，龔篤清. 湘人著述表[M]. 長沙：岳麓書社，2010：705.
② 房兆楹. 清末民初洋學學生題名録初輯[M]. 臺北："中央研究院" 近代史研究所，1962：42.
③ 廣智書局歷史[N]. 國民日報，1903-08-17.
④ 馮鏡如（？—1913），廣東南海人，出生於香港，早年赴日本謀生。孫中山在 1895 年的廣州起義失敗後東渡日本來到橫濱，馮經常贊助孫在日本的革命活動，後參與組建興中會，被推舉爲首任日本興中會橫濱分會會長。1901 年從日本返回上海擔任廣智書局總經理，1903 年因發起張園國民議政會被清政府通緝，後返回廣東閑居，1913 年病逝。編有《英華字典》。是清末資產階級民主革命者馮自由之父。
⑤ 熊月之. 西學東漸與晚清社會[M]. 上海：上海人民出版社，1994：643.

會學》，島村滿都夫著、趙必振譯的《社會改良論》，小林丑三郎著、羅普譯的《歐洲財政史》，西川光次郎著、周子高譯的《社會黨》，市島謙吉著、麥曼蓀譯的《政治原論》，天野爲之、石原健三合著、周逵譯的《英國憲法論》，小野梓著、陳鵬譯的《國憲泛論》，松平康國編、梁啓勛譯的《世界近世史》，松井廣吉編、張仁普譯的《意大利獨立史》。所譯自然科學書籍不多，只有橫山又次郎著、馮霈譯的《地球之過去及未來》等少數幾種。

　　廣智書局出版的最著名的譯著，是福井準造著、趙必振譯的《近世社會主義》，此書 1903 年 2 月出版，被學術界認爲是“近代中國系統介紹馬克思主義的第一部譯著”①。該書以較大的篇幅和稱頌的文字，第一次向中國讀者系統地介紹了卡爾·馬克思（書中譯作“加陸馬陸科斯”）的生平和學説，介紹了剩餘價值理論；介紹了馬克思和恩格斯的一些著作，如《哲學的貧困》《共產黨宣言》《英國工人階級狀況》《政治經濟學批判》和《資本論》等的寫作過程；介紹了第一國際的活動，以及巴黎公社的情況。書中稱讚《資本論》是“一代之大著述，爲新社會主義者發明無二之真理”。該書對馬克思主義在中國的早期傳播，具有重要的意義。②

5. 《社會主義》的文本分析

　　參見本卷“《社會主義》（《翻譯世界》連載本）編者説明”中的“5. 《社會主義》的文本分析”。

6. 研究綜述

　　參見本卷“《社會主義》（《翻譯世界》連載本）編者説明”中的“6. 研究綜述”。

---

① 姜義華. 我國何時介紹第一批馬克思主義譯著[N]. 文匯報，1982-07-26.
② 熊月之. 西學東漸與晚清社會[M]. 上海：上海人民出版社，1994：643-645.

社 會 主 義

日本　村井知至 / 著

侯士綰 / 譯

文明書局

《社會主義》侯士綰譯本封面

緒言

余夙嗜社會學頗欲屏絶百務精求而深造之旋航美國謁專門社會學家泰開氏[①]而就學焉未幾因事返國而宿志未遂數年前重過美國入雅哇大學[②]就教授赫倫氏[③]攷究社會問題及社會主義又漫游美境各地視察其社會事業於是益嘆服社會學之妙理忘其固陋時欲貢諸邦人客歲旋歸演説四方屬稿十數冀於此稍有所盡今者記録漸多不欲見聞所得旦夕湮没爲別章節以成是書是固零星著述且斯學綱領尚未具詳不足爲完璧今遽以問世甯不自媿然是區區者少資初學考鏡於願已足他之所期請竢異日可也

明治三十二年[④]初夏新緑欲滴之時村井知至識於東京小石川旅舍

---

① “泰開氏”，即本傑明・塔克（Benjamin Tucker，1854—1939），美國無政府主義者。
② “雅哇大學”，即艾奧瓦大學（University of Iowa）。
③ “赫倫氏”，即喬治・赫倫（George Herron，1862—1925），美國基督教社會主義者。
④ “明治三十二年”，即 1899 年。

緒言

余夙嗜社會學頗欲屏絕百務精求而深造之旋航美國謁專門社會學家泰開氏而就學焉未幾因事返國而宿志未遂數年前重過美國入雅哇大學就教授赫倫氏攷究社會問題及社會主義又漫游美境各地視察其社會事業於是益嘆服社會學之妙理忘其固陋時欲貢諸邦人客歲旋歸演說四方屬稿十數冀於此稍有所盡今者記錄漸多不欲見聞所得旦夕湮沒爲別章節以成是書是固零星著述且斯學綱領尚未具詳不足爲完璧今遽以問世甯不自媿然是區區者少資初學考鏡於願已足他之所期請埃異日可也

明治三十二年初夏新綠欲滴之時村井知至識於東京小石川旅舍

一

《社會主義》侯士縉譯本緒言

目

次

社會主義目次

《社會主義》侯士綰譯本目次

第
一
章
一

歐洲現時之社會問題

　　自十八世紀之末。以至十九世紀之初。歐洲有二大革命焉。一則國事革命。一則產業革命也。前者之革命爲政治。在法王拿破崙之世。外勤征伐。內立制度。兵威所指。殺人如麻。然終能構成文明之進步。世所稱法國大革命者。今日演其遺事。景象慘然。談治之家。每注意焉。後者之革命爲經濟。於歐洲之工業界徵之。始以一二人之理想。發明其蘊奧。由是而推廣之。倣傚之。歷時未久。風俗大變。然機雖迅速。事極和平。且無敗軍殺將之禍。使見者悲切心目。故人情罕注意焉。不知國事革命不過一姓廢興。無關於全世界之風潮也。若夫產業革命。則以巧易拙。以精易粗。以利易鈍。羣一世之人。爭心計。鬥腦力。於潛移默轉之間。忽而成最著之變局。恰如滄海暗潮。自外觀之。波平浪靜。而其運動之力。一那刹時。有絕大幻象者。此亦極宇宙之偉觀矣。故於此究其本原推其功效。視彼法國己事。豈復可以道里計哉。

　　當十八世紀之初。歐洲之工業之物產。不過人操其技。家習其勤。甲不與乙謀。丙不與丁計也。迨一千七百七十年有金姆斯·哈利夫①者。發謀

---

① "金姆斯·哈利夫"，即詹姆斯·哈格里沃斯（James Hargreaves，1745前後—1778），英國人，木匠、發明家，發明了珍妮紡紗機。

兆慮。始創成紡績機械。自後二三十年間。人心精巧。陸續發明。遂至用
蒸汽於器物。合羣力於場所。而歐洲之工業大變矣。即今日手伎之工業。
改爲機械之工業。一家人之製造。改爲大工廠之製造。所由月異而歲不同
也。夫前此歐人勞苦作業。人殊家異。不能不守其舊式。至是而集衆思。
廣衆益。技巧日有所擴充。貨財日有所增附。無怪其工業社會。面目一新
也。然循此制度不改。外雖示非常之進步。内實藏無限之禍機。蓋文明者
本由生存競爭所生。今日工業雖有進步。恐他日風會愈變。將有破壞社會
之時。則爲害亦不淺矣。故必去文明之虛美。無滋流弊。恐其禍之自内生
也。又必考工業之實因。及其成功。知其事之有終極也。然則此新社會者。
乃足供舌辨場中極繁重之問題。吾人於此。得不少下觀察之眼乎。

　　此新社會所生之能力。而即爲其直接之效驗者。何也。增進富財是也。
蓋機械勃興。製造便利。已有增進富財之勢。自蒸汽電氣二力應用以來。
工業界之速律愈甚。富財之增進。實爲前古所未有。計自一千七百八十五
年①。英國以蒸汽機械爲紡績。至一千九百年。十五歲間。進步絕偉。出產
之多。銷售之廣。殆將壓倒全世界之市場。爾後互相倣造。且恢闊其製。
因而動力愈大。觀今日在美洲者。即馬塞加滋②一處機械紡績③所出布帛。
已較手技者五千萬人爲優。若合全英國觀之。大約可敵七億萬人之手伎。
是實佔居五大洲人口之總數。豈非怪事哉。故顧拉託斯敦④曰。世界之生產
力。藉機械以補助之。每七年一倍。蓋機械之運行極速。成物極易。一人
操之。可以食百人。衣二百人。靴千人。此其例也。然則因工業而有機械。
因機械而集社會。因社會而生富財。日月增加。不可籌算。亦勢之自然者也。

---

① “一千七百八十五年”，有誤，據日文原書，應爲“一千七百八十八年”。
② “馬塞加滋”，即美國馬薩諸塞州（Massachusetts）。
③ “機械紡績”，有誤，應爲“機械紡績”。
④ “顧拉託斯敦”，即威廉·尤爾特·格萊斯頓（William Ewart Gladstone，1809—1898），英國政
　　治家，曾四度擔任英國首相（1868—1874、1880—1885、1886、1892—1894）。

惟其然也。故今日大資本家。必藉機械之力。求增長其財利。不問可知也。顧當其創建之始。不惜多擲金錢以營工業。迨工業既發達。而財利益增長矣。且此人之金錢。與彼人之金錢較。力鈞則相鬥。一資本家與衆資本家較。勢敵則相傾。營營然惟日不足者。夫亦曰利在則然耳。

顧人人欲利。人人求富之增加。使舉世并蒙其福。不亦善乎。無如購造機械。非資本充裕者力有不逮。則因其有直接之利益。勢必有反對之弊害。蓋彼以資本之多。可以獲計於工業。此以困乏之甚。至於絕迹於社會。富者愈富。貧者愈貧。此始製機械之人。未曾慮及者也。昔亨利覺基①著書論此事。所爲極詆現今社會之不善也。

且自機械工業勃興之初。需用多人。一時工價騰貴。勞力者皆獲利數倍。然不過暫時之幸福耳。未幾而新機械出。勞工失業者多。雖賤其值而無所用矣。試觀一千八百五十六年。至六十一年。僅五年間。而阿爾蘭②及蘇格蘭之勞工。因機械製造而失職者。十四萬六千人。又一千八百四十六年。富倫德史③失職之勞工。實有二十五萬人之數。豈非極利之中。有極不利者在與。加以精巧機械日出不窮。始猶需人操作。終則自能運動。其勞工之職。不過以手足護持之。以耳目接應之耳。故工銀次第減落。甚至不用男子。僅得婦女兒童。可以集事。而勞力者益窘促矣。抑不獨一時之窘促已也。近世工業界產物過多。則有恐懼慌惚之一境。生於其間。夫恐懼慌惚。亦大不利於勞工者也。蓋資本家蓄積既厚。製造又速。有時不能盡售。或又有特別之機巧。與之爲敵。則恐懼慌惚之心起。而工業中止矣。此際爲勞工者。無所得食。途窮日暮。不得不爲所謂懶惰之生活。蓋彼等

---

① "亨利覺基"，即亨利·喬治（Henry George，1839—1897），美國土地改革論者和經濟學家，著有《進步與貧困》（*Progress and Poverty*）。
② "阿爾蘭"，即愛爾蘭（Ireland）。
③ "富倫德史"，即佛蘭德（Flanders）。

雖腕力甚强。心事甚苦。而社會反覆無常。强使之爲無業游民。是即謂社
會强迫之爲懶惰可也。今舉一二事觀之。一千八百六十年。英國工業停滯。
因恐懼慌惚而失業者六萬人。一千八百八十五年五月。美國社會有恐懼慌
惚之事。僅馬塞加滋一州。凡有二十五六萬游民。是種乞食之徒。實爲現
今文明社會之特有物也。然則勞工之作力。本期叢集社會。丐其餘瀝以養
生。今反爲勝手所揶揄。徘徊歧路而不知所往也。嗚呼。富者之恐懼慌惚
猶少。貧者之恐懼慌惚則多。何不幸至於如此哉。

　　是故彼所謂富財增加者。特偏集於一方耳。決不能使同社會之人。皆
蒙幸福也。蓋資本家獨佔優利。勞力者愈增貧困。無力之人。不能與有力
之人。并駕齊馳。茲社會乃生不平不均之極弊耳。夫歐洲非所稱文明進化
者耶。而登其劇場。忽演出如斯怪事。咄咄逼人。嗚呼。是亦文明乎。

　　由此觀之。可知社會直接之效驗非富財增加之公益。實貧富懸隔之顯
狀也。一方有少數之富者。一方有多數之貧者。一則富可漸增。一則貧不
自保。一則日加勢力。一則日即萎靡。今日之文明。即此二者之軋轢也。
且使少數富者役多數貧者之殷鑒也。試觀貴族與平民。資本與勞工。地主
與田奴。非互相爭競者乎。而高一籌則勝一籌。殆無異齊人之伎倆。徒見
其急功利喜夸詐己耳。

　　故如今日歐洲各國。其法律所施。外若民主政體。實則權操於貴族。
少數之有力者。得制多數也。初見之疑其爲自由制度。實則政成於專制。
多數之無力者。隸從少數也。約而言之。則財權即政權也。富商巨買。可
以傾動朝廷。然則今日之貴族。雖無曩時氣燄。而實於社會界中。得貴族
以外之貴族。且較古昔貴族。更爲有力而不可制馭者也。夫富豪操縱治體。
以求一己之權利。則宜于政府有絕大關鍵。昔人謂孟木尼孫①之富。能吞歐

---

① 　"孟木尼孫"，mammonism 的音譯，即拜金主義。

洲之政治界者。良非誣也。

　夫金錢之勢。既壓倒政治界。何怪其僭奪社會之特權乎。且社會所樂有者。教育也。文學也。美術也。謂其能表文明之光榮耳。然悉爲一二富者所享用。多數人民曾不得沾其澤。嗚呼。十九世紀之文明。僅少數者之文明。所謂文明之賜。亦唯少數者受之。雖日月并明。光難普照。滿堂宴樂。向隅猶多。是今日文明所演之最快劇。實不啻最慘劇也。故自歐洲新社會起。貧富之程。日益差異。有識者常痛心焉。以上所陳諸弊。悉由現時工業制度所生者也。所謂社會問題。即在於此。以余觀之。文明者斯冰格斯①之怪物也。（斯冰格斯者希臘之異人每設爲難問令西伯人解之不得其解則殺之後又設難問爲愛迭波②所解遂自殺③）不得解釋其難問者。將盡爲所噬而畧無餘也。今歐洲之社會學家。社會事業家。索解無從。多設爲姑息彌縫之策。然終無以塞其弊竇耳。獨社會主義一書。意在將社會之本原。釐正盡善。除舊布新。永合於均平之治。使其說果行。則足以盡釋諸問題。恰如利劍之截棼絲。爽快無匹。真能發明社會。使之利益均沾。一切姑息彌縫之策。皆可置之勿論矣。然社會主義究竟爲何物。試於下章縷析而詳言之。

----

① 　“斯冰格斯”，即斯芬克斯（Sphinx），埃及和希臘神話傳說中的獅身人面怪物。
② 　“愛迭波”，即俄狄浦斯（Oedipus），希臘神話中的底比斯（忒拜）國王，因猜出了斯芬克斯的謎語，從而使斯芬克斯在羞愧中自盡。
③ 　日文原書中并無此段夾注，應爲譯者注。

第二章

社會主義之定義

論社會主義。必先明其定義。而後知此法有益於天下也。然世之釋社會主義者。每拘執乎偏見。或因襲乎陳説。而無以窺見其真面目。是以羣言淆亂。罔所折衷。彼此相反之論。層見迭出。殆若社會主義。實無一定之宗旨者。何其謬也。今先揭諸家之説一一辨之。然後發明定義之所在。使人知所執守。一切諛言謷説。不能煽誘人心。而與社會爲難也。

傅林登①者。愛亨白路大學堂②之教授也。常著述所見。關於社會義者。曰。

以予所目覩者而論。則社會主義所立之學説。在各人因社會而得利益耳。曾未計及自由之公理。使各人皆享應得之權利。以成社會組織也。

然有威斯脱各③者。英國之名監督也。所論之意。正與相反。曰。

社會主義者。在各人皆發達其能力。使迄於完全之界。然後能成

---

① "傅林登"，即羅伯特・弗林特（Robert Flint，1838—1910），英國哲學家、社會學家，著有《社會主義》（*Socialism*）。

② "愛亨白路大學堂"，即英國愛丁堡大學（University of Edinburgh）。

③ "威斯脱各"，即布魯克・福斯・韋斯科特（Brooke Foss Westcott，1825—1901），英國人，基督教聖公會達勒姆主教，聖經學者。

社會組織。不惟可得利益。而并當共保自由也。

由此觀之。兩人之言。同論社會主義。然一以爲壓抑各人之自由權利者。一以爲自由權利實因此而擴充者。是不同矣。

孟鍵珉愷德①者。嘗著社會進化論②者也。其言曰。

社會主義之真理。具有不易之定質焉。即鎮壓競爭是也。

然又有巴德撒巴里斯③者。著有社會主義提要④一書。曰。

社會主義者。非提倡人心使之休止競爭也。惟欲高尚競爭之分限。示人心趨向所在。勿徒爲産業之競爭耳。

夫於彼謂有鎮壓競爭之功。於此謂有高尚競爭之事。是兩人意見。亦不同矣。祁愛谷爾登⑤者。白士登⑥之牧師也。其近日著論。謂今日之社會。更有説焉。曰。

社會主義者。不過隨風俗爲轉移。或偏狹一區。或增加一級耳。

然路勃伯路紀福⑦者。英之大儒也。其著書有名愉快之英國⑧者。詞旨豐腴。膾炙人口。初授梓時。人爭購之。六閲月而盡百萬卷。其言曰。

社會主義者。大旨所在。惟冀勞力之工人。得以受教育文雅生活發達之方也。

夫由前論之。謂社會爲隨俗轉移。無關切要。由後論之。謂社會之意

---

① "孟鍵珉愷德"，即本傑明·基德（Benjamin Kidd，1858—1916），英國社會學家。
② "社會進化論"，即本傑明·基德所著《社會進化》（*Social Evolution*）。
③ "巴德撒巴里斯"，即威廉·德懷特·波特·布利斯（William Dwight Porter Bliss，1856—1926），美國社會改革家和美國基督教社會主義協會的組織者。
④ "社會主義提要"，即布利斯所著 *A Handbook of Socialism：A Statement of Socialism in its Various Aspects，and a History of Socialism*.
⑤ "祁愛谷爾登"，即喬治·戈登（George Gordon，1853—1929），美國波士頓老南教堂牧師，著有《今日之基督》（*The Christ of Today*）。
⑥ "白士登"，即美國波士頓（Boston）。
⑦ "路勃伯路紀福"，即羅伯特·布拉奇福德（Robert Blatchford，1851—1943），英國記者、作家、社會主義者。
⑧ "愉快之英國"，即羅伯特·布拉奇福德所著 *Merrie England*.

旨。極其闊大。有扶掖世教之功。茲兩人之思想。不又大相徑庭歟。

或又謂社會主義。欲廢私有財產。破壞家族及各人之自由也。或又謂社會主義之原理。乃欲增私有財產。保護家族及各人之自由者。又有謂社會主義爲革命之制度者。又有謂社會主義爲進化之樞機者。要之。此人之所是。彼人之所非。聚訟一堂。有如說禮。鳥飛兔走。誰辨雌雄。古今同此浩歎矣。然一偏之論。無當全體。不得視爲社會主義之定義也。

雖然。社會主義。豈變幻不測如此哉。以上諸家論說。予既平下斷語矣。今更即其言之最精確者。畧舉一二。

博士耶富倫①者。非社會主義家也。然嘗著書名社會本領②。其論說較他家絕爲平允。今考之曰。

社會主義者。始終存更革競爭之私有資本。而爲聯合之協同資本也。

耶氏此言。可謂語簡而意賅。能道破社會主義之本旨者矣。

試更觀楷楷芬③所言。益可以明矣。蓋楷氏者。著社會主義史④。精於此學。實不愧近代之大儒。且常兼爲思率固路波德。波里太尼⑤。兩社會中之大主筆。更宜熟悉其情狀耳。彼意蓋曰。

社會主義之本領何在乎。在乎人人各有金錢之資本及物土之原質。協同伙助而營工業也。蓋現今之社會。其弊在富者握私財而爭利。勞力之徒。受其抑制。日益困憊。所謂主義者。乃欲更改此制度。出公共之資本。依協同之勞力。去其貧富之差異而爲平等。相與營工業。

---

① “耶富倫”，即阿爾伯特·埃伯哈德·弗里德里希·謝夫萊（Albert Eberhard Friedrich Schäffle，1831—1903），德國經濟學家和社會學家。
② “社會本領”，即謝夫萊所著《社會主義精粹》（*The Quintessence of Socialism*）。
③ “楷楷芬”，即托馬斯·柯卡普（Thomas Kirkup，1844—1912），英國社會主義者。
④ “社會主義史”，即柯卡普所著 *A History of Socialism*。
⑤ “思率固路波德。波里太尼”，有誤，應爲“恩率固路波德波里太尼”，Encyclopedia Britannica 的音譯，即《不列顛百科全書》。

分利益也。

吾人觀於楷氏之説。可與耶氏互相發明。且更能推進一步。似尤得社會主義之真詮者也。

不特此也。教授伊林①尤有説焉。試爲陳之。雖與前二家無大差異。然其意更明顯。亦社會中人所當研究者也。其言曰。

　　社會主義者。主宰在工業社會。而不必謂之產業社會。蓋於新立制度之初。廢私有財產。而代之以合同資本。集偉大之物力。效平等之勞工。更宜申明協同而取生殖之議。使一社會中得以平允支配其收入。其支配之分限。即許爲各人私有之財產也。

要之如教授伊林所言社會主義者。其準的所在。不外乎廢私有資本。而爲共有或固有之資本。易現今富家峻厲之競爭。而爲各人工業平允之支配。差分財力。享用福利。以爲社會改良之策耳。

然則社會主義者。非各人主義②也。本於銷除現今社會之氣燄。而反抗人心之陰私。計圖社會全體之福利。而發露公共之精神者也。徵之歷史所謂由劉色弗挨③而生者。當日④社會主義。正與各人主義相反。蓋壓制之極。而生各人自由主義。自由之極。而生茲社會主義。各人主義者。即各人之私心。社會主義者。即社會之公理也。各人主義者。僅以社會爲單純之集合體。而爲各自獨立者之合眾。故于社會全體之利害。有所不暇顧。知有己不知有人。其始也。稍得即足。其終也。不奪不饜。勢必至陷於慘毒之競爭場。而不可已矣。反是觀之。則必歸於社會主義。視社會如有生機之物體。各人協心愛助。即能共享福利。而社會亦可以固結不解。故可知各

----

① "伊林"，即理查德·西奧多·伊利（Richard Theodore Ely，1854—1943），美國經濟學家，美國經濟學會創始人。
② "各人主義"，即個人主義。
③ "劉色弗挨"，laissez-faire 的音譯，即自由放任。
④ "當日"，有誤，應爲"當曰"。

人爭趨私利。來之社會分裂。各人立志共和。固社會之總合者也。吾人試諦審於此二者。則於社會所有問題。皆不難一一解釋矣。

今試臚舉兩者而言所異。各人主義者。不過謂爲各獨立者之集合體。社會主義者。則以各人必相與相成。結爲一大團體。恰如有機杼之組織也。各人主義者。以各人爲社會之單位。無論何事。莫不先一己之私利。社會主義者。以社會爲其單位。凡事必重社會之公益。各人主義者。其關切於社會者。不過頃刻間之契約而已。社會主義者。實見各人有依賴社會之處。而血脈常相貫通也。各人主義者唯主持各人之權利及自由。社會主義者。則重社會之義務與責任。各人主義之社會。依競爭而動。社會主義之社會。由共和而成。各人主義之社會。從攘利攬權之慾望而生。社會主義之社會。因仁育義正之法則而起。各人主義之原因。發於社會破分之際。社會主義之根本。造於各人協合之時。是兩者之分界。孰得孰失。孰是孰非。可不煩言而解矣。

然則當世學者。雖各主一說。互爭勝負。然社會主義必有一定之義。示天下以公理。而無偏弊。吾人當玩其旨趣之所在。不可以耳代目。徒爲羣言惑亂也。試於次章更申言之。

第
三
章
ㅡ

社會主義之本領

　　前章所謂社會主義者。爲反對私有資本之制度者也。然反對私有資本。決非反對私有財產。蓋財產期於安固。人有同心。無可疑者。但私有生殖所需之物。即資本則斷不許。且必舉其私有者而爲共有。乃社會之真面目也。如今社會之問題雖多。要不過起於貧富懸隔之二級。夫人惟貧富懸隔。不免衝突爭競。馴至慘毒禍亂之迭生耳。而其基無不由私有資本。故非革此制度。不能泯貧富之階級。且社會問題。亦終無從解釋矣。試詳言之。

　　當昔社會未起。人人自營工業。自謀生計。資本勞力。併歸一處。不過一人一家之事務。父詔其子。兄勉其弟耳。故資本家即勞力者。勞力者即資本家。彼時固無二者之差等。因而貧富亦不甚懸隔。迨十九世紀之初。大機械發明。蒸氣力應用。於是工業界生一大變相。資本家不必勞力。勞力者苦無資本。貧者益貧。富者益富。而種種社會之問題以出矣。蓋機械精巧昂貴。一具之用。多則數千金。少亦數百金。惟大資本家能購置之。小資本家無其財力。惟有依大資本家以求衣食耳。是故一方有金錢。有工場。而生絕不勞力之資本家。一方無機械。無工場。不得不爲俯仰隨人。苟且得食之勞力者。於是資本勞力之二級。劃然而定矣。然究竟有資本家僅得少數。乃於多數無資本之人。至佔威權。頤指氣使而肆壓力。而勞力者無主持其權制之自由。而惟迎合於資本家之意。一切覊管規例時刻工資等事。悉從所定。唯唯受命。偶一反抗之。則忽沈於飢殍之悲境。故其狀實與奴隸無異。然則勞力者艱難辛苦之餘。所生殖之大利。己悉爲資本家所佔奪。己惟有沾漑餘瀝。藉糊其口。養身家且不足。況望其他乎。是加路孟古斯①所謂剩餘價格者也。故少數之勞力者。益困苦無聊。於呼。何不平允若是之甚耶。豈非私有資本之弊哉。

　　若夫社會主義者。欲治此不平不允之事。歸於平允者也。其法全在于廢私有資本。而爲共有資本。不使少數之人。龍斷其利。以圖社會之公益。而又防閑周密。無僭竊政事教育之權。故國家依是制度。經營產業。自不生今日社會之弊害矣。且人人知有公德。并知公德即爲己利。自必互相砥礪。爭先進取。而不爲奴顏婢膝。仰求於人之醜態也。然則世界充滿之罪惡。從此絕跡而不見。問所謂社會如地獄者。忽焉而至平和之天國。是運轉一大法輪。齎送一大祝福。即社會主義之大慈悲。大歡喜也。豈不美哉。

　　且社會之主義。其關係最深者。則有社會之經濟。蓋其始結社會之時。不過從謀利而起。而收效每在於經濟界。且感覺亦甚偉大。何也。社會主義之行。特欲使少數者所佔巨利。均輸於多數勞力之人。而增進協同之利益耳。試觀富財支配之法。本於私有資本者。則勞力之人。日夜經營所出者。其數雖巨。然首爲地租。輸於地主家。次爲利息。納於資本家。又次爲利潤。歸於製造家。而其餘之區區者。乃爲工銀。入於勞力者之手。蓋亦無幾矣。徵英國一千八百九十五年所揭之數如左。

----

① "加路孟古斯"，即卡爾・馬克思（Karl Marx，1818—1883）。

第三章　社會主義之本領

前章所謂社會主義者為反對私有資本之制度者也然反對私有資本決非反對私有財產蓋財產期於安固人有同心無可疑者但私有生殖所需之物本即資本不許其私有者而為共有乃社會之真面目也如今社會之問題雖則斷不許且必舉其私有者而為共有乃社會之真面目也如今社會之問題雖多要不過起於貧富懸隔之二級夫人惟貧富懸隔不免衝突爭競馴至慘毒禍亂之迭生耳而其基無不由私有資本故非革此制度不能泯貧富之階級且社會問題亦終無從解釋矣試詳言之

當昔社會未起人人自營工業自謀生計資本勞力併歸一處不過一人一家之事務父詔其子兄勉其弟耳故資本家即勞力者勞力者即資本家彼時固無二者之差等因而貧富亦不甚懸隔迨十九世紀之初大機械發明蒸氣力應用於是工業界生一大變相資本家不必勞力勞力者苦無資本貧者益貧富者益富而種種社會之問題以出矣蓋機械精巧昂貴一具之用多則數千金少亦數百

金惟大資本家能購置之小資本家無其財力惟有依大資本家以求衣食耳是
故一方有金錢有工場而生絕不勞力之資本家一方無機械無工場不得不為
俯仰隨人苟且得食之勞力者于是資本勞力之二級劃然而定矣然究竟有資
本家僅得少數乃於多數無資本之人至佔威權頤指氣使而肆壓力而勞力者
無主持其權制之自由而惟迎合於資本家之意一切覊管規例時刻工資等事
悉從所定唯唯受命偶一反抗之則忽沈於飢砰之悲境故其狀實與奴隸無異
然則勞力者艱難辛苦之餘所生殖之大利已悉為資本家所佔奪已惟有沾漑
餘瀝藉糊其口發身家且不足況望其他乎是加路孟古斯所謂剩餘價格者也
故少數之勞力者益困苦無聊於呼何不平允若是之甚耶豈非私有資本之弊
哉
若夫社會主義者欲治此不平不允之事歸於平允者也其法全在于廢私有資
本而為共有資本不使少數之人龍斷其利以圖社會之公益而又防閑周密無

國計儲積總計	一.三五〇.〇〇〇.〇〇〇磅
地租	二二〇.〇〇〇.〇〇〇磅
利息	二七〇.〇〇〇.〇〇〇磅
製造家之利潤	三六〇.〇〇〇.〇〇〇磅
勞力者之工銀	五〇〇.〇〇〇.〇〇〇磅

由此觀之。可見勞力者共殖有十三億五千萬磅巨額之富。其效驗可謂大矣。顧以地租利息之名。奪其四億九千萬磅。又以利潤之名。奪其三億六千萬磅。僅所餘額五億萬磅。（即全儲積中三分之一强）爲勞力者所有耳。而地主資本與製造各家總數。不過全國人口八分之一。然則以八分之一少數之人。安坐徒手而收八億五千億①磅之巨利。而餘八分之九②多數之人。僅得五萬億磅之薄賫。今試更揭一表以爲之比例如左。

地主資本家及製造家③	〇〇〇〇 〇〇〇〇	其收入	〇〇〇〇〇 〇〇〇〇〇 〇〇〇〇〇 〇〇
勞力人	〇〇〇〇〇 〇〇〇〇〇 〇〇〇〇〇 〇〇〇〇〇 〇〇〇〇〇 〇〇〇〇〇 〇〇〇〇〇 〇〇〇〇〇 〇〇〇〇〇 〇〇〇〇〇 〇〇〇〇〇 〇〇〇	其收入	〇〇〇〇〇 〇〇〇〇〇

（此表據路勃伯路紀福所著愉快之英國）

① “八億五千億”，有誤，應爲“八億五千萬”。
② “八分之九”，有誤，應爲“八分之七”。
③ 據日文原書，“地主資本家及製造家”一欄應有 9 個“〇”，該譯本中誤爲 8 個“〇”。

　　由此觀之。其不平允之實。有可驚者矣。然社會主義之提倡人心者。實在力行共有資本制度。所謂地主資本之分數自減。蓋資本土地。本應爲社會所共有。故地主與資本家龍斷之權利。可移置於社會。使勞力之人。公同享用也。若製造家爲督理工業者。固不可無酬勞之俸。然率是章程。則彼屬欲恣意侵蝕甚難。然則社會主義既行。必有實驗之功效。購置物品。價值立見低廉。養給勞工。生計日形饒裕。勞力者所得之數。與資本家無甚差異。則於社會有平等之勢。自可以共受教育。涵養智德。因而增生存之幸福。展文明之進步。又烏可忽乎哉。

　　要之社會主義。原本於經濟界之纖緯組織而成。此經濟即社會之經濟。故正其本而清其原。創建良法。能使人樂而行之。無所違異耳。試思以經濟組織社會。豈復有不合於自然。不見爲便利者乎。是故如上節所稱不平不允之事。獲利者僅少數人。受害者爲多數人。歷時既久。必於社會多所滯碍。而阻生業發達之機。惟其勉強集合。不能有公益於人也。如茲所謂社會主義者。更正一切之弊害。不平者使之平。不允者使之允。開誠心布公道。集羣思。廣衆益。乃社會自然之進步。非有新奇而駭俗也。舉行之則發達之程度。有不啻策駿馬。下長坡。順風而馳者。豈現今社會所能夢見乎。

　　然而社會主義者。實爲近世特別之精神。發揮盡致。而合於十九世紀思想界之潮流者也。蓋思想界之潮流。近世愈激愈甚。而足增史乘之光者有二。一爲民政思想。一爲人情思想是也。蓋民政之勃興。視法律宗教爲轉移。或於各國政體不能盡同。然人心之趨向。無不欲脫羈束而處寬閒。其事實有不可掩者。抑知社會經濟。未能全盡自由之道。則政治之自由。焉得有效。故必有經濟之自由。而後能成政治之自由。此定理也。然則所謂社會主義者。實能於近世民政思想。代表升進之階也。更就人情之思想言之。十八世紀。人人所重之自由。惟主持一己之權利。至十九世紀。而

僭竊政事教育之權故國家依是制度經營產業自不生今日社會之弊害矣且

人人知有公德並知公德即為己利自必互相砥礪爭先進取而不為奴顏婢膝

仰求於人之醜態也然則世界充滿之罪惡從此絕跡而不見問所謂社會如地

獄者忽焉而至平和之天國是運轉一大法輪齎送一大視福即社會主義之大

慈悲大歡喜也豈不美哉

且社會之主義其關係最深者則有社會之經濟蓋其始結社會之時不過從謀

利而起而收效每在於經濟界且感覺亦甚偉大何也社會主義之行特欲使少

數者所佔巨利均輸於多數勞力之人而增進協同之利益耳試觀財富支配之

法本於私有資本者則勞力之人日夜經營所出者其數雖巨然首為地租輸於

地主家次為利息納於資本家又次為利潤歸於製造家而其餘之區區者乃為

工銀入於勞力者之手蓋亦無幾矣徵英國一千八百九十五年所揭之數如左

國計儲積總計

一三五〇〇〇〇〇〇〇磅

地租　　　　　　二二〇·〇〇〇·〇〇〇磅

利息　　　　　　二七〇·〇〇〇·〇〇〇磅

製造家之利潤　　三六〇·〇〇〇·〇〇〇磅

勞力者之工銀　　五〇〇·〇〇〇·〇〇〇磅

由此觀之可見勞力者共殖有十三億五千萬磅巨額之富其效驗可謂大矣顧

以地租利息之名奪其四億九千萬磅又以利潤之名奪其三億六千萬磅僅所

餘額五億萬磅。（即全儲積中三分之一強）為勞力者所有耳而地主資本與製造各家總數不

過全國人口八分之一然則以八分之一少數之人安坐徒手而收八億五千億

磅之巨利而餘八分之九多數之人僅得五萬億磅之薄貲今試更揭一表以為

之比例如左

之比例如左

地主資本家　　　其收入
及製造家

同胞博愛之理想漸著。因而種族之説。浸入人之腦中。皆欲以推廣仁心。扶持其同類。較之各人惟思利己之時。其情之淺深厚薄。大有不同矣。夫人情重大義而愛同胞。是實近代文明之進步。尤美麗顯著者也。而社會主義。則以人情爲本期。於人人相助。人人相保。勉合於義之當然。而并發明其理之所以然一也。然則謂社會當廢私有資本。雖爲勞力者保存利益。不過於工業倡協和之議。而其精神直貫注於民政人情之際。豈非近世思想界一大潮流乎。吾故曰。組織社會。苟能正其本而清其原。自能使人樂而行之。無所違異也。彼德國之俾斯麥①。謂國家社會主義。不得爲真確之社會主義。而亦爲從來社會主義家所不許也。

　　故如上所論。以協和而營業。以平允而分財。本社會之經濟爲基礎。而發揮十九世紀思想之精神。實社會主義之本領也。總之闡發至此。無復有一人異議者。雖瑣末事務。或謂當立中央政府者。或謂當立地方政府者。或又謂支配富財。宜定標準而異其方者。尚無定論。至於社會經濟之改革。由社會主義之本領。則懸之國門。莫能增損一字也。惟當披瀝赤誠。以實力推行之耳。

---

① “俾斯麥”，即奧托·馮·俾斯麥（Otto von Bismarck，1815—1898），普魯士和德國國務活動家和外交家，曾任普魯士首相（1862—1872、1873—1890）和德意志帝國首相（1871—1890）。

第
四
章
一

社會主義與道德

　　夫現今社會所甚可憂者。非道德之腐敗乎。自產業革命以來。世界之富。日以加增。因而物質之文明。與之俱盛。學術亦有進步。智識光明。照耀宇內。獨於人心所謂道德者。依然株守其舊。毫無起色。雖一二學理倫理學。關係於道德之處。或亦隨智識稍有發明。至如道德之實行。則不唯無進機。且較昔日有退却之勢。何也。當古封建之時。社會組織。本有一定之裁制。雖國民精進之理想。較近世學理未爲完備。要之精神所注。實能以道德管攝人心。而使忠義奉公之念。勃然興起。不可謂不盛矣。至今時社會。封建之制壞。而道德之心亦與之俱微。以勢力相勝而無裁制。以利欲相煽而無理想。上下交征利而不知仁義。遂使相與相成之感情。一朝冷却。嗚呼。時會之變遷。亦甚矣哉。

　　夫惟道德之精神日減。故利欲之精神日增也。試觀今日風俗。人人以射利爲準的。苟能得利。即無事不可鑽營。此不獨商業社會之趨向爲然。即如高等之教育社會。政治社會。及其他凡百事務有聯合之體者。亦無不皆然。然則此利欲之精神。無乃即時代之流風。社會之空氣乎。

　　尤可異者。文明愈盛之國。利欲之精神亦愈加多。蓋物質由粗而得精。

人心即由疏而致密。成之自我者。我應享用之。即成之自人者。我尤欲駕上之。此近世生存競争之實境也。然則所謂文明者。徒皮相之觀美。其内實猥瑣鄙陋。無事可以對人言。所稱文明社會者。不過相率鬥利。互磨爪牙而肆吞噬。固非有道德以相與維持也。故文明之態。如狼被羊皮。社會之形。不啻轉天堂而地獄耳。何足道哉。試觀東亞日本一國。工藝尚未極盛。已漸折於各人利己術中。雖其弊尚未顯著。而由今日之趨向。可測其將來之歸宿已。嗟乎。變本加厲。靡所底止。十九世紀之風尚。其勢若决江河。人力亦何能挽回哉。

夫論物殖則古不如今。論性情則今不如古。此理果何在乎。有志斯世者。苟憤道德之衰頽。思爲挽救社會之計。實當以此爲第一問題。而加意研究者也。

宗教家謂是不過人心潛入罪惡之果報耳。罪惡所以著於人心者。由於豔利太甚。任其發而不知禁止之所致也。蓋宗教家偏執己見。特謂人性已墮入利欲界中。因而罪惡日以蔓延。終至敗壞一社會之道德。是説也。無他精理。不過如基督教會株守亞葛斯金①死法。一成不變耳。然可異者。如開德②爲近世名人。所著有社會進化論。尚迷而不悟。可知是等思想。於歐美學者之間。大有勢力也。然而宗教諸家。曉音瘏口。孜孜不懈。不過期於各人改良而已。且以各人果能改良。則庶幾社會道德。可望去其不善以歸於善也。卒之誨者諄諄。聽者藐藐。窮年累月。耗精勞力。所得之效。僅此少數之改悔者。而社會之生存競争。猶激烈而不可止。或并此已改悔者而波溺之。徒善不足以爲政。昭昭明矣。予非以人性爲完美者。亦非以各人道德未嘗腐敗。又非不知各人道德之腐敗。將延社會之腐敗者。而如

① “亞葛斯金”，即奧勒留·奧古斯丁（Aurelius Augustine, 354—430），396—430 年任羅馬帝國非洲希波主教，基督教思想家，有《懺悔録》《上帝之城》等著作。
② “開德”，即本傑明·基德。

宗教家之以方今社會之腐敗。歸獄於各人失德所致。則有所不能。

　　夫人性之不同。乃種傳境遇教育之結果也。或胚胎於先天者。感受惡質。或隨境遇爲轉移。其尤不幸者。以未得良善之教育。致不能發揮其天然之性理。是其本體未能完美之故。如宗教家及開德所論。固亦不爲無見。開德曰。人之本性。僅知自謀利益耳。至見之行事。則每每自反。蓋人者生而爲社會之動物。固不能無社會之感情。耳目之交。與人俱哀。與人俱樂。不可得而禁絶之也。予又信人生而有愛其同類之心。實爲篤摯也。試觀近代之生物學家。於動植各物分界。不僅欲自爭生存。并欲爭所愛之生存。如禽獸之哺子。必瘁其體草木之結實。必散其華。蠢蠢然無知之物。皆能不惜勤苦。以求達其生生之理。是非愛心所流露者乎。故由格致之極功。可以識生存競爭之外。必有盡善盡美之進化法。此則生物學家指示吾人者。不爲不妙切事理也。夫物猶如此。人胡不然。況乎知覺運動。更有較物爲靈者。則其感發更不可以言喻矣。烏能不與社會加之意也。

　　至人性不同。姑置勿論。且以彼附和宗教之大。謂今日社會之失德。悉歸各人之失德。而恰信各人之失德。實因社會之境遇而生。即所以爲組織社會者也。

　　蓋境遇作人物。人物作境遇。此問題亦大有別也。夫組織社會之制度。乃所以養成各人道德者。且欲聯合各人之道德。而因以著爲社會制度者。理之不可易也。是二者之關係。本有互相爲用之妙。如現今社會道德頹敗。各人以利己爲主義。則其制度之不善所由致也。請詳言其事如左。

　　當昔封建盛時。政府每有干涉社會之事。社會之階級。儼乎其區焉。劃乎其域焉。士常爲士。農常爲農。工商常爲工商。各分其職。各治其事。爲上率下下奉上之制度。懍懍然咫尺不可踰。在人情雖不免有畏縮銷沈之弊。而忠孝之感。廉靜之風。自有可觀。迨乎維新以後。遺風舊俗。頓爲一變。上而朝庭。下而鄉邑。無不改弦易轍。政府之干涉減分。社會之階級破裂。人人得以自達其新思想。新事業。以求立於新世界之上。互相競争而不可止。蓋現今社會之世界。一競争之世界也。競争而勝者。則得享其幸福。其或敗焉。即生存亦不可保。故人不得晏居而守道義也。然則現今社會之制度。實與人以競争之權。而助長其利己之精神者也。彼其熙熙穰穰。相率而趨於利場。又何怪焉。嗚呼。長蛇封豕。欲而無厭。很羊貪狼。强不可使。斯真文明隆治之時。化爲優勝劣敗。弱肉强食之戰場矣。

是境也。不獨日本然也。西歐文明諸國。自宗教界之馬丁路德①興。經濟界之亞丹斯密②出。提倡自由主義。各人主義。而後人心一變。莫不以生存爲憂。以競争爲事。百計經營。思擴張其財産以爲己利。此現今社會所由生也。

歐美之經世家欲救此弊。極力維持而終無成效。於是爲正本清源之計。微悔社會之立法未備。非改革之不能爲功。若英國者。固已先行之矣。

然此改革制度。將以何者爲先乎。無亦廢今日之自由。而復曩時之封建耶。是不然矣。蓋自由者文明之樂郊。封建者壓制之濁世。人心豈有去樂郊而適濁世者乎。故無謂改革之法。不在夢游既往。而在期望將來。要不外講求經濟。以求社會之達於完美而已。

完美者何。其惟考求社會主義乎。蓋主義由平等而生。本合於人生之至情。而適於社會之原理耳。故爲公同資本。爲協合勞工。爲斯人共擔之義務。爲天下同享之利源。其殖富也聚而多。其分財也平而允。如是則精神振動。法制完成矣。果能行之。則社會之交際益固。人人勉於工業。自不流於競争之弊。而各發相愛之情。吾見道義之風。彬彬而起。豈非社會

---

① "馬丁路德"，即馬丁・路德（Martin Luther，1483—1546），德國神學家，宗教改革運動活動家，德國新教路德宗創始人。
② "亞丹斯密"，即亞當・斯密（Adam Smith，1723—1790），英國經濟學家、神學家、哲學家。

主義之能事乎。予所以極贊社會主義者。誠知其運行之妙。不獨於經濟有益。且關係於道德者亦甚鉅也。

　　試設喻以明之。人心如薔薇花。社會主義。乃植之之地。而經世家則栽培是花之橐駝師也。今有橐駝師得薔薇一枝。種之泥沼之間。栽培極力。非無萌蘖之生焉。然苞甲中已被惡蟲腐蝕。不轉瞬而立見枯槁矣。見者曰。此樹實非薔薇。乃無用之灌木。何勞培植。宜速截而投之火中耳。是即厭世家之謬說也。或者曰。此樹雖屬薔薇。然惜其質已腐敗。且樹心有禍根。究難望其發生。必取他樹接之。是即神學宗教二家之論也。更有人曰。否。不然。薔薇非惡。但所植之地非宜耳。試取而移之乾良之土。煖之以春風。潤之以膏露。自能生機勃然。開美麗之花矣。是即社會主義所論者也。然又有人焉。造其室而言曰。論土地之不良。或爲有理。然有法以維持之。其所放之花。有較良地優數等者。強植於此。無害。是即道德家之見解也。

　　最後復有數人焉。携諸種之藥劑而來前曰。是良於殺蟲者。曰。是利於發葩者。此扶持樹木。彼曰補救地質。是即不欲社會改革。而爲是姑息之談者也。然而曠時廢日。竭慮殫精。諸方雜進。一效無酬。於是橐駝師失望之餘。自語曰。勉強彌縫。終非善策。不如從或人之忠告。而移植之。則取而置之溫風所通之乾土。濕風不能至。腐蟲無由入。乃未幾而萎者振。未幾而枯者榮。栩栩然。裳裳然。馨香之味。溢於門庭。穠麗之容。敷於院落。是非花木與土質相宜之大效乎。觀於薔薇。可以知社會制度。關係於人生之道德。非出於矯揉造作。勉力而爲之也。較然著明矣。

第五章 —

社會主義與教育

　　夫現今社會。弊端百出。其爲教育之害也又甚矣。苟欲改革其惡因。而規畫其將來之善策。不外於誘導人心。使之受公同之教育。是爲急務也。

　　蓋今日之教育制度。所謂自由極弊之制度也。各人得以隨己意而從事。欲受者受之。不欲受者不强之。故必有決然受教育之誠心。而後能獲其益。又受之之人。必得資斧裕如者。而後能遂其欲。何則。今人欲受教育之數雖多。而爲制度所束縛。有不能支持其學費者。由是青年有志之徒。自顧財力空匱。惟有相望裹足已耳。然則宏敞之大學。惟富家子弟可以居之。貧寠之人。向學雖殷。欲一游其門而不得。斯豈教育之本意乎。是故制度不善。則不能收普及之效。即歐洲諸國文明極盛。亦惟於尋常小學堂强人學之。若其高等教育。固猶是放任主義。來不拒而往不追也。雖有通人。能幾何哉。

　　在昔封建之時。人民執業。有一定之分限。故亦有一定之教育。爲農工商者。欲改服士大夫之義務。青衿城闕。路絕而無由通也。夫操賤業之子弟。豈無聰穎駿發之才。而一爲等級所限。而無以達其志。則是教育之不廣。等級害之也。今日制度。一以自由爲主義。凡在同羣。皆得受學。

無所謂等級之差異。似較昔者爲優矣。然考諸事例。其名雖異。其實則同。削其尊卑之籍。而生貧富之階。雖教育家立心之始。未常禁貧者之來學。然囊空似水。規費無酬。屢疊如山。觀摩終阻。然則今日教育之制度。少數者享其利。多數者受其害。誠何殊於封建時代之壓制乎。但封建時由等級之壓制。今日由經濟之壓制。少有區別耳。

雖然物極則反。天道之常。吾觀美國學者思想高尚。有以教育普及爲演説者。殆今日制度不均所由生耳。嗟乎。明眼人可以觀世變矣。

夫如是果足爲文明乎。試觀少數之人民。得以揮霍其財囊。獨游化宇。多數之人民。轉以告空其資斧。同向暗隅。雖造物生成。無私覆載。而國家法令。未廣栽培。一則薰陶於劍杖之間。彬彬文雅。曳長裾而號譽髦。一則暴棄於宮牆之外。擾擾窮黎。披短褐而哀煢獨。政令之不平。一至是乎。如是而謂之文明。則文明實蟊賊耳。更申論之。此多數之人民中。豈無英雄豪傑。惟其未蒙教育。天性之良。無由發揮。故難脫穎而出耳。然則由今之制度。觀今之社會。其必有無數人物。齎志没世。與木石俱腐耳。嗚呼。斜陽衰草。憑弔古原。斷碣殘碑。闃音空谷。如不戰之耿威爾[1]。不歌之米爾登[2]。一瞑而萬世不醒者。烏知其幾何人耶。夫縱論至此。可知近世教育之弊。汩没[3]人材。爲數頗鉅。倘亦於國家之精神大有損耗耶。安得不瞿然思。慄然懼也。

夫思之懼之。則必有以救之矣。救之奈何。其惟行社會主義乎。社會主義者。猶是教育制度也。而必以普及無遺。强人就學爲定向。其法以念一歲[4]爲教育年限。授以各種教育。涵養其智德。誘發其才能。使定一生之

---

① "耿威爾"，即奧利弗·克倫威爾（Oliver Cromwell，1599—1658），英國政治家、軍人，1653—1658年任英格蘭共和國第一任護國公。
② "米爾登"，即約翰·彌爾頓（John Milton，1608—1674），英國詩人，著有長篇史詩《失樂園》。
③ "汩没"，有誤，應爲"汨没"。
④ "念一歲"，即"廿一歲"。下同。

本業。母①爲游民而已。又教育責任。爲通國共擔之義務。由國庫出貲。凡年屆學齡者。給以衣食居處之費。書籍什器之資。無貧富貴賤之別。皆使之入學。其狀如今日徵兵之制度而更善也。試觀國家之治軍也。非每歲舉全國之人年念一歲者。課以三年之兵役乎。而其入伍時。非資給餉銀。無一不足者乎。彼教育之於國家。在培養有用之材。視爲國家之事業。亦何不可。不寧惟是。吾人有知其更重於兵事者。蓋輸財養兵。雖屬今世界不獲已之事。然以理論之。麋萬家之膏血。養一國之爪牙。以殺伐爲功。以戰爭爲務。極不仁之事也。且勞費無已時。吾人每望有止戈之一日。若以如此之財。如此之力。經營教育。自上而下。由近而遠。實力施行。吾見學校如林。弦歌載道。人民獲其幸福。國家收其良才。豈不較徵兵制度。更爲當務之急乎。而現今社會曾無一人識得此理。買櫝而還其珠。牽車而失其軏。舉世茫茫。千載一轍。可勝嘆哉。

若社會主義。則當以教育爲重。且擬以國家經費。供給此事。人每怪擲金錢於無用之地。徒托空言。不究深理。試觀現今社會。豈無教育。特苦於制度未能完善耳。果實行社會主義。則人心進於道德。無智愚賢不肖。皆與知與能。而社會亦得享和平之樂。如是則今日之海艦陸營警察裁判監獄諸費。可以大減其額。費於彼而省於此。誠後效之可圖者也。且以教育而支國帑。揆諸事理亦未爲過也。

果然。則社會主義。可以普及不遺強人就學。而其本有三。今特辦之如左。

第一各人之權利。惟天生人。皆稟良能。性理充分。本無區別。故培養之則可賢可聖。暴棄之則不識不知。此社會主義所以至當不易。而各人皆有受教育之權利也。蓋欲爲國民。則當盡其義務。除教育之外。更何由

---

① “母”，同“毋”。

見義務所在乎。且現今社會。僅少數富者得蒙其利。豈社會之義務。亦獨
使少數富者擔任之耶。無是理也。

　　第二社會之權利。夫社會者。非一大有機之組織乎。非人人互相結合
之一大團體乎。然則一人不受教育。即損社會之一部。社會損其一部。即
不能完社會之幸福。故各人為己之利益起見。則不得為社會中人。各人求
公利公益。必使同社會皆享其福。而後可得充周之教育。人人知有文明之
美報。即己亦無不利焉。請設喻以明之。假令一人獨坐華屋。而門窗之外。
皆腐質臭物。環列衝刺。其能晏然游處。終日娛樂矣乎。吾有以知其不能
也。社會之事。亦如是耳。雖一人獨受教育之惠。而與蚩蚩者共處。亦必
有岌然不安之勢。安得為圓滿之幸福乎。明乎此則社會對於教育。其必當
為全體之權利。無疑義矣。

　　第三後世子孫之權利　夫今日之青年男女。非他日之父母乎。故欲得
善其子孫。必先求善其父母。弓冶箕裘。理宜然也。使一人不受教育。其
害必及於子孫。此不獨各人之責。即社會亦當為後世慮也。蓋泰東人篤念
祖先。唯勉於記過往。泰西人專求身利。則偏于慮現今。吾以為記過往。
慮現今。皆為人身不可缺之要務。但對於祖先而冀為之似續。對於身利而
思永其遺傳。則尤不可不早為子孫之計。語曰。積善之家。必有餘慶。非
躗言也。然則吾人之子孫。對社而有受教育之權利可知矣。

　　夫今日世界各國。競言教育。而弊害幾無底極。其故何哉。如我日本
倣泰西法制。興學校。勉成德。然國民之多數。尚不能徧沾其澤。此亦可
以思變計矣。吾是以急引社會主義為教育法也。

第
六
章
　
一

社會主義與美術

　　宇宙間有三大秀粹焉。曰真。曰善。曰美。何謂真。依造物之原理。而窮究其現狀。即科學哲學家也。何謂善。本人生之行事。而發明其極則。即世之賢人君子也。何謂美。本人情物理之妙用。而發揮其光彩。以爲樂事者。即詩人美術家也。夫此諸大家。言論風采。夐絕人寰。實上天之使者。示吾人以三大秀粹者也。而其發人未發之秘奧。如古代猶太之祭司長。優入聖域。而主祭上帝者。千載不過一人。故吾人生於其後。不敢不奉之以神明。祝之以馨香。守其法而從其教也。顧但以美術言之。彼其稟天賦之良才。而暢人情之樂境者。歌也有思。泣也有懷。實宇宙間一大生命也。吾人羣居社會之中。終日患苦。苟欲尋得樂趣。則不可不討求美術家之精神。以爲玩物適情之助耳。然則美術關於社會主義者。豈淺鮮哉。

　　江紀路斯葛①及威廉木利斯②二人者。當代美術家之山斗也。而木利斯

---

① "江紀路斯葛"，即約翰・羅斯金（John Ruskin，1819—1900），英國作家、評論家、藝術家。在建築和裝飾藝術方面擁護哥特復興式運動。
② "威廉木利斯"，即威廉・莫里斯（William Morris，1834—1896），英國詩人、設計師、藝術家、社會主義者。

尤以美術家兼爲詩人。其詩才比肩於德誼孫①。思深慮遠。建赤幟於美術壇上。主持一代風騷。莫能出其範圍之外。可謂十九世紀之大預言者矣。故據美術家之見地。考究現今社會。早已灼其弊端。而思想所及。又有改良之影響。然則彼等之襟懷灑脱。偶乎遠哉。

　　路斯葛者。屋格士坊大學堂②之教授美術者也。擁斯來德之高座。每宣講時。必及己之經濟論社會説。欲以佑啓學者。使有偉大之感覺。又性好勞動。常携其徒至學堂傍近之村落間。手操鋤犁。或修繕道路。而木利斯亦當時受其感化者也。同持高尚之精神。雖己之名位有所不暇顧。常衣工役之衣。立倫敦通衢。集多數之勞力者。而演述其社會論。嗚呼。如二人者。非洞悉人情之利弊。而爲近代社會改良之大機括乎。

　　今特揭二人之議論。有關於現今社會制度者如下。

　　路斯葛守復古主義。木利斯守革命主義者也。路斯葛欲保存其舊法。木利斯欲激動其進步者也。而對現今社會言之。其貌雖異。其心則同。彼等謂現今社會之制度。人尚競爭。甚不利於美術。蓋人人以工業爲利藪。則無暇求美術之發達。譬如名花佳樹。不植於幽静之園亭。雖翁然而抽條。郁然而吐蕊。亦多有不適於觀者。蓋塵俗之思慮不清。斯高潔之精神不發。美術何以異於是乎。今社會人人欲利。雖美術家不得静養其伎。世人亦無能樂休閒而求美術者。則是競爭美術。不啻冰炭之不相容也。故安於現今社會。必使美術零替。苟欲保存美術。必當改革社會。二者斷難并立。是彼等之意也。

　　第一　論曰。現今社會。損天然之美。　夫工業雖有進步。而美術反形衰落者。觀於天生之物質。不勝人力之工作。可以得其大凡矣。如英國

---

① “德誼孫”，即阿爾弗雷德·丁尼生（Alfred Tennyson，1809—1892），英國詩人，維多利亞時代詩歌的主要代表人物。
② “屋格士坊大學堂”，即牛津大學（University of Oxford）。

近代工業。亘古無儔。然天然物産。則不免日銷月耗。試一放眼觀之。昔之叢林矗立。綠雲蔽天者。今則斧斤伐。之若彼濯濯也。昔之池沼淵泉。清流滾滾者。今則化爲工場之濁水矣。且也機械朋興。煤烟四塞。晴朗天空。無端暗黑。斯不亦減殺風景耶。故英國人民居工業之地。不能有美妙之樂。且不能製美妙物品。又不能養美妙心術。斯不亦減殺人類之精神耶。

不獨英國然也。即我國亦可取証矣。如上年京都之設博覽會也。余以京都爲歷史及地理之名區。山河壯麗。風景宜人。意中事也。豈意村井商會。希路孫里史①之廣告。水郭山村。揭帖殆徧。天然風致。幾爲抹煞。今日東京橫濱間。青峰碧岫。沿鐵道者。罔不銷沈於廣告看版。職是之由。雖富士山夙稱名勝。居東洋之第一美觀。其將來不淪爲市廛者幾何矣。要之今日社會。滔滔而趨於利藪。已如江河之決而不可塞矣。吾人不幸適生其際。但見天魔之舞。誰復聽雲韶之歌也。是亦美術家之一劫運耳。可慨也夫。

策②二　論曰。現今社會。損人工之美。　蓋社會以競争爲務。則人心趨於便利。無有注意於改良者。試觀諸多建築。苟其可以獲售。即卑俗有所不顧。如工人之函居。方形之工藝塲。穢惡之停車棧等處。櫛比鱗次。塵垢污人。求如意大利之寺殿崇呹。樓臺壯麗者。蓋百不得一也。且就製造物品而論。朝而出資。暮而責效。擲棄一二。冀倖千百。欲速成。見小利。非所以爲殫精研思日新月異之道也。故現今之社會。相沿不改。則凡百器用。類皆鄙野粗率。無一足以示觀美者。自然之理也。

第三　論曰。現今社會。損美術家之生計。　夫人終日勞動。不能謀衣食之需。則無暇更習精良。是現今社會之大弊也。美術家欲圖生業。

---

① 　“村井商會。希路孫里史”，即日本明治時期的烟草公司“村井兄弟商會”，生産及銷售烟草品牌“Hero”和“Sunrise”。
② 　“策”，有誤，應爲“第”。

必竭數年之心力。從事其間。然後可收成效。豈能與瑣瑣者流。居陋屋。蒙汗穢。操作於一塲所乎。又豈能蕭然四壁。專求高尚之伎術。坐視妻啼飢兒號寒而不顧乎。故自競争事起。美術家實有難保生存者。苟謂社會朋興。美術愈徵發達。是無異彷徨墟墓之間。呼陳人而責靈感。吾未見其有應者也。

然則路斯葛木利斯。固不以現今社會爲美事矣。但其所攻駁者。空氣之腐敗也。精神之否塞也。此皆僞經濟家所貽之大害。如孟堅斯太①等提倡自由主義。一變而爲競争世界是也。蓋此輩創論。惟知人人有欲利之心。而復從而縱送之。曾不計義理之是非。率是道也。欲美術家保其權利難矣。顧美術家既不能保其權利。則社會前途。亦必每況愈下。此兩人所以深惡而痛詆之也。

顧現今社會。兩人既出反抗之力以抵制之。則於將來社會。亦宜有特別之理想。深顧却慮。以爲善後之圖。此可預決者也。故路斯葛自命爲共產黨。木利斯自稱爲無政府黨。而兩人所崇信者。實皆爲社會主義之原理。吾人思其己事。當路斯葛之時。人心爲所感化者。實有望風披靡之勢。而木利斯尤爲之攘首。雖至死而不少更變也。然究其創立社會主義之由。特欲爲美術家除其弊害。非有他故也。由是觀之。則美術之視競争。猶南轅而北其轍也。欲存社會之美術。必去社會之競争。是兩人之理想相同處。其言曰。今日工藝。非引滿社會之愛情。使不爲自私自利之事。則美術無由發生。何也。人必生計無缺。經濟自由。然後不爲境遇所窘迫。精神所注。惟期術業之精良。術業所成。即見精神之焕發。是非改革現今社會制度。而組織社會主義。則不能至此之一日。豈不然哉。

① "孟堅斯太"，即曼徹斯特學派（Manchester School），發端於19世紀英國曼徹斯特城，代表人物有理查德•科布頓和約翰•布萊特，反對重商主義，主張自由貿易和社會公正。

　　然欲知路斯葛之理想社會。可讀其所著思奇斯洛史德①一書。此書精理名言。能使聽者忘倦。是英國社會所由感動者也。今雖不能縷述其辭。要其大旨所在。不外於執業有定。爲發揮理想社會之精神。使人相友相愛。相資相助。毋貪一己之私利。而謀社會之公益而已。如軍士之職。在於保衛國民。宗教家在於勸化國民。醫師必維持國民之康健。法律必董治國民之行儀。實業家給必需之品。勞力家享均分之利。各爲社會盡其本分。自能共爲社會勉其全功。其分也爲社會之支流。其合也爲社會之總匯。所謂大海汪洋。萬派朝宗者。社會亦猶是也。尤所重者。人人當委其生命於社會之間。對於社會而切同胞之誼。利害與共。存亡與共。一時組合之。百世保守之。以血性相激。則社會爲血性所凝成。以道義相維。則社會爲道義所集合。如是則人類團結。至極而無以復加。真所謂社會之完美者矣。理想抑何高歟。

　　否則。無此社會。徒兢兢於利欲而已。則人心迷亂。美術終不能盛也。吾人欲改革現今社會。而別立社會主義者。亦惟信路斯葛木利斯二人之預言。而確見其不利於美術家之積弊也。明乎此義。則社會之轉機。殆不遠矣。

---

① 　"思奇斯洛史德"，即約翰·羅斯金的著作《給未來者言》（*Unto This Last*）。

第
七
章
—

社會主義與婦人

　　夫論社會主義之本領。去私利而謀公益。誠爲經濟問題。而其直接於婦人者。亦同影響於政治教育。故凡婦人之品位事業福利。若不以當社會之一部。則社會主義。已有偏而不完。廢而不舉之弊。予故特揭於是。以明社會之關係婦人者。非一二細故也。請申論之。

　　社會主義之婦人論。就婦人之後來者言之也。今欲明其關於社會之故。勢必據其過往與現今已然之跡。一一詳察之。然後利弊可得而悉也。蓋婦人之思想。及其所居之品位。古今次第不同。將來尚有變遷。是亦物極必返之常道也。

　　據歷史考之。古代婦人。權力自由。或有出於男子之上。統攝一族而行女系相續之事者。如埃及之顧洛派德①。日本之巴御前②。此皆巾幗英雄。克自遂其本性是也。然由優勝劣敗之勢力日以增長。因之婦人腕力柔脆。不能與男子相抗。漸以其自由之權授之男子。且婦人有懷妊産育等事。須男子之保護者多。又不能不益加忍耐。故遂受制於男子而隨從之耳。

---

① "顧洛派德"，即克婁巴特拉七世（Cleopatra Ⅶ，公元前 69—前 30），埃及女王。
② "巴御前"，生卒年不詳，日本平安時代末期信濃國的女武者，武將木曾義仲的側室，隨義仲在戰争中建立戰功。學界對巴御前是否真實存在尚有争議。

　　職是之故。社會之視婦人。恒如奴隸。又如日用之物品。僅足供男子玩弄而已。試觀古代希臘羅馬之社會。彼其智識優長。雖已達於文明之域。然待婦人極薄。雖以蘇格拉第①。亞立斯大德②之賢。視婦人仍爲劣等。其他學者更甚。繼而歐洲封建時代。貴賤等差。斠若劃一。而男尊女卑。遂爲社會中牢不可破之風俗。至於今日人習爲常。莫知其弊。要之。過往之婦人。以順爲正。早已失其自由之本性。工容色以悅男子。甘受壓制而不辭也。

　　反之現今社會。其對於婦人也。思想絕異。高尚婦人之品位。發揚婦人之事業。因而增進婦人之權利。理由繁複。不可殫論。而其原有二。一則耶蘇教規。破男女之資格。特表同情。一則德意志北方種族。崇敬婦人。尤爲異數。二者相合。而社會之風潮。猛然一泊。迨至法國大革命之時。人心益趨於平權博愛之公理。近代如覺期。史賢愛德。彌兒③輩偉人迭出。莫不擴張女權。提倡男女平等之說。使女子知所以自勵。而立於競爭之世界耳。此其別於過往者也。

　　然如彌兒等之議論。即就各人主義倡導女權者。婦人既得自由。與男子并馳逐於競爭之場。高其位置。完其幸福矣。獨不思工業之關於婦人者。猶有不可逆覩之弊乎。蓋現今社會。工業大興。婦人受事其間者。額數尤鉅。觀一千八百八十年合衆國統計表。凡製造廠及鑛山婦人執業者。無慮六十三萬二千人。實佔合衆全國工人之半。至紡績業則女子之數。較多於男子。然則婦人對於社會究竟何如。吾約言其弊有三。

　　第一　女子性質柔脆。不敵男子之剛很。使之同出於競爭。是背其自

---

① "蘇格拉第"，即蘇格拉底（Sokrates，約公元前 470—前 399），古希臘哲學家、思想家。
② "亞立斯大德"，即亞里士多德（Aristoteles，公元前 384—前 322），古希臘哲學家、思想家。
③ "覺期。史賢愛德。彌兒"，即約翰·斯圖亞特·密爾（John Stuart Mill，1806—1873），又譯爲約翰·斯圖亞特·穆勒，英國哲學家、經濟學家。

然之天職也。雖可謀得生理。終必損其良能。徒列於第二等之人間。

　　第二　使女子勞力營業。其工銀較男子爲廉。資本家愛其廉而皆雇用女子。則男子無所得食。亦必減價求售。而勞力者之工銀。愈以低落。卒至男女俱困而已。

　　第三　自女子充入工場。則道德因之毀敗。男子之結婚日減。而離婚日增。是由競爭不已而生者也。夫女子以營利之故。去其溺情私好。而欲獨立於工業界上。卒之腕力不繼。貧困無聊。不得已而鬻賣其身。仍以備男子之玩弄物。是非現今社會之極弊。而吾人所預料之悲場乎。故萊葛[1]曰。女子豈不以娼妓爲恥。無如其生計艱難。不得已而出於此路也。嗟乎。競爭世界。流極不返。其禍乃至於此耶。

　　如斯則女子雖得自由。而生理不見其盛。徒使淆雜於工廠之間。敗壞其閨門之德。佳禮缺而淫風熾。姦生多而嫡派步[2]。是欲高女子之品格。反以墮落之也。然則由各人主義而倡導女權。女權張女禍重矣。是現今婦人對於社會之實境也。

　　如社會主義。則必去現今之弊害。求將來之利益。然亦不過使婦人高其位置。完其幸福而已。惟其本原先正。如基督教所謂崇拜婦人者也。若今日社會私有之制度廢。而國有之制度興。競爭之精神去。而協合之精神生。則主義一定。實力行之。其影響於婦人之處。大旨亦有三。

　　第一　社會主義。增進婦人權利。不使爲男子之奴隸。又不爲如現今之競爭。惟發明人類之平等。擴充天賦之良能。和平靜謐。與男子相親睦。相扶持。爲男子之協力者。爲男子之友生。同爲國民擔其義務。同爲社會造其幸福。則社會主義。所以冀望於婦人者盡矣。此其一也。

---

① “萊葛”，即威廉·愛德華·哈特波爾·萊基（William Edward Hartpole Lecky，1838—1903），愛爾蘭歷史學家，主要研究理性主義和歐洲道德，著有《理性主義史》《歐洲道德史》。
② “步”，有誤，應爲“少”。

第二　使婦人得展其所長。自列於社會。蓋社會主義。亦非使男女共營一業者也。夫稟賦之初。男女之氣質已異。彼女子溫和柔脆。誠不能與男子相頡頏。然其天然雅趣。善能感化人心。以與男子相祐助。相慰藉者。是亦特受之良能也。故裁其所長。補其所短。較男子何多讓哉。社會主義。不過使女子操其本業。無失良能而已。否則欲擴張其權。先使之立於競爭場中。適以增其困苦耳。此其二也。

第三　使婦人獨立經濟。夫社會主義。本視人類爲平等。雖女子必受同一之資產。享同一之利源。理之無可疑者。故操業即不盡同。而或爲社會而動。或爲室家而起。要其爲國民之公務。社會主義對之。實不容置軒輊於其間也。蓋女子所以爲人玩物者。惟其不能獨立經濟。依男子求生活耳。現今社會。欲爲女子擴張權利。僅任其自由之競爭。而不圖其獨立之經濟。所謂知其一不知其二也。終必歸於失敗。何足怪哉。此其三也。

然如上所言。弊猶未盡。蓋婦人不能獨立經濟。雖小事必依於男子。男子亦知其無他技能也。結婚之際。惟利是圖。女子亦無所擇於其間。故觀於今日世界。思匹偶而通媒妁者。富商鉅賈。求之惟恐弗得。紈綺子弟。雖其人痴騃無識。相攸者亦踵相接。嗟乎。男女居室。人之大倫。今也不然。見利則趨。買笑纏頭。何異娼妓。尚得爲夫婦哉。競爭之弊。一至於此。無怪乎利盡交疏。有讁①於室而訴於堂者。夫聖人制爲禮法。豈不欲衣冠尹姞。常爲人心風俗。留萬古不易之伉儷乎。徒以女子不能爲經濟之獨立。遂使非偶相從之敝習。比比皆是。亦可慨已。若社會主義行。則男女可以互擇。非真意氣投合心志相同者。不得濫爲締姻。如是始有相得之夫婦矣。且女子之智慧益增。男子之道德愈進。絕不至有中道相棄之患。因而離婚之數簡矣。子孫生其間者。亦得非常之良結果。誠如是也。

———————————————
① “讁”，有誤，應爲“讁”，責備。

家庭以治。社會以和。後世子孫之教育以興。其大有裨益於人種之改良。
豈淺鮮哉。

　　夫言社會主義。至能使人種改良。是不獨擴張女權已也。然即以女子
論。其得荷社會之光榮者。固已無加矣。吾故謂社會主義。其關係於婦人
者。惟當舉品位事業福利。即使之當社會之一部也。

第八章 一

社會主義與勞工組合

本章特明社會主義與勞工組合之關係。蓋勞工組合者。不過挽救一時之策。而欲真保其自由之權利。則非社會主義不能達其旨趣也。

何謂勞工組合。蓋勞工受資本之家虐待。生計索然。因而合羣罷工。邀與資本家結一定之約。期於保護其權利。毋使爲資本家所壟斷也。其意可謂美。其功可謂大矣。然徵之事實。有不然者。往年歐洲各國勞工組合之起。曾未計及後來利益。惟汲汲挽回其失墜者耳。蓋西歐之勞工。受困於資本家者。絕非我東人所能想像。名爲自由。實則其苦甚於奴隸。終日營營。悉爲資本家所佔奪。己惟沾潤餘瀝以資生計。甚或不能自給。于是勞工皆動公憤。起而與資本家相抗。而今日之勞工組合以生。

然此勞工組合。其初爲社會所擯斥。與政府爲反抗。欲達其志願甚難。惟能耐久忍苦。年以加盛。至于今日。既得社會之同情。且爲政府所准允矣。究之勞工組合。不過集合多數之團體。僅能運動耳。實非盡善之策也。予謂勞工組合。乃勞工之城砦。所據守以與資本家戰爭者。欲卜其勝負。必得最後之救主。始能策其萬全。何得專恃勞工組合乎。

然亦非謂勞工組合全無功績也。如欲使工銀稍增。得以養身家而無匱乏。或節縮勞工之時刻。爲八點鐘至九點鐘。此等之纖小利益。不難得之。
若於此外復求大欲。則決不可望者也。故如今日經濟家所論。與歐美勞工
之首領所提倡者。乃勞工組合之最後救主也。

　　何也。勞工組合。不過能使資本家稍戢威權。不敢恣行其壓制耳。決
非能使勞工與資本家平等相視。保均一之利權也。矧欲凌駕其上乎。試觀
勞工與勞工相團結。資本家亦與資本家相團結。各欲保其應得之利益。久
爭之後。勝算終操於資本家之手。何也。彼則財富力雄。指麾如意。此則
枵腹從軍。戰守俱困。終必棄甲曳兵。脫兜鍪而降於資本家耳。然則勞工
雖理直氣壯。而勢有所不敵。固無倖勝之一日也。

　　今籌一良策。不專恃勞工組合。而歸於社會主義。此即勞工所據之金
城湯池。且爲勞工之最後救主也。蓋社會主義欲清澈社會之夙弊。故其宗
旨絕非勞工思想所及。不獨可獲勞工組合之利益。且連綿不絕。更有進而
益上之勢。又何必同盟罷工。操戈以與資本家戰乎。

　　社會主義何如乎。在革去資本制度。即將今日所謂資本家與勞工之階
級。盡剗而平之。是乃總釋社會之問題。而爲對病發藥之良醫也。故如今
日之資本家游手好閒。而享用厚利。勞工終歲勤苦。不得休息。反對之極。
必有衝突。衝突之久。愈生危禍。雖有勞工組合。終不能保其萬全。若一
行社會主義。則少數之資本家。不得獨佔其富。多數之勞工。可以共享其
利。土地鐵道鑛山本屬官有者無論矣。至如工場機械等生殖資本。悉離私
人之手而歸諸公辦。舉國民皆任資本。皆作勞工。又何衝突乎。又何危害
乎。吾故欲剗二者之階級而平之也。

　　然則如此論旨。真勞工所夢想不及者矣。始以勞工組合。不過爭工銀
之高下。與資本家爲小戰爭。今以社會主義。將欲分政治之權利。與資本
家挑大戰爭矣。此必出代表於國會。使政府曉然於利弊之所在。舉從前社

會之制度。悉與更張。然後資本家無所把持。勞工乃可以大獲全勝也。

　　試觀今日英國之勞工組合。自一千八百八十九年思想煥發。一掃昔日
之陋見。恍然悟社會主義之新理。可以濟勞工組合之窮。非行社會主義之
法。終不能完勞工組合之本旨。可不謂英人一大進化乎。雖其至此之由。
難以縷述。然大要約有數端。如〔甲〕亨利覺期①發明進步與貧困一書。人
心大為撼動。〔乙〕自一千八百八十一年至一千八百八十三年。社會黨復興。
〔丙〕自一千八百八十四年至一千八百八十六年。勞工遭大恐慌。因悟社會
之組織。有未完備者。〔丁〕加利斯巴史②等。以及社會慈善家。探究貧民
之情狀。不在道德衰廢。生理奢靡。實起於社會制度之弊。〔戊〕德孟③及
約翰本史④之偉人。起於勞工之內。大呼勞工組合之無能。而提倡社會主義
者皆是也。爾來英國之勞工組合。據社會主義而鼓動其新元氣。至今日益
進步。果得竟行其志。為勞工者。猶時時遣其徒于國會市會教育會倡議。
豈非理想之實境乎。

　　然空言未足取信。吾請徵之實事。如一千八百六十四年。萬國勞工同
盟會⑤。首次開於倫敦⑥時。所議之綱領⑦。抄錄如左。

　　　吾黨思為勞工者。欲脫資本家之羈絆。必先自為戰備。且吾黨以
　欲得自由而戰。決非欲與資本家俱分階級制度之特權。實欲全廢此階
　級制度。使人人均享其權利。而各負其義務。

---

① "亨利覺期"，即亨利·喬治。
② "加利斯巴史"，即查爾斯·布思（Charles Booth，1840—1916），英國輪船主和社會學家，著有
　《倫敦人民的生活和勞動》（*Life and Labour of the People in London*）。
③ "德孟"，即湯姆·曼（Tom Mann，1856—1941），英國勞工領袖，曾創建多個工會和勞工組織。
④ "約翰本史"，即約翰·伯恩斯（John Burns，1858—1943），英國勞工領袖、社會主義者。
⑤ "萬國勞工同盟會"，即國際工人協會（International Workingmen's Association），又稱第一國際。
⑥ "首次開於倫敦"，指1864年9月28日在倫敦舉行的國際工人協會成立大會。
⑦ "所議之綱領"，指《協會臨時章程》，是馬克思在國際工人協會成立大會後，於1864年10月
　擬就，并於同年11月發表。

　　吾黨知爲勞工者。以資本家專有生產機關。可爲生命之源。因而降心相從。奴隸之唯命。牛馬之唯命。所以致社會之困窮。精神之疲敗也。

　　吾黨知爲勞工者。解目前經濟界上之束縛。最爲此會之旨趣。他日無論政府如何處置。皆宜準此旨趣而行。

　　由是觀之。現今社會。苟不澈底澄清。去其弊源。則勞工最終之旨趣。終無由達耳。且各國勞工之同盟會。既已正其彎策。向社會主義之徑路而馳。則勞工組合。真爲挽救一時之策。而要其終極。必歸於社會主義。此尤在有識者見微知著。所共嘉許。而無疑義者也。

第
九
章

社會主義與基督教

徵之歐美近今之事實。則社會主義與基督教。恰如仇讐。如冰炭之不相容。基督教徒。大都忌社會主義。而社會主義。亦盛與基督教反對。此人所共見共聞者也。然近今之基督教。漸染於貴族習氣。全失其本來面目矣。至如初代之基督教。大與社會主義相似也。且不僅相似。其精神思想。殆有異名同實之觀。故法國之孫希孟①者。爲社會主義之鼻祖。彼其著書發明社會主義。謂合於古代基督教之神髓。至哉言乎。余甚服其卓見也。余又嘗研究古代之基督教。而識社會主義之真詮。由篤好社會主義。而悟基督教之新理。是二者殆兩而化一而神乎。故余今此論旨。即爲古代之基督教。代表近時之社會主義。且爲近時之社會主義。闡發古代之基督教也。請條舉其類似者一一言之。

第一　理想志願之相同

夫古代之基督教徒果何如乎。決非如今日之教會。但導人入於天國。勉增天國未來之户籍。托爲惝恍無憑之説也。試觀耶穌當日。其教徒熱心

---

① "孫希孟"，即昂利·聖西門（Henri Saint-Simon，1760—1825），法國空想社會主義者。

傳道。總無希冀來世之心。惟欲恊力同謀。救濟人類。相與建天國於地上耳。且彼深信人類爲神之子。又信其同類皆爲兄弟。謀使人互相輯睦。互相協合。故其宗教爲愛之宗教。其道即人道也。由是思之。彼意中所欲言未言者。正如近世所謂人類同胞主義。而發現平等社會之活相也。然則古代之基督教。固發於人類相愛之大道。恊同社會。保合性命。非如現今之競爭制度也。志願如是。思想如是。豈不光明俊偉矣乎。若以社會主義論之。固無毫釐差異矣。夫社會主義。斷然廢各人主義。而掃其自私自利之戰場。歸於相愛相助之樂國。故其本領在於人類平等。在于人類同胞。其愛力之團結。直與基督教之道德。同其精神。唯基督教始由少數人之思想。鼓舞之以及於全社會。而社會主義。更進步而直施之于經濟界。工業界。企圖變更社會。爲政治改良之全功。僅此稍有不同耳。然方策雖或不同。而宗旨則一而已矣。

　　第二　傳道之熱心相同

　　古代基督教之歷史。其最著之事。如新約聖書。教徒行傳等作。皆有濟人之熱誠。溢於語言文字之表。非篤信教事而能如是乎。且其舍身徇道。不慮其身之不安。而惟恐其書之不行。有至死不變者。非愛心達於極度而能如是乎。故叙述教徒行傳者。謂教會中人。皆已優入聖域。非溢美也。總而言之。古代之基督教。未有不獻其身以傳道者。此吾人所深信者也。

　　觀近世社會主義之運動力。倘亦有相似者乎。教授依里[1]曰。社會主義。要使人人擴其良知。先求一身之係于社會者若何。再求社會之切於一身者若何。由小而大。由近而遠。若火之始然。泉之始達。不得纖微有所間阻。夫而後博愛之心。可以充塞于一社會之間。若英國中央郵便局。有以年俸

---

① “依里”，即理查德·西奧多·伊利。

六百五十金而雇用信社會之青年子弟者。使爲富愛貧之會員。暇則與妻携機及腰掛立街衢之上。演説社會主義。其妻亦販賣社會主義册子。勉人聽從。其狀非如古代基督教徒。集市人而講教。同一熱心乎。試一游法英二國。彼其人之篤信社會主義而説法宣布者。如斯之例。不勝枚舉也。

第三　遭社會之危害相同

試觀古代之基督教。初出于猶太羅馬兩國。非受無限之壓制者乎。彼其教徒及信士。世人以邪説目之。謂其破壞社會。至加以亂臣賊子之惡名。或引之法庭。或係之獄舍。或罹刑之威。或受石之壓。危害可謂極矣。顧彼實由反對于社會。而受社會之虐遇者也。抑其虐遇教士之人。則皆把持社會之政治家。以及富豪貴族也。

若夫社會主義。則亦忍受虐遇者也。如法德二國之社會黨。提倡社會主義。當時政府與之反對。或嚴訊于法庭。或雜燒其書籍。又如法國之孫希孟黨。受危害益甚。嫉惡之者。謂如蛇蝎。其徒黨在法國南部受石擊之時。乃能以和平之語。對嫉惡之人。精神暇豫。何其與基督教徒。異世同揆耶。要之。基督教之初起也。人以爲紊亂社會之紀綱。社會主義之始興也。人以爲遏絕社會之和平。然其公理固有不能没者。故忌之者雖多。好之者尤多。互相衝激。互相爭戰。終必有決去危害挽回幸福之一日也。

第四　傳播之速亦相同

殉教者之血。肥社會也。社會愈逼害。基督教愈昌。試觀教徒初傳教之時。臨其上者壓制之。睨其旁者蜚傷之。甚至舉世之人欲殺欲割。不能以一日安。而彼等持守愈堅。信從愈衆。決非如今日教會。一年僅增數人之比也。蓋其教初行。根本甚大。遇禍益烈。則教徒之熱心愈以上騰。而炎炎焦天。遂被於羅馬之天下矣。近代社會主義。其傳播之速。不亦有然乎。德國於一千八百六十年以前。無所謂社會黨者。然据前六年調查之數

考之。則其後每一年有六十萬人。一日有二千六百四十四人之多。何人心
轉移之捷也。彼夫新改宗教。如愷德①所謂吾來吾觀吾勝者。社會主義。亦
猶是而已。

　　第五　　其思想俱以世界爲本

　　猶太教其國人甚頑固。誓以非猶太人不得入教。而基督教出。則大啓
其門户。包乎世界之内。無不可與之入教者。故自初代思想發達。既溢出
於猶太國境之外。漸擴漸充。教堂遂徧設於全世界矣。社會主義思想亦極
闊大。觀加爾孟古②爲社會主義之倡首者。而其組織萬國勞工同盟會之綱領。
大膾炙人口。曰。吾黨無國與人種之區别。惟望同盟之中。人人信從。人
人奉行。使社會主義之真脈。運輸於萬國。無一人不得其所而已。是其動
力不亦大乎。

　　第六　　其對貧民共灑同情之淚

　　是二者有不俟擬議。而即知其本同者。哀念貧民是也。孫希孟謂古代
之基督教。與社會主義。其理本出於一原。如新約聖書。與貧民者多慰詞。
路加傳③第六章有曰。貧者當聞福音。又其教細民之貧者曰。吾之所來。欲
尋失者而救之等語。則耶穌當日。殆有黨貧民敵富者之意。若夫社會主義。
去私利。謀公益。廢各人資本。歸國立制度。尤勞工之將伯也。吾故謂社
會主義之原動力。實人情之大道也。

　　第六④　　其同胞相愛之精神俱盛

　　古代之基督教。對於衆人。皆有同胞兄弟之情。其能感發人心。實由
此也。而其信士所率行者。恰如今日之共産黨共有財産。聖書記曰。信我

---

① “愷德”，據日文原書，即蓋尤斯·尤利烏斯·凱撒（Gaius Julius Caesar，公元前 100—前 44），
　　羅馬統帥、國務活動家、著作家。
② “加爾孟古”，即卡爾·馬克思。
③ “路加傳”，即新約聖經中的《路加福音》(Luke)。
④ “第六”，有誤，應爲“第七”。

教者。必同心恊力。無論何等物品。皆屬公產。不得私爲己有。又遇有疾病者。共相扶持。能使異教之人。感歎其相愛之摯。近代之社會主義。以愛情相團結。以能力相資助。立法尤爲美善。或謂予曰。今日教會。其愛僅屬虛言。而社會之行事。實能表其兄弟之愛。然則社會主義之愛力之精神。非較基督教爲尤盛。而得多人之贊美者乎。

　　以上所論。特就兩者之現象而舉其類似者言之耳。雖然。不獨其現像爲然。即其精神宗旨。亦復如一脉所貫注。故能演成此類似之現像也。要之。近代之社會主義。非但爲改革一時之社會。實又可發揮萬世之宗教。是蓋人性本然之道。最有生機之淚與血所鑄成者也。然則即以社會主義。爲今日之宗教。亦無不可乎。有志世道者。苟期社會之改良。由是而獻其身。行其道。雖力有不逮。抱此大主義以斃。夫何憾哉。

第
十
章

理想之社會

　　予更由社會主意①進推之。而得一理想之社會焉。即社會與各人相資助。共營社會全體之幸福也。蓋各人對於社會。當自負責任。而社會對於各人。亦共負責任。互以責任維繫故社會主義之終極。必有理想社會出焉。實可謂之責任社會也。試於社會主義中。表証社會對各人之關係。有簡切而易明者。即法國之社會主義者路易富倫②之言。各人當致其力量而盡於社會。社會當隨各人要需而給之是也。所謂各人盡其力量於社會者。乃示各人對社會當有負之責任。所謂社會給其要需於各人者。即社會對各人當負之責任也。故如斯而相與相成。社會與各人。乃能團結一氣。雖然。二者果孰爲先後乎。曰。各人對社會之責任爲主。社會對各人之責任爲客。此語誠爲簡捷。於社會及各人間複雜關係。了然解辨。實理想社會之憲法也。請更申言之。

　　第一　論各人對社會之責任。蓋所謂責任者。實含英語予負予借之意。如所謂假人物品。借人錢財。而必承任償還之義務也。然則各人對社會所

---

① “主意”，有誤，應爲“主義”。
② “路易富倫”，即路易・勃朗（Louis Blanc，1811—1882），法國新聞工作者和歷史學家，社會主義者。

負者。謂各人假借社會之物。即各人不得不思所以償還之。然因此疑問以生曰。吾人對社會。果負何物乎。對曰。吾人凡百物品。悉負之於社會。雖吾人之性格氣力品位。皆依托乎社會而完備者也。美國人之常談。謂人當自助自成。爲世界獨立之人物。此語似是而實非也。夫不藉他人之力。而爲獨立之事。精神極爲美大。疇不欲然。然試思世界中。純乎獨立自成者。有幾人哉。苟精察之。無論何人之事業。未有不假外來之力相助而成者。巴倫①曰。汝果有何物不外假者乎。蓋人之性質惱力②智識功業。皆必有所憑藉。此理最易明耳。如謂天下果有自成之人。確合獨立二字之義而不悖者。予竊不敢信也。

　　且吾人生此社會中。實不過種傳教育境遇之一動物而已。雖志願如何雄偉。要非己身所自具。實父母教育之賜也。雖事業如何壯烈。要非我一人所獨成。實藉羣才之助力也。然則謂純以己力成功。殆無一人耳。試使明達之蘇格拉第。生而置之野蠻之中。安能闡發如彼之哲理乎。雖如大詩家之獻克史比③。生而與不知文學之番酋同處。又安能揮其英妙之才筆哉。今日之人。尤重發明家。以爲彼等思想新奇。實能轉移社會之風氣。而創特別之品物。因得專擅其利。載之法典。不許他人仿造。其狀恰如獨立自成者然。然熟思之。則彼之功績固無幾耳。彼其所發明者。因昔人之基址實多。且假今人之智力亦不少。特於此更推進一步。總集其益。而倖收其功。因而竊爲己名耳。譬之作室有爲之相宅者焉。有爲之墉基者焉。後來者稍加結構。即已如翬斯飛。如鳥斯革矣。然豈可謂功皆出於此一人哉。今有小說一則。頗足助趣。一日有三猿集於池邊。會有蘋果浮水而來。第一猿緣木臨池。出手取之。不能得。第二猿。來掛其足。出手取之。又不

---

① “巴倫”，即保羅（Saint Paul，約10—約67），新約聖經中的使徒。
② “惱力”，有誤，應爲“腦力”。
③ “獻克史比”，即威廉·莎士比亞（William Shakespeare，1564—1616），英國戲劇家和詩人。

得。第三猿復來。更掛於第二猿之足。而出手取之。於是蘋果得矣。乃第三猿詡詡然曰。是我之功也。遂奪蘋果而有之。社會之事大抵如斯。萬事皆成於協同。而彼少數人者。顧欲攘爲己之獨能。不亦異哉。

更宜注意者。在吾人所得之財産。究其如何積累。則如今日社會。保護各人之私有權。因而各人可以任意揮霍。無少忌憚。然試思此私有財産。果皆一人之力所生殖者乎。抑合衆人之力而生殖者乎。予答曰。吾人財産。實不過社會協同之物品耳。彭建民開德①亦曰。各人財産。其千分之九百九十九。皆由社會中相續而成者也。然則人豈可徒誇一己之功哉。

果然。則吾人之對社會。實有無限之責任焉。吾人之有資財。有智識。有才學。雖爲我所依托社會之本領。然其實則社會之畀我也。故不可任己所欲爲。宜獻之社會。以爲公益耳。嗟乎。吾人者。社會之公僕隸也。公臣妾也。固宜竭其力。輸其忱于社會者也。故奉公者吾人之天職也。吾人能擔其義務。則可謂忠於社會。爲社會中最有勞績之元勳。夫豈可飽食終日。虛過此一生哉。然則有資財有智識有才學之人。必爲社會所多與。決不可以自誇豪舉。而不思其責任之重也。新約聖書曰。與多者求必多。真社會之大例也。且即社會所與少者。亦不得自甘暴棄。不竭其力以相資助也。如彼貧苦寡婦。財囊空匱。猶能獻二美來富斯。不可因以見社會之精神哉。

所謂各人盡其力量於社會者。實社會所必求也。且社會有求之權利。對于吾人。而後吾人克勝責任與否。始可表見。路斯葛曰。兵者所以保國民。學者所以教國民。醫者所以輔國民之康强。商者所以給國民之需用。夫非各施其長技。用以助長社會之生機者乎。予在美國得一友人。于演説

---

① "彭建民開德"，即本傑明·基德。

此理之時。宣言人之生活。苟不爲社會之公生活而然。則無生存於社會之權利。一時聽者駭異。爭辨鋒起。然予則歡息其爲至言也。何也。人能對于社會。自知其責任。則不愧爲社會之一員。故於理宜生存也。

以上所論。即爲各人對社會之責任也。是爲社會主義論責任之第一義。尤爲重大者也。而繼之者則爲社會對各人之責任。而予欲列爲之第二義者也。然恐誤解者多。亦不得不先辨之。所謂社會對各人而負責任者。謂吾人亦有可求之權利。對于社會。非謂社會因人有存立之意。必與反抗也。蓋吾人既爲社會之臣僕。則社會亦不可無以酬其勞。如軍人之於國家。獻其身命。爲之干城。而有防衛之責任。故國家亦必愛養之。而有給需用之義務。非謂國家因軍人而存也。

然則社會對各人之責任果何在乎。曰。如前所舉社會者隨各人之要需而給之。此言已極明確。即謂給各人所求之利益也。今畧舉之如下。

第一　社會于各人之生活。有給其安養之利益

衣食居處。人之生命係焉。今日社會。競爭不息。泪泪然①日趨于污下。罕有勉高尚事業者。皆爲此累耳。由社會主義觀之。曾不值一噱耳。夫吾人出而膺社會之責任。自當游心曠渺。做成世界上轟轟烈烈之人物。但社會宜有以培養之。使不爲境遇所困。然後能伸其腕力耳。如軍人以生計艱難。別營他職。人必笑其愚。以社會主義視各人之生計。非實與軍人相等者乎。故社會給各人之衣食。其當然者也。

第二　社會于各人之道德。有授其教育之利益

人苟欲於社會創美大之事業。此非昏昏之徒。放棄道德之所能望也。蓋人生之初。即具有高尚之性格。偉大之能力者。千百中不得一二。惟賴有教育以涵養之。磨鍊之。然後精神可以發達耳。然觀今日教育之制度。

---

① "泪泪然"，有誤，應爲"泪泪然"。

雖學堂林立。而得入者惟限於有資財者之子弟。貧人不得沾其澤。則以
可造就之才。埋没於風塵鞅掌之中。卒與草木同腐者。何可勝數也。故
據社會主義之理想而言。則以教育爲國家重務。使國家擔任之。亦不易
之道也。

　　第三　社會于各人之娛樂有備其需用之利益

　　如美術品。運動機械。定居。音樂。旅行。漫遊各事。皆政府所宜備
具者也。盖人之精神。有時疲萎。必得娛樂。始可舒暢。此自然之理也。
今日文明國之工業界。往往有閉塞勞工娛樂之途。因以迫發禍機者。其不
能踴躍從公無論也。故倫敦有社會殖民事業。專以助勞工之娛樂爲宗旨。
社會主義。亦欲以國家之費。多設娛樂之場所。使人得以博游觀之趣。而
陶寫其天和。觀俾拉密①之路硜伯郭德②。以政府之大員。每日必奏美妙之
音樂。以傳線達之樂室各所。縱往來人聽之。社會者亦當如是慰勞於人人
者也。

　　第四　社會于各人之患難。有予其保護之利益

　　今日各人自爲貯蓄。或加生命保險。爲疾病死亡之備。其實社會所當
爲人經營者。如疾病衰老廢疾死亡等類。皆宜立之塲所。使有所歸養。夫
然後各人不苦于生理之煩累。自能謀社會之公益矣。

　　夫如是。社會因各人而盡其責任。各人亦對社會而共盡其責任。相與
相成。各得分願。結構一完美之社會。此即所謂理想社會之責任社會也。
波爾德古③曰。完美之社會。如蟻如蜂。各自戮力。圖全體之利益。以之分

① “俾拉密”，即愛德華·貝拉米（Edward Bellamy，1850—1898），美國小説家和記者。
② “路硜伯郭德”，即愛德華·貝拉米所著《回顧》（*Looking Backward，2000—1887*）。
③ “波爾德古”，即普盧塔克（Plutarchos，約 46—119 以後），羅馬帝國時期的希臘傳記作家，著
　　有《希臘羅馬名人比較列傳》（*The Parallel Lives of Grecians and Romans*）。

給於人而無不足。亦即基督教所謂天國。社會主義所謂加篤魄①之世界也。如是則可爲人類時代。爲道德時代。社會之進步。至此而無復加矣。夫吾人生於生存競爭之世。禍變益亟。則理想益高。志向益定。前者戰爭之時代去。而工業之時代來。今則工業之時代將去。而道德之時代將來。嗚呼。天國在前。不遠伊邇。奔走偕來。同我太平。豈不樂哉。

---

① "加篤魄"，即烏托邦（Utopia）。

光緒二十九年五月印刷

光緒二十九年五月發行

（社會主義）

每部大洋三角

版權所有 不准翻印

原著者　　　　日本村井知至

緟譯者　　　　金匱侯士綰

參校者　　　　桃源陶懟立

發行兼印行者　文明書局

印刷所　文明書局　上海四馬路胡家宅

發行所　文明書局　上海棋盤街北段

《社會主義》侯士綰譯本版權頁

鑒大臣李少保兼部堂督辦鐵路兼辦北洋通商事務爵閣督部堂袁　[印]

咨明事據戶部郎中廉泉具稟京城設立文明分局由滬運京各書請豁免水

脚並請各省保護版權等情到本督部堂據此除批據稟該員在滬設立文明

書局編譯教科并新學各書復於京師設立分局以便士林請將由滬運京各

書概行豁免水脚查招商局輪船裝運官書向免半價現在與學為自強根本

但能全免即可照辦候行該局校議詳覆飭遵至該局編譯印行各書無論官

私局所概禁翻印以保版權並候分咨各省督撫院轉行遵照抄由批發等因

印發外相應咨明　貴部煩請查照施行須至咨者

光緒二十八年十二月　　日

《社會主義》侯士縮譯本告示頁

《社會主義》侯士綰譯本編者説明

馮雅新　劉慶霖　編校

1. 底本描述

村井知至著、侯士綰譯《社會主義》一書，今據南京圖書館館藏紙本錄排。原書高 22 厘米，寬 16 厘米，共 70 頁；從右至左竪排行文，西式裝訂。

該書由上海文明書局於光緒二十九年五月（1903 年 6 月）印刷、發行。版權頁注明"原著者 日本村井知至"及"翻譯者 金匱侯士綰""參校者 桃源陶懋立"。

2. 村井知至

參見本卷"《社會主義》（《翻譯世界》連載本）編者説明"中的"2. 村井知至"。

3. 侯士綰

侯士綰，字皋生，江蘇金匱（今江蘇無錫）人，生卒年不詳。早年在當地私塾讀書，1898 年入上海南洋公學中院（即中學部），1902 年畢業，旋入南洋公學政治班，譯出浮田和民著《史學原論》，定名《新史學》，於 1903 年由文明書局出版。[①]後東渡日本留學，翻譯了村井知至的《社會主義》，此外還譯有田島文之助的《海軍第一偉人》（文明書局，1903）。1904 年由南洋公學派赴比利時留學，學習製造、鐵路學。歸國後在漢口平漢鐵路機

---

① 章開沅，余子俠. 中國人留學史：上冊 [M]. 北京：社會科學文獻出版社，2013：161.

務總段工作。晚年居上海。

4. 文明書局

　　文明書局係清末民初一家較大規模的民營翻譯出版機構，在清末教育體制變革、學堂大興、官書局衰落及民營出版業勃興的背景下應運而生。1902 年，無錫名士廉泉、俞復（俞仲還）與丁寶書等創辦了文明書局，初稱文明編譯書局，設於上海四馬路胡家宅第 284 號洋房內。發行所與印刷所設於河南中路交通路（今昭通路）口，商務印書館南首（一說在此之前設在福州路三山會館舊址①）。後在北京、天津等地設立分號，是晚清重要的翻譯出版機構。

　　文明書局以出版教科書著稱，是晚清第一所成立之時就以專門出版教科書爲主業務的民營出版機構。文明書局的創辦恰與清政府"壬寅—癸卯學制"的頒布相隨，乃按照新學制發行多種教科書，皆冠以"蒙學"二字。清末文明書局發行的"蒙學教科書"有 21 種。文明書局的蒙學教科書汲取了西方分科思想，在學科設置上明顯地具有近代學科意識。

　　文明書局出版圖書達七八百種，其中翻譯圖書達 100 多種。嚴復翻譯的《群學肄言》《社會通詮》就是由文明書局首次出版的。文明書局出版的翻譯圖書涵蓋教育、數學、理化、歷史、地理、經濟、法律、醫學等專業領域，如《萬國通史》《教育新史》《拿破崙》《彼得大帝》《動物學教科書》《最新化學教科書》等，對我國的教育事業、文化事業和翻譯出版事業都作出了重要貢獻。②

　　1915 年，文明書局併入中華書局後，仍陸續印行新舊雜書小説及醫藥

---

① 朱聯保. 近現代上海出版業印象記[M]. 上海：學林出版社，1993：120.
② 馮志傑. 中國近代翻譯史：晚清卷[M]. 北京：九州出版社，2011：195-196.

技藝類等書，由王均卿主持，稱雜書部。1932 年 9 月 7 日，文明書局登報通知寄售客户"本局結局在此，現在屋已退租，希於 9 月 20 日以前前來結算，收回未售件，過期代捐慈善機關，不再通知"①。至此，文明書局完全結束。

5.《社會主義》的文本分析

參見本卷"《社會主義》（《翻譯世界》連載本）編者説明"中的"5.《社會主義》的文本分析"。

6. 研究綜述

參見本卷"《社會主義》（《翻譯世界》連載本）編者説明"中的"6. 研究綜述"。

---

① 朱聯保. 近現代上海出版業印象記［M］. 上海：學林出版社，1993：121.

社 會 黨

日本　西川光次郎 / 著

仁和　周子高 / 譯

廣智書局

《社會黨》扉頁

目
次

社會黨目次終

社會黨目次

社會黨目次終

緒言

嗚呼。我國民處今日最大最猛最劇烈之世界風潮中而猶不自省耶。

人何以生。有其資生之具也。資生之具窮而人類之大恐慌起。優强民族之亡人也。豈必虔劉而侵殺之。絀其資生之具而已。閉關農業之世界。朝而食。暮而飲。偷一息之安。猶可也。器械興。世界通。列國競爭。今世界之國。蓋無不以商工立國矣。於是又無不瞠目疾視曰。帝國主義。帝國主義。解之者曰。今日之帝國主義經濟的也。故社會黨發達於内。帝國主義發達於外。世界之大勢則然也。夫經濟革命。爲將來世界上之一大問題。而我國於社會黨之歷史之發達。乃瞠焉未知聞。國於環球之上。固未有不通世界大勢之所在。而能自存者也。區區小册。固未足以盡其萬一。然審敵之道。蓋有在矣。世之君子。庶幾覽焉。

社會黨何以起。夫欲天性也。而疾苦慘怛之迫於身者。尤爲不可終日安。同是血肉。同是體魄。彼何以富而逸。我何以貧而勞。況聯合公司成。（西名脱拉司脱①）則富者日以富。貧者日以貧。人誰無心。其能默爾而與之終古乎。夫固曰政治者。以最大多數之最大幸福爲目的。然則彼疲其筋

---

① "脱拉司脱"，今譯爲"托拉斯"（trust）。

骨。流其汗血者。非於社會占最大多數者乎。自由之發達也。十九世紀中。
不知幾多之若君若相若貴族。傾全力以倒之。而卒不可得。革命一聲。卒
以至今。處今日而言社會黨。蓋亦如十八世紀中民權論者矣。政治之命歟
經濟之命歟。有開先。有承後。固自然之勢所不可逃者歟。

社會黨

日本　西川光次郎　著

仁和　周子高　譯

緒言

嗚呼我國民處。今日最。最猛最劇烈之。世界風潮中而猶不自省耶人何以生有其資生之具也資生之具窮而人類之大恐慌起優强民族之亡人也豈必虔劉而侵殺之。絀其資生之具而已閉關農業之世界朝而食暮而飲偷一息之安猶可也器械與世界通列國競爭今世界之國蓋無不以商工立國矣於是又無不瞠目疾視曰帝國主義帝國主義帝國主義解之者曰今日之帝國主義經濟的也故社會黨發達於內帝國主義發達於外世界之大勢則然也夫經濟革命的也故社會黨發達於內帝國主義發達於外世界之大勢則然也夫經濟革命爲將來。世界上之一大問題而我國於社會黨之歷史之發達乃瞠乎未知聞國於環球之上固未有不通世界大勢之所在。而能自存者也區區小冊固未足以盡其萬一。然審敵之道。蓋有在矣世之君子庶幾覽焉。

社會黨何以起。夫欲天性也。而疾苦慘怛之迫於身者尤爲不可終日安。同是血肉同是體魄。彼何以富而逸我何以貧而勞況聯合公司成（西名脫拉司脫）則。富者日以富貧者日以貧人誰無心其能默爾而與之終古乎夫固曰政治者以最大多數之最大幸福爲目的。然則彼疲其筋骨流其汗血者非於社會占最大多數者乎自由之發達也十九世紀中不知幾多之若君若相若貴族傾全力以倒之。而卒不可得革命一聲卒以至今處今日而言社會黨蓋亦如十八世紀中民權論者矣政治之命歟經濟之命歟有開先有承後固自然之勢所不可逃者。歟。

社會黨前篇①

德意志之社會黨

德意志不行中央集權之制如英法。故個人主義發達至於極端。而反對者之起亦最烈。自粟穀海克②與斐敵③出。始發明社會思想。及羅特海得司④與馬克⑤出。其思想益擴充。然鼓吹乏人。故社會黨未能遽興。

後拉薩⑥出。折衷於羅特⑦與馬克之説。自千八百六十三年五月二十三日建德意志全國勞動協會⑧。至千八百六十四年八月。以一婦人之事鬪死於

---

① 目次爲“前篇”。
② “粟穀海克”，即喬治·威廉·弗里德里希·黑格爾（Georg Wilhelm Friedrich Hegel，1770—1831），德國哲學家、思想家，德國古典哲學的主要代表。
③ “斐敵”，即約翰·戈特利布·費希特（Johann Gottlieb Fichte，1762—1814），德國哲學家，德國古典哲學的代表人物，主觀唯心主義者。
④ “羅特海得司”，即約翰·卡爾·洛貝爾圖斯-亞格措夫（Johann Karl Rodbertus-Jagetzow，1805—1875），德國庸俗經濟學家和政治活動家，資産階級化的普魯士容克的思想家，普魯士容克的“國家社會主義”理論家。
⑤ “馬克”，即卡爾·馬克思（Karl Marx，1818—1883）。
⑥ “拉薩”，即斐迪南·拉薩爾（Ferdinand Lassalle，1825—1864），德國工人運動中的機會主義代表，1848—1849年革命的參加者，全德工人聯合會創建人、主席（1863）。
⑦ “羅特”，指約翰·卡爾·洛貝爾圖斯-亞格措夫。
⑧ “德意志全國勞動協會”，即全德工人聯合會。

瑞士之時止。僅一年五月拉薩東奔西走。布其主義。遂使德國勞動者大醒。奉拉薩如神明。稱之爲政治之謨罕默德①。（回教之祖）至今猶有人疑其未死云。

　　拉薩之喚醒勞動者也。神速可驚。爲時雖短。而其説深入人心。牢不可拔。幾疑若神助。發言皆出於至誠。其遊説萊菌河②諸州時。到處極意經營。或以演説。或聚衆開會。或草雜誌。日不暇食。務欲喚醒下等社會。故其功成也偉。使時人有（一日之中能作許事）之嘆。

　　拉薩之始遊説招致勞動者也。所憑藉者有二。當時之中等社會敗於革命。而失勢一也。中等社會。心醉於孟德斯鳩③之經濟説。專與保護保勞動者④之人反對二也。拉薩乘此二機。一舉而使勞動者成一獨立政黨。向使德之中等社會。有勢力如法國之中等社會。則雖百拉薩亦安能免勞動者不附屬於中等社會之下哉。先是有威靈母立夫奈⑤者。以千八百二十六年三月二十九日生於德國旆聖之海曳市⑥。世家甲胄。長於紈袴。十六歲時讀霜雪夢⑦小説。大爲感動。歎曰（大丈夫豈能爲衣食而求學哉）欲爲大學教授。逆其希望。因欲移居於美國。

　　千八百四十七年。移居之意決。乘美國郵船而行。與一瑞士志士邂逅相遇。縱譚天下大勢。頗相愛悦。瑞士志士勸其游美不如游瑞士。立夫奈

---

① “謨罕默德”，即穆罕默德（Muhammad，約 570—632），伊斯蘭教創始人。
② “萊菌河”，有誤，應爲“萊茵河”（Rhein River）。
③ “孟德斯鳩”，此處翻譯有誤，應爲“曼徹斯特學派”（Manchester School）。
④ “保勞動者”，“保”字當爲衍字。
⑤ “威靈母立夫奈”，即威廉·李卜克内西（Wilhelm Liebknecht，1826—1900），德國工人運動和國際工人運動的活動家，德國社會民主黨創始人和領袖之一。
⑥ “旆聖之海曳市”，有誤，應爲“海曳之旆聖市”。“海曳”，即黑森（Hessen），德國一州，位於德國中部。“旆聖”，即吉森（Giessen），德國黑森州一城市。
⑦ “霜雪夢”，即昂利·聖西門（Henri Saint-Simon，1760—1825），法國空想社會主義者。

天下大勢頗相愛悅。瑞士志士勸其游美不如游瑞士立夫奈之遊美原無一定
之目的。遂首肯赴瑞士居於素籬靜以待時。未旣果有法蘭西革命事起。立夫奈
聞報大喜即日向巴里而進。不幸待彼到時革命之火竟息大失所望因而得疾。
後聞本國革命之機將熟扶病歸國足始踐德境而革命之火同時爆裂。
於是與友人共奔走於海霧野之麓下致力於共和之事。奈海霧野非大將之才。
士卒都未經訓練遂有毒仲巴之大敗彼忿事之不成憂慮交集舊疾復大發不
能步屨仍退於素籬養疴惡手然彼熱血如焚寧爲革命粉身碎骨不願終於床。
席病小愈又渡萊茵河從事於革命軍。復大敗見俘於敵陷於縲絏者九閱月。
雖然壯夫行事百折百回立夫奈出獄復從事於共和之舉爲普魯士政府所迫。
逃於瑞士之普乃巴始有志於勞動運動不幸又爲普魯士所知逼瑞士政府逐
之。復不得居欲潛歸本國未入境爲警官所捕送於巴里復遷諸英國幸英政府
覽大許之寄居因與隱垓氏相識遂得與馬克往來凡寓英十三年專志於政治

之遊美原無一定之目的。遂首肯。赴瑞士居於素籬^①静以待時。未既。果有法蘭西革命^②事起。立夫奈聞報大喜。即日向巴里^③而進。不幸待彼到時。革命之火竟息。大失所望。因而得疾。後聞本國革命之機將熟。扶病歸國。足始踐德境而革命之火同時爆裂。

　　於是與友人共奔走於海霧野^④之麾下。致力於共和之事。奈海霧野非大將之才。士卒都未經訓練。遂有毒伸巴^⑤之大敗。彼忿事之不成。憂慮交集。舊疾復大發。不能步履。仍退於素籬養疴乖手。然彼熱血如焚。寧爲革命粉身碎骨。不願終於床席。病小愈又渡萊茵河。從事於革命軍。復大敗。見俘於敵。陷於縲絏者九閱月。

　　雖然。壯夫行事百折百回^⑥。立夫奈出獄。復從事於共和之舉。爲普魯士政府所迫。逃於瑞士之善乃巴^⑦。始有志於勞動運動。不幸又爲普魯士所知。逼瑞士政府逐之。復不得居。欲潛歸本國。未入境爲警官所捕。送於巴里復遷諸英國。幸英政府寬大。許之寄居。因與隱垓氏^⑧相識。遂得與馬克往來。凡寓英十三年。專志於政治經濟等學。

　　千八百六十二年。伯林^⑨之北德意新聞社^⑩招之爲新聞記者。始歸國。未既。社主聞其曾爲比斯馬克^⑪公所惡。大恐。謝絶之。於是悵無所之。周

---

① “素籬”，即蘇黎世（Zurich）。
② “法蘭西革命”，即 1848 年法國二月革命。
③ “巴里”，即巴黎（Paris）。
④ “海霧野”，即格奧爾格·海爾維格（George Herwegh，1817—1875），德國詩人，小資產階級民主主義者；1848 年二月革命後是巴黎德意志民主協會領導人，巴黎德國流亡者志願軍團組織者之一；1848—1849 年德國革命的參加者，曾領導過巴登起義。
⑤ “毒伸巴”，即德爾茨巴赫（Dörzbach），現爲德國巴登-符騰堡州一市鎮。
⑥ “百折百回”，當作“百折不回”。
⑦ “善乃巴”，即日内瓦（Geneva）。
⑧ “隱垓氏”，即弗里德里希·恩格斯（Friedrich Engels，1820—1895）。
⑨ “伯林”，即柏林（Berlin）。
⑩ “北德意新聞社”，疑爲“北德意志新聞社”。
⑪ “比斯馬克”，即奧托·馮·俾斯麥（Otto von Bismarck，1815—1898），普魯士和德國國務活動家和外交家，普魯士容克的代表；曾任普魯士首相（1862—1872、1873—1890）和德意志帝國首相（1871—1890）。

流既久。自知斷不爲政府所容。遂決意投於拉薩爲勞動運動。將大展其才。及拉薩死。遂欲自樹一幟。

於是遊拉被溪①説培勃②。培勃者。千八百四十年二月廿四日。生於哥龍③。以鏇盤工起身。爲拉被溪之一資本家。初聞沙利鳩特里裘④國民銀行主義之説。悦而從之。集一部之勞動者。自爲領袖。與拉薩反對。及聞立夫奈之説。遂棄舊而從之。信馬克之説。於是二人共爲領袖。社會共和勞動會⑤起矣。

翌年。普 法大戰⑥事起。戰畢以牙薩陸⑦萊茵二州隸入德國版圖。勞動會以其有損於社會之共和。極力反對之。遂觸政府之怒。誣培勃 立夫奈與海菩那⑧三人謀爲不軌。下之獄。勞動會之勢大失。千八百七十三年。德國財政困乏。社會共和勞動會乘時復其勢。來年總選舉此黨中人爲議員者十人。前下獄之培勃 立夫奈亦與焉。政府聞之大驚。竭力壓制之。并及一汎德意志勞動協會⑨。彼兩派。本具有并合之意。今均爲政府所苦。同患則相

① "拉被溪"，即萊比錫（Leipzig），德國東部一城市。
② "培勃"，即奧古斯特·倍倍爾（August Bebel，1840—1913），德國工人運動和國際工人運動的活動家；1867年起領導德國工人協會聯合會，德國社會民主黨創始人和領袖之一。
③ "哥龍"，即科隆（Cologne），德國西部一城市。
④ "沙利鳩特里裘"，即弗蘭茨·海爾曼·舒爾采-德里奇（Franz Hermann Schulze-Delitzsch，1808—1883），德國政治活動家和資產階級庸俗經濟學家，1848年是普魯士國民議會議員，屬於中間派左翼；19世紀60年代是進步黨領袖之一，他企圖用組織合作社的辦法來使工人脱離革命鬥争。
⑤ "社會共和勞動會"，今譯爲"社會民主工黨"（愛森納赫派），1869年8月在愛森納赫成立的德國無產階級社會主義政黨。
⑥ "普法大戰"，即普法戰争（1870—1871）。
⑦ "牙薩陸"，即阿爾薩斯-洛林（Alsace-Lorraine）。
⑧ "海菩那"，即阿道夫·赫普納（Adolf Hepner，1846—1923），德國書商和新聞工作者；社會民主黨工黨的創建人之一，第一國際會員；《人民國家報》編輯（1869—1873），1872年爲萊比錫叛國案的被告之一，後宣告無罪；國際海牙代表大會（1872）代表；後僑居美國（1882—1908），曾爲多家社會主義報刊撰稿；1908年回到德國。
⑨ "汎德意志勞動協會"，即全德工人聯合會。

扶特①。遂於千八百七十五年五月兩派會於穀濕②合而爲一。別立一黨。名曰社會共和黨③。政府聞之。益驚懼不知所措。

　　雖然。政府據上游之勢。蓄意壓制小民。欲加之罪。何患無辭。稍有使得藉口。則壓制更酷。勢所必然也。社會黨不幸竟蹈此轍。貽政府以口實悲哉。時德皇出遊。忽爲一少年名忽德兒④者所狙擊。其衣囊中有社會黨領袖之小照。政府遂欲誣社會黨大逆不道。議會不可。以爲一人之非。斷不能累及全部。始得無事。不意一月之後。復起一大風波。德皇乘馬車出行。忽有飛彈自月樓而出。皇負重傷。急捕其人⑤。亦社會黨中之人也。於是輿論騷然。咸非社會黨。政府乘勢彰明較著。施其壓制手段。提其事議於議會。以爲不可施壓制者得百四十九票。以爲可者二百二十一票。居多數。議遂決。稱所施壓制法。爲鎮壓法律⑥。比斯馬克公開鎮壓律准行。摩手笑曰。[自是如追豚矣。]社會黨亦聚衆開會。其領袖。靜立而説曰。[吾人不好行革命之手叚⑦。故每事惟和平是求。然吾人欲戰則得戰。不畏強也。比斯馬克乎。曷憶千八百四十八年三月十八之日。]蓋指昔日革命之事也。是年十月。至來年冬。共解散勞働者之俱樂部。百八十九處。禁止定期刊行之新聞雜誌。五十八種。禁發賣出版之書。二百十種。雖然。壓制不可久也。外患愈急。內團益固。勢所必然。況社會黨人才濟濟。政府之壓制。適足爲其鼓吹。

---

① "扶特"，有誤，應爲"扶持"。
② "穀濕"，即哥達（Gotha），德國中部一城市。
③ "社會共和黨"，即德國社會主義工人黨。1875 年由德國社會民主黨（愛森納赫派）和全德工人聯合會（拉薩爾派）合併而成。
④ "忽德兒"，即馬克斯・赫德爾（Max Hödel，1857—1878），德國無政府主義者。
⑤ "復起一大風波。德皇乘馬車出行。忽有飛彈自月樓而出。皇負重傷。急捕其人"，即 1878 年 6 月 2 日，卡爾・愛德華・諾比林（Karl Eduard Nobiling，1848—1878）在柏林行刺德皇威廉一世，致其重傷。
⑥ "鎮壓法律"，即 1878 年 10 月在俾斯麥操縱下德意志帝國國會提出的《反對社會民主黨企圖危害治安法令》，簡稱《反社會黨人非常法》或《反社會主義者特別法》。
⑦ "手叚"，應作"手段"。下同。

殊不因壓制而可屈。國內既禁其雜誌出版權。乃以新聞雜誌。印刷發行於英之倫敦。密輸入德國者。往來無休日。其費用均由各處捐集。黨人之爲議員者。即利用議員之權。爲之主腦。干八百八十三年。及八十七年二年之大會。均開於瑞士相近之古城中①。坐於藁草之上。而聚議焉。其勢益彰。可謂驚人之舉矣。自行鎮壓律以來。千八百七十八年。社會黨之議員九人。其投票總數四十三萬千八百。八十四年。投票總數五十四萬。議員二十四人。較前有增。待鎮壓律廢。千八百九十年之議會。黨人之投票總數。驟增至百四十二萬。議員增至三十四人。其進步之速。殆無可比擬。壓制愈重。則興起愈盛。斯言信不誣矣。

自是進步仍未有已時。千八百九十三年。投票總數。百八十七萬。議員增至四十四人。千八百九十八年。議員又增至五十八人。此後之總選舉。尤當有增。不禁拭目待之。又社會黨之人。於市會議長。亦增加飛速。今者。德意志全國三分之二皆入社會黨矣。前年立夫奈始去世。其葬儀冠絕一時。時有親覩其盛。而記之者曰。

八月十二日。行偉人立夫奈之葬式。遠近勞動界來集者。十五萬人。自其宅至墓。凡六英里。均執紼步送。路之兩側。觀者如堵墙。皆肅靜致敬。午後五時半。靈柩達於墓所。培勃起而演說。以述追悼之意。中有言曰。﹝自有柏林至今日。未見葬儀如此之盛也。夫帝王之崩。送者傾城。特不過勢力所在迫之使爲耳。若今日之來者諸君。吾敢言其皆出於至誠敬此偉人而來也。﹞

立夫奈雖亡。而培勃 陰垓諸偉人尚在②。故社會黨之勢。仍駸駸日進不

---

① “干八百八十三年。及八十七年二年之大會。均開於瑞士相近之古城中”，“干”，有誤，應爲“千”；據史實，德國社會民主黨在“非常法”時期，先後於1880年8月在瑞士的維登、1882年8月在瑞士的蘇黎世、1887年10月在瑞士的聖加侖召開過三次代表大會（即十大、十一大和十三大）。

② “立夫奈雖亡。而培勃陰垓諸偉人尚在”，日文原書如此。恩格斯逝世於1895，這裏是日文原書訛誤。

己。先是議閉會後①。議長必宴諸議員。而獨不招社會黨議員。本年始招之。同席有海德公②者。故英后之孫也。與社會黨議員相談頗悦。德皇室之官吏大驚。

自是尤有一可喜之事。即社會黨之會員。皆擴其主義於婦女中是也。初陰垓言德之社會主義者曰。［一家之内男子爲資本家之代表。婦人爲勞働者之代表者也］因欲擴其主義於各階級之婦人。後男女之問題。及階級之問題。自然而別。上等社會之婦人皆欲自由。與男子争。自知見苦於男子。與勞働者之見苦於資本家相若。因悦其主義。自千八百九十年廢鎮壓律以來。社會黨大更規則。始定婦人得爲會員之律。又設委員。專從事擴充社會主義於婦人。出一星期雜誌。名［平等］③。及他書。分布之。故今日婦人之入社會黨者甚多。或別結一團體。所在皆是。然德之法律禁婦人入政治團體。故此等團體。特外示爲非政治團體。其實。與政治大有關係也。

德國社會黨之事。既詳述之。今復就其遊説之法記焉。

（一）報館。德意志全國有社會黨之機關新聞雜誌。百六十餘種。傳遞迅速非常。

（二）演説會。柏林每夜。必有社會黨之演説會一二處。勞働者携妻挈子。相將往聽。或飲皮酒④。或吸紙煙。其樂頗自得。演説者。則静立而言。

---

① "議閉會後"，有誤，應爲 "議會閉會後"。
② "海德公"，即阿爾貝特·威廉·海因里希（Albert Wilhelm Heinrich，1862—1929），被稱爲海因里希親王（Prinz Heinrich），德國將領。英國維多利亞女王的長女維多利亞·阿德萊德·瑪麗·路易絲公主（Princess Victoria Adelaide Mary Louise，1840—1901）與德國皇帝腓特烈三世（Friedrich Ⅲ，1831—1888）的第三個孩子，威廉二世皇帝（Wilhelm Ⅱ，1859—1941）的弟弟。
③ "平等"，德國社會民主黨婦女雜誌，1892 年 1 月 11 日在斯圖加特出版，半月刊。1907 年被確定爲國際社會主義婦女組織的機關刊物，1923 年 10 月停刊。
④ "皮酒"，今譯爲 "啤酒"（beer）。

時或議論激烈。則命解散勞動者。行歌而歸以爲常。各處又有俱樂部。勞動者。日相會於是。互相辯難。以備他日遊説之用。

（三）運動會。每年夏日無事。勞動者必開運動會。男女無別。相將來遊。於黨中勢力擴張之事大有益。

（四）下等飲食店。此等店之主人。皆社會黨之人。故不時得開小集會。或小演説會於是焉。

（附）社會黨之機關新聞雜誌。百六十餘種。其中日刊新聞三十七。一星期及三日雜誌四十一。科學評論一。家庭雜誌一。商業雜誌五十五。其餘另有二種。

白耳義之社會黨

白耳義①者。地不及日本十分之一。海不設一軍艦。陸軍不過四萬。渺乎小哉。然世人稱之爲小歐洲。蓋其地之商業極盛。國人甚愛自由平等。以是社會黨最昌。冠於萬國。而各國之社會主義。皆自此國所分出。故不可不詳述之。

千八百三十五年。有哥靈斯②者。始著書説基督教之社會主義。千八百五十年③。有秀陰④者續其説。其弟子配來⑤。有名之經濟家也。復伸其義。適當時馬克及陰垓避法國之難。逃於菩塞⑥。盛言社會主義。於是社會主義

---

① “白耳義”，即比利時（Belgium）。
② “哥靈斯”，即讓·希波力特·德·柯林斯（Jean Hippolyte de Colins，1783—1859），比利時男爵，主要著作有《社會契約》（*Le Pacte Social*）。
③ “千八百五十年”，有誤，應爲“千八百五十三年”。
④ “秀陰”，即弗朗索瓦·于埃（François Huet，1814—1869），法國人，比利時根特大學法語哲學教授（1835—1850），主要著作有《基督教的社會統治》（*Régne Social du Christianisme*）。
⑤ “配來”，即艾米爾-路易-維克多·德·拉弗萊（Émile-Louis-Victor de Laveleye，1822—1892），比利時資産階級歷史學家和經濟學家，庸俗政治經濟學的代表人物。
⑥ “菩塞”，即布魯塞爾（Brussels）。

之思想。始大發明。千八百六十四年。馬克等之建萬國勞會協會①也。實唱於白耳義。次有薄耳盲②者。復出而遊說。遂成德意志風之社會黨。千八百七十九年。勁督③之新聞記者。愛特華鴉雪④創議。設共同麵包製造所。又設勞動俱樂部。附屬之。頗有効。千八百八十四年⑤。有所謂［家族主義］⑥之共力結社者。起設於菩露塞⑦及巴比牙⑧二處。至千八百八十八年。幾遍全國。自是共力結社與社會黨相輔而行。故白耳義之社會黨。遂爲萬國之冠。蓋［家族主義］者。一面有消費組合。他面爲社會會黨⑨之基礎。勞動者。之活動中心也。家家璧⑩上。皆紀有（今日之勞動者。一無所有。然他日之勞動者。將無所不有也）、（嗷嗷求食。勞動者自然之聲。無人能禁之。有勞動者。將爲建教會之巖石。）等語。

　　時社會黨之勢力。雖頗大。然爲代議士者。尚不過二十八人。蓋以爲代議士用選法而來者不正。且恐不利於社會主義。故不貴代議士之多。時毒來誘司⑪之事起。人心大動。加之經濟流通。故國民自由之精神大煥

---

① “萬國勞會協會”，日文原書作“萬國勞動協會”，即國際工人協會，1864 年成立，後稱爲第一國際。
② “薄耳盲”，即格奧爾格·亨利希·馮·福爾馬爾（Georg Heinrich von Vollmar，1850—1922），德國社會民主黨人，黨內改良主義派的領袖；《社會民主黨人報》編輯（1879—1880）；多次當選爲德意志帝國國會議員和巴伐利亞邦議會議員；第一次世界大戰期間爲社會沙文主義者。
③ “勁督”，即根特（Ghent），比利時西北部一城市。
④ “愛特華鴉雪”，即愛德華·安塞爾（Eduard Anseele，1856—1938），比利時社會主義者，改良主義者。
⑤ “千八百八十四年”，有誤，據史實，應爲“千八百八十二年”。
⑥ “家族主義”，日文原書作“人民の家”。
⑦ “菩露塞”，即布魯塞爾。
⑧ “巴比牙”，即韋爾維耶（Verviers），現爲比利時列日省東部阿登地區一城市。
⑨ “社會會黨”，有誤，應爲“社會黨”。下同。
⑩ “璧”，有誤，應爲“壁”。
⑪ “毒來誘司”，即阿爾弗雷德·德雷福斯（Alfred Dreyfus，1859—1935），法國陸軍總參謀部猶太籍上尉軍官，1894 年被法國政府誣陷犯有間諜和叛國罪，并被判處無期徒刑。1899 年被赦免，1906 年恢復名譽。

發。不特社會黨然也。凡有進退之精神者。皆大惡<u>嘉刺利</u>[1]之保守政策。然欲削其權勢。首當改正選舉法。於是急進主義者。社會主義者。基督教共和主義者。悉相結合。立普通選舉及比例代表期成會。共從事於改正之事。

　　同時社會黨之人復獨開大會。或於俱樂部。或於郊外。勢頗盛。欲示威於人。屢與憲兵衝突。一時胆却[2]者。幾疑內亂將起。民心大惶恐。於是<u>嘉利束</u>黨之大臣無奈。千九百年。遂改選舉法。定普通選舉。及比例代表法。萬國皆未行。唯瑞士與<u>白耳義</u>實首行之。於是千九百年六月之總選舉。社會黨所舉之代議士增至三十二人。又得元老議員二人。<u>白耳義</u>之社會黨。非軍隊主義。其運動頗有力。因詳述之。夫社會主義之與軍隊。固冰炭不同器。勢必所然[3]也。茲將<u>白耳義</u>徵兵之法。以次言之。

　　（一）每年於徵兵期。檢查體格。合式者約四萬人。乃拈鬮。使萬三千人入營充役。如賭博然。

　　（二）被徵之兵。可出金脫役。其金之多寡。每年由國王定之。其條理。約有千六百餘條。

　　（三）<u>白耳義</u>者。中立國也。外敵頗少。故平時養兵四萬。戰時有軍二十萬。足備內亂矣。時軍務大臣。公然言於眾曰。以此軍隊。足備勞動者矣。故社會黨聞之。益與軍隊反對。時社會會黨之團體。全國有百二十處。其會員總數。一萬餘人。互相聯合。置中央委員。以董其事。力攻軍隊主義。其運動之法。約有數端。列之如左。

　　（一）每年徵兵二次時。以<u>法蘭西</u>及<u>荷蘭</u>語。作二書。名曰（兵營）每部刊五萬部發賣。以動搖人心。行之數年。政府畏之。屢捕其主筆禁錮六

---

① “嘉刺利”，即比利時天主教黨（Catholic Party）。
② “胆却”，有誤，應爲“膽怯”。
③ “勢必所然”，疑爲“勢所必然”。

月。而仍不改其常。

（二）於徵兵之日。各處大開演說。平日六時聚眾演講。專攻軍隊主義。

（三）黨中之青年。被徵入營。仍與外人暗通。私攜社會主義之書入營。於是社會主義膨脹至兵營矣。

政府聞社會主義。乃能衝入軍營也。大恐。使兵營戒嚴。雖於休日。禁兵士不得住[1]社會黨聚集之所。然兵士殊不稍畏。甚至有寅夜越營往聽社會黨之演說者。於是政府無奈。欲借僧侶之力以救之。

政府使高僧從軍士遊。因乘機勸其勿復入社會黨。辯其利害。時或偕往教堂。及軍人俱樂部。此處備各種書籍遊具。縱軍士行樂。欲得其歡心。無奈社會黨之吸力。神出鬼沒。軍人仍趨之如流水。政府用盡心力。竟歸無効。社會黨之勢力有如是哉。

今者。白耳義社會黨之領袖。為野德華[2]及野米兒[3]二人。野米兒者初學於菩塞之大學。卒業後為教師。有所感發。棄其業而入社會黨。為領袖。能文善辯。為白耳義之偉人。此後社會黨之進步。尚不可思議也。

（附）白耳義社會黨有六七種日刊新聞。為其機關。

荷蘭之社會黨

荷蘭之社會黨。興於千八百六十四年。萬國勞動協會告成之後。蓋是其支部也。然其前已有一二俱樂部。與一二雜誌。說社會主義矣。

千八百七十二年。開萬國勞動協會之總會于哈尼[4]。馬克派[5]與巴克尼

---

① “住”，有誤，應爲“往”。
② “野德華”，即愛德華·安塞爾。
③ “野米兒”，即艾米爾·王德威爾得（Émile Vandervelde, 1866—1938），比利時的右翼社會黨人，比利時工人黨的創始人和領導人之一，第二國際機會主義派首領之一。
④ “哈尼”，即海牙（The Hague）。
⑤ “馬克派”，即馬克思派，指以馬克思、恩格斯爲代表的社會主義派別。

派^①大争。各相分裂。萬國勞動協會立散^②。故荷蘭之社會黨。亦遂不振。至千八百七十九年。有成衣司^③野旂該巴^④者起。再興社會黨。然有才而無辯。故不能大盛。

時有牧師牛陰秀^⑤者。極希望社會主義。其人物與德之拉薩相似。熱血如焚。於是。荷蘭之社會黨遂大盛。

千八百八十八年。牛陰秀舉爲代議士。社會黨之勢。因之有加。今者各地支部分布。每部有機關新聞雜誌。市會議員。亦多社會黨人。有一市中全議員十五人。社會主義者竟居其八。

丹馬之社會黨

丹馬^⑥者。處於德之北方。與瑞典 腦喊^⑦僅隔一海。地勢白耳義稍大。亦小國也。然是國之皇室。曾出希臘王俄羅斯后英皇后。故稱爲歐洲之神經線。且其國人民精幹强毅。文明之進步甚速。雖蕞爾小國頗不易侮。

丹馬工業之發達。始於近三十年。千八百七十年爲工業者居全部人口百分之十五。千八百九十年。增至百分之二十三。千八百九十七年。丹馬之勞動者。其中百分之二十。在用工人百人以上之工塲。百分之二十四。在二十一人以上之工塲。百分之二十三。在六人以上之工塲。百分之三十

---

① "巴克尼派"，即巴枯寧派，是以巴枯寧爲代表的無政府主義政治派別。
② "萬國勞動協會立散"，1871 年巴黎公社革命失敗後，第一國際在歐洲難於開展活動，1876 年 7 月在美國費城正式宣告解散。
③ "成衣司"，有誤，應爲"成衣師"，即裁縫。
④ "野旂該巴"，即亨德里克·格爾哈特（Hendrik Gerhardt，1856—1948），荷蘭工人運動的參加者，第一國際海牙代表大會（1872）代表，追隨巴枯寧派。
⑤ "牛陰秀"，即斐迪南·多梅拉·紐文胡斯（Ferdinand Domela Nieuwenhuis，1846—1919），荷蘭工人運動活動家，荷蘭社會民主黨創始人之一。
⑥ "丹馬"，即丹麥（Denmark）。
⑦ "腦喊"，即挪威（Norway）。

三。在一人至五人之工場。

　　近世工業日興。勞動運動。驟然而起。理當然也。千八百七十一年。五月。<u>丹馬京城</u><u>閣木海</u>①郵便局之書記。名<u>握比</u>②者。一少年也。著書説社會主義。自此書出後數月。復與同志者出一星期刊之雜誌即名曰社會主義。於是都中之勞動者大感動。此雜誌之出也。不特都中勞動者之腦筋一變。即農業地之勞動者。亦搖搖有欲出之勢。同時萬國勞動協會之支部。分置於京城。其勢益盛。千八百七十二年之初。改（社會主義）雜誌爲日刊。抑何進步之速乎。

　　凡事有進步。亦必有阻害。是年五月。<u>握比</u>及其他之二三領袖。以文字之禍。爲政府所捕。禁錮數年。因又禁人民於京城郊外開會。有犯禁者。政③遣軍隊驅逐之。

　　夫政府雖能投改革運動之首領於獄。能以力解散社會黨之集會。然其心中之改革。心中之集會。不能解散也。及千八百七十六年。社會黨大開會。至者五千五百人。果較未壓制以前大有增加。

　　翌年其黨之翹楚。握利爲政府所賣。逃於國外。因之社會黨之支部大散。機關新聞減至三分一。勞動者受創甚深。然此痛創。實社會黨不幸中之大幸。何則。蓋自經此役以後。其黨中崇拜英雄之心。一旦掃盡。黨之職員。皆由衆選。不以之爲主權者。而視爲黨中之代表者。

　　自是至千八百七十八年。勞動者之政治運動。與經濟運動。益明有區別。然兩派皆互送本部之代表者。交相聯絡。後勞働組合。專爲經濟運動。而社會黨。專爲政治運動。兩派並立。勢力益大。茲先述社會黨之所由興。

---

① "閣木海"，即哥本哈根（Copenhagen）。
② "握比"，即路易·皮奧（Louis Pio, 1841—1894），丹麥工人運動活動家，馬克思主義的宣傳者。
③ "政"，有誤，應爲"政府"。

千八百八十年。新聞紙（社會主義）共消①二三千張。千八百八十四年。增至七千張。千八百八十一年。社會黨之代議士投票數。千二百九十五票。千八百八十四年。增至六千八百五票。有代議士二人。然社會黨既發達。而反動力亦大起。千八百八十五年。鍛冶工與鐵工同盟排斥事起。全體費用六萬餘磅。延時六月備嘗困苦。始得使資本家承認勞動者全體之利權。

其後有述虛無黨主義者。有述基督教社會主義②者。而最發達者。實惟馬克主義③之社會黨。千八百八十七年。社會黨之代議士投票數。八千四百八票。千八百九十年。增至萬七千二百三十二。千八百九十二年。又增至二萬九千八。千八百九十五年。二萬五千十九。千八百九十八年。直增至三萬三千四十八票。代議士亦增至十二人。元老院之議員二人。自治體之議員市長。二百二十人。日刊新聞八。星期雜誌五。月刊雜誌十一。

（註）丹馬之法。男子三十以上。始有選舉權。故丹馬之有選舉權者。不過全國人口百分之十五。

社會黨之勢力。既如前述。茲復言勞動組合之事。

丹馬之正長④勞動組合。實起於千八百七十八年也。千八百九十三年。其人員之總數。三萬五千人。千八百九十六年。增至四萬二千人。今則八萬人以上矣。

---

① "消"，當作 "銷"。
② "基督教社會主義"，即 "僧侶社會主義"。19 世紀中葉歐美教會人士把基督教的社會原則運用到現代工業生活的思潮或運動中，創始人爲法國人菲力浦・畢舍和費里西德・拉梅耐。
③ "馬克主義"，即馬克思主義（Marxism）。
④ "正長"，有誤，應爲 "正式"。

　　夫勢力既盛。不可無聯合之處。千八百八十五年。有人唱此説。千八百九十八年。始設全國勞働組合中央事務所。

　　其發達之大要。蓋有二端。（一）工資甚昂。千八七十二年①。其京城中上等工人。每年之工資二百佛郎②。田舍間百五十佛郎。千八百九十二年。京城中增至二百九十五佛郎。田舍間增至二百佛郎。（二）作工之時減少。千八百七十二年。平常日作十二時。今則大都會皆日作十時。以爲常矣。

　　雖然。其發達固種種不同。要之其大原因。實在於資本家同盟求壓制勞働者之一事。千八百九十九年。資本家同盟。以敵勞働者同盟。是年五月。木匠三百人。與其資本家衝突。因罷工。國中同志。聞風興起而助之。務欲屈服資本家。到處經營。全國同志。遂罷工三分之二。其鄰國瑞典　拿威③德國之勞働者亦爲援應。

　　丹馬之勞働者。雖竭力堅忍支持。尤不能敵。因飛檄天下。求援於同志者。於是英國之工人。助銀二萬元。各處亦復不少。乃始得堅持苦戰。十六禮拜。遂得大勝。

　　其後社會黨與勞働組合。皆大有進步。今則社會主義。漸衝入農業者之腦中矣。

波蘭之社會黨

　　波蘭者昔日亦曾爲歐洲一雄國。今則社稷爲墟黯然之國矣。其地爲俄　德　墺④三國所宰。其人爲强鄰暴主所奴。雖有愛國志士。如哥加

---

① "千八七十二年"，有誤，應爲"千八百七十二年"。
② "佛郎"，指克朗（Krone），丹麥貨幣單位。
③ "拿威"，即挪威。
④ "墺"，指奧地利（Austria）。

思國①。昔曾與拉否特②拔刀助美獨立。然千方百計絞盡腦血心血與異族戰。
而今尚未得達其保全民族之目的。雖然。國之存亡。在精神不在形質。
嗚呼。欲定波蘭果爲亡國否乎。請一考其民氣。波蘭國民之欲求自立也。
以爲非發明社會主義。終不得脫奴隸之籍。故其於勞働運動尤爲注意。
雖時爲偵探所捕。可薩克③兵所戮。倒而復起。屈而復伸。處於世界最專
制强暴俄羅斯政府之下。尤能自樹一幟。互相扶持。懿歟鑠歟。吾焉得
不拜倒哉。

悲哉。波蘭志士。既有求自由獨立權利之思想。然處於虎狼蛇蝎之間。
故其社會黨。皆秘密結社。其運動之方法。大略如左。

（一）用秘密出版之手段。千八百九十五年正月。至九十九年十二月止。
社會黨於國內秘密出版之雜誌小説等。十八萬四千餘種。分布於勞動者。
又於倫敦之印書局。印十二萬三千餘種。私運入國中散布之。即此一端。
知波蘭社會黨勢力矣。以上係五年總出之書。逐年分之。則九十九年。國
內六萬三千四百七十五冊。自外輸入者三萬六千三百九十七冊。以是知其
黨年有進步也。

（二）用行軍之手段。每年五月爲社會黨流血者之紀念日。是日集勞動
者行軍於市。赴殉國者之墓。行奠禮焉。雖政府防禦嚴密。無甚忌憚。歌
（赤歌）之歌。使同志者精神煥發。此風千八百九十五年。尚不過行於二三
都市。今則幾遍全國矣。

---

① “哥加思國”，即塔德烏什·安德熱伊·博納文圖拉·考斯丘什科（Tadeusz Andrzej Bonawentura
　Kościuszko，1746—1817），波蘭將軍。
② “拉否特”，即拉法耶特侯爵（Marquis de Lafayette，1757—1834），法國將軍。
③ “可薩克”，即哥薩克。

（三）用同盟罷工之手段。俄國最陰狠之國。平和不足以敵之。故波蘭之工人皆勇猛激烈。凡有要求於政府及資本家。概以同盟罷工一法對之。政府與資本家。遇此舉動。小則以警察彈壓之。大則禦以<u>可薩克</u>兵。然社會黨人儼若水蒸汽。壓力愈重。而爆裂愈甚。千八百九十五年起至九十九年。計同盟罷工一百八十六次。罷工者極少至數十萬人。其中勞動者得勝百二十七次。敗者五十九次。嗟嗟。以亡國之民。寄人籬下。尚能自相團結。與異族政府相爭相抗。以視國雖未亡。低首下心。志願爲人奴者。果何如耶。

據上所述。故社會黨之工資增加。工時減少。然政府時與資本家相合。而壓制勞動者。且波蘭非獨立之國乃亡國也。故社會黨有二大目的。

（一）知農民之中。必須擴充其社會主義。五年前。有人遊説於農民間。政府聞之大恐。竭力阻之。急立圖書舘。發政府所刊之雜誌與農民。欲以代社會黨之説。而百姓明知其欺己。益趨於社會黨。於是勢力遂及農民。

（二）波蘭中猶太人甚多。猶太人者。固極重社會主義之民也。深惡<u>俄國</u>之專制勢。不得與<u>波蘭社會黨</u>①相契合。五年前。有能讀波蘭書之猶太人者。以猶太日用之語。編一書。刊萬餘册。分布於衆。其結果。至今遂集猶太人之在波蘭者。另立一社會黨。亦自有機關新聞紙矣。又波蘭人之居於外國者。亦別結一團。與國内者互相聯絡。故政府無奈之何。

————————————

① “波蘭社會黨”，1893 年 2—3 月在華沙成立。其成員主要來自波蘭第二無產階級黨和波蘭工人聯合會以及波蘭社會主義者國外聯盟等。早期主要領導人有伊·達申斯基、斯·門德爾森、波·利曼諾夫斯基等。成立初期既無黨綱，也無黨章，後來以波蘭社會主義者國外聯盟的綱領爲綱領。主要目標是爭取波蘭獨立，曾提出社會主義的口號，但在上述問題上一直存有分歧。

俄羅斯之社會黨

地廣而瘠。民衆而不均。其國必内訌。嗚呼。俄羅斯社會黨之起。有由來矣。

自法皇拿破侖馬首東瞻。歐州文明思潮。乃衝突入俄土。漸至貴族與軍人。亦有知本國專制政體之不善而反對者。千八百五十五年。塞巴司卜①陷。此勢日盛。至千八百六十一年。農奴解放後。其勢益激。所謂（青年俄羅斯②）（土地與自由③）諸秘密結社。一時並起。總稱爲虛無黨。

此等秘密結社之人。大都青年學生。及貴族閨秀。彼等始讀馬克之書愛之然悲俄羅斯之境遇。以爲入馬克主義。寧入巴克尼④之無政府主義。於是或爲商旅。巡遊村落。遊説農民。述其主義。或變服爲工人。入紡績工塲。推其主義于諸工人。然農民愚而無知。甘受政府之壓制。工人雖稍勝之。究未能大發達。反使遊説者爲政府之犧牲。

（改革者之所最恐者。在以殉難者之墓石刺其心）當時之名言也。初虛無黨人。多爲政府流於西比利亞⑤而死。故同黨會員益激怒。別立所謂恐怖

---

① "塞巴司卜"，即塞瓦斯托波爾（Sevastopol），克里米亞半島一港口要塞城市。
② "青年俄羅斯"，1862 年 5 月，莫斯科出現了一張以"中央革命委員會"名義散發的《青年俄羅斯》的傳單，提出了激進的革命民主主義的要求。起草并支持這一傳單的人，當時也被稱作"青年俄羅斯"小組。
③ "土地與自由"，19 世紀後半期，俄國先後出現了兩個"土地與自由社"。第一個存在於 1861 年底至 1864 年 3 月，是當時全俄最大的革命聯合組織，是由國内外多個秘密小組或團體聯合起來的一種特有的"聯盟"，在國外有赫爾岑、奧加遼夫的支持，在國内以車爾尼雪夫斯基爲精神領袖，其中央委員會設在聖彼得堡。該組織曾準備於 1863 年春在全俄發動農民起義，計劃失敗後逐漸走向衰落。第二個出現在 70 年代中期的"到民間去"運動失敗後，當時的一些革命民粹主義分子於 1876 年底建立了"北方革命民粹主義小組"，1878 年其爲紀念 60 年代的第一個"土地與自由社"，也改爲同樣的名稱。第二個"土地與自由社"在 1879 年 8 月解體（分裂爲"黑土平分社"和"民意黨"）。
④ "巴克尼"，即米哈伊爾·亞歷山大羅維奇·巴枯寧（Михаил Александрович Бакунин，1814—1876，俄國無政府主義和民粹主義的創始人及理論家。
⑤ "西比利亞"，即西伯利亞（Siberia）。

黨者。專以刺殺君主官吏爲事。初則警視總監梅荼陰鳩①被刺。負重傷。
次則克陸菩金公爵②被暗擊。至千八百八十一年。皇帝亞力山大二世③。
遂被殺。皆此黨之人爲之也。其刺二世也。蓄意已久。前二次爲其所覺。
志不遂。至三次。始克成大功。然慷慨赴義者。僅一前聖彼得堡知事之
女兒④云。

　　雖然。恐怖黨知如此行爲之不足有成也。故今者。易其方針。從事於
遊説。以社會主義説勞動者矣。教勞動者。秘密組織。勞動組合。增其數。
張其形。千八百九十七年。聖彼德堡中勞動者四萬。爲要求每日作工十一
半時之事。同盟罷工。政府以兵力干涉之。不畏。遂達其目的。千八百九
十八年。社會民主黨⑤起。

　　彼等之勢力既加。俄羅斯人之思想亦進步。前之爲秘密者。今則顯然
行之矣。如五月一日（萬國社會主義之祭日）。爲巴哥妙⑥之紀念日也。社
會主義者之葬式也。皆公然行軍於市以示威。毫無忌憚。近其富⑦之革命雜
誌。所載社會主義者。比粟智旗⑧之葬儀中有曰。

---

① "梅荼陰鳩"，即尼古拉·弗拉基米羅維奇·梅津措夫（Николай Владимирович Мезенцов，1827—1878），俄國將軍，憲兵警察總監。1878 年 8 月，在聖彼得堡被俄國民粹派革命家謝爾蓋·米哈伊洛維奇·克拉夫欽斯基（Сергей Михайлович Кравчинский，1851—1895）刺殺。
② "克陸菩金公爵"，即德米特里·尼古拉耶維奇·克魯泡特金公爵（Дмитрий Николаевич Кропоткин，1836—1879），曾任哈爾科夫總督。
③ "亞力山大二世"，即亞歷山大二世（Alexander Ⅱ，1818—1881），俄國沙皇（1855—1881）。
④ "前聖彼得堡知事之女兒"，即聖彼得堡前任省長列夫·尼古拉耶維奇·佩羅夫斯基（Лев Николаевич Перовский，1816—1890）的女兒索菲婭·利沃芙娜·佩羅夫斯卡婭（Софья Львовна Перовская，1853—1881），俄國女革命家、民粹主義者，"民意黨"執行委員會委員。1881 年 3 月 1 日組織謀刺沙皇亞歷山大二世，3 月 10 日被捕，4 月 3 日被處死，是俄國第一位因政治案件被處死的女性。
⑤ "社會民主黨"，即俄國社會民主工黨（Российская социал-демократическая рабочая партия），1898 年 3 月 13 日至 15 日在明斯克召開會議秘密成立。
⑥ "巴哥妙"，即巴黎公社（The Paris Commune）。
⑦ "其富"，即基輔（Kiev）。
⑧ "比粟智旗"，不詳。

　　勞動者三千人。步從棺柩於市。過監獄時。大歌革命之歌。以慰同志。棺之側。大書（自社會主義者至自由之天神）之字。觀者牆堵大呼"倒壓制！！！倒壓制！！！。"

　　克陸菩金①曰。"俄羅斯之農民。枵腹不得食。及聞俄軍勝於滿洲而大悦。不亦愚甚乎。"於是農民初醒。或襲地主之家。或强迫地主。或蕪其田疇。聊報壓制之仇。屢射殺彈壓之官吏。使地方官知而畏之。於是政府乃以嚴命諭地方官曰。

　　（一）切注意於農民。與勞動者會合之處。

　　（二）注意於農民與地主之關係。有不和者。速處置之。

　　（三）注意於新來者。凡無一定之職業。而巡遊村落。或疑似游説者。即捕逮之。

　　（四）凡有騷動之事。無論大小。速往彈嚴②。如力不足。速請警察或軍隊而往協助。

　　嚴命既下。而機運漸熟矣。然考俄國之刑法。實漸減輕。二十五六年前。有人殺一小吏。終身流於西比利亞。後彼得可薄比③殺文部大臣④。反不過重禁二十年。前後。已大懸殊。又殺大臣之陸國菩旂⑤僅定六年之刑。抑何輕歟。若在三十年前。則必處死刑矣。

---

① "克陸菩金"，即彼得·阿列克謝耶維奇·克魯泡特金（Пётр Алексеевич Кропоткин，1842—1921），俄國民粹主義革命家，無政府主義運動的理論家和活動家，地理學家。
② "彈嚴"，疑當作"彈壓"。
③ "彼得可薄比"，即彼得·弗拉基米羅維奇·卡爾波維奇（Пётр Владимирович Карпович，1874—1917），俄國社會革命黨人。1901 年 2 月 14 日謀刺教育大臣尼古拉·巴甫洛維奇·博戈列波夫，使其身受重傷，被判處 20 年苦役。
④ "文部大臣"，指尼古拉·巴甫洛維奇·博戈列波夫（Николай Павлович Боголепов，1846—1901），俄國國務活動家。
⑤ "陸國菩旂"，不詳。

自是又有一事。爲俄羅斯革命將熟之證據。先是。因學生騷擾之故。皇帝命將其首領數名。（皆學生也）。編入軍隊遣戍旅順。反對者甚衆。即朝中大臣。亦皆不受此命。夫素爲俄皇奴隸之大臣。尚爾如此。豈非革命機運將熟之先兆乎。

以上所述。雖未詳細。要之俄國社會黨之大勢。可知矣。今爲之領袖者。爲橋旃菩來誇腦①。皆與二十年前革命有大關係之人也。現居於瑞士而著書。其主義以馬克爲師。其著述在俄者極多。

今俄羅斯之社會黨。於國内定期秘密刊行之物。有十二種。而印刷於瑞士 英國密輸入國者。每月均平約五萬册。

墺大利之社會黨②

墺大利之社會黨。實始於千八百八十六年③。其初起也。仿千八百八十九年德意志之社會黨④。而設墺大利之勞動黨。

梅特涅⑤出。而墺大利民無立錐地矣。然其與社會黨衝突也最烈。是鄰

---

① "橋旃菩來誇腦"，即格奧爾吉・瓦連廷諾維奇・普列漢諾夫（Георгий Валентинович Плеханов，1856—1918），俄國革命家和政論家，70 年代是民粹派；俄國第一個馬克思主義團體勞動解放社的組織者（1883），1903 年俄國社會民主黨第二次代表大會後成了孟什維克的領袖。
② "墺大利之社會黨"，"墺大利"，即奧地利；"墺地利之社會黨"，從 1867 年起，奧地利各地已經出現了工人階級的一些政治組織，奧地利社會黨正式建立於 1888 年。1888 年 12 月 30 日至 1889 年 1 月 1 日，在海因菲爾德召開的社會主義者統一大會上，由"温和派"和"激進派"等力量聯合成立了奧地利社會黨。
③ "千八百八十六年"，有誤，應爲"千八百六十七年"。
④ "千八百八十九年德意志之社會黨"，當作"千八百六十九年德意志之社會黨"。指 1869 年 8 月在愛森納赫召開的全德社會民主主義工人代表大會上成立的德國社會民主工黨。
⑤ "梅特涅"，即克萊門斯・梅特涅（Klemens Metternich，1773—1859），奧地利國務活動家和外交家，曾任外交大臣（1809—1821）和首相（1821—1848），神聖同盟的組織者之一。

國德意志以壓制平民。反受其禍。乃稍斂其暴跡。然墺大利之勞動黨。亦頗平和。故兩者尚不至大攻擊。三年前。全國市會之總選舉。百五十六市。當選者。四百六十三人。

今者。墺大利之勞動黨。有勞動組合百四十八處。機關新聞二百三十一矣。

此黨中。有鴉特拉①與呵賽②二派。鴉特拉者猶太人。爲墺大利社會主義中之巨擘。近選爲國會議員③。夫德之拉薩 馬克亦猶太人之血統。故雖謂猶太人爲世界社會主義之祖亦無不可。

夫社會黨駸駸日上。而資本家乃蝟縮鼠泣矣。前年資本家同盟爲罷工保險事起。各社會以總工資百分之二至四爲保險金。罷工之處。以總工資之半爲保險金。定爲法。

法蘭西之社會黨

十九世紀之前半世紀。法國爲社會主義。及無政府黨之中心點也。初德意志之馬克 拉薩青年時。常學於巴里。其他各國之青年。亦多負笈來者。自千八百六十四年。萬國勞動協會告成。至千八百七十一年。法國社會主義。一變爲無政府主義。而馬克之勢力。亦傾入於巴克尼之內部。千八百七十一年巴里哥米陰④之敗。無政府主義之勢始衰。然尚有克陸菩金 來克

---

① “鴉特拉”，即維克多·阿德勒（Victor Adler，1852—1918），奧地利社會民主黨創始人和領導人之一，第二國際領袖之一。

② “呵賽”，不詳。

③ “國會議員”，有誤，據日文原書，應爲“市會議員”。維克多·阿德勒從 1905 年起當選爲國會議員，直至去世。

④ “巴里哥米陰”，即巴黎公社。

拉①及所謂"爆烈丸"之巴朗②海利③之徒。要之其勢力已較前大差矣。

千八百七十九年④。哥米陰之役。被逐之克陰斯頓⑤馬羅⑥及菩蘆斯⑦等遇赦而歸巴里。乃從馬克主義。設勞動黨⑧。於是社會主義之勢力遂澎漲。

法國社會黨有一弊風。即自相分裂而爲小黨是也。千八百八十二年。菩蘆⑨與鴉來馬⑩離總會自立一黨。名曰撲喜比利黨 ⑪。路易菩蘭

---

① "來克拉",即讓-雅克-埃利澤·勒克律(Jean-Jacques-Elisée Reclus, 1830—1905),又譯爲"埃利澤·邵可侶",法國著名地理學家和社會學家,無政府主義理論家,國際會員,《合作》雜誌編輯(1866—1868);巴黎公社的參加者,公社被鎮壓後其被逐出法國。

② "巴朗",即愛德華-瑪麗·瓦揚(Édouard-Marie Vaillant, 1840—1915),法國自然科學家、工程師和醫師,布朗基主義者,國際會員,洛桑代表大會(1867)代表,巴黎公社執行委員會委員,教育委員會委員;1871年在巴黎被判處死刑,後逃往倫敦,國際總委員會委員(1871—1872),國際倫敦代表會議(1871)和海牙代表大會(1872)的參加者;由於代表大會決定將總委員會遷往紐約而退出國際;1880年大赦後回到法國;布朗基派革命中央委員會創建人之一(1881),1884年起是巴黎市參議院議員,1889年和1891年國際社會主義工人代表大會代表;法國社會黨(工人國際法國支部)(1901)創建人之一,第一次世界大戰期間采取社會沙文主義立場。

③ "海利",疑爲埃米爾·亨利(Émile Henry, 1872—1894),法國無政府主義者。

④ "千八百七十九年",有誤,據史實,應爲"千八百八十年"。

⑤ "克陰斯頓",即茹爾·蓋得(Jules Guesde, 1845—1922),法國和國際工人運動的活動家,法國工人黨的創始人,新聞工作者。

⑥ "馬羅",即貝努瓦·馬隆(Benoit Malon, 1841—1893),法國社會主義者,國際會員;國民自衛軍中央委員會委員和巴黎公社委員,巴黎公社被鎮壓後流亡意大利,後遷居瑞士,追隨無政府主義者,成爲法國社會主義運動中的機會主義流派——可能派領袖和思想家之一。

⑦ "菩蘆斯",即保爾·布魯斯(Paul Brousse, 1844—1912),法國小資産階級社會主義者,巴黎公社的參加者,公社被鎮壓後流亡國外,追隨無政府主義者,成爲法國社會主義運動機會主義派——可能派的首領和思想家之一。

⑧ "勞動黨",1879年在馬賽成立的法國工人黨。

⑨ "菩蘆",即保爾·布魯斯。

⑩ "鴉來馬",即讓·阿列曼(Jean Allemane, 1843—1935),法國小資産階級社會主義者,巴黎公社社員,公社被鎮壓後流放服苦役,1880年被赦免回國,加入法國工人黨;1882年與保爾·布魯斯等可能派分子建立社會主義工人聯合會;1890年與可能派分裂,領導創建革命社會主義工人黨。

⑪ "撲喜比利黨",即可能派(Possibilists),法國社會主義工人聯合會。1882年,法國工人黨(全稱法國社會主義者工人黨聯合會)分裂。以保爾·布魯斯和貝努瓦·馬隆爲首的一派主張將理想目標分成若干階段,集中力量爭取眼前可能實現的某些要求,他們把自己的政策稱爲"可能的政策",故被稱爲"可能派"或"實行派"。

克①之弟子等。亦自立菩蘭克利黨②爲一派。後又社會共和黨③都合法蘭西等。
共分爲四派。其中亦復各分二三派。愈分愈細矣。

　　以上諸派。各有機關新聞雜誌。其中最盛者。厥惟社會共和黨。獨
立派之領袖法律家米來拉④爲主筆之新聞。各熱心務擴張其主義。千八百
八十九年。社會主義者之投票總數。僅九萬一千票。千八百九十年。⑤驟
增至五十四萬九千票。爲代議士者。十五人。千八百九十三年。復倍增
至九十萬票。代議士五十三人。千八百九十八年。一躍而至有百三十一
人之代議士。法之全國議員。不過五百八十四人。而社會主義者。已居
其四分之一矣。又於市中社會主義者之勢力亦甚盛。千八百九十六年。
全國市會議員之大選舉。社會黨之投票總數。乃至百四十萬。殊使人聞
而瞠目也。

　　各國社會黨之興。大都一轍。而法國則別生一種特色。夫各國之社會
黨。大概與資本家爭。法國獨不然。常有資本家中。惡資本家之專橫。反

---

① “路易菩蘭克”，即路易-奧古斯特・布朗基（Louis-Auguste Blanqui，1805—1881），法國革命
　　家，空想社會主義者，主張通過密謀性組織用暴力奪取政權和建立革命專政；許多秘密社團和
　　密謀活動的組織者，1830 年七月革命的參加者，四季社的領導人，1839 年 5 月 12 日起義的組
　　織者，同年被判處死刑，後改爲無期徒刑；1848—1849 年革命時期是法國無產階級運動的領袖；
　　巴黎 1870 年 10 月 31 日起義的領導人，巴黎公社時期被反動派囚禁在凡爾賽，曾在缺席的情況
　　下當選爲公社委員；一生中有 36 年在獄中度過。
② “菩蘭克利黨”，即布朗基派，19 世紀 60—70 年代法國工人運動中以布朗基爲代表的一種空想
　　共產主義思潮和流派，故稱布朗基派。他們認爲私有制是暴力和欺詐所造成的，主張用 “協社”
　　的集體所有制代替私有制，并主張由少數革命家組成紀律嚴明的團體，通過密謀活動奪取政權，
　　推翻資產階級統治，實行革命專政。
③ “社會共和黨”，1899 年 10 月法國工人黨在巴黎的雅皮體育館召開代表大會，大會承認，法國
　　社會黨包括 5 個全國性組織、自治聯合會、工會以及遵循社會主義原則的合作社，各個組織的
　　代表組成法國社會黨的總委員會。
④ “米來拉”，即亞歷山大・埃蒂耶納・米勒蘭（Alexandre Étienne Millerand，1859—1943），法
　　國社會主義改良者、律師；“獨立社會黨”的創建者；1920 年任總理兼外交部長，後爲法蘭西
　　共和國總統（1920—1924）。
⑤ “千八百九十年”，有誤，應爲“千八百九十一年”。

出金開社會主義之新聞雜誌。亦甚奇矣。且其資本家。皆有任俠氣。今法國社會黨之新聞雜誌。大都爲富者所設。是實與各國所逕庭者也。

自是始唱社會主義者爲大合同之議。米來拉等派之勢。次第加長。大合同之事。漸有端緒。千九百年①。米來拉入內閣。爲商務大臣。大行法令。以便勞動者。發令減工人爲工之時。凡爲政府使役者。減至日作八時。於巴里美術學校。及商業學校。設勞動問題之科。以勞動運動之遊説家橋旅來拉羅②爲教授。置勞動議會。以裘路③等社會主義之名家。爲議員。布同盟罷工之法律。種種之事皆與勞動者以大利益焉。

（附）同盟罷工之法律曰。勞動者。有不得已之事。求於資本家。凡十八歲以上之勞動者。投票舉二十五歲以上之勞動者。爲陳情委員。訴於資本家。若資本家不問。并不遣委員商議。則准勞動者同盟罷工。若資本家遣委員。則勞動者亦選委員與之商議。須於六日內議決其事。若六日內不決。則亦准勞動者同盟罷工。凡罷工時。先集衆投票。問其多寡。若以爲可者多。則仍准其罷工。以爲不可者不能反對。

因督來否司④一事。有名之小説家熟拉⑤入於社會主義。大爲社會黨增其勢餤。

法國之社會黨。與勞動組合甚接近。故欲知社會黨勢力之詳。不可不察勞動組合之如何。請稍述之。

初千七百九十一年。制禁止勞動者團結之法。勞動者苦之。千八百四

---

① "千九百年"，有誤，應爲"千八百九十九年"。
② "橋旅來拉羅"，不詳。
③ "裘路"，不詳。
④ "督來否司"，即阿爾弗雷德·德雷福斯。
⑤ "熟拉"，即埃米爾·左拉（Émile Zola，1840—1902），法國小説家和政論家，自然主義文學流派創始人。19 世紀後半期法國重要的批判現實主義的作家。

十八年。屢起大同盟罷工。爲世界勞動者所注目。政府亦知欲保資本家。
不可不愛勞動者。千八百六十四年。許勞動者爲一時團結。

　　千八百七十年。法國之勞動組①。共有六十七處。翌年。巴里哥妙②起。
及哥妙敗。而勞動組合皆散。至千八百七十三年始復興。千八百八十四年。
遂得完全無缺之團體自由。

　　雖得團體之自由。然以久受壓制勞動者。不無與政治上之意見有相背
之處。又以社會上之意見。稍有相背之處。而生阻害。故至千八百九十二
年之進步頗阻。千八百九十三年以後。始大盛。而千八百九十九與千九百
兩年爲尤最。商工之業。遂大繁茂。近爲萬國博覽會之故。氣像③益蒸蒸日
上。米來拉所作種種便利勞動者之法律。設勞動議會。皆能使勞動者有不
能不爲勞動組合之勢。因作表於左。叙組合及其人員增加之數。

組合增加表

紀元年	組合之數	紀元年	組合之數
一八八四	六八	一八八五	二二一
一八八六	二八〇	一八八七	五〇一
一八八八	七二五	一八八九	八二一
一八九〇	一〇〇六	一八九一	一二五〇
一八九二	一五八九	一八九三	一九二八
一八九四	二一七八	一八九五	二一六三
一八九六	二二四三	一八九七	二三二四
一九九八④	二三六一	一八九九	二六八五

---

① "勞動組"，有誤，應爲"勞動組合"。
② "巴里哥妙"，即巴黎公社。
③ "氣像"，當作"氣象"。
④ "一九九八"，有誤，應爲"一八九八"。

人員增加表

紀元年	人數	紀元年	人數
一八九〇	一二三九六二	一八九一	二〇五一五二
一八九二	二八八七七〇	一八九三	四〇二一二五
一八九四	四〇三四四〇	一八九五	四一九七八一
一八九六	四二二七七七	一八九七	四三七七九三
一八九八	四一九七六一	一八九九	四九二六四七

自是法國婦人之間。亦如英德諸國。起勞動運動。今者與勞動組合有關係之婦人。已至四萬二千九百八十四人。或附於男子之組合。或自樹一幟。今巴里中婦人之組合已有二處矣。

意大利之社會黨

試問以無政府黨爲一國著特色者。誰不答曰意大利。故意大利之社會黨。其關係於世界誠有千鈞之勢焉。

意大利之政府。粃政甚夥。擴張軍備。厚斂租税。下至日用之品。亦無不橫征暴斂於平民。（如鹽之一種爲政府之專賣品。其價騰貴。至四十倍。餘可知矣。）富豪貪慾無厭。勞動者窮而無告。政府又重貴族僧侶而賤平民。由此數因。遂結數果。無政府主義者。社會主義者。皆接踵蜂起。孔子曰苛政猛於虎。獨夫民賊。非社會黨。無政府黨。其熟能傾之。

（甲）意大利之工廠。其工資微而作時多。又有種種之規則。有罰金之律。故工人中之有氣概者。自然與資本家生憎惡之心。憎惡之心既起。必思所以報之。然苦而無告。遂入於無政府主義。稍下焉者。則入於社會主義。先年意大利皇被刺[①]於門塞[②]。其刺客初係紡織工廠之工人。因爲工廠

---

① “意大利皇被刺”，即 1900 年 7 月 29 日，意大利國王翁貝托一世在訪問蒙扎時，被無政府主義者加埃塔諾·布雷希（Gaetano Bresci，1869—1901）開槍打死。

② “門塞”，即蒙扎（Monza），意大利一城市。

資本家所壓制。挺而走險。遂入無政府黨。果弒皇帝。此不過舉其一端耳。其他之事。尚不一而足。是爲前數因所結之第一果也。

（乙）四年前。千八百九十八年五月。（麪包）之役①起。初有饑婦二三人。襁負其子以行乞食於市。爲兵卒所誤殺。於是懷不平者。一時蜂起。揭竿斬木。與蛇蝎之政府。血戰四月。殺傷無算。而新聞記者。覩此大悲劇。憤政府之無理。縱筆痛詆之。政府悉下之於獄。當時意國雖有議會。然弱而無權。故坐視政府之暴舉。而不能救（麪包）之役。雖終爲政府以暴力平之。然使小民嗷嗷之禍根依然尚在。饑寒交迫。雖殺戮亦奚能止之。故去年四月。各處又大起騷動於善腦華②之旁。近海岸之都府。名塞司立勃③者。失業者八百人。開會招市長議員。市長等不敢往。善臥畧④之一都府。衣司乞鐵拉⑤之市長。爲農民及勞動者所襲而逃。市會被圍。羅甸町⑥之市會所。亦爲農夫等所困。町中有一婦人饑死。以桐棺送於葬地。其餘婦人爲工者。日不過得百錢。見之皆悲鳴不已曰。（彼死者自今享幸福矣。今日彼死之日。明日我死之日也。嗟乎。知我如此。不如無生之爲愈也）聞其言者莫不泣下。意大利爲歐洲之文明國。而乃若斯。其他亦可概見矣。噫目覩此悲慘愛國之士。將何以救之。厥惟社會主義。是爲前數因所結之第二果也。

（丙）民無求衣食之道。饑寒交迫每流離異國。每年勞動者二十餘萬人爲移民求食於他國以爲常。而其中非爲無政府主義即爲社會主義。彼等歸

---

① "（麪包）之役"，即1898年意大利五月事件。1898年4月27日到5月11日，意大利中部和南部的廣大群衆在"麵包和工作"的口號下，發動大規模的鬥爭，最後演變成起義。
② "善腦華"，即熱那亞（Genova），意大利西北部一港口城市。
③ "塞司立勃"，即西塞斯特里（Sestri Ponente），意大利西北部熱那亞一地區名。
④ "善臥畧"，疑當作"普臥畧"，即普利亞（Puglia）。
⑤ "衣司乞鐵拉"，即伊斯基泰拉（Ischitella），意大利一城市，現隸屬於普利亞大區福賈（Foggia）省。
⑥ "羅甸町"，即洛迪（Lodi），意大利北部一城市。

國務竭力擴張其主義。是爲前三因所結之第三果也。

　　據上所言。意大利之社會黨。已漸發達。而意大利南部與北部之社會黨有差異。茲先述北部。次及南部。

　　意大利之北部。有一勞動政黨。據前年之報告。其支部共分五百四十六處。會員萬九千百九十四人。去年大增。支部至七百八十三。會員二萬九千四百九十七人。勞動政黨。勢力既增。社會思想。漸衝入保守黨之腦。北部之都市。乃設一勞動教育會。又近於米蘭又擬開（人之家）之説。

　　今去都會而視田舍。則自愛耳白山①至愛特利克海②瀑河③與路比哥河④之間。所居之農民。爲社會黨之一大根據地。

　　滿家州⑤之農夫。萬七千人自結一團體。二三月間增至三四萬人。其勢力可知矣。又此地之農夫。有消費組合二十五處。故農之工資頗昂。工資昂故地主竭力改良。土地改良故收獲加增。是以勞動者與地主與國家均受其益也。

　　來橋野米寥⑥之小農有消費組合十六。羅馬臥那⑦之小工。有七千人之團體。名曰同胞。比特門⑧有消費組合及購買組合。

　　北部之地城中與田舍之社會黨勢皆日長。故於地方議會社會黨議員年有增。南部之工業則未能如北部之發達。南部之勞動者處於多年壓制之下。民氣未蘇。且資本家又與北部異。有行政及司法之權。故不特於工廠之內。即工廠之外。有與己反對者亦得以行政權。及司法權壓制之。南部之唱社

---

① “愛耳白山”，即阿爾卑斯山（Alps）。
② “愛特利克海”，即亞得里亞海（Adriatic Sea）。
③ “瀑河”，即波河（Po River），意大利境內一河流。
④ “路比哥河”，即魯比肯河（Rubicon River），意大利北部一河流。
⑤ “滿家州”，即曼托瓦（Mantua），意大利北部一城市。
⑥ “來橋野米寥”，即雷焦艾米利亞（Reggio Emilia），意大利北部一城市。
⑦ “羅馬臥那”，即羅馬涅（Romagna），意大利地區名，現爲艾米利亞-羅馬涅大區的一部分。
⑧ “比特門”，即皮埃蒙特（Piemonte），意大利地區名，現爲意大利西北一大區。

會主義者有三語。曰苦於生活問題。曰自由被奪①。故南部之人社會黨微。而無政府黨大盛。

　　然奈白耳②及喜喜利島③之社會黨亦頗盛。曩法國馬塞野耳④之地同盟罷工起時。馬塞野耳之船來。奈白耳之勞動者拒之。使不得登岸以助其同志。

　　喜喜利島之人口四十萬。社會主義者居其三十萬。其勢力可知矣。三十萬皆同盟結於一處。各地支部有自治權者百五十處。而其中又有二種之別。一有革命思想者。一則爲共結社。

　　演說者巡廻全島不絕。赴各支都演說。農夫礦工之往聽演說。如教徒之往聽說教。然其信社會主義之能救人。亦如教徒之信耶穌。故各部皆以諸社會黨偉人。如馬克 馬家尼⑤家利巴地⑥等之像。皆與耶穌之像同懸諸室。其深信社會主義從可知矣。

　　意大利全國之社會黨。有議員二十七人。日刊新聞二。七日一刊之雜誌五十種。

西班牙之社會黨

　　西班牙者。古之強國。今則微而弱矣。雖然。其國有社會黨。是不可不記。

　　西班牙之社會黨。成於千八百七十九年。至千八百九十一年。社會黨之投票總數五千。九十三年七千。至九十六年始增至萬四千。自後復大增。

---

① “曰自由被奪”，據日文原書，此句後漏譯一句，意爲“有時，甚至會奪走生命”。
② “奈白耳”，即那不勒斯（Naples）。
③ “喜喜利島”，即西西里島（Sicily）。
④ “馬塞野耳”，即馬賽（Marseille）。
⑤ “馬家尼”，即朱澤培·馬志尼（Giuseppe Mazzini，1805—1872），意大利革命家，民主主義者，意大利民族解放運動的領袖。
⑥ “家利巴地”，即朱澤培·加里波第（Giuseppe Garibaldi，1807—1882），意大利革命家，民主主義者，意大利民族解放運動的領袖。

至九十九年之總選舉。政府畏社會黨之人。將舉爲代議士也。與資本家協同。以錢神及警察之力共壓之。於是起釁。<u>比兒巴</u>[①]之地。因争鬭而負重傷者七十人。<u>蛇拉穀沙</u>[②]之地。資本家以賄賂誘社會黨之人。至以一票之微。與金二百五十佛郎。又<u>同薩</u>[③]之地。以選舉之事起争端。死於非命者一人。政府資本家。施盡種種之法。而社會黨之代議士。尚不免有三人。一在<u>西班牙</u>之京城<u>馬得利</u>[④]。一在<u>比兒巴</u>。一在<u>蛇拉穀沙</u>。

　　千八百九十九年之後。勞動者以日用之物騰貴。地租昂而工資少。益較前苦。故人愈趨入社會黨。今者<u>西班牙</u>社會黨之支部。有二百五十八處。日刊新聞十三種。（二種在京城十一種散布各地）其進步之速。不亦可驚乎。故曰民愈困愈貧。社會黨愈盛。雖然。有其國之民貧困爲世界所無。而社會黨無一人者。此何説乎。去歲千九百二年之總選舉。西班牙社會黨之勢極微。蓋有二故。一則因政府壓制嚴酷。無選舉之自由。二則因勞動者迫於餬口。無暇爲政治運動也。雖然。西班牙民之窮困極矣。政府之頑迷。資本家地主之專橫。貴族僧侶之貪暴。（西班牙之僧侶。吸取人民之財三倍於政府。）愛國者。曷起而一刷新之。上以强其國。下以福其民。余不勝翹首望之。

英國之社會黨[⑤]

　　<u>英</u>國。自古行憲法之國也。故其國之勞動者。有屬保守黨與自由黨之別。夫<u>英國</u>工商之盛。甲於天下。人民富饒。故資本家與勞動者絶少争鬭之事。而勞動者亦絶少政治運動。<u>英國</u>自有社會黨以來。惟<u>嘉思得</u>運動[⑥]。

---

① "比兒巴"，即畢爾巴鄂（Bilbao），西班牙北部一城市。
② "蛇拉穀沙"，即薩拉戈薩（Zaragoza），現爲西班牙阿拉貢自治區和薩拉戈薩省的首府。
③ "同薩"，即托爾托薩（Tortosa），西班牙東北部一城市。
④ "馬得利"，即馬德里（Madrid）。
⑤ 目次爲"英吉利之社會黨"。
⑥ "嘉思得運動"，即憲章運動（Chartism），19世紀30年代至50年代在英國發生的争取實現《人民憲章》的工人運動。

擾動一次耳。亦含蘊十有餘年。始成此舉。茲畧述其梗概。千八百四十八年四月十日。自早至晚。一日之間。勞動者十萬。一時駟集。於<u>開尼臥</u>及<u>歌門</u>①各處工廠。同盟罷工。<u>威靈吞</u>②將軍。將常備兵二十萬。以備不虞。<u>倫敦</u>戒嚴。<u>嘉思得</u>之領袖。聞<u>威靈吞</u>以兵力脅之。演説曰。（吾黨之士。各執一星之火。持一束之藁。一夜之中。可使倫敦歸於烏有。吾何懼哉。）政府無奈。俯就之。事始得平。

　　英國之社會黨。雖絕少爭鬧。而發達之盛。實勝他國。初英之社會黨。興於千八百二十五年。於院內則有<u>約瑟賓</u>③。於院外則<u>弗蘭喜菩來司</u>④等爲之主動。逼政府廢雇職工團結禁制之法⑤。至千八百二十九年。<u>局毒巴欺</u>⑥始聯勞動組合。雖創業伊始。已有百五十處之組合。十餘萬人之會員矣。千八百三十四年。<u>陸巴得阿應</u>⑦集勞動者五十萬人。成一團體。至千八百五十年。<u>威靈牛頓</u>⑧與<u>威靈阿蘭</u>⑨設聯合機關職工組合。自是至千八百八十六年。成團結之勞動者。有八十萬人。九十三年。又增至百五十

---

① "開尼臥及歌門"，據日文原書，應爲"肯寧頓公地"（Kennington Common）。
② "威靈吞"，即阿瑟·韋爾斯利·威靈頓（Arthur Wellesley Wellington，1769—1852），英國陸軍元帥。1828—1830 年任首相，1834 年 11 月—1835 年 4 月任皮爾内閣的外交大臣。1842—1846 年再度出任外交大臣。1848 年鎮壓憲章運動。
③ "約瑟賓"，即約瑟夫·休謨（Joseph Hume，1777—1855），英國政治活動家，資產階級激進派首領之一，議會議員。
④ "弗蘭喜菩來司"，即弗朗西斯·普萊斯（Francis Place，1771—1854），英國資產階級激進派工人運動領袖。
⑤ "雇職工團結禁制之法"，即英國結社法，指英國國會頒布的禁止工人結社的法律，包括 1799—1800 年的結社法、1824 年結社法和 1825 年結社法。
⑥ "局毒巴欺"，即約翰·多赫爾蒂（John Doherty，1799—1854），英國工人運動活動家。1829 年 12 月組織"大不列顛和愛爾蘭紡紗工總同盟"，次年 2 月更名爲"全國勞動保護協會"，爲英國產業工人第一個跨行業的全國組織。
⑦ "陸巴得阿應"，即羅伯特·歐文（Robert Owen，1771—1858），英國空想社會主義者。
⑧ "威靈牛頓"，即威廉·牛頓（William Newton，1822—1876），英國工聯主義活動家，參加過憲章運動，機械工人聯合會的創始人和領導人之一。
⑨ "威靈阿蘭"，即威廉·阿蘭（William Allan，1813—1874），19 世紀 40 年代英國工會運動領袖，機械工人協會創始人之一。

萬餘人。

又共力運動①者。於千八百四十四年十二月。陸奇它②之紡織工數人。以二十八磅之金爲資本。開小商共同店而成。今則此等店。有千八百處。會員百六十萬。資本金二千萬磅。支部遍於英之屬地。有輪船五艘。生產塲十有二。又共同卸賣社會③。（北部英倫共同卸賣會社之改稱）蘇格蘭之共同卸賣會社。有百六十九之共同生產塲。星期所刊之（共力新聞。）及其他之機關雜誌。亦復不少。

由勞動運動而至政治運動。猶小兒之至成人也。勞動組合大興。資本家必驚懼。亦勢所必然。千八百八十二年④。橋巴司⑤頓馬⑥唱新勞動組合主義⑦。千八百九十三年。勾哈敵⑧等以此主義組織獨立勞動黨⑨。盛説勞動者爲政治運動。

翌年蘇格蘭之煤工罷工數月。國中勞動者。助金數萬。仍未得勝。千

---

① "共力運動"，即合作社運動。
② "陸奇它"，即羅奇代爾（Rochdale），現爲英國英格蘭大曼徹斯特郡一城市。
③ "共同卸賣社會"，即消費合作社。
④ "千八百八十二年"，有誤，應爲"千八百八十九年"。
⑤ "橋巴司"，即約翰・埃利奧特・伯恩斯（John Elliot Burns，1858—1943），英國勞工領袖，社會主義者。
⑥ "頓馬"，即湯姆・曼（Tom Mann，1856—1941），英國工人運動活動家。
⑦ "新勞動組合主義"，即新工會主義（The New Unionism），又譯爲新工聯主義。19 世紀 80 年代英國工人運動中政治傾向比較激進的流派。
⑧ "勾哈敵"，即詹姆斯・基爾・哈第（James Keir Hardie，1856—1915），英國工人運動活動家，改良主義者，蘇格蘭工黨的創始人和領袖，獨立工黨創始人和領袖，工黨的積極活動家。
⑨ "獨立勞動黨"，即英國獨立工黨，1893 年 1 月在英國布拉德福德（Bradford）成立。創建者是詹姆斯・基爾・哈第和詹姆斯・蘭姆塞・麥克唐納等，成員主要是一些工人運動活動家、工會成員和社會主義者。黨綱要求一切生產資料、分配手段和交換手段歸集體所有，實行 8 小時工作日，禁止雇傭童工，實行社會保險和失業補助。主要致力於爭取選舉獨立的工人代表進入議會。1900 年，獨立工黨作爲集體成員加入英國勞工代表委員會（The Labour Representation Committee）。1906 年勞工代表委員會改稱爲工黨（包括獨立工黨、社會民主同盟、費邊社和工聯等在內的各種工人組織和社會主義團體的聯盟），成員大部分是集體會員，獨立工黨是工黨的核心。第一次世界大戰期間，黨的領導采取和平主義立場。1932 年代表會議決定退出英國工黨。1935 年黨內左翼成員加入英國共產黨。1947 年許多成員加入英國工黨，獨立工黨日漸成爲一個地方性團體。

八百九十八年有機關職工組合會員八萬八千人。以要求日作八時之事。國中及墺 意 德諸國。及奧大利亞①州之同業者。共助金六百萬圓。於是儘此金力之所支持。同盟罷工。遂破資本家之同盟。是年。又有惠兒斯②之煤工九萬人。同盟罷工數日。亦破資本家之同盟。此三事出。英國勞動者。遂深知政治運動之不可少。復結他勞動團體。爲政治運動。故下畧述其政治運動之事。

（一）獨立勞動黨之近狀

前歲總選舉時。獨立勞動黨候補者九人。與社會民主同盟③相結。出一人之候補者。即勾哈敵十人所得之投票總數。三萬七千餘。較之前次之總選舉。增二倍有餘。當時爲南非洲之事④反對。此黨已大受虧。而猶盛如此。可謂驚人矣。

去年二月二十八日。獨立勞動黨於選舉自治體之代議士。出百三十四人。合計投票總數二十八萬六千餘票。當選者六十二名。先是千八百九十九年投票總數。十七萬八千餘。二三年間驟增至十萬以上云。去年四月八日九日兩日。開第九年會於拉塞野司得⑤。極一時之盛。先由是處之支部幹事述歡迎之辭。及議長之演說。次選本部役員。及評議員。當選之氏如左。

---

① "奧大利亞"，即澳大利亞（Australia）。
② "惠兒斯"，即威爾士（Wales）。
③ "社會民主同盟"，即英國社會民主聯盟。1884 年 8 月在英國民主聯盟（即 1881 年 6 月在倫敦建立的帶有社會主義色彩的民主主義組織）的基礎上改組而成的。領導人是亨利·邁爾斯·海德門（Henry Mayers Hyndman，1842—1921）、威廉·莫里斯（William Morris，1834—1896）等人。1884 年 12 月聯盟發生分裂，莫里斯等人因反對海德門的機會主義和宗派主義政策，進而退出聯盟，組建社會主義同盟。1907 年聯盟改組爲社會民主黨，1911 年參與建立英國社會黨。
④ "南非洲之事"，即布爾戰爭，又稱爲英布戰爭或南非戰爭。1899—1902 年在南非所發生的英國與荷蘭人後裔布爾人的戰爭。
⑤ "拉塞野司得"，即萊斯特（Leicester），英格蘭中部一工業城市。

議長<u>在勃司克蘭解</u>①。會計<u>豈敵倍宿</u>②。（新選）書記<u>橋配尼</u>③。

評議員勾哈敵。喜利菩丁④。阿馬克特⑤。小司巴嘉⑥。野敵解蘭⑦。由太菩流橋陰⑧（新選）。

次復決議條規之事。今錄如下。觀之可見其黨之一斑矣。

（一）既有媾和會。戰爭中止會。<u>特蘭司巴會</u>⑨等。再合同社會主義團體。及勞動團體協力强制政府。必使政府允結平和條約而後已。

（二）軍隊者。破壞國民生活者也。不可不極力反對之。

（三）在學齡之兒童。按工廠法。禁爲勞動。然所禁不過不准入工廠爲工耳。若學校課業畢後。或作手業於家。或賣物於市。則不禁也。故吾黨宜設法改工廠法。及商店條例。

（四）凡房屋皆宜爲一市或國之所有。擬要求政府二事。（一）一條於現行法中。以（爲勞動者建屋與否乃市之自由）。一條爲（一市不

---

① “在勃司克蘭解”，即約翰·布魯斯·格累西爾（John Bruce Glasier，1859—1920），英國社會黨人，工黨創建人之一；1899—1900年任獨立工黨全國委員會主席。1900年參與創建勞工代表委員會，1906年該委員會改名爲工黨。他是獨立工黨參加社會黨國際局的代表。

② “豈敵倍宿”，即托馬斯·達克沃斯·本森（Thomas Duckworth Benson，1857—1926），英國獨立工黨成員。

③ “橋配尼”，即約翰·佩尼（John Penny，1870—1938），英國獨立工黨成員。

④ “喜利菩丁”，即菲力普·斯諾頓（Philip Snowden，1864—1937），英國政治活動家，獨立工黨右翼代表人物，工黨領袖之一。1894年加入獨立工黨，1900年參加創建工黨。1903—1906年和1917—1920年任獨立工黨主席。1906—1918年、1922—1931年爲下院議員。第一次世界大戰期間是中派分子，主張同資産階級聯合。1924年、1929—1931年先後任第一屆和第二屆工黨政府財政大臣。1931年參加麥克唐納的國民聯合政府。

⑤ “阿馬克特”，即詹姆斯·拉姆塞·麥克唐納（James Ramsay Macdonald，1866—1937）。英國工黨創始人之一，改良主義政治家。1885年參加社會民主聯盟，成爲社會民主主義者；後來參加資産階級改良主義團體“費邊社”。1911年當選工黨議會黨團主席，1924年出任首相兼外交大臣。

⑥ “小司巴嘉”，即詹姆斯·派克（James Parker，1863—1948），英國獨立工黨成員。

⑦ “野敵解蘭”，即S.D.夏拉特（S.D.Shallard，生卒年不詳），英國獨立工黨成員。

⑧ “由太菩流橋陰”，即弗雷德里克·威廉·喬伊特（Frederick William Jowett，1864—1944），英國政治家，獨立工黨領導人。

⑨ “特蘭司巴會”，不詳。

可不爲勞動者建屋)。（二）禁賣宅地。房屋有危險之事出租者。有罰。及市中爲勞動者建屋。得以官價定其地值之事。

（五）近來之新聞紙。多爲資本家所有。煽惑亂民。迫害唱平和之人。又使國家爲非理之戰。故吾黨當視之爲正義之公敵。

每年募金千磅。爲五年之間開特別會開演會及發小冊之書之用。

勞動選舉委員

其他之勞動團體。亦有知政治運動之不可少而爲之者。然終因種種之故。不能入獨立勞動黨之一黨。於是獨立勞動黨。欲聯合之。乃曰。夫勢合則力厚。爲政治運動較易。曷若合而爲一。選勞動選舉委員。選舉之際。候補者皆奉選舉委員之命。互相救援。豈不甚美。於是有勞動組合四十一。（其會員總數三十五萬人）。商業會議所七。（總數十一萬人）。社會主義團體三。（二萬餘人）。皆贊成其事。四年前設勞動選舉委員。前年開第一次大會於孟鳩司德<u>①</u>。在勞動選舉委所屬之各團體。均定運動之方針如左。

（一）凡成年之人。始有選舉權。

（二）凡遺傳的政治上之獨占悉廢之。

（三）凡選舉費用。及議員之俸祿。宜由政府給與。

（四）帝國主義。及其所屬之軍隊主義。宜極力反對之。

（五）反對與<u>亞非利加</u>②之戰。（即英特之戰③也）。

（六）資本私有之結果。自然爲獨占。爲公司矣。故欲其不防害勞

---

① "孟鳩司德"，即曼徹斯特（Manchester）。
② "亞非利加"，即非洲（Africa）。
③ "英特之戰"，即布爾戰爭。"特"，指"特蘭士瓦"（Transvaal），當時多譯爲"德蘭士瓦"。

動者於經濟上政治上社會上之自由。務宜以資本爲公有。

前年屬於勞動選舉委員之下之候補者三人選爲代議士。

蘇格蘭之勞動者。亦相合設勞動選舉委員。前年之年會代表人至者二百三十四人。内百五十人爲勞動組合。商業會議所之代表者。四十七人。爲社會主義團體之代表者。餘四十六人。爲共力結社之代表者。

其他之勞動團體

又有不與獨立勞動黨及勞動選舉委員相合者之勞動團體。如聯合工夫組合。自獨立爲政治運動。又如共力結社與自由黨相結。亦爲政治運動。皆出代議士。及自治體之議員委員。於是凡社會主義及勞動團體所出之代議士。合之有十三人。自治體之委員及議員。合之得七百。可謂盛矣。蓋十年以前。只有十二人耳。一躍衝天真勢如懸河也。

選舉資本金

勞動者既得非常勢力。益爲政治運動。各團體皆積金爲選舉資本金。聯合工夫組合機關手組合船火工組合鐵工組合煤氣勞動者組①等。皆積有金。故此後之總選舉。勞動之代議士。及自治體之勞動議員委員等。當益增矣。

大同之希望

更有一可喜之事。即有大合同之希望是也。國會内有十三人攜手而始運動之矣。自各勞動團體社會主義團體。推至與地方自治之有關係者。互交換智識。設地方政治報告局。已有百二十自治體之議員贊成之。自各地通信載諸報告書。觀此情形。英國勞動者之大合同。當不在遠。大合同若成。則英之勞動者之政治運動。當與德國並駕齊驅矣。

---

① "煤氣勞動者組"，有誤，應爲"煤氣勞動者組合"。

嘉哈敵[①]

爲政治運動之中心者曰嘉哈敵。彼以千八百五十六年生於蘇格蘭之拉那克司[②]。年八歲。爲煤礦之小工人。自是起身爲田舍新聞記者。千八百八十七年。入於社會主義。始爲勞動運動。以至今日。彼每一星期。仍作工於外十五時云。

婦人之勞動運動

英之婦人勞動運動。亦如德國然。每重要都會之獨立勞動黨。必屬有婦人。彼黨聚集之時。婦人唱歌。或搬運茶菓等事以悦衆。牛嘉司得[③]選舉之時。勞動黨曾唱議。欲爲婦人獨設一勞動團體。獨立勞動黨之薄兒頓[④]支部。婦女爲會員者頗多。因之選倍他忽薄夫人[⑤]爲副幹事。腦金過哈[⑥]支部中。婦人自結一團體。又倫敦中有婦人勞動者國民同盟云。

愛耳蘭之社會黨

千八百四十一年。愛耳蘭之人口。八百萬。千八百九十一年。反不過四百餘萬。則五十年間。殆減其半矣。由此可知。愛耳蘭人民之艱苦。推其故蓋彼處利益全爲少數之新教徒所專。故多數之天主教徒大苦。是以愛耳蘭之愛國者。憎英如蛇蝎。千八百九十七年女皇維多利亞之聖誕[⑦]。愛耳

---

① "嘉哈敵"，即詹姆斯·基爾·哈第。
② "拉那克司"，即拉納克郡（Lanarkshire）。
③ "牛嘉司得"，即紐卡斯爾（Newcastle），英格蘭泰恩河畔一城市。
④ "薄兒頓"，即博爾頓（Bolton），英格蘭西北部一城市。
⑤ "倍他忽薄夫人"，即貝特·霍普夫人（Mrs. Betta Hope，生卒年不詳），英國獨立工黨博爾頓支部副主席，工廠女工。
⑥ "腦金過哈"，即諾丁漢（Nottingham），位於英格蘭中部。
⑦ "千八百九十七年女皇維多利亞之聖誕"，指 1897 年維多利亞女王登基 60 周年慶典。維多利亞（Victoria，1819—1901），英國女王（1837—1901）。

蘭之求喜利①及他菩靈府②之市會黨③。特揭黑旂。是可知愛耳蘭人對英之心矣。而此愛國者之中。社會黨之團體爲尤最。遇機會。即運動與英反對。如千八百九十九年十二月十九日。社會黨欲助南亞非利加共和國④以反英。乃大行軍於他菩靈府。與警官衝突。大騷動。爲此行軍之大將。乃（勞動者之共和國）之主筆善野司哥腦利⑤氏是也。

合衆國之社會黨

自十八世紀之中葉。至十九世紀之初。英 法 德諸國之宗教家及共産主義者多移居於合衆國。羣居一村。名曰共産村。一時美國之共産村有二百餘處。是實爲後來社會黨興起之一淵藪也。

千八百二十年橋旂海利⑥與否地它比⑦兄弟二人移居於紐約。始爲勞動運動。千八百四十八年法德諸國起革命之事不成。其人亦多移居美國。中

---

① "求喜利"，據日文原書，爲英文 jubilee（周年慶典）的音譯，而非愛爾蘭地名。此處指英國女王繼位 60 年慶典。
② "他菩靈府"，即都柏林（Dublin），現爲愛爾蘭共和國的首都。
③ "市會黨"，據日文原書，應爲"市會堂"。
④ "南亞非利加共和國"，即德蘭士瓦共和國（Transvaal Republic），國名，在今南非林波河和瓦爾河之間。布爾人於 1835 年侵入該地區。1849 年結成鬆散聯盟。1852 年建立統一國家。1877 年被英國占領，稱德蘭士瓦殖民地（Transvaal Colony）。1880 年布爾人起義，1881 年恢復獨立。南非戰爭後，1902 年復被英國兼併，又成爲英屬德蘭士瓦殖民地。1910 年併入南非聯邦（The Union of South Africa），包括開普殖民地和納塔爾、德蘭士瓦、奧蘭治三個自治州，德蘭士瓦成爲一個省，即德蘭士瓦省（Transvaal Province）。
⑤ "善野司哥腦利"，即詹姆斯·康諾利（James Connolly，1868—1916），愛爾蘭社會主義運動領導人。
⑥ "橋旂海利"，即喬治·亨利·埃文斯（George Henry Evans，1805—1856），又譯爲喬治·亨利·伊萬斯，英國出生的美國早期工人運動活動家、報紙編輯；與他的弟弟弗里德里克·威廉·埃文斯一起跟隨父親移居美國（1820）；參與建立匠工黨（1829），組織全國改進協會，促進國家改變土地政策，鼓吹以免費宅地來改善勞工的處境。
⑦ "否地它比"，即弗里德里克·威廉·埃文斯（Frederick William Evans，1808—1893），又譯爲弗里德里克·威廉·伊萬斯，報紙編輯、作家和演說家。1820 年，與他的哥哥喬治·亨利·埃文斯一起跟隨父親移居美國；後成爲基督教美國震顫派教徒（1830—1893）。

有<u>馬克</u>之友<u>烏野得妙</u>①。及後日設"勞動武士②"之戎衣師<u>烏野特靈</u>③等在焉。<u>烏野特靈</u>移居之時。攜<u>福蘭克</u>④所著之書數千册而往⑤。

以上所播皆社會黨之種子也。故其弟⑥徐徐而出。千八百六十年內亂大起。免放黑奴。勞動者因此事頗長其氣。始集於都會時。外國勞動者大爭。勢甚盛。美國之勞動者聞之亦爲之生色。

千八百七十一年<u>巴里</u>之敗於<u>哥妙</u>者。多逃於<u>美</u>。亦爲勞動者一助。於是千八百七十二年間。勞動組合大起。欲減其作工之時。日作八時。乃篇⑦一歌。勞動者無不歌之。其意大略記之。凡人一日之中。動作八時。遊八時。寢八時。是爲神所許之法則也。夫鳥獸尚有遊息之時。矧於人乎哉。

千八百七十八年。德國行鎭壓律於社會黨。彼黨之人。多逃而遷居於美。復爲勞動運動於是。

故美國之社會黨。皆合各國之精華而成。激烈派。温和派。無所不有。其激烈派中。嘗有數言顯揭之於其機關新聞曰。（吾黨之所信者。爆裂丸也。爆裂丸者。廉價之武器。固天生爲應貧者之用也。吾黨培科學備爆裂丸。仗此武器。必能倒壓制者矣。）又曰（世界之大革命將至矣。吾黨不可不先

---

① "烏野得妙"，即約瑟夫・魏德邁（Joseph Weydemeyer, 1818—1866），德國和美國工人運動的活動家；共產主義者同盟盟員，第一國際美國支部的創建人。德國 1848—1849 年革命的參加者，革命失敗後流亡美國，爲馬克思主義在美國的傳播奠定了基礎。
② "勞動武士"，即勞動騎士團（Knights of Labour），1869 年在費拉得爾菲亞（Philadelphia，簡稱費城）創建的美國工人組織，創建人爲尤賴亞・史密斯・斯蒂芬斯（Uriah Smith Stephens, 1821—1882）等。
③ "烏野特靈"，即克里斯蒂安・威廉・魏特林（Christian Wilhelm Weitling, 1808—1871），德國和國際工人運動早期活動家，空想社會主義者。
④ "福蘭克"，即路易-奧古斯特・布朗基。
⑤ "烏野特靈移居之時。攜福蘭克所著之書數千册而往"，據史實，應爲 1848—1849 年歐洲革命失敗之後，克里斯蒂安・威廉・魏特林在愛德華・伊格納茨・科赫（Eduard Ignaz Koch，生卒年不詳）的帶領下一起流亡美國，與此同時，科赫隨行還攜帶了數千册法國空想共產主義者路易・奧古斯特・布朗基所著宣傳性的小册子，而不是魏特林本人。
⑥ "弟"，有誤，據日文原書，應爲"芽"。
⑦ "篇"，有誤，應爲"編"。

試小戰爭。以爲將來之備。小戰者何。其惟爲刺客乎。）觀此亦可知其黨之用意矣。

　　美國土著之勞動者。深植於社會黨。如雪加穀①之造菸者。組合會員五分之四。皆美國人。又今者各派大都統一。爲二大派。一曰社會共和黨②。一曰北美勞動團體③。之二者近亦大有相并合之勢。下畧述兩派之梗概。

　　社會共和黨。千八百九十七年北美鐵道團體④之改稱也。其領袖爲野耕比克打敵勃司⑤稱爲美國之拉薩。彼以千八百五十五年十月生於印敵阿州⑥。父德國人⑦。年十四。爲印書工人。復爲機關火夫。爲雜貨店之雇工。千八百七十九年。始被選爲或市之書記。翌年復選爲機關火夫同盟會⑧之書記兼會計。於是專力於勞動運動。馬塞鳩塞州⑨爲之風靡。遂使共和社會黨⑩以躋於今日之盛。前年此黨中推之爲大統領候補者。當此黨運動之時。出小册之書。百二十萬。遍布各地云。

　　北美勞動團體者。千八百八十一年始立此名。今則支部七千三十一。會員六十五萬。聲勢隆然矣。初此黨亦知政治運動之不可少。而其意與社會主義反對。然前年大會時決議二條。一研究社會主義爲公司或獨事業應用之目的。二爾後一致爲政治運動。由此觀之。北美勞動團體若稍

---

① “雪加穀”，今譯爲“雪茄”（cigar）。
② “社會共和黨”，即美國社會民主黨，1897年在芝加哥建立。
③ “北美勞動團體”，即美國勞工聯合會（The American Federation of Labor，AFL），1886年12月8日在美國俄亥俄正式成立，簡稱勞聯。其前身爲美國和加拿大有組織行業工會和勞工聯合會（The Federation of Organized Trades and Labour Unions of the United States and Canada），1881年11月15日在美國匹茲堡成立。
④ “北美鐵道團體”，即美國鐵路聯合會。
⑤ “野耕比克打敵勃司”，即尤金·維克多·德布兹（Eugene Victor Debs，1855—1926），美國工人運動領袖，社會主義的宣傳家，美國社會民主黨和美國社會黨的創始人。
⑥ “印敵阿州”，即印第安納州（Indiana）。
⑦ “父德國人”，有誤，據史實，應爲“父法國人”。
⑧ “機關火夫同盟會”，今譯爲“火車司爐工兄弟會”。
⑨ “馬塞鳩塞州”，即馬薩諸塞州（Massachusetts）。
⑩ “共和社會黨”，即美國社會民主黨。

進一步。即與社會共和黨同矣。是黨領袖爲<u>薩妙野兒國阿巴司</u>①。自有此黨以來。即爲會長。至今不過落選一次。彼原爲製菸之人。年十三時。與父共遷居<u>紐</u>約。一夜聞<u>惠陰得喜利勃</u>②之演説。（余以畢生之方法。望勞動者之組織。余祝勞動運動。余以共和政治爲唯一之希望將使國民皆聞勞動者之聲。）之語。大感悟。遂熱心爲勞動運動家竭力遊説各小勞動團體使合於一。千八百八十一年。北美勞動團體告成。其目的始達矣。後<u>國巴司</u>③之名日高。種種誘掖之者甚多。美國大統領屢辟之爲官。堅拒不出。至今仍依然如故也。故是黨之人敬之如天神。嘗曰（如彼之爲我黨盡力。天下無有第二人也。故我黨敬愛之。亦當爲天下第一人。）前年又選<u>橋米秋兒</u>④爲副會長。年僅三十有二。而爲人頗莊嚴。前年<u>倍雪巴尼</u>⑤之煤工十五萬人爲大同盟時。彼大施其力。將來。<u>國巴司</u>厭世而去。爲之繼者必此公矣。去歲之連合大會。始爲以上之二團體。他之諸派亦一致爲政治運動。近社會黨之爲代議士者頗多。於都市之社會黨。於都市之政治運動。已得實際之勝利。而<u>阿哈浴州</u>⑥<u>克利白蘭市</u>⑦<u>脱來地市</u>⑧<u>馬塞鳩塞州菩陸克頓市</u>⑨<u>哈巴喜市</u>⑩等之市長皆爲社會主義者矣。美國全國社會黨之勢已具言之矣。而地方各處不同復畧述之。

　　美國社會主義最盛之地。即獨立戰爭之際。免放黑奴南北大戰之役所最

---

① "薩妙野兒國阿巴司"，即賽米爾・龔帕斯（Samuel Gompers，1850—1924），美國工會運動領袖，美國勞工聯合會創始人之一。
② "惠陰得喜利勃"，即温德爾・菲力浦斯（Wendell Phillips，1811—1884），美國演説家、改革家，廢奴主義的鼓吹者。
③ "國巴司"，即賽米爾・龔帕斯。
④ "橋米秋兒"，即約翰・米切爾（John Mitchell，1870—1919），美國勞工運動領袖。
⑤ "倍雪巴尼"，即賓夕法尼亞州（Pennsylvania）。
⑥ "阿哈浴州"，即俄亥俄州（Ohio）。
⑦ "克利白蘭市"，即克利夫蘭市（Cleveland），美國俄亥俄州一城市。
⑧ "脱來地市"，即托萊多市（Toledo），美國俄亥俄州一城市。
⑨ "菩陸克頓市"，即布魯克林市（Brooklyn），美國馬薩諸塞州一城市。
⑩ "哈巴喜市"，即黑弗里爾市（Haverhill），美國馬薩諸塞州一城市。

出人物之馬塞鳩塞州是也。州之知事候補者惠富兒 比波德①社會共和黨之人也。嘗言曰。（吾祖爲救此國於英之壓制而戰死。吾父爲救黑奴於地獄而戰死。今吾等不當爲救勞動者於資本家之壓制。而戰死乎。）其言可謂壯矣。然抱此思想者非獨彼一人。州中之社會主義者。皆懷此念。亦可知此州之勢力矣。

　　州中社會主義聚萃之處。尤當以古詩人忽衣雀②所産之哈巴喜市爲最。去歲此市舉市長。民主黨與共和黨相結。以敵社會黨。大行賄賂。猶不足敵。竟舉橋喜鳩司③爲之。鳩司者。以一鞋匠起身。社會黨中之錚錚也。當社會黨之運動此選舉也。諸勞動者皆竭力。有一社會主義者某。罹大病。醫者已言其不治。然心念此選舉。久不死。及聞此選舉得勝。大喜狂笑而終。

　　次之。美國中西部之密速里④嘉薩司⑤奈白來司克⑥愛衣阿華⑦四州。亦爲社會主義勢力所在之地。四州之中心。有聖路易市⑧者。有奉社會主義之中央勞動組合焉。會員三萬人。有德文及英文之星期一刊之社會主義雜誌。前年舉大統領時。此地之社會黨。費游說所用之金七百弗。總計右四州之社會主義者。約百萬人。

　　美之南部人民。素多黑人。工業尚未大興。故社會主義。不能擴張。然近年工業漸興。游說社會主義者。已有其人。將來其結果。必有可觀也。

　　美國人之著書啓國民之思想。使入於社會主義者。甚多。今畧舉其學者。及思想家之姓名。並述其著書感化人之運動。以備考。

---

① “惠富兒比波德”，即温菲爾德·P·波特（Winfield P. Porter，生卒年不詳），美國社會民主黨人。
② “忽衣雀”，即約翰·格林利夫·惠蒂埃（John Greenleaf Whittier，1807—1892），美國作家和廢奴主義者。
③ “橋喜鳩司”，即約翰·加爾文·蔡斯（John Calvin Chase，1870—1937），美國社會民主黨人。
④ “密速里”，即密蘇里（Missouri）。
⑤ “嘉薩司”，即堪薩斯（Kansas）。
⑥ “奈白來司克”，即俄克拉何馬（Oklahoma）。
⑦ “愛衣阿華”，即艾奧瓦（Iowa）。
⑧ “聖路易市”，即聖路易斯市（Saint Louis），密蘇里州一城市。

　　有海利橋旂^①者。著一書曰（進步與貧窮）。不特美人大受其感化。餘波并及美國^②。又有野德華倍拉米^③者。著（回觀錄）。千八百八十八年。脱稿。此書影響所及。一年有半。百六十二之俱樂部^④俱興。人心大動。又著（平等）一書。亦大動人心。又有利嘉敵衣利^⑤者。經濟學名家也。著（美國之勞動運動）及（近世德法之社會主義）二書。受其感化者不少。又有海線^⑥者。（彼近休其妻。名頗不善。然所著之書。實大有益於社會主義）其餘有名著家。亦煩不勝數。今特舉所最諗知之者耳。

　　又美國近年亦有婦人爲勞動運動。如英德然。無論何處。勞動者集會。必有婦人至焉。

加奈大^⑦之社會黨

　　加奈大今雖尚無大組織之社會黨。而以勢度之。將來必大盛。故不可不稍述之。

　　加奈大者。起於北美合衆國自立之後。英之屬國也。千八百三十七年。急進主義之先驅者一揆起。然是時知共和政治者尚少。爲政府所制不得伸。此後知共和政治者漸衆。説社會主義者亦漸增。其時機之將至乎。

---

① “海利橋旂”，即亨利·喬治（Henry George，1839—1897），美國政論家，資產階級經濟學家。著有《進步與貧困》（*Progress and Poverty*）等。
② “美國”，據日文原書，應爲“英國”。
③ “野德華倍拉米”，即愛德華·貝拉米（Edward Bellamy，1850—1898），美國作家，空想社會主義者。著有《回顧》（*Looking Backward*，*2000—1887*）、《平等》（*Equality*）等。
④ “俱樂部”，即國家主義俱樂部。貝拉米及其信徒爲了實現這種空想社會主義的理想，成立了國家主義俱樂部，試圖依靠中産階級，開展以宣傳空想社會主義爲主要任務的國家主義運動和基督教社會主義運動。
⑤ “利嘉敵衣利”，即理查德·西奧多·伊利（Richard Theodore Ely，1854—1943），美國經濟學家，大學教授，著有《近代法國和德國的社會主義》（*French and German Socialism in Modern Times*）、《美國工人運動》（*The Labor Movement in America*）等。
⑥ “海線”，不詳。
⑦ “加奈大”，即加拿大（Canada）。

　　十數年前。始設社會主義勞動黨①之支部。於是那誘那利司俱樂部②起。加奈大社會主義協會起③。（今已有支部十七有專任游説講演者之人）社會主義教育俱樂部④。人民組合⑤社會。科學俱樂部⑥。非貧窮會⑦。海利橋旂俱樂部⑧。及社會改良協會⑨等。一時俱起。皆致力欲社會思想之普及。

　　又聖套馬司⑩發行之（加奈大勞動者之急使⑪）。巴米兒頓⑫發行之（巴拉舊姆⑬）。脱旅脱⑭發行之（勞動改良家⑮）（加奈大農民之太陽⑯）（市民與國家⑰）等之雜誌。亦均爲欲社會思想普及而致力。而（市民與國家）之雜誌。乃加奈大急進主義者運動之中心點。爲橋旂林肯⑱所作。爲加奈大爲社會主義諸雜誌中之首。

　　據上所述。社會主義者。自然日增矣。千八百九十七年。社會主義者

①　"社會主義勞動黨"，即美國社會主義勞動黨（The Socialist Labor Party of America），又譯爲美國社會主義工黨。1876 年 7 月，於美國費城成立。該黨由兩派組成，一派爲弗里德里希·阿道夫·左爾格和奧托·魏德邁（約瑟夫·魏德邁的兒子）爲首的社會主義者；另一派以凡·帕呑爲首的拉薩爾派。後者在黨內占優勢，黨員絶大多數爲德國移民。1894 年，加拿大社會主義工黨支部在多倫多成立。
②　"那誘那利司俱樂部"，即國家主義俱樂部（The Nationalist Club）。
③　"加奈大社會主義協會"，即加拿大社會主義聯盟（The Canadian Socialist League）。此處翻譯有誤，據日文原書，應爲"十幾年前，國家主義俱樂部興起，加拿大創設美國社會主義勞動黨支部，加拿大社會主義聯盟也隨之成立"。
④　"社會主義教育俱樂部"，即 Socialist Educational Club。
⑤　"人民組合"，即 The People's Union。
⑥　"社會。科學俱樂部"，即 Social Science Club。
⑦　"非貧窮會"，即 The Anti-Poverty Society。
⑧　"海利橋旂俱樂部"，即亨利·喬治俱樂部（Henry George Club）。
⑨　"社會改良協會"，即 The Social Reform League。
⑩　"聖套馬司"，即聖托馬斯（Saint Thomas），加拿大安大略省一城市。
⑪　"加奈大勞動者之急使"，即 The Canada Labour Courier。
⑫　"巴米兒頓"，即漢密爾頓（Hamilton），加拿大安大略省一城市。
⑬　"巴拉舊姆"，即 Palladium。
⑭　"脱旅脱"，即多倫多（Toronto）。
⑮　"勞動改良家"，即 Labour Reformer。
⑯　"加奈大農民之太陽"，即 Canada Farmers' Sun。
⑰　"市民與國家"，即 Citizen and Country。
⑱　"橋旂林肯"，即喬治·韋斯頓·里格利（George Weston Wrigley，1847—1907），加拿大新聞記者，社會改革家。

二人。爲<u>阿他利州</u>①會議員之候補者。其一得百二十六票。其一五十九票。千九百年。各處之候補者。社會主義之人。多則三千餘票。少則千六百餘票②。可見其盛矣。

　　千八百九十九年。<u>脫龍脫</u>③之社會主義勞動黨。舉同市之區長候補者。得七百六票。千九百年。黨中復舉同市之市長候補者。得二百二十一票。千八百九十九年。<u>哈米頓</u>④舉市長候補者。社會主義之人。舉得之。有三百四十二票。千九百一年。<u>阿路野勃拉司</u>⑤之社會主義者。舉得<u>聖脫馬司</u>⑥市長。有九百七十五票。同年<u>喜影大華特</u>⑦之社會主義者。舉得<u>勃蘭毒特</u>⑧之市長。以是觀之。<u>加奈大</u>之將起一大社會黨不遠矣。

　　社會黨前篇終

---

①　“阿他利州”，即安大略省（Ontario）。
②　“少則千六百餘票”，有誤，據史實，應爲“少則一百餘票”。
③　“脫龍脫”，即多倫多。
④　“哈米頓”，即漢密爾頓。
⑤　“阿路野勃拉司”，即 R. N. 普賴斯（R. N. Price，生卒年不詳），加拿大社會主義者。
⑥　“聖脫馬司”，即聖托馬斯。
⑦　“喜影大華特”，即 C. M. 德沃德（C. M. Durward，生卒年不詳），加拿大社會主義者，1901 年選爲聖托馬斯市市長。
⑧　“勃蘭毒特”，即布蘭特福德（Brantford），加拿大安大略省一城市。

據上所述。社會主義者自然日增矣。千八百九十七年。社會主義者二人爲阿他

利州會議員之候補者其一得百二十六票。其一五十九票。千九百年。各處之候

補者社會主義之人多則三千餘票少則千六百餘票。可見其盛矣。

千八百九十九年。脫龍脫之社會主義勞動黨舉同市之區長候補者得七百六

票千九百年。黨中復舉同市之市長候補者社會主義之人舉得之有三百四十二票。千八百九十九年。

哈米頓舉市長候補者社會主義之人舉得之有三百四十二票。千九百一年。阿

路野勃拉司之社會主義者舉得聖脫馬司市長。有九百七十五票。同年喜影大

華特之社會主義者舉得勃蘭毒特之市長。以是觀之加奈大之將起。一大社會。

黨不遠矣。

社會黨後篇

日本 西川光次郎 著

仁和 周子高 譯

前篇所述歐美各國之社會黨。乃欲達其目的而組成一篇流血之歷史也。茲復述社會主義之理想國以爲結。

今日之世界上社會主義者之理想國。惟愛耳白山之瑞士與南洋之新西蘭也。今將瑞士之事述其大要若新西蘭則請俟諸異日。

瑞士

國何以立於世界。不以兵。不以財。不以形險而僅僅以氣魄。瑞士者面積一萬五千九百七十六英方里之小國也。國不濱海。又無大河以通舟楫。山不產煤鐵。國雖微小而魔鬼之網不足以羅之蛇蝸之絲不足以縛之。噫。蓋其氣魄之敵人有非言語可形容者。今特述之。以爲龍然碩然帝國之民今日泣種奴明日歎國滅。

一

社會黨後篇①

　　前篇所述歐美各國之社會黨。乃欲達其目的。而組成一篇流血之歷史
也。茲復述社會主義之理想國以爲結。
　　今日之世界上社會主義者之理想國。惟愛耳白山之瑞士與南洋之新西
蘭也。今將瑞士之事述其大要。若新西蘭。則請俟諸異日。

瑞士

　　國何以立於世界。不以兵。不以財。不以形險。而僅僅以氣魄。瑞士
者面積一萬五千九百七十六英方里之小國也。國不憑海。又無大河以通舟
楫。山不產煤鐵。國雖微小。而魔鬼之網。不足以羅之。蛇蝎之絲。不足
以縛之。噫、蓋其氣魄之敵人。有非言語可形容者。今特述之。以爲尨然
碩然帝國之民。今日泣種奴。明日歎國滅者羞。
　　（一）瑞士者。義俠靈威母豆爾②之產兒也。故國民愛國之精神最富。

---

① 目次爲"後篇"。
② "靈威母豆爾"，即威廉・退爾（William Tell），瑞士傳奇英雄，大約活動於 13 世紀末 14 世紀
　初，是爲政治和個人自由而鬥爭的象徵。

而尤經心民族主義。有侮其國者。雖粉身碎骨必報之。讀是國之歷史。使人愛國心油然而興。

（二）世界各國有國事犯逃於瑞士者。國民敬之愛之。百計千方。務必盡其保護之策。絕世偉人瑪志尼。曾以其國之善奈巴①爲青年歐魯巴②之中心。無政府主義者。亦以巴克尼及善奈巴爲中心③。又俄國之虛無黨。亦以此國爲外府之中心。其餘若拉薩。若立夫奈。其初皆逃於是國而成事。故曰。瑞士者。歐洲革命巨子之脫胎地也。

（三）是國之都城倍盧④有萬國電報同盟。萬國郵便同盟。萬國商標權、專利權、版權、同盟。鐵道同盟。去歲又設萬國勞動局。於是舉歐洲各國之要件。皆聚萃於斯。故英國新聞（評論之評論）之主筆曰。他日若歐洲結聯邦。其以此國爲首府歟。

（四）是國之社會制度。除新西蘭外。世界各國。未有能望其項背者焉。得不詳述之以爲吾之圭臬。以上四端。其一二三端。不遑詳述。容補諸後日。茲請與讀者共研究其國之社會制度可乎。

社會制度

（第一）保護勞動者

（甲）工廠法　瑞士現行之工廠法。係千八百七十七年之所定者也。全國分爲三區。曰聯邦政府。曰地方官。曰工廠監督官。三人皆奉行此法者也。監督官年巡視於其所屬之各工廠三次。察工廠法之缺點。雇主之犯法。

---

① “善奈巴”，即日内瓦。
② “青年歐魯巴”，即青年歐洲，1834 年 4 月在瑞士成立，是歐洲各國激進資產階級革命家和政治流亡者秘密組織的鬆散聯盟。
③ “無政府主義者。亦以巴克尼及善奈巴爲中心”，據日文原書，此句意爲“巴枯寧亦以日内瓦爲無政府主義的中心”。
④ “倍盧”，即伯爾尼（Bern），瑞士聯邦首都。

勞動者之不平等事。與以相當之處分。凡犯法者罰金自五佛郎。至五百佛郎。再犯則禁錮三月。工廠法之內容極詳密。凡使役不用十八歲以下之兒童爲工人。或其工廠有害於衛生者。雖五人以上。即使入工廠法之範圍。不然。則凡有工人十一人之工廠。始得入工廠法。工廠之內。定衛生法極詳細。用危險之器械者。善爲之設防。若工人有意外負傷之事。則雇主負其責。又平常作工之時日。不得過十一時。凡禮拜六及佳節之前一日作工不得過十時。每日正午工人必須有一時之休息。凡禮拜日及定規之外而作工者。非有特別之許可不准。又婦人於禮拜日作工及作夜工。皆嚴禁之。雖自己家中之婦女。亦須與以休息。自十一時半至一時。産前産後四禮拜中。皆禁爲工。十四歲以下之兒童。不得入工廠爲工。十五歲及十六歲之兒童。只可於教育餘暇時爲工。以上所言工廠法之大要也。各州又定保護條律。以補其不足。今擧其數條以爲例。<u>巴司來</u>[1]之工廠法中有關於婦人之條。凡工廠使用婦人三人以上。始入於法。<u>聖哥爾</u>[2]則凡用二人以上。及十八歲以下婦人之工廠。始入於法。<u>瑞利</u>[3]亦因小工廠不入工廠法。則有弊。故另立有法。

　　（乙）家內工業　有社會學思慮者。素唱言曰。（失業者問題之一部。惟防起事業於田舍。及田舍人之暴進於都會可解釋之。）故瑞士從此言。始保護家內工業。其保護之法。詳於後。其結果奏非常之效。農之遷居者。果大減。田舍之間。殊不衰退。而失業者。受其賜多矣。亦可見其法之善也。

　　（丙）勞動者之書記　瑞士無勞動局於政府。如英美。十年前有與之相似者。（勞動者之書記）爲半官半民之性質。自聯合勞動團體選之者。政府

---

① "巴司來"，即巴塞爾（Basel），瑞士西北部一城市。
② "聖哥爾"，即聖加侖（St. Gallen），位於瑞士東北部，現爲聖加侖州的首府。
③ "瑞利"，即蘇黎世。

月給以費。其書記之職務。始爲瑞士諸州廳諸改革俱樂部。又廣與外國之勞動者通。研究勞動者之經濟及改善之法。

（丁）勞動者之房屋　勞動者居處陋而卑。各國之都會皆然。故瑞士亦不免。然工人付租已費其收入之資之半矣。故數年前。瑞士因勞動者之房屋問題大喧。其結果以一市或雇主爲勞動者建房屋始了。而其房屋果何如。則試舉一二以爲例。

<u>敗龍</u>[①]市於數年前於貧民窟。建一市公共所有之房屋甚多。又去市之中心約半日之火車。千七百英尺之高地。爲勞動者築屋百軒。頗適養生。每屋皆有相當之院。屋之近邊。有大空地。價頗廉。貸於居民。然屋之數少。猶不足敷用。故於市街選適當之家屋。貸與勞動者之性質和平者。其租價則與平常之屋減半。而其租主不復租與他人。有損壞。仍任其修理。其外尚有數條曰。

（一）時時當受市役人之巡視。

（二）租屋之須保房屋之清潔。除晏會之外。不得喧嘩以騷擾鄉鄰。又不得留宿匪人。

（三）常掃除房屋。時開窗通空氣。室外亦須清潔。不得畜雞兔等於窗下。

（四）禁曬衣服於中庭。

（五）進出之途。不准堆積雜物。

（六）牆壁宜保其清潔。禁小兒東塗西抹。

（七）每三月必掃煙囪一次。

（餘一條以不關緊要畧之）

---

① "敗龍"，即伯爾尼。

善奈巴市爲勞動者建屋。以其工資之多少。定其租價。或月扣其工資。數年之後。其屋即歸於勞動者所有。

以上所言。皆一市爲勞動者所建之屋也。又有雇主爲之築屋者。如有名之啓哥來[1]製造家。蘇家凸[2]。爲其勞動者及村人築屋大小三種。價頗廉。貸與之。租價中。加有修理費。每三年一修理。尚有餘資。則仍歸房主收藏。以備不時之需。

（第二）産業之平和

爲保産業平和之故。特設産業仲裁裁判所。及公益結社。

（甲）産業仲裁裁判所　瑞士聯邦政府與各州有組織裁判所之自由。然各州皆大同小異。茲舉巴斯來[3]之仲裁裁判所以爲例。則其他可推而知矣。

巴司來之産業仲裁裁判所。設於千八百八十九年。先是有其所屬管之産業分爲十團。各團之雇主及勞動者。均出三人爲判事。裁判長另一人。則選之於普通裁判長之中。以組織其事。判事每三年一替。每一事件。則給以一先令八辨士[4]以爲酬。

（乙）公益結社　瑞士各地所謂公益結社者。蓋始於百年以前。互相聯合。其會員多爲勞動者。而亦有各階級之人。其職與産業仲裁裁判所相若。皆爲産業平和之事而盡力。左數條是其行法也。

（一）其結社之目的。蓋欲使勞動界中人無一不受教育也。夏則設早晨學校。冬則設夜學校。又有冬期講演星期學校。又爲勞動者設圖

---

① "啓哥來"，今譯爲"巧克力"（chocolate）。
② "蘇家凸"，即菲利普·叙沙爾（Philippe Suchard，1797—1884），瑞士巧克力製造商。
③ "巴斯來"，即巴塞爾。
④ "辨士"，今譯爲"便士"（pence），英國輔幣單位。下同。

書館。

（二）其結社之目的。有保護勞動者負傷死亡疾病之義務。

（三）時時開會。集男女之爲人僕者。說以種種之理。

（四）時集勞動者之妻女。教以烹調之法。

（五）凡爲之保護人者。有種種困難。勞動者亦須爲之盡力。

（六）爲勞動者房屋之改良。無不盡力。

（七）爲勞動者設讀書室。及飲食店。廉其價。

（八）爲勞動者設銀行以便其用。

（九）孤寡肓①啞者。無自治之力。則特別保護之。

（十）設運動塲。爲勞動者及小兒等作成養體育之所。

（第三）保護失業者

世界各國保護失業者未有瑞士若也。設種種之保護。列之如左。

（甲）不取值之宿店　各州皆有。少則四五處。多則二十餘處。甲地之失業者。往乙地求業之時。有所駐足。大得其益。且宿店中附有各業之引導。失業者來此。即能相宜爲之就事業。不寧惟是。是處又設有教育會。使來居者不致逸居無度。此等宿店之規則。亦大同小異。茲擧其大畧。

（一）來投宿者須驗明有工廠監督官或警察之保證書。若無有者。即知爲無賴匪徒。拒之。

（二）凡失業者。不得在一宿店内寄食及寄宿至六月以上。（一月之中不得往復二次。一年之中不得過三次。）

（三）凡不作工至三月餘。宿店爲之所覓事業。又故意不就則逐之。不得復寄食寄宿。

---

① "肓"，有誤，應爲"盲"。下同。

凡一宿店至他宿店。近則六英里。遠則十英里。

（乙）勞動殖民　　（失業者與之金不如與之事業。以振其自助之精神。）云云。此義由德國發明。而瑞士從而推廣之。遂立勞動殖民。

瑞士之勞動殖民。最先者在丹奈好泊①。今舉其一則。其餘可類推矣。

丹奈好泊之勞動殖民。倍盧之中佐強忽查敵惠②爲之會長。先募股。每股金四磅。共三十人。其他又有政府教會及好施者所助之金。合之。共得二千四百磅。即以此金購與牛加敵③縣相近之荒地。四十海克打④。費七年之苦心。遂爲良好之殖民地。其目的大旨在收倍盧之犯罪人。（已出獄而無業者。）及失業者。使自食其力。夏時事多人少。則雇人助之。凡入此者先立約。最少必住二月。當守之規則如左。

（一）禮拜日必往聽牧師之説教。

（二）每朝冬則五時。夏則四時。起牀。讀禱告文後即作工。夏則六時冬則七時早飯。至九時稍休十分鐘。十二時午餐休息一時。四時又休十分。至七時或八時工畢。每禮拜日爲休日。則朝六時起。晚七時寢。

居於是者。不獨居處飲食衣服等事無虞。且遇疾病亦給有醫藥。又設有獎勵之法。視其平日作工之時爲比例。至告退之日。積金若干與之。故凡告退者皆得爲中等生活矣。然惟有一難事。凡欲入於此者。只可在農業空閑之時。若夏時農業正忙。則無得入者。然爾來添設小工業。此難事大概可免矣。

（丙）勞動局　　勞動局雖有市立與私立之別。而私立者仍歸市保護。其目的雖曰欲速使勞動之需要。及供給均平。而其實教勞動者。其子弟將

---

① "丹奈好泊"，即坦尼霍夫（Tannenhof），位於瑞士伯爾尼州。
② "強忽查敵惠"，不詳。
③ "牛加敵"，即納沙泰爾（Neuchatel），位於瑞士西部納沙泰爾湖畔，現爲納沙泰爾州的首府。
④ "海克打"，即公頃（hectare），面積單位。

來取何事業爲意。又兼使勞動者知雇主之責任。工廠法契約等事也。其組織不無小有區別。然大抵不出由市會議員中雇主中及勞動者中舉委員爲之。此委員中又選局長。其他則分任庶務。其俸金則以勞動者之工資爲比例與之。

（丁）失業保險　失業保險者。始於瑞士。因冬時失業者多苦而設。分三種。曰任意。曰强制。曰義務。任意之失業保險者。行於倍盧。入此保險。與不入。皆任勞動者之自由。强制之失業保險者。行於聖柯兒[①]。凡勞動者。必强之使入。義務之失業保險。行於巴斯來。亦强使勞動者入。以爲保險費。全由勞動者出不公。故雇主亦使分出之。以上三者。義務一端。最爲發達。茲請就其組織少述之。

雇主中選三人。勞動者中選五人。爲委員。以掌保險一切之事。又官吏中亦選一人爲議長。凡勞動者每年得工資八十磅以上。及十八歲以下之勞動者。既入他失業保險。則不復强之入此。又居巴司來米[②]一年以上者。則不准入。其他則悉使入。其保險費以其工資及作工之危險以定其多寡。與雇主所出之金。及公費之保護金。皆爲救濟金。救濟之法。有工資與家族二種。定爲比較。一爲工資問題而失業者。（同盟罷業者不同）一任意而失業者。一因不正之行爲而失業者。一無理由而不受保險委員使就之事而失業者。一不付保險費至二十六星期者。一失業最初之一星期。以上諸類。皆不救濟。此後又有數條曰。一救濟者一年中不得過十三星期。一凡救濟至五十日以上。及不付保險費至二十六星期者。則下次不復救濟。後復有數條曰。一凡工資落至一半時。則與以三分之二之救濟金。一稍有可爲事者。則寧勿濫救以虧本金。一凡失業者。與以旅費使出而求業。

---

① “聖柯兒”，即聖加侖。
② “巴司來米”，有誤，應爲“巴司來市”，即巴塞爾市。

（第四）酒法

惡酒之製造。及輸入。大有害於國民之身體。故瑞士於千八百十五年定酒法。千八百八十七年實行之。自行此法。凡酒類之輸入。馬鈴薯及外國所產果實製造酒類。爲政府占有之事業。其餘者則爲私人之事業。凡私人所造之酒類。用於瑞士者。有四分之一。而政府所造之酒價昂。自行此法。有不得廢之酒屋。則每年與以相當之賠償。故政府年費十四萬八千五百七十磅。然自是酒之性質良好。而酒之用度亦較前少矣。

後又唱議。酒店之數。亦宜有限制。於是各州設規則。定酒店之數。巴司來市之定規曰。

（一）酒類小賣人於一立突①之酒。不得取利過一辨士半。

（二）官定酒價表。揭於通衢。小賣人不得取價高於所定之表。

（三）酒類小賣人。一市內不得多過二十五人。市分二十五區。每區置一人也。

（四）小賣人雖不課稅。須以二十磅爲保證金。

（五）小賣人不得使其子同爲小賣人。若小賣人有缺出之時。由市役所選願當者補之。

瑞利州有特許小賣人之制限如左。

（一）除旅宿店、飲食店、休憩所、茶店、點心店、之外。不許爲酒類小賣人。

（二）執以上諸業人中。政府選之爲小賣人。

（三）有新願爲小賣人者。當先守第一及第二條。然既有酒店之處。則不復許再開。

---

① “立突”，即立升（litre），容積單位。

凡人口在二百以下之處。則酒店不得有二處。

尚有左之數條曰。

（一）飲食店之主人宜禁年幼者。入飲酒室。（雖自己之子女亦復然。）

（二）女子未及二十。男子未十六。不得爲酒保。

（三）所僱之人。最少日宜與之八時之休息。

（四）雖有要事。所僱之人。不得使作工至夜之十二時。

（五）每一星期。須與所僱之人有連接六時之休息。三星期中。須有一全日之休息。

（第五）保護貧民

瑞士於以上所述之方法外。又有保護貧民一事。請少述之。

（甲）養老院　倍盧市有公立私立之養老院二三處。凡年六十以上之貧老人。使入院以養其終。其組織公立與私者亦大同小異。茲請述其公立者。

公立養老院。設於能受日光之處。一年一人之經費。十三磅四先令。內四磅十六先令。市中負其責。送人入院之人。亦負六磅至八磅。凡在院內者。皆不作事。有欲作者聽。早七時早飯。九時飲葡萄酒。十二時午飯。四時飲珈琲[1]。六時晚飯。院中又有游戲之具。書藉[2]新聞雜誌皆備。儘其意之所適。而游玩。又有菸。任之吸。然彼等有自願作事者。男子夏則致力於園藝。冬則斬木。女子則致力於裁縫烹調之事。噫。余讀養老院之記。不禁喟然長嘆。彼國之人。何其幸福哉。以視東方之國。老者傴僂。行乞於市。死於溝壑者。其幸不幸相去何止天壤。是誰之過歟。

---

① "珈琲"，即咖啡（coffee）。
② "書藉"，當作"書籍"。

（乙）窮兒保護所　巴司來　瑞利　倍盧　善奈巴等市。皆有窮兒保護所。信盧[①]一市。救助窮兒八百人。後經種種之考驗。知聚窮兒養之於一處。不如以金錢與其父母。使善自爲計。苟非其父母無賴不良。不能善教其子。反引之爲惡者。萬不得已。始使入保護所養之。保護所之委員。時時巡視各處。爲救助窮兒之監督。中有一事。最當注意者。即救助窮兒爲彼等思其將來也。窮兒至相當之年。則試驗之。或送於制書屋。或送於印書所。或送於小工木匠爲徒弟。使能自食其力。又窮兒有酷好學問者。則授以高等之學。故瑞士之設窮兒院。最爲完全無缺。

（丙）殘疾保護所　瑞士之法。凡惰怠性質惡劣精神上殘缺不全者。或肉體不具如盲聾四支廢者。不救之則不得活。故特設保護所。教彼等作工於附屬保護所之工廠。及爲掃除街道等事。

（丁）無宿者避難所　瑞士之大都市中。凡有遇水火之災。一時窘困無處投宿者。故特設無宿避難所以保護之。有錢者。則日出錢七十文。赤貧者免之。其經費不足。亦由市中擔任之。

（戍）慈善旅行　瑞士之十二大都市。每夏因貧民之兒。身不康健。設慈善旅行之法。與之游二三星期。以使其身體康強。其經費或全由市中人擔任。或受慈善會及好施者之布施。不足。則由市補足之。

（第六）職業教育

以上所述各條。於瑞士保護勞動者之法。可知其大概矣。然其所以能保護勞動者。如彼其有効。蓋有一事爲之助。是何也。即職業教育。瑞士。極致力於職業教育者也。常誇於人曰。（吾國小兒一生而無財者有之。未有一生而無學者也。）其國教育之盛。信不誣矣。茲請少述之。

---

① “信盧”，當爲“倍盧”，即伯爾尼。下同。

　　（甲）聯邦政府及職業教育　瑞西之極力於職業教育。由來尚矣。然聯邦政[①]之直接保護職業教育。實始於千八百八十四年。是年。職業學校、工業學校、產業博物館等。受聯邦政府之保護。助其經費半額者。合計九十一處。後十年。即千八百九十五年。增至二百十一云。此等中之初等實業學校。約百數。大都不收月謝費。或不特無月謝費。且強人入學。此等學校。多以工業爲重。如善奈巴有時計（即鐘錶也）學校六。其餘者可類推而知矣。故瑞士一國。既無海口。又無通運輸之河。又不產煤炭。而商業之盛。不讓他強國。蓋非無因也。

　　（乙）工業學校　瑞士初等實業學校之組織。亦頗精。茲舉信盧之工業學校少述之以爲例。工業學校。共分四科。曰製靴科。曰小木作科。曰鎖科。曰錫器科。各科均授技術。及學說。不收月謝費。固勿論矣。而一年之後。又與之以相當之酬報。至卒業時。積六磅或十磅與之。故學者頗得其益。學校課時。每星期五十七時。內四十四時半至四十七時爲實習。三時至九時半爲學科。其學校之監督。選市之委員爲之。其經費由聯邦政府或州及市分擔之。

　　（丙）雕刻學校　菩利子[②]之地。設有雕刻學校。此學校蓋因挽回此地雕刻業之衰退而設。凡年十五歲以上者。許入學。入學之際。以八先令爲贄。此後則不名[③]一錢矣。二年之後。除生徒用費之外。尚餘十二磅。一星期中。上課五十四時。內三十六時爲實習。六時畫圖。六時摸型[④]。三時設計。三時研究裝飾之法。又別有夜學校。爲日間不得入學者而設也。其經費概由聯邦政府及州政府之保護金。及捐助之金。集腋成之。

────────────

① “政”，應爲“政府”。
② “菩利子”，即布里恩茨（Brienz），瑞士伯爾尼州阿爾卑斯山北麓一村莊名。
③ “名”，疑爲“交”。
④ “摸型”，當作“模型”。

光緒二十八年十二月十五日印刷
光緒二十九年正月二十五日發行

（實價大洋二角）

著者　　日本　西川光次郎

譯者　　仁和周子高

印刷所　上海英界大馬路同樂里
　　　　廣智書局活版部

發行所　上海英界大馬路同樂里
　　　　廣智書局

社會黨

《社會黨》版權頁

《社會黨》編者説明

李永春　李愛軍　編校

1. 底本描述

《社會黨》一書，日本社會主義者西川光次郎著，周子高譯。今據北京大學圖書館館藏紙本録排。書高 21 厘米，寬 12 厘米；封面和封底有極少量的蛀洞。封面竪排印有書名"社會黨"，題名頁從右至左竪排依次爲：日本西川光次郎著，社會黨，上海廣智書局印行。版權頁從右至左竪排，依次爲：光緒二十八年十二月十五日印刷，光緒二十九年正月二十五日發行；著者：日本西川光次郎；譯者：仁和周子高；印刷所：上海英界大馬路同樂里廣智書局活版部；發行所：上海英界大馬路同樂里廣智書局。

2. 西川光次郎

西川光次郎（1876—1940），又稱爲西川光二郎，基督教徒，日本社會民主黨創始人之一。1876 年 4 月 29 日生於兵庫縣。1897 年參與創辦《勞動世界》，1898 年建立社會主義研究會，1900 年成立社會主義協會。1901 年 5 月，與片山潛、幸德秋水等以德國社會民主黨爲榜樣，創建以實現社會主義爲目的的日本社會民主黨，這是日本最早的社會主義政黨。1901 年出版《日本的勞工運動》，1903 年參加平民社，投身於社會主義宣傳和反戰運動中。1906 年 1 月創立日本平民黨；同年 2 月，平民黨與堺利彦等建立的社會黨合併，統稱爲日本社會黨，西川光次郎擔任評議員和幹事。1907 年 8 月與片山潛等創辦《社會新聞》雜誌。1912

年，因參加反對電車加價問題的暴動事件被捕入獄，獲釋後脱離社會主義運動。1940 年 10 月 22 日卒。西川光次郎的代表作除《社會黨》（1901）外，還有《日本的勞工運動》（1901，與片山潛合著）、《人道的戰士、社會主義之父卡爾·馬克思》（1902）、《土地國有論》（1904）、《婦人運動》（1913）、《斷食治病法》（1919）①等。

3. 周子高

本書譯者署名爲"仁和周子高"。"仁和"，清末時縣名，屬杭州府，今屬杭州市。周子高，有時亦寫作周百高②，生平不詳。

4. 廣智書局

參見本卷"《社會主義》羅大維譯本編者説明"中的"4. 廣智書局"。

5. 《社會黨》中譯本與日文原書章節結構比較

《社會黨》中譯本的翻譯底本是西川光次郎於 1901 年所著《社會黨》日文原書。《社會黨》日文原書的封面從右至左竪排，依次爲：西川光次郎著，社會黨，内外出版協會。版權頁從右至左竪排，依次爲：明治三十四年（1901）十月十三日印刷，明治三十四年十月十六日發行；編輯兼發行者：東京市牛込區市ヶ谷加賀町二丁目三十三番地西川光次郎；印刷者：東京市神田區錦町三丁目廿五番地熊田宜遜；印刷所：東京市神田區錦町三丁目廿五番地熊田活版所；發兑元：東京市神田區南甲賀町八番地内外出版協會。

---

① 中共中央編譯局世界社會主義研究所. 新編世界社會主義詞典[M]. 上海：上海辭書出版社，北京：中央編譯出版社，1996：387.
② 馬祖毅，等. 中國翻譯通史：現當代部分：第 1 卷[M]. 武漢：湖北教育出版社，2006：5.

　　《社會黨》日文原書中，有片山潛於明治三十四年九月十三日寫的
"序"和西川光次郎於明治三十四年十月寫的"例言"，中譯本均未譯
出。《社會黨》日文原書正文三章，即第一章"緒言　勞働運動の必要"、
第二章"歐米の社會黨"、第三章"結論　社會主義者の理想國"；在中譯本
中分別爲"緒言"、"前篇"和"後篇"。其中，前篇十四個部分的内容，
相當於日文原書第二章"歐米の社會黨"的十三節。不同之處在於，日文原
書將愛爾蘭社會黨的内容附於英國社會黨一節後，中譯本則將英國社會黨與
愛爾蘭社會黨并立（因此就成爲十四個部分）。兩書結構比較如表 1 所示：

表 1　《社會黨》中譯本與日文原書章節結構對照表

日文原書（翻譯底本）	中譯本
"序"（片山潛）	—
"例言"（西川光次郎）	—
第一章"緒言　勞働運動の必要"	緒言
第二章"歐米の社會黨"	前篇
（1）獨乙の社會黨	（1）德意志之社會黨
（2）白耳義の社會黨	（2）白耳義之社會黨
（3）和蘭の社會黨	（3）荷蘭之社會黨
（4）丁抹の社會黨	（4）丹馬之社會黨
（5）ボーランド の社會黨	（5）波蘭之社會黨
（6）露西亞の社會黨	（6）俄羅斯之社會黨
（7）墺太利の社會黨	（7）墺大利之社會黨
（8）佛蘭西の社會黨	（8）法蘭西之社會黨
（9）伊太利の社會黨	（9）意大利之社會黨
（10）西班牙の社會黨	（10）西班牙之社會黨
（11）英國の社會黨（附愛耳蘭之社會黨）	（11）英吉利之社會黨
—	（12）愛耳蘭之社會黨
（12）米國の社會黨	（13）合衆國之社會黨
（13）加奈太の社會黨	（14）加奈大之社會黨
第三章"結論　社會主義者の理想國"瑞西	後篇　瑞士

　　片山潛寫的"序"，其大意是説：日本人在論述歐美社會黨時所依據的相關材料，是過去幾年或十幾年前的内容，最新的報紙雜誌也只不過是反對社會黨的人編輯出來的，即多重誤解的東西。因爲其評論以過去的材料爲依據，所以很少與實際狀況相符；而社友西川光次郎是社會主義者，他痛感誤傳社會黨的消息會影響日本社會主義運動的發展，於是通閱近年來歐美最新社會黨的雜誌，又通過與歐美社會黨領袖通信交流，切實瞭解到其現狀和發展計劃，因此他的這本書對社會主義而言是可喜可賀之事，對消除日本民衆對社會黨的誤解與嫌疑也十分必要。

　　西川光次郎在其撰寫的"例言"中談到：該書係其最近兩三年來依據勞動新聞社編輯局所編輯的四五種英美勞動新聞雜誌中的材料編輯而成，對瞭解歐美社會黨的近況有一定的幫助。他有幸能自由地閱讀這些雜誌，在此對勞動新聞社社長片山潛先生表示衷心感謝！

　　中譯本譯者將日文原書的"序"和"例言"略去不譯，主要是認爲其内容與各國社會黨没有直接關係；中譯本又將日文原書第一章"緒言　勞働運動の必要"一節略爲"緒言"，大致將其中的"當然之勢"和"救濟之道"兩個部分，在翻譯過程中簡要概述爲兩段。

　　從主要内容來看，《社會黨》依次介紹了德國、比利時、荷蘭、丹麥、波蘭、俄國、奥地利、法國、意大利、西班牙、英國、愛爾蘭、美國、加拿大等十四個國家社會黨和工人運動的狀況，還專門介紹了瑞士的各種社會保障和社會福利制度。從思想傾向來看，《社會黨》一書贊揚争取普選權與議會鬥争，往往把社會主義與資本主義制度中的福利、社會保障等混爲一談。①有研究者指出：爲普及被日本政府禁止傳播的社會民主黨的思想，安部磯雄撰寫的《社會問題解釋法》（明治三十四年，東京專門學校出版）、

---

① 張艷國. 張艷國自選集[M]. 武漢：華中理工大學出版社，1999：197；張武，等. 社會主義思潮史話[M]. 北京：社會科學文獻出版社，2012：70.

西川光次郎著的《社會黨》（明治三十四年，内外出版協會出版），在當時一并被作爲主張"根據普通選舉的議會主義"的最適當的解説書，得到廣泛傳播。[①]

6. 《社會黨》中譯本與馬克思主義在中國的早期傳播

《社會黨》中譯本對馬克思主義、社會主義思想在中國的早期傳播具有重要影響，主要表現在以下三個方面：

一是較早地介紹了馬克思、恩格斯的生平活動及其學説。該書在"德意志之社會黨"一節中提到馬克思和恩格斯，將馬克思譯作"馬克"，將恩格斯譯作"隱垓"，并説自黑格爾、費希特之後到馬克思，社會思想得到發展；在"法蘭西之社會黨"一節中提到19世紀上半葉法國成爲社會主義的中心，"初德意志之馬克、拉薩青年時常學於巴里，其他各國之青年亦多負笈來者"，簡要介紹了馬克思在法國巴黎從事理論研究的情況。

二是從多個方面介紹了馬克思學説在歐洲的廣泛影響。例如，在"德意志之社會黨"一節中説，"後拉薩出，折衷於羅特與馬克之説，自千八百六十三年五月二十三日建德意志全國勞動協會"；説李卜克内西"因與隱垓相識，遂得與馬克往來，凡寓英十三年，專志於政治經濟等學"，肯定了馬克思及其學説對拉薩爾、李卜克内西的影響。又説倍倍爾受李卜克内西影響，"棄舊而從之，信馬克之説"，他們所從事的社會主義運動，使政府"益驚懼，不知所措"。在介紹比利時社會黨時明確提到："適當時，馬克及隱垓避法國逃於菩塞，盛言社會主義，於是社會主義之思想始大發明。千八百六十四年，馬克等之建萬國勞動協會也，實唱於白耳義。"

---

① 近代日本思想史研究會. 近代日本思想史：第2卷[M]. 李民，等譯. 北京：商務印書館，1991：66.

這反映了馬克思和恩格斯在比利時宣傳社會主義的情況，以及對歐洲社會主義運動的重要影響。

在"丹馬之社會黨"一節中提到"馬克主義"時説："其後有述虛無黨主義者，有述基督教社會主義者。而最發達者，實惟馬克主義之社會黨"，强調了馬克思主義在丹麥社會黨中的重要影響。還需要指出的是，從譯名來看，在這裏，"馬克主義"就是"馬克思主義"，它説明，"馬克思主義"這一術語在俄國十月革命以前就通過一些譯著出現在了中國。

該書在介紹俄國社會民主黨的早期活動時提到，"今爲之領袖者，爲橋旅菩來誇腦，皆與二十年前革命有大關係之人也。現居於瑞士而著書，其主義以馬克爲師，其著述在俄者極多"。有學者認爲，這是在中國介紹俄國馬克思主義者普列漢諾夫思想的最早記録[①]。

三是比較客觀地反映了在 19 世紀後半期的國際社會主義運動中，馬克思主義與其他各種思想流派之間的交鋒與鬥争情況。

在"法蘭西之社會黨"一節中提到，法國社會黨領導人信奉馬克思主義之後，其勢力又重新膨脹，"自千八百六十四年萬國勞動協會告成至千八百七十一年，法國社會主義一變爲無政府主義，而馬克之勢力亦傾入於巴克尼之内部"。在"荷蘭之社會黨"一節中也提到："千八百七十二年開萬國勞動協會之總會於哈尼，馬克派與巴克尼派大争，各相分裂，萬國勞動協會立散。"在"意大利社會黨"一節中説："然其信社會主義之能救人，亦如教徒之信耶蘇，故各部皆以諸社會黨偉人如馬克、馬家尼、家利巴地等之像皆與耶蘇之像同懸諸室，其深信社會主義從可知矣。"在"俄羅斯之社會黨"一節中還介紹了 19 世紀 70 年代中期，俄國青年在馬克思

---

① 奚潔人，余源培. 二十世紀中國社會科學：馬克思主義卷[M]. 上海：上海人民出版社，2005：192.

主義、村社社會主義、無政府主義等思想影響下開展的"到農村去"運動。該書稱："此等秘密結社之人，大都是青年學生及貴族閨秀。彼等始讀馬克之書，愛之。然悲俄羅斯之境遇，以爲入馬克主義，甯入巴克尼之無政府主義，於是或爲商旅，巡遊村落，遊説農民，述其主義；或變服爲工人，入紡織工廠，推其主義於諸工人。"

總之，該書是較早把馬克思、恩格斯的生平和學説介紹到中國的譯著之一，同時較爲客觀地向中國讀者介紹了當時馬克思主義在歐洲的廣泛影響，在當時是具有進步作用的。[①]

7. 研究綜述

國内對該《社會黨》中譯本的介紹，最早可以追溯到 1903 年 3 月《新民叢報》所刊登廣智書局出版中譯本《社會黨》的廣告："均産之説，出現於十九世紀之歐洲，雖未易達其目的，而擲汗血爲最大多數謀最大幸福者，已非鮮淺。我國勞動者一蜷伏於資本家之肘腋，曾未一伸其氣，亦可謂放棄自由權利之甚者也。此篇臚叙歐洲勞動社會之舉動，其發因、結果，盛水不漏，而譯筆足以副之。留心經濟問題者，不可不以爲覺筏也。"[②]百餘年來，學術界對《社會黨》的介紹或研究，大致可歸納爲四個方面：

一是輯録和介紹《社會黨》關於社會主義思想和學説的資料。如《五四運動前馬克思主義在中國的介紹與傳播》摘録了《社會黨》第一節"德意志之社會黨"[③]，《社會主義學説在中國的初期傳播》摘引了《社會黨》

---

① 朱聯保. 近現代上海出版業印象記[M]. 北京：學林出版社，1993：59-60.
② 姜義華. 社會主義學説在中國的初期傳播[M]. 上海：復旦大學出版社，1984：234.
③ 高軍，等. 五四運動前馬克思主義在中國的介紹與傳播[M]. 長沙：湖南人民出版社，1986：140-146.

中的"緒論""德意志之社會黨""俄羅斯之社會黨"三節。①《社會主義思想在中國的傳播：資料選輯之一》節録了關於李卜克内西、倍倍爾等的内容②，第二輯節録了各國社會黨的狀况及其主張，包括拉薩爾的生平及主張、"英國之社會黨"、"合衆國之社會黨"、"法蘭西之社會黨"、"俄羅斯之社會黨"等内容；還節録了書中關於瑞士的社會制度等内容。③

　　二是介紹或研究《社會黨》傳播的社會主義。《社會黨》一書比較系統地介紹了歐美各派的社會主義學説和 14 個社會主義政黨的情况。④研究者多認爲，《社會黨》是當時流行的宣傳社會主義學説的書籍⑤，是日本最早介紹社會主義學説的專著之一⑥，也是日本明治時代水平最高的社會主義理論著作之一。⑦張艷國等人認爲，《社會黨》關於社會主義學説的闡釋，内容集中，觀點明確，哲理深刻，因而在中國思想界影響很大。⑧

　　《社會黨》中的無政府主義也引起了研究者的注意。有學者指出，《社會黨》一書詳細介紹了歐洲社會主義的一派——虚無主義。⑨還有學者指出，《社會黨》等宣傳無政府主義的書，詳細介紹了歐洲的虚無主義派。⑩也有學者指出，《社會黨》談到俄羅斯虚無黨中秘密結社之人與巴枯寧無政府

① 姜義華. 社會主義學説在中國的初期傳播[M]. 上海：復旦大學出版社，1984：224-234.
② 《社會主義思想在中國的傳播》編寫組. 社會主義思想在中國的傳播：資料選輯之一：上册[M]. 北京：中共中央黨校科研辦公室，1985：65-74.
③ 《社會主義思想在中國的傳播》編寫組. 社會主義思想在中國的傳播：資料選輯之一：中册[M]. 北京：中共中央黨校科研辦公室，1987：5-6、16-18、903-906.
④ 奚潔人，余源培. 二十世紀中國社會科學：馬克思主義卷[M]. 上海：上海人民出版社，2005：192.
⑤ 張順昌. 朱執信社會政治思想研究[M]. 貴陽：貴州人民出版社，2005：167.
⑥ 姜義華. 社會主義學説在中國的初期傳播[M]. 上海：復旦大學出版社，1984：279. 金沖及，胡繩武. 辛亥革命史稿：第 1 卷[M]. 上海：上海人民出版社，1980：245. 馮志傑. 中國近代翻譯史：晚清卷[M]. 北京：九州出版社，2011：121-122.
⑦ 田子渝，等. 馬克思主義在中國初期傳播史（1918—1922）[M]. 北京：學習出版社，2012：86.
⑧ 張武，等. 社會主義思潮史話[M]. 北京：社會科學文獻出版社，2012：65.
⑨ 張艷國. 19 世紀社會主義思潮的西來及其中文譯名的擬定[J]. 華中師範大學學報（人文社會科學版），1999（3）：98-105. 曹世鉉. 清末民初無政府派的文化思想[M]. 北京：社會科學文獻出版社，2003：30.
⑩ 高瑞泉. 中國近代社會思想[M]. 上海：華東師範大學出版社，1996：328.

主義的密切關係，以及法國無政府主義勢力與馬克思主義的對立鬥争。①

　　《社會黨》對基督教社會主義的介紹，也不容忽視。有學者指出，《社會黨》在"白耳義（比利時）社會黨"一章中提到"有哥靈斯者，始著書説基督教之社會主義"，又在"丹麥社會黨"中提到其國内"有述基督教社會主義者"，還談到 1800 年前後從英、法、德移居美國的宗教徒所建立的共産村達 200 余處，成爲美國社會黨的淵源之一；認爲該書在中國最早明確使用了"基督教社會主義"的名稱。②

　　關於《社會黨》一書的影響，有學者認爲，1903 年翻譯出版的西川光次郎所著的《社會黨》，促進了社會主義學説在中國的傳播，在一定程度上增進了中國知識分子對社會主義的瞭解。③還有學者認爲《社會黨》等譯著對當時以及日後中國學術界影響很大④，對中國社會變革發揮了重要作用，也爲中國翻譯事業的發展作出了重要貢獻。⑤

　　三是《社會黨》對馬克思主義學説的傳播及其影響。《社會黨》介紹了馬克思及其學説，將源自歐洲的早期日本社會主義思潮和馬克思主義傳入了中國。⑥有學者認爲，《社會黨》是中國馬克思主義傳播史上最有影響的三本譯著之一，其餘兩本是福井準造的《近世社會主義》和村井知至的《社會主義》。⑦有學者進一步指出，《社會黨》是從日本翻譯的有較大社會影響和一定代表性的介紹社會主義思想的著作之一，介紹了馬克思主義學説和

---

① 談敏. 回溯歷史——馬克思主義經濟學在中國的傳播前史[M]. 上海：上海財經大學出版社，2008：594.
② 楊衛華. 基督教社會主義在近代中國的傳播——以教外知識分子爲中心的考察[J]. 世界宗教研究，2014（1）：124-132.
③ 張静. 馬克思主義中國化基本問題[M]. 天津：南開大學出版社，2010：63.
④ 田伏隆，唐代望. 馬克思學説的早期譯介者趙必振[J]. 求索，1983（1）：118-121.
⑤ 馮志傑. 中國近代翻譯史：晚清卷[M]. 北京：九州出版社，2011：195.
⑥ 仲玉花. 淺議早期日本社會主義思潮在我國的譯介和傳播[J]. 卷宗，2016（6）.
⑦ 劉宏，等. 百年夢尋：20 世紀中國經濟思潮與社會變革[M]. 北京：西苑出版社，2000：86.

各個流派的社會主義思想以及歐洲的社會主義運動的情況。西川光次郎將自己對社會主義的認識和詮釋融入其著作中，這也對部分中國人瞭解馬克思主義學説和各個流派的社會主義思想産生了一定影響。[①]張汝倫指出，《社會黨》詳盡地介紹了社會民主黨及其領袖人物，論述了社會民主主義和國家社會主義的不同，但這些内容對中國早期的社會主義者没有什麽影響。[②]

還有學者注意到，《社會黨》一書在中國介紹了俄國馬克思主義者普列漢諾夫及其思想，也是最早將普列漢諾夫介紹給中國讀者的中譯本。[③]

四是對《社會黨》一書的文本研究。關於《社會黨》的主要内容，一般認爲，《社會黨》中譯本在前篇介紹了德國、比利時、荷蘭、丹麥、波蘭、俄國、奧地利、法國、英國、美國、加拿大等國社會黨和工人運動的發生和發展等情況。後篇突出介紹了瑞士和新西蘭的情況，并用不少篇幅介紹和肯定了兩國的社會保障和社會福利制度。[④]姜義華認爲，《社會黨》是一本簡要介紹各國社會黨和工人運動狀况的小册子。美國學者伯納爾注意到，《社會黨》在介紹近世歐洲的社會主義時，將其分爲三派，即虛無主義、基督教社會主義和馬克思主義。[⑤]

在史實史料方面，《社會黨》中譯本也存在一些問題。如在叙述李卜克

① 王明生. 論十月革命前社會主義思潮在華傳播的特徵[J]. 江海學刊，2002（6）：157-162.
② 張汝倫. 現代中國思想研究[M]. 上海：上海人民出版社，2014：363-364.
③ 奚潔人，余源培. 二十世紀中國社會科學：馬克思主義卷[M]. 上海：上海人民出版社，2005：192；皮明庥. 近代中國社會主義思潮覓蹤[M]. 長春：吉林文史出版社，1991：57；談敏. 回溯歷史——馬克思主義經濟學在中國的傳播前史[M]. 上海：上海財經大學出版社，2008：270-272.
④ 例如，中國近代現代出版史編纂組. 新民主主義革命時期出版史學術討論會文集[C]. 北京：中國書籍出版社，1993：34-35；胡曲園，蔣學模. 馬克思主義研究的幾個問題[M]. 上海：復旦大學出版社，1983：91-92；吳雁南，等. 清末社會思潮[M]. 福州：福建人民出版社，1990：498；鄒方紅. 近代社會思想思潮[M]. 瀋陽：遼海出版社，2007：200；肖堂炎，等. 古代烏托邦與近代社會主義思潮：上册[M]. 成都：成都出版社，1995：335-336.
⑤ 伯納爾. 一九〇七年以前中國的社會主義思潮[M]. 丘權政，等譯. 福州：福建人民出版社，1985：81-82；尹德樹. 文化視域下馬克思主義在中國的早期傳播與發展[M]. 北京：人民出版社，2013：49；馬祖毅，等. 中國翻譯通史：現當代部分：第 1 卷[M]. 武漢：湖北教育出版社，2006：5.

内西死後的情形時，該書説"尚在"的倍倍爾和恩格斯等"偉人"繼續推進社會黨的發展。其實，恩格斯去世（1895 年）在李卜克内西去世（1900年）之前，"尚在"一詞，顯係筆誤。此外，《社會黨》一書似乎把恩格斯對德國社會民主黨的指導作用，看得没有李卜克内西和倍倍爾所起的作用大，也是不符合歷史事實的。有學者指出，《社會黨》對德國社會黨史料的處理，比較粗糙和草率。①也有學者指出，《社會黨》在叙述德國社會主義運動時，誇大了拉薩爾的作用和影響。此外，該書也存在譯名前後不統一的問題，如將恩格斯一譯爲"隱該"，一譯爲"陰垓"。②

在資料來源方面，伯納爾指出，《社會黨》一書把新西蘭和瑞士説成是"理想的社會主義國家"，這與美國許多作者的説法十分相似。如布利斯在《社會主義手册》中宣稱，新西蘭近乎社會主義國家，因爲在議會中有許多工人議員，政府還制定了進步的勞工法。至於瑞士，它依靠公民投票和創制，解決了許多重大問題。提交有衆多人簽名的請願書，其本身就是邁向社會主義的一大步，或者説是公民與政府、政府與産業工人處事的一致。社會民主主義中政治民主與社會主義這種完整的連接關係，已被美國基督教社會主義者強烈地感受到了。③伯納爾還認爲，1906 年之前，美國人對歐洲社會主義理論的概括，是日本社會主義者最重要的思想淵源，由於美國的社會主義理論把社會民主主義視爲真正的社會主義形式，因此，許多日本社會主義者也把社會民主主義視爲真正的社會主義形式。西川光次郎撰寫的《社會黨》等社會主義著作，經常把社會民主主義與科學社會主義混爲一談，表現出日本社會主義者和社會主義組織具有明顯的社會民主

---

① 談敏. 回溯歷史——馬克思主義經濟學在中國的傳播前史[M]. 上海：上海財經大學出版社，2008：271.
② 肖堂炎，等. 古代烏托邦與近代社會主義思潮[M]. 成都：成都出版社，1995：336.
③ 伯納爾. 一九〇七年以前中國的社會主義思潮[M]. 丘權政,等譯. 福州：福建人民出版社,1985：81-82.

主義傾向。總之，五四之前傳入中國的社會主義思潮幾乎全部來自歐美和日本，而此時日本和歐美的社會主義思潮已經嚴重地社會民主主義化了。[①]

　　綜上可見，學術界關於《社會黨》的研究，已經涉及內容解讀、思想研究、資料來源等方面，但更多的是作爲研究歐洲社會主義，包括馬克思主義、無政府主義、社會黨和工人運動等的資料加以介紹和引用，尚無關於《社會黨》文本的全面系統的研究。其實，就《社會黨》文本研究而言，不僅涉及史實考證、版本與流傳、比較研究等方面，也涉及文本結構、思想內容、社會影響等問題。對日本學者介紹歐美國家社會黨的譯著，既要有史實方面的考證，也要有著譯文本方面的研究。因此，要深化《社會黨》的研究，一方面要結合日本學者，尤其是西川光次郎的學術和政治活動背景來分析其成書經過、思想主張和影響；另一方面要結合譯者周子高的學術經歷和中國維新變法等歷史背景，研究《社會黨》在中國的流傳和影響。更重要的是，要結合歐洲十九世紀末二十世紀初的社會政治形勢，深入考察各國社會黨形成、發展的歷史變遷，及其對各國乃至歐洲和世界的深刻影響。

---

① 王彦偉. 西方社會主義思潮、社會民主主義思潮在近代中國的傳入[J]. 山西高等學校社會科學學報，2014（12）：19-23.

最新經濟學

作新社 / 譯

作新社

最新經濟學

作新社藏版

《最新經濟學》封面

目
次

---

① "弧"，有誤，應爲"派"。
② "第三欵"，有誤，應爲"第二欵"。
③ "泒"，有誤，應爲"派"。下同。
④ "穆勤"，有誤，應爲"穆勒"。下同。

---

① “最新經濟學”，底本正文無此項。

---

① "債銀"，有誤，應爲 "賃銀"。

最新經濟學

一

緒論

天地之顯象。至繁也。萬物之形質。至雜也。然以人間社會之事物較之。則又可謂之至簡。星辰之循環不已。雲霧之聚散無常。孰若人事交通之頻繁。山川草木之薈萃。禽獸蟲魚之紛雜。孰若世態人情之變幻。宜天文。地理。氣象。地質。物理。化學。生物。算數。醫茲①。工藝等。凡屬于形而下之學術。比哲學。政治。法律。經濟等之屬于形而上之學術。其發達進步。速旦②著也。

經濟學者。學之屬于形而上者也。爲人間社會最要之料學③。其發達不但後于形而下之諸學。即比其他形而上之諸學。亦殊遲遲。盖因其研究之目的物。爲尤紛雜耳。

然今姑以經濟學爲人間社會科學之一。則似足矣。何則。凡學問非造其極精。必不能悟其真義。況於造詣尚淺研究極難之經濟學乎。

經濟學中。雖以人間社會至雜之事物。爲研究之目的。而其要目不過數大端而已。欲使初學了知斯道。莫如先明其要目。一曰人類之欲望。二曰貨物。三曰效用及價值。四曰生產及消費。五曰交易及分配。六曰所得及財產。既識其要目。而後經濟學之真義。可得而解矣。

---

① "醫茲"，有誤，應爲"醫藥"。
② "旦"，有誤，應爲"且"。
③ "料學"，有誤，應爲"科學"。

第一章

經濟學之要目

第一節　人類之欲望

　　人由何而生。其生存之目的維何。此等問題。似與經濟學無涉。彼<u>陸仙羅</u>[①]氏謂經濟之起點及終點。皆在於人。不其然歟。但<u>陸氏</u>之語。初學聞之。觀經濟與倫理。心理二者相混。則不然。盖經濟學不在研究人之心性。而在研究人之行爲。且不在研究各人之行爲。而在研究其行爲涉國民社會者。此其別也。

　　雖然。國民社會之行爲。基于個人之行爲。而人之行爲。本于其心性。則箇人之行爲。經濟學者不得置之度外。而個人之心性。亦須考察。故吾以人類之欲望。爲經濟學第一大端也。

　　何謂人類之欲望。<u>海爾特</u>[②]曰。凡人情苦于不知足。而日求所以自足之道。此不足之情。與求足之心。一言以概之。即欲望是也。夫渴則思飲。飢則思食。既得飲食。又望醉飽。或冷欲温。熱欲涼。凡如此者。皆人類

[①]　"陸仙羅"，即威廉·羅雪爾（Wilhelm Roscher，1817—1894），德國經濟學家，舊歷史學派經濟學代表人物。

[②]　"海爾特"，即阿道夫·赫爾德（Adolf Held，1844—1880），德國新歷史學派經濟學家。

肉體之欲望也。衆人希賢。賢者希聖。凡如此者。皆人類精神之欲望也。精神之欲望。惟人類有之。肉躰之欲望。雖禽獸亦同之。但較弱於人耳。譬之牛馬秣以芻草。而人則海錯山珍。猶未饜也。鳥獸巢栖穴處。而人則峻宇雕牆。猶未安也。禽獸生食。人類則有烹炷之法。禽獸籍毛。人類則有衣服之制。至和聲之悅於其耳。美色之娛於其目。又豈他動物之欲望。所可幾其萬一者哉。

　　僅就人類論之。則未開化者之欲望簡。既開化者之欲望繁。幼稚之欲望少。成人之欲望多。陸仙羅氏曰。人之欲望有三。一曰自然之欲望。二曰應分之欲望。三曰奢侈之欲望。所謂自然之欲望者。人生所必不可缺。幼稚蠻人之欲望。半屬此類。應分之欲望者。定分所當得。幻稺①蠻人。品少有之。越於應分之望欲者。即奢侈之欲望是也。奢侈之增長。與知職②之發達。文明之進步。殆有並行相沿之勢。宗厭世主義之學者。痛惜世道衰微。江湖日下。皆坐此也。

　　然欲望之或出于自然。或爲應分。或爲奢侈。未易辨別。而無確定之標準。以示於人。試思人類飲苦茶一匙。服布衣一襲。是僅滿自然之欲望而已。若與纏藁飲水者相較。不已變爲奢侈乎。

　　陸山羅③氏之分類法。非不易之論。其論專指肉體之欲望。而於精神之欲望。猶未足以盡之。何者。人莫不欲進增智德。試問陸氏進增智德之欲望。于三種欲望中。果屬何種。吾輩既不知有應分之智德。又何有乎奢侈之智德與自然之智德耶。

　　余謂欲望當分爲二種。曰生存之欲望。曰開化之欲望。倘人類不能充生存之欲望。則不病即死矣。不能充開化之欲望。則不免矇昧鄙野矣。未開化之人。僅有生存之欲望。其弊也。祇知完自己之生存。甚至虐殺他人

① “幻稺”，有誤，應爲“幼稺”。
② “知職”，有誤，應爲“知識”。
③ “陸山羅”，即威廉·羅雪爾。

而不顧。如食人之民族是也。開明之人反是。其生存之欲望。固早完具。而開化之欲望。從此發達。勵智德。競技術。其弊也。流于奢侈。且在開明社會。徒之貧富縣殊。有多數之人民。或生存之欲望且不得滿足。遂相胥而流爲乞丐。迫爲亂民。今日有唱社會主義者。率由此也。

　　別有欲望分類之法。個人之欲望。與社會之欲望是也。凡亟謀自便自利者。是爲個人之欲望。欲藉國家宗教。法律及道義之力。以維持一世之安寧秩序。增進公共之和親福利者。是爲社會之欲望。個人之欲望。出於私己之心。社會之欲望。出於公共之心。私己之心。與公益相戾。故徒集個人之欲望。不足以成社會之欲望。凡國家及一切公共團體。亟欲充其社會之欲望。則使少數人民舉其個人之欲望而犧牲之。所謂社會問題之解釋者。其適例也。滿且斯達派①之學者。誤謂私益之集合。即爲公益。遂以利己二字。説明經濟學上之問題。此其不學無識。誠可憫笑。獨惜此派學者。著書已多。受其毒于腦筋者。不知幾何人矣。

第二節　貨物

　　凡可以充人類欲望之物。貨物是也。而陵仙羅②氏則以貨物爲充足真正欲望之物。益③陸氏欲闡明經濟學之要目。合於倫理。適於心理。以爲反于天然。背于道理之希望。非真正之欲望。然彼所以尊重倫理及心理之原素。于經濟學上。固屬可嘉。惟恐此種定義。有蛇足之嫌耳。且陸氏分欲望爲自然之欲望。應分之望望④。及奢侈之欲望三種。而觀其論奢侈數語。又以

---

① "滿且斯達派"，即曼徹斯特學派（Manchester School），發端於19世紀英國曼徹斯特城，代表人物有理查·科布頓和約翰·布賴特。反對重商主義，主張自由貿易。
② "陵仙羅"，有誤，應爲"陸仙羅"。
③ "益"，有誤，應爲"蓋"。
④ "望望"，有誤，應爲"欲望"。

奢侈之物爲質物。是直以奢侈爲真正之欲望。又不立區別真正與非真正之標準。此吾所甚不解者也。

據近世經濟學者之説。則貨物之中。有有形者。有無形者。又有人身所固有者。有在人身以外者。人所固有之貨物曰内部貨物。如腕力。康健。思慮。智識等是也。在人身以外之貨物曰外部貨物。如飲食。衣服。宮室等是也。

内部貨物。雖常爲無形。而外部貨物。則有有形無形之别。如他人之勤勞。即内部貨物之發於外者。譬之御者之康健及腕力。在彼固爲内部貨物。而使彼爲我任運輸之勞。則在我又爲無形之外部貨物。又如教習之智識。雖爲内部貨物。而彼所講之義。在聽講者。則亦爲無形之外部貨物也。

外部貨物之中。有不需勞力及報酬。即可如願以償者。有不費若干勞力及報酬。則不得如願以償者。如空氣日光及通常之水。即不需勞力及報酬者也。學者稱之曰自由貨物。稱需勞力及報酬者曰經濟貨物。

自由貨物及經濟貨物之範圍。因時因地而變。通常之水。固爲自由貨物。然在人民稠密之大都會。往々變爲經濟貨物。都市通水道一杯之飲。亦必由幾許勞力而後來。又如潛水器内之空氣。亦爲經濟貨物。至土地本爲有限之物。異於水及空氣者也。然在未開之代。及新開之國。均可聽人民之自由而占據之。是無與①自由貨物無殊也。在文明國及半開化以上之國。則土地實爲經濟上重要之貨物。故學者分自由貨物爲二種。曰絕對之自由貨物。曰相對之自由貨物。絕對之自由貨物者。除不可以常例論者外。不問何時何處。皆不待勞力及報酬而可得如所欲者也。如空氣日光等是。相對之自由貨物者。因時因地。或爲自由貨物。或爲經濟貨物。如水及土地是也。

經濟貨物。爲經濟學研究之最重要目的物也故惟經濟貨物。可謂真貨物。亦惟經濟貨物。可以滿人之欲望。盖欲望由於不足之心而起。誰有不

---

①　"無與"，"無"當爲衍字。

足之心於日光及空氣之中耶。且貨物云者。不過人身以外之物而已。若夫自己之康健腕力。無不適于自己之欲望。而亦濫稱曰貨物。則盍指自己之手足同以爲貨物乎。學者雖或分貨物爲內部外部。而吾竊謂終非至當之論也。

　　雖然。舊派學者。徃徃僅以有形之物。爲經濟貨物。則又非學理正當也。蓋指樂器爲經濟貨物。而奏樂伶人。亦安有不然之理。謂書籍爲經濟貨物。而教師講義。何故不得謂之貨物也。書籍不過借文字以表無形之理想。而以文字表之者。謂之貨物。以聲音表之者。即不得爲貨物。無相予盾[①]之甚矣。

　　是故以經濟貨物。分爲有形無形二者。此吾輩之所同意者也。有形之經濟貨物。包括一切動産及不動産。無形之經濟貨物。人之勞力及對于人物之關係是也。對于人物之關係者。如商店之顧客。及一切版權專賣權及公共制度等是也。在奴隸制度流行之時代。人品爲販賣之件。又食人之蠻民。視人體與牛馬之肉無異。如此者直以人爲有形之經濟貨物矣。方今文明時代。乃不以人爲貨物。但以人之動勞[②]爲貨物而已。然今世之有娼婦。是猶髣髴食人之俗。與奴隸他人之制。今古遙傳。不可卒改。誠可悲也。

　　表示貨物之分類于左。

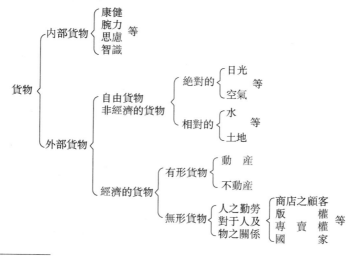

---
① “予盾”，有誤，應爲“矛盾”。
② “動勞”，有誤，應爲“勤勞”。

揭于右者。從近世德國經濟學者之分類法也。余謂貨物不必分内外。且所謂外部貨物之自由貨物。並不必以貨物論。故本書自此以後。若有單稱貨物之處。則專指德國學者所言之經濟貨物。所以然者。一則適于貨物之本義。二則便於稱道也。

英法學者。多稱德國學者所謂經濟貨物曰富。即英語之 Wealth。法語之 Richesse。然所謂富者。原與貧者相對比。非指一貨物而言。實指貨物之聚積者而言者也。故予不取也。

第三節　效用及價值

第一欵　效用

貨物能適於人之欲望者。是謂效用。有貨物即有效用。無效用即非貨物。自哲理而言。則貨物即教用[①]。效用即貨物也。然經濟學者所謂效用。與倫理學生理學所謂效用不同。倫理學者。謂飾觀之物爲無效用。而經濟學者。謂物能飾觀。足充人之欲望。即爲有攷用[②]。生理學者謂酒害于人。即無效用。經濟學者謂酒亦足適人之欲望。即爲有效用。且經濟學者所謂效用。又與化學物理學者之效用不同。化學物理學者。以物之發于原質爲效用。經濟學者。以物之有關于人者爲效用。故塞尼奥爾[③]氏曰。效用者。非指是物之性質。有益於人與否。乃謂是物之有關于人之苦樂而已。所謂關于苦樂者。謂是物能減人之苦或增人之樂也。約而言之。不外乎與人欲望相涉之謂而已。故凡物其性質軟硬。非經濟學所問。或愈軟而愈有效用。或愈硬而愈有效用。其有色與無色。亦非經濟學所論。有有色而殆有效用。有無色而殆有效用。故物之有用無用不以物質而分。若夫在礦床之礦石。

① "教用"，有誤，應爲"效用"。
② "攷用"，有誤，應爲"效用"。
③ "塞尼奥爾"，即納索·威廉·西尼耳（Nassau William Senior，1790—1864），英國經濟學家。

未發採之金剛石。未收穫之米麥。皆不足以充吾人之欲望。是謂之全無效用可也。且同一貨物。其各節效用不均平。如水爲人生必須之物。人日飲六七合。殆可以全一人之生命。日用數斗。足于厨房洗灌等之所需。防火災者。亦須水若干。使其時其地之水。適足以給當面之用。則其切要不可缺固然矣。若使其所有過於用。則從其量之增加。而漸減少其效用。人日食米四合。得免飢餓。八合即可果腹。若益以數升或數斗之米。則不免爲贅物矣。由是視之。效用之大小。與貨物之分量。不爲正比例也明矣。

　　欲明效用之意義。要由全躰效用與各節效用之分別以示説焉。一人日食之全料。可以維特[①]生命。其效用之大。殆不可測。假以一人二十四點鐘所消費之食物。分爲十等。試減去其最後之一等。人猶不覺大困也。減其第二等。則不足之困稍滋。若減其三等。則害漸及身。倘再遞減。則由病苦而至餓死。由是視之。食料之十等。其每等之效用不同。今欲指示此效用之變化。因揭齊愛伏斯[②]氏所著之圖解于下。

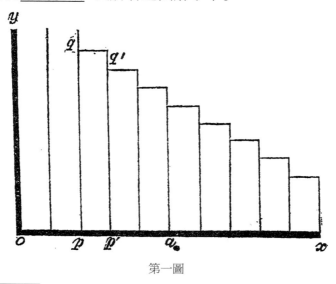

第一圖

①　"維特"，有誤，應爲 "維持"。
②　"齊愛伏斯"，即威廉・斯坦利・傑文斯（William Stanley Jevons，1835—1882），英國經濟學家、邏輯學家，提出邊際效用理論。

　　如上圖所示 ox 線。乃爲總數。以十等分之。於線上作長方形。以其面積示各部分之效用。而其最終長方形所指示之食量。其效用甚少。從近 o 長方形之面積。漸增大。如第三等爲一大長方形。而其第一及第二等。則其大無限。爲生活上不可缺。其效用於人。殆不可以算計。依此圖解。則食物之全等及每等之效用。一目了然。盖各長方形示各節效用。總合各長方形者。即示全躰效用也。

　　案右圖所喩食料前半部之效用。即 ca 線上長方形之總面積。而後半部之效用。即 ax 線上長方形之總面積也。前圖之説。分之爲二。一以示貨物之量。一以示貨物消費之效力是也。ox 橫線。所以示貨物之量。各部高低線。所以示消費之效力。第三部之效果。以 pq 及 pq 之線示之。而其效用均於 pp 與 qp 相乘。

　　分食物爲十等。假設之義耳。或分五十等。或分百等。亦莫不同此理。申而論之。食物在後之等。地①在前之等。其効用常少。無論如何分等。其結果終同。故前圖長方形之階級。不妨變爲連續曲線如第二圖。

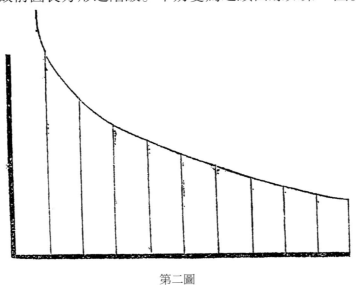

第二圖

① “地”，有誤，應爲“比”。

然生活上必要之物。比不必要之物。一節效用却少。更作第三圖以明之。

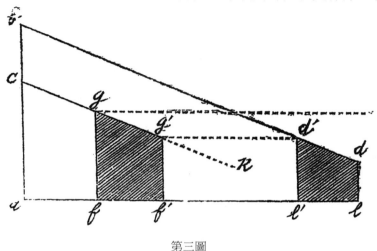

第三圖

　　此圖以 ab 之線。測生計所最必要食物以表最始部分所得滿足之量。而以 ao 線測第二必要衣服以表最始部分所得滿足之量。若食物之效用。因分量之增加而減少。從 pq 線以測之。而其寔際之供給。爲 ae。則其最後之效用。（之效用即限界。）即 ed 也。又衣服之效用。隨分量之增加而減少。從 ck 線以測之。而其寔際之供給。爲 ab。則其最後之效用。即 bg 也。故所感於衣服之寔際欲望。較大于食物之欲望也明矣。即衣服最終之效用。比食物最終之效用爲大。若食物之供給。減至 ae。其最後之效用。可爲 ed。而衣服實際之供給。增至 ab。則其效用爲 fp。於是衣服最終之效用。與食物最終之效用無異。故某人節食物之供給。爲 ae。增加衣服之供給。爲 ab。于是衣服食物欲望之滿足。保其平均。而彼雖失以 ppee 小方形所示之效用。而得以 zggz 之大方形所示之效用也。

第二欵　價值及代價

　　貨物之效用。別全部與各部而觀之。各部效用者。隨貨物分量之增加

而減少。遂至全無效用者也。故人欲測定貨物之效用。不在察其全部。當
就其加於最後之部分而觀察其效用。<u>齊愛伏斯</u>稱此效用。爲最終效用。<u>曼</u>
<u>該爾</u>[1]氏稱之爲限界效用。近來英國學者概從<u>曼該爾</u>氏。而用極端效用
Marginal Ulility[2]之語辭。又有擇用最少效用 Minimum Uility 之語辭者。貨
物界限之效用。因人而異。人有貧富之差。故限界之効用亦殊。人又有浪
費與吝嗇之分。則限界之效用亦別。各人之限界效用雖相異。全部效用則
相同。限界之效用。測定於人心上者名之曰貨物之主觀的價格。夫交易之
道。即原於各人之主觀的價格不相同也。如甲有衣二領。乙有肉二觔。甲
謂一領衣之主觀的價格小。而一觔肉主觀的價格大。乙之意則不然。于是
一領衣與一斤肉之間。交易行焉。而當事者互有利益。然定各物交易之比
準者。市場之價格是也。市場之價格。未必與各人之主觀的價格相同。譬
之其飢之時。欲賣二領衣。以換一斤肉。然一斤肉之市場價格。比一領衣。
或廉或貴。不能如一。盖由衆人之主觀價格相均準。而成一市場價格。是
謂貨物客觀的價格。或鄭重稱之曰貨物客觀的交易價格。何則。僅稱客觀
的價格。則與物理化學者所觀各物內部之性質相混故也。

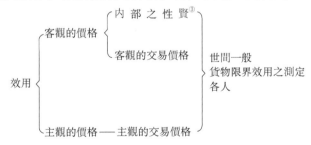

　　方今交易者。低通常貨幣之媒介而行之。貨幣即測定貨物客觀的價格

---

① "曼該爾"，即卡爾·門格爾（Carl Menger，1840—1921），奧地利經濟學家，奧地利學派創始
　　人，提出邊際效用理論。
② "Ulility"，有誤，應爲 "Utility"。
③ "性賢"，有誤，應爲 "性質"。

之標準也。因貨幣而測定。是謂貨物之代價。（或曰物價）如欲以衣易肉者。必先以衣易貨幣。然後得肉。若賣衣欲得價十元。而甲欲以七元買之。乙以八元。丙以九元。丁以十元。戊以十一元。此等物價。併爲甲乙丙丁戊各人之主觀的價格也。而賣者主觀的價格。恰與丁之主觀的價格相同。而賣者不賣之甲乙丙丁。而必賣與戊矣。競爭之意。不獨買者有之。即賣者亦有之。多數賣者。與多數買者。各因其時與地而定賣買之價額。此價額。即爲市場價格。一名客觀的交易價格。各人所認定市之場[1]價格。名之曰主觀的交易價格。

交易價格。不問其爲主觀。爲客觀。皆以示物與物之比例者也。故金銀之質價。非經濟學者所謂價格。經濟學者所謂價格。者乃指交易之價格而言。彌爾[2]氏等曰。所謂價格者。物與物相交易之能力也。此言誠然矣。英國學者自斯密亞丹[3]以來。分價格爲二種。曰使用價格。曰交換價格。此分類法。猶未得其正鵠。所謂使用價格者。其意義大抵與效用同。而不分全部效用與各部效用。故其論自矛盾焉。又有多數學者。分效用於價格。謂水雖爲必要之物。而無價格。（交易價格）鐵較金剛石。其效用難大[4]。而價格則小。盖所謂水鐵之效用汎。就水及鐵而論。所謂其價格有無大小。特就有限之水鐵而言。溝中之水。本無價格。盖因其不須費勞力及報酬故也。然在市埠之間。其水之效用何如。其價格又何如也。

舊派學者。以爲有效用而無價格者。由於其不難得。即謂價格之由來。不外二端。一效用。二難得。夫水苟取之不難。則往往有效用而無價格。反是則水必有價格。如市内埠間之水道是矣。然其所謂效用者。與余所論

---

① “市之場”，有誤，應爲“市場之”。
② “彌爾”，即約翰·斯圖亞特·穆勒（John Stuart Mill，1806—1873），英國哲學家、經濟學家。
③ “斯密亞丹”，即亞當·斯密（Adam Smith，1723—1790），英國經濟學家、神學家、哲學家。
④ “難大”，有誤，應爲“雖大”。

效用意義不同。于學理不可謂正當焉。

又有不可不注意者。物價雖有騰貴低賤。而價格（交換價格）則無。何則。物價者交易價格之計於貨幣老①也。故貨幣之價額騰貴。貨物之價額却低賤。貨幣之價格低賤。貨物之價格却騰貴。價格者。貨物對貨物之比例也。故騰貴低賤之事。爲必無也。

（此後單稱價格者。常就客觀的交易價格而言。）

第四節　濟經②

第一欵　經濟之觀念

人類求滿足其慾望也。莫不欲以最少之勞力。而得最大之效果。是人性自然之經濟主義也。由此主義。經一定之規則順序。求滿足其慾望。以獲得經濟的貨物以使用之者稱其作用謂經濟。凡關於貨物生產交易分配及消費之作用。當於各論詳之。

管理經濟之情有二。人之利己心及良心是也。利己心者。使人勉以最小之犠牲。而得最大之效果是也。如違道德紊社會秩序。則利己心陷爲貪慾吝嗇矣。而矯正之者良心也。此二者每互相對待。而支配③世人之經濟生活也。

第二款④　經濟之種類

徑濟⑤分二種。一己作之物而己用之。是曰孤立經濟。或曰家計經濟。一因與人交換而得之。是曰產業經濟。或曰社會經濟。前者見于社會未進步之時。後者行于社會進步人智發達之時。

---

① "老"，有誤，應爲"者"。
② "濟經"，有誤，應爲"經濟"。
③ "支配"，有誤，應爲"支配"。
④ 目次爲"第二欵"。
⑤ "徑濟"，有誤，應爲"經濟"。

　　經濟又分公私二種。私經濟以利己爲目的。而獲取貨物以利用之者也。公經濟者。國家及政治團體。爲謀公共利益。而獲取貨物以利用之者也。然私經濟亦有與公共事業以利益。唯支配私經濟之勢力。不過利己心而已。故往々有因利己而害于公益者。亦復不少。必以國家及公共團體之力而矯正之。譬之國家徵收租税。以維公共之安寧秩序。經管郵政電報鉄路等事業。以便于社會交通。是爲公共經濟。或曰。國家經營經濟之事。胥爲公益。然公共經濟。亦依利己心及良心而支配之耳。國家者。有人格而又具有意思者也。國家日求藏入之多。即爲國家之利己心。恐人民之不堪負擔。而有所斟酌。即爲國家之良心。由是視之。私經濟者。既受公經濟之束縛。而公經濟者。亦爲私經濟所制限也。

　　以獲取貨物之方法而言之。分經濟爲四。第一管屬經濟。第二強制經濟。第三慈善經濟。第四合意經濟。管屬經濟者。謂家長及酋長。以一己專有之貨物。而分與家族親族或其部落是也。古代歷史中。已習見不鮮。強制經濟者。謂往昔民族。事爭鬥。強者掠奪弱者財産是也。今日國家之徵收租税。亦屬此種。故強制經濟者。時或與公共經濟之常例相同。慈善經濟者。謂以慈善爲目的。得各物而使用之。如救貧院養育院等是也。合意經濟者。謂互以自由意思。而交換貨物是也。此種經濟。無強弱之關係。又無慈善之關係。全由當事者合意者也。英國經濟學者。往々僅重合意經濟。而忽視其他。此寔爲一大缺點也。

　　社會經濟中。更分國民經濟及世界經濟二種。國民經濟者。一國民之經濟也。如曰中國國民經濟。美國國民經濟。德國國民經濟。在今日社會進步之程度。則曰社會經濟者。尚未能脱國民經濟之範圍。如萬國郵便聯合。及學者所期萬國通行貨幣制。蓋爲由國民經濟至世界經濟之楷梯[1]也。

---

① “楷梯”，有誤，應爲“階梯”。

第二章

經濟學之定義及分科

第一節　經濟學之定義

欲知經濟爲何物。不可不先知所稱經濟之語。有如何之意義。所謂經濟二字。自古有之。然加一學字。而適用于英語 political econowy①者。則由輓近爲始。日本學者。每以經濟二字。爲儉約之義。苟欲儉約。則必修身齊家而後可。故此語中又含有事物秩序之字。如云彼爲經濟家。此爲經濟主義等是也。英語 coonomy②。亦含有整頓秩序之意。此語本於希臘語之 cihCs nomos③二字。oikos④者。譯云家也。nomss⑤者。譯云法則也。economy 者。之齊家之法則。即齊家之術也。后世冠以 polilicad⑥之語。乃越一家之範圍。而用于府縣村市。又越府縣村市之範圍。而用於國家及公共團體。是由小而大者也。支⑦中華所謂經濟之語。則由廣而狹。觀於經營經度經紀等語。

---

① "econowy"，有誤，應爲 "economy"。
② "coonomy"，有誤，應爲 "economy"。
③ "cihCs nomos"，有誤，應爲 "oiko nomos"。
④ "oikos"，有誤，應爲 "oiko"。
⑤ "nomss"，有誤，應爲 "nomos"。
⑥ "polilicad"，有誤，應爲 "political"。
⑦ "支"，疑爲 "是"。

莫不含有整頓秩序之意。濟學^①亦有流通恢助之義。故二字連用。適當英語
economy 之語。在秦之時。以經濟二字爲治國平天下之術。凡富國强兵之道。
無不賅焉。自泰西文物輸入日本以來。日本學者。遂執此語爲研究理財之學。
又一轉而爲治一家生計之術。支邦^②沿而用之。故曰支那所謂經濟者。由廣而
至狹也。

　　經濟學之定義。學説紛繁。無所歸一。然其大致。可分爲二。一爲就
經濟之貨物。而研究與人相對之關係。一爲就人而研究與經濟貨物相對之
關係。約而言之。前以貨物爲主。而以人爲客。後則以人爲主。而以貨物
爲客。穆勤約翰^③爲前者之代表。其言曰。經濟學者。研究富（即所謂經濟之貨
物）之性質。及其生產分配之法。又探討人世事情。因富以致盛衰之原。是
以社會之關係爲客。而以經濟之貨物爲主者也。德國歷史派經濟學之泰斗
陸俠耳^④海爾時^⑤。及溝壇社會主義泒^⑥領袖瓦遇耐爾^⑦等。爲後者之代表。
陸氏之言曰。國民經濟學者。研究國民經濟發達之法則。及經濟上國民生活
是也。海氏曰。經濟學者。研究由經濟作用所生人類互相之關係是也。瓦氏
曰。經濟學者。究國民經濟之學問是也。今從後者之説。下經濟學之定義焉。

　　經濟學者。研究社會人事上各種經濟現象之法則也。

　　詳言之。則凡組織社會之人類。不問其爲各人爲團躰。苟因求公私利

---

① “濟學”，有誤，應爲 “濟字”。
② “支邦”，有誤，應爲 “支那”。
③ “穆勤約翰”，有誤，應爲 “穆勒約翰”，即約翰·斯圖亞特·穆勒。
④ “陸俠耳”，即威廉·羅雪爾。
⑤ “海爾時”，有誤，應爲 “海爾特”。
⑥ “溝壇社會主義泒”，有誤，應爲 “講壇社會主義派”。講壇社會主義（Katheder-Sozialismus），
　　19 世紀下半期德國新歷史學派的別稱，提倡通過國家進行社會改良，代表人物有施莫勒、布倫
　　塔諾和瓦格納等。
⑦ “瓦遇耐爾”，即阿道夫·瓦格納（Adolph Wagner，1835—1917），德國財政學者、經濟學家，
　　著有《政治經濟學基礎》。

益之故。而利用所得之經濟貨物。若與其事項相關涉而又貫通於社會一切
現象中之原則。皆舉而一一研究之。即所謂經濟學也。

第二節　經濟學之分科

　　經濟學者。社會學之一科也。就人間社會而研究之學問。均得謂爲社
會學。如道德學法律學及經濟學等是也。世之學者。或於社會學中。集其
有關于國家之學科。總稱之曰國家學。經濟學亦其一也。余今以經濟學別
之爲二。第一理論及純正經濟學。第二應用經濟學。更細別經濟學爲二。
一經濟政策學。二財政學。余今離①以純正經濟學爲主。而於應用經濟學。
亦往往論及焉。是爲讀者便利計也。

　　經濟理論。細別爲三如左。

　　第一貨物生産論　　　第二貨物交易論　　　第三貨物分配論

　　以上所述經濟學之門類。茲特圖解如下。

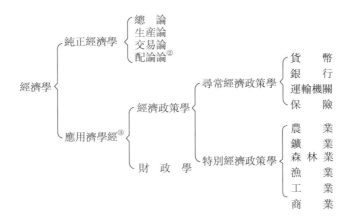

---

①　"離"，有誤，應爲"雖"。
②　"配論論"，有誤，應爲"分配論"。
③　"濟學經"，有誤，應爲"經濟學"。

　　世之學者。分純正經濟學爲四。曰生產論。曰分配論。曰交易論。曰消費論。然論生產分配。則消費之義。自可知之。無須贅論者也。又如貨物交易。關于物價貨幣及滙票之事。皆足以爲生產之助。故必使屬于生產論之一部。于學理上始爲正當。惟可論之事甚多。又不得不別爲一編也。

第三章 —

經濟學之歷史

經濟學史。與經濟史異。經濟史者。就各國各時代。以敍述其國民經濟之實況者也。如古昔共產制之經濟。移于今日私產制之經濟。及古代遊獵牧畜之民。漸爲農業之民。更進而爲工業之民。或自寊物交換之經濟。發達至于貨幣經濟。遂至今日之信用經濟。就其發達之沿革而論述者。爲經濟史。總之經濟史者。國民經濟事寊之歷史也。

經濟學史者。自古至今經濟學説之歷史也。上古以來之哲學家法律家政治家。關乎經濟所述之斷編零簡。及近時專門經濟學者之學説。或從時代以排列之。或從學説之種類而彙萃之。加以評論。原其學説之由來。繹其影響于世界如何。是即所謂經濟學史也。

經濟史與經濟學史。雖不相同。然二者互有密功[①]之關係。凡定際[②]之經濟狀況。不問其在何國何時。其影響莫不及于學説之中。凡有力之學説。其影響亦莫不及于國家經濟政策。又有因學説以誤一國之經濟政策者。如<u>厥龍</u>[③]之學説。於第十八世紀後半之期。大誤歐洲各國之財政。即其例也。

---

① "密功"，有誤，應爲"密切"。
② "定際"，有誤，應爲"實際"。
③ "厥龍"，即約翰·羅（John Law，1671—1729），英國經濟學家和金融家，曾任法國財政總監。

或有因學說以助國運之進步者。如戈布典①布來特②等。自由貿易沠。有力于廢棄著名之穀物條例③。如德國之鉄血宰相。依社會政策沠之學說。定社會之政策。皆其例也。由是觀之。經濟史與經濟學史。二者互相爲用。如鳥兩翼。如車兩輪。不可偏棄。今就經濟學史論述之。

經濟學史有二。一經濟學内史。二經濟學外史。經濟學内史。就經濟上各種之題目。分類敍述古今之學說。加以批評者也。經濟學外史。泛述批評經濟上之學說者也。茲所述者。乃經濟學外史也。

經濟學外史。可分爲三時代。

第一　合上古及中古爲一時代。于此時也。雖有經濟學說。亦不過殘簡斷編而已。

第二　合近世之始國④第十八世紀之中爲一時代。于此時也。通行之各派經濟學說。皆胚胎于當日經濟界上之實况。

第三　合第十八世紀之後半期至今世爲一時代。于此時也。經濟學始具有學問之形躰。

第一節　上古及中古之經濟學

經濟學之爲獨立學間。僅百二十年以來之事也。各種學說有關經濟者。于上古及中古。皆散見于哲學政治法律及宗教等書之中。當上古其人民雖知服從國家。而不知有個人獨立之權利。奴隸制度。盛行于世。以戰爭攻伐爲本。以平和務業爲末。如希臘。如羅馬。其國民之思想。莫不偏傾于

---

① "戈布典"，即理查·科布頓（Richard Cobden，1804—1865），英國政治家，以 1846 年廢除穀物法和成功維護自由貿易的鬥爭而著稱。

② "布來特"，即約翰·布萊特（John Bright，1811—1889），英國政治家、演說家，以爭取自由貿易、降低穀物價格、爲議會改革進行鬥爭而著稱。

③ "穀物條例"，即穀物法（Corn Law），施行於 1815—1846 年的英國，是與穀物交易相關的法律。該法律以維持穀物高價、保護貴族地主階級的利益爲目的。

④ "國"，有誤，據日文原書，應爲 "至"。

政治。其關寔業者。除農外。皆卑之斥之。以爲害康健。妨精神。甚且指爲敗壞德義。其無今日經濟之觀念。固其所也。返觀東土。上古經濟之觀念。果如何。徵諸經傳。經濟理論。僅爲道德之一部。賤利貴義。以農爲本。以商爲末。比之①皆然。孟子荀子管子之言。關于財政之學說。則甚有可觀。若以後世諸子百家之說考之。則關于經濟之卓見。亦復不少。然稽之近世經濟學。無稍影響也。故此編所論。專叙西洋經濟學說之沿革。而措東洋經濟學説于度外。即以西洋而論。在希臘以前。經濟學説之可傳者亦頗少。迺自希臘而下。簡明述之。以評論漸次發達之經濟思想。庶有益乎。

第一欵　希臘之經濟説

古代希臘諸邦。占天然形勢。海上便利。爲其所特有。國富兵强。商業②亦頗隆盛。故學者討究其所以富强之故者不少。然當時希臘學者。立意見於經濟現像不過屬于治國齊家之法則而已。申而論之。希臘之經濟學。僅爲政治學及家政學之一部。固非判然爲一科學也。故經濟學説。散見于歷史及道德諸書。如史學家海洛德脱斯③斯西大德司④及哲學家蘇克拉特司⑤等。皆論經濟事項于歷史及哲學教訓之中。余之所以不可不敍述者。爲布拉圖⑥傑諾⑦及亞歷斯多度爾⑧三民⑨之學説。

布拉圖著力派布利克 Republic⑩書。謂由哲學家支配國家之道。哲學家

---

① “比之”，有誤，應爲“比々”。
② “商業”，有誤，應爲“商業”。
③ “海洛德脱斯”，即希羅多德（Herodotos，約公元前 484—前 425），古希臘歷史學家。
④ “斯西大德司”，即修昔底德（Thucydides，約公元前 460—前 404），古希臘歷史學家，《伯羅奔尼撒戰爭史》的作者。
⑤ “蘇克拉特司”，即蘇格拉底（Sokrates，約公元前 470—前 399），古希臘哲學家。
⑥ “布拉圖”，即柏拉圖（Plato，公元前約 427—前 347），古希臘哲學家。
⑦ “傑諾”，即色諾芬（Xenophon，公元前 431—前 350），古希臘歷史學家，《遠征記》的作者。
⑧ “亞歷斯多度爾”，即亞里士多德（Aristoteles，公元前 384—前 322），古希臘哲學家、教育家。
⑨ “三民”，有誤，應爲“三氏”。
⑩ “力派布利克 Republic”，即《理想國》（*The Republic*），柏拉圖的代表作。

與軍人。得有同等之生命財産。國家役使奴隸及外國人。使之服從。而分生産于彼等。盖<u>布</u>氏望建理想之國家于絶海一孤島中。以其所出。而制國用。一國特立。不與他國通有無。徒痛論外國貿易之壞亂一國風俗。腐敗一國人民。其于第二次著書（法則）。稍有確實議論。然仍唱制限市民所有地之範圍。妨遏早婚。凡無生長可望之幼兒。當撲殺之。亦可爲發揮國家觀念于極端矣。彼知幣貨①有交換媒介之性質。而分功又有鉅利于生産。然其爲時勢所圍。重農而賤商工。與他學者同一轍也。

　　<u>傑諾</u>氏與<u>布拉圖</u>。同爲<u>蘇克脱特司</u>②門人。而其説各異。<u>傑</u>氏所講之學。專以務實爲主。不馳理想。其關農業經濟之學説。頗多可觀者。彼謂富者充一己之所需要而尚有餘裕者也。又謂富者。（即貨物。）皆有用之品物也。如耕種土地。蒙損失即不得謂之爲富。又③貨幣藏而不用。則亦不得謂之爲富。又分生産不要素④爲二。一曰自然。二曰勞動。如<u>布拉圖</u>所知分切之利。及後世學者<u>利加德</u>⑤所唱土地報酬遞減法之理。<u>傑</u>氏概已知之。<u>傑</u>氏固最重農業。又論工商之不可輕。奴隸之當寬。提倡外國貿易之有益。比之<u>布拉圖</u>之經濟學識。其進步不可同日語矣。

　　<u>亞歷斯多度爾</u>出于<u>布拉圖</u>之門。大與其師説相反。猶<u>布拉圖</u>出于<u>沙克拉特司</u>⑥之門。而異其學也。<u>亞</u>氏駁布拉圖之共産説。而本私有財産立論。被⑦亦知貧富軋轢之甚。欲增加中等社會之勢力。以矯正其弊。又明貨幣與富之混淆。熟知貨幣之性質職掌。論貨幣職掌有二。一爲價格之標準。一爲

---

① “幣貨”，有誤，應爲“貨幣”。
② “蘇克脱特司”，即蘇格拉底。
③ “叉”，有誤，應爲“又”。
④ “生産不要素”，有誤，應爲“生産之要素”。
⑤ “利加德”，即大衛·李嘉圖（Daivd Ricardo, 1772—1823），英國經濟學家，古典政治經濟學的代表人物。
⑥ “沙克拉特司”，即蘇格拉底。
⑦ “被”，有誤，應爲“彼”。

交換之媒介。至其謂貸金利子①之不法。說商賈之利。賴由損害他人而得者。又以奴隸爲經濟上必要之制度。蓋彼爲時勢所拘專已耳。明哲如亞氏且然。況他人乎。利子不法之說。久已深入後世學者之腦髓。中古神學者。大抵襲其說焉。若夫商賈損害他人始得利益之說。與第十七世紀行于歐洲之重商主義。MercantileSy btem②說我國之利。即外國之害。洵同一誤也。

第二欵　羅馬之經濟說

近世德國法律家伊耶陵③曰。羅馬征服天下者三。一以兵力。二以宗教。三以法律。至哲學則羅馬遙出于布臘④之下。故其經濟學說。無足觀者。蓋羅馬人以戰爭爲得貨物之法。故熱心從事于此。既以之致富强。而衰弱之基。亦由是始。如此。則羅馬人非經濟之人種。而其經濟學之不能發達。亦其宜也。茲舉一二錚錚者。如西塞羅⑤之重農說。塞納加⑥布里尼⑦之非奴隸制度說。布里尼之大農論爲最。其他有農學者。bcriplorcs rei rustice⑧有法學者之一團。僅畧述經濟學說于其法律書中而已。

第三欵　中古之經濟說

西羅馬帝國滅亾之後。歷史上所謂黑暗時代也。一切學術。黯然無色。茫々全歐。悉支配于封建制度之下。上有羅馬教皇與羅馬皇帝之爭。下有諸王列候⑨之戰。交通產業等之經濟事業。大蒙障礙。故經濟之理想。亦彷

---

① "利子"，即利息。
② "MercantileSy btem"，有誤，應爲 "Mercantile System"。
③ "伊耶陵"，即魯道夫・馮・耶林（Rudolph von Jhering，1818—1892），德國歷史學派法學家。
④ "布臘"，有誤，應爲 "希臘"。
⑤ "西塞羅"，馬庫斯・圖留斯・西塞羅（Marcus Tullius Cicero，公元前 106—前 43），古羅馬政治家、雄辯家、古典學者、作家。
⑥ "塞納加"，即盧修斯・安納烏斯・塞涅卡（Lucius Annaeus Seneca，約公元前 4—公元 65），古羅馬哲學家。
⑦ "布里尼"，即蓋馬斯・普林尼・塞孔都斯（Gaius Plinius Secunclus，23—79），古羅馬哲學家、科學家、歷史學家，著有《自然史》一書。
⑧ "bcriplorcs rei rustice"，有誤，應爲 "Scriptores rei rusticae"，拉丁語，即 "農學者"。
⑨ "列候"，有誤，應爲 "列侯"。

徨于五里霧中。無可探求者矣。幸<u>耶蘇</u>教興。使崇教者知人間之當平等。婦女之當尊。奴隷制度之當廢。慈善制度之當設。又十字軍遠征。開歐亞二洲之交通。南歐自由之市大昌。<u>意大利</u>之<u>共和市</u>①爲先。<u>佛蘭達諸市</u>②次之。<u>日耳曼</u>遂起<u>哈截</u>同盟。anscatic Leegue③第十二世紀之後。世人研究<u>羅馬</u>法。第十三世紀之後。又研究<u>亞歷斯度德</u>所著之書。彼神學耆④敬神之念益隆。而其經濟法律之智識亦啓發焉。故是以時之哲學者及法律者。皆神學者也。彼等概據<u>亞歷斯度德</u>之二書。（倫理學政治學）說貨幣之性質及其職掌。又從法律宗旨及聖書節目。說貨幣生利之不當。

中古學者處著之書。凡有關于經濟學設⑤者。茲舉其二三如左。

<u>阿革奈斯</u>⑥者。爲<u>馬戈奴斯</u>⑦門人。乃反對<u>斯歌達</u>⑧者也。其學説僅加宗教觀念于<u>亞歷斯度德</u>⑨之學説中已耳。如説私產制度之必要。與金利之不當是也。

至第十四世紀。神學者所唱有關金利之説。亦漸歸中正。而以<u>尼哥拉斯奧倫治</u>⑩之貨幣論爲最。法國之經濟學者<u>烏羅司基</u>⑪。于于⑫八百六十四年。曾再印其書。公之於世。德國之<u>陸仙羅</u>。指<u>奧倫治</u>爲第十四世紀法國

---

① “共和市”，即威尼斯共和國（Repubblica di Venezia），9—18 世紀意大利北部以威尼斯爲中心的城邦。

② “佛蘭達諸市”，即佛羅倫薩共和國（Repubblica Fiorentina），12—16 世紀意大利中部城邦，歐洲文藝復興運動的中心。

③ “anscatic Leegue”，有誤，應爲“Hanseatic League”。“哈截同盟”，即漢薩同盟（Hanseatic League），13—17 世紀德國北部城市之間形成的商業、政治聯盟。

④ “神學耆”，有誤，應爲“神學者”。

⑤ “學設”，有誤，應爲“學説”。

⑥ “阿革奈斯”，即托馬斯·阿奎納（Thomas Aquinas，1225—1274），意大利經院哲學家、神學家。

⑦ “馬戈奴斯”，阿爾伯特·馬格努斯（Albertus Magnus，約 1193—1280），德國經院哲學家、神學家。

⑧ “斯歌達”，即約翰·鄧斯·司各脱（John Duns Scotus，約 1266—1308），英國哲學家、神學家。

⑨ “亞歷斯度德”，即亞里士多德。

⑩ “尼哥拉斯奧倫治”，即尼古拉斯·奧雷姆（Nicholas Oresme，約 1325—1382），法國天主教主教，亞里士多德學派學者、經濟學家。

⑪ “烏羅司基”，即路易·胡洛斯基（Louis Wolowski，1810—1876），法國政治家、經濟學家。

⑫ “于”，有誤，應爲“千”。

之一大經濟學者。奧氏之所以有此大着作^①者。實由經濟事勢所促。當時歐洲諸國。貨幣制度大亂。貨既粗惡。偽造之弊亦甚。學者概注目于貨幣之事。故關于貨幣之著作不少。而奧氏之書。爲尤傑出焉。

上古及中古之經濟學歷史。既述之如右。當此時代。于經濟學上。雖有名論卓説。然不過混入道德歷史及法律之書而已。未能成一科學也。且以之爲一國施政之大方計^②者。亦未有之。若夫近世之經濟學。則自重商主義之經濟學爲始。

第二節　近世之經濟學

第一欵　重商主義以前之經濟説

當第十五六世記^③之間。歐洲制度及凡百事情。皆接一大革命。而其學説。亦爲長足之進步。如東羅馬帝國之滅亡。印度新航路及亞米利加^④新大陸之發見。火藥活版之發明。古學復興^⑤。宗教改革。皆爲有關政治及社會之大業也。至其因亞米利加鑛山所産貴金屬。輸入歐洲。爲莫大之供給。使中古之寠物經濟。絶迹不見。貨幣經濟。遂以之而興。新教國藉没^⑥驚教^⑦寺院財産。生經濟上大變動。封建制度廢。而專制君主國起。遂置常備兵。政府歲費日鉅。科税益重。新舊兩大陸之間。通商交易漸行焉。此類關于經濟者。亦非淺鮮也。

當時學説。因此等事寔。與中世之偏于理論者。大異其趣。於是討究

---

① "着作"，有誤，應爲 "著作"。
② "方計"，有誤，應爲 "方針"。
③ "世記"，有誤，應爲 "世紀"。
④ "亞米利加"，即美洲大陸。
⑤ "古學復興"，即文藝復興。
⑥ "藉没"，有誤，應爲 "籍没"。
⑦ "驚教"，有誤，應爲 "舊教"。

富之交易者。接踵而出。第十六世紀中。以江帕坦①氏爲最著名。其所著“里比勃利克”中。De le Republic②論國家經濟之組織。其他若意大利之齊奧樊尼薄端洛③馬利阿奈④及助魯斯⑤之僧正⑥格倫戈里⑦等。亦可謂爲代表當時之經濟思想者也。要之。第十六世紀經濟學者所討究之問題。關于貨幣論者。其著名者爲克秘魯尼加斯⑧氏。以千五百二十六年。奉荷蘭王之命。著關貨幣之作。詳論金銀最適貨幣之理。及當時所盛行混合貨幣之弊害。

第二欵　重商主義

當第十六世紀之未⑨。涉國家經濟大體。就中關于通商方畧一種意見。盛行于學者之間。且爲當時政策所採用。大儒亞丹斯密氏。與此學派以重商主義。或貿易平均論之名稱焉。其著“原富”⑩第四卷。詳加批評。重商主義之學説。在謂一國經濟上之佳況。與國內流通之貨幣分量爲比例。此主義與富即貨幣之謬見稍異。蓋由美國鑛山發現之結果。歐洲商業漸隆盛。海外殖民地。見銀出日多。寔物經濟之迹斬絕。專行貨幣經濟。當時若西班牙 葡萄牙等。皆自本國鑛山收取貨幣。意大利弗郎達⑪荷蘭 英吉利等。

---

① “江帕坦”，即讓・博丹（Jean Bodin，1530—1596），法國政治哲學家。
② “De le Republic”，即《國家六論》（*Les Six Livers de la Republique*），讓・博丹的代表論著。
③ “齊奧樊尼薄端洛”，即焦萬尼・博塔羅（Giovanni Botero，1544—1617），意大利哲學家、詩人、外交家。
④ “馬利阿奈”，即朱昂・德・馬里安納（Juan de Mariana，1536—1624），西班牙哲學家、歷史學家，著有《西班牙通史》（1592）。
⑤ “助魯斯”，即圖盧茲（Toulouse）。
⑥ “僧正”，即主教、教皇等高職位的神職人員。
⑦ “格倫戈里”，即格列高利十三世（Gregory XIII，1502—1585），原名邦科姆帕格尼，天主教教皇（1572—1585）。
⑧ “克秘魯尼加斯”，即尼古拉・哥白尼（Nicolaus Copernicus，1473—1543），波蘭天文學家、數學家，以天體運行論著稱。
⑨ “未”，有誤，應爲“末”。
⑩ “原富”，即 *An Inquiry into the Nature and Causes of the Wealth of Nations* 的中文書名，嚴復譯，今譯作《國富論》。
⑪ “弗郎達”，即佛羅倫薩。

皆自商業收取貨幣。而使流通國內。學者干此①目擊其寔況。以爲經濟上之大經濟。在保存增加流通于國內之貨幣分量也。

當時思想。皆以爲苟有金銀。則可無飢餓之患。然欲增一國金銀之量。必不可不賴政府之威力。至使政府達此目的之方法。亦粉々②不一。如西班牙 葡萄牙二國。則寔行此學説而失敗。又有一種學者。唱代刑法政畧。以經濟政策之説。謂貨幣之輸出輸入。非刑法之力所得而抑制之。乃欲以輸出輸入之差額。以增加貨幣入國之量。即斯密亞丹所謂之貿易平均主義是也。達此目的之方法。似有二政策。一欲增加貨物輸出。一欲減③其輸入。要之。皆保留貨幣于國內。及促其輸入之政策是也。蓋當時學者。以爲外國之利。即我國之害。不知貨幣爲用。非惟以其分量爲比例。乃以其流通速度爲比例耳。其政策之結果。往往與所豫期者相背。亦當然之理也。

倡以④主義之著名者。即安特塞獵⑤安特萬治孟革蘭⑥及德馬士孟⑦三士是也。此三氏皆出于第十七世紀之初年。孟氏爲最。所著"因外國貿易所得之英國寶"。及"英國商業論"二書。夙行于世。而斯密亞丹"原富"中。駁擊之頗詳。

第三欵　非重商主義

重商主義。雖曰應時而生。然不獨于學理有誤。更有害于寔行。是以第十七世紀後半期。反對之説漸起。成一大學派。曰非重商主義。英國之

---

① "干此"，有誤，應爲"于此"。
② "粉々"，有誤，應爲"紛々"。
③ "滅"，有誤，應爲"減"。
④ "以"，有誤，應爲"此"。
⑤ "安特塞獵"，即安東尼奧·塞拉（Antonio Serra，生卒年不詳），17 世紀前半期意大利哲學家、重商主義經濟學家。
⑥ "安特萬治孟革蘭"，即安托萬·德·蒙克萊蒂安（Antoine de Montchretien，1575—1621），法國軍人、劇作家、重商主義經濟學家。
⑦ "德馬士孟"，即托馬斯·曼（Thomas Mun，1571—1641），英國商人、重商主義經濟學家，貿易差額論的創立者。

陸克①霍布士②維廉伯鐵③達德利諾斯④僧正秘魯克來⑤法國之理查德加切龍⑥伏頑⑦薄阿其魯秘魯⑧德國之由斯切⑨沙耐非爾斯⑩等學者。一則反對重商主義。一則作開耐⑪等重農主義之基礎。達德利諾斯氏又大唱自由貿易主義。謂貨幣不過一貨物耳。其分量過度。適減其價格也。又極言保護二三工業之非。且謂與損傷國民全躰。以買少數者利益無殊也。

加切龍氏爲法國重農主義之鼻祖。此人以土地爲唯一之富源。又謂金銀之價額。亦由生產費多少如何而決。遂證金銀非特別貨物之理。信用非生資本之由。亦可謂卓見矣。

最復⑫薄阿其魯秘魯氏。論輸入稅苛重之弊。及禁農産物輸出之愚。特主張農産物自由輸出之計。謂穀物價廉則貧民多。而輸出于外國之穀物價貴則貧民少。要之。薄氏知經濟有自然法。而唱人爲之于涉⑬非所用。主希內外貿易。執自由放任主義而已。凡貨物之用。非由其分量。在其運動速度如何。其最注意于農業者。蓋以農爲國富之源。論曰課重稅于農民。國家自殺也。

① "陸克"，即約翰·洛克（John Locke，1632—1704），英國唯物主義經驗論哲學家、經濟學家、啓蒙思想家，早期資産階級天賦人權理論的代表人物。
② "霍布士"，即托馬斯·霍布斯（Thomas Hobbes，1588—1679），英國哲學家、政治理論家，機械唯物主義的代表人物，早期資産階級天賦人權理論的代表人物。
③ "維廉伯鐵"，即威廉·配第（William Petty，1623—1687），英國古典政治經濟學家、統計學家，著有《賦稅論》。
④ "達德利諾斯"，即達德利·諾思（Dudley North，1641—1691），英國古典政治經濟學家。
⑤ "秘魯克來"，即喬治·貝克萊（George Berkeley，1685—1753），英國哲學家、神學家、基督教主教。
⑥ "理查德加切龍"，即理查·康替龍（Richard Cantillon，1680—1734），英國重農學派經濟學家、商人。
⑦ "伏頑"，即塞巴斯蒂安·沃邦（Sébastien Vauban，1633—1707），法國元帥，軍事工程師。
⑧ "薄阿其魯秘魯"，即皮埃爾·布阿吉爾貝爾（Pierre Boisguillebert，1646—1714），法國重農主義經濟學家。
⑨ "由斯切"，即約翰·尤斯蒂（Johann Justi，1717—1771），德國政治經濟學家。
⑩ "沙耐非爾斯"，即約瑟夫·桑尼菲爾斯（Joseph Sonnenfels，1732—1817），奧地利-德國法學家、小説家。
⑪ "開耐"，即弗朗索瓦·魁奈（François Quesnay，1694—1774），法國經濟學家、重農學派領袖。
⑫ "最復"，有誤，應爲"最後"。
⑬ "于涉"，有誤，應爲"干涉"。

第四欵　官府學者[1]

近世經濟學之進步。先發耀於重商主義。補成於非重商主義。振作於重農主義。以爲斯密亞丹派勃興之基礎。然是等學者以英法爲最盛。而于德國則否。惟當時德國諸大學中官府學。爲後世經濟學進步之助。就中于財政學發達之最有力焉。凡農業森林鑛山之經濟。及個人經濟。行政學。財政學。法律學等。皆括於此學科中。德國政府。非專攻此學科者。不採用之。官府學之名稱所由起也。普魯西[2]王弗利德利希維利第一世[3]。始没[4]此學科之講生[5]于哈爾倫[6]及奧代爾[7]河畔佛蘭革佛爾德[8]二大學。使嘎塞爾[9]堤脱馬[10]二氏任之。英國斯密亞丹之師哈切孫[11]氏。亦嘗于哈拉斯戈大學[12]。演説經濟之議論。于價值之説。尤三致意焉。

第三節　最近時代之經濟學

第一欵　重農學派

重商主義者。欲以國家之威力。使流通國内之貨幣日益增多。故其弊

---

① 田島錦治日文原書《最近經濟論》中，此節標題"官府學者"後注有英文"Cameralist"，即官房學派。
② "普魯西"，即"普魯士"。
③ "弗利德利希維利第一世"，即腓特烈一世（Friedrich Ⅰ，1657—1713），普魯士第一位國王，1701—1713 年在位。
④ "没"，有誤，應爲"設"。
⑤ "講生"，有誤，據日文原書，應爲"講坐"，指特別設立的講席。
⑥ "哈爾倫"，即哈雷（Halle），德國東部城市。
⑦ "奧代爾"，即奧德河（Oder），位於現波蘭和德國邊境的河流。
⑧ "佛蘭革佛爾德"，即法蘭克福（Frankfurt）。
⑨ "嘎塞爾"，即西蒙·加塞（Simon P. Gasser，1676—1745），普魯士官房學派經濟學家。
⑩ "堤脱馬"，即尤斯圖斯·迪特馬爾（Justus Dithmar，1678—1737），普魯士官房學派經濟學家。
⑪ "哈切孫"，即弗蘭西斯·哈奇森（Francis Hutcheson，1694—1746），蘇格蘭哲學家。
⑫ "哈拉斯戈大學"，即格拉斯哥大學（University of Glasgow），位於英國格拉斯哥市，創建於 1451 年。

也。病于干涉。而妨交通之自由。急于弊勵①商業。而有輕視農業之勢。于是寔際之與學說。大相牴牾。反對之學說漸起。曰重農主義。又曰天理主義。代表此學說者。爲<u>法</u>之<u>佛蘭沙瓦</u> <u>開耐</u>氏。其說大要如左。

　　第一自然法之存在　人類社會。亦如物理界。自然之理法支配之。經濟之事亦然。如政府干涉。則藉人爲之力。而與自然法相背戾。甚不可也。

　　第二農業所見　凡產業之中。惟農業爲生產之本。如工業及商業。不過價格加增。于貨物之增殖。毫無與也。且其價格之增。不過就農業所生產之貨物。而投資本及勞働之多少爲其準已耳。故曰唯農業爲生產之本。是以欲增一國之富强。則計農業進步之外。寔無良策。農業爲國本之說。不其然歟。

　　第三關于貨幣之新說　唱重農主義者。反對重商主義。彼謂國多貨幣。固可謂之富國。然非因貨幣益多而始富。乃因富而貨幣益多耳。貨幣惟爲國富之代表。一國真寔之富。在農產物之饒多而已。即痛論之曰。重商主義之專事保護商工業者。非策之得者也。國家急務。必先保護農業以計其發達進步。其庶幾乎。

　　第四關于直接稅之說　租稅者。可直接課于土地者也。何則。土地爲國之本源。各種間接稅。亦皆爲農民所負擔。故與其空費時日。徒耗費用。以徵間接稅。孰若課直接稅于土地之爲便利乎。

<u>開耐</u>氏所唱經濟上之意見。致重農主義流行。然其所謂自然法之存在。爲<u>德</u>國學者所排斤②。現今經濟學者謂經濟政策。因時與地而異。萬國古今。無一定之理法。國其以自由放任主義爲經濟政策上之唯一主義。則固謬矣。

---

① “弊勵”，有誤，應爲“獎勵”。
② “排斤”，有誤，應爲“排斥”。

其以農業爲生產。而以商工業爲不生產。則由不解生產之真義故也。若夫重農而抑商工之説。爲救助當時弊害之策則可。以學説評之。則不免矯枉過正矣。

　　要之。重農派之學説。自今日觀之。原不免有所誤謬。然使經濟學秩然有序資於研究者。其力也。即以彼等學説。爲最近時代經濟學史之先導。不其宜乎。<u>開耐</u>氏外。屬于重農主義之有名者。爲<u>格爾耐</u>①<u>維克多利米拉薄</u>②<u>抽爾戈</u>③等是也。

第三欵④　　斯密亞丹及其學派⑤

甲　斯密亞丹

　　承重農學派之後。而集大成經濟學者。英國之<u>斯密亞丹</u>是也。所著"原富"。傳播于世。經濟學者翕然從之。遂稱其學派爲英國學派。<u>斯密</u>學派。及重工學派又正統學派。後世尊爲經濟組先⑥。雖有所未當。然<u>陸仙羅</u>氏以彼爲經濟學歷史之中心點。固非誣也。何則。彼皆融會從前諸學説。成一家言。使後世經濟學者。得宜向之方針。斯爲可貴耳。

　　<u>斯密亞丹</u>學派。淵源于重農學派無疑。認自然法之存在。稱自由放任政策之善。以個人利己心。爲支配經濟之最大理法。任利己心而行動。則由相互之自由競爭。而大增公共之利益云々。盖彼不認國家干涉。與重農學派相似。且謂國家職務。在保護個人之自由競爭而已。若夫特種保護及世襲財產之制。皆宜竭力去之者也。

　　<u>斯密亞丹</u>與重農學派之所異者。在以工商業與農業共爲生產之本而

---

① "格爾耐"，即樊尚·德·古爾奈（Vincent de Gournay，1712—1759），法國經濟學家、商人、政府官吏。
② "維克多利米拉薄"，即維克托·里克蒂，米拉波侯爵（Victor Riqueti，Marquis de Mirabeau，1715—1789），法國政治經濟學家，重農學派經濟思想的先驅。
③ "抽爾戈"，即雅克·杜爾哥（Jacques Turgot，1727—1781），法國經濟學家，重農學派的主要代表人物之一。
④ "第三欵"，有誤，應爲"第二欵"。
⑤ 目次爲"亞丹斯密及其學派"。
⑥ "組先"，有誤，應爲"祖先"。

已。彼謂凡由勞動而增貨物之價者。皆足謂之爲生產。盖彼以勞動爲價格之標準。且爲富源之所在。又盛唱分業之利。與且要説重農業不若重商工業。何則。分業之制。于工商最宜。彼又非絕對不認國家之干涉者也。嘗云時勢所迫。國家干涉亦爲必要。觀其贊助克羅威爾^①之航海律爲最良之政策。亦可明其意矣。後世學者。以彼爲持絕對自由放任主義者誤矣。

其他爲原富之特色者。非如英國後世學者之以抽象演繹爲主。乃綜合經濟上之事寔。由歷史歸納而研究者也。厥功偉矣。唯不分經濟學與經濟術之區別。以經濟學誤爲經濟術。且以個人之利己心。爲支配經濟現象之唯一理法。故謂自由放任之得策。則縮國家職分之範圍。以個人經濟之集合。爲國家之經濟。言分業之利。而不言分業之害。僅注目于生產之多少。而輕視分配之公平與否。僅以有形之物爲富。而生產有形物之外。皆以爲不生產之勞動。（指僧侶官吏奴婢等而言）此其缺憾也。然其學説。與當時英國商工業之發達。同時而起。又增進英國及其他各國商工業之發達。其力之施于後世也甚大。此固盡人知之者也。

乙 斯密派中之厭世主義

承斯密亞丹之後。嶄然見頭角者。爲馬羅厦^②及理嘉圖^③二氏。馬氏以寔際。理氏以抽象。俱有名于世云。

馬羅厦之名。所以傳于無窮者。以其所著人口論也。彼謂人類蕃庶其種族。固與其他動物無異。而其蕃庶之比率。不能與食物之增加相同。苟放任其蕃庶之勢。則世界必至人口滿溢。遂使戰争疫疾殺兒等事相繼而起。是亦不可不豫爲之防。如禁止早婚是也。至救助貧民之法。乃增殖貧民之數。而耗自治之精神。不如廢止之爲是。此皆馬氏學説之大要也。然徵之統計上。

---

① "克羅威爾"，即奧利弗·克倫威爾（Oliver Cromwell，1599—1658），英國政治家、軍人，1653—1658 年任英格蘭共和國第一任護國公。

② "馬羅厦"，即托馬斯·馬爾薩斯（Thomas Malthus，1766—1834），英國經濟學家、人口論的主要代表。

③ "理嘉圖"，即大衛·李嘉圖。

極不完全。以人口與食物增加之比率。爲算術及幾何兩級數之比例。寔不免杜撰之譏。雖然。馬氏所說。于經濟學上之大體。亦可謂確實矣。

理嘉圖與馬羅廈生于同時。所著"經濟原理"。詳論生產之事。于交易分配學理最爲盡力。多發前人所未發。惟嫌其常基于抽象之學理。及偏于演繹之研究而已。其學說中最膾炙人口者。地代說是也。此說前之學者。安達孫[①]氏於千七百七十七年。維司脫[②]及馬羅廈氏于千八百十五年。亦皆雖有所論述。理氏之說。明瞭卓絶。今日經濟學者。無不推理氏爲首。

丙　斯密派中之樂天派

馬 理二氏。斯密學派中之厭世派也。馬羅廈之人口論。以人口蕃殖瀕于飢餓爲憂。理嘉圖之地代說。以造物吝嗇（附制限耕地之謂）而致細民困苦爲歎。亦足以窺見其一斑矣。斯密派中之樂天派者。則美之亨利開里[③]及法之巴斯查[④]是也。

亨利開里。世仰爲美國經濟學派之泰斗。所著"社會學"頗多創見。與馬羅廈之人口論相反對。以爲人口增加。毫不足慮。凡有生之物。愈至下等。則其增殖力愈大。草之增殖力較牛爲大。牛之增殖力。較人爲大。然人食牛。牛食草。世之常也。從不見牛能盡草。人又安能盡牛乎。縱令人口增殖。斷無人相食之理。又與理嘉圖之地代說相反對。人類先耕最良田。漸次耕下等田之說爲不然。言徵之歷史。未開之世。耕磽确之地。迨世運文明。耕地始有優劣之差。開理氏與馬理二氏。乃同認自然法。而其相異者。馬理二氏。以自然法所生之結果爲可厭。開理氏以自然法所生之進步爲可樂。此其所以爲斯密派中之樂天派也。然與其他人之樂天派也。又大有異。蓋不認絶對之自由貿易也。如亞米利加爲新造之國。而其工業

---

① "安達孫"，即詹姆斯·安德森（James Anderson，1739—1808），蘇格蘭農學家、經濟學家。
② "維司脫"，即愛德華·韋斯特（Edward West，1782—1828），英國經濟學家。
③ "亨利開里"，即亨利·凱里（Henry Carey，1793—1879），美國經濟學家、社會學家，美國經濟學派的代表人物。美國總統亞伯拉罕·林肯的首席經濟顧問。
④ "巴斯查"，即弗雷德里克·巴師夏（Frédéric Bastiat，1801—1850），法國自由貿易派經濟學家。

之有望於將來者。非因課保護之税。使國家得以干涉之。以補助自然之不足則不可也。

丁　孟治斯達派①一名英國自由貿易派

施行巴斯查之學說干②寔際政略者。爲英國之孟治斯達黨。此黨乃英國有名之哥布代③布拉脱④二氏。于千八百三十八年所組織。以自由貿易爲網領者也。當時在英國。先以廢止穀法爲目的。至千八百四十六年。遂達其志。世人稱爲非穀法同盟。因自由貿易之實行。使英工業進步日速。益致富强。故關于自由放任之經濟學說。以英國爲中心。傳播各國。名英國經濟學派。爲孟治斯達學派者。即以此也。如德國之潑林司斯密⑤福海爾⑥信墨爾 維爾脱⑦才脱祕魯⑧諸氏。皆屬此泒。諸氏組織一團躰。名曰國民經濟會。其學說則採巴斯查等之自由放任主義。而其會盟目的。則欲寔行哥布代等自由貿易之政策者也。

戊　穆勒氏及其前後學者

於彼則爲英國學派之後殿。於此又爲新經濟學派之先鋒。而爲英國之一大學者。即穆勒⑨氏是也。所着⑩"經濟原理"⑪。至今英國尚稱爲經濟學中最良之書。此書以斯密 馬羅厦 理嘉圖等學說爲基礎。而增補訂正之。既

---

① "孟治斯達派"，有誤，應爲"孟治斯達派"，即曼徹斯特學派。
② "干"，當爲"于"。
③ "哥布代"，即理查·科布頓。
④ "布拉脱"，即約翰·布萊特。
⑤ "潑林司斯密"，即普林斯·史密斯（Prince Smith，1809—1874），德國政治家、自由貿易派經濟學家。
⑥ "福海爾"，即萊昂·福適（Léon Faucher，1803—1854），法國政治家、自由貿易派經濟學家。
⑦ "信墨爾維爾脱"，即馬克斯·維爾思（Max Wirth，1822—1900），德國經濟學家。
⑧ "才脱祕魯"，即阿道夫·索特貝爾（Adolf Soetbeer，1814—1892），德國經濟學家，於1843年任德國漢堡商會秘書長。
⑨ "穆勒"，有誤，應爲"穆勒"。
⑩ "所着"，有誤，應爲"所著"。
⑪ "經濟原理"，即 *Principles of Political Economy*，約翰·斯圖亞特·穆勒代表作之一，即《政治經濟學原理》。

以斯密派之學說爲可取。又採用社會主義。以折衷二者。成一家學派。故其學說雖往々有前後矛盾。至其成大經濟家。以代表近世經濟學史之樞軸則無可疑也。

　　生於穆勒氏前後。而又屬斯密學派者。<u>法有嚼排布的司脱聖</u>[1]及<u>米仙爾西排利哀</u>[2]。<u>英有治革</u>[3]<u>德倫斯</u>[4]<u>馬加洛克</u>[5]<u>塞尼奧</u>[6]<u>開安斯</u>[7]<u>才伏司</u>[8]<u>法思德</u>[9]。<u>德有拉烏</u>[10]<u>霍弗孟</u>[11]<u>納倍尼斯</u>[12]<u>邱耐</u>[13]<u>海爾孟</u>[14]等。

第三欵　非斯密派

　　斯密派學說之大要。前既述之。此學派一時有旭日昇天之勢。照臨歐洲之經濟界。故歐洲各國。屬此學派者。先後輩出。迭相祖述。然亦別有反此學者。即所謂非斯密派是也。

第一　復古派

　　　　此派學說起於拿破侖戰爭之際。極力反對經濟上之自由。欽慕封

---

① "嚼排布的司脱聖"，即讓-巴蒂斯特・薩伊（Jean-Baptiste Say，1767—1832），法國自由貿易派經濟學家、實業家，主要著作有《論政治經濟學》。
② "米仙爾西排利哀"，即米歇爾・舍瓦利耶（Michel Chevalier，1806—1879），法國工程師、政治家，自由貿易派經濟學家。
③ "治革"，即托馬斯・圖克（Thomas Tooke，1774—1858），英國金融家、經濟學家，以貨幣論和經濟統計學研究而聞名。
④ "德倫斯"，即羅伯特・托倫斯（Robert Torrens，1780—1864），英國經濟學家、軍人、政治家。
⑤ "馬加洛克"，即約翰・麥克庫洛赫（John McCulloch，1789—1864），英國經濟學家，李嘉圖學派代表人物。
⑥ "塞尼奧"，即納索・威廉・西尼耳。
⑦ "開安斯"，即約翰・埃利奧特・凱爾恩斯（John Elliott Cairnes，1823—1875），愛爾蘭政論家、經濟學家。
⑧ "才伏司"，即威廉姆・斯坦利・傑文斯。
⑨ "法思德"，即亨利・福西特（Henry Fawcett，1833—1884），英國政治家、經濟學家，著有《政治經濟學指南》。
⑩ "拉烏"，即卡爾・勞（Karl Rau，1792—1870），德國政治經濟學家，著有《教科書》。
⑪ "霍弗孟"，即約翰・霍夫曼（John Hoffman，1765—1847），德國思想家、政治學家、經濟學家。
⑫ "納倍尼斯"，即卡爾・內本紐斯（Karl Nebenius，1784—1857），德國法學家，1818 年巴登憲法的制定者。
⑬ "邱耐"，即約翰・杜能（Johann Thünen，1783—1850），德國經濟學家、地理學家、農學家。
⑭ "海爾孟"，即弗里德里希・赫爾曼（Friedrich Hermann，1795—1868），德國經濟學家、統計學家，著有《政治經濟學研究》。

建制度之經濟情形。欲再興之。<u>亞丹米倫爾</u>[①]氏為此學派中之泰斗。千八百有八年。著“政治初步”一書。察其與斯密派反對之說曰。斯密派。但觀察社會之寔質。不知道德爲何物。重私利。輕公益。或可行于英國。必不能適用於他國者也。

第二　保護貿易派

此學派于<u>南德意志</u>中。最有勢力者也。當時<u>南德意志</u>所新興之產業。非藉保護之力。不能發達。故保護貿易學派。遂勃然而興。其最有名者。為<u>弗㮮德里李士德</u>[②]。彼謂如欲發達德國之產業。當以保護爲急務。故其學説。不論時與地。概執保護政策者也。且其議論。乃基於國家主義。故與斯密派之世界主義。大相反對。蓋自由貿易主義。與保護貿易主義。各國亦因情勢若何。及其發達之程度。而各異其勢也。

第三　共産主義派[③]

此學派欲廢私有財産之制。而以天下財産。爲各人之公有。而措各人於平等。與斯密派之以私有財産爲本者。淵源互異。古來此學派之撰書。不遑枚舉。然以<u>布拉圖</u>之共産説爲首。迨至中世。<u>德馬斯穆魯</u>[④]之“無何有鄉”[⑤]一著最名。近世之<u>排布弗</u>[⑥]<u>薄那洛切</u>[⑦]<u>洛排特奧威</u>[⑧]

[①] “亞丹米倫爾”，即亞當・繆勒（Adam Muller，1779—1829），德國政論家、文學批評家、保守派經濟學家，德國政治浪漫主義代表人物。
[②] “弗㮮德里李士德”，即弗里德里希・李斯特（Friedrich List，1789—1846），德國經濟學家，德國歷史學派先驅，代表作《政治經濟學的國民體系》。
[③] 田島錦治日文原書《最近經濟論》中，此節標題“共産主義派”後注有英文“communism”。
[④] “德馬斯穆魯”，即托馬斯・莫爾（Thomas More，1478—1535），英國國務活動家和人文主義作家，空想共産主義的代表人物之一。
[⑤] “無何有鄉”，即《烏托邦》（Utopia），莫爾的代表作。
[⑥] “排布弗”，即格拉古・巴貝夫（Gracchus Babeuf，1760—1797），法國革命家，空想平均共産主義的代表人物。
[⑦] “薄那洛切”，即菲利浦・邦納羅蒂（Filippo Buonarroti，1761—1837），意大利革命家，法國革命運動的活動家，空想共産主義者。
[⑧] “洛排特奧威”，即羅伯特・歐文（Robert Owen，1771—1858），英國社會改革家、實業家，空想社會主義者。

之力不能發達故保護貿易學派遂勃然而興其最有名者爲弗黍德里李士德。彼謂如欲發達德國之產業當以保護爲急務故其學說不論時與地概執保護政策者也且其議論乃基於國家主義故與斯密派之世界主義大相反對。蓋自由貿易主義與保護貿易主義各國亦因情勢若何及其發達之程度而各異其勢也。

第三　共產主義派

此學派欲廢私有財產之制而以天下財產爲各人之公有而措各人於平等與斯密派之以私有財產爲本者淵源互異。古來此學派之撰書不遑枚舉然以布拉圖之共產說爲首迨至中世德馬斯穆魯之「無何有鄉」一著最名近世之排布弗薄那洛切洛排特奧威加秘維脫林格等皆宗此派者也。

第四　社會主義派

社會主義者指共產主義以外之社會主義也共產主義乃社會主義之一種而

主張共有財產之制而已。社會主義僅言土地及資本可為共有其他享財產皆

許其為私有者也。其與斯密派相反對之故即不認斯密派所謂自然法之存在。

且謂許有私產之制又任其自由競爭者決非遵自然之法則不過行人為之方

法而已。苟如斯密派之說亦僅為土地所有者及資本家之利益已耳蓋自由競

爭過甚則往往不免私益之害公益夫生產貨物莫不由勤勞而來生產貨物即

由勤勞而來則享受生產之權舍勞動者而誰觀今日之制度妄使土地所有

者及資本家橫奪勞動之報酬豈得不為之寒心哉故凡保此制度之國家當起

而顛覆之結勤勞者之團軆以代之即不能如是亦不可不使國家定制限于私

有財產及自由競爭之法律以矯正其弊此派之有名者法國有山席孟富理衰

普東路意布蘭等。德國有羅拖柏芝嘉瑪古士法黎德里拉撤等。

第四款　歷史派之經濟學及講壇社會主義

甲　歷史派之經濟學

加<u>秘</u>[①]<u>維脱林格</u>[②]等。皆宗此派者也。

第四　社會主義派[③]

　　社會主義者。指共産主義以外之社會主義也。共産主義。乃社會主義之一種而主張共有財産之制而已。社會主義。僅言土地及資本可爲共有。其他享財産皆許其爲私有者也。其與斯密派相反對之故。即不認斯密派所謂自然法之存在。且謂許有私産之制。又任其自由競爭者。決非遵自然之法則。不過行人爲之方法而已。苟如斯密派之說。亦僅爲土地所有者。及資本家之利益已耳。盖自由競爭過甚。則往往不免私益之害公益。夫生産貨物。莫不由勤勞而來。生産貨物。即由勤勞而來。則享受生産之權。舍勞働者而誰。但觀今日之制度。妄使土地所有者。及資本家。横奪勞動之報酬。豈得不爲之寒心哉。故凡保此制度之國家。當起而顛覆之。結勤勞者之團軆以代之。即不能如是。亦不可不使國家定制限于私有財産及自由競爭之法律。以矯正其弊。此派之有名者。法國有<u>山席孟</u>[④]<u>富理哀</u>[⑤]<u>普東</u>[⑥]<u>路意布蘭</u>[⑦]等。德國有<u>羅扡柏芝</u>[⑧]<u>嘉瑪古士</u>[⑨]<u>法黎德里拉撒</u>[⑩]等。

---

① “加秘”，即埃蒂耶納・卡貝（Étienne Cabet，1788—1856），法國法學家、政論家，和平空想共産主義的代表人物。在所著小說《伊加利亞旅行記》中提出“和平共産主義”思想。
② “維脱林格”，即威廉・克里斯蒂安・魏特林（Wilhelm Christian Weitling，1808—1871），德國工人運動活動家，空想平均共産主義者。
③ 田島錦治日文原書《最近經濟論》中，此節標題“社會主義派”後注有英文“socialism”。
④ “山席孟”，即昂利・聖西門（Henri Saint-Simon，1760—1825），法國空想社會主義思想家。
⑤ “富理哀”，即沙爾・傅立葉（Charles Fourier，1772—1837），法國空想社會主義者。
⑥ “普東”，即皮埃爾-約瑟夫・蒲魯東（Pierre-Joseph Proudhon，1809—1865），法國政論家、經濟學家和社會學家，無政府主義理論創始人。
⑦ “路意布蘭”，即路易・勃朗（Louis Blanc，1811—1882），法國新聞工作者和歷史學家，社會主義者。
⑧ “羅扡柏芝”，即約翰・洛貝爾圖斯（Johann Rodbertus，1805—1875），德國經濟學家。
⑨ “嘉瑪古士”，即卡爾・馬克思（Karl Marx，1818—1883）。
⑩ “法黎德里拉撒”，有誤，應爲“法黎德里拉撒”，即斐迪南・拉薩爾（Ferdinand Lassalle，1825—1864），德國政治家、哲學家、工人運動活動家，全德工人聯合會創始人。

第四欵　歷史派之經濟學及講壇社會主義

甲　歷史派之經濟學

　　當今世紀之初。撒比尼[①]等以歷史研究法理之學。其影響遂波及於經濟學中。苟從彼之所説。則法制非一定不動者。社會現象乃與社會進步而變遷進化者也。法制與社會現象。有密接之關係。故適於此時之法制。觀之彼時。徃々有不適者云。撤氏[②]以此思想。又用之於經濟學。遂倡一種學説。其大要謂天下無所謂世界主義。及永久主義者。經濟學理。因時與地以移動者也。是所謂歷史派之經濟學説也。非斯密派之亞丹米倫爾及利新脱[③]等。寔爲之先驅。其後希爾特勃蘭[④]加維克尼斯[⑤]維廉陸仙羅等繼之。就中以陸仙羅爲泰斗。陸所著書。專述經濟學中種々之學説。又富於經濟制度起原發達之史。然新創之説甚少。不過祖述海爾盂[⑥]及拉烏等之學説而已耳。

乙　國家社會主義即講壇社會主義

　　國家社會主義者。德國經濟學上最新之主義也。此主義盖位于重農學派。個人主義。與社會主義之間。非如個人主義。欲縮少國家之職務。又非如社會主義。欲舉一切事業悉委于國家者也。唯於個人之不能爲者。及個人雖能爲而不如國家爲之之爲愈者。欲使國家經營之耳。不認經濟有自然法。又反對個人主義之自由放任。期用國家法制之力。多與弱者以保護。由此以持社會之平衡。且以求衆民之最大幸福爲目的。此主義置社會于個

---

① “撒比尼”，即弗里德里希·薩維尼（Friedrich Savigny，1779—1861），德國法學家，歷史法學派代表人物。
② “撤氏”，有誤，應爲“撒氏”。
③ “利新脱”，即弗里德里希·李斯特。
④ “希爾特勃蘭”，即布魯諾·希爾德布蘭德（Bruno Hildebrand，1812—1878），德國歷史學派經濟學家。著有《現在和將來的國民經濟學》。
⑤ “加維克尼斯”，即卡爾·克尼斯（Karl Knies，1821—1898），德國歷史學派經濟學家。
⑥ “海爾盂”，有誤，應爲“海爾孟”。

人之上。無非謂私益不可不屈服於公益之下而已。以此言之。國家社會主義。寔與社會主義相同。而與個人主義反對者也。然非無與社會主義相異之處。社會主義者。欲改革今世國家之根抵①。國家社會主義者。欲藉今世國家法制爲本。而維持社會之平衡。此其別也。

　　國家社會主義之名。起于俾思麥克②。當前世紀八十年時。俾思麥克爲德國大宰相。其所施行之經濟政策。即此主義也。伯林大學教授阿德爾弗瓦格耐爾③爲其顧問。國家社會主義不稱之爲一種學派。稱爲一種目的也。俾思麥克于千八百八十三年以來。以勞働者强行保險法令施行之。遂得示國家社會主義之模範于天下矣。其綱領于千八百八十一年十一月。由下于德意志帝國議會之勅語。公示于世。勅語曰。禁制社會民政黨之外。欲療治社會疾患之法。不可不由積極方策以謀勞働者利益云々。于是災害。疾病。衰老。勞働不能等之保險。皆置于國家監督之下。

　　普國以外。夙行社會政策之國。古今東西。其類不乏。上古斯巴達。使富豪相續人之女子與貧民之男子相結婚。或依特定之養子法。使貧民相續富民之遺産。又如土地所有之人。其土地爲國家所分配者。非經官許。不得賣讓之。雅典 梭倫④之立法。定累進稅之規則。如此者皆視國家社會主義於寔際法制中耳。迨至中世。英國哀利查秘斯女王⑤之時。始設救助貧民法。使寺院各區負救助貧民之責任。法國魯易第十四⑥之時。設貧民病院及孤兒

① "根抵"，有誤，應爲"根柢"。
② "俾思麥克"，即奧托·馮·俾斯麥（Otto von Bismarck，1815—1898），德國政治家，於 1871—1890 年任德意志帝國首任宰相，被稱爲"鐵血宰相"。
③ "阿德爾弗瓦格耐爾"，即阿道夫·瓦格納。
④ "梭倫"，梭倫（Solon，約公元前 638—前 558），古希臘時期雅典城邦的改革家、政治家，制定《梭倫法典》。
⑤ "哀利查秘斯女王"，即伊麗莎白一世（Elizabeth Ⅰ，1533—1603），英國都鐸王朝最後一位君主，1558—1603 年在位，這一時期被稱爲英國的"黃金時代"。
⑥ "魯易第十四"，即路易十四（Louis ⅩⅣ，1638—1715），法國波旁王朝的第三任國王，1643—1715 年在位。在位期間積極推行中央集權、重商主義政策和發動對外戰爭，這一時期是波旁王朝的最盛期。

院之制。中國以儒教爲立國之原。亦略與國家社會主義相似。其現於制度中者。如井田。均田法。常平倉。義倉。惠倉等皆其例也。

國家社會主義之學説及其制度。非創始於德國。殆亘古今東西。皆有焉。然其中之最顯著者。固不得不推德國爲首。現今之國家社會主義。在此則受個人主義之衝突。在彼則受社會主羹①之反動。僅依歷史派經濟學之助成而成也。

奉此學派之有名者。爲布倫達諾②海爾特那塞③秀穆來④羅成司來爾⑤仙弗倫⑥西哀爾⑦厥哀秘魯格⑧瓦格耐爾等諸氏是也。

講壇社會主義。即國家社會主義。經濟學史上最新之學説也。彼等欲因國家權力。矯正社會不平等之弊。初此説盛行于德意志 奧大利⑨二國。輓近英 美 比 意諸國亦漸次傳播。如日本。數年前。專行英國學派。近世亦倡道歷史派經濟學。即講壇社會派之學者。亦輩出焉。

---

① “主羹”，有誤，應爲“主義”。
② “布倫達諾”，即路約・布倫坦諾（Lujo Brentano，1844—1931），德國新歷史學派經濟學家。
③ “那塞”，即歐文・納斯（Erwin Nasse，1829—1890），德國政治家、新歷史學派經濟學家。
④ “秀穆來”，即古斯塔夫・施莫勒（Gustav Schmoller，1838—1917），德國經濟學家，講壇社會主義學派的代表人物。
⑤ “羅成司來爾”，即赫爾曼・羅斯勒（Hermann Roesler，1834—1894），德國法學者、經濟學者。1878 年赴日任日本外務省公法顧問。
⑥ “仙弗倫”，即阿爾伯特・舍夫勒（Albert Schäffle，1831—1903），德國社會學家、經濟學家，奧地利商業和農業部部長（1871）。
⑦ “西哀爾”，即漢斯・謝爾（Hans Scheel，1839—1901），德國國家主義經濟學家、統計學家。
⑧ “厥哀秘魯格”，即古斯塔夫・勛伯格（Gustav Schönberg，1839—1908），德國經濟學家。
⑨ “奧大利”，即奧地利。下同。

第四章

經濟學研究法

第一節　論經濟學研究法

　　近世論述經濟學研究法者甚多。其派大別爲三。第一説。于全部及大體中。專務演繹者也。第二説。專由歸納。第三説。則兼兩法。夫應用經濟學。演繹純正學經濟學所發見之原理。以觀察各種事情。而應用于寔際者也。其兼歸納演繹二法固不待言。若純正經濟學。亦必兼用二法。何則。研究純正經濟學者。昔日既用演繹法。就中。分配論度易論之學理。如價格地代人口等之事。概因之發見其原理矣。經濟學者研究此等原理。先以支配經濟作用之主動力爲利己心。謂人若欲以最少勢力而得最大報酬者也。或謂土地於人類生活及勞動必要不可缺之物。但其生產物。及寔際之廣袤肥瘦。皆有定限。雖多費資本勞力。亦不能隨比例而增加。又謂人人生理上及心理上之趣勢。專務繁殖同類者也。因第一第二之説。而演繹價格及地代之原理。因第二第三之説。而演繹人口之原理。其説雖非誤謬。然按之寔地。則尚有不完全者。即第一説之利己心。不足爲支配經濟作用之唯一主動力。盖人類之同情慈善愛國心及習慣等。皆可制限利己之心。甚或奪而取之。又如第二之説。則農學大明之後。土地報酬之遞減自遲矣。又如第三人口之論。由人之自愛心及懷妻子之情。與戰争時疫。皆足妨人口增殖之數。由是觀之。經濟學上之演繹者。以正當之説爲本。且依正確之方法。斯能得其真理。然經濟學上之法則。多假定。獨據演繹法而研究之。則甚不可也。

　　經濟學之研究。不可獨據演繹法。又不可獨據歸納法。二者必兼用。如今世之現象。依統計之力。而過去之事寔。藉歷史之力。其所演繹之斷案。果無誤謬與否。不可不爲證而明之。盖用演繹之法。往往使理論與寔地有衝突之患。不可不避也。德國經濟學者蘇達府昆①曰。獨據演繹法。不用歸納法。則其所得之斷案。皆空論也。獨據歸納法。不用演繹法。則其所説之理論。皆盲説也。至哉言乎。物理學化學等。足以行試驗之術。而于人間社會之現象。則有不可試驗者矣。惟立法者。一時設定經濟上之法律。以試其結果何如耳。然人事紛紜。往往因意外之事。而生意外之結果。故其所試驗。謂爲全完。亦甚難也。夫歷史統計之于經濟。亦與望遠鏡之于天文學。顯微鏡之于黴菌學②無異。依歷史而察其過去。據統計而考其現在。以各國歷史各種統計對照比較。而發見關於經濟之現象。因得以明其原因結果者。則經濟上之法則自明也。法國經濟學者。齊安排布切脱塞③曰。統計學者。雖有記述之學。無實驗之學也。盖統計者。僅以起于寔際之事示人而已。人類之好奇心。或以之爲足。然不進明其原因結果之關係。則亦不得爲真滿足。盖使之可以真滿足者。乃經濟學而非統計也。歷史亦不過記述過去之事寔耳。明其原因結果之關係者。仍不外經濟學。惟經濟學。

① “蘇達府昆”，即古斯塔夫·科恩（Gustav Cohn，1840—1919），德國經濟學家、財政學家。
② “黴菌學”，有誤，應爲“黴菌學”。
③ “齊安排布切脱塞”，即讓-巴蒂斯特·薩伊。

非借歷史及統計之力不能發達。講經濟學而無歷史及統計之根據者。是猶築樓閣于砂上。終未見其可也。

美國經濟學者愛利①氏分經濟學研究法爲三。第一演繹法。第二歸納法。第三統計。愛氏之置重于統計可也。然以之與演繹歸納二法同等排列。殊覺未妥當。何也。統計與歷史。皆不過補助吾人觀察之一器械耳。即不過爲歸納器械之一而已矣。

又欲研究經濟學于數學上者。以法國之克魯諾②德國之哈該③英國之齊薄斯④瑞士之瓦爾拉司⑤諸氏爲最。此學派以添一臂之力于經濟學研究法中。世人所共知者也。然經濟學上之諸現象。複雜錯綜。非僅數學上之力所可計算。故以數學爲唯一之研究法。亦徒勞也。蓋數學者。不過爲研究經濟理論之一助而已。

---

① “愛利”，即理查德·西奧多·伊利（Richard Theodore Ely，1854—1943），美國經濟學家，美國經濟學會創始人。
② “克魯諾”，即安東尼·奧古斯丁·庫爾諾（Antoine Augustin Cournot，1801—1877），法國哲學家、數學家、經濟學家，數理經濟學的創始人之一，主要著作有《財富理論的數學原則研究》。
③ “哈該”，即卡爾·哈根（Carl Hagen，1785—1856），德國法學家、社會經濟學家。
④ “齊薄斯”，即威廉姆·斯坦利·傑文斯。
⑤ “瓦爾拉司”，即馬里·瓦爾拉斯（Marie Walras，1834—1901），法裔瑞士經濟學家，用數學方法對一般經濟均衡進行分析的經濟學家，代表作《純粹經濟學要義》。

第
一
編

生産論

第一章　生産及消費

第一節　生産之觀念及種類

　　經濟上所謂貨物生產者。謂作出物之效用是也。人類勞心勞力。使自然存在之外物。具備可充其慾望之性質。如是而已。夫物躰之一分子。無人力可以創而造之。唯就既存之位置形狀及其性質。變之更之。以供日用飲食之需而已。如漁魚于海。採鑛於地。廼或割烹之以異其狀。或鍛鍊之以變其質。而吾人之慾望胥於是足也。是即生產也。故漁獵採鑛畜牧農桑諸業。皆足以爲生產。即製造運輸貿易諸業。亦生產也。何則。製造家變原料之形狀性質。以爲精製之品。非作出物之效用乎。運輸貿易者。擇一地所不必要之物輸之于必要之處。併以不用之物。交易有用之物。亦不得不謂之生產也。由是觀之。生產由人力。非由自然力也。自然力之所作。經濟上不得謂之爲生產。

　　譬之。野生菓蓏。及土地之因洪水泛濫而肥腴者。皆自然力之作用也。

學者或稱爲自然之生産。

有形貨物生産之外。尚有無形貨物生産。如醫家及衛生家增進人類康健。
學者及教育家開發人類智識。是亦作出效用者也。其他商標版權專利等事。
及公共制度。皆此類也。

貨物之生産。因基礎各異。特分類如左。

第一以生産物之形躰爲基礎。有有形生産。無形生産之別。

有形生産云者。有形貨物之生産也。原始産業（鑛業及漁獵業等）農業
森林業畜牧業運輸業通信業等。皆屬有形生産。無形生産即無形貨物
之生産也。凡供意匠及勞働者。皆屬此類。如醫師教師學士官吏衛生
家技術及僕婢等。皆可謂之無形生産。有形無形之生産。時有不易區
別。譬如學者之著書。美術家之繪畫。其真價不在書與畫。而在其意
匠。故不得列于有形生産之中。即編入於無形生産之中。始得當也。

第二以生産物之消費爲基礎。有孤立生産。（即家計生産）産業生産（即會
社生産）之別。

孤立生産者。謂可供生産者一身及其家族直接消費品物之生産
也。孤立生産主行于未開及半開社會之中。産業生産者。謂可供生産
者。一身及家族以外消費品物之生産也。如製造販賣品等皆是。唯必
視國民經濟發達如何而進步。且貿易分業之制極有關係焉。

第三以生産之結果。較之生産所費多寡。有經濟生産。不經濟生産之別。

效用之生出。常與價格之減損相伴。譬如匠人。製造什物。使用
釘木。則釘木之效用。即因之而失。如匠人所用器具。少有磨損。其
效用亦因之而損。如所作什物。所得不及所失之總價格。則其所作。
爲不經濟生産。倘所得逾于所失。則其所作。爲經濟生産。

第四意大利之覺佳[①]氏。謂生產有積極生產。及消極生產之別。

積極生產者。謂新作物件未有之效用。消極生產者。謂保存物件既有之效用。覺佳氏曰。積極生產。私人所能勉也。消極生產。必國家任其責。盖消極生產。其利不能顯著于外。故私人住々[②]不願也。今國家布設鐵道。及經營郵政電報之業。亦專務積極生產而已矣。

第二節　消費之觀念及種類

生產貨物以消費爲目的。消費者。減損貨物效用之謂也。盖人類爲滿其慾望而用貨物。以耗盡價格之全部或一部。皆消費也。夫人類之不能減損貨物之一分子。與不能創造貨物之一分子。同一理也。譬之。煖室燃煤。一變其形爲氣。飛散空中。一變其形爲灰。殘葉爐底。而煤之元素未嘗損其萬一。不過失其效用而已。此即所謂消費也。日用煖爐雖不因使用一次。即變形。然數用之。則漸次破損。遂全失其效用。是無爲之消費矣。

人類爲生產而用原料。亦消費也。譬之。紡綿爲絲。則綿之效用失矣。織絲爲布。則絲之效用又失矣。

消費之主格維何。曰。人及人類團體是也。因野獸而荒田園者。非消費也。因風雨水火等天災而損害貨物者。亦非消費也。學者或名之曰自然消費。若養畜所用之芻草。則始可謂之消費矣。

消費之物格維何。曰。經濟貨物是也。如用無價之物。則非消費。如衣食。雖可謂消費。如費日光空氣。則不可言消費矣。同是水也。在都會之民。則出費購之。棲清溪之民。則取之無禁。此皆世人所知者也。

消費之目的維何。曰。在滿人類之慾望。不問其爲生計與爲快樂驕奢

---

① "覺佳"，即梅爾基奧雷·焦亞（Melchiorre Gioia，1767—1829），意大利哲學家、政治經濟學家，著有《社會科學新釋》（*Nuovo Prospetto delle Scienze Sociali*）。
② "住々"，有誤，應爲"往々"。

也。耕作製造販賣等事。亦自爲消費。若因過失第喪貨物。亦可謂爲消費之一部也。

凡貨物消費之觀察。其要點所不盡同。茲特設爲區別如下。

第一　公共消費及私人消費　公共消費者。謂國府縣郡市街鄉村等公共政團之消費。私人消費者。謂一私人及私法人等之消費。

第二　生產消費及不生產消費　生產消費者。謂可得生產結果之消費。不生產消費則反是。如謂製造所耗之資本。則爲生產消費。如奢侈所用之貨物。則爲不生產消費。此種區別。就得生產結果與否而立者也。故雖生產之消費。倘因天災及失策而不得好結果之時。其所消費亦即爲不生產消費。

舊派學者。謂國家之經費。皆爲不生產。中以軍費爲最。蓋誤矣。國家事業。不必不生產也。雖軍費有時見不生產之結果。然得好結果之時。所不少也。

第二章　生產之素要①

有形貨物生產之中。有必不可缺者。原料是也。而供給之者。自然力已耳。盖人類雖不能創造物體。然自然供給之原料。非加以人之勞動。亦不能供之使用。譬之。天然巖洞。若非人類發見占有。則不得爲居住之所。菓實禽獸魚介。若非人類採取捕獲。則不能爲食用之物。如採鑛農耕牧畜製造諸業。凡有形生產。莫不皆然。故生產之要素有二。自然物及勞動是也。舊派經濟學者。以土地資本勞動三者。爲生產之三要素。然土地不過自然物之一部分。資本又因自然物與勞動而生者也。故學者或以資本爲次

---

① "素要"，有誤，應爲"要素"。

等之要素。以自然物及勞動爲初等之要素。今則不以資本爲生產之要素。而爲生產之一條件矣。請詳論于後。

第一節　自然

自然者何。外界自然之謂也。今分自然爲二。自然物。及自然力是也。

第一　自然物

自然物者。宇宙間所存在之諸物。而其影響及于生產者也。更別之爲二。

甲　自然生長之物可供人用者。如野蠻人所住居之岩窟木空等是也。又可依人類得存之草木菓實等。亦屬此類。

乙　因勢力生產之物適人用者。如器具家屋等。必加勞力于自然物上。而後可供人用是也。此類物品。時欲區別於自然與資本之間。頗病其難也。

第二　自然力

自然力者何。風雨水火及物體所特有之自動勢力是也。分爲甲乙二種如左。

甲　代勞力以爲用者。如風之可以行舟。水之可以轉車是也。

乙　自然力與人力相合而爲用者。內分二種。

一　不可以人力左右者。即氣候風土之變化。海潮之升降。地中之火氣等是也。無論人類如何盡力。亦不能生滅增減之。惟能利用之而已。

二　可以人力左右者。即人力可增殖改良之者。或以人力可補天者。如水倉之水。乃由人工所引。故與山巔之水不同。而屬于此種自然物中。此類生產要素中最重要者。即爲土地。某經濟學者。就自然之物體。及勢力。唯舉土地。而不及其他。非至當之論。盖生產要素中。土地爲最要也。

自然有二種。然不問第一種及第二種之區別。以他方觀察而言。則一爲直接可由消費以滿慾望者。一爲間接可滿慾望者。即如商品屬于後者。

第二節　勞働

勞働云者。心力之作用。遵秩序而耗費于經濟貨物之生產也。故徒然動手足。勞心神者。不得爲勞働。散步者。亦不得爲勞働。何則。彼雖可由此而得康健。然所得內部之貨物。非經濟上之貨物也。又拾千金于道中者。亦不得爲勞動。何則。千金固經濟上貨物。然拾之之作用。非有秩序之作用也。反此。醫師之治疾。教師之講義。官吏之巡視等。始可謂之爲勞働。凡此諸事。皆無形之貨物。而心力之作用也。

勞動之種類

第一　精神之勞働。及肉體之勞働。

此爲主觀之區別。以勞心與勞力爲基礎。而籍以區別者也。然此區別。決非嚴正。如車夫之勞働。亦有精神之作用存乎其間。學者之勞動。亦不能無腦髓內肉體之作用也。

第二　有形勞働。及無形勞働。

此爲客觀之區別。詳而言之。則以勞働之結果。生產物之有形無形爲基礎。而區別之者也。然此區別亦非嚴正。前章生產種類之條。既述之矣。

第三　自由勞働。及不自由勞働。

此區別以法律上之資格爲基礎。自由勞働云者。從自己之意思而勞働也。不自由勞動云者。受他人之掣肘束縛[1]而勞働也。如奴隸及半奴隸之勞働是也。

---

① “束縛”，有誤，應爲“束縛”。

第四　獨立勞働。及雇傭勞働。

今世自由勞働之中。更區別爲獨立之勞働。與傭之勞働。執勞役于自己工塲者。及耕作自己田地之小農夫。皆爲獨立之勞働。故雇役于公司坑山等。及借耕他人田畝者。皆爲雇傭之勞働。

近世工業進步。皆以機械代人力。小工業爲大工業所壓倒。土地資本之兼併益烈。故獨立之勞働。其數漸減。多爲雇傭之勞働者矣。且雇主與勞働者之關係。亦因其地位懸隔。漸次冷淡。有再變而爲疾視反目之關係者。嗚呼此今日社會問題所以不可以已也。

第五　生產之勞働。及不生產之勞働。

就此區別。古今議論甚多。然從勞働及生產之意義。則勞働者均爲生產。而無不生產者。某學者別經濟之勞動。及不經濟之勞動。凡勞働于物品之中。所生產者。逾于所耗費者。乃足爲經濟之勞働。否則爲不經濟之勞働。

第三章　生產之條件

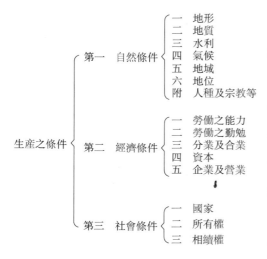

生產要素。爲自然勞動二者。既述之矣。何謂生產之要素。生產所必需。而不可缺者是也。何爲生產之條件。雖非生產所必需。然其大小精粗。恆視其條件何如。以爲升降是也。且貨物之分配交易。亦爲生產條件之影響所及者也。

生產之條件。前既大別之矣。玆更小別之如左。

生產之條件
- 第一　自然條件
  - 一　地形
  - 二　地質
  - 三　水利
  - 四　氣候
  - 五　地域
  - 六　地位
  - 附　人種及宗教等
- 第二　經濟條件
  - 一　勞働之能力
  - 二　勞働之勤勉
  - 三　分業及合業
  - 四　資本
  - 五　企業及營業
- 第三　社會條件
  - 一　相續權
  - 二　所有權
  - 三　國家組織

第一節　生產之自然條件

凡國民生產之發達主受制于外界之事情自然者供物界力于人類者也自然之恩惠大則生產亦從而大此常情耳然以其過大之故人類可不勞而獲生計上必需之品則人民必流于安逸而生產自爲之衰賴如熱帶地方是也若自然之恩惠

第一節　生産之自然條件

凡國民生產之發達。主受制于外界之事情。自然者。供物界力于人類者也。自然之恩惠大。則生產亦從而大。此常情耳。然以其過大之故。人類可不勞而獲生計上必需之品。則人民必流于安逸。而生產自爲之衰頹。如熱帶地方是也。若自然之恩惠過吝。則人民除汲汲以維持其生命之外。毫無餘力。生產難望發達。如北極地方及位于高山脈之地方是也。故占生產發達最良之地位者。惟有温帶地方。今分類如左而詳論之。

第一　地形

山地與平地。其經濟不同。山地以森林業爲大。間有籍山地所特產之牧草而牧畜業發達者。如<u>亞爾伯山</u>①附近是也。其在平地。則肥沃之地。農業最見發達。至交通業之發達與否。別山地與平地。大相懸殊。往昔<u>亞爾伯山</u>曾爲歐洲列國與<u>意大利</u>間之一大障隔。<u>印度西藏</u>間之山脈。至今礙于交通。<u>南亞美利加</u>之<u>安的士山</u>②。劃土地爲東西二區。其有害交通者實非淺尠。

第二　地質

地味之肥瘠。於土地產業大有關係。而土地之富于鑛物與否。亦經濟上有重要關係。如北美合衆國之<u>考理佛尼</u>③。近五十年間。成爲繁昌之地。以其有金鑛發見故也。英國之以工業雄視世界。亦由其國內鑛坑煤坑之豐富。且互相近接之故。近年德國于工業上頗有與英國角逐之勢。其故實由<u>哀柏費特</u>④<u>約善</u>⑤及<u>米留浩靳</u>⑥各處有鐵坑煤坑也。若<u>澳大利</u>雖富于鐵坑煤坑。而工業不甚發達者。則以二坑不相近接也。

---

① "亞爾伯山"，即阿爾卑斯山脈（Alps）。
② "安的士山"，即安第斯山脈（Andes Mountains）。
③ "考理佛尼"，即加利福尼亞州（California）。
④ "哀柏費特"，即埃爾伯費爾德（Elberfeld），德國伍珀塔爾市內的城鎮。
⑤ "約善"，即埃森（Essen），德國西北部礦業城市。
⑥ "米留浩靳"，即米爾豪森（Mühlhausen），德國中部城市，位於溫斯特魯特河畔。

地質有二種。一爲自然肥沃者。一爲因人工而肥沃者。所謂因人工而肥沃者。如開墾疏水灌水築堤及施肥料之類是也。故經濟學者。分土地之肥度爲自然肥度及人工肥度。人工肥度爲勞働之果結。而即形成資本者也。自然肥度。即兹所謂生產之自然條件也。

第三 水利

山脈起伏之地。難望農業之發達。然奔流其間之水溪。實與工業以絶大不可報酬之力。（水力電氣）且江河洋海。乃與人類以交通之道路。試觀小川之沿岸。每有自然之經路。況于河之大者乎。航海之術既開。曩時妨交通之大洋。今則作便于交通之大道矣。又如各國之殖民于異鄉者。輙由海岸沿河流而漸進于内地。今日亞非利加①之稱爲黑暗大陸。豈非由于無好海岸。與可以航之河流乎。若夫希臘以蕞爾小邦。大古大放文明之光者。以多屈曲之海岸。與夫近海一帶碁布星羅之島嶼故耳。

第四 氣候

氣候於貨物之生產及分配。其影響甚大。而各種貨物中受此影響之最甚者。即爲植物界。動物乃依植物以生存者。故其受氣候影響。亦不可謂不大。

甲 氣候之影響及于動植物者

凡重要之農產物及家畜。多適于一氣候。而不適于他氣候。如綿烟草葡萄絹砂糖橡皮及馴鹿駝鳥等最。此外重要之穀物及牛馬羊等動物。雖云能耐各種氣候。然尚各有其適應之氣候焉。科因威迭②曰亞美利加當歐洲人未征服之前。其文明之發達所以遲遲者。以乏于供人使用之動物故也。當時美人所有之動物。惟駱馬一種耳。此動物之搬運力甚微。且爲山地之動

---

① "亞非利加"，即非洲（Africa）。
② "科因威迭"，即弗里德里希·克萊因韋希特（Friedrich Kleinwächter，1838—1927），奧地利經濟學家。

物。故古代<u>亞美利加</u>之開化。局于山地。迨歐洲馬匹輸入之後。其文明逐[①]日見進步。又曰。凡可以播種之草類。（穀物）其及于人類之影響甚大。農業也者。使人群定居住。起愛鄉之心。爲土地所有權之淵源。且爲國家生存發達之一大要素也。

乙　氣候之影響及于製造與交通者

氣候之寒暖乾濕。于製造業。亦有影響。英國學者<u>貢尼爾</u>[②]曰。英國<u>蘭革喜</u>[③]之氣候。最適于製綿。<u>法</u>之南部。及<u>意大利</u>之<u>里昂賽奴亞</u>[④]及<u>密蘭</u>[⑤]等處。其氣候最適于絹及天鵞絨。氣候之干[⑥]交通。亦有甚大之影響。其在寒國。冬季河川港灣皆結冰。有妨舟楫。如<u>海參威</u>等處是也。然其地因降雪而有運橇之便。且河川之堅冰。實與人以無橋梁而得通行之便焉。

丙　氣候之影響及于勞働力者

溫帶地方之人類。最勤敏。而富于勞働力。至寒熱兩帶。一則萎靡無力。二則怠惰成風。故生產業不能發達。某學者。曾謂熱帶地方不適于生產之理由有三。第一多雨量之地方。天然植物甚繁茂。有人力所不能開拓之蜜林[⑦]。即令一時開拓。稍放任之。則仍複蕉觀[⑧]矣。第二無此等障礙之地方。却有與此相反之障礙。熱帶地方往往有大沙漠。終歲無雨。其不適于耕作無待言矣。第三縱令無前述之障礙。其氣候亦輙使居民生惡勞之心。

---

① "逐"，有誤，應爲"遂"。
② "貢尼爾"，即愛德華·岡納（Edward Gonner，1862—1922），英國經濟學家，曾任英國科學促進會會長。
③ "蘭革喜"，即蘭開夏（Lancashire），英國西北部的非都市郡，棉產業發達，英國工業革命發源地。
④ "賽奴亞"，即熱那亞（Genova），意大利港口城市、工業中心。
⑤ "密蘭"，即米蘭（Milan）。
⑥ "干"，有誤，應爲"于"。
⑦ "蜜林"，有誤，應爲"密林"。
⑧ "蕉觀"，有誤，應爲"舊觀"。

即濕熱過度。人民不能耐勞。且^①多自然之果實。雖不勞動而生汁^②無缺也。

又氣候于貨物之消費亦大有關係。即寒冷地方之人民。需用良好之食物。燃料與輕煖之衣服等甚多。故此等地方須有特種之生産焉。

第五　地域

有狹小之地域。生産之材料無多。則其他獨立之經濟。難望發達。勢不得不仰給于外國之貨物。此等小國。不獨于經濟上屬從外國。即其政治上亦屬從外國焉。德意志諸邦。自一千八百二十八年以來。所以創設關稅同盟者。乃圖對歐洲諸國。而保經濟上之獨立也。故德意志帝國。遂得政治上之統一焉。

第六　地位

開商路于外國者衝。其生産力之火。固不得論。故邦國之地位。當世界交通之要衝與否。屬經濟上最要之事。中古上部意大利及來因河^③岸之市府所以旺盛。近世英國之所以掌握世界經濟之霸權者。以其地當世界貿易之要衝也。如英國之黎佛浦^④港。爲英美二國商業之中心。故其繁盛爲世界第一。新加坡港。一方爲馬來半島及中國貿易之中心。一方爲英領印度及西方諸國貿易之中心。故其地亦極隆盛焉。

第七　人種及宗教

國民之性質及宗教等。亦屬于自然條伴^⑤中。何也。此皆經數千百年之久。依外界之事情。而漸次化成者也。如有民皆懶惰之國。有民皆勤勉之國。有民皆富干^⑥團結力之國。有民皆不知團結之國。此等事實。其影響亦

---

① "且"，有誤，應爲"且"。
② "生汁"，有誤，應爲"生計"。
③ "來因河"，即萊茵河（Rhein River）。
④ "黎佛浦"，即利物浦（Liverpool）。
⑤ "條伴"，有誤，應爲"條件"。
⑥ "干"，有誤，應爲"于"。下文中"及干生産""惰干耕耨""勤干稼穡""長干風雅""富干堅忍""設制造場干法國""宗教之干生産"中的"干"也應爲"于"。

及干生産。<u>朝鮮</u>農夫惰干耕耨。故其國之生産不得發達。中國農夫勤干稼穡。故其農業頗足觀。就西洋諸國言之。法人長干風雅之意匠。英人富干堅忍進取之氣象。德人則以智力織見優。美人則以分業及器械之發明而卓越於世界。此皆彰明較著者也。英國某資本家。設製造場干法國。評其所役使之法人曰。法人不知勞働。惟期事業成功之美善。亦足以見英法人惟質之差異矣。

人種之強弱。亦于經濟上有要重之關係。如國民中壯丁之數。較老幼爲多。則其生産力必大。而壯丁中合于兵格者之多少。亦足以爲推測國民生産力之標準焉。

宗教之干生産。其影響亦甚大。或有能致生産力之發達者。或有反使之退步者。如制慾主義之宗教。乃以浮世之財寶娛樂爲可卑。故妨其國民之生産力。而多祭之宗教亦然。日本牧畜業之所以不發達者。其最大之原因。由於佛教之慈悲主意。然古來促美術之進步者。亦由佛教之崇莊嚴故也。餘如耶蘇教之四海同胞主義。使歐洲各國放解奴隷。回教之一夫多妻主義。使<u>土耳其</u> <u>埃及</u>之國民衰耗氣力。此泰西學者所常説也。

第二節　生産經濟之條件[①]

生産之自然條件。不關生産者之意思。而影響于生産者也。其經濟條件。則關于生産者之意思。今分爲六種如左。

第一　勞働之能力

第二　勞働之勤勉

第三　勞力之分量

第四　分業即合業

---

① 目次爲"生産之經濟條件"。

第五　資本

第六　企業

以下逐一説明之。

第一欵　勞働之能力

勞働之能力。乃因躰力健康及熟練而異。而勞働者之躰力及健康。一因祖先之遺傳[1]與現在生計之程度。二因業户之種類方法。與每日執業時間之長短。而生等差。是以欲維持勞働者之躰力及健康。則不可不與以身躰之營養。以補其勞働時之消耗。又須與以每日所必需之休養及慰勞。不可不隨其業之有毒害及危險。施適當之防護焉。今日文明各國。頗注意此點。莫不設有法令。或爲適當之處分。如幼工女工之保護。勞働時間之制限。工塲及辦事處衛生之營理。及設備日用品僞造濫造之管理等。皆法令所規也。

若夫勞働之熟練。其因祖先之遺傳者。亦復不少。盖子習父業。其事甚易。故能不識不知而得其熟練。是古來所實驗也。一國民於勞工。亦未始非自然相傳者。如法人之富于雅致意匠。美國人之富於企業心。英人之沉重而務實際。德人之强于想像力。意人之精于雕刻音樂是也。又勞働之熟練。有不因遺傳及國民風氣之自然作用。而單以人之意思養成者。是以近世文明各國。莫不以策畫增加勞働者之熟練。爲國家之事業。當十九世紀之上半。歐洲各國。皆以技術教育。歸渚[2]私人之手而不顧。今則各國政府。莫不汲汲焉設立工業學校。以興技術教育。或開工藝共進會博覽會等。以獎勵枝術[3]之智識。又重金聘外國良工。以增勞働者之熟練。而此等國家事業之外。凡私人。亦自因其團結之力。印刷之利用。及實地之經驗等。而盡力以增進技術教育。此文明各國所常見也。

---

① "遺傳"，有誤，應爲"遺傳"。
② "歸渚"，有誤，應爲"歸諸"。
③ "枝術"，有誤，應爲"技術"。

第二欵　勞働之勤勉

國民全體勞働勤勉之度。一因國民之性質。二因社會之安寧秩序。而有等差。若人民勤勉之所得。日慮爲專制政府及盜賊等所强奪。至爲安居之時。則其勞働之勤勉。不可得而望矣。勞働者勤勉之度。視勞働者所得之效如何。其效果有二種。

甲　應歸于勞働者一身之利益。　所謂應歸于勞働者一身之利益。如有所得增加之望。有享將來安樂之望。有地位昇進之望等皆是也。如此之類。其所以能促國民之勤勉者實以利己心爲原動力。凡勤勉之結果愈大。則益勤勉。而勤勉結果之豫算數愈高。則益奮勵。故縱令實際之效果極巨大。苟其效果之豫算數不高。則毫①不能增進其勤勉之度也。如累貲鉅萬。必不甘就僅得數千圓年俸之官職。又勤勉之結果。如歸於勞働者一身者。其數極少。或全爲他人所得。則勞働者必不勤勉。故奴隷之勤勉。遠不及自由勞働者。受按時而給之賃銀者。此②之受按事而給之賃銀者。其勤勉之度。頗懸隔焉。

乙　應歸他人之利益。而勞働者自己喜悅之且願望之者。此謂誠實之勞働者。或希冀其雇主利益之巨大。或望其自己親族之安寧幸福。或爲其同鄉同村之民。或爲其同國之民。或爲全世界之同胞。而勉其助力者也。如此類者。增加其勤勉之原動力。則非利己心。實道德心也。

顧極端之社會主義學者。其所希望。每欲變換勞働者之利己心。而純爲道德心。且欲于其所想像之國家。（社會主義之國家）使人民各用全力以從事于勞働。若夫其報酬則視其其働而公平給與之。然唱此學說者。尚未察人類本性之全體。故難觀其實效也。

---

① "毫"，有誤，應爲"毫"。
② "此"，當爲"比"。

第三款　勞力之分量[①]

勞力之分量者何。即人口之數也。故勞力之增減。即人口之增減。而人類之增減。殆依天所行定。非人力所能爲功也。然是與土地之分量。其趣稍異。何則。人類之分量。或因天然。或因人爲。其增減自有法則。其關于人口增減之理論。即人口論也。茲引斯學名家馬羅薩之說。而陳其概焉。

馬羅薩曰。人也者。有以一配偶而生多數配偶之自然力。人閱二十五年必有二倍之蕃息。使人口之增加。與食物之增加相齊同。其增加固有焉。食物不同增人口且增加矣。夫地球之表面既有涯限。且適于耕作。或便于採捕之部分。不可多得。則其得食物之困難。必因人口之膨脹而益甚也。蓋人類以一・二・四・八・十六等幾何級數而增加。食物則以僅一・二・三・四・五等算術級數增加而已。倘閱數世之後。兩者之比數。即不得不相懸。果然則人生將來終累于貧困。恐有競爭最烈之一境今日所以猶未至其端極者。以人口之增加。常被豫防及制止之障礙耳。豫防云者。防制人口之增殖于事前。即克己・制情・殘念・放蕩等消極之障礙也制止云者。抑制人口之增殖于事後。如食物不足・飢饉・疾病・戰爭・憂愁・殺兒・移住殖民等天爲或人爲之積極障碍也。

今觀馬遐爾之所推算全地球海陸面積。爲六百萬億平方碼。故使一平方碼容四人。則全地球可客[②]二千四百萬億人。更就英蘭[③]及威勒士[④]人口繁殖之比例觀之。自一千八百一年至一千八百五十一年。凡五十年間。增加二倍。若依此而推列幾何級數。則百年之間。人口當四倍。二百年當十六

---

① 目次爲"第三欵　勞働之分量"。
② "可客",有誤,應爲"可容"。
③ "英蘭",即英格蘭(England)。
④ "威勒士",即威爾士(Wales)。

倍。四百年當二百五十六倍。五百年當千倍。千年當百萬倍。二千年當一
萬倍。至三千年則已達一百兆億矣。至是人口遂充溢全地球海陸總面。夫
人口之增殖。五十年加二倍。尚且如此。況二十五年間增加二倍乎。如美
國以新開國。僅于二十三年之間。增加二倍人口。此其明證也。

　　然食物之增加果何如乎。據革賴司①之説。現在英國每歲産穀物四千萬
科突。則二十五年之後。農業更見改良。每歲當有八千萬科突之收穫。至
五十年之終。能盡耕地之地力。不難得一億六千萬科突之收穫矣。然自此
已後。英國之穀産。斷不能永久增加。由此觀之。食物之增加。不及人口
之增加遠甚。馬羅薩謂人類終不免於貧困者。豈不彰然乎。

　　卡黎②氏則反對是説。指馬羅薩之統計爲未備。更就生理上以立論曰。
生物之生殖。因其進于高等而漸減少。故草木之繁殖最盛。下等動物次之。
人類之生殖。其數與度皆爲極少。要之。因動植之增加。而後有人口之增
加。人口之增加。乃其結果。動植之增加。乃其原因。馬羅薩之論理。盖
倒因爲果。竟杞憂之談耳（參觀第三章）。

　　馬羅薩以人口之增殖爲幾何級數。而以食物之增加爲算術級數。誠屬
過論。又援新開國之例。謂人口每二十五年增加二倍。亦非完全之説。然
此不過論其大概。非可深咎。惟人口與食物。苟分別以研究之。則人口之
增加力。必較食物之增加力爲强。若無障碍之者。則人口之增加。有無限
之天然趣向。馬氏非不知食物供給或超過于人口也。盖既知此理。而説消
極及積極之障碍。且③於其積極之障碍中。列記食物之不足。依此不足。而
人口之增加爲所防止。故不察馬氏之意。而概以其人口無限增加之論爲非

---

① "革賴司"，即托馬斯·格雷欣（Thomas Gresham，1519—1579），英國商人、金融家，倫敦交
　易所創建人。發現劣幣驅逐良幣法則，亦稱格雷欣法則。
② "卡黎"，即亨利·凱里。
③ "且"，有誤，應爲"且"。

者。可謂酷論。盖本問題之要點。當研求人口與食物。其增加之率。何者較速。而推究世間貧困之起因焉。馬氏之人口論。其所引澄[1]。誠多未備。然人口增加之自然趨向。則無庸疑也。人口之增加。時則近世進化論中所謂人爲淘汰及自然淘汰所防止。然因此而謂人口無永久增加之趨向也。藉曰不然。則何以從社會之進步。而有地價騰貴利潤低減之事實乎。又何以民有英國勞働者所受之勞銀。較低於美國勞働者之事實乎。又何以有舊國輸入原料輸出製品。新國輸出原料輸入製品之事實乎。此等經濟現象。苟非認人口增加之永久趨向。究不能說明之也。

第四欵　分業

凡事有長短不同。其相連續而成立者勞働是也。而分別此勞働以種種不同之事。謂之分業。合種種之業而成爲一勞働。謂之合業。約而言之。則分大勞働爲小者。即分業也。合小勞働爲大者。即合業也。故曰分業曰合業。由其觀察點不同而生耳。斯密亞丹所著"原富"第一卷。論述分業之事。厥後穆勒從威克福特[2]之說。以斯密氏之分業論爲失諸狹隘。于其所著"經濟原論"第八章。新揭合業之標題。又分其合業爲簡單與複雜二種謂。復雜合業即分業也。以余觀之。則所謂簡單合業。所分之一種而已。

分業有三種。一曰技術分業。二曰職業分業。三曰國際分業。

第一　技術分業

技術分業者。謂各種業務。或各個人經濟範圍中之分業也。如一製造場或細工場中場長・司事・監督・技師・副技師及職工等之業務。千差萬別。又如中央政府及地方自治體之立法行政之組織。皆有分業。人所熟知也。苟行分業。則其結果。能以同一勞力。同一時間。而其生產之額。遠過於孤

---

① "引澄"，有誤，應爲"引證"。
② "威克福特"，即愛德華・韋克菲爾德（Edward Wakefield, 1796—1862），英國經濟學家、統計學家。

行獨立。歐洲各國。當十八世紀。工業大見發達者。則以行分業故也。

第二　職業分業

職業分業者。謂國民經濟上之分業也。如官吏・軍人・教師・辯護士・醫師・技術家及農工商等之職業是也。種々差別。此分業。亦能增加生產之額。使國民滿其各種之慾望。有此分業。而國民始得進于開化文明之域。取重於列國之間。故稱此分業曰社會之大分業。而社會之大分業。實喚起社會之進步。此等顯象。常爲吾人所目擊。即斯賓塞①所謂社會進化之法則也。故古人有以一人而具萬能。今人則不然。苟孤立獨行。則不能滿其之慾望矣。

第三　國際分業

國際分業者。乃地球上各國之人民。互以貨物與他國有無相易之謂也。此即國際貿易政策之所起。而其所行之方箴。一基於各國地勢風土等自然之差異。與其國民經濟歷史上之發達如何而定。此種分業。亦能增加生產額焉。

分業雖有三種之別。而其能增生產額則一也。顧分業必如何而後能達其目的。其方法次序有七。

一　使各人應其力與其嗜好而得其所。

此斯家②氏所舉分業之利益也。苟非各人應其力與其嗜好而從事於生產。則其利益必不大。是所以增加生產額也。

二　使各人專任一種之業務。則較之兼任諸種業務者。大有發達。

三　各人專修一種業務。則漸有熟練之利益。故專修之前。不須多爲預備。即可短縮生徒學習時之期限。

四　專修一種業務。則得省移于他種業務之時間。與無用之勞働。

---

① "斯賓塞"，即赫伯特・斯賓塞（Herbert Spencer，1820—1903），英國哲學家、社會學家、早期進化論者。

② "斯家"，有誤，應爲"斯密"，即亞當・斯密。

五　專修一業務。則精神凝集於其所用之機械。時有發明改良之趨向。

六　得節省所費于生産之資本。

七　能使職業增加。

職業之增加。分業之結果。所以增加新職業。每獲生産額增多之利益也。

分業之利益如此其大。然其中亦有弊害。要之。分業弊害者。歸宿于左列三點焉。

　　一勞働者所從之業務。苟始終同一而無變化。則害勞働者之身軆及精神。往往使之陷于疾病。欲救此弊。亦非無法。茲舉其重要者如左。

　　甲　短縮勞働時間。

　　乙　當職業餘暇。使勞働者出于空氣清潔之地。運動身軆。

　　丙　獎勉勞働者精神上之快樂。

用此三種方法。雖不能盡除其弊害。然亦得和慰之。

　　二勞働者所從事之業務。苟偏于一種。則其依賴于職業之心必甚。而勞働者依賴雇主之心逐①日多。一朝有變必受其困。

　　三勞働者于事業之盛衰。其所受之影響最甚。一旦遇慌恐衰敗之境。必至無可奈何。

救助前所述三弊害之方法。必使勞働者在學校。或在工塲之時。受普通之教育。而不偏于一方。且勞働者在工塲内任職之時。其所從事失②業務。亦當時時變更焉。

泰克特派③經濟學者。視勞働者爲生産所必要之一種機械。是大不可。勞働者亦與資本家企業家同其性情。故當以人遇之。其所關極大。不可輕

---

① “逐”，疑爲“遂”。
② “失”，疑爲“之”。
③ “泰克特派”，即蘇格蘭學派，又稱蘇格蘭常識學派（Scottish School of Common Sense）。18—19世紀隨蘇格蘭啓蒙運動而形成的學派，代表人物有托馬斯·里德、大衛·休謨和亞當·斯密。

視。苟有弊害。當豫防之。或減少之。雖曰不能盡除。然究不可諉爲無法
可施者也。但行之之時。不可獨偏于弊害之豫防與減少。而忘收得分業利
益耳。

分業。品[①]利益極多。然其弊害亦不少。故其發達。恆爲弊害所限制。
然則分業者。其進步發達。非無際限者也。且有自外部而限制之者。今揭
其概略如左。

一市場之廣狹

不察生産物需要之多寡。以斟酌分業之合度。則生貨過多。反釀
弊害。故當生産之先。不可不考究生産物之消路如何。若生産物需要
不多。而大施分業。役使多數勞働者。以産出多量貨物。其産出額。
反多於需要額。則終不能得該物之消路。弊害之生。勢所必然者也。
欲知市場之廣狹。不可不研求消費者與交通運輸機關等等良否也。

二職業之性質

職業之性質。或有一年間不經續執務者。如此之類。其生産期若
在春夏。則秋冬二季。不得不投閑置散。如農業是也。故分業亦由職
業之性質。而爲所制限者也。

三資本之多寡

資本充足。而得盛大其事業。則當使從事於此之勞働者。專異其
所掌。以盛生産。其不能即行販賣者。則貯置之。以待需要者之來。
然資本少者。則無論需要如何。終不能擴張其生産也。

分業之制限。有自外部來者三。別有性質上之制限。故分業之發達。
終不能無限。至於今日。分業與世之文明進步。共發達。然既經發達之歐
美各國。近日頗有執應加多少限制之説者。

---

① "品"，疑爲"雖"。

第五欵　資本

甲　資本之觀念

考資本語之起源。上古希臘有格巴來亞之語①。乃謂對貸借利子之本銀。降至羅馬。則有 Caput 之語。其義亦同。中世又有 Capitale②之語。是合負債之本利以言也。如希臘 羅馬學者。及中世神學者。宗教家。説利子不當。蓋中世之教會。以言貸與之金圓。不生子于世界爲格言。禁人收取貸金利子。後反對之説漸起。以爲負債者。所借受之金圓。于其借貸之時期中。實能生子于世界。收取利子。非不當也。持此學説者。以爲貨幣不過富之代表。故資本不獨限于所借受之貨幣。并包含其他之物品。與今日之學説相近。中世之末。重商主義之學者興。以貨幣爲一種特別之富。由是資本之意義。僅限于所借受之貨幣。毫不擴充于貨幣以外之物品。迨重農學派起。始改正舊説。如彼著名之喬爾葛③。于其所著“富之形成及分配論”④中。述明積蓄之價格。不論貨幣與貨幣以外之物品。苟得依貨幣以表價格者。即資本也。于是資本之意義。得脱狹隘之範圍。自斯密亞丹興起以後。其説更進步。今舉余輩所信者如左。

資本爲經濟上最要之觀念。解之者學説甚多。其義亦各有廣狹。今就最狹之義。以解釋資本而下定義曰。資本云者。可以爲有形生産。或收益方便之有形生産物蓄積也。請分折⑤説之。

（第一）資本者。生産物也。資本惟經濟貨物因勞働而得者。土地乃自然物。而非生産物。故不得謂之資本。然施於土地之改良。如疏水導水提

---

① “格巴來亞之語”，即希臘語 “Κεφάλαιο”。
② “Capitale”，有誤，應爲 “Capitala”。
③ “喬爾葛”，即雅克·杜爾哥。
④ “富之形成及分配論”，即《關於財富的形成和分配的考察》（*Reflections on the Formation and the Distribution of Riches*），杜爾哥的代表作。
⑤ “分折”，有誤，應爲 “分析”。

防①道路等。苟經人工者。皆資本也。

（第二）資本者。有形生産物之蓄積也。　資本者。因勞働而生産之有
形貨物。無即行消費之而存在者也。勞働者之智識熟練及國家等。亦爲勞
働結果之蓄積。然非有形物。故不得謂之資本。又如每日之食物。雖爲有
形貨物。然即行消費。毫不蓄積。故亦不得謂之資本。

（第三）資本者。有形生産物之蓄積。而可用於他種有形生産者也。　資
本者。生産之本也。住宅及家具。雖爲有形生産物之蓄積。然僅爲有此者
所享有。不能用之於他種生産。故不得謂之資本。又學校醫院等之營造物。
不過無形生産之方便耳。故亦不得謂之資本也。

（第四）資本者。有形生産物之蓄積。而收益之本也。　收益之本者。包
含生産之本而言。而有形生産之本。皆爲收益之本。而收益之本。未必皆生
産之本也。如賃貸之家屋。(可供他人之住宅者)得因此而收賃價。故收爲益②之本。
然非生産之本也。凡生産物必歸於人之收益。故以資本收爲益之本。此謂之
爲生産之本。其見解較廣。(參觀後所載巴維克③氏之定義)余所以不僅解資本爲生
産之本。而解爲收益之本者。亦有故焉。蓋以資本爲生産之一條件。而論。
則謂資本爲生産之本無不可也。然就貨物之分配。而論資本與利潤。則不
可不以資本爲收益之本也。

乙　資本之必要

欲使分業十分微密。則須有巨額之資本。前論既詳之矣。顧社會經濟
上資本之必要。存于左記之三點。

（第一）資本者。需用之原料也。　自然之物。既授人以第一原料。而人

---

① "提防"，當爲"堤防"。
② "收爲益"，當爲"爲收益"。
③ "巴維克"，即歐根・龐巴維克（Eugen Böhm-Bawerk，1851—1914），奧地利經濟學家、政治家，
奧地利經濟學派代表人物。

占有之者。又加以勞動而爲經濟之貨物。或積蓄而用之於他種生産之第二原料。是即資本也。洛海爾[①]嘗分原料爲三。第一曰主原料。即形成新生産物之本躰者。如織物店之然[②]。紡績所之綿。是也。第二曰副原料。即能成生産物形躰之一部。而僅爲裝飾者。如漆及染料等是也。第三曰助原料。生産之際。全消散。而不留痕跡者。如鍛工所用之炭。狩獵鑛業所用之火藥。洗濯所所用曹達[③]等是也。洛氏又總稱主原料及副原料曰變形原料。其他學者則謂之勞働原料。

（第二）資本者。需用之器具也。　　人之四肢皆可爲器具之用。然未甚完全也。何以言之。爪掘山薯。不若鍬之靈捷。掌盛果實。不若籠之平穩。天雖與人以不要報酬之力。然欲適用之于生産。必不可不藉資本之助。夫有風力而無帆。則船不能駛。有水力而無水車。則穀不能舂。蒸氣電氣之力。自然力也。然苟無器械之力。則不能發生焉。

（第三）資本者。所以維持勞動者也。　　凡生産自始至終。必須經幾許時日。此時日間。欲維持勞働者之生命健康。則不得不于着手之始。蓄積貨物。以備需用。此貨物即資本也。茲所謂資本者。限于維持勞働所必須之衣食住三者。其他奢侈無益之物。則固非生産之資本也。又維持勞働之物。從社會經濟上。或雇主私人經濟上觀之。則爲生産之用。或收益之用。（即資本）然由勞働者私人經濟上觀之。則爲享有之用。

土地與資本皆爲少數者所私有。其餘多數者。皆唯其勞力。加之於他人之資本。或加于他人之土地。而以其身爲他人收益之器械。是今日法制之結果也。于是社會主義學者。頻論其不可。謂資本及土地。宜禁少數人之私有。而爲共有之物。然此説尚未能行于實際。且以今日之狀態觀之。

---

① “洛海爾”，即威廉·羅雪爾。
② “然”，當作“絲”。
③ “曹達”，即蘇打。

土地與資本。無論何國。雖曰歸于少數人。其所有權未必完全而無制限也。
而國家亦必保土地及資本之一部分焉。如官有地・官有鑛山・官有森林・
道路・河川・港灣・郵政・電信・鐵道等是也。即令國家不自有。亦必設
規則以監督之。制限之。如鑛山借區規則・私設鐵道條例・工塲條例・土
地收田法等是也。

丙　資本之種類

第一　生産之資本及使用之資本　此賽①瑪加諾克②海耳曼③孟萬多④洛
海爾諸氏所採用之區別也。生産之資本云者。即余所謂資本所該當之生産
手段也。使用之資本云者。即住宅家具等可以永久使用之享有手段。而非余
所謂資本也。馬羅薩及辣吾⑤兩氏。亦唯以生産之資本爲資本。而歇孚來⑥氏
則不曰生産之資本使用之資本。而曰資本財産享有財産。謂財産中之可爲資
本者。獨可爲生産手段者是而已。近世學者。莫不贊同此説。然洛海爾以享
有手段爲資本。亦非無故。何則。凡享有手段。皆從所有主之意思而得爲
收益或生産之手段者也。如住宅家具。爲享有手段。然茍以之賃貸于人。
則爲可以得賃貸金之收益手段矣。又專用之于工塲。或用之于生産上。則
皆可爲資本矣。若生産及收益手段之資本。亦可依所有主之意思。而變爲
享有手段。譬之。酒廛之麥酒葡萄酒。本爲收益手段。然使酒廛主人自飲
之。則變爲享有手段矣。又土地之改良。本爲資本。然以之構遊園。則變
資本而爲享有手段矣。由此觀之。一財産也。其爲資本與否。在所有者意
思如何耳。

---

① “賽”，即讓-巴蒂斯特・薩伊。
② “瑪加諾克”，即約翰・麥克庫洛赫。
③ “海耳曼”，即弗里德里希・赫爾曼。
④ “孟萬多”，即漢斯・曼戈爾特（Hans Mangoldt，1824—1868），德國政治學者、理論經濟學家。
⑤ “辣吾”，即卡爾・勞。
⑥ “歇孚來”，即古斯塔夫・施莫勒。

　　第二　私人之資本（收益之資本）及社會之資本（生産之資本）　此區別非如有形無形之區別。或享有使用之區別。互異其境界也。社會之資本。除國有財產外。悉包含於私人資本裡。而私人之資本。則除抵當債權及特權等單爲私人收益之手段而不爲社會生産之手段者。餘悉爲社會之資本。即各私人之財產而爲收益手段者。則稱之曰私人之資本。社會財產中。其爲生産手段者。則稱之曰社會之資本。故私人之資本。未必與社會之資本一致。而私人資本之總額。不成社會之資本也。請立圖以説明之。

　　甲圈爲私人之資本。乙圈爲社會之資本。圖中兩圈相交處之面積。乃社會之資本。且兼之私人之資本者。其以外之面積。右方爲私人之資本。而非社會之資本者。如可供住宅用之貸屋是也。左方爲社會之資本。而非私人之資本者。如道路橋是也。

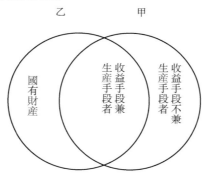

乙　　　　　甲

國有財産｜收益生産手段兼者｜收益生産手段不兼者

　　第三　固定資本及流動資本　此區別以資本適用之種類爲基礎。此等資本之定義。古來學説不一。茲述其最適當者如左。

　　　流動資本。謂經一次生産。即失其功用全部者。固定資本。謂經一次生産。而失其功用一部。其後凡類之生産。更可得其數次助力者也。

　　　依此定義。則耕作之牛馬。爲固定資本。而畜牛馬之芻草。則爲流動資本。如以牛馬供食。則亦爲流動資本。又機械製造塲所販賣之蒸氣機關等。在製造塲主爲流動資本。而該製造塲所備之蒸氣機關。則爲固定資本。

今自國民經濟上觀之。則器具機械。每爲固定資本。而生産原料。常爲流動資本。生産原料。用于生産一次。則全失其効用。而又生効用于其所成之生産物上。若器具機械則反是。得數次使用之于生産。而其所作生産物効用之一部。乃器械所失効用一部之再現者也。固定資本者。流動資本而來。又依流動資本維持。而多數之固定資本。終又變爲流動資本焉。

　　欲使用固定資本（如機械之類）於生産。則必需勞銀矣。所謂勞銀者。即流動資本也。然唯有流動資本。而無固定資本。究不能作規模之絶大生産。在英美經濟發達之邦。則因固定資本。而始得爲多額之生産。以應多額之需要。倘經濟發達尚屬幼穉之國。則需用流動資本之處最多。

　　第四　特定資本。及不特定資本　此區別乃墨沙耳[①]等所創。而與固定及流動資本有密接之關係焉。特定資本。祇使用于一目的。而未易轉用之于他事業者也。如某種製造所特設之機械鐵道線路等皆是。不特定資本。則得轉用之于種種事業。如貨幣其最著者也。固定資本。大抵爲特定資本。然其中亦有不特定者。如通用于各種事業之房屋。及某種類之機械是也。又流動資本。大抵爲不特定資本。然其中亦有特定者。如原料品中主原料等是也。

丁　資本之成立

　　資本之成立。有二學説。自由貿易派之英國學者曰。資本也者。因蓄貯而生者也。社會主義學者辣索爾[②]等曰。資本也者。因勞働而生者也。此二者皆未免各執偏見。余下前資本之定義云。資本可以爲有形生産。或收益方便之有形生産物蓄積也。其説乃合於上二説而爲一者也。以資本爲有形之生産。是即指加勞働于自然物之結果而言。欲使此結果得行資本之職

---

①　“墨沙耳”，即阿爾弗勒德•馬歇爾（Alfred Marshall，1842—1924），英國經濟學家，新古典經濟學派代表人物，劍橋學派創建者。
②　“辣索爾”，即斐迪南•拉薩爾。

分。則必當充目前生活之必要。而尚有多額之剩餘也。此多額之生產物。乃用多量勞働之結果。然則資本者。雖謂因勞働而生亦無不可。然生產物之蓄積。（即充生活必要而尚有餘剩之部分）得因所有者之意思。或以爲享有財產。而漸次消費於不生產。或以爲資本財產。而充生產手段。其能不消費之于不生產。而充生產手段者。則不外因自由貿易派所謂貯蓄也。是則有形生產物蓄積。得爲資本之第二條件。在乎貯蓄。由是觀之。資本之發生。其因多量弊動[1]與貯蓄二者合同之力。無容疑矣。

貯蓄由餘裕及貯蓄之意思而成。貯蓄之餘裕。（即貯蓄力）依所得之大小及財產之多寡而有等差。貯蓄之意思。（即貯蓄心）則從人種之異同。教育之程度。國法之整否。及各人民之境遇。而異者也。中國人及猶太人。乃世界中最富于貯蓄心之人種。若戰亂不絕之國。及在苛政暴歛下之人民。則概乏貯蓄心。而民之無教育者。多耽于目前快樂。而不顧他日之艱苦。又凡從事于冒險業者。如水夫漁夫坑夫等。亦乏貯蓄心。此外如銀行郵便貯蓄法之整否。利子之高低等。亦大有影響于貯蓄心也。

學者或有混淆資本之成立。與資本之增加。而視爲同一者。然資本之增加。乃可觀人之財產中。得爲資本之部分。因何增加而已。是當于配分論中述之。

戊　論機械

第一　機械之觀念種類特質及其適用機械者。最完全之器具也。通常之器具與機械。其主要之區別。在其動力。機械之動力。不直接由人體以發生。而器具則不過防護四肢。或以爲輔助之具耳。器具之先機械而發達。固不待論。無論何國。攷其工業歷史。皆手工業先見發達。而後機械工業代之。而機械之運轉力。則先用家畜。（如牛馬之類）次則水力風力。（原始之自

---

① "弊動"，當爲"勞動"。

然力）最後使用蒸氣力電氣力。（誘導之自然力）焉。使用機械與否。可以分國民之文野。視其機械之精粗。可以判文明之高低。

凡機械大別爲二。一曰勢力之機械。或稱發動機。Kraft machinen 如蒸氣機關。及電氣動機等之發勢力。以代人腕力者是也。二曰勞働之機械。Arbeit machinen 如紡績機械。織物機械等之爲各種動作。以代人熟練者是也。

機械有三特質。今揭之如左。

一機械者活動不斷者也

二機械之動作均一也

三機械之動作單一也

機械之適用。須由二觀察點以論之。

　　一自技上觀之。則苟欲適用機械。必須其事簡單而後可。故許多之美術業。及修繕業。終不得適用機械也。

　　二自經濟上觀之。則欲適用機械。必其營業資本。實足以置備機械。且生產物之販路。必須廣大而無損失之慮。如點燈用之煤氣‧製造機械‧及發電機械。備之於大市府大製造塲或大劇塲而有利益者。職是故也。又因同一之理由。而高價之奢侈品。不適于機械事業。

第二　機械之利害　國民經濟上機械之利害。當由生產上及配分上二點以觀察之。而社會上及道德上之影響。亦不得置之度外也。茲先由生產上言之。則機械者。昂進勞働之生產力。而使人以僅少之勤勉。得同一之生產額。或以同一之勤勉。而其所生產之分量或性質。較前爲優。夫生產物益多。則價值益廉。且其品位又較佳。則貨物之消費必從而增進。其足以獎勵生產。實不可掩之事實也。混引實例證之。當斯密亞丹之時代。（距今百二十年前）凡勞働者。十人一日作四萬八千針。頗有得色。然在今日。一具機械每日能成十萬八千針焉。而熟練之職工。每三人。能管理機械七具。則一日三勞働者。能成七百五十六萬針^①矣。又據北美合衆國勞働調查委員之調查。（一千八百八十六年）凡製造農具。當十五年乃至二十年以前。需用二千一百四十五人者。今則僅六百人而足矣。又在往昔手工之時代。凡製造婦人所穿之長靴短靴。須以五百人之工作。始能供給。今依機械之力。則僅百人而足焉。又製造小兒之靴。三十年來。勞働者之使用。減至其六分之一。生產費。又減至半類^②。由是觀之。蒸氣之力。其增加勞働之效果。既已數倍。機械之有益於生產上。亦大矣哉。

　　雖然。機械之恩惠。苟非共產制度之下。則人民享其利決不得完全。可也。共產制度之國家。其人民勞働之擔負。因機械而輕減也。然是僅爲共產主義學者之空想耳。以余觀之。在個人主義之國家。凡勞働之機械。于富之配分上。及社會上。與道德上。有左揭之弊害焉。

　　第一　機械之新發明。徃徃使從來之手工業者失職而迫于饑餓。　此弊害不過爲一時之現象而已。久則職工之需用。反爲增加。是各國常見之實例也。然手工業中之老衰者。因機械之發明。而失餬口之途。是不可不爲之設法焉。且使獨立之手工業者墮落。而爲機械塲之傭工。亦弊之大者。

　　第二　手可代械工之機械。既經發明。則勞働者之熟練。歸於無用。因而使其賃銀低落。　從前湏用熟練之强壯男子者。因機械之發明。遂得用婦女小兒以代之。盖以技術之事。用軟弱細小之婦女小兒。其視用粗笨壯强之男子。奏效較大。於是壯年勞働者之賃銀。勢不得不下落矣。

　　第三　機械之利用愈盛。貧民之增加愈多。　役使婦女小兒於機械塲。則壯年勞働者之賃銀遂有下落之勢。如前述者。固無論矣。而婦女小兒之

---

① "七百五十六萬針"，疑爲"七十五萬六千針"。
② "半類"，有誤，應爲"半額"。

賃銀。亦有不得不下落者。請專就勞働者利而觀之。則家族全體。苟各得機械塲之賃金。一時似覺有利。而所得已較從前爲少。尚足以繼持一家生計。故勞銀不得不永遠下落。且幼者早得自活之資于機械塲。則早婚之弊生。遂增加下等勞働者之人口。則貧民增多無庸疑矣。

　　第四　機械每使職工服過度之勞役。　勞力機械。有減少人間勞苦之利。然勞働之機械。則有使勞動者服役過度之弊。何則。機械也者。晝夜運轉而無間斷。使機械運轉無間。則機械主之利益也。晝夜運轉機械。以求償價格之遞減。而免爲價格較廉。及爲有效之新機械所壓倒。是機械主所自爲必要也。

　　第五　機械之使用。有害于衛生。　雇主役使勞働者過甚。則必至驅婦女小兒。使夜間服役。是有害于衛生。固無待論。且使用機械之工作。徃徃始終如一。職工未免生厭。身體亦從而倦乏。又機械工塲。職工每易負傷。加之機械工塲所在之地。人口必過稠。而疾病之傳染流行。徃々不免也。

第六疑[①]　企業

甲　企業之觀念稱類[②]及其要用

　　第一　企業之觀念及種類　凡成於各種有形生產。與自然物。及勞力之結合。爲有形生產。而有可以永續之性質者。名之曰營業。營業者。一經濟上生產之目的。結合自然力及勞動力。又適用之而永續以行者也。

　　凡各種生產。必有一危險。生產者不得豫期其成就。而當冒危險以爲之擔負。此危險者。稱曰廣義上之企業。故言企業之廣義。則企業者。各人冒危險向生產之目的結合各種生產力也。信如此義。則負擔生產危險之

---

① "疑"，有誤，應爲"欵"。
② "稱類"，有誤，應爲"種類"。

人。皆爲企業者。故自行生產自己需要之物件。或使自己之從屬者（家族婢
僕奴隸）爲之。仍不失爲企業者也。此種生產。盛行於古代。厥後因人類經
濟之發達。而職業漸以分岐。遂有任自己計算及危險。視所受之報酬。而
爲他人生產物貨物者。稱之曰狹義之企業者。故言企業之狹義。則企業者。
以交換貨物之生產及販買。爲目的。任自己之計算及危險。而結合各種生
產力也。

　　又企業屬于廣義上之勞動。企業者亦不外一勞動者。然濟經①學上以所
必區別而論之者。則因今日之大企業者。皆爲資本主。役使多數之勞働者。
自當指揮監督之任。毫不親執勞役。而關於兩者間利益分配。則特有利害
相背者也。其詳在分配論。今述企業之區別如左。

　　（一）以企業者。應人之需要如何爲基礎。則有完全企業。興②不完全
企業之別。不完全企業者。先備生產手段。如原料器具工塲勞働力等。待
他人之需。而始着手于生產者也。凡手工業多屬此種。完全企業者。不俟
人之預囑。懸想日用所需。以製作物品。而供其販賣者也。凡製造塲主之
所爲。多屬此種。

　　（二）以企業者之人格爲標準。則有公共企業。及私人企業之別。公共
企業者。屬于國府縣市村町等之公共體團③者也。如政府自營鐵道業。或市
町村建設水道。及瓦斯事業等是也。私人企業者。屬于一人或多數私人者
也。私人企業。更小別之爲個人企業及會社企業二稱④。而社會企業。又包
含組合企業焉。

　　（三）以生產物之性質爲標準。則企業中有採掘業農業森林業工業商業
等區別。

---

① "濟經"，當爲"經濟"。
② "興"，有誤，應爲"與"。
③ "體團"，當爲"團體"。
④ "二稱"，有誤，應爲"二種"。

（四）以營業之範圍爲標準。則企業有大中小之別。

第二　企業之要用　現今國民經濟上企業之必要繫于左列諸點。

（一）企業者苟兼爲勞働者。則其因失敗而歸於自己負擔之危險。足以獎勵其勤勉忍耐。而使之用意周到。又專從事於企業。則可以通曉業務。而期製作物之完全。

（二）完全企業之業務。能迅速以滿國民之欲望。蓋以能不俟預囑。而懸想國民之所需。以輸多量貨物於市場故也。

（三）因企業者之企業。將大減貨物之生產費。何以言之。企業者。常購入勞動原科①。又常雇用勞動者。以低減其價值及賃銀。故不吝以廉價賣其生產品。

（四）苟一一生產。則高價。然一時生產過多。則又變爲廉價。有易產多數貨物之利。

以上三四之利益。主見之於大企業。而一二之利益。則時或不顯著。如私人企業。一旦歸於公共團體之經營是也。蓋官吏非如私人企業者擔負企業危險而又享有其利益者。故不能如企業者熱心於業務。遂有失收取企業利益之機會。或誤豫防危險之策。

乙　大中小之企業

第一　大中小企業之區別　企業有大中小之別。今從卡暎威迭爾②及辛柏廻③等學說。述企業之區別如左。

（一）小企業者。謂企業者之兼爲勞働者也。小企業之作業。未足使一人盡其可盡之時與力。而企業者之勞動力。占生產之要素焉。有時勞働力

---

① “原科”，有誤，應爲“原料”。下同。
② “卡暎威迭爾”，即弗里德里希·克萊因韋希特。
③ “辛柏廻”，即古斯塔夫·勳伯格。

之性質。必湏卓絕。(如美術家及機械師之類)然平常則與通常之勞動無異。而助手全無。或僅有。且助手與企業者。以同一之器具。動作于同一之地。其于社會上之地位。亦無相互隔絕。又企業者使用極少之固定資本及流動資本。且其用流動資本。常較固定資本爲多。又其所得之利。以對於勞動者爲主。其對于企業者。不過小部分而已。且此種企業者之收入。往往與社會中等以下所收入相當。又此種企業。大抵屬於個人企業。然亦往往有爲組合企業者。

（二）大企業者。謂一人或多數之人盡其可盡之時與力於其企業者也。企業者專從事于其作業。年工技術之勞働。皆令其助手行之。又此等助手。其數頗多。故湏擇相當之人爲之指揮監督。且大企業須有大資本。不可無固定資本。其生產物。大抵因乎資本。又其收入之大部分。即爲對於資本之報酬。而其生產。常依分業而行。大企業而爲個人之企業。則其收入以達于社會高等階級所收入爲常。此種企業。其助手之數極多。又助手之大部分。皆爲下等勞働彼[①]。彼等與企業者。其于社會階級之地位大相懸隔。此企業或爲個人企業。或爲社會企業。

（三）中企業位于大小企業之間。企業者亦從事于勞動。然其勞動之程度。不似小企業者之大。時有助手以助之。其資本無論固定流動皆較小企業爲多。其生產物多係勞働之生產物。又企業者之收入。屬于中等以上之所得。屬此部類者。如大手工業家。及小製造塲主之類是也。此企業。概爲個人企業。然間亦有爲合名會社者。

第二　大小企業之關係　以大企業較小企業。其于生產上。有各種之所長。今揭之如左。

一　得以少許之費而製造同一之物

---

① "彼"，當爲"者"。

二　得以同一之費而製造優等之物

三　得速應人之需要

四　能爲小企業者所不能爲者

大企業之所以有此諸長者。其理由有十。即（一）企業者識見之優。（二）機械之爲用廣。（三）得以廉價購原料而善用之。（四）得以低利借資本。（五）善用器具。且得使用佳良之器具。（六）分業之大。（七）得雇用優等之工人。（八）省工人之監理費。（九）省製造場所需煖爐燈火等費用。（十）得減少經營消路之費用。

當今日營業自由之時。大工業者。於企業之發達。實爲最要。盖生產物之製造額。及消路之巨大者。製造依分業之密且全者。及有巨大之資本。運用高價機械以始得製造者。此等依非大營業。終不得達其目的。其在大營業小營業皆能舉辨①之企業。而惟大營業能專其所長。則小營業。即爲其所壓倒。且中會辨理②大企業生產物者之存在。及輸運機關之改良。俱是以速小企業之廢滅也。雖然。大企業之利益。非各種生產業一律同然。如販路不廣者。不需多數之資本者。分業無須完密者。及企業者之識見。無須優勝者。在此等。大企業每不如小企業。故社會主義學者。謂一切小企業。終爲大企業所壓倒者。乃杞憂耳。謬見耳。中小二企業。雖在今日。尚立於自由競爭之衝。其說列于左。

（一）以維持工業生產物爲主眼。專屬于勞働之作業。而需用僅少之資本者。如車鐘錶銃器靴。及其他革皮所製作物品之修繕業等是也。

（二）製造業在以下所揭之列者。

甲　生產物製作于其販賣之所。而以市塲範圍之狹隘。不能立大企

---

① “舉辨”，有誤，應爲“舉辦”。

② “辨理”，有誤，應爲“辦理”。

業者。如小都邑之屠肉店‧麵包舖‧靴店‧裁縫舖‧及建築匠等是也。

　　乙　欲增進勞動及資本之生產力。而不能用分業之法。及大機械。且無須高等企業之識見者。如漆器陶磁器之製造業。活版業。石版印刷業。銃器製造業。鋸匠業。轆轤細工業。玩弄品及其他小細工業。及奢侈品製造業等是也。

　　丙　生產物由一人或少數勞動者之手工而成。而其製作。須企業者有高尚之技術熟練者。如美術品之製造等是也。

　　丁　應各人特別之需要者。即俟他人訂有特約而始製造者。如裁縫業製靴業木匠業及錠鍵①營業等是也。

其他中小兩企業之可與大企業相競爭者尚多。小企業者往往組成各種協會。如信用協會。（亦稱貸資協會）原科購買協會。共同販買協會。器具機械協會等。以與大企業相競爭。近來小發動機。漸見流行。能令小企業者。於從來所不能與大企業相競爭之企業。亦得從事焉。

　　前述大小兩企業之長短。專就工業而言。然在農業。亦所謂大農制小農制之得失。其關係尤為重要。請叙其大略。

　　大農制小農制之得失利害。依耕作之方法。農作物之種類。水田陸田之差別等。而有不同。此問題。須由學理及藝術上而詳細研究之。今僅就大小企業之利害而論。大農制。得使用改良之機械。供給肥料種子之善良者。多收分業之利益。節用土地資本及勞力。凡此諸端。皆優于小農制。故如美國之沃野千里。或因水利之故。無須細分田畝。則以大農制為宜。然大農制適於疏放之耕作。故宜於穀。至若蔬菜及果物之栽培園藝牛乳業飼禽業等。須有細密之注意。與精巧之熟練者。則以小農制為優。何則。此等事業。究非大農制所役使之勞動者所能為也。又耕作地之狀況。亦應

———————————

①　"錠鍵"，即鎖與鑰匙。

計算。在廣漠之平野。則適于大農制。在山岳溪谷。則適于小農制。盖狹
隘之地。不能用蒸氣耕耘機械之利器。是猶細流之不堪行漇船。小池之不
能浮巨舶也。非因地制宜焉能爲功乎。

丙　會社企業及個人企業

會社企業分爲二種。曰組合企業。曰狹義之會社企業。據日本現行法。
組合企業。又別爲三。曰當座組合。曰共分組合。曰匿名組合。會社企業。
亦別爲三。曰合名會社。曰合資會社。曰株式會社。在德國。則尚有所謂
株式合資會社者。如各種組合。商法學者。皆不數之于會社之中。如合名
會社。其爲法人與否。亦復議論紛紜。莫衷一是。然由經濟學上觀之。則
併小勞動力而爲大勞動力。并小資本而爲大資本。皆可以爲大營業之企業
而概論之。此所以于會社企業名稱之下。併論會社及組合也。

第一　個人企業　個人企業。爲企業之最單簡且最通行者。詳而言之。
則一自然人爲企業。而擔負凡百法律上及經濟上之責任。以所有財產。而
應企業上一切之責務者也。而此企業多爲企業者。兼勞動者之小營業。此
企業之利益。有三端。（第一）企業之損益。全歸於企業者之一身。故得熱
心以從事。（第二）此企業較之會社企業。不蔑視小利益及小貯蓄。（策①三）
企業者於會計上。不爲他人所覊束。故得迅速以處理業務。且臨機應變。
擴張業務。或收朿②之。或變更之。亦頗易易。

個人企業之所短有二。一曰業務之範圍甚爲狹隘。二曰業務屬從于企
業者身體。（會社企業。如株式會社等。其資本主之疾病生死。干③其業務毫無影響。個人企業
則不然）

---

① “策”，有誤，應爲“第”。
② “收朿”，有誤，應爲“收束”。
③ “干”，有誤，應爲“于”。

個人企業之適用。以中小企業爲最宜。若大企業則當依會社企業。至於要企業者敏活判斷之大企業。則亦不可不依個人企業。其在需資本過巨。或擔負極其危險。或不宜獨賴經理人助力者。仍以依會社企業爲宜。

第二　會社企業　會社企業。乃合小資本爲大資本集小勞動力爲大勞動力者之總稱也。其種類依各國私法所定。各有小異。據日本現行國法。則凡屬于會社企業者。有當座共分匿名等三種共產商業組合。及合名合資株式株式合資四種會社是也。

第三節　生產之社會條件

第一欵　國家

社會之關係及組織。影響於生產甚大。而國家爲尤甚。夫國家本係政治上之組織。而非經濟上之組織。故國家者。使其臣民立于一定規律之下。而强行其意思於臣民。然此政治組織。于國民經濟之生產。亦有至大之影響焉。

瓦格納爾[①]之言曰。國家之職務。與文明進步而共增。即令其數不增。而其度則必增加也。如學校·救貧院·道路·及衛生等事業。徃昔政府所不干涉者。今則政府干涉。年盛一年。方興未已。此外如郵便·電信·鐵路·及山林事業等亦然。是國家之事業。隨文明進步而增加。瓦氏之言誠不誣矣。

康德泒之哲學者。及孟賢斯他脈[②]之哲學者。解釋政府之職務。過於狹小。康德等謂國家之職務。在外防敵國之侵畧。內保人民之權利。而孟堅斯他派之學者。如普林士密[③]等。則謂政府之職務。在保護生產之安甯。而一國之經濟。不外一國人經濟之集合也。各人苟得同等之自由。斯亦足矣。

---

① "瓦格納爾"，即阿道夫·瓦格納。
② "孟賢斯他脈"，有誤，應爲"孟賢斯他派"，即曼徹斯特學派。
③ "普林士密"，即普林斯·史密斯。

各人不可無進於安甯之自由。自己之便宜。惟自己知之最明。政府之干涉經濟。乃有害而無益。且經濟上之要點。在于生產。而不在於分配。斯説之謬。固不待論。德意志索沙迭麥苛特黨^①領袖。洛薩奴^②曾嘲笑此説曰。如是政府者。直與哨兵無以異也。可謂至言。在幼稚之國家。其職務甚簡易。非無類於康德及孟賢斯他派所述之範圍者。然國家應盡之職務。其分量及性質。從文明進步而增加。其事無可疑者也。蓋文明既進。政府不但宜張海陸之軍備。以防內亂外寇。及整頓司法警察之制度。以保護臣民之安甯。其應盡之職。尚有四端。（一）湏干涉普通及專門之教育事業。對於普通教育。則宜斷行强迫主義。對干^③專門教育。則宜立官設學校。或保護私設學校而獎勵之。（二）救助疾病及貧窶者。保護製造場之老幼婦女。職工等。及社會中之卑弱者。（三）關於美術・醫業・製藥業・及辯護業等。宜爲特別保護監督。（四）政府亦宜自行從事于生產事業。今政府應爲之生產事業。分爲三類。

（甲）徵報酬之事業。　　如郵便電信電話鐵路等是也。

（乙）不得報酬之製造業。　　如貨幣製造等是也。

（丙）應政府需要之生產事業。　　如官立印刷所・造船事業等是也。

以上所舉之事業。皆爲國家當然之職務。而今日文明諸國所共行者也。

國家之職務。隨文明進步而增加。既如此矣。故國家行此等職務之經費。亦必因時增加也。

瓦格納爾。嘗言一千八百四十一年。英國政府之經費額。較之一千六百八十五年。加至四十倍。而人口僅增三倍。是國家事業增加之一證也。

---

① "德意志索沙迭麥苛特黨"，即德國社會民主黨（Sozialdemokratische Partei Deutschlands）。
② "洛薩奴"，即斐迪南・拉薩爾。
③ "對干"，有誤，應爲"對于"。

第二欵　所有權

　　所有權於生產。爲社會條件之一。國家許生產物之所有權與否。固於生產物之分配有重大之關係。然此事亦爲國民生產盛衰之所由分。不獨所有權之許否。大有關于生產之盛衰。即其狀態（制限之有無。種類之如何等）亦有重大之關係。請先就所有權而説明之。

　　據法律家之定義。所有權者。人對于物之支配權也。詳而言之。則從自己意思。以使用所有物。或收益或處分。而使他人毫不干涉之權利也。此定義可爲完全矣。然于今世尚未見有此完全之所有權焉。其所實有權。爲憲法及行政法所限制。其不動產之所有權。如房屋所有權。則依建築火災及衛生上之警察命令而有所限制。此外又有國家徵用法限制焉。且所有權。非確定不變者。而所有權之觀念。從時世相異。與國民相異。其中所包含之物件。亦因之相異。如奴隷制度盛行之時。人類爲所有權之客體。今則人人有自主之權矣。又今日吾人所享有精神之所有權。（如版權之類）則太古及中世所無有也。且人對於動產之所有權。其發達較對於不動產之所有權尤早。而各國民先經土地共有之時代。而後始進於土地私有之時代。歷史所昭然可考也。

　　所有權由共有而移於私有也。乃社會進化之大勢。非人力所得而抑制也。然私有中之數部分。有復歸于共有者。今日文明諸國。莫不皆然。然則私有制度之再歸于共有制度。非亦社會進化之大勢乎。顧今日之私產制。其利益固不少。而其弊害亦頗多。於是辯護之者。與非難之者。接踵而出。議論紛紜。無所歸宿焉。

第三欵　相續權

　　生產之國家條件中。其亞于所有權。而爲重要者。則相續權是也。相續權者何。曰。自被相續者觀之。（客觀之定義）則于其死後。以自己財產予他人之權利也。自相續者觀之。（主觀之定義）則承受死者財產之權利也。

　　國家既以私人所有權爲必要且便宜矣。則私人之相續權。亦不得不認。何則。所有權保持之目的。究在相續權。使私人所有物。于其死後。直屬之于國家。則私人之所有權。遂歸于有名無實。而今日之國家。所以認許私人相續者。其理由有二。一爲道德及法律上之理由。一爲經濟上之理由。請分別述之。

　　（第一）道德及法律上之理由　方今之世。組織家族而有妻子眷屬者。俱有教養扶助計其利益之責。而此責不止於生存之間。苟有愛情者。莫不欲其共苦樂之妻。及所最愛之子孫。於己之死後。常保持其生前之地位。此今日國家之所以制定相續權也。

　　（第二）經濟上之理由　相續權。與所有權。于國民經濟上同爲必要。夫家族者。社會與個人相聯絡之關鍵也。盖人之愛其妻子。一則可以和緩其利己心。一則可以爲愛國之赤心。故人傳其財產于所最愛之權利。其以獎勵勤勉與貯蓄之功。實非淺鮮也。

　　相續權。又能鼓舞國民使從事於各種企業。如事業之窮年累月而不能以一世期其成效者。苟有相續之制。則國民遂肯從事於此而無所厭焉。

　　相續權之于國民經濟。其要如此。故今日相續權之存在。雖爲可望。然不能毫無限制也。如擴張旁系上無遺囑相續之制限。而使國家多沒收個人財產之機會。或設限制于遺言。或課高率租稅于相續等皆是。

交易論

第一章　交易之觀念及種類

　　貨物之交易云者。以一人或聚合躰所有之經濟的貨物。交換他人或聚合躰所有之經濟的貨物。而增進其經濟上利益也。

　　生產有一人格是足。交易則須兩箇以上之人格。蓋非組織社會之後。則不能有所謂交易也。余曩下生產之定義曰。生產者。由勞働而作出其物之效用也。又論效用之性質。爲足以充吾人之慾望者。然則交易亦不外生產之一部矣。蓋交易者。以己所效用較少之貨物。交換效用較大之貨物。欲以進互相交易者經濟上之位置耳。貨物之生產。以消費爲目的。蓋貨物者。適于充人之慾望。而欲充人之慾望。則不可不消費也。方今產業生產。其于第一生產者與最終消費者之間。通常必經數人之手。即第一有生產原料者。（採掘業及農業）次有製造者。次有搬運者。次有發賣人。次有中立人。有小賣人。而最後始歸于消費者之手。自原料之生產。以至入于最後消費者之手。皆可謂之生產。即皆可謂之交易。蓋自其貨物作出效用之上觀之。則皆生產而自貨物相交換之上言之。則皆交易也。產業生產。（對于家計生產而言）有社會後始有之。有分業後始有之。故貨物之交易。亦必有社會及分業而後始見焉。分業愈密。則交易愈繁。生產亦從而發達。經濟家如馬克略德①嘗以經濟學爲交易學。然此說知有產業生產。不知有家計生產。固有未妥。然亦足以窺交易一事。占有經濟學上之重要地位矣。

交易有三種。

第一　以地域類別之。有國內交易。與國際交易。

國內交易者。一國內各地方所行之交易也。因兩地貨物之生產各有所優而起者也。理嘉圖謂因兩地間有絕對的生產費之差異而起。且以同一之通貨而決定其價格也。至國際交易則反是。蓋地理相異。制度相異。語言宗教風俗相異。因而勞力及資本不能轉移自由。國際交易之起。既非因其貨物生產各有所特優。其所以行之者。又非因兩國間絕對的生產費之差異也。而理嘉圖謂是因兩國間相對的生產費之差異而起。且以異種通貨決定其價格也。蓋于國內交易。則交通便利。競爭自由。勞力及資本之轉移。亦能自由。是以製作貨物得擇用費少之地。各地皆生產其最適之貨物。而絕對的生產之差異。喚起各地間交易也。若在異國。則資本及勞力之轉移。概不自由。偶有生產費少之處。而資本及勞力。未必可以轉移。故其生產費。比之外國生產費。雖爲絕對的少額。然尚有不能生產者。要之。國際交易者。必由本國各種生產費。與他同種生產費。互有差異。而始行之也。故其價額。每因國際需要如何而決定之。因異種通貨而表示之。

第二　以時間類別之。有即時交易。與異時交易二種。

即時交易者。其所提出物量。（供給）與所支付物量。需要同時交付也。異時交易者。謂二個物量之交付。不同時決行。而其一價值之提供。與他

---

① "馬克略德"，即亨利・麥克勞德（Henry D. Macleod，1821—1902），英國經濟學家，著有《銀行業的理論和實踐》。

反對價值之提供。兩者之間。約定若干時間。其間假其代表反對價值之條件而先收取其一價值也。此異時交易。在若干時間中。其代表反對價值之條件。實爲信用。

第三　以方法類別之。有直接交易與間接交易二種。

（一）直接交換　直接交換者。乃交易最古之形式。蓋一人以其所餘貨物與他人。而得其所缺之貨物。即以貨物與他貨物相交換也。經濟學上名之曰直接交換。指直接交換專行之時代曰實物經濟時代。又曰自然經濟時代。直接交換有不便者三。試列如左。

第一　直接交易。于當事者之間。不能適合一致。　直接交易。必行于二人之間。而交換之時。必兩者之間。適合一致。即甲之所欲與。適如乙之所欲取。乙之所欲與。又適如甲之所欲取。然後可得焉。然其間甚多窒礙。故文明社會。必以衆人所共欲之第三貨物。爲交換之媒介。經濟學者。名此第三貨物曰交易之媒介。

第二　直接交易不能得價格之標準。　凡貨物價格。千差萬別。交易之時。須預定其價格之比例。必附以複雜之時價表爲要。即交換之貨物有十種。則市價表須四十五種以上。百種準是。而作成此等時價表。最宜注意。其煩勞亦甚。苟欲省此煩勞。則須選擇一種貨物。豫定其與他總貨物相交換之比率。即名此選擇之貨物。曰價格之普通標準。

第三　直接交換缺分割之手段。　多類之貨物。不得分割而售。詳言之。即不得不損價格而分割之。如米穀醬油等。即分割之。固無所損。然毛皮及衣服等。則不然。何則。其有毛皮或衣服者。苟欲以之與他物爲直接之交換。設他貨物之價格。僅相當毛皮或衣服之幾部分。則交換甚爲困難。方此之時。不得不以交換媒介爲必要矣。

（二）間接交換。　間接交換者。不直交換其目的之價格。而由衆人所認許中間價格之媒介。而間接以交換也。此交換分之爲貨幣交換。與信用交換二種。試逐章詳論之。

第二章　貨幣

第一節　貨幣之職分

直接交換。有三不便。欲革除其不便。必須有價格標準可以爲交易媒介之物。其物維何。貨幣是也。貨幣除此二職之外。尚具有指定價格本位及貯藏價格之職分。試順次述之如左。

（第一）貨幣爲交易之媒介　貨幣原始之職分。即在爲交易之媒介。蓋凡百貨物中。爲衆所共貴重者。如食品衣料及粧飾品中之某種。人人常欲用之。故以此與仙①貨物交換。則人好取之。而其所取者亦可隨時與他之貨物交換也。惟諸般貨物中。其適合于交易媒介之程度。互有差等。而人擇其最適當者。爲貨幣。

（第二）貨幣爲價格之標準。　貨物之中。被人選爲交易之媒介者。即自爲價格之標準。蓋他貨物之價格。視與貨幣相交換之比率而計算之也。貨幣既爲交換媒介。而參與數多之交換。故其後人人皆知貨幣與他貨物相交換之比率。而諸般交易遂大便矣。

（第三）貨幣爲價值之本位　除原始的職分外。更有第三之職分。國民經濟之進步。附與之于貨幣也。夫商業之進步。至貸借法行而始得見之。若借物者。其返還之物。與所借之物相同。如今借米穀。他日返還以同量添利息者。米穀高貴之時所貸與。（如凶年）至低廉之時。（如豐年）而返還之。則貸主負累匪淺。又或及其所不需米穀之時而返還之。則負累亦甚。

---

① “仙”，有誤，應爲“他”。

又借者必需貨物之際。若獨借之一人。則亦甚爲困難。故人人以其一般所尊重且其價格不甚變動者。爲貸借之目的物。其後此便利法大爲發達。貨幣遂至有價格本位之職分矣。

（第四）貨幣爲價格之貯藏　貨幣。又資于價格之貯藏。以便人便用[1]。如人欲貯蓄財産。或旅行時欲有或所携帶。或欲寄贈遠友。則必有斤量輕且價格大之貨物。方能合用。而貨幣適合此目的者也。

華革[2]曰。貨幣之所爲者。即貨幣也。今而下貨幣之定義如左。

　　貨幣爲人間一般所尊重之貨物。所以爲交換之媒介。價格之標准本位者也。右定義中不論及價格之貯藏者。以貯藏非貨幣之必要的職務也。

第二節　貨幣之種類

貨幣因國民經濟進步之程度而相異。現今最進步之社會。皆以金銀等爲貨幣。至于未開之地。仍以毛皮貝殼穀物茶團等充之。乃知指貨幣即爲金銀者誤也。

分國民經濟爲遊獵時代。牧畜時代。農業時代。工業時代四期。今論述其貨幣如下。

（第一）遊獵時代之貨幣。　此時代之貨幣。多用皮革。當時人民財産之主要。即獵獲物也。然其肉易腐敗。故用其皮革以爲貨幣。此稱[3]貨幣。盛行于古昔羅馬 斯巴達及加蚩治[4]等國。當俄羅斯 彼得大帝時猶用之。近代赫德孫灣[5]會社與北美土人交易。亦常用之。

---

① "便用"，有誤，應爲"使用"。
② "華革"，即弗朗西斯·沃克（Francis A. Walker，1840—1897），美國經濟學家、統計學家，著有《工資問題》《貨幣》等。
③ "此稱"，有誤，應爲"此種"。
④ "加蚩治"，即迦太基（Carthage），公元前 8 世紀至公元前 146 年的古國，位於非洲北部。
⑤ "赫德孫灣"，即哈得孫灣（Hudson Bay），位於加拿大東北部，海灣東、西兩岸皆爲因紐特人居住地。

　　（第二）牧畜時代之貨幣。　　牧畜時代。凡牛羊等家畜。最爲人所尊重。
彼此讓與。亦極容易。且得多年保存。故專以之爲貨幣。其證據之見于言
語學者甚多。試誦項墨之詩①。每以牛爲格之標準。又拉丁語所謂拜鳩尼
亞②。（貨幣之義）其源出於拜格斯③。即家畜之意也。又英語之拜鳩尼亞
里④。（金錢上之義）其源亦同。而英語之費。Fee（報酬之意）與德語之腓（家
畜之意）Vieh 其源亦同。（按曲禮問庶人之富數畜以對。則中國古時亦用家畜爲貨幣也。）外
爲此類者。不一而足。其在奴隸買賣盛行之國。則奴隸爲家畜。常爲交換
之媒介。又粧飾品之用爲貨幣者。雖不獨牧畜時代爲然。而足爲未開時代
之貨幣。盖粧飾之情。不獨野蠻人種最盛。即普通人類皆愛好之。且其物
品儲存贈讓均甚容易。是以蠻民以爲貨幣而流通之。固不足怪。如北美土
人古來磨貝殼以爲貨幣是也。而英領印度 暹羅及阿非利加之西海岸。至今
猶有用貝殼爲貨幣者。中國古代亦以貝爲貨幣。凡關于貨幣及財産之語。
皆從貝字。此其明證也。

　　（第三）農業時代之貨幣。　　農業時代。以農産物爲之貨幣。如歐羅巴
之田舍。自希臘古代以至今日。皆用穀物爲交換之媒介。近時那威⑤。仍以
穀物貸與銀行。由銀又⑥又貸與之于他人。中央阿美利加。如墨西哥國。則
以穀物名墨治者。爲通用之貨幣。又地中海岸諸島。小亞細亞之某市府。
皆以橄欖油爲貨幣。其他科科樹⑦之于中央阿美利加。及尤嘎旦⑧杏仁之于
澳洲諸國。煙草之于北美殖民地。凡以農産物爲貨幣者。其例甚多。殆不

---

① "項墨之詩"，即荷馬史詩，古希臘長篇史詩《伊利亞特》和《奧德賽》的統稱。
② "拜鳩尼亞"，即拉丁語"pecunia"。
③ "拜格斯"，即拉丁語"pecus"。
④ "拜鳩尼亞里"，即英語"pecuniary"。
⑤ "那威"，即挪威。
⑥ "銀又"，當爲"銀行"。
⑦ "科科樹"，即可可樹。
⑧ "尤嘎旦"，即尤卡坦（Yucatan），中美洲北部、墨西哥東南部半島。

能編舉[①]。

（第四）工業時代之貨幣。　國民經濟最進步之時代曰工業時代。雖或從事于農業。或從事于牧畜。或從事于漁獵採鑛。然究以工業及商業爲盛。貨物種類亦甚複雜。交易亦極頻繁。

前揭各種貨幣。當此時代。或不合時用。故專用貴金屬爲貨幣而流通之。且其鑄造金屬貨幣。常有精巧緻密之印形。

第三節　貨幣之性質

貨幣之性質　適于貨幣之性質。可分爲七類。如左。

（第一）有價格者　貨幣爲交接之媒介。以交換有價格之貨物。故其本躰亦不可無價格。又貨幣爲價格之標準。以計量凡百價格。其本體不可無價格。猶計他物長短之尺度。不得自無一定長短也。是以紙幣非貨幣。手形[②]亦非貨幣。

（第二）便于携帶貯藏者　貨幣所有之價格。比較其容積及斤量而能適當爲要。過大則不便携帶貯藏。過小則恐易失落。往昔斯巴達之來嘎爾革[③]欲抑壓商業。鑄鐵爲貨幣。通用于國內云。如此之重貨幣。其不適于現今之經濟社會。固不待論。又古來諸國所用之牛羊穀物皮革果實及油等貨幣。皆不便于携帶。至于金剛石價格過大。商業小者不能使用。

（第三）無破損之患者　貨幣爲交換之媒介。而轉輾于人手。又爲價格之本位。而便于長年月之貸借。且爲價格之貯藏。以永久保存。故不可使有破損之患。如亞爾科霍爾[④]之易發揮。動物性植物質之易腐敗。及鐵類之易酸化。均不適爲貨幣。

---

① “編舉”，當作“遍舉”。
② “手形”，即有價證券、支票、票據。
③ “來嘎爾革”，即利庫爾戈斯（Lycurgus，約公元前 7 世紀），傳説中古代斯巴達的立法者。
④ “亞爾科霍爾”，即乙醇、酒精（alcohol）。

（第四）物質之一樣者　可爲貨幣之貨物。其各部分及各標本。湏有一樣之性質。若甲之部分。與乙之部分異其性貨[①]。或第一之標本。與第二之標本異其價格。則交易沮礙。不易流通。是寶石與牛羊等所以不適爲貨幣也。

（第五）可分割者　貨幣湏不損其價值而得分割之。如金剛石皮革及布帛等。每因分割而損價值。故不適于貨幣。至金屬不然。

（第六）價格變動少者　貨幣爲價值之標準及本位。則其價值常一定而不變動。最爲必要之性質。貨幣價格變動。即有紊亂經濟社會而致恐慌之弊。然百貨中無一具備此性質者。唯金銀比較之他物。略具此性質耳。

（第七）易認識者　貨幣爲交換媒介。而展轉頻繁。湏一見即得與他物區別。如寶石一物。必大有學識經驗者。方可鑑定。金銀則因其光澤與音響。常人亦易認識也。且其性質富于彈力。鑄造時可附以種々之印形。此可以鑄造之性質。亦貨幣所必要也。

金屬最適于貨幣。而金銀爲最。金屬者。非因用之爲貨幣而始得同格也。因其有價格而後始用爲貨幣耳。即其未用爲貨幣也。亦或爲粧飾品。或爲日用器具。大有效用。人類從而尊重之。遂至選擇爲貨幣。而金屬一旦用爲貨幣以後。其需用愈多。其價值亦較昂。如鐵鉛銅之賤金。其價值比之容積及斤量甚低廉。故不適于現今經濟社會之貨幣。而在進步程度尚低之經濟社會。則採鑛冶金之術尚未發達。而生產費額甚大。故賤金亦比之日用貨物。大有價值。其所以有用爲貨幣者也。即就貨幣史而言。無論何國。莫不先採用賤金也。陸仙羅氏曰。金屬貨幣。較他物爲晚出。貴金又後于賤金。是殆爲經濟上之法則。要之。于一時代。其用爲貨幣之金屬。必比之他貨物而有大價額者也。

凡金屬。除鐵之外。大抵少腐蝕之患。如金遇單純酸類。不至鎔解。銀遇濕氣。則其外部生極薄墨錆。此有防止深蝕之效。且爲識銀之好目標。

---

① “性貨”，有誤，應爲“性質”。

凡金銀之最純粹者。或因遇軟遇硬。不免有磨滅破損之虞。倘用適當之合金。則可以防止此患。鉛錫失于軟。不足爲現今貨幣之用。青銅黃銅。則賤金中最適當于貨幣者。故自上古至今日猶盛行。白銅爲最硬之金屬。近來諸國往往以銅混之。鑄爲貨幣。以便流通。金銀亦易磨滅。故混以銅。或金銀相混而用之。

　　凡金屬。其質有同。故得隨意分割。又得再爲倂合。其分割倂合。不須多額之費用。耗量亦至少。依耶文①之説。再鑄金之費。僅二千分之一强耳。日本現行之造幣規則。（第十一條）其鑄造料。金貨需千分之七。銀貨需千分之十。亦可以證金銀分割倂合之易矣。又多數之金屬。以其各有特別之色澤地質及音響。區別容易。且堪鑄造刻印。如金銀等。則最能刻精巧之印形。而比他物價。變動鮮少。夫價格變動。原從需要供給之關係。如米穀之需要雖稍有一定。然其供給則因豐凶之差。而大有增減。遂致價格大變動。至金銀等則不然。非如米穀之年年可消費而盡。古來之蓄積甚大。（倂貨幣及器物而言）而歲々之生產及消耗。不過其僅少一部分耳。霍來斯灰脱②謂世界之有金。約計五十億弗。銀之現在額亦畧同之。而年年可加之生產額。合金銀爲一億五千萬弗。則不過爲現在總額百分之一半而已。而二十五年間之磨滅額。爲百分之一弱。而因水火等不時災害。所損失之額數。雖比磨滅額更强。難于計算。要之。金銀者。其現在額甚大。其年々增加或減少者。實爲其僅少部分。故比于他貨物歲々供給。大有變動者。則其價值之低昂較少。

　　金銀之最適于貨幣。既如上所述。故金屬之名稱。每帶有貨幣之意義。古來其例甚多。如中國所稱謂金者。直含貨幣意義。希臘語曰亞覺羅士③。則含有銀・銀貨・及貨幣意。拉丁語之哀斯④。即含有銅・青銅・黃銅・及

---

① 　“耶文”，即威廉姆・斯坦利・傑文斯。
② 　“霍來斯灰脱”，即霍勒斯・懷特（Horace White，1834—1916），美國記者、金融學家。
③ 　“亞覺羅士”，即希臘語 “Αργυρός”。
④ 　“哀斯”，即拉丁語 “aes”。

貨幣之意。<u>法蘭西</u>語之<u>亞爾善</u>[①]。即含有銀及貨幣兩意。

第四節　貨幣之制度[②]

用金屬貨幣之制度。蓋有二種。一曰秤量貨制。一曰計數貨制。秤量貨制者。謂準政府所定之權衡制度以用爲貨幣之金屬。一一懸之權衡。以秤量其價恪[③]。以爲交換之媒介也。計數貨制者。謂政府鑄造貨幣時。定其純分及斤量。公之于衆。僅依計數而授受貨幣也。計數貨制。更小別之爲單本位制。及複本位制。單本位制者。擇政府所發行諸種貨幣中之一種。以定爲法定之貨幣。凡買賣及契約等。苟無其他明示之約束。則必用此貨幣也。複本位制者。謂政府鑄二種以上之金屬貨幣。如鑄金銀銅貨等。以法律定各貨交換之比例。使諸般賣買及貸借。無論何種貨幣。皆得用之。即以二種以上之金屬。爲法定貨幣也。位于單複兩本位之間。有學者所謂合本位制。蓋以某種貨幣定爲法定貨幣。凡貨幣上之大契約。則依此行之。而更以他貨幣爲補助貨。凡支付償清。限定其額。皆用之。若法定貨幣有二種（如金銀）而尚有其他補助貨。（如銅及白銅）則複本位制兼合本位制。又如法定貨幣僅一種而有補助貨。則單本位制兼合本位制。

就以上所述。列表于左。以備參考。

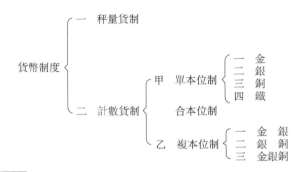

---

①　“亞爾善”，法語爲“argent”。
②　目次爲“貨幣之制設”。
③　“價恪”，有誤，應爲“價格”。

第一欵　秤量貨制

考金屬貨制之沿革。凡秤量貨制先于計數貨制。而計數貨制之中。單本位制先于複本位制。而合本位制爲最後。聖書所載。希臘 亞勒斯大德[①]之政治論[②]。及羅馬 蒲里尼[③]之説。皆明言秤量制度爲貨幣制度之根源。且此制度不獨行于古代諸國。現今世界之大部分。亦多行之。如緬甸。以鉛及金銀等。一一依權衡而通用之。中國除以錢或薩配格司[④]爲法定貨幣外。金銀均以兩計。其他外國貨幣。亦能通行之國。及通貨磨滅。品位低落。斤量不同之國。則用其貨幣。皆一一秤量而通用之。又凡關于一國貨幣之法規。不能通行于外國。故國際貿易。皆曰秤量貨制。

第二欵　計數貨制

計數貨制。較秤量貨制。大爲進步。故文明諸國。莫不採用此制。彼半開之邦。亦有採用外國貨幣計數通用者。如阿非利加西海岸。專行西班牙之貨幣。兼用和蘭 瑞典及法蘭西之貨幣。中國之一部。通用墨西哥銀貨。又英領西印度諸島。用英 墨 西諸國之貨幣。新堡坡[⑤]則印度之盧比。西班牙及墨西哥之弗銀並行。方今以文明自誇之諸強國。其通用外國貨幣者亦不少。德意志行法蘭西及英吉利之金貨。北美合衆國。用英 法 西 墨之金貨。直至千八百五十七年爲止。英國當十九世紀之始。亦通用西班牙之弗。日本上古亦通用中國錢。（如永樂錢）

計數通行本國貨幣之制度。亦有二種。即單本位制及複本位制是也。合本位制則在于二者之間。

甲　單本位制

世或以單本位爲金單本位之義。然亦往々有用銀單本位者。如明治三

---

① “亞勒斯大德”，即亞里士多德。
② “政治論”，即《政治學》（*Politics*），亞里士多德代表作之一。
③ “蒲里尼”，即老普林尼。
④ “薩配格司”，即 “sapeks”，指方孔錢。
⑤ “新堡坡”，即新加坡。

十年以前之日本及現時之俄羅斯是也。方今英國稱爲金本位之棟梁。然其
採用金本位。實在千八百十六年以來。其前乃爲銀單本位。或有用銅單本
位者。如前世紀之俄羅斯及瑞典二國。則以銅爲唯一之法定貨幣。往古之
斯巴達。用鐵單本位。故單本位制分爲鐵銅銀金四本位制。然貨幣之自賤
金移于貴金。實爲經濟上進步之大勢。現今文明諸國。無復有以銅鐵爲貨
幣之本位者。銀則往々用之。但有漸移于金單本位之勢。

　　金本位之邦國。亦非僅用金貨流通之。金貨固爲法定之本位貨幣。而
尚有其他銀銅等之補助貨。而使用于一定額之支付。（即合本位制）要之。
純然之單本位制。于金本位之國。不聞有之。惟銀本位之國有之。而純然
銀本位之國。其經濟日益發達。若專用銀貨以付巨額。則大有不便。故
本位銀貨之外不得不用金貨。如英吉利安格羅撒遜時代[1]。通用羅馬帝國
首府比贊丁[2]所來之比贊葯金貨[3]。而歐洲各所。亦通用意大利弗羅崙府[4]之
費羅崙金貨[5]。但此等金貨。唯以銀貨所估之市價而通用之。固非當時之本
位貨幣也。而複本位制。即由此而日益發達。如此之類。市價併用他貨幣
者。稱之曰并行本位制。

乙　複本位制

　　複本位制者。歷史上盖出于純然單本位制之後。有金銀兩本位。有金
銀兩本位。有金銅三本位[6]。據英國古史。其君主原有鑄造金銀貨之特權。
惟銅貨任人民便宜鑄造。至柏蘭達成内德之朝[7]。（千二百五十七年）圖人

---

① "安格羅撒遜時代"，即盎格魯-撒克遜時代（The Anglo-Saxon period），450—1066 年。
② "比贊丁"，即拜占庭（Byzantium），東羅馬帝國的中心。
③ "比贊葯金貨"，即拜占庭金幣（bezant）。
④ "弗羅崙府"，即佛羅倫薩。
⑤ "費羅崙金貨"，即弗羅林金幣（florin），佛羅倫薩共和國發行的貨幣。流通於 13—16 世紀歐洲
　　大陸。
⑥ "有金銀兩本位。有金銀兩本位。有金銅三本位"，有誤，據日文原書，應爲"有金銀兩本位。
　　有銀銅兩本位。有金銀銅三本位"。
⑦ "柏蘭達成内德之朝"，即金雀花王朝（House of Plantagenet），1154—1458 年。

民之便利。始鑄造金貨。定對于銀貨之交換比率。遂爲金銀兩本位之邦國。
毫不以銅及其他賤金鑄造貨幣。然此兩本位之制度。因一千六百六十四年
以降。政府不定金銀之比價。故漸歸廢頹。其後卒以銀爲本位貨幣。金貨
僅以其市價通用而已。（所謂并行本位制）一千七百十七年造幣局長奈端[①]（以
理學着名家）建議再復舊制。以法律定金銀之比價。而金一爲銀十五半。即金
一基尼亞[②]。同于銀貨之二十一志[③]。至一千八百十六年。遂變其制度爲金
貨本位。<u>法蘭西</u>大革命之第九年。從<u>高坦</u>[④]之議。採用金銀兩本位。定金一
銀十五半。爲兩貨之比價。是欲使銀比實際市價而貴耳。然如革<u>來西</u>[⑤]所謂
惡貨追放良貨。其後法國所流通之貨幣。至僅見銀貨焉。既而一千八百四
十八年發見<u>加里福尼亞</u>之金坑。一千八百五十一年發見<u>澳洲</u>金坑。金價一
時低落。法國之流通貨幣。遂再變而見金貨專行。一千八百七十一年以來。
<u>德意志</u>及其他各國採用金貨單本位者益多。金之需要從而增加。其間銀之
生產額亦益增加。其價格對于金而日益下落。法蘭西及其他金銀兩本位諸
國之流通貨幣。遂復見銀貨特多。

　　兩本位之制度。須法定金銀價格。與當時之價格相符合。或其差甚少。
方可行之。然而金銀價格。不免常有變動。故金銀兩本位之國。若金貨騰
貴。則惟銀貨流通。而人民若于[⑥]貨幣太重。銀貨騰貴。則惟金貨流通。不
適于小販。于是金貨單本位之下以銀銅貨爲補助貨。而通用之。諸國概採
用合本位制。蓋其宜也。

丙　合本位制

　　純然之單本位制度。或複本位制度。皆有所不便。欲除此不便。而發

---

① "奈端"，即伊薩克·牛頓（Isaac Newton，1642—1727），英國物理學家、數學家、自然哲學家。
② "基尼亞"，即幾尼（Guinea），1663—1813 年英國發行的金幣。
③ "志"，shilling 的日語音譯，即先令。1 先令等於 12 便士。
④ "高坦"，即馬丁-米歇爾-沙爾·戈丹（Martin-Michel-Charles Gaudin，1756—1841），法國執
　政府和第一帝國時期（1799—1814）的財政大臣，法蘭西銀行創始人（1800）。
⑤ "革來西"，即托馬斯·格雷欣。
⑥ "若于"，有誤，應爲"苦于"。

明一新制度。即合本位制是也。以某金屬爲本位貨。以較賤之金屬爲補助貨。蓋下其品位。僅用之于少額支附①也。此制度一千八百十六年。羅爾德 里巴布爾②所建議。英國始實行之。以金爲本位貨。銀銅爲補助貨。而一次之支出額。限銀于四十志以下。銅貨于一志以下。（參照一千八百十六年及一千八百七十年英國貨幣條例）

　　在金單本位下之合本位制度。英國用之有效。故馬革洛克③都克④穆勒 耶文皆贊成之。然合本位制。不獨可行于金單本位制下。而金銀兩本位制下。亦可行之。法國及其他之拉丁同盟國。實採用金銀兩本位制。而以品位稍劣於本位銀貨之小銀貨及銅貨爲補助貨。

　　凡補助貨幣。有二特質。一其一次之支出額。有法律上之限制。二其品位較之本位貨稍劣是也。

第五節　貨幣流通之法則

　　主貨幣流通者有三。即法律・習慣・及革來西法是也。試順次述之於左。

第一欵　法律及於貨幣流通之影響

　　法律所及於貨幣流通之影響。自由貿易泒度外視之。貨幣鑄造之事。無論何國。皆屬國家主權。而臣民不能攪奪。故貨幣皆帶有法律性質。英國哲學泰斗斯賓塞爾⑤所著之社會平權論⑥。謂貨幣必以私鑄爲最良。如麵包出於私人之手而極精美。然耶文等詳指其誤謬。蓋斯賓塞爾不獨不知革

① "支附"，有誤，應爲"支付"。
② "羅爾德里巴布爾"，即"Lord Liverpool"，羅伯特・詹金遜（Robert Jenkinson，1770—1828），英國政治家、貴族，於1812—1827年任英國首相。
③ "馬革洛克"，即約翰・麥克庫洛赫。
④ "都克"，即托馬斯・圖克。
⑤ "斯賓塞爾"，即赫伯特・斯賓塞。
⑥ "社會平權論"，即《社會靜力學》（*Social Statics*），斯賓塞代表作之一。

<u>來西</u>法。法律所影響於貨幣流通之勢力亦度外視之也。麵包爲吾人直接所需要。故委於私人之自由競爭。則可得品質最良。且價額亦最廉。獨貨幣者。原欲媒介交換而製作之耳。若一任私人之鑄造。則粗濫之弊。實不可免。<u>耶文</u>證明私鑄之必陷於粗濫。其說曰。以余所見。凡不宜自由競爭者。莫甚於貨幣。憲法上常以貨幣鑄造權。爲國王特權之一。良有以也。（中畧）在過去時代。往往有國王濫造貨幣。下其品位。然在近世。則無此弊。而其弊適相反。蓋最重輿論之政府。而欲改革幣制。雖其法良其意美。而不得多數之翼贊。則不能決意行之。其人民亦因習慣之影響。或以乏於貨幣之智識。故雖有最良之計畫。亦不能一致焉云云。<u>耶氏</u>所云。專就貨幣鑄造權而論。亦足以明法律之影響於貨幣流通者如何。現今文明諸國。凡貨幣之名稱大小性質及價格等。皆爲法律所定。但法律於數種貨幣之間。苟定不當之交換比率。而强行流通之。其事殊難。以法律强行流通者。必以至某程度爲限。此補助貨幣所以流通也。古來諸國不換紙幣。其能流通者。亦由於此。其他雖不能見諸實行。而萬國兩本位制度。如以法律定金銀之比價而彼此通用。決非架空之理想。蓋即二三國同盟採用複本位制。而其法律之力終不足以左右世界市場之金銀比價。惟萬國共同所定之法律。則其力甚大矣耳。

第二欵　習慣及於貨幣流通之影響

法律於貨幣流通上。既有著大之影響。而習慣有並行或反對之勢力。或助成法律。或壓倒法律。此不可不知也。試讀古來東西貨幣史。政府雖以權力流通新錢。而禁止舊錢。人民以其利己心與習慣力。對抗其法令及刑罰。其例不遑枚舉。要之。法律之勢力不可輕視。習慣力及<u>革來西</u>法。其影響及於貨幣流通上如何。亦不可置之度外也。蓋多數之人民。素不審貨幣之原理。又貨幣品質之精密比較。除兌換商‧地金商‧及銀行等少數人民外。餘概不能了解。其領一貨幣。不過視他人領同種貨幣否耳。距今二十年前。<u>那威</u>邊野人民。其於新鑄之二十<u>革洛耐</u>①金貨。雖見極爲美麗。而寧不欲用之。仍好舊日<u>達來爾</u>②紙幣云。又在中國通商港埠。他國銀貨之流通力。不及<u>墨西哥弗</u>③者。亦因習慣之勢力使然也。習慣之及於貨幣流通上之勢力。既如此其廣大。故政府當鑄造新貨時。往往襲用舊貨之稱號。如<u>墺大利</u>之<u>馬里亞第需撒</u>④銀貨。自一千七百八十年始行鑄造爾後皆取同一之形狀。至近年尚鑄造之。即幣面之年號。亦依然不改。日本寬永十三年。（西歷一千六百三十六年）所創鑄之寬永通寶。（銅貨）至寬文八年。（西歷一千六百六十六年）仍以同樣之形狀鑄造之。而所謂文字錢。後屢鑄造。而一般人民。無計較貨幣真價之手段。遂使僞鑄者。及專制君主。僅摹仿舊貨之外形。以鑄造新貨。逞私利以紊亂幣制。由此而通貨品位漸低下。此古來各國之通弊也。

第三欵　革來西亞⑤之法則

支配貨幣流通之第三勢力。爲利己心。明其說者即<u>革來西亞</u>法則是也。距今二千餘年前。希臘哲學家<u>亞歷斯多亞納</u>⑥。曾言此法則之原理。而倡之者以第十六世紀。英國之富商<u>革來西亞</u>爲始。所以有<u>革來西亞</u>法則之名稱也。今略說此法則如左。

凡惡貨與良貨。不得並行。良貨常爲惡貨所驅遂⑦。

貨幣流通之秘訣。實不出此數語。當此原理未發見時。司諸國財政者。

---

① "革洛耐"，即克朗（Kroner）。
② "達來爾"，即塔勒（Daler），16 世紀流行於北歐的貨幣。
③ "墨西哥弗"，即墨西哥鷹洋，1821 年後墨西哥使用的鑄幣，晚清時期大量流入中國。
④ "馬里亞第需撒"，即瑪麗婭·特蕾莎（Maria Theresia，1717—1780），奧地利女大公，匈牙利和波希米亞女王。
⑤ "革來西亞"，即托馬斯·格雷欣。
⑥ "亞歷斯多亞納"，即阿里斯托芬（Aristophanes，約公元前 446—前 385），古希臘雅典喜劇詩人。
⑦ "驅遂"，有誤，應爲"驅逐"。

每患純良貨幣出市場之外。獨留不良者於社會之中。欲屢鑄造純良新貨幣。以驅逐不良之貨幣。而濟人民之不利。然而良貨甫出。其形即隱。須臾之間。不復存其迹於市場。執財政者苦之。自<u>革來西亞</u>出。勘破良貨惡貨間之顯象。古來謬見。遂因之一掃。自是貨幣流通之原理。大明於世。夫世人之需要貨物。必選善良者。此人間利己之情所使然也。而於貨幣獨反是。甚可異也。然解此理由。亦甚易易。貨幣之與其他百物所以異者。非供人之直接使用。而供購買他物之用耳。故一國內。若一種貨幣獨流通。人必於其貨幣之外形上取其善良。而不計其質之輕重。蓋彼等所求於貨幣者。在交換之媒介己耳。若兌換商・地金商・及銀行業者。則必擇其性質佳良。及斤量之大者。而收取之。或溶解之。以便輸出或貯藏或供什物珍寶之裝飾。故同法價之貨幣若有善惡之差。則曉其質者必擇其良以拔之。於是良貨遂絕其迹。而惡貨獨流通馬①。貨幣原與酒茶米麥或衣服等不同。常人不覺知兌換商地金商銀行業者等以惡貨收買良貨而溶解之。仍以惡貨相授受。久之市場中惡貨充滿。英國威廉三世。早注意於此。當其改鑄貨幣之時。先收惡貨以代證券。而後發行新鑄之貨幣。以遂其改鑄之目的。可謂知<u>革來西亞</u>之法則矣。

　　<u>革來西亞</u>所發見貨幣流通之原理如此。政府之鑄貨幣。所當注意者有二焉。即造幣局發行之本位貨幣必均一其量。與其純質。否則徒爲兌換商等之利藪耳。此其一也。且貨幣若磨滅消耗。減其斤量。則政府宜豫備適當之法收之。即以新貨幣相換。否則惡貨幣將永世流通於市場。此其二也。<u>塞賓斯爾</u>以爲因自由競爭。及自然淘汰之原則。公許私鑄。始有最良之貨幣。蓋彼謂貨幣與百物相同。未知<u>革決西亞</u>②法則之行於貨幣也。

---

① "馬"，有誤，應爲"焉"。
② "革決西亞"，有誤，應爲"革來西亞"。

以上所述。指一國中僅行一種之本位貨幣而言。然一國内有金銀等數種之本位貨幣。革來西亞之法則亦行焉。蓋金幣價格較銀幣騰貴。則其流通貨幣。獨止銀幣。銀幣騰貴則獨止金幣。如一千八百四十九年至一千八百六十九年之法蘭西是也。

第三章　信用（或貸借）

第一節　信用之意義及要素

人之交易。甲持一物。乙亦以相當之一物報酬之。而交易之中。或因事物自然之性質。或因交易者意思之作用。凡與時期相關之法有二。一謂交易者相互行爲成于同時。物品交換及賣買是也。古尼士①所謂直取引者。Buarges chäfte②凡兌換各種貨幣者。亦屬此類。二謂交易者相互行爲問③有時日之隔。如一人行爲因若干時日經過始成。及相互行爲不能成于同時。是也。甲之行爲。與乙之報酬。時日有隔者。不問其因事物自然之性質。與出於當事者之意思。皆稱之曰信用交易。與直取引相別焉。

普通直取引法。行爲與報酬。共行於現在者也。又信用取引之法。甲之行爲爲現在。乙之報酬爲未來。然兩者行爲。亦有共起於未來之時者。如契約供給之類是也。在一種信用取引甲之行爲爲未來。而乙之報酬尤後。

自由意思之不可缺於信用取引。亦猶其不可缺於直取引也。故勢迫之公債。非信用取引。而具有租稅之形式。債主信認負債人。爲信用取引之第二要素。是區別信用取引與直取引之最要素也。

---

① "古尼士"，即卡爾·克尼斯。
② "Buarges chäfte"，有誤，應爲 "baargeschäft"，即 "直接交易"。
③ "問"，有誤，應爲 "間"。

　　信用之定義。諸大家各執其説。莫衷一是。今大別爲二種。一爲主觀之定義。措重於債主之信認。如<u>勒盃紐士</u>①<u>拉烏</u>　<u>喜免堆甫南</u>②<u>固斯達父</u>③<u>歷西士</u>④。及商法學者<u>粟米特</u>⑤<u>堆魯</u>⑥等之定義是也。二爲客觀之定義。措重於債務者所受之信認。如<u>陸仙羅</u>　<u>穆勒</u>等之定義是也。今舉二三定義以供參考。請先述主觀之定義如下。

　　　<u>固斯達父</u>曰。所謂信用者。能信認他人於未來時可了其債務之能力是也。

　　　<u>堆魯</u>曰。所謂信用者。信認其履行一約束是也。

　　　<u>拉烏</u>曰。所謂信用者。自普通言之。則各人就經濟上交易之契約義務。而信認他人履行是也。

　　　<u>哇古來兒</u>⑦曰。所謂信用者。信我之行爲。將來必受他人之報酬。以行私人經濟之交通。而其經濟貨物之授受。出於自由意思也。

　　次舉客觀之定義如下。

　　<u>陸仙羅</u>曰。所謂信用者。以他日報償同價物之約束。而得自由處分他人貨物之力是也。

　　<u>穆勒</u>氏“經濟原論”。以信用爲不以貨幣而購買貨物之力。是亦客觀之定義也。

　　主觀客觀二定義外。尚有一種定義。即<u>古尼士</u>之説也。<u>古尼士</u>以信用取引。與直取引互相對照。其定義曰。當事者一方之行爲。在現在。而別有反對之行爲在未來。其間交通即信用是也。此定義。以信用爲一交通矣。

① “勒盃紐士”，即內本紐斯。
② “喜免堆甫南”，即希爾德布蘭德。
③ “固斯達父”，即古斯塔夫·科恩。
④ “歷西士”，即威廉·萊克西斯（Wilhelm Lexis，1837—1914），德國經濟學家、統計學家。
⑤ “粟米特”，即萊溫·戈爾德施密特（Levin Goldschmidt，1828—1897），德國法學家。
⑥ “堆魯”，即海因里希·圖魯（Heinrich Thöl，1807—1884），德國律師、商法學者。
⑦ “哇古來兒”，即阿道夫·瓦格納。

雖似與<u>哇古來兎</u>[1]之說相同。其所異者。以信認爲非重。又以自由意志爲不正是也。

　　執信用爲交通之說。余不敢從。由主觀客觀而言。皆失於狹隘。故余欲以之爲債主及負債主間之關係。且下定義如左。

　　　　所謂信用者。在甲爲今日所爲之經濟行爲。在乙則爲未來之報酬行爲。其甲乙相互之關繫是也。

　　　　今將交易或取引之各種類。列表如左。

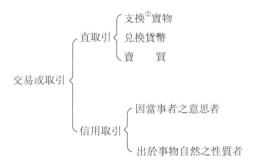

第二節　信用之種類

　　信用行於經濟範圍各部。或以各種形式行。或行於私人經濟。或行於公共經濟。或有擔保而始行。或無擔保亦仍行。又有行於工業上之生產。有行於農業經濟。茲姑分爲四類如左。

　　（第一）以債務者之人格爲基礎。則有公共信用。（公債）私人信用（私債）之別。在公共之信用。則以公共政治團體如國府縣郡市町村等爲債務者。其最重要者。國債是也。私人信用。亦有二種。一爲常人債務之關係。二爲會社債務之關係。

　　（第二）以信用取引之期限爲基礎。有短期信用。長期信用。無期信用

---

①　"哇古來兎"，有誤，應爲"哇古來兒"。
②　"支換"，有誤，應爲"交換"。

之別。

（第三）以擔保爲基礎。有對物信用。對人信用之別。所謂對人信用者。謂債主專置信用於負擔者之人格。毫不以貨物爲擔保。對物信用者。謂以物件爲擔保。對物信用中。以土地爲擔保者。謂之土地信用。

（第四）以負債者所得經濟貨物之適用爲基礎。有消費信用。生產信用之別。消費信用。則負債者。以其貨物。維持自己生活。或會享有之手段。而消費也。生產信用。則反是。負債者以其所得貨物。利用于他貨物之生產是也。

第三節　信用之職掌

關於信用之職掌。古來學説。各用[1]謬誤。或直以信用爲資本。謂信用能使無資本者得有資本。又能以資本。移之他方。以大其生產之力。故信用者。即資本也。主張此説者。如英國之馬加羅克[2]及美國之丕爾利[3]爲最。

穆勒 法思德 陸仙羅等以信用爲非資本。法思德曰。資本之根本觀念。在其蓄積以養勞動者。且維持其力。若夫信用。則借入之力也。迨實行借入之力。則即有資本可得。恰如人之腕力。方可舉五十斤。而即謂彼腕力五十斤。是無條理之言也。彼以信用爲資本稍類是。陸仙羅曰。信用之效果。可一言以蔽之。信用無直接生產新資本之力。與分業不能生新勞働者無殊也。然使信用者資本由一人之手。運轉於他人之手。則易易也。

不以信用爲資本之説。適與余意相同。蓋信用者。移轉資本。而增加資本之生產力也。譬如甲有銀萬元。貸之與乙。是萬元之資本。不過離甲之手。歸於乙手而已。決不因信用而增減也。俱甲自用之於生產之業。其

---

① "各用"，有誤，應爲"各有"。
② "馬加羅克"，即約翰·麥克庫洛赫。
③ "丕爾利"，即亞瑟·佩里（Arthur L. Perry，1830—1905），美國經濟學家。

所獲之益。不若乙所獲之益爲多。則甲貸於乙之資本。其數雖無增減。而其生產之力。實有增加也。要之。信用。雖不爲資本。而足以增減生產力。則無可疑也。

第四節　信用之利害

信用之利益。觀於前節所述。可以知其一端矣。今更詳列於左。

第一　信用變享有手段。爲生產手段。

凡財產有餘裕者。無利用之途。徒然貯蓄於倉庫之中。或浪費於逸樂之道。不如因信用而依托於確實之銀行。或貸付於有爲之商賈。是豈非彼之享有手段。一變而爲資本乎。

第二　信用可以增加資本之生產力。

信用之功。不僅變非資本爲資本。又有增加資本生產力之利。何也。有資本不足以營業者。信用者可以借用之。又信用者集衆人小資本爲一團大資本。譬如儲蓄銀行。合衆人存儲之金。貸之於人。使爲有益之大事業。又如合股公司。亦合衆人之資本。爲共同之事業者也。所謂足以增加資本生產力之說。豈不信哉。

第三　信用有補助勞動之力。

信用不獨供給資本於富商大賈已也。即小營業者。亦可以得補助。如工人小農等。苟有信用。即可借用他人之資本。以買機械器具。或購求肥料種子。故其生產之力。遂因之而大盛也。

第四　信用可獎勵各人儲蓄之心。

信用能使死資本爲生資本。小資本爲大資本。故可以獎勵人民儲蓄之心。在信用尚未發達之時。則凡有貨財。皆以之實於庫倉①之中。

———————————

① “庫倉”，有誤，應爲“倉庫”。

今日則與其徒然蓄於倉庫之中。不若購買公債票。或存於銀行。皆有利息可得。且無耗失之虞。即儲蓄之數甚微。亦有郵便儲蓄之制。或存於民間私設之儲蓄銀行。亦甚便矣。故信用不僅獎勵富商大賈儲蓄之心。亦可以獎勵貧民也。今世界通行各種保險之法。亦爲一種信用所約束。是皆獎勵人民蒸有效可覩者也。

第五　信用可爲交易之便利。

　　信用不惟於貨物生產之上。爲不可缺之物。且於交易上有明效大驗也。苟有信用者。其資本雖微。亦可以營巨商之業。故信用取引既行。則貨幣之效必減。而買賣必有活動。如使用爲替手形約束手形及手券。（小切手①）等。皆商業所稱爲至便利者也。

信用之於生產上及交易上。其利益至大。然濫用之。則其弊亦有不勝言者。今列舉之如下。

第一　信用往往釀生產過多之弊。

　　各種物品之需用。過於其供給之數。其價日貴。於是製造者。必勉力速增供給之數。或獲利之巨。濫用信用。則資本過多。生產之力亦陷於過多。物價遂下。製造者往往不免於破產。且貸資本於製造者之銀行。亦被損失。以致商業衰頹。

第二　信用往往生輸入過度之弊。

　　外國品之需用增進。其結果。亦有似前項者。

第三　信用往往獎勵投機之弊。

　　現金賣買。則投機之弊少。信用賣買。則不然。如股券賣買。大抵前納小額證據金。至三月或六月後完結其賣買。其間依前後之差額。得僥倖之利益。故投機之弊殊甚。

---

① “小切手”，即支票。

第四　信用徃徃生浪費之弊。

　　信用雖獎勵債主之儲蓄。有時亦促負債者之浪費。何則。貸借容易。則曩甘於粗衣粗食之輩。皆藉信用而得金銀流通之便。馴至貪目前之快樂。不顧將來之困難矣。

第五節　信用之形式

　　信用取引之行。其形式不同。或單以口頭之約束。或發證書。或記入於帳簿。總稱此等證書帳簿爲信用之要具。指其證書曰信用證券。

　　信用之要具。有爲貨幣之代理者。有不爲貨幣之代理者。如通常之借用證文。土地家屋之賃借證文。不得爲貨幣之代理。若夫使用帳消法。爲替手形。約束手形。手券等者。皆不復用貨幣。而有購買之力。即屬於代理貨幣之信用。其他政府所發之紙幣。銀行紙幣。亦屬此種。今表示信用之形式如左。

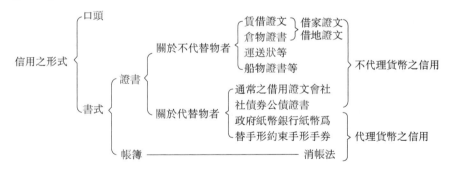

　　信用之各種形式中。其口頭信用。則無大効於經濟之上。若夫信用要具中。可爲貨幣之代理者。則非精心研究之不可。物價高低。恆與貨幣價格之高低爲反比例。而貨幣之價格。又因流通之速度。與分量之多少。而有變動。故代理貨幣者之流通及存在。於貨幣價格及百物價格之上。皆有大影響及之者也。

第一欵　帳消法

代理貨幣之信用中。最簡便者。莫如帳消法。互有貸借賣買之關係者。彼此不以貨幣相授受。僅於各人之帳簿中。記明貸借兩坐。凡取引必以記帳辨之[①]。約定於某年某節後。一律結算清償。或以相差之數。編入後期。譬之。甲爲商人。與工人乙者立約。曰甲常供給原料機械于乙。充乙之所需用。乙亦供給其所製造之品于甲。至年終結算。甲所供給原料器械之價爲五千元。乙所供給製造物價則爲六千元。則甲應以千元償乙。若無帳消之法。彼此以現金相交換。合計須以一萬一千元之貨幣相授受。而後可以敷用。且其勞神費日。豈有限也。用帳消之法。則僅交付一千元。而一年之間可得一萬一千元之交易。利孰大焉。且乙不必取償千元於甲。又以之編入次年。再求需用之物於甲。故有交易數年不動一錢者。帳消法。爲代理貨幣之信用其理明矣。

第二欵　爲替手形

帳消之法雖善。但當事者彼此互有貸借之關係而後可行。若彼此各無關係。即不可濫用。凡無關係者之間。亦有可用之法在焉。爲替手形（手券亦然）是也。警之[②]。有甲乙丙三人。甲於乙有可取之債權。而其於丙有可償之債務。於是甲作下所記之手形。與之于丙。命乙交付若干金于丙。

```
                          或經一覽後幾月
    第　號
                          或自發票後幾月　一五〇〇
    一金一千五百圓正
                  請貴店（或銀行）即交付右金與丙或保票人
                                        甲　某
          乙某台照
```

---

① "辨之"，有誤，應爲"辦之"。
② "警之"，有誤，應爲"譬之"。

觀於以上所述。甲爲發票人。乙爲交付人。丙爲領受人。（發票人時或爲領受人）即甲發票與丙。而使乙負擔債務而已。乙負擔債務於甲。故必如數交付。若其票須至一定期日而付。則期前一日。丙當以票示乙。乙再約期交付。由是言之。此約必須乙者許諾。而後成立者也。乙既許諾之後。俟丙至期再以其票示乙。即可如數交付。如丙又以此票讓之於丁。丁又讓之於戊。戊又讓之於己。其票於尚未交付以前。輾轉於數人之手。讓票皆須表明於裏書之中。其式如左。

乞交付於丁某

乞交付於戊某

乞交付於己某

丙某

丁某

戊某

第一圖。票面所謂保票人。即謂裏書受讓者也。

夫爲替手形。原爲省金銀運輸之勞而創立者也。（即送金票）至今則其用廣大。且專爲融通金錢之方法。如某甲者。在上海以十萬元之資本營絲商業。散其資本於各地收買絲繭。將其絲載於商船。附以保險。送於倫敦某乙。其物到倫敦。若乙所發之票不到上海則甲無取償之方。勢必止其融通。且止其商業焉。如此者有直取償之便法。甲先作十萬元之爲替手形。命支付於某乙者將此併帶船物證書。與保險書。至上海銀行中。乞其照市計利。此得其償。銀行送之至倫敦銀行中。至期即甲某乙如數清付。此取例於外國貿易。而內國商業亦無不然也。

第三欵　約束手形

爲替手形者。債主要求支付於負債者之命令書也。約束手形則反是。負債者約定支付于債主之約束書也。故以約束手形買物品者。即約定交付其價于賣主也。又一種信用證券。一時需金融。遙計其入金之機。定期以交付若于①金額。亦是約束手形。而各以裏書輾轉于他人之手。與貨幣流通無異。如爲替手形之例。譬之。甲商賣物若干于乙。乙乃與甲以約束手形。定於某日交付。甲既得此手形。如需欵孔急。則至手形上所指定之銀行中。請其照時價如數交付。否則存之於銀行之中。或附裏書於此手形上。以之償于債務他人。此皆買主與賣主所互相約束。而爲今日所最通行者也。今將約束手形之式示之如左。

第　號

一金五百圓　　　　　　　　　　　　　五〇〇

右金額發票後以六十日爲限由某銀行交付乙某或保票人

年　月　日　　　　　　　　　　　　甲　某

有預金手形者。亦爲約束手形之一種。銀行中因有一時預金。或定期預金。而發之。迨收其手形。而交付金圓。其他銀行所發之兌換紙幣。亦爲約束手形之一種也。

約束手形。與爲替手形相異之要點無他。在約束手形。則交付人兼爲發票人。爲替手形。則必備發票人受領人及交付人三者。且約束手形者。約定日後再行交付。故日本昔時稱爲延期手形云。

第四欵　零票（小切手）②

零票者。有金存於銀行。使銀行遇自己或保票人由票取金。即如數交付也。其性質與爲替手形無異。必具備發票人交付人領收人三者。始得爲裏書讓與他人。然與爲替手形相異之處。爲替手形。有因要求物價而發者。零票則悉欲引用預金而發者也。又爲替手形多定期交付。零票則多一覽交付者。且零票之體裁。亦較通常之爲替手形爲小。其紙皆由銀行中給之。今示零票式於左。

---

① “若于”，有誤，應爲“若干”。

② 目次爲“零票”。

第　號　　　　　　　　　　　　一二五
一金百二十五元
右金額請交付於某乙或保票人
年　月　日　　　　　　　　　　　甲某
　某銀行
第　號　　　　　　　　　　　　一二五
一金百二十五元
右金額請交付於持票之人
年　月　日
　某銀行　　　　　　　　　　　　甲某

今特設例以示零票之便。如有金錢百元。自貯蓄之以供日用所需。則損利子。又有不安全之虞。不如存之於銀行之中。領一零票紙薄。每遇需用。則以零票取之。如受票人自持零票到銀行。則可如數取領。或以裏書轉交零票於債主。亦或送零票於銀行亦可以得爲預金。亦可以償債務。商業繁盛。莫如英國。零票裏書之通行。亦莫如英國。一零票之裏面。有因附裏書而無餘隙者。甚至附箋以爲之。蓋現金賣買。不過小賣商人及花主之間爲數至微之賣買。及下等勞動社會受授微末之賃金而已。

第五欵　紙幣

甲　紙幣之性質

前所述三種之票。皆其輾轉於數人之間。與貨幣流通無異也。近世商法學大家德國愛呂爾[1]。以爲替手形爲商人之紙幣。洵非誣也。雖然。金票與紙幣。原非可同一視者。蓋其流通于社會之機能。屬第二位。不過偶然爲交換之媒介耳。若其主要目的。在證經濟上權利義務之關係。紙幣之目的。在用之爲通貨。又各種之票。須付利子。而紙幣則不然。故紙幣者。於代理貨幣之信用。占其第一位矣。

紙幣或由政府發行。或銀行遵政府之命令而爲之發行。皆法律上爲硬

---

① "愛呂爾"，即卡爾·艾納特（Carl Einert，1777—1855），德國法學家。

貨代用者也。而發行者。不負兌換之責。謂之不換紙幣。負兌換之責者。謂之兌換紙幣。據此定義。則紙幣之與硬貨相異者如左。

第一　紙幣無實價

本位之硬貨本有實價。補助之硬貨亦有實價。至紙幣則毫無固有之價。故發行者信用。一朝墮地。則紙幣亦爲廢物矣。

第二　紙幣之分量由政府法律而定

本位之硬貨。從經濟上自然之法。其分量有增減之差。而政府之造幣局。許其自由鑄造。紙幣則不問其政府紙幣與銀行紙幣。其分量必據法律以定之。其於此點。紙幣與補助貨無以異也。

第三　紙幣僅行于一國

硬貨之有實價者不僅以地金輸出于外國。又或以貨幣通用于外國。紙幣則僅流通于發行之國已耳。

乙　貨幣之利害

紙幣于經濟上財政上。皆有莫大之便益。輓近文明諸國。無不用之。

第一　紙幣便于計數貯藏運搬。凡商業繁盛之地。運輸未備之處。賤金專行之邦。用紙幣之益殊大。凡有信用之政府。及有信用之銀行。發行紙幣。人好用之。往往有與硬貨兌換而生利差者也。

第二　紙幣通行之後。金屬貨幣之用日減。由此而金屬多充于器具粧飾品之製造。資本漸移用于外國。鑄造貨幣之費。亦可以節省。貨幣缺損之額。亦可以彌補。其利豈不鉅哉。

以上所述第一之利。凡人民使用紙幣者。皆可享而有之。至第二之利。則僅歸于發行紙幣者而已。何則。發行紙幣者。其實則似借入無利息之資本也。故政府發行紙幣。則其利益歸于國民全軆。銀行以其所發行紙幣貸之于商人。以收其利益。則與轉貸無利息借入之資本于人以收其利息無異也。發行紙幣之益如此。其弊亦有可畏焉。盖紙幣原無實價。且可得無所費。而隨意加增。故往往使政府陷于濫發之弊。或啓人民贋造之端。又發行紙幣之數。一越其度。則其價格低落。經濟社會因之而攪亂。此危險之最大者。所謂不換紙幣是也。兑換紙幣。亦有濫發之弊。當詳説于下。

丙　不換紙幣

第一　不換紙幣發行之目的及其動機　不換紙幣發行之目的有二。一政府財政大困之際。求其財源。二大銀行因營業上之失策。或商業上之經濟攪亂。將至失産之時。乃停止兑換以救濟之。當是之時。則變兑換紙幣爲不換紙幣矣。

政府因求財源而發行紙幣之法有二。一政府自發行。二使一銀行。或數銀行。照政府所用之額。納銀行紙幣。當此時。銀行不得不發行其需用以外之紙幣。而政府亦不可不負其責任。不換紙幣之發行。無論何時。似債主不定。且不付利子之强迫公債發行不換紙幣之例。觀之于近世文明諸國之財政史上。甚爲不少。<u>意大利</u> <u>奧地利</u> <u>俄羅斯</u> <u>北美合衆國</u> <u>普魯士</u> <u>亞耳鮮丁</u>[①]日本中國等。皆曾發行不換紙幣也。諸國之所以發行不換紙幣者。或因于戰爭革命。及其他不時之事變。或因外債過多。或因永久歲計之不足。然其故有四。一則租税及通常之公債。不能得其所用之財。二則政府欲以低額利子。或無利息而得財。三則正貨欠融通之時。藉以補其不足。四則想其國之大銀行。供給財源于國庫。

第二　不換紙幣之發行方法及其濫發之弊害　不換紙幣。若國家有無限之信用。且其分量。不過公共需用。則能使不換貨幣。常保有硬貨同一之價。流通于國內。上裕國家之財用。下足人民之利便。際國家財政危急之秋。能奏奇功者。無過于斯。獨惜諸國之財政史。概以不換紙幣之汚點充之。是非不換紙幣之罪。而發行方法不得其宜之所致也。然則如何乃得

---

① "亞耳鮮丁"，即阿根廷（Argentina）。

其發行方法之宜乎。曰。一金紙平均法。二外國爲替平均法是也。

　　所謂金紙平均法者。乃不換紙幣發行後。紙幣價低。則逐漸收回。減其流通之額也。外國爲替平均法者。外國爲替不順之時。減少紙幣使之適均是也。若政府有無限之信用。兼用二法。而發其紙幣。則其發行之額。不過需用之額。因紙幣價低之弊亦不起矣。若並用二法。所發行之紙幣。而超過一國需用之額。必至釀成一大弊害。試列其弊害于左。

第一　及于國民經濟上之影響

此影響當細別之。

甲　及于交易上之影響

一　紙幣之價格低落。因而物價騰貴。且有動搖之虞。

二　正貨之流通停止。而金錢流出于外國。或鎔解。或貯藏。

三　擾亂貸借之關係。

乙　及于生產上之影響

一　獎勵投機。誘起恐慌。徒費資本及勞動。

二　增加生計之費。妨害貯蓄。減退國民之資本。

丙　及于分配上之影響

一　富者破產。無產者暴富。大亂分配之秩序。

二　減給料[①]之實力。勞動社會大困。社會之基礎亦危。

第二　及于國家財政上之影響

甲　傷國家之信用。減將來起債之力。

乙　凡國家發行之證券。其市價皆因之而低落。

丙　因國民經濟之生產分配交易受其影響。必使租稅所收。益減少。

以上列舉之外。凡社會上。道德上。或直接或間接。受其影響者亦甚

---

① "給料"，即工資、薪水。

大。今試舉一例以明之。紙幣濫發之初。則投機業盛行。人民大進于奢侈。及其極也。富者相繼破産。使勞動者苦于生計。詐欺姦黠。窃盜邪行。無所不至。

國家之發行不換紙幣。槪因財政困難。不遑顧及其弊。往往其于金紙平均法。與外國爲替平均法。亦不加意也。近世財政史上。發行巨額之不換紙幣。而能得良結果者。唯法國戰于普之後耳。法經此戰爭。其假政府不能募集四千萬元之公債。因而使法蘭西銀行發行不換紙幣。遂得五倍之數。增加國內信用與貨幣流通之數。當是之時。法償巨金于德國。以減正貨流通之額。是以信用貨幣之流通雖增其額。而流通貨幣之額如故。始能維持紙幣之價。而免前述之弊。

夫不換紙幣之所以發行者。應國家一時危急之權術也。故國家不可不速償之而復歸于兌換制度。彼發行紙幣實踐其弊害之邦國。尤當加之意焉。戰後法政府。銷去紙幣之措置。頗足爲世。師法其法先償還四千萬元于法蘭西銀行。自是每年償還三千萬元。一以防紙幣流通之過多。一以示政府發行不換紙幣。爲一時救危急之意。併示銳意恢復兌換制度之實也。紙幣之低落。雖原由流通額之過多。而人心之感情亦其一因。故政府銷去紙幣之措置。亦屬不可缺者。但①銷去紙幣。必有原金而後可。且須力減國費。使歲出歲入各得其宜。又使外國爲替歸於順適。俟紙幣價格稍平。再募內外國債。其庶幾也。

第四項 兌換紙幣

紙幣發行者。負兌換之義務。謂之兌換紙幣。兌換紙幣者。或由政府發行。或使銀行發行。兌換紙幣。從其所有者之要求。無論何時。發行者以正貨與之交換。故發行者宜爲適當之準備。其視準備金。又須不發行過分之紙幣。

---

① "佪",有誤,應爲"但"。

　　兌換紙幣發行法有二。一曰自由發行法。二曰制限發行法。自由發行法。銀行紙幣發行之額。及其交換準備之額。政府毫不加以制限也。制限發行法者。政府以法律設各種制限于銀行發行紙幣而干涉之也。現今文明諸國。皆行制限發行法。

　　制限發行法有四種。

　　第一比例準備法　蓋對紙幣發行額之幾分。而爲正貨之準備。如政府制定法律。凡豫備正貨。當紙幣發行額百分之二五。故銀行發行百萬元之紙幣。須準備二十五萬元之正貨。倘欲增發五十萬元之紙幣。則須更加十二萬二千元之正貨豫備金。

　　第二證券準備法　不準備正貨。以公債證書股券手形等爲準備。而發行紙幣者也。此法有二種。

　　　一爲無限證券準備法。二爲定限證券準備法。前者行于美國。後者行于英國。無限證券準備法者。不設制限于證券額之謂。定限證券準備法者。以證券爲準備。而制限其所發紙幣之總額。現今美國之國立銀行。有發行紙幣之權利。可至其所有資本之九成。而其準備。僅存公債證書于政府。但發行之比率。僅公債證書額面之九成而已。若公債證書之市價爲額面以下。則定至市價之九成爲止。故增加資本。或設立新銀行時。必以公債證書爲準備。而發紙幣至資本之九成爲止。英國之英蘭銀行。其得公債證書類爲準備之紙幣額。凡一千六百四十五萬磅。其他悉以正貨爲準備。

　　第三定額發行法　定紙幣發行之總額而不得發行過其數。此法于一千八百七十五年。猶行于美國。當時銀行可發行之紙幣。總額不過三億五千四百萬弗。又今日英國除英蘭銀行以外。而有發行紙幣權之銀行。其發行額。各有定限。若有超過定限者。即以其所超之數。作爲罰欵。

第四屈伸定限法　此最完全之方法也。盖以證券爲準備。而發行紙幣。至若干之定限爲止。其以上須爲正貨之豫備。若因救一時之急。無正貨之豫備。而欲發行紙幣。則許其超過證券豫備之定限。而應其超過之額。徵若干稅。此法爲德國之現行法。日本亦傚行之。

以上所述之各種發行方法。表示于左。

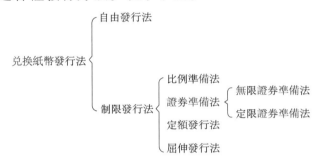

第四章　交通業

第一節　交通業之性質

所謂交通業者。郵便電信電話橋梁運河道路鐵道航海之謂。而橋梁運河道路三者。所謂國之公産。自原則言之。非能生財政上之收入者也。若郵便電信電話鐵道四者。政府自經營之。則以收入爲目的。鐵道有私設者。有官設者。又或官私設並行。諸國政策不同。而郵便電信電話。則概歸政府之專業。以上四者。自性質言之。有互不可離之關係。（第一）此四者。皆係交通事業。其安全敏速普及。皆互相依倚然後得全。（第二）四者係自然獨占事業。且須普及于全國。故與其委任于私人的業務。不如歸于國家的事業。（第三）爲國庫生多少收入之淵源。非有租稅之強迫性質。故文明國政府。大抵以此四者。屬于同一官省之管轄。如日本之遞信省是也。又財政學者。説國家私人經濟之收入。以此爲政府交通業之收入。而一括論之。良有以也。

第二節　郵便電信電話鐵道

第一　郵便

政府始營郵便事業。非有得收入之意。又非欲利于一個人也。唯以傳命令于地方。而得其報告爲目的。此非有財政上之目的。僅行政上之目的而已。

郵便之爲官業與民業。于現世紀之初。頗有議論。後遂定以郵送信書及一切新聞紙。爲國家之事業。

總論第一欵所述之外。郵便宜爲官業之理由如左。

一　保信書之秘密。私人行之。不若國家行之也。

二　郵便事業之組織甚簡。得以劃一之法而運轉之。不必設繁密之規則也。

第二　電信電話

電信事業爲官設之理由。與郵便事業殆同。電信事業。政府自經營之。殆能應政府及公衆之需求。得以避私設公司專占之弊。而免自由競爭之損失。且電氣事務及電話。與郵便事務。每易結合。故在一方。恨閑于郵便事務之多數官吏。尚可利用之。而在他方。則電信行政之經費。尚可節減。電信不爲官業。而爲私人專占事業。許其競爭。則可獲利之線路。爲民設事業。而不能獲利之線路。悉屬于官設事業。而不能利用電信之細民社會。其多被損失矣。故電信事業。各國概屬官設。所謂萬國聯合電信之組織。得以速成。即一千八百五十年。有德奧電信同盟。一千八百六十五年。有普通電信同盟。以成範於萬國郵便同盟也。

電話者。通信于小距離間。及小範圍內。不必爲官設。而其長距離。及大範圍之電話。則與郵便電信相同。宜爲官設。雪魯氏曰。以電話爲官設事業。始于一千八百八十一年。德國郵便局。以電話爲電信之附屬事業。

第三　鐵道

鐵道可爲國有及官業之理由有三。一政治上之理由。二軍事上之理由。三經濟上之理由。是也。

第一　政治上之理由　鐵道者。國家交通之最大機關。與道路運河相均。故當爲國有。且鐵道之業務。與郵便電信之業務。有不可離之關係。郵便電信之業務。既屬于國家行政。則鐵道亦不得不然。況私設鐵道公司之合併。有左右政府及國會議決之危險耶。

第二　軍事上之理由　軍用之鐵道。往往以經濟上之利便爲之犧牲。故不適于公司等以營利爲目的者。且因國防之故。有特避敷設容易之海岸。而貫通山間者。則非國家其誰當之。

第三　經濟上之理由　自國民經濟上及財政上而論究之。如下。

（甲）國民經濟上之理由　由國民經濟上而言。則

（一）鉄道爲自然專占業。有公共性質。盖一地域既有一線路。勢難別作成競争線。且即作成。而資本消費。須二倍。故競争之結果。不必低落鐵道之賃金。即低落其賃金。而由激烈競争之弊害。其利益亦必不足補償。且自然專占業之競争。不能久續。不過一時攪亂經濟界耳。其結果必致私立公司之合併。而私人專占業之弊害。依然不能除也。

二鐵道者。國家交通之機關也。故其敷設宜普及全國。以達一般交通之利便。不宜局在一隅。倘任私立公司敷設。必擇取其建築較易收益較多者以從事。其所收益。僅足支其經費。而苟足以增進交通之利便者。非私立公司所能敷設也。

三鐵道之管理。須統全國而定爲劃一之制。此亦惟國家能之。固不可望于分立各所之私立公司也。

四敷設普及。及管理劃一之外。尚有官線勝于私線者。盖運賃低廉且公平故也。凡政府事業。以公益爲主。不必望其收益之多。故可以低其運賃。或其收益甚少。或偶生損失。亦不可藉此以詰官有鐵道爲非。盖指摘一二管理方法之不當。以重詆官有鐵道固非理也。

五鐵道事業。需用役員。及勞働者甚多。而苟欲完其保護之責任。則政府之力遠勝于私立會社。盖設廢員及衰老者之扶養法。及役員職工之保護法。在私立會社。或有所甚難。而政府爲之則甚易。

（乙）財政上之理由　財政上鐵道宜歸官有。其故有二。一曰手數料[①]主義。二曰收益主義。詳而言之。其一低減鐵道賃金。使其收入足償其實際之支出。其二欲因鐵道之純益。供一大財源于國庫。要之。二者。其程度有所相違。若取二者而擇之。則當視國情如何。

國家依鐵道而得多少之收益。不爲過當。而使特享鐵道利者。付其代價。亦當然之理。然鐵道之目的。在利國家全般之交通。故其賃金不可過高。但鐵道委于民業之際。其爲通常營業。自有獲利之相當賃金額。國家乃宜以其以下。爲最高之度。其所以然者。盖一以致交通之利便。二得以達財政之目的也。

財政上所宜注意者。則鐵道公債之一事也。歐洲諸國。其買收私設鐵道。大抵皆募集鐵道公債。然學者或非之。彼以爲諸國鐵道之純益。不足以支付鐵道公債之利子。若以鐵道公債。認爲買收鐵道年賦完濟金。憂鐵道純益。不足以支付鐵道公債之利子。亦甚謬也。且此說不足以顚撲鐵道國有主義。盖徵之普魯士國。鐵道純益以支付全國各種公債之利子總額。尚有莫大贏餘。即論者之言何足據哉。

---

① “手數料”，即手續費。

第
三
編
一

分配論

第一章　分配之觀念

　　貨物之分配者。謂生産物之配分。行于協力生産之各人。及社會各階級間也。詳言之。則生産由數等人而行。即由獲有法律上各種利益之諸人而行。其以生産物配分于各人之間。謂之分配。夫生産以消費爲目的。盖凡所生産者。必所消費者也。（除所謂自然之消費）然一切貨物。未必皆須分配。惟貨物中不交易。又未必皆須分配。惟貨物中不交易之部分。非必與不分配之部分互相一致耳。盖有交易而不分配者。有分配而不交易者。請爲圖以證明之。

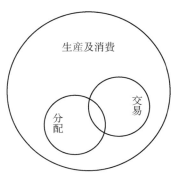

上圖大圈。示一切貨物。其中有生產又有消費。而圈內相交叉之二小圈。所以示交易之部分。與分配之部分。而二圈合處。所以示交易分配共有之部分。餘有僅係交易者。或僅係分配者。而二小圈外之大圈部分。則交易分配共無之。盖示生產而直接消費之貨物也。

盖交易者。行于生產者與消費者之間。而其生產出于各種人之協力否。則非所問也。至分配。則唯各種協力時始有之而生產者與消費者之爲兩人爲一人。則在所不論。今引實例證茲。譬如茲有十人。皆從事于漁業。獲若干之魚類。必分配于十人之間。如各分魚而烹食之。或醃藏之。以各供一己之用。則有分配而無交易矣。若以其全部或一部賣之市場。換以貨幣。更以貨幣買他貨物。乃有生產物全部之分配。而又有其一部之交易焉。

次示生產物之不分配者。彼農家苟自行耕作其田畝。或其家族耕作之。則其收獲全一歸己。其家族在法律上。非有各別之利益也。彼等勞働之結果。總歸于自作農。此固無經濟學所謂生產物分配也。盖自作農以其收獲之全部。充一己及家族之生計。則無分配。且無交易矣。又彼或賣其收獲之一部。以換他物。或其收獲物如蠶桑楮茶之類。全賣以換他物。是無分配而有交易也。

于現今社會。凡生產物之分配。行于地主資本主企業者勞働者之間。而此等社會的階級所受之分率。其所得之根源或出于勤勞。或出于財產。如地主所得之地代。資本主所得之利息。即出于財產者也。而企業者之利潤。勞働者之給料。則出于勤勞者也。

第二章　地租

第一節　地租之觀念

地租者。生于土地之所得也。詳言之。則由土地之總生產額。而控除總生產費者也。茲所謂生產費者。耕作之種子。肥料之價值。器械器具之損費。及所費資本之利息。勞働者之給料等是也。地租者。歸地主所有。而爲其所得之一部。不問其自行耕作。或使他人耕作也。蓋所當注意者。地租與地價之區別也。地價者。土地之價格。通常指其賣買價格而言。其他或準法律據定時之賣買價格。而定各地之地價。以爲課地稅之標準。如日本土地臺帳面記載之地價是也。

第二節　理嘉圖氏以前之地租説

地租之起源。有種種學説。今先列其有名者。後述其最正當之學説。

首説明地租之性質者。重農學派也。重農學派。以地租爲純然之生產物。其説本無大誤。至以地租爲公私富源所由出。則謬甚矣。蓋彼等獨以加于土地之勞働爲生產之勞働。故陷于誤謬而不自知也。

斯密亞丹氏之意見。與重農學派之意見畧同。特不陷于誤謬耳。其大要曰。施于土地之勞働。蓋自然力與人力共爲其働作。而地代即自然協力之生產額也。自斯密亞丹倡此説後。有賽①氏司脱爾②氏洛都西③氏勞④氏等。皆于此説有所發明。至安達爾孫⑤氏。則其説稍進。後更有惠司脱⑥氏馬爾撒⑦氏理嘉圖氏三家出以祖述之。而其中理嘉圖之説最爲明確。故後世學者。盛稱理氏地租説。

---

① “賽”，即讓-巴蒂斯特·薩伊。
② “司脱爾”，即亨利希·施托爾希（Heinrich Storch，1766—1835），德國俄裔經濟學家。
③ “洛都西”，即佩萊格里諾·羅西（Pellegrino Rossi，1787—1848），意大利經濟學家、法學家和政治家。
④ “勞”，即卡爾·勞。
⑤ “安達爾孫”，即詹姆斯·安德森。
⑥ “惠司脱”，即愛德華·韋斯特。
⑦ “馬爾撒”，即托馬斯·馬爾薩斯。

第三節　理嘉圖地租説[①]

理嘉圖之説。與斯密亞丹同出于一源。斯密亞丹所言之自然協力者。即理嘉圖所言之自然肥度。即不可破壞之自然力也。故語雖不同。而其義則一。而理嘉圖不僅明根本之觀念。又説明一法則以處地租成立及地租遞增焉。從理嘉圖之説。則地租者。非第土地自然之肥度。與耕者以過分之收獲。遂爲自然肥度之結果也。其肥度從土地各部而有差異。即由其不同而生也。當人口稀少之時。無土地狹隘之感。各人皆得耕最良之土地。固無所謂地租。及至人口漸增殖。則劣等之地。亦不得不耕。于是地代始生。而最初所耕高等地爲利於其地主。

理嘉圖更説明之曰。劣等之地。與高等之地。投同一之費用。不可得同一之收獲。故欲得收獲物于劣等之地。必須最大之生產費。從人口日益增加。高等耕作地之收獲。不足以充其需求。故漸至投加資本勞力于劣等地。于是劣等地。生產物之生產費。定一般生產物之價格。因而高等土地生地代。而逐次耕耘劣等土地。其生產費必漸增加。生產物之價格。亦必騰貴。故向無地租之土地。亦從而生地租。向有地租之土地。加其率。當此時。最劣等之土地。其收獲僅足償其所費之資本與勞力。此外毫無贏餘。故不生地租。由此觀之。以新所耕作最劣等地收獲。較之他高等地收獲。其差即高等土地之地租也。

第四節　理嘉圖地租説之反對説[②]

理嘉圖之地租説。一時爲許多經濟學者所贊同。然反對之者亦頗不少。而以英國海普耳克大學[③]教授騆司[④]爲首。美國經濟學者開里。亦駁其以土

---

① 目次爲“理嘉圖氏地租説”。
② 目次爲“理嘉圖氏地租説之反對説”。
③ “海普耳克大學”，即黑利伯里東印度學院（East India College at Haileybury）。
④ “騆司”，即理查·瓊斯（Richard Jones，1790—1855），英國政治經濟學家。在地租和人口理論上反對大衛·李嘉圖和馬爾薩斯的觀點。

地自然之肥瘠爲生地租之原因。依開里之説。則地租者。皆由投於土地之資本而生也。而其資本中。包含道路運河。及其他運輸之費。蓋新耕之地。常與市塲遠隔。其耕作物之出納。每苦不便也。故凡獎勵其運輸者。爲投於土地之資本也。理嘉圖謂耕作始于肥沃之土地。漸及于不良之地。開里反對之曰。耕作非始于極肥沃之土地。不過擇其易開墾或去市場最近之地。始耕作已耳。今以吾人實驗證之。凡殖民者。先占據芟除浚渫勞少之地。耕之僅得少許之報酬。後人口漸加。富庶漸盛。則漸移於卑濕豐饒之地。或伐自然繁茂之樹木。或疏川澤之水。以耕作之。要之人口稀少。而土地廣漠之時。其耕作必自瘠地始。迨人口富庶。始及沃土。此其常也。

　　法蘭西之排司亞[1]以富爲由人之勤勞而得。畧與開利之意相同。以地租爲自然應受之報酬。則其所爲不然也。

第五節　結論

　　理嘉圖之説。雖非無駁之者。而今之經濟學者多採用之。亦可見其説之不可没矣。其説以地租爲土地自然之肥度。蓋不可磨滅之天然力。毫無人由施於其間者。始於古昔。存于永久。其力之差。即地租之所由生也。馬革利脱[2]爲極端之論以攻擊之曰。土地若有原始不滅之天然力。則止于土地面積之廣而已。至其生產力。則悉由投以資本而生。且世有人爲之生產力。決無自然之生產力也。余謂土地豈無自然之生產力。不辯而知其誤。夫土地之吸收日光濕氣及空氣。固不待人工而有其性。即生產力之強弱。亦隨地而異也。余分土地之肥度爲二。一爲人肥度。一爲自然之肥度。自然之肥度云者。土地所固有之性質也。理嘉圖謂之爲自然原始不滅之力是也。人爲之肥度云者。土地因資本勞働。而增加其生產力也。

---

① "排司亞"，即弗雷德里克・巴師夏。
② "馬革利脱"，即亨利・麥克勞德。

　　理嘉圖氏。謂耕作始于沃地。而漸及瘠地。開里氏謂耕作始于瘠地。而漸及沃地。二者各持一説。不相下。夫森林大澤等。開墾須勞力之地。雖爲豐饒。耕作者甚稀。又如新殖民地。其耕作者。先丘陵而後低地。開里之説誠然矣。但謂最良之土地皆後耕作不可也。開里之説。徵諸新殖民地或可。在歐洲大陸之舊國。則難通。何則。舊國土地之尚未耕作者。乃不適耕作也。縱令開里之説可從。仍未足以破理嘉圖之説也。

　　理嘉圖所謂地租之語。與通常所稱地租頗異。通常地租者。仍借地人對地主所費之總額。即前地主及現地主所投資本之利息。亦總括於其中。理嘉圖所謂地租云者。生産者於土地所生産之物。除去俸給利子利潤等而有剩餘。稱其剩餘之總額謂地租也。故學者名之曰經濟地租。以別于通常之地租。開里之所謂地租。指世俗所稱之地租。但世俗所謂地租者。不必專稱資本之報酬。凡土地自然肥度之報酬。亦在其内也。

　　夫學術上用語。與通俗所用者異其意義。實不得已也。如經濟學者所謂資本價格利潤信用等語。決不與俗所謂資本等相同。至于地租其尤著者也。學者往往不免有混同學語與俗語之弊。如近世西奇伊克[1]誤地租意義爲通俗意義。謂地租者。使用土地之代價。至其生此代價之根源如何。則非所問矣。霍愛威爾[2]曾難理嘉圖曰。耕作人當付于地主之利益。與經濟上之地租。絕不相干。余欲試問世間所行實際地租。與經濟地租。何者爲最要。此實爲彼無學之明證也。抑社會複雜之現象可以分析乎。仍委其複雜而研究之乎。彼之問殆類于此。化學者曰。水者酸素與水素之化合物也。彼則反詰實際水中。他物質混同。豈可乎。盖化學者論水之性質。乃就純粹之水而研究之。正與經濟學者之研究地租相同。知此則覺霍愛威爾之説無足論矣。

---

①　"西奇伊克"，即亨利·西季威克（Henry Sidgwick，1838—1900），英國哲學家、倫理學家。
②　"霍愛威爾"，即威廉·休厄爾（William Whewell，1794—1866），英國科學哲學家、科學史學家。

某學者。又駁<u>理嘉圖</u>之説曰。以最劣等之土地。爲無地租者。乃不通之論也。天下可耕作之地。莫不有地租也。雖然。爲此論者。亦知其一。不知其二者也。何則。優等之土地。與劣等之土地。未必遠相隔絶。犬牙交錯。乃其常也。故借入土地者。常雜借佳良之土地。及粗惡之土地。雖以一畝幾何之比率而出地租。其實良地。則出地租。其粗惡之地。則不計算之耳。凡借入廣大土地之地租。恒較借入狹小土地之地租爲廉。亦此故也。盖借入狹小土地。則得專選良地。至廣大之土地。則勢必不能不良否俱借。故地租不得不廉。由是觀之。最下等之土地。不收地租之説。非不然也。

<u>理嘉圖</u>不啻以自然肥度之差。爲生地代之原因。凡土地位置之便否。亦包含在其內。夫土地位置之便否。達干^①市場之遠近。道路之良否。交通機關之完備與否。皆大有關係焉也。雖有沃土。然或遠市塲。或缺交通之便。則其生產之物。不易至消費者之手。是等土地之地租。固不得不廉。故生地租之原因。在自然肥度之差異。與其土地位置之便否。故學者總稱二者曰土地之生産力。

<u>理嘉圖</u>地租説。乃就自由競争最盛之經濟社會而立論者也。夫制生產物之分配者。不獨自由競争爲然。即法律宗教之勢亦甚大。或自由競争不行。獨仗習貫之力亦有分配自行。如封建時代之借地制度。印度之小農制度。歐洲現行之<u>曼推亞</u>^②制度。及日本之小農制度等。多因習慣之力而爲之者也。然自由競争盛行。則地租必不得不如<u>理嘉圖</u>之所論。

<u>理嘉圖</u>地租説之結果。使地租不爲價格之一部。盖無地租之土地。其所得之利。僅足以償所投之資本。如此者所費之生產資實定農產物價格耳。地租當在生產費之外。而不得爲農產物價格之一部。<u>安達孫</u>謂地租者。非決定生産物之價格。而生産物之價格。即決定地租。豈不信哉。

————————

① “達干”，有誤，應爲“達于”。
② “曼推亞”，即分成制（metayage），指耕種者使用土地而向土地所有者繳納實物地租的土地租佃形式。

第三章　利子

第一節　利子之觀念及要素

資本者。勞働及貯蓄之結果也。此勞動及貯蓄之結果。協力于生産之中。與勞働相同。資本助生産之報酬。曰利息。或利子。

世有混同資本于貨幣者。又有混同利子于金利者。利子者。固定本資[1]。及流動資本。所得之報酬也。若貸金利子。則不過利子之一形式耳。然在今世之經濟社會上。各種財産。大抵以貨幣計算。利子亦從貨幣計算。故謂金利爲一切利子之代表。殆非過言。所須注意者。惟使用資本者。通常借入金錢。因出金利。其實依貨幣之媒介而借原料器具及衣食住居所需之費。異日支付其生産貨物之一部于貸者而已。

學者多謂利子有二要素。一爲元本喪失之保險金。二爲使用資本之報酬。然包含保險金之利子者。非經濟上純粹之利子。乃世俗所稱之利子也。以余輩之所見。元本喪失之保險金。可爲企業利益之要素。而不得爲資本利子之一部。資本家稍有元本喪失之危。即貸其資本于他人。若是則資本家已爲企業之行爲矣。故業如此貸金者。不得謂之爲資本家。而實爲企業家也。何則。彼等與企業家同被其險。且同爲管理也。純粹之利子。意不包含保險之金及管理金。然利子不包含保險金之分子者。頗難見之于實際。猶經濟地租也。華革以爲昆沙斯公債[2]（三分之利）生純粹之利子。假令以之爲實。則日本政府募集于倫敦之公債。利子盖七分。此四分決非純粹利子。乃英人以爲喪失元本之保險金也。余今暫名包含保險金之利子曰總利子。以與純粹利子相別。

---

[1]　"本資"，有誤，應爲"資本"。
[2]　"昆沙斯公債"，即英國統一公債（English Consols），由英格蘭銀行於 1752 年發行，并保證對公債投資者永久支付固定利息。

第二節　利子之高低

利子之高低。其在總利子。則視喪失元本之危險大小。而有差等。然在純粹利子。乃由下所述二原因而已。

第一　資本額之關係大小。

第二　資本家所應受分配生產物價格之大小。

利子之率。雖依通常所投之資本而定。然實際利子。非自資本而支出。乃自生產物而支出者也。與給金①地租無異。故生產物巨大。則利子之額亦巨大。其率因之而貴。所受分配生產物價格之大小。即爲利子高下之差。從可知矣。但生產之物。爲資本家。企業家。勞働者。及地主所分配。故分配之率。若大于資本家以外。則資本家之所受。不得不小。而分配之率。將何由而決之。資本與土地勞働及企業之需要供給。皆互有關係者也。在新開之國（如二三十年前之美國）及產業進步之國。則其利子之貴。原于地主企業家及勞働者等所需之資本。大於供給之數也。

試觀今世文明諸國。經濟上之大勢。利子漸低。盖近世奢侈日甚。戰事屢興。政治上之失體。及社會之騷亂。皆足以妨貯蓄減資本。使利子有日貴之勢。然而利子之所以漸低者。無他。曲②機械之發明。交通及信用機關之發達。而資本長增運轉便利耳。利子日落。與地租日貴。爲反比例。地租之原因。在土地之自然肥度有差。且有不費地租之土地也。然利子決非由資本各部生產力有差。且某部有不費利子者也。地租不得爲生產物價之一部。而利子則可爲生產價之一部。是區別利子與地租之第二要點也。

---

① "給金"，即工資、薪資。
② "曲"，有誤，應爲"由"。

第四章　企業利益或利潤

第一節　企業利益之觀念及要素

　　企業必有所勤之事。其於所勤之事。即有應得之報酬。是生產物中之爲企業者所得者也。凡企業者。應社會之需要。以務生產。察生產物之種類性質及分量以雇傭勞働者。自主指揮監督之任。且其生產費。首以自己之資本充之。復借他人之資本以益之。而彼等所受之報酬。曰企業利益。或曰利潤。

　　英美學者。大抵混企業者與資本家而一之。於是企業利益與利子及給金。亦相混同。彼等以爲雇主有資本。如得使役勞働者。使役勞働者之度。由資本之多少而殊。不知產業最發達之國。資本未必爲企業者必要之資格。企業者雖亦時爲資本家。但企業者之資格。在以他人之資本。用于有益事業。指揮監督勞働者。熟于商事而已。能具如斯之資格者。經濟社會中。頗不乏其人。此余輩所以截然區別企業者與資本家爲二也。雖以穆勤氏之明哲。尚不明此區別。穆勤氏以資本家之所得爲利潤。凡利子保險金及指揮監督勞働者之給金。皆包于其中。其以最廣之意義言之。企業利益亦給金也。然以之與勞働者之給金同論。甚爲不當。何則。二者性質大異故也。又[①]利子之中。不包含喪失元本之保險金。已述之如前。余以保險金爲企業利益之一部。以余所觀。則企業利益。即集左列三項而成者也。

　　第一　冒險之報酬（即保險金）
　　第二　管理勞働之報酬
　　第三　營業上各種勤勞之報酬

---

① "叉"，有誤，應爲"又"。

第二節　企業利益之高低

企業利益之高低。第一因企業種類之不一。第二因國民經濟上狀況之不一。因企業種數之不同。而利益有高低者。一關乎企業之大小。二關乎管理勞働者之難易輕重。三關乎營業上各種勤務之難易輕重。如製造火藥。及遠洋漁業。乃危險分子甚多。其利益甚大。工業商業中複雜者。較其簡單者。其企業利益爲多。何則。勞働者之勞働管理。及營業上各種之勤務。較困難故也。又有職業同而其利益不能同者。因人人大異管理及營業之才能故也。

就企業全躰言之。企業利益之高低。亦因需要供給之關係而定。産業進步之國。勞働者人口之比率多。而資本存在之比率大。即其企業利益不得不大。何則。由于生産物中支出給金及利子者少也。又老成國企業利益常少。

第五章　給金

第一節　給金之觀念

給金意義有廣狹二種。試述如左。

第一　廣義之給料　總言勞働之報酬。是謂廣義給料。給料者。不獨爲勞働者之所得。且包含特立從事生産者之所得。且此廣義之給料。不問其勞働之爲手工與精神。又不問其爲高等爲下等。凡教師醫師辯士美術家音樂師等之報酬。及資本主如大企業家指揮監督其勞働者之報酬。（即企業利益之一部）皆包於其中。

第二　狹義之給料　僅言雇傭勞働者之報酬。是謂狹義之給料。故雇主指揮監督之報酬。及自立勞働者之報酬。皆不含於其中。

不論廣義狹義。凡給料不包含利子及地租。而二者所異之處。在于一含雇主自身之報酬。一不含此。雇主自身勞働之報酬。別論之于企業利益之項。本章以下所稱給料。皆狹義之給料也。

論貨物分配之必要。在研究生產物分配于社會各階級何如。而現今之社會。於貨物之分配其最相衝突者。雇主與被雇主之二階級也。雇主有土地及資本。而勞働者。僅能勞働。不過爲人傭作。以助其生產耳。故資本家與勞働者之間。一爲有生產之手段者。一爲無此手段者。一爲已勞働。一爲他人勞働。故不分此二階級。則無貨物分配論。無勞働問題。無同盟罷工問題。無職工組合問題也。

第二節　名義上給金及實際上給金
第一款　測定給料之高者低者實際上給料是也

上節既確定給料之意義。及其範圍。次論計算此勞銀之方法。計算給料有以服勞時間之長短爲爲[1]標準。名曰時間給料。其以作事多寡爲標準者。曰作事給料。是乃計算給料之最簡便法也。而給料。非必定以貨幣也。

德國學者別給料爲二種。一曰自然之給料。二曰貨幣之給料。前者以貨幣外之物（如衣食居住及土地之用權）爲勞働報酬。後者以貨幣爲勞働報酬。

計算勞働。但以時間之長短。作事之多少者。猶未盡也。貨幣之價格。乃從時與地而異。苟欲精算給料。非明名義上給料與實際上給料不可。斯密亞丹有言。凡勞働亦似貨物。其價格有名譽上與實際上之別。實際上之價格。算生活之必要及便宜。名義上之價格。算貨幣之分量。勞働者之貧富。及其報酬之多寡。乃比例于勞働之實價。而不比例于其名價。

美國華革著"給料問題"一書。說明名義上之給料。與實際上之給料。曰實際上之給料者。勞働者之報酬可變以供生活之必要。以資其快樂或

---

① "爲爲"，有誤，衍一"爲"字。

奢侈者也。勞働者契約勞働由雇主以領取金錢者。不過爲達此目的之手段。至其領取之貨幣。乃遂其目的之方便而已。

第二欵[①]　名義上給料與實際上給料不相一致之理由

名義上之給料。係勞働者所得之貨幣總額。實際上之給料。即其所享受生計快樂奢侈之總額。而勞働者若取貨幣外之物。如以必需品爲給料而取得之。是亦實際上給料之一部也。

名義上之給料。有不必與實際上之給料相一致者。蓋有名義上之給料高而實際上之給料低者。有名義上之給料低而實際上之給際[②]高者。華革氏嘗説明之。其故有五。

一　貨幣購買力之變動

二　支付給科形式[③]之差異

三　例外利得機會之有無

四　雇傭整齊之大小

五　勞働力永續期間之長短

第一　貨幣購買力之變動

貨幣購買力之于變動。有種種原因。今舉其主要者。如政府改鑄貨幣而低下其品位。或濫發不換紙幣。而紙幣與金屬貨之間。其價格上遂大有差異是也。

貨幣改造。使其品位非常低落者。不乏其例。如英國亨利八世。及愛德哇六世[④]之朝。日本德川氏之末。是也。

紙幣濫發。莫甚于美國獨立靭業之際。華盛頓之遺書曰。得一車之糧

---

① 目次爲"第二款"。

② "給際",當爲"給料"。

③ "給科形式",有誤,應爲"給料形式"。

④ "愛德哇六世",即愛德華六世(Edward Ⅵ, 1537—1553),英國都鐸王朝第三任君主(1547—1553 年在位)。

食。須一車之貨幣。盖謂紙幣濫發之結果。其價格大落也。要之。濫發如斯之不換紙幣。徃徃致勞銀之搖動。此際給料。不能與貨物之騰貴同時。而常有相後之勢。故實際給料之下落。不待言矣。

又金銀鑛一時發見。而貨幣之分量邊增。則貨物不免騰貴。當此之時。苟名義上之給料。依然如舊。則實際給料之下落。不待論。但此時商工業。必大有起色。故給料與物價得俱貴。觀澳洲及<u>加立福尼州</u>[①]發見大鑛脉時。英國之給料大爲騰貴。

第二　支付給料形式之差異

給料雖通常交付貨幣。然亦或用貨幣外之物。當貨幣經濟不發達之時。概用物品。而貨幣及信用經濟發達之時。亦仍不能純以貨弊[②]交付給料。如農業以貨幣爲給金。殊出于例外。而以貨幣外之物爲給科[③]者。其形式種種不一。最常見者。如雇主所給宅地賃借料。及未婚勞働者所受日用飲食。或各種贈物。又如雇主以原價讓與其生產品于勞働者是也。其他大工塲主。或爲勞働者招醫師給藥品。或時教導之而不受學資。或時設酒食以慰其勤勞。皆實際上給料之一部也。凡此支給之形式。種種不一。故欲定各國間及各地間實際上給料之研究比率。不可得。試將歐美諸國支給給料之形式大要。說明于左。

英國專行貨幣支給方法。貨幣外之支給。殆稀有之。<u>蘇格蘭</u>反之。除大都會及其附近之區。餘概行物品支給方法。在德國則據其農業會議所委員會最近報告。自<u>東普魯斯</u>[④]至<u>奧撒斯</u>[⑤]各州。概用物品。法國各州縣亦用物品。

---

① "加立福尼州"，即加利福尼亞州。
② "貨弊"，有誤，應爲"貨幣"。
③ "給科"，有誤，應爲"給料"。下同。
④ "東普魯斯"，即東普魯士（East Prussia），位於波羅的海東南岸，維斯瓦河與涅曼河之間，歷史上先後稱其爲"普魯士公國"（1525）、"普魯士王國"（1701）；1871 年後成爲德意志帝國的一部分。
⑤ "奧撒斯"，即阿爾薩斯（Alsace），鋼鐵工業區，1871 年普法戰争後被併入德意志帝國。

北美合眾國以食品給未婚勞働者。

如上所述之支給形式。皆關于農業勞働者也。工業則一千八百六十九年。德國發布工業條例。禁以物品爲給料。又法國工人當不樂受物品支給云。

第三　例外利得機會之有無

勞働者。得一定賃銀之外。又有由一身。或其家族。而得餘利。寒尼奧①氏舉著名之一例曰。英國曼遮士打②之職工。及紡績工。其妻子所得之賃銀。每與其夫及父所得相同。或超過之。至農夫木工。及石炭鑛夫之妻子。則其得利甚少。盖爲夫者每禮拜所得概止十五志。然前者一家一禮拜所得達三十七志。後者則僅得十七八志而已云云。盖例外利得之機會。因職業而有所不同。或同職業者由地方而不相同。

第四　雇傭整齊之大小

雇傭每因其職業之性質。或因期節。或因社會上工業上之普通理由。而有整齊不整齊之差異。職業之性質及期節。足使雇傭者漫無紀律。如農業之秋期勞銀高。而春期勞銀低。漁業建築業。及其他戶外職業。皆從其期節。而職業之閑忙不一是也。至于機職業③紡績造靴製紙等。皆其于節期無甚關係。且職業之性質不致雇傭之不整齊也。

社會上。及工業上。關于雇傭整齊之理由。其中最主要者。爲同盟罷工。工場閉鎖。及商業恐慌等。此類皆使名義上給料。與實際上給料。大生差別。其他祭祀及休息日。亦爲影響于雇傭整齊之原因。

①　"寒尼奧"，有誤，應爲"塞尼奧"，即納索・威廉・西尼耳。
②　"曼遮士打"，即曼徹斯特（Manchester）。
③　"機職業"，有誤，應爲"機織業"。

第五　勞働力永續期間之長短

今有二人同年齡。同時從事于同一之職業。受同一給料。而或繼續至其死之日為止。或繼續至老不堪服勞之日為止。而勞働期限之久者。多得給料。固不待言矣。蓋勞働力永續之長短。或由國民之種類而有差異。或因職業之種類。遂生差異。据博士耐孫[1]之說。則由職業之種類而死亡者異其數如左。英國人二十五歲。至六十五歲。查其死亡者千人。其中僧侶一百十二人。法律家一百五十七人。醫師百八十一人。園丁九十三人。廄丁一百二十六人。家僕一百六十七人。御者一百八十四人。又就製造業而言。每死千人。其中製紙工一百四十五人。錫工一百六十一人。鐵工一百七十五人。玻璃工一百八十三人。銅工二百十六人。鉛工二百二十九人。陶工二百五十七人。礦山業者死亡之率尤多。而鐵礦坑夫一百八十人。錫礦夫一百九十八人。鉛礦夫二百五十人云。

然勞働力之絕滅。不獨因于死亡。英國農夫。非必概遭夭逝。然坐衣食缺乏居住污狹之故。每至中年或罹露母鉄斯病[2]。遂不堪勞働云。

第三節　名義上及實際上之勞働原價

給料與勞働原價。其觀察點相異也。給料者自勞働者而觀察之。勞働原價者。自雇主而觀察之。給料高低。係勞働者所受之報。而從其得於雇主之必要便宜及奢侈大小如何而定者也。勞働原價之高低。則雇主所給給料。與其所受勞働力強弱相比較而定者也。故雇主雖給最高給料。其勞働力卓絕。則其勞働之原價尚低。又雇主雖給最低給科。而勞働力甚劣。則勞働原價已高。勞働原價是名義上及實際上之區別所由來也。世俗不察之。每

---

① "耐孫"，即弗蘭西斯·內森（Francis G. P. Neison，? 一約1929），英國統計學家。文中數據來自尼森於1872年7月在《精算研究雜誌》(*Journal of the Institute of Actuaries*) 上發表的論文《論職業對健康的影響——以死亡率為參考》（*The influence of occupation upon health，as shown by the mortality experienced*）。

② "露母鉄斯病"，即風濕病（rheumatism）。

以給料之高低。直視爲勞働原價之高低。特不知最高給料。有適爲最低之勞働原價者也。今欲證明之。則有二例。如雇主當縮小業務時。必先解其最低給料之雇人。此其一也。又支給最低給料之邦國。生產上反不能與他國競爭。而其于他國之生產物。有必須設各種商業政策上之限制者。此其二也。又印度之紡績工。每禮拜受二十<u>辦士</u>①之給料。英國之紡績工。則每禮拜受二十四<u>先令</u>之給料。其給料大於印度十二倍。然印度不能與英國競爭。此又一例也。又試徵之俄國。其鐵工每禮拜僅得三盧布之給料。而英國之鐵工給料。則四倍之。或五倍之。然俄國反不能與英國競爭。我國②政府不得已而採保護之策。

第四節　　生產物分配法

支給給料之形式。有用物品與貨幣之別。而物品支給法。又有種種形式。其現通行者。生產物之分配法是也。今試就農業漁業及鑛業之生產物分配法。詳述于左。以講明給料仍多支給貨幣外之物。次節論貨幣支給之給料。

第一款③　　農業之生產物分配法

今日勞働問題。概于工業經濟見之。在昔以農業爲國民之主要產業。無所謂勞働問題也。今日農業經濟上。勞働問題之困難亦較鮮。

土地之所有權。歸于少數者之手。而多數農民。皆代其無面識之地主耕作。此英國之制也。今暫置不論之。試就歐洲大陸。及合衆國等觀之。其多數農民。能有其土地以從事于耕作。故情誼甚親密。而執事亦甚勤勉。其給料從節期而變更。然亦不如工業社會之有急劇變動也。又與工業勞働者之羣聚于一所者相異。各人分散于各所之田畝。而從事于耕作。故無同盟罷工之患也。

農業者。當于④保守之精神。其習慣自成勢力。雇主與被雇人之間。常

---

① "辦士"，即便士（pence）。
② "我國"，有誤，應爲 "俄國"。
③ 目次爲 "第一欵"。
④ "當于"，有誤，應爲 "富于"。

甚親密。故無如工業之階級感情。

　　農業之勞銀支給方法。亦與工業大異。其給料之一部。以收獲物。此係世界所通行。其用物品酬勞働之方法。在貨幣經濟未行以前。則爲必要之制。在使用貨幣以後。農業者之授受貨幣。間見之。而物品給料之制。依然與實物交換制。並行焉。

　　農業所以特行此物品給料制者。蓋其生産物。如穀物野菜果物綿麻。及家畜所産之乳酪卵肉皮毛等。皆爲日用之品。勞働者。苟能得此等品物。則貨幣在其所不需。即需貨幣。亦惟欲購求別項物品而已。隨經濟社會之進步。分業之法亦行于農業。後漸覺實物交換之終不便。于是農業給料之一部。漸行金銀支給之法。遂至全用金銀。勢所當然也。今日通觀世界文明諸國。以農産物爲支給者。猶比比然也。

　　若夫歐洲學者所謂收穫分配法。實可謂生産物分配法之標準。耕作地之地主。與耕作人訂立契約。給以地面及必要之建築物。又時貸與資本種子器具等。佃人納其所得生産物幾分于地主。或平均分剖以爲報酬之資。如地主佃人織成一産業組合躰。其組合之主義。不在利潤分配而在生産物之分配也。此種組合。校之[①]賃銀制度。似尤適于農業支付給料之法也。

　　羅馬　崑梅拉[②]述此制之善。蓋崑氏生于耶蘇紀元第一世紀。而收穫分配制。適于需大資本及耕作須注意周密之農業。崑氏之時與今日相似。如瑞士　意大利及小亞細亞之栽培葡萄。意大利之栽培橄欖。皆用此則。

　　英國經濟學家穆勒始唱收穫分配之法。穆勒嘗曰。受收穫分配之農夫。不若自田自佃者之盡力。蓋受收穫分配者。不過受勤勞結果之半而已。若夫自田自佃者。則全部俱爲一人所享有。然受收穫分配之農夫。較之雇用

---

① “校之”，有誤，應爲“較之”。
② “崑梅拉”，即科路美拉（Columella，4—70），羅馬農學家，著有《農業論》（*Agriculture*）。

勞働者。則用力稍勤。盖勞働者之所得。皆一定而不變。耕作良否。及其利害損益。俱無相關者也。其說如此。誠可爲得當矣。

穆勒氏又舉霞羅留[1]之言。述意大利之小作制度。有地主與小作人利害相保持之關係。雖然。收穫分配法。比之自田自佃。不免不利焉。蓋有此制度。小作人不復盡力于土地之改良。又不得盡力于集約之耕作。欲求土地之改良。及積勤之耕作。惟由自田自佃之制度。而後可達其希望。蓋以其所得之半。爲小作人之利。聊以獎勵彼等之勉力。然此制一行。則收穫分配法遂壞。自田自佃之制代興。此又可逆覩也。

用力最勉而勞心最深者。莫如自作之農。亞美利加之農夫。比之英國農夫。其生產之力大相異者。職此故也。

第二欵　論分配漁業之生產物

原始產業之中。農業之次。有漁業。而漁業生產物分配之制。亦與農業無異。大之如遠洋捕鯨業。費時二三月。小之海岸漁業。朝夕往返。均見此法行也。夫操漁業者。各船員每同辛共苦。故所獲之物。宜行分配之制。其見此制推行之廣非偶然也。雖然。自古漁業生產物分配之制。往往與賃銀制度兩立。證之古籍。班班可考。法國古代。海上法曰。水夫領受報酬之法。各有不同。第一航海之際。領受一定之額。第二領受船中積貨。以爲其報酬之全部。最普通之法。則受領貨幣以爲一部之報酬。而別領受若干積物是也。

捕鯨船之船員。上自船長。下至婢僕。皆得分受所獲之物。而與全船所有艤裝釀出等。無相關係。通常水夫受所獲之百二十五分一。至百九十分一。執舵人隨船之大小而定。或受九十五分一至百二十五分一。彼等所受。或猶有大於此者。船長水夫報酬之二十倍。故獲物多。則彼等之所得

---

[1] "霞羅留"，即弗里德里希·盧林·德·沙托維厄（Frédéric Lullin de Châteauvieux，1772—1841），法國農學家、歷史學家、時事評論家、巴黎科學院通訊員。

亦多。若無獲物。則船員僅受賃銀若干。其所有損失。全歸于船主矣。

　　今日漁業中最盛行者。爲鱈青魚鱸等漁業。<u>革羅塞司革</u>①<u>馬沙究塞</u>②波羅芬司達文③及<u>開布庫特</u>④等市府中所盛行之斯格那形船⑤。概以十四人。或十八人爲乘船員。徃徃船長亦爲資本家之一人。報酬方法。多取<u>波羅芬司達文</u>最初所行者。其所獲之物。除諸雜費外。資本家得五分二。船夫得五分三。而各人皆不得受取賃銀。如捕青魚時。必須使用大網。船夫受平等分配。如捕鱈鱸等。皆使用系針等物。各人記其所捕之數。而依數受取。不得過其度也。

第三欵　論分配鑛業之生産物

　　<u>巴白治</u>⑥著一書。曰“機械及製造之經濟”⑦。其書之第二十一章。百六十頁。至百六十二頁。述英國崑奧爾⑧鑛山歷年所實行之生産物分配法。坑夫皆以開鑿坑穴之廣狹。採取鑛物之多寡。及其性質之良否爲比例。而後領取報酬。一言以蔽之。即視生産價值而行分配也。

第五節　賃銀制度

　　原始産業時代。勞働報酬之方法。以生産物分配。迨實物經濟廢。而貨幣經濟興之時。則彼價格甚高。種類又雜之工業製造品。互相交換。概用貨幣。以製作品爲工業勞働者之報酬。甚不便也。迺貨幣支與之法行焉。

---

① “革羅塞司革”，即格洛斯特（Gloucester），英國英格蘭西南部的郡。
② “馬沙究塞”，即馬薩諸塞（Massachusetts）。
③ “波羅芬司達文”，即普羅溫斯敦（Provincetown），位於美國馬薩諸塞州的港口城鎮。
④ “開布庫特”，即科德角（Cape Cod），位於美國馬薩諸塞州東南部的半島。
⑤ “斯格那形船”，即縱帆船（schooner）。
⑥ “巴白治”，即查爾斯·巴貝奇（Charles Babbage，1792—1871），英國數學家、分析哲學家、發明家。
⑦ “機械及製造之經濟”，即《論機器和製造業的經濟》（*On the Economy of Machinery and Manufactures*），巴貝奇代表作之一。
⑧ “崑奧爾”，康沃爾（Cornwall），英國西南部的郡。

故今日農業漁業鑛業等。雖有行生產物分配之古法者。然工業勞働。用賃銀制度。亦已久矣。

夫工業勞働。不以物品爲報酬。而以貨幣爲報酬者。乃至當之法。學者每有不足之心者。非惡貨幣而然也。憂分配之利益。不得其當耳。今日之賃銀制度。較之古代生產物分配制度。實有進步。無論何人。靡有異議者也。雖然。今之勞働者。不如企業者冒企業上之危險。而得受取定額之賃銀。實有利于彼等。法國經濟學者粟威利①批評賃銀制度謂一種固有之組合。其組合員之一部。立于危險之外。預定其報酬之數。及受領報酬之時。真至當之言矣。人本平等。是社會主義之學説。毫不適于實際。試思勞働者。一致團結。排斥企業者。組織生產組合。蓋勞働者之中。有才者。有劣者。如才者不爲主以從事于企業。而劣者又不爲工以從事于力役。則將何以競勝于世界市塲中乎。假從彼等之説。以一國主權之力。驅逐一國之企業者。國内之生產事業。皆由勞働者之生產組合而行。其他諸國機敏之企業家尚存。使役勞働者如故也。若是則不重企業之國。必立于經濟上不振之位。猶微弱之共和國。與強大之專制國交接。兵事外交常居其後也。社會主義者之説。欲適用生產組合于一切產業之中。而驅除今日所行之賃銀制度。及企業家之存在。是我輩所不能強同。我輩非冀賃銀制度之革命者。惟欲改革其不備之點。而其改革之方法。即以所謂利潤配當之制附加于賃銀制度之中是也。今先就賃銀制度之種種方式述之。

第一　時刻賃銀法

視勞働之時刻爲準。而定支給賃銀之數。此法行之頗廣。如一日幾何。一週幾何。一月幾何之類。但純以時刻爲準。則使勞働者有爲事不速之幣②。

---

① "粟威利"，艾米利•舍瓦利耶（Émile Chevallier，1851—1902），法國政治家、經濟學家，專注於工資和貧困問題的研究。
② "幣"，有誤，應爲"弊"。

雖然。在精巧爲主者。亦無妨也。如數學統計等書之校正。及東洋書畫之摺物等。皆可行此法也。

第二　作事賃銀法

作事賃銀之法。可以矯正時刻賃銀法之弊。此法以所作之事爲標準。視其作事幾何。乃給以賃銀幾何也。故勞働者勉勵精勤。作事迅速。惟須有嚴密之監督方可。不然則製造之品。往往有粗製濫造之弊。或視生產速力如何。與以賞金。亦足補助作事賃銀之法。留氏舉法國之例以證之。法國織物女工。二週內織布有定額。如多織至一片。則於尋常賃銀外。給以賞金二佛郎。若多織至二片。則每一斤[①]二佛郎之外。再受一佛郎。所謂累進賃銀是也。

第三　對于品質之賞與

作事賃銀法。有粗製濫造之弊。矯正之。莫若視物品之良否。給以賞金之多寡。如瑞西尼約[②]之陶器製造所。職工每週受此種賞金。都古勘動[③]之羅搾工塲[④]。紡績工所製之絲。其極上品。所受賃銀。亦遞有增加。

第四　收得之一部給與

商店之手代番頭等。惟受一定之俸。則其於賣買。不甚關心。故雇主給以收得之一部以獎勵之。各國皆有行之矣。

第五　對于節約之賞與

各種工業。及運輸業。勞働者往往浪費原料及燃料。又妄用器具機械。故鐵道公司。汽船公司。遇能節約油及燃料者。給之以賞金。以防

---

① "一斤"，有誤，應爲"一片"。
② "瑞西尼約"，即瑞士的尼翁（Nyon）。
③ "都古勘動"，即瑞士的楚格州（Canton of Zug）。
④ "羅搾工塲"，即羅澤工業區（Lorze Factory），瑞士楚格州的工業區。

其弊。

第六　滑準法（準即平準之準。滑者上下不定之謂也）

英國北部。及美國<u>潘西腓尼亞</u>①之煤坑。皆行滑準法。所謂滑準法者。所給賃銀。視生產物市價之高下。而爲升降之差。煤價變動不絕。但時定煤價若干。爲一時標準之價。此時坑夫所受之給料。彼此合意。共定標準之額。若煤價較下于標準價。則坑夫給料。亦視標準給料爲低。煤價昂則給料亦昂。

此給料支付之法。雇主與勞働者。互相調和。最有效者也。<u>曼羅</u>②氏稱揚之。謂自<u>理嘉圖</u>地租法以來。是其於富之分配。實大發明也。

雖然。定實際給料。及物價之標準。頗難。其計算又甚複雜。此法尚未廣行於各種產業之中。不過用之於製鐵採煤二業而已。

第六節　分配利潤法

利潤分配者。非謂如合股公司之股東。各股應得利益也。雇主不啻支付約定賃。以其所獲之利分與之于勞働者也。行此法者。始于一千八百三四十年。<u>愛爾蘭</u>及法德諸國。同時行之。

凡雇用之人。于一定賃銀外。復分以利潤。此法可適用于工業運輸業商業鑛山業農業之中。又實際有既適用者。今分利潤配分法爲二。

（第一）交付定額于配當資本之後。再視勞働之度。以利潤分之。

（第二）利潤分配之率。不問其高低若何。要以分配於勞働爲先。

由此二法。苟有利益。勞働者必與共享之。若如第一之法。則利益不多。資本家可以獨享。勞働者不與也。不然。則配當之數。不得不減爲極

---

① "潘西腓尼亞"，即賓夕法尼亞（Pennsylvania）。
② "曼羅"，即喬瑟夫·門羅（Joseph E. C. Munro，?—1896），英國經濟學家、商法學家。

少。且配當之數。不能確守定例。則利潤分配法之效力。每因之而有損也。

以上二法。不論其如何。凡與分配利潤于勞働者之法相關者。又有二法。

甲　於勞働者中設有等級。從等級之上下。定分配率之升降。

乙　視勞働者所得之賃銀爲比例。而行分配之法。

如甲之法。則勤勞價格之差。比賃銀之差尤大。易致勞働者之不平。且有害其圓滑之弊。

以上諸種方法。不論其如何。凡利益歸於勞働者之手。可由其狀態分之爲二。

一　直配當

二　延配當

直配當者。以正金直歸于勞働者之手。此亞美利加廣行之法也。延配當者。或預存于貯金銀行。或養老金局之中。或兼行二法。此歐洲大陸所通行之法也。且延配當之法。可以獎勵儲蓄之心。有確保勤勞永續之利益也。

要之。利益分配法。實調和雇主與勞働[1]之衝突。而結相互之利益。使勞働者。勉勵忠實。注意節儉。忍耐好學。獲有發達產業上美德之効果矣。

第七節　給料之高低[2]

第一欵　給料因職業而異

職業之種類。千差萬別。給料亦因職業而有差等。斯密亞丹“原富”第一卷第十章論之曰。給料之相異。其原因一在諸國之干涉政署。二在職業不同之故。蓋各種職業。類有固有特別之情狀。今特分類如左。

一職業之快不快

二職業學習之難易及其費用之高低

---

① “勞働”，當爲“勞働者”。

② 目次爲“給料高低”。

三雇傭永續不永續

四信任之淺深

五職業成效之大小

此分析。畧無所間然。今請從其順序而說明之。但<u>斯密</u>氏所舉之例證。皆適切于當時之情形。而于今日則有不適切者。宜斟酌之。

一職業之快不快　職業有難者。有易者。有清潔者。有汙穢者。有可以爲榮者。有可以爲辱者。其難者。汙穢者。可爲辱者。常比其易者。清潔者。可爲榮者。受多額之給料。<u>斯密</u>氏之時代。裁縫師之賃銀。少於織物師之賃銀。蓋以裁縫之爲業。較易于織物故耳。然以今日社會狀態之變遷。不得謂織物較裁縫爲難。以日本今日之情形觀之。洋服裁縫之賃銀。高於和服裁縫之賃銀。是洋服裁縫較難於和服裁縫故也。<u>斯案</u>[①]氏曰。職工之賃銀。比鍜治工[②]爲少。此非因其職業之易。實以織工之業。較鍜治工清潔故也。其他屠牛及刑人等職業。乃人人所嫌惡者。其賃銀必較爲多。是汙穢之職業。其賃銀反多于清潔之職業也。

二職業學習之難易及其費用之高低　職業學習之難易。及其費用之高低。其影響及于勞働料中。固不待言。如土工苦力之賃銀。必較建屋之匠爲低。彼等母[③]須學習者也。建屋之匠。若與美術家相較。則賃銀又必低。蓋彼強學而後能。但非甚難之事。其所費亦甚微故也。

三雇傭之永續不永續　第二節第三欵之第四項論之。茲不贅焉。

四信任之淺深　<u>斯密亞丹</u>謂施土於金錢寶石等貴品之人。給料恒優。其第一之原因。實由于信用之大。又如吾人委託生命之醫師。及吾人委託財產名譽生命之辨護士。亦由此故。受給料甚厚。其他掌金錢出納之會計

---

① “案”，有誤，應爲“密”。
② “鍜治工”，有誤，應爲“鍛冶工”。下同。
③ “母”，同“毋”。

官吏。亦可多得給料。皆此理也。

　　五職業成效之有無　此與第二項相關焉。如欲爲尋常之手工勞働者。十中八九。皆有成效可覩。若爲精巧技術家。或爲學者。則其成效。皆在不可知之數。<u>斯密</u>氏曰。人若使其子爲靴師之弟子。則其子之至能製造靴。無疑焉。雖然。若使其入法學校。則成效不過二十分之一。又曰。如入博場然。負者之金錢。每歸勝者之手。若彼二十人中。有成效者惟一人。則其成效者宜代二十人得高額賃金。

第二欵　論決定給料高低之原因

第一　給料基本説

　　給料之比例。於各勞働。莫不相異。茲論其決定給料高低之原因。其問題有二焉。

　　一給料之支付。視給料基本之大小而決定之。

　　二勞働料。非由給料基本而支給之者。實由勞働所生產而支給之者也。故決定給料之額。不可不視勞働所生產之額。

　　此二説。經濟學者久相爭論。今世學者皆採用後説。所謂給料基本説者。唱於<u>麥爾刹士</u>[①]。<u>穆勒</u>氏又詳細祖述之。

　　給料基本説者。喚起各種之結論如左。

　　（第一）從給料基本説。則職工之同業組合。終不能增加勞銀。縱令因之而增加某種某類職業之勞銀。而增於此者。即減於彼。如建築工。因同盟而增勞銀。鐵工及其他職業因之而有損。且其所損之數。必與彼所增加之數相同。

　　（第二）從給料基本説。則可爲給料基本之資本。唯依貯蓄而增加。若貯蓄之增加。速於勞働者之人口增加。則給料可因之增加。然同業組合。

---

① “<u>麥爾刹士</u>”，即托馬斯·馬爾薩斯。

決非增加貯蓄如斯者。故勞銀不得而增加也。

（第三）由上二結論。而生下之結論曰。救勞銀低之法。唯一而已。即制限勞働者之人口是也。

今請就勞銀基本説。所假定之二事而辨之。

一個人之資本中。凡應充給料之支給者。須豫爲確定。即或不然。而社會之資本中。其應充給料之支給者。當豫爲確定。二給料常由資本中支給。

今請一一評論之。凡雇主于勞銀。願費一定之金額。實際上決無其事。盖雇主使用其資本于勞働料之多少。視其所得利益之大小而變動也。雇主苟以爲勞銀過高。故不能得相當之企業利益。則必減其勞銀之總額。又雇主苟以爲勞銀雖高。而其所投之資。尚可以得相當之利益。則必能以其所享有之財産。作爲資本。而用之于新勞働者之勞銀支給。或用之一于舊勞働者之增給。個人之資本中。其無確定之勞銀基本也如此。而一社會之資本中亦然。依給料基本説。則于一定之時。一社會全躰之資本中。應爲勞働者之給料者。即衣食之費。凡百必要之費。及皆當豫爲確定。故縱令貨幣之給料有所增加。亦不過表示因需要增加之故。而勞働者所購買必要物之騰貴而已。而彼等實際之給料。固未嘗大於前也。爲此説者。不知供給與需用得以並增也。夫收獲期至收獲期之間。食物之分量。有一定。決不得以需用之增加。而增加其供給。然他貨物得短時期内增加其供給者。亦尚不少。何則。多數之貨物。皆應需用而生産。非一時積置多量于倉庫者也。

以上惟就短時期間之給料而研究也。請更就長時期之勞働料而研究之。拉沙兒[①]等社會主義學者。採用理嘉圖之説。以爲勞銀者。人口對於資本之比例也。理嘉圖以爲勞働者位置之漸下。乃確實之事。何則。人口之增加。

---

① "拉沙兒"，即斐迪南・拉薩爾。

速於資本之增加故也。理嘉圖雖亦認生計程度之有變動。然觀其平常之理論。往往置之度外。而以生計之程度爲不動者。謂給料之增加。足以生人口之增加。而人口之增加。又足以使給料復其舊位。更或降至以下之數。此理論。稱爲理嘉圖之給料鐵則。而多數學者之所一時採用者也。然後世學者。漸正此法。如穆勤氏。置重于生計程度之變動。蓋生計程度日下。則不特勞働者生計必要之品日減其分量。又漸下其品質。如常食米穀者。降而以食芋爲常。是各國所屢見也。穆勤氏。謂英國勞働者。其生計之程度漸高。繼此以往。尚有隆起之勢。決非如理嘉圖所言日趨于下者也。其後穆勤氏更進一步。言勞働者依生產組合之法。自從事于企業。則利益勞銀。皆爲其所得。其他位必可改良云云。給料基本之説。蓋輔于實際經濟狀況而發生者也。麥爾刹士著"人口論"之時代。英國不幸。凶年連續。外國貿易。又不能發達。外國穀物輸入者甚少。故年年穀物之分量有一定。需之之人口日加。且貨幣之給料騰貴。因之購食物者漸感其不足。于是麥爾刹士。視食物分量爲確定者。謂非減少人口。勞銀必日落。何則。劣等之土地。耕穫食物。愈加困難故也。雖然。麥爾刹士實驗之時代。實爲例外之時代也。拿破侖戰爭後。豐年連續。人口雖增。穀物頗廉。麥爾刹士之説。不過適合于千七百九十五年。至千八百十五年而已。且麥爾刹士以勞銀爲人口與食物之比例。視後之學者。以爲人口與資本之比例。甚[1]誤謬更甚也。

第二　生產物分率説[2]

然則決定給料之率者何耶。曰其故有二。一從其國生產之總額。二從其生產額分配之狀態。第一生產總額之大小由何而定。其國自然之富源。

---

① "甚"，有誤，應爲"其"。
② 目次無此標題。

其法律制度。及國民之智識能力等。凡影響及于生産之諸原因皆是也。第二生産額分配之狀態。被雇傭勞働者之數。與投下資本之分量相比例。而決定之。余輩不以勞銀爲由貯蓄資本而支給之者。而爲勞働與資本所共生産之分率而已。勞働者分率之多少。第一由彼所得生産貨物之分量而定之。第二由彼對其雇主之才術性質而定之。英國有名之經濟學著[1]多瀛比[2]著“營業革命論”[3]。引實例以説明此理。第一問何故美國勞働者之勞銀多於他國。第二問何故英國之勞銀多于歐洲各國之勞銀。彼黨研究之曰。

　　美國土地肥沃。其收獲平均之數。雖少於英國之威耳夏野[4]。而以投下之勞働比之。則其報酬較多。加之。美國勞働之供給少。故勞働者於雇主。占對應良好之地位。從而多受生産之分率。彼農業給料之高。又製鐵。及其他工業勞銀之高。其原因不難知。如勞銀過高。則工業家不得不利用機械。故機械之發明。近世尤多。如英國疊散士[5]靴工。使用之機械。實美國所發明。而機械之發明。有益於勞働者之中。蓋勞働者生計。可以日裕。美國之勞働者比英國勞働者。尤爲勤勉。故美國工業生産之額巨大。則勞働者所得之利亦大。由是觀之。美國勞銀日高。由勞働者生産貨物之分量漸多。而互相競爭。雇主有獲利多已耳。

　　又曰。英國勞銀較歐洲各部爲高。蓋英國生産之總額。有有形上無形上種種之原因。莫不大於他國。其有形上原因之重者。英國煤鐵之富源。甲于世界。其他地理上之地位。又無不爲天下之至宜。其無形上原因之重者。其自由政躰。他國不得而知之。工業勢力日盛。工業遂因之而發達也。

---

① “學著”，有誤，應爲“學者”。
② “多瀛比”，即阿諾德・湯因比（Arnold Toynbee，1852—1883），英國經濟學家、社會改革家。
③ “營業革命論”，即《關於工業革命的演講集》（*Lectures on the Industrial Revolution of the Eighteenth Century in England*），阿諾德・湯因比代表作之一。
④ “威耳夏野”，即威爾特郡（Wiltshire），英國英格蘭西南部的名譽郡和單一管理區。
⑤ “疊散士”，即萊斯特（Leicester）。

英國之賃銀。所以貴於歐洲大陸者。在勞働力之大。而勞働力大。則生產額亦大。雖然。生產物之分配。何由而決定。其故在于競爭。今再言英美之比較。英國之勞働。比美國之勞働。其勞銀所以低者。英國之勞働供給於市塲多于美國。故競爭求爲雇傭頗盛也。

　　據以上之實例。決定給料之率者。一在生產額之大小。二在雇主與勞働者分配生產額之狀況。此分配者。雖基于自由競爭。而爲法律習慣之影響所及者。亦復不少。

　　難者曰。給料即由生產物中支付者也。此說實與事實相反。如建築巨廈。落成之期。非積年累月不可。則勞働者之給料。非由生產物中支付。而由本資中支付之亦明矣。唯謂在勞働期間。依他人之生產。而爲維持之費。則庶與事實無違。故大資本家。苟無貯蓄之資本。則勞働者無受取勞銀之途。雖然。此事于給料之率。毫無關係。要之。資本家之所爲。不過預給勞働者之分率已耳。

光緒二十九年陰曆二月七日印刷
光緒二十九年陰曆二月十日發行

定價大洋七角

著作權
所有

發行者兼著者　上海英租界四馬路惠福里第五十一號　作新社

印刷所　上海英租界四馬路惠福里第四十九號　作新社印刷局

總販賣所　上海棋盤街　作新社

販賣所　上海四馬路　普通學書室

同　上海四馬路　開明社

《最新經濟學》版權頁

《最新經濟學》編者説明

劉慶霖　編校

1. 底本描述

《最新經濟學》一書，作新社譯自日本田島錦治著《增訂最近經濟論》（1901 年，有斐閣書房發行），於光緒二十九年一月十日（1903 年 2 月 7 日）在上海出版發行。今據國家圖書館所藏縮微膠片還原成書後録排。原書高 23 厘米，寬 14.7 厘米；從右至左竪排行文；目録 14 頁，正文 238 頁。

2. 田島錦治

田島錦治（1867—1934），號赤城，又號守愚，日本經濟學者。1867 年 9 月 7 日生於東京牛込區（現新宿區）赤城元町，1891 年入東京帝國大學法科大學，接受經濟學和社會政策學者金井延的指導。1894 年，從法科大學政治學科畢業，獲法學學士。隨後進入東京帝國大學大學院，專修 "經濟學上的社會主義"。1897 年赴德國留學，專修 "經濟學財政學"，1900 年回日本，任京都帝國大學法科大學教授，承擔經濟學第一講座的授課工作。1901 年獲法學博士學位，1909 年任京都帝國大學法科大學長。同年 12 月被派遣出使中國，1912 年又被派遣赴歐美各國近 8 個月。1918 年，任京都市議員，次年辭去議員職位，就任京都帝國大學第一任經濟學部長。田島錦治於京都帝國大學任職期間，接收東京商科大學（現一橋大學）的學生，并聘任著名的馬克思主義學者河上肇，爲形成京都帝國大學的自由學風作出了貢獻。1927 年，任立命館大學學長，同年被授予京都帝國大學名譽教授。1934 年 6 月 28 日在京都逝世，享年 68 歲。[①]

　　田島錦治以經濟學、財政學方面的研究見長，早年撰寫了一系列相關的通論性著作，如《最近財政學》（有斐閣，1898 年）、《經濟教科書》（金港堂，1909 年）、《經濟原論》（有斐閣，1910 年）等。對社會主義、馬克思經濟學，以及日本國内工人運動的問題，田島錦治亦頗爲關心。在《内外論叢》《京都法學會雜誌》《經濟論叢》等雜誌中，先後發表了《日本勞動者保護問題》《同盟罷工的過去現在及將來》《社會主義的起源及發達》《馬克思氏剩餘價值説的評論》等論文，其經濟學説亦具有温和的社會主義傾向。

　　田島錦治晚年還致力於中國古代經濟思想的研究，在《經濟論叢》雜誌上發表了《孔孟政治經濟説管見》《〈大學〉中所見經濟思想》《〈中庸〉中所見經濟思想》等論文，後由有斐閣整理成《東洋經濟學史》一書於 1935年出版。田島錦治對中國古代經濟思想的研究，在中國經濟思想史研究中産生過一定的影響。[②]

　　在中國，除《最近經濟論》被翻譯成中文以外，田島錦治的《孔孟政治經濟説管見》也曾於《大中華》和《厦大週刊》兩種雜誌上譯載。

3. 作新社

　　作新社，又稱作新圖書局、作新譯書局，乃清末民營翻譯出版機構，

①　佚名. 故田島博士年譜・著書論文目録 [J]. 經濟論叢，1934，39（2）：271-277.
②　葉坦. 中國經濟學術史的重點考察——中國經濟思想史學科創始與發展優勢論析 [J]. 中國經濟史研究，2003，4:132-142.

由清政府官派留日學生戢翼翬①於 1901 年左右在上海創辦②。據劉禺生《世載堂雜憶》記載，"元丞（即戢翼翬——編者注）利用日本女子貴族學校校長下田歌子資本，欲宣傳改革文化於長江。孫先生亦壯其行，乃設作新社於上海。首刊其《東語正規》《日本文字解》諸書，導中國人士能讀日本書籍，溝通歐化，廣譯世界學術政治諸書，中國開明有大功焉。元丞遂爲滬上革命黨之交通重鎮矣"③。在作新社之中，負責編集、印刷的職員也包括部分日本人④。作新社出版譯書的時間集中於 1902—1906 年。在該社的圖書出版廣告中，有"本社爲開通風氣，輸入文明起見，特聘中外通才，編譯各種書籍，義精詞達，皆至切實用者"的宣傳語⑤。

　　作新社自建社開始，至其不再發行新書爲止，出版的譯作有 120 部以上。該社的圖書發行目録將其出版的圖書分爲"教科書""語學""法政""理財""歷史""哲學""雜書"和"小説"等八個門類。其中，教科書近 40 種，包括數學、物理、化學、生物等自然科學的主要門類，如《理化學提綱》《普通教育代數教科書》《新編植物學教科書》等，也有歷史、地理、法律和政治等人文社會科學門類的書，如《世界歷史教科書》《商工地理學》《法律學教科書》《政治學教科書》等。語學類書有十餘種，主要

---

① 戢翼翬（1878—1908），字元丞，湖北房縣人。1896 年應選赴日任駐日公使館譯員，後回國應試，之後再次赴日學習。1900 年與同學創辦雜誌《譯書彙編》，後又與秦力山、馮自由等創辦《國民報》《大陸報》。1903 年應召入京，任職外務部。後因與孫中山往來書札被發現，1907 年被捕押解回籍，1908 年在武昌逝世。參見劉國銘. 中國國民黨百年人物全書：下册 [M].
北京：團結出版社，2005：2333.
② 鄒振環. 戢元丞及其創辦的作新社與《大陸報》 [J]. 安徽大學學報（哲學社會科學版），2012
（6）：106-116.
③ 劉禺生. 清代史料筆記叢刊：世載堂雜憶 [M]. 錢實甫，點校. 北京：中華書局，1960：155.
④ 實藤惠秀. 中國人留學日本史 [M]. 譚汝謙，林啓彦，譯. 北京：生活・讀書・新知三聯書店，
1983：259.
⑤ 佚名. 作新社發售新書目録 [N]. 順天時報，1907-11-28（6）.

是供國人學習日語的詞典或教材，如前述《東語正規》《日本文字解》，以及《日語文法教科書》和《漢和大辭林》等，也有少數幫助學習英語的詞典，如《英華大字典》。法政類書有 20 餘種，如《新編法學通論》《民法要論》《東方政治地理》等；理財類書有近 10 種，如《經濟學要義》《最新財政學》《貨幣論》等，本卷所收錄的《最新經濟學》也在理財類之中。歷史類書有近 20 種，如《世界文明史》《德意志政治史》《中國漁業歷史》等。哲學類書有 5 種，如《物競論》《催眠學精理》《社會主義概評》等。雜書類有十餘部，如《加藤弘之講演集》《白山黑水錄》等。小説有 5 種，如《熱血痕》《新黨發財記》《新社會》等。

　　作新社是中國出版史上最早采用西式裝訂出版圖書的機構。作新社的洋裝書，被認爲是中國首次采用新式版權頁和兩面印刷技術的圖書。①除了出版譯著，作新社還出售教學儀器以及學堂文具。此外，作新社於 1902 年 12 月開始刊行月刊《大陸報》（後改爲半月刊），是晚清時期傳播西方思想文化的革命報刊。作新社出版的譯作，有部分曾先在《大陸報》上連載，而《大陸報》上的時評、政論等文章，也與作新社出版的譯作中的西方新學思想有密切的聯繫。

　　作新社的譯書活動及其刊行的《大陸報》，對西方新學的傳入，以及宣傳革命派思想都起到了重要作用。它與商務印書館、廣智書局等出版社一樣，都是 20 世紀初重要的民營翻譯出版機構。

---

① 鄒振環. 戢元丞及其創辦的作新社與《大陸報》[J]. 安徽大學學報（哲學社會科學版），2012，（6）：112.

4. 田島錦治《最近經濟論》與作新社譯《最新經濟學》

作新社的《最新經濟學》譯自田島錦治所著《最近經濟論》。後者寫成於 1897 年田島錦治即將赴德留學之前，并於同年 8 月由有斐閣書房發行了初版。1900 年，田島錦治留德歸國後開始對此書進行修訂，次年發行增訂版。據現存的圖書信息可知，此日文原書的初版至少再版至第 4 版，增訂後至少再版至第 8 版（圖 1）。

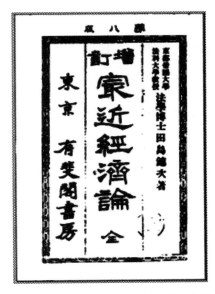

圖 1　田島錦治《最近經濟論》（1898 年第 3 版）與《增訂最近經濟論》（1901 年第 8 版）扉頁
資料來源：日本國立國會圖書館的網絡公開文獻

《最新經濟論》的章節編排采用的是當時歐洲一些國家特別是德國經濟學教科書流行的模式。全書分爲緒論、正編和附錄三大部分。緒論分爲四章，分別介紹了經濟學的基本概念、定位和分科、歷史和流派、研究方法。正編分爲三個編目，分別爲生産論、交易（交換）論、分配論。附錄中有 4 篇文章，分別是《論經濟學與法律學的關係》《現今社會問題》

《論奢侈》《卡爾·馬克思氏社會主義的要領》。在《現今社會問題》中，田島錦治討論了"社會不平等"的起因、本質和趨勢，并認爲貧富懸殊的極端化，必然會導致革命與騷亂，"共産主義學説"和"社會主義學説"也應運而生。田島錦治還認爲，以國家權力制定法律政策，維持社會的平衡，是解決現今社會問題最有力的方法[①]。在《卡爾·馬克思氏社會主義的要領》中，田島錦治根據《資本論》的内容，簡要介紹了馬克思的"剩餘價值"理論，并認爲馬克思是將社會主義從空想帶入科學階段的最關鍵人物[②]。

　　在初版的自序中，田島錦治表示，他在大學院專修經濟學，并同時擔任幾所私立法學校的講義課程的講授，因深感日本缺乏優秀的經濟學教科書，故撰寫《最近經濟論》，并確信此書能"排除陳腐之理論，展示最新之應用"[③]。而在增訂版自序中，田島錦治則表示經過留德深造以後，他決定對此書進行"删繁補疏"，以回饋讀者對初版的厚愛[④]。作爲通論性的經濟學教科書，此書在介紹基礎知識及西方學者的各種觀點時，都力圖展示不同學派的立場和主張。從明治末年日本經濟學界的大背景上看，當時有多種經濟學派的思想傳入日本，學者們在爭論中意識到不能僅采取一種經濟學派的理論。在日本經濟學者們試圖吸收各種學派的經濟學知識，并力求建立符合日本國内需求的經濟學體系時，田島錦治著成《最近經濟論》一書，該書被評爲是符合當時日本經濟思想走向的"折衷主義

---

① 田島錦治. 增訂最近經濟論 [M]. 東京：有斐閣書房，1901：494.
② 田島錦治. 增訂最近經濟論 [M]. 東京：有斐閣書房，1901：553.
③ 田島錦治. 最近經濟論 [M]. 東京：有斐閣書房，1897：1-2.
④ 田島錦治. 增訂最近經濟論 [M]. 東京：有斐閣書房，1901：1.

經濟學"的代表。[①]

　　然而，從書中的論述及其行文中引用的觀點上看，田島錦治受德國歷史學派經濟學家，尤其是威廉·羅雪爾的影響最深。對德國國家社會主義經濟學的主張，田島錦治也表現出了一定的理解。從附録中《卡爾·馬克思氏社會主義的要領》一文的收録，可以看出田島錦治在當時已展現出對馬克思經濟學相關知識的關注。

　　作新社在 1903 年 2 月翻譯出版《最新經濟學》之前，於該社刊行的《大陸報》創刊號（1902 年 12 月）及第二號（1903 年 1 月）上連載，譯名爲"最近經濟學"。連載版只刊登到緒論的第三章"經濟學之歷史"的第一節"上古及中古之經濟學"，次月便直接發行了整本譯書。值得留意的是，在《大陸報》開始連載該書譯文的同一月份，廣智書局創刊的《翻譯世界》雜誌也開始譯載此書，譯名爲"最新經濟學"。《翻譯世界》連載了 4 期，内容截止到緒論的第三章"經濟學之歷史"的第三節"最近時代之經濟學"。從譯文的行文、人名的音譯、注釋及章節的安排上看，作新社的譯文并没有參考《翻譯世界》，而《翻譯世界》的翻譯質量要遠高於作新社的譯本。

　　作新社出版的《最新經濟學》没有譯者序跋，亦未注明原作者及日文原書的相關信息。譯者署名爲"作新社"，可能由多名譯者合譯。與日文原書相比，作新社的中譯本在章節安排上亦作出了變動（表 1）。

---

① 戴金珊. 試論西方經濟學在中國的早期傳播 [J]. 世界經濟文匯，1985，（4）：34-38.

表 1 田島錦治《最近經濟論》及其各中譯本的章節比較

章節 版本		《最近經濟論》 （有斐閣，1897 年）	《增訂最近經濟論》 （有斐閣，1901 年）	《翻譯世界》譯載 《最新經濟學》 （1902 年 12 月— 1903 年 3 月）	《大陸報》譯載《最 近經濟學》 （1902 年 12 月— 1903 年 1 月）	作新社譯《最新經 濟學》 （作新社，1903 年）
譯者序		—	—	緒言	緒論	—
初版自序		最近經濟論自序	最近經濟論自序	—	—	—
增訂版自序		—	增訂最近經濟論 自序	—	—	—
目錄		最近經濟論目次	增訂最近經濟論 目次	—	—	最新經濟學
緒論	第一章	經濟學ノ基礎觀念	經濟學ノ基礎觀念	經濟學之基礎觀念	經濟學之原	經濟學之要目
	第一節	人類ノ欲望	人類ノ欲望	人類之欲望	人類之欲望	人類之欲望
	第二節	貨物	貨物	貨物	貨物	貨物
	第三節	效用及價格	效用及價格	效用及價格	效用及價值	效用及價值
	第四節	生產及消費	生產及消費	生產及消費	經濟	經濟
	第五節	交易及分配	交易及分配	交易及分配	—	—
	第六節	財產及取得	財產及取得	財產及所得	—	—
	第七節	經濟	經濟	經濟	—	—
	第二章	經濟學ノ定義地位 及部門	經濟學ノ定義地位 及部門	經濟學之定義及其 地位部門	經濟學之定義及分 科	經濟學之定義及分 科
	第一節	經濟學ノ定義	經濟學ノ定義	經濟學之定義	經濟學之定義	經濟學之定義
	第二節	經濟學ノ地位及 部門	經濟學ノ地位及 部門	經濟學之地位及 部門	—	經濟學之分科
	第三章	經濟學ノ歷史	經濟學ノ歷史	經濟學之歷史	經濟學之歷史	經濟學之歷史
	第一節	上世及中世ノ經濟 學	上世及中世ノ經濟 學	上世及中世之經濟 學	上古及中古之經濟 學	上古及中古之經濟 學
	第二節	近世ノ經濟學	近世ノ經濟學	近世之經濟學	—	近世之經濟學
	第三節	最近時代ノ經濟學	最近時代ノ經濟學	最近時代之經濟學	—	最近時代之經濟學
	第四章	經濟學ノ研究法	經濟學ノ研究法	—	—	經濟學研究法
	第一節	一般二學問ノ研究 法ヲ論ス	一般二學問ノ研究 法ヲ論ス	—	—	論經濟學研究法
	第二節	經濟學ノ研究法ヲ 論ス	經濟學ノ研究法ヲ 論ス	—	—	—
第一編	第一編	生產論	生產論	—	—	生產論
	第一章	生產ノ要素	生產ノ要素	—	—	生產及消費
	第一節	自然	自然	—	—	生產之觀念及種類
	第二節	勞働	勞働	—	—	消費之觀念及種類
	第二章	生產ノ條件	生產ノ條件	—	—	生產之要素
	第一節	生產ノ自然的條件 （又ハ一般條件）	生產ノ自然的條件 （又ハ一般條件）	—	—	自然
	第二節	生產ノ經濟的條件 （個別事件）	生產ノ經濟的條件 （個別事件）	—	—	勞動
	第三節	**生產ノ國家的條件**	生產ノ社會的條件	—	—	—
	第三章	—	—	—	—	生產之條件
	第一節	—	—	—	—	生產之自然條件
	第二節	—	—	—	—	生產之經濟條件
	第三節	—	—	—	—	**生產之社會條件**

續表

章節 版本	《最近經濟論》（有斐閣，1897年）	《增訂最近經濟論》（有斐閣，1901年）	《翻譯世界》譯載《最新經濟學》（1902年12月—1903年3月）	《大陸報》譯載《最近經濟學》（1902年12月—1903年1月）	作新社譯《最新經濟學》（作新社，1903年）
第二編	交易論	交易論	—	—	交易論
第一章	貨幣	貨幣	—	—	交易之觀念及種類
第一節	貨幣ノ起源	貨幣ノ起源	—	—	—
第二節	貨幣ノ職分	貨幣ノ職分	—	—	—
第三節	貨幣ノ種類	貨幣ノ種類	—	—	—
第四節	貨幣ノ性質	貨幣ノ性質	—	—	—
第五節	貨幣ノ制度	貨幣ノ制度	—	—	—
第六節	貨幣流通ノ法則	貨幣流通ノ法則	—	—	—
第七節	貨幣本位論	貨幣本位論	—	—	—
第二章	信用（或ハ貸借）	信用（或ハ貸借）	—	—	貨幣
第一節	信用ノ意義及要素	信用ノ意義及要素	—	—	貨幣之職分
第二節	信用ノ種類	信用ノ種類	—	—	貨幣之種類
第三節	信用ノ職掌	信用ノ職掌	—	—	貨幣之性質
第四節	信用ノ利害	信用ノ利害	—	—	貨幣之制設
第五節	信用ノ形式	信用ノ形式	—	—	貨幣流通之法則
第三章	交通業	交通業	—	—	信用（或貸借）
第一節	郵便	郵便	—	—	信用之意義及要素
第二節	電信、電話	電信、電話	—	—	信用之種類
第三節	鐵道	鐵道	—	—	信用之職掌
第四節	—	—	—	—	信用之利害
第五節	—	—	—	—	信用之形式
第四章	—	—	—	—	交通業
第一節	—	—	—	—	交通業之性質
第二節	—	—	—	—	郵電電信電話鐵道
第三編	分配論	分配論	—	—	分配論
第一章	地代	地代	—	—	分配之觀念
第一節	地代ノ觀念	地代ノ觀念	—	—	—
第二節	〔リカードー〕氏以前ノ地代説	〔リカードー〕氏以前ノ地代説	—	—	—
第三節	〔リカードー〕氏ノ地代説	〔リカードー〕氏ノ地代説	—	—	—
第四節	〔リカードー〕氏地代説ノ反對説	〔リカードー〕氏地代説ノ反對説	—	—	—
第五節	結論	結論	—	—	—
第二章	利子	利子	—	—	地租
第一節	利子ノ觀念	利子ノ觀念	—	—	地租之觀念
第二節	利子ノ要素	利子ノ要素	—	—	理嘉圖氏以前之地租説
第三節	利子ノ高低	利子ノ高低	—	—	理嘉圖氏地租説
第四節	—	—	—	—	理嘉圖氏地租説之反對説
第五節	—	—	—	—	結論
第三章	企業利益又ハ利潤	企業利益又ハ利潤	—	—	利子
第一節	企業利益ノ觀念及要素	企業利益ノ觀念及要素	—	—	利子之觀念及要素

續表

章節版本	《最近經濟論》（有斐閣，1897年）	《增訂最近經濟論》（有斐閣，1901年）	《翻譯世界》譯載《最新經濟學》（1902年12月—1903年3月）	《大陸報》譯載《最近經濟論》（1902年12月—1903年1月）	作新社譯《最新經濟學》（作新社，1903年）
第二節	企業利益ノ高低	企業利益ノ高低	—	—	利子之高低
第四章	給料	給料	—	—	企業利益或利潤
第一節	給料ノ觀念	給料ノ觀念			企業利益之觀念及要素
第二節	名義上ノ給料及實際上ノ給料	名義上ノ給料及實際上ノ給料	—	—	企業利益之高低
第三節	名義上及實際上ノ勞働原價	名義上及ヒ實際上ノ勞働原價			—
第四節	生產物配分法	生產物配分法			—
第五節	賃銀制度	賃銀制度			—
第六節	利潤配分法	利潤配分法			—
第七節	給料ノ高低	給料ノ高低			—
第五章	—	—	—	—	給金
第一節	—	—			給金之觀念
第二節	—	—			名義上給金及實際上給金
第三節	—	—			名義上及實際上之勞動原價
第四節	—	—			生產物分配法
第五節	—	—			賃銀制度
第六節	—	—			分配利潤法
第七節	—	—			給料高低
第一	經濟學ト法律學トノ關係ヲ論ス	經濟學ト法律學トノ關係ヲ論ス	—	—	—
第二	現今ノ社會問題	現今ノ社會問題	—	—	—
第三	奢侈ヲ論ス	奢侈ヲ論ス	—	—	—
第四	「カール、マークス」氏社會主義ノ要領	「カール、マークス」氏社會主義ノ要領	—	—	—

（表左側標注：第三編、附錄）

　　從表1可見，作新社譯《最新經濟學》雖然以田島錦治的《增訂最近經濟論》爲翻譯底本，但在章節的安排上有較大變動。原書緒論的第一章第五至第七節的內容，作新社將其分別移入第一編生產論第一章、第二編交易論第一章和第三編分配論的第一章中。此外，原文的部分章節、段落和字句，在譯文中也有刪減和簡化。經此編排與刪減，該書對生産、交易和分配等經濟學基礎知識的介紹，比日文原書更爲連貫，這符合作新社爲當時的國人提供基礎教科書的初衷。由於田島錦治的增訂版中對部分章節的標題作出了修改，而作新社的譯本采用了增訂版的標題，可推斷譯者所采用的翻譯底本是 1901 年出版的增訂版。

作新社的《最新經濟學》未經嚴格校對，書中出現不少錯譯、錯字及漏字的現象。譯文對西方人名、地名大多采取音譯。但在同一文本内，甚至在同一頁内的同一人物，譯者有時也采用不同的譯法。在日文原書中，田島錦治對大部分人名、地名、學派和經濟學術語都標注了對應的英文或德文。但在作新社的譯本中，英文和德文的標注幾乎都被省去。

作新社中止《最近經濟學》在《大陸報》上的連載，并在未經仔細校對的情況下匆匆出版整本譯書，很有可能是爲了搶先於廣智書局的《翻譯世界》，但從整體上看，作新社的《最新經濟學》還是保留了田島錦治撰寫該書的基本理念。該書在中國近代經濟思想史的研究上，尤其在近代經濟學術語的形成史上，仍具有重要的文獻價值與學術意義。

5. 《最新經濟學》對馬克思經濟學的介紹與討論

作新社翻譯出版的《最新經濟學》8 萬餘字，全書有 15 處介紹或討論了與馬克思經濟學相關的内容。現將這 15 處譯文與日文原版《增訂最近經濟論》的相應部分進行文本對比（表 2）。

表 2 作新社譯《最新經濟學》中馬克思經濟學相關内容的文本對比

序號	《最新經濟學》（作新社，1903 年）	《增訂最近經濟論》（有斐閣，1901 年）	《增訂最近經濟論》現代漢語直譯
[1]	（緒論第一章第一節第六段） 未開化之人，僅有生存之欲望。其弊也，祇知完自己之生存，甚至虐殺他人而不顧。如食人之民族是也。開明之人反是，其生存之欲望固早完具。而開化之欲望從此發達，勵智德、競技術。其弊也，流于奢侈。且在開明社會，徒之貧富縣殊。有多數之人民，或生存之欲望且不得滿足，遂相胥而流爲乞丐，迫爲亂民。今日有唱社會主義者，率由此也。	未開人ノ欲望ハ多クハ單ニ生存的ノモノノミ而シテ其弊ヤ自己ノ生存ヲ完フセンカ爲メニ他人ヲ虐殺スルモ顧ミサルニ至ル彼ノ食人俗ノ民族（Cannibals）ノ如キ是ナリ之ニ反シテ開明人ハ生存的欲望ハ固ヨリ之ヲ有シ而シテ開化ノ欲望大ニ發達ス彼ノ智德ヲ進メント勵ミ技術ノ精巧ヲ競フカ如キハ當然之ニ屬ス然リ而シテ奢侈ハ即チ其弊ナリ且ヤ開明社會ニ在リテハ往々貧富ノ懸隔甚シキヲ致シ多數ノ人民ハ生存的欲望タモ滿タスヲ得スシ相胥ヒテ乞丐トナリ又ハ亂民トナル謂ユル現今ノ社會問題ノ起ルハ實ニ之ノ力爲ナリ（第 6-7 頁）	未開化之人的欲望，大多只有生存。而其中的弊害，在於他們爲了達到自己的生存，不惜虐殺他人。有食人之俗的民族（Cannibals）就是如此。反之，開明之人固然也有生存欲望，而開化的欲望又大爲發達。他們力求促進德智、相競精煉自己的技術，這當然屬於第二種欲望。但奢侈是他們的弊害。而且開明社會往往有很大的貧富懸殊。大多數的人民無法滿足生存的欲望，一起淪爲乞丐、亂民。所謂現今的社會問題，實際上就是這樣產生的。
[2]	（緒論第二章第一節第二段） 經濟學之定義，學説紛繁，無所歸一。然其大致，可分爲二。一爲就經濟之貨物，而研究與人相對之關係；一爲就人而研究與經濟貨物相對之關係。約而言之，前以貨物爲主，而以人爲客；後則以人爲主，而以貨物爲客。穆勒約翰爲前者之代表。……德國歷史派經濟學之泰斗陸俠耳、海爾特，及講壇社會主義派領袖瓦遇耐爾等，爲後者之代表。……瓦氏曰："經濟學者，究國民經濟之學問是也。"	經濟學ノ定義ニ付テハ學説紛々トシテ帰一スル所ナシ今ヤ余ハ便宜ノ爲メ經濟學者ノ定義ヲ分類シテ二個トス即チ一ハ經濟學ヲ以テ經濟的貨物ニ就テ其人ニ對スル関係ノミヲ研究スルモノシ一ハ經濟學ヲ以テ人ニ就テ其經濟的貨物ニ對スル關係ノミ探討スルモノ爲スニ在リ約言セハ前説ハ貨物ヲ主トシテ人ヲ客トシ後説ハ人ヲ主トシテ貨物ヲ客トスルモノナリ而シテ第一種ノ學説ヲ代表スルモノヲ「ジョン、スチュアート、ミル」ノ定義トス……獨逸ノ歴史派經濟學ノ泰斗「ロッシェル」（Roscher）「ヘルド」（Held）及講壇社會主義派ノ領袖「ワグネル」（Wagner）氏等……又「ワグネル」ハ曰ク「經濟學トハ國家ヲ組織セル人民ノ國民的經濟ノ學問ナリ」（第 57-58 頁）	關於經濟學的定義，衆説紛紜，無法歸一。我爲了便宜，將經濟學者的定義分爲兩類。一類是就經濟貨物而言，研究人對於經濟貨物的關係；一類是就人而言，探討經濟貨物對於人的關係。簡言之，前者是以貨物爲主，以人爲客；後者是以人爲主，以貨物爲客。第一種學説的代表有約翰・穆勒……後一種學説的代表有德國的歷史學派泰斗羅雪爾（Roscher）、赫爾德（Held）及講壇社會主義派的領袖瓦格納（Wagner）氏等……瓦格納氏認爲"經濟學是研究組成國家的人民的國民經濟的學問"。

續表

序號	《最新經濟學》 （作新社，1903 年）	《增訂最近經濟論》 （有斐閣，1901 年）	《增訂最近經濟論》 現代漢語直譯
[3]	（緒論第三章第三節第二款［戊］ 第一段） 於彼則爲英國學派之後殿，於此 又爲新經濟學派之先鋒，而爲英 國之一大學者，即穆勒氏是也。 所著《經濟原理》，至今英國尚 稱爲經濟學中最良之書。此書以 斯密、馬羅厦、理嘉圖等學説爲 基礎，而增補訂正之，既以斯密 派之學説爲可取，又採用社會主 義，以折衷二者，成一家學派。 故其學説雖往往有前後矛盾，至 其成大經濟家，以代表近世經濟 學史之樞軸，則無可疑也。	一方ニ於テハ英國學派ノ殿後トシ又一 方ニ於テハ新經濟學派ノ先鋒トシテ英國 ニ現出シタル一大學者ヲ「ジョン、ス チュアート、ミル」（千八百六年ニ生 マレ千八百七十三年ニ死ス）トス氏ノ 著述シタル經濟ノ原理（千八百四十八 年初版刊行千八百六十五年六版刊行） ハ今日ニ於ケモ尚ホ英國ニ於ケル經濟 學ノ最良書ナリ此書籍ハ「スミス」「マ ルサス」「リカードー」等ノ學説ヲ基 礎トシテ之ヲ增補訂正シ一面ニ於テハ 「スミス」派ノ學説ヲ辯護シ又一面ニ於 テハ之ニ反對セル社會主義ノ學説ヲ採 用シテ自ラ折衷ノ一學派ヲ形成シ居レ リ故ニ氏ハ其ノ學説ノ往々前後相矛盾 セルノ非難アルニ拘ラス實ニ近世經濟 學史中ノ更轉時代ナ代表スル一大經濟 學者タルヲ失ハス（第97 頁）	作爲英國學派的後期人物，同時 又是新經濟學派的先鋒，英國出 現了一位大學者，他就是約翰· 穆勒（1806—1873）。他的著作 《政治經濟學原理》（1848 年初 版，1865 年第 6 版）在今天看來 也是英國最優秀的經濟學著 作。此書以亞當·斯密、馬爾薩 斯、李嘉圖等的學説爲基礎，并 進行增補和訂正。一方面辯護斯 密派的學説，一方面又採用反對 這種學説的社會主義學説。由此 形成了自成體係的、折中的一個 學派。因此往往有人批評他的學 説是前後矛盾的。儘管如此，他 仍然不失爲一位大經濟學者，是 近世經濟學史中劃時代的代表 人物。
[4]	（緒論第三章第三節第三款第四段） 第三　共産主義派 此學派欲廢私有財産之制，而以 天下財産爲各人之公有，而措各 人於平等。與斯密派之以私有財 産爲本者，淵源互異。古來此學 派之撰書，不遑枚舉，然以布拉 圖之共産説爲首。迨至中世，德 馬斯·穆魯之《無何有鄉》一著 最名。近世之排布弗、薄那洛切、 洛排特·奧威、加秘、維脱林格 等，皆宗此派者也。	（第三）共産主義派（Communism） 此ノ學派ハ私有財産ノ制ヲ廢シ財産ノ 共有ヲシテ絶對的ニ各人間ニ平等ナラ シメント欲スルモノナレハ私有財産ヲ 本トシテ立論セル「スミス」派ノ學説 トハ其根本ヨリ異レリ此ノ學派ニ屬ス ルモノハ古來數フルニ遑アラス余前ニ 述ヘタル「プラトー」氏ノ共産説ヲ始 トシ其後中世ニ治テハ「トーマス、 モール」氏ノ「ユートピア」（Utopia） 〔無何有鄉〕ヲ最モ著名トナス而シテ近 世ニ於テハ「バブーフ」（Baboeuf）（千 七百六十四年ニ生マレ千七百九十七年 ニ死ス）「ボナロチー」（Buonarrotti） 「ロバート、オーウェン」（R. Owen） 「エテェンヌ、カーベ」（Cabet）（千 七百八十八年乃至千八百五十六年）「ワ イトリング」（Weigling）氏等ハ皆此 學派ニ屬ス（第100 頁）	（第三）共産主義派（Communism） 這個學派希望廢除私有財産制 度，將財産共有，以求各個人類 絶對的平等。斯密派在立論上就 以私有財産爲本，這個學派與斯 密派在根本上相異。自古以來屬 該學派者不勝枚舉。以我在前文 述及的柏拉圖氏的共産説爲 始。其後在中世紀，托馬斯·莫 爾的《烏托邦》（Utopia）是最 爲著名的。近代有巴貝夫 （Baboeuf）（1764 年生，1797 年 没）、邦納羅蒂（Buonarrotti）、 羅伯特·歐文（R. Owen）、埃蒂 耶納·卡貝（Cabet）（1788— 1856）、魏特林（Weigling）氏 等，都屬於此派。

續表

序號	《最新經濟學》（作新社，1903 年）	《增訂最近經濟論》（有斐閣，1901 年）	《增訂最近經濟論》現代漢語直譯
[5]	（緒論第三章第三節第三款第五段） 第四　社會主義派 社會主義者，指共產主義以外之社會主義也。共產主義，乃社會主義之一種而主張共有財產之制而已。社會主義，僅言土地及資本可爲共有，其他享産財産皆許其爲私有者也。其與斯密派相反對之故，即不認斯密派所謂自然法之存在。且謂許有私產之制，又任其自由競爭者，決非遵自然之法則，不過行人爲之方法而已。苟如斯密派之説，亦僅爲土地所有者及資本家之利益已耳。蓋自由競爭過甚，則往往不免私益之害公益。夫生產貨物，莫不由勤勞而來。生產貨物，即由勤勞而來，則享受生產之權，舍勞働者而誰？但觀今日之制度，妄使土地所有者及資本家，橫奪勞働之報酬，豈得不爲之寒心哉？故凡保此制度之國家，當起而顛覆之，結勤勞者之團軆以代之。即不能如是，亦不可不使國家定制限于私有財產及自由競爭之法律，以矯正其弊。此派之有名者，法國有山席孟、富理哀、普東、路易·布蘭等。德國有羅拕柏芝、嘉·瑪古士、法黎德里·拉撒等。	（第四）社會主義學派（Socialism） 前述セル共產主義モ亦廣義ニ於ケル社會主義ノ一部ニ屬スレトモ茲ニ所謂社會主義ハ共產主義ヲ除外セル其他ノ社會主義ヲ指ス共產主義ハ財産ハ總テ之ヲ共有トナサンコトヲ主張スルモノナレトモ茲ニ所謂社會主義ハ唯土地及ヒ資本ノミヲ共有トナシ其他ノ享有財産ハ之カ私有ヲ許サントスルモノナリ今此主義カ如何ナル點ニ於テ「スミス」派ニ反對セルヤヲ述ヘンニ即チ彼等ハ「スミス」派ノ所謂自然法ノ經濟社會ニ存在スルヲ認メス現時ノ如ク私有財産ノ制ヲ許シ自由競爭ニ一任スルハ決シテ自然ノ法則ニ遵由スルニ非スシテ國家カ一時故意ニ設定シタル制度ノ人爲ノ方法タルニ過キス而シテ此制度ハ偶以テ土地所有者又ハ資本主ノ如キ二三ノ社會階級ノ利益スルノミ且斯ノ如ク社會ヲシテ自由競爭ニ放任スルトキハ往々私益ノ爲ニ公益ヲ害スルノ弊アルヲ免レス元來貨物ヲ生產スルモノハ人ノ勞働ナレハ勞働者ノミカ生產ノ結果ヲ享受スルノ權利アリトス然ルニ現今ノ制度ハ土地所有者及ヒ資本主ヲシテ勞働者ノ當然享受スヘキ報酬ヲ橫奪セシム豈寒心スヘキニ非スヤ故ニ斯カル制度ヲ維持スル國家ハ之ヲ顛覆シテ代フルニ勞働者ノ團体ヲ以テセサル可ラス假リニ一步ヲ讓リ斯ヲスルコト能ハスルモ此ノ現在ノ國家ヲシテ私有財産及自由競爭ヲ制限スル法律ヲ作ラシメ以テ其弊害ヲ矯正スヘシト極論セリ此派ニ屬スル有名ナル學者ハ佛國ニ於テハ「サンシモン」（Saint Simon）（千七百六十年生レテ千八百二十五年ニ死ス）「フーリエー」（Fourier）（千七百二十二年ニ生レテ千八百三十七年ニ死ス）「プルードン」（Proudhon）（千八百九年ニ生レテ千八百六十五年ニ死ス）「ルイ、ブラン」（L. Blane）（千八百十三年ニ生レテ千八百八十二年ニ死ス）獨逸ニテハ「ロードベルッス」（Rodbertus）（千八百五年ニ生レテ千八百七十五年ニシス）「カール、マルクス」（Karl Marx）（千八百十八年ニ生レテ千八百八十三年ニ死ス）「フリードリヒ、ラッサル」（F. Lassale）（千八百二十五年ニ生レテ千八百六十四年ニ死ス）等ノ諸氏トス（第 100-101 頁）	（第四）社會主義學派（Socialism） 前述共產主義也可歸屬於社會主義的一部分。這裏所謂的社會主義，是指除了共產主義以外其他的社會主義。共產主義主張共有所有的財產。這裏的所謂社會主義，只求共有土地和資本。其他私人享有財産是被允許的。該主義如何反對斯密派，現陳述如下。他們不同意斯密派所謂自然法經濟社會的存在。當今允許私有財産的制度、放任自由競爭，并不是遵循自然的法則，而是國家暫時有意設定的制度，只不過是人爲的方法。而且，此制度只以土地所有者或資本主等二三個社會階級的利益爲重。如此讓社會放任自由競爭，往往不免出現因爲私益而妨害公益的弊端。本來生產貨物，是人的勞動。只有勞動者才有享受生產的權利。然而現今的制度中，土地所有者和資本主橫奪了勞動者應當享受的報酬，豈不令人心寒？因此施行這種制度的國家，必須將這種制度顛覆，用勞動者團軆取而代之。即使讓一步而言，也應該制定法律，限制現在國家中的私有財産和自由競爭，矯正其弊害。以上是此派大力宣導的理論。屬於此派的有名學者，法國有聖西門（Saint Simon）（1760 年生，1825 年沒）、傅立葉（Fourier）（1722 年生，1837 年沒）、蒲魯東（Rroudhon）（1809 年生，1865 年沒）、路易·博朗（L. Blane）（1813 年生，1882 年沒）。德國有洛貝爾圖斯（Rodbertus）（1805 年生，1875 年沒）、卡爾·馬克思（Karl Marx）（1818 年生，1883 年沒）、弗里德里希·拉薩爾[※]（F. Lassalle）（1825 年生，1864 年沒）等諸氏。 ※拉薩爾（Ferdinand Lassalle）應爲"斐迪南·拉薩爾"。田島錦治的日文原書誤寫了拉薩爾的名字。此處現代漢語譯文按照原書之誤直譯爲"弗里德里希·拉薩爾"。

續表

序號	《最新經濟學》 （作新社，1903 年）	《增訂最近經濟論》 （有斐閣，1901 年）	《增訂最近經濟論》 現代漢語直譯
[6]	（緒論第三章第三節第四款［乙］第一段） 乙　國家社會主義即講壇社會主義 國家社會主義者，德國經濟學上最新之主義也。此主義蓋位于重農學派、個人主義、與社會主義之間，非如個人主義，欲縮少國家之職務，又非如社會主義，欲舉一切事業悉委于國家者也。唯於個人之不能爲者，及個人雖能爲而不如國家爲之之爲愈者，欲使國家經營之耳。不認經濟有自然法，又反對個人主義之自由放任，期用國家法制之力，多與弱者以保護，由此以持社會之平衡，且以求衆民之最大幸福爲目的。此主義置社會于個人之上，無非謂私益不可不屈服於公益之下而已。以此言之，國家社會主義，寔與社會主義相同，而與個人主義反對者也。然非無與社會主義相異之處：社會主義者，欲改革今世國家之根柢；國家社會主義者欲藉今世國家法制爲本，而維持社會之平衡，此其別也。	第二項　國家社會主義即講壇社會主義 國家社會主義ハ歐羅巴特ニ獨逸ニ於ケル經濟學上ノ最新主義ナリ此主義タル蓋シ前世紀ノ後半ヨリ起リタル重農學派「アダム、スミス」派等ノ個人主義ト今世紀ノ始ヨリ「サンシモン」「フーリエル」「カール、マルクス」「ラッサル」等ニ由リヲ唱道セラレタル社會主義トノ中間ニ位スルモノタリ即チ此主義ハ個人主義ノ如ク成ルヘク國家ノ職務ヲ縮小セントスルモノニ非ス又社會主義ノ如ク總テノ事業ヲ獨リ國家ノ力ニ依リテノミ經營セント希フモノニ非スシテ國家ヲシテ個人ノ絶對ニ爲シ能ハサルモノ及ヒ個人力爲スヨリハ國家ノ爲スヲ得策トスル如キ事業ハシヘテ國家ヲシテ之ヲ經營セシメント企圖スルモノナリ國家社會主義ハ個人主義力認ムル如ク經濟上万古不易ノ法則即チ自然法アルヲ認メサルナリ彼ハ又個人主義ノ自由放任ニ反對シ國家法制ノ力ニ依リ社會ノ強者ニ對スルヨリハ社會弱者ニ對シテ多クノ保護ヲ與ヘテ社會ノ平衡ヲ保タンコトヲ期セリ彼ハ實ニ「ユーチリチアニズム」即チ最大多數ノ最大幸福ヲ以テ目的トナセリ彼ハ社會ヲ以テ個人ノ上位ニ置キ私益ハ常ニ公益ノ爲メニ屈服セシメサルヘカラストナセリ凡ソ此等ノ諸點ニ於テハ國家社會主義ハ實ニ社會主義ト互ニ相一致シ而シテ個人主義ト正反對ノ位地ニ立テリ然レトモ其社會主義ト相異ナル點亦ナキニ非ス社會主義ハ現今ノ國家ヲ全ク根底ヨリ改革セント欲シ國家社會主義ハ現在ノ國家ノ法制ニ基ツキ社會平衡ヲ恢復維持スルノ政策ヲ行ハントスルモノナリ（第 103-104 頁）	第二項　國家社會主義即講壇社會主義 國家社會主義是歐洲，特別是德國經濟學上最新的主義。此主義在以下兩種主義之間，即上世紀興起的重農學派、亞當·斯密派等的個人主義，以及本世紀初開始的聖西門、傅立葉、卡爾·馬克思、拉薩爾等宣導的社會主義。此主義不像個人主義那樣要求縮小國家的職務，也不像社會主義那樣希望把所有的事業都交給國家經營。只是個人絶對無法從事的事業，以及比起個人，由國家從事更有利的事業，應該全部由國家去經營。個人主義所認同的經濟上萬古不變的法則，也就是自然法則，國家社會主義并不認同。他們還反對個人主義的自由放任，希望通過國家法制的力量，保護相對社會強者而言的社會弱者，以保持社會的平衡。他們實際上是功利主義，即以最大多數的最大幸福爲目的。他們認爲社會上個人的私益不論何時，都不得不爲了公益而屈服。就以上諸觀點而言，國家社會主義實際上和社會主義是相一致的，與個人主義處於完全相反的立場。但是他們并非没有與社會主義相異的地方。社會主義希望從根底上改革現今的國家。國家社會主義主張以現在的國家的法制爲基礎，行使政策以恢復和維持社會平衡。

續表

序號	《最新經濟學》 （作新社，1903 年）	《增訂最近經濟論》 （有斐閣，1901 年）	《增訂最近經濟論》 現代漢語直譯
[7]	（緒論第三章第三節第四款［乙］第六段） 講壇社會主義，即國家社會主義。經濟學史上最新之學説也。彼等欲因國家權力，矯正社會不平等之弊。初此説盛行于德意志、奧地利二國，輓近英、美、比、意諸國亦漸次傳播。如日本，數年前專行英國學派，近世亦倡道歷史派經濟學。即講壇社會派之學者，亦輩出焉。	講壇社會主義即チ國家社會主義ハ經濟學史上最新ノ學説ナリ彼等ハ國家ノ權力ニヨリ社會ノ不平等ヲ矯正セント欲スル者ナリ現時此學派ノ最モ盛ニ行ハルノハ獨逸、墺太利ニシテ輓近英國、白耳義、伊太利、米國ニモ漸々傳播スルヲ見ル我日本ニ於テモ數年前マテハ英國學派ノ説專ラ行ハレタリシモ近來歷史派ノ經濟學特ニ講壇社會學派ノ學説ヲ唱フル者輩出スルニ至レリ（第112頁）	講壇社會主義即國家社會主義，是經濟學史上最新的學説。他們希望以國家權力去矯正社會的不平等。現在，此派最盛行的是德國、奧地利。晚近時期，英國、比利時、意大利和美國也漸漸開始傳播。在日本，數年以前專行英國學派，但近來也出現了不少宣導歷史學派經濟學的人物，特別是講壇社會學派的學説。
[8]	（第一編第二章第二節第六段） 近世工業進步，皆以機械代人力，小工業爲大工業所壓倒，土地資本之兼併益烈。故獨立之勞働，其數漸減，多爲雇傭之勞働者矣。且雇主與勞働者之關係，亦因其地位懸隔，漸次冷淡，有再變而爲疾視反目之關係者。嗚呼！此今日社會問題所以不可以已也。	現今社會ノ趨勢タル多クノ手工業ハ變シテ機械工業トナリ小企業ハ漸々大企業ノ爲ニ壓倒セラレ土地資本ノ兼併愈々熾ンニシテ獨立的勞働者ハ之ノ力爲メニ漸次其ノ數ヲ減シテ多クハ雇傭的ノ勞働者トナリ而シテ雇主タル企業家即資本主ト雇人タル勞働者トノ間ノ關係ノ如キモ其經濟的社會的ノ地位ノ懸隔スルト共ニ漸ク冷々淡々トナリ再變シテ疾視反目ノ關係トナルモノ之アリ嗚呼是レ現今社會問題ノ止ム可カラサル所ニ至ナリ（第128頁）	現今社會的趨勢中，很多手工業轉變爲機械工業，小企業漸漸被大企業所壓制。土地資本的兼併也愈演愈烈，獨立勞動者的數量也因此漸漸減少，大部分都成爲了雇傭勞動者。而作爲雇主的企業家，即資本主，他們與雇用的勞動者背後的關係，也漸漸隨着其經濟、社會地位的懸殊，而漸漸變得冷淡，再而變成反目成仇的關係。嗚呼，這就是爲何現今社會問題不止的原因。
[9]	（第一編第三章第二節第二款第三段） 顧極端之社會主義學者，其所希望，每欲變換勞働者之利己心，而純爲道德心。且欲于其所想像之國家，社會主義之國家使人民各用全力以從事于勞働；若夫其報酬，則視其勞働而公平給與之。然唱此學説者，尚未察人類本性之全體，故難觀其實效也。	極端ナル社會主義ノ學者カ希望スル所ハ往々右ノ原動力ノ一ナル利己心ヲ全然道德心ニ變換シ而シテ自家ノ想像セル國家即「ソシアル、ステート」（社會的國家）ニ於テハ其人民ヲシテ各全力ヲ用キテ勞働ニ從事セシメ其報酬ハ之ヲ勞働ニ應シテ公平ニ附與セントスルニ在リト雖モ此學説タル未タ以テ人間ノ本性ノ全體ナ看破セルモノニ非ス從テ其實効ヲ見ルコトノ甚タ困難ナル可キハ論ヲ俟タサル所ナリ（第147頁）	極端社會主義學者所希望的，往往是把上文所説的原動力之一的利己之心，完全變換成道德之心。他們自己想像的國家，即 Social State（社會國家）之中，其人民都用全力從事勞動，其報酬根據勞動而公平地給予。該學説從根本上沒有看破人類本性的全體。因此要看到其實效，甚是困難。

續表

序號	《最新經濟學》 （作新社，1903 年）	《增訂最近經濟論》 （有斐閣，1901 年）	《增訂最近經濟論》 現代漢語直譯
[10]	（第一編第三章第二節第五款[乙]第五段） 土地與資本皆爲少數者所私有。其餘多數者，皆唯其勞力，加之於他人之資本，或加于他人之土地，而以其身爲他人收益之器械，是今日法制之結果也。于是社會主義學者，頻論其不可，謂資本及土地，宜禁少數人之私有，而爲共有之物。然此説尚未能行于實際。且以今日之狀態觀之，土地與資本，無論何國，雖曰歸于少數人，其所有權未必完全而無制限也，而國家亦必保土地及資本之一部分焉。	土地ト資本トハ少數者ノ私有ニ歸シ多數人ハ其勞働ヲ他人ノ資本ニ對シテ之ヲ售リ又ハ他人ノ土地ニ加ヘ身親ラ他人収益ノ機械ト爲ルモノ是レ現今法制ノ結果ナリ於是乎社會主義ノ學者ハ頻リニ其不可ナルナ論シ廣義ニ於ケル資本即チ生産ノ手段（土地ヲ包含ス）ハ少數人ノ私有ヲ禁シ之ヲ共有ト爲サルヘカラスト説ケリ然レトモ此學説ハ未タ曾テ實際ニ行ハレタルコトナリ又急ニ實行セラル可キ見込ナシ生産ノ手段即チ土地及資本ハ少數人ノ私有ニ歸スルコト現今ノ狀態ナリトハ云ヘ何レヲ擧ケテ少數人ノ完全ニシテ且無制限ナル所有權ニ歸セシメタルモノアルヲ見ス國家ハ必ラス生産ノ手段ノ一部分ヲ自カラ所有スルヲ常トセリ（第 171 頁）	土地與資本歸於少數人的私有，多數人將勞動賣予他人的資本，或者在他人的土地上，爲了他人的收益，親身成爲機械。這是現今法制的結果。於是社會主義的學者常論其不可。他們認爲，廣義而言，資本即生産手段（包括土地），應該禁止少數人所有，而必須共有。但此學説未曾實際施行，也没有在短時間内施行的可能。生産手段，即土地與資本，是歸於少數人所有的。就現今的狀態而言，没有國家會讓少數人完全擁有無限制的所有權。國家必定會將生産手段的一部分歸爲自己所有。
[11]	（第一編第三章第二節第五款[丁]第一段） 資本之成立，有二學説。自由貿易派之英國學者曰："資本也者，因蓄貯而生者也。"社會主義學者辣索爾等曰："資本也者，因勞働而生者也。"此二者皆未免各執偏見。	資本ノ成立ニ關シテハ二個ノ學説アリ自由貿易派ノ學者殊ニ英國ノ學者ハ曰ク資本ハ貯蓄ニ因リテ生スト之ニ反シ社會主義ノ學者殊ニ「ラッサル」氏ノ如キハ曰ク資本ハ勞働ニ因リテ生スト然レトモ此等ノ二説各一方ニ偏スルノ譏チ免カレス（第 180-181 頁）	與資本的成立相關的，有兩個學説。自由貿易派的學者，特別是英國的學者認爲，資本因積儲而産生。社會主義的學者，特別是拉薩爾氏認爲，資本因勞働而産生。但這兩種説法都有各自的偏見，不免有誤。
[12]	（第一編第三章第二節第五款）[戊]第十一段 機械之恩惠，苟非共産制度之下，則人民享其利決不得完全，可也。共産制度之國家，其人民勞働之擔負，因機械而輕減也。然是僅爲共産主義學者之空想耳。	機械ノ恩惠ハ共産制度ノ國家ノ下ニ非サレハ一般人民ハ決シテ之ヲ完全ニ享有スルコトヲ得ス即チ斯ル國家ニ在テハ人民ノ勞働ノ負擔ハ機械ニ因テ輕減セラル可キコト猶ホ一家ノ妻ノ勞力カ裁縫機械ニ因テ輕減セラルヽカ如クナラン然レトモ斯ノ如キ國家ハ唯タ共産主義ノ學者ノ夢想スルニ止リ未タ實際ニ存在セサルヲ奈何セン（第 187 頁）	機械的恩惠，若不是在共産制度的國家，一般人民是肯定無法完全享有的。這種國家的人民的勞動負擔因機械而減輕。如一家庭中的妻子的勞力可以因裁縫機械而減輕。但這樣的國家只是止於共産主義學者的夢想。奈何實際上並不存在。

續表

序號	《最新經濟學》 （作新社，1903 年）	《增訂最近經濟論》 （有斐閣，1901 年）	《增訂最近經濟論》 現代漢語直譯
[13]	（第一編第三章第二節第六款[乙]第十段） 大企業之利益，非各種生產業一律同然。如販路不廣者、不需多數之資本者、分業無須完密者、及企業者之識見無須優勝者。在此等，大企業每不如小企業。故社會主義學者，謂一切小企業，終爲大企業所壓倒者，乃杞憂耳，謬見耳。	大企業ノ利益ハ總般ノ生產業ニ於テ一樣ニ存在スルモノニ非ス即チ販路ノ廣カラサルモノ生產ニ多數ノ資本ヲ要セサルモノ分業ノ完密ヲ要セサルモノ並ニ企業者ノ優勝ナル識見ヲ要セサル如キ生產業ニ在テハ大企業ヨリハ寧ロ小企業ヲ可トスルコト多シ故ニ社會主義ノ學者カ總般ノ小企業ハ大企業ノ爲メニ壓倒セラルヽモノヽ如ク思惟スルハ實ニ誤謬ノ見解ニシテ畢竟杞憂タルニ過キス（第 201-202 頁）	大企業的利益，并不是在所有生產業中都一樣的。例如銷路不廣、生產時無須大量資本、分工無須太完善、從業者無須十分優勝的見識，在這些生產業中，比起大企業，反而是小企業更有利。因此社會主義的學者認爲小企業在整體上會被大企業所壓制，這種思維實爲謬見，不過是杞人憂天。
[14]	（第三編第五章第一節第五段） 論貨物分配之必要，在研究生產物分配于社會各階級何如。而現今之社會，於貨物之分配其最相衝突者，雇主與被雇人之二階級也。雇主有土地及資本，而勞働者僅能勞働，不過傭人傭作，以助其生產耳。故資本家與勞働者之間，一爲有生產之手段者，一爲無此手段者；一爲己勞働，一爲他人勞働。故不分此二階級，則無貨物分配論，無勞働問題，無同盟罷工問題，無職工組合問題也。	抑モ貨物ノ分配ヲ論スルノ必要ハ生產物カ如何ニ社會ノ各階級ニ分配セラルヽヤヲ研究スルニ在リ而シテ現今ノ社會ニ於テ貨物ノ分配上最モ利害ノ相衝突スルモノハ雇主ト被雇人ノ二階級ナリトス雇主ハ通常土地及資本ヲ有スルモノ被雇勞働者ハ土地資本ヲ有セスシテ只勞働ノミヲ有シ之ヲ雇主ニ賣却シテ生產ニ助力スルニ過キス斯ノ如ク一方ハ生產手段ヲ有スルモ他方ハ之ヲ有セス又一方ハ自己ノ爲ニ勞働シ一方ハ他人ノ爲ニ勞働ヲ供ス故ニ若シ此ノ二階級ヲ分ツニ非レハ貨物分配論ナシ勞働問題ナシ同盟罷工ノ問題ナシ職工組合ノ問題ナシ（第 418-419 頁）	討論貨物分配的必要性，在於研究生產物是如何分配給社會各個階級的。現今的社會中，貨物的分配上最大的利害衝突，是雇主和被雇這兩個階級。雇主通常擁有土地和資本，被雇勞動者沒有土地、資本，只有勞動，并將此賣予雇主，不過成爲生產中的助力罷了。像這樣一方擁有生產手段，另一方沒有。一方爲自己而勞動，另一方向他人供出勞動。因此如果分這兩個階級，就不會有貨物分配論，也不會有勞動問題，不會有同盟罷工，不會有職工組合了。
[15]	（第三編第五章第五節第二段） 夫工業勞働，不以物品爲報酬，而以貨幣爲報酬者，乃至當之法。學者每有不足之心者，非惡貨幣而然也，憂分配之利益不得其當耳。今日之賃銀制度，較之古代生產物分配制度，實有進步。無論何人，靡有異議者也。雖然，今之勞働者，不如企業者冒企業上之危險，而得受取定額之賃銀，實有利于彼等。法國經濟學者	夫レ工業的勞働ニ酬フルニ物品ヲ以テセスシテ貨幣ヲ以テスルコトハ決シテ非難スヘキコトニアラス學者カ現今ノ貨幣制度ニ不滿ヲ抱ク所以ハ貨幣ヲ以テ支拂フカ故ニアラスシテ利益ノ配分ノ當ヲ得サルニ在リ今日ノ賃銀制度ハ古代ノ生產配當ノ制度ニ一步ヲ進メタルノ制度ナルコトハ何人ト雖モ異議ナキトコロナリ然レトモ余輩ハ此ノ制度カ尚改良ヲ要スヘキ制度ナルヲ認ムルモノナリ抑モ現今ノ勞働者カ企業者ノ如ク企業上ノ危險ヲ冒スコトナクシテ	工業勞動中，不以物品爲報酬，而以貨幣爲報酬，這并不值得非難。學者之所以不滿現今的貨幣制度，并不在於貨幣的支付方式，而在於利益分配的不當。現在的工資制度，較古代的生產分配制度更進一步，并無人對此有異議。但是我承認此制度尚有改良的必要。現今的勞動者不像企業者那樣冒企業上的危險，總是獲取定額的工資。實際上對他們來説也是有益的方法。法國經濟

續表

序號	《最新經濟學》 (作新社，1903 年)	《增訂最近經濟論》 (有斐閣，1901 年)	《增訂最近經濟論》 現代漢語直譯
[15]	粟威利批評賃銀制度，謂一種固有之組合，其組合員之一部，立于危險之外，預定其報酬之數及受領報酬之時，真至當之言矣。人本平等，是社會主義之學説，毫不適于實際。試思：勞働者一致團結，排斥企業者，組織生産組合。蓋勞働者之中，有才者，有劣者。如才者不爲主以從事于企業，而劣者又不爲工以從事于力役，則將何以競勝于世界市場中乎？假從彼等之説，以一國主權之力，驅逐一國之企業者，國内之生産事業，皆由勞働者之生産組合而行，其他諸國機敏之企業家尚存，使役勞働者如故也。若是則不重企業之國，必立于經濟上不振之位。猶微弱之共和國，與强大之專制國交接，兵事外交常居其後也。社會主義者之説，欲適用生産組合于一切産業之中，而驅除今日所行之賃銀制度及企業家之存在，是我輩所不能强同。	常ニ定額ノ賃銀ヲ受取ルヲ得ルハ實ニ彼等ニ取リテ利益アル方法ナリトス佛國經濟學者「エミール、ジュヴァリエ」氏カ賃銀制度ヲ批評シテ一種固有ノ組合ニシテ其ノ組合員ノ一部ハ業務ヨリ生スル危險ノ外ニ立チテ其ノ報酬及報酬ヲ受クルノ時カ豫定セルモノナリト云ヒタルハ真ニ至當ノ言ナリトス (Les Salaires au Dix-neuvième Siecle Paris, 1887) 余輩ハ又「セルニュスキー」氏カ單ニ賃銀制度ヲ改革スルヲ以テ文明ノ退歩ヲ望ムモノト痛言シタルニ同意ヲ表セサルヲ得ス實ニ人間ニ企業者ト勞働者トノ別ヲ生シタル所以ハ自然ノ勢ナリ人ハ本來平等ナリト云フ社會主義ノ學説ハ毫モ實際ニ適セス試ニ思ヘ勞働者カ一致團結シテ企業者ヲ排斥シ生産組合ナルモノヲ組織スルモノトスルモ其ノ勞働者ノ中ニ就テ才能ノ勝レタルモノト劣リタルモノトアル以上ハ才能アルモノハ主トシテ企業的業務ニ從事シ劣レルモノハ力役ノ業務ニ從事スルニアラサルハ何ヲ以テカ世界ノ市場ニ競争シテ勝チ制スルヲ得ンヤ抑トヒ彼等ノ説ノ如ク一國主權ノ力ヲ假リテ一國内丈ハ企業者ヲ驅逐シテ其ノ國内ノ生産事業ハ渾テ勞働者ノ生産組合ニ由テ行フヲ得ヘシトスルモ他ノ諸國ニハ機敏ナル企業家尚存シ勞働者ヲ使役シテ之ニ當ランニハ其國ハ必經濟上不振ノ位置ニ立ツヘキコト微弱ナル共和國カ强大ナル專制國ニ兵事上外交上常ニ後レヲ取ルト一般ナランノミ故ニ我輩ハ社會主義者ノ説ノ如ク生産組合ヲ凡テノ産業ニ適用シテ現今行ハルハ賃銀制度ト企業家ノ存在ヲ社會ヨリ驅逐スルノ説ニ同意スル能ハス (第 445-447 頁)	學者舍瓦利耶氏評論工資制度時説，一種固有的組織中，其組織成員的一部分脱離了業務中的危險，預定了他們的報酬，以及接受報酬的時間。這真是至當之言 (《19 世紀巴黎的工資》，1887)。我也不得不同意塞爾紐斯基氏的痛斥，他説如果只是改革工資制度，那就是文明的退步。人類生而分爲企業者和勞動者，是自然所趨。説人類生而平等的社會主義學説，毫不適於實際。試想勞動者若團結一致排斥企業者，組建生産組織，但其中的勞動者也有才能優勝的，以及才能低劣的。既然如此，如果有才能者不主要從事企業業務，才能低劣者不從事體力勞動，那麼要拿什麼在世界的市場競争中制勝呢？按他們的學説而言，以一國主權之力，驅逐一國之内的企業者，將國内的生産事業全都交給勞動者的生産組織，那麼其他國家機敏的企業家尚在，尚能使役勞動者，那麼這個國家必定會站到經濟不振的立場上。微弱的共和國與强大的專制國，在兵事和外交上一般總是後者取勝。因此社會主義者宣導將生産組織適用於所有的産業中，並要將現今施行的工資制度，以及存在企業家的社會都驅逐掉。我并不同意。

注：表中現代漢語直譯部分由編者根據 1901 年有斐閣出版的田島錦治《增訂最近經濟論》翻譯而成

　　如表 2 所示，作新社譯《最新經濟學》共有 15 處介紹或討論了馬克思經濟學的相關内容。其中緒論中有 7 處，正編中有 8 處。田島錦治的原著在注釋和附錄中有更多提及馬克思經濟學的内容，但作新社的譯文都已省去。除此以外，譯者還對原文的部分詞句進行了删减或改動。

　　《最新經濟學》緒論的第一章第一節首先論述了“人類的欲望”（表 2 段落［1］），田島錦治認爲文明開化的社會中，人類産生了奢侈的欲望，從而導致貧富懸殊，“所謂現今的社會問題，實際上就是這樣産生的”（謂ユル現今ノ社會問題ノ起ルハ實ニ之ノ力爲ナリ）①。但在作新社的譯文中，這句話被改成“今日有唱社會主義者，率由此也”②。可見，譯者在翻譯田島錦治的論述時，也加入了自己對相關問題的認識。在這裏，譯者對“貧富懸殊”與“社會主義”的關係已有一定的理解。

　　緒論的第三章是“經濟學之歷史”，即介紹經濟學史上的各個流派。在這一章内，田島錦治介紹了“共産主義派”和“社會主義派”，并將其放到了第三節“最近時代之經濟學”的第三款“非斯密派”之中（上表段落［4］和段落［5］）。介紹這兩個派别時，是以它們如何反對亞當·斯密理論爲切入點進行論述的。田島錦治對“共産主義派”的介紹較爲簡單，認爲這是主張廢除私有制以求各人平等的學説，他將柏拉圖、托馬斯·莫爾、巴貝夫、邦納羅蒂、歐文、卡貝和魏特林等歸於這一學派，相比之下，田島錦治對社會主義派的介紹則更爲詳細，他指出社會主義派反對亞當·斯密的自然法思想；在介紹社會主義派對私有制和自由競争的批判時，田島錦治還引出了“社會階級”的概念，指出地主和資本家階級奪取了勞動者

---

① 田島錦治. 增訂最近經濟論［M］. 東京：有斐閣書房，1901：7.
② 作新社於 1902 年 12 月刊行的《大陸報》創刊號中所刊載的《最近經濟學》，對應此句的譯文是“今日世界擾攘之故，率由此也”。可見，作新社在出版整本書時，對譯文又進行了修改。又，廣智書局於 1902 年 12 月刊行的《翻譯世界》創刊號中，同一句的譯文是“開今日社會上之一大問題，此其弊也”。

應當享受的勞動報酬，并認爲這是“令人心寒”（寒心スヘキ）的①；最後，田島錦治將聖西門、傅立葉、蒲魯東、路易·勃朗、洛貝爾圖斯、馬克思和拉薩爾列入了社會主義派。可以看到，田島錦治對共産主義派和社會主義派僅有簡單的認識，從日文《最近經濟論》的全書上看，他研究過一些馬克思、拉薩爾的思想理論，但對他所列出的這兩派的其他學者，可能并没有深入的認知，對這些學者的派别分類，當然也不盡準確。田島錦治將共産主義派和社會主義派分成兩項論述，但又指出共産主義是社會主義的一部分。在此書正編的論述中，田島錦治也并没有對這兩派進行明確的區分，有時也出現將共産主義和社會主義兩個概念混用的現象。

作新社的譯文對共産主義派和社會主義派這兩個派别的介紹，基本保留了田島錦治的原意。但對於兩派學者的譯名，譯文中只是進行了粗略的音譯，其中馬克思被譯爲“嘉瑪古士”，拉薩爾被譯爲“法黎德里拉撒”。田島錦治在原書中注明的這些學者的英文名，以及生卒年信息，譯文中也都省去了。因此，讀者只能通過譯文瞭解到這兩個學派大致的政治和經濟主張，而很難通過譯文確認這些學者的身份。此外，田島錦治在介紹社會主義派時，有“此制度（即亞當·斯密所提倡的允許私有制、放任自由競爭的制度——編者注）只以土地所有者或資本主等兩三個社會階級的利益爲重。如此讓社會放任自由競爭，往往不免出現因爲私益而妨害公益的弊端”的論述。作新社將這段話翻譯成“苟如斯密派之説，亦僅爲土地所有者及資本家之利益已耳。蓋自由競爭過甚，則往往不免私益之害公益”——也就是説，原文中提出的“社會階級”這一體現馬克思經濟學特徵的重要概念，并没有被譯出。

在共産主義派和社會主義派之後，田島錦治還介紹了“國家社會主義即講壇社會主義”（表 2 段落 [6]）。田島錦治認爲，德國的這個新興學派

---

① 田島錦治. 增訂最近經濟論 [M]. 東京：有斐閣書房，1901：101.

是個人主義和社會主義的折中。他强調，國家社會主義與社會主義的共同之處在於否認自然法，反對自由放任，以及追求社會公益。因此，田島錦治認爲，國家社會主義是爲了追求"最大多數人的最大幸福"的"功利主義"（ユーチリチアニズム，即 Utilitarianism）[1]。對國家社會主義與社會主義的區别，田島錦治認爲前者希望維持現今的國家基礎，而後者則追求從根本上進行國家改革。在論述國家社會主義學派的最後一段中，田島錦治介紹了德國的新歷史學派（表 2 段落 [7]），該學派又被稱爲"講壇社會主義"或"教授社會主義"，也被歸爲國家社會主義學派。最後，田島錦治還簡單介紹了日本經濟學界接受這一學派的現狀。明治維新前後，日本國内獨尊英國自由貿易經濟學派，但到了明治末年，日本國内逐漸有人開始倡導德國歷史學派，尤其是國家社會主義學派。田島錦治在行文中透露了他對這一趨勢的贊許態度。

對國家社會主義和講壇社會主義的介紹，作新社的譯文進行了較多的删減與簡化。除了删去各學派代表人物的人名以外，譯文中也没有將田島錦治提到的"功利主義"一詞翻譯出來。由於德國新歷史學派（即講壇社會主義學派）與德國傳統歷史學派有深厚的淵源，因此田島錦治將講壇社會主義學派歸爲德國歷史學派。但在作新社的譯文中，譯者并没有明確"歷史派""國家社會主義""講壇社會派"的關係，有時甚至將三者相等同，造成了一定的理解混亂。

整體而言，田島錦治在緒論中儘量以中立的角度對各學派作出介紹。但到了正編的論述中，尤其在討論資本的形成（表 2 段落 [10]、[11]）、生產機械化（段落 [12]）、企業的運作（段落 [13]）、物資的分配（段落 [14]）及工資制度（段落 [15]）的時候，田島錦治便表現出了對社會主義學説的否定態度。縱觀正編中的論述，可知田島錦治對社會主義學説的某

[1]　田島錦治. 增訂最近經濟論 [M]. 東京：有斐閣書房，1901：104.

些觀點首先表達了一定的同情。例如，他認爲社會主義的確揭示了現今經濟制度和社會生産活動中的一些問題，如社會貧富懸殊的問題，以及資本家和勞動者之間的矛盾（段落［8］），但他認爲社會主義思想忽略人類的本性，且止於空想、缺乏實際，因此他并不表示贊同。

　　作新社的譯文基本傳達了田島錦治所表達的理念。不過在行文的細節中，譯文還是删減了一些重要的概念與内容。例如，在討論資本的所有權時（段落［10］），田島錦治提到了資本作爲"生産手段"（means of production，又譯作"生産資料"）的概念。這是馬克思政治經濟學中非常重要的概念。田島錦治在日文原書中表示，"他們（即社會主義者——編者注）認爲，廣義而言，資本即生産手段（包括土地），應該禁止少數人所有，而必須共有"［広義ニ於ケル資本即チ生産ノ手段（土地ヲ包含ス）ハ少數人ノ私有ヲ禁シ之ヲ共有ト爲サヽル可カラスト説ケリ］①。而在作新社的譯文中，這句話被翻譯爲"謂資本及土地，宜禁少數人之私有，而爲共有之物"。可以看到，"生産手段"的概念并没有被翻譯出來。包括上文提到的其他概念或術語在内，譯者可能是對田島錦治原書的理解存在一定的困難，所以省去了他認爲無法理解或理解不徹底的術語。值得留意的是，在介紹和討論工資制度的章節（段落［15］）中，田島錦治曾表達了自己對"人類生而平等"的看法，他認爲"人類生而分爲企業者和勞動者，是自然所趨"（実ニ人間ニ企業者ト労働者トノ別ヲ生シタル所以ハ自然ノ勢ナリ）②。然而，這句話在譯文中并没有出現。由於原文并没有複雜的語法、概念或術語，譯者對這句話的删減有可能是出於與田島錦治在觀點上存在分歧。

　　綜上所述，《最新經濟學》中對馬克思經濟學相關理論的介紹較爲粗

---

①　田島錦治. 增訂最近經濟論［M］. 東京：有斐閣書房，1901：171.
②　田島錦治. 增訂最近經濟論［M］. 東京：有斐閣書房，1901：446.

略，田島錦治認爲社會主義是空想的，并對其進行批判。他在原書中提及一些有助於進一步認識馬克思政治經濟學的概念，作新社的譯者尚未深入理解，因此也無法準確地譯出。但在 20 世紀最初幾年的中國，《最新經濟學》是爲數有限的中文文獻中論及馬克思和社會主義的重要譯作，作新社的譯者對田島錦治《最近經濟論》的理解和詮釋，反映了當時留日學生及中國知識分子對馬克思經濟學的理解程度。《最新經濟學》的譯載和出版，也爲 20 世紀初的國人提供了瞭解馬克思經濟學的文獻資源。

6. 研究綜述

現有關於作新社《最新經濟學》的研究，主要是從翻譯出版史、經濟學史和馬克思主義早期傳播史這三個角度展開的。翻譯出版史方面的研究，對《最新經濟學》的關注大多停留在簡單言及的層面。由於作新社在中國近代翻譯史和出版史上都具有重要的歷史意義，因此在一些論及清末翻譯出版文化的論著中，曾提及《最新經濟學》的書名①，并將其與《新編國家學》《加藤弘之演講集》等譯書一起歸類到作新社所譯"政治、法律、經濟理論方面"的讀本之中②。經濟學史方面的研究，主要是從經濟學術語的形成，以及社會主義、馬克思主義經濟學在中國的早期傳播這兩個角度進行的。有學者認爲，1901—1903 年，是"經濟學"譯名開始廣爲流傳的年份。而 1902 年《大陸報》譯載的《最近經濟學》和次年出版的《最新經濟學》，也是支撐其觀點的有力證據③。此外還有學者表示，《最新經濟學》對西方資産階級各派觀點的介紹，是經濟學知識在 20 世紀初引介到中國的

---

① 鄒振環. 20 世紀上海翻譯出版與文化變遷［M］. 南寧：廣西教育出版社，2000.

② 鄒振環. 戢元丞及其創辦的作新社與《大陸報》［J］. 安徽大學學報（哲學社會科學版），2012，（6）：106-116.

③ 葉世昌. 經濟學譯名源流考［J］. 復旦學報（社會科學版），1990，（5）：16-20.

過程中，引入渠道變寬、内容變豐富的表現①。

　　中共中央黨校科研辦公室出版的《社會主義思想在中國的傳播資料選輯》收録了作新社《最新經濟學》的兩段文字。分别是介紹“社會主義派”②和論述雇傭勞動問題③的兩段。作爲文獻彙編，這套資料選輯并没有對文獻作出分析或評論。談敏在《回溯歷史——馬克思主義經濟學在中國的傳播前史》一書中，對《最新經濟學》作過具體的介紹和評述，該書將《最新經濟學》歸入“馬克思經濟學説早期傳入中國的有關背景資料”一章之中論述，并認爲此書是“具有較爲完整的教科書式理論體系、以新式名詞術語表述的代表作”④。對《最新經濟學》中介紹“共産主義派”“社會主義派”“國家社會主義即講壇社會主義”的内容，該書也進行了轉述與評價，指出此書與 1904 年以前其他國内的經濟學著述一樣，對社會主義經濟學的論述只是淺嘗輒止，并没有深入理論内核⑤。除了述評以外，該書還對此書的版本源流進行了考證。由於作新社在《最新經濟學》中并未標明翻譯底本的信息，且譯者在翻譯成中文時對部分文字進行了修改，以至於研究者在根據中文譯本進行版本考證時，容易得出一些與史實有所偏差的結論。例如，《回溯歷史——馬克思主義經濟學在中國的傳播前史》一書推測作新社編譯的《最新經濟學》“或許是以稍前連載于《翻譯世界》的日本田島錦治著《最新經濟學》的中譯本，作爲其藍本”⑥，但從兩個版本的出版時間、文

---

① 戴金珊. 試論西方經濟學在中國的早期傳播 [J]. 世界經濟文匯，1985，4：34-38.
② 《社會主義思想在中國的傳播》編寫組. 社會主義思想在中國的傳播：資料選輯之一 [M]. 北京：中共中央黨校科研辦公室，1985：77. 其編入内容即表 2 段落 [5]。
③ 《社會主義思想在中國的傳播》編寫組. 社會主義思想在中國的傳播：資料選輯之二 [M]. 北京：中共中央黨校科研辦公室，1987. 其編入内容即表 2 段落 [8]。
④ 談敏. 回溯歷史——馬克思主義經濟學在中國的傳播前史 [M]. 上海：上海財經大學出版社，2008：442.
⑤ 談敏. 回溯歷史——馬克思主義經濟學在中國的傳播前史 [M]. 上海：上海財經大學出版社，2008：445.
⑥ 談敏. 回溯歷史——馬克思主義經濟學在中國的傳播前史 [M]. 上海：上海財經大學出版社，2008：443.

字内容和章節安排上看，作新社的《最新經濟學》并没有參考《翻譯世界》的譯本。另外，《回溯歷史——馬克思主義經濟學在中國的傳播前史》根據《最新經濟學》論述國家社會主義的文段内使用"前世紀"一詞，推斷此書原著"應作于 20 世紀初的二三年内"[①]。但"前世紀"的表述，乃作新社譯者對田島錦治原書内"此世紀"的改動。田島錦治的原書出版於 1897年，在 1901 年的增訂版中，田島錦治也并未將"此世紀"改爲"前世紀"。除了在版本考證上存在的偏差以外，《回溯歷史——馬克思主義經濟學在中國的傳播前史》對《最新經濟學》的評述仍有重要的參考價值。

綜上所述，學界對作新社譯《最新經濟學》的關注與研究還停留在簡單提及或概括性述評的階段。就中國經濟思想史和馬克思主義傳播史的意義而言，我們對《最新經濟學》應該作出更加深入的探討與研究。

---

① 談敏. 回溯歷史——馬克思主義經濟學在中國的傳播前史 [M]. 上海：上海財經大學出版社，2008：445.

（ A-0017.01 ）

www.sciencep.com

ISBN 978-7-03-059624-6

定　價：598.00 元